中國近代期刊彙刊·第二輯

新民叢報

七

（叁拾捌—肆拾伍號）

中華書局

（第三種郵便物認可）

光緒二十九年八月十四日
明治三十六年十月四日
發行

新民叢報

第參拾玖捌號合本

新民叢報第參拾玖號目錄

全年廿四冊	半年十二冊	每冊
六元	三元三角	三角

日本各地全年五元半年二元六角每冊二角五分日本及日郵已通之地每冊加郵費一分全年二角四分其餘各外埠每冊加郵費六分全年一元四角四分

編輯兼發行者　馮紫珊

印刷者　陳侶笙

發行所　橫濱山下町百六十番　新民叢報社

上海發行所　四馬路老巡捕房對面　新民叢報支店

印刷所　橫濱山下町百六十番　新民叢報活版部

德國政治學大家伯倫知理

D.T.E.Bluntschi.

伯倫知理爲近世政治學泰斗本號及第三十二號報中曾略揭其學說

英國哲學大家斯賓塞

Herbert Spencer.

斯賓塞英國人爲近時一大哲學家實十九世紀學界之代表人也著有哲學書五大帙行世其外著述尙多本號揭其略傳可窺一斑先生生于一八二〇年以一九〇三年十二月八日卒享年八十有三本報前旣揭其肖像玆特再揭之以誌哀悼云

俄國東亞總督亞力斯夫

The Eastern admiral of Bussia Alexef.

亞斯力夫者俄國所派亞東總督駐遼東者也其職守之性質與他職大有所異蓋俄廷於表面上授以莫大之權謂其有事可以專斷不經政府節制及一旦有枝節俄廷可以推在該督身上而巧詞解釋也近來東亞侵畧各端此人主動力最多故揭其肖像

英國惡斯佛禮拜堂

TomTower Christ Church, Ox ford

英國惡斯佛古書樓

The old School Tower, Oxford.

英國惡斯佛之風景（其一）

英國惡斯佛之風景（其二）

論著門

壬寅年之

新民叢報

減價

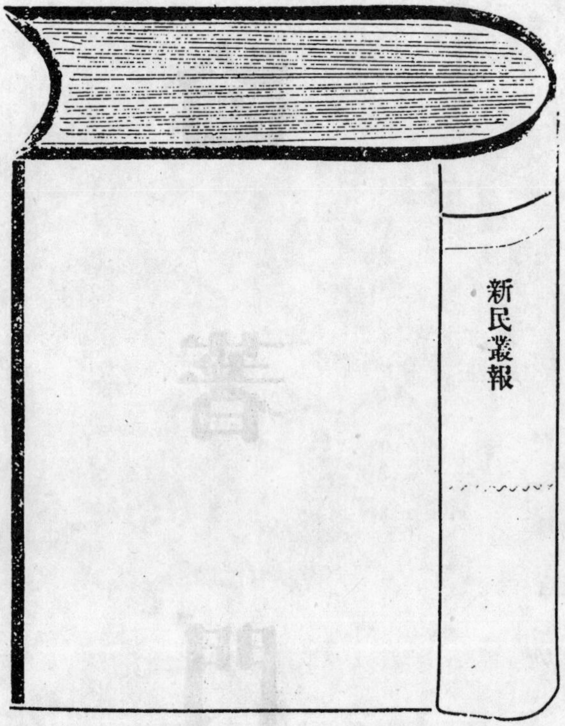

本社之壬寅年叢報兩年以來銷出三萬餘部銷數之廣即文明進步之徵近者坊間射利往往將本報翻印校讎疏略魯魚亥豕在所不免貽誤讀者良非淺尠今本社再印五千部減價發售以符輸入文明之本意全年四厚冊減價四元愛讀諸君請速購取

橫濱山下町百六十番

新民叢報社

論說

新民說二十一

中國之新民

第十七節　論私德

吾自去年著新民說。其胸中所懷抱欲發表者。條目不下數十。而以公德篇託始焉。論德而別舉其公焉者。非謂私德之可以已。謂夫私德者。當久已爲盡人所能解悟能踐履。抑且先聖昔賢言之既已圓滿纖悉。而無待末學小子之嘵嘵詞費也。乃近年以來。舉國囂囂靡靡。所謂利國進羣之事業。一二未睹。而末流所趨。反貽頑鈍者以口實。而曰新理想之賊人子而毒天下。噫。余又可以無言乎。作論私德。

一　私德與公德之關係

私德與公德。非對待之名詞。而相屬之名詞也。斯賓塞之言曰。凡羣者皆一之積也。所以爲羣之德。自其一之德而已定。羣者謂之拓都。一者謂之幺匿。拓都之性情形制。幺匿爲之。幺匿之所本無者。不能從拓都而成有。幺匿之所同具者。不能以拓都而忽亡。

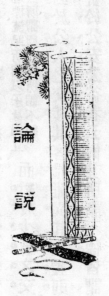

（按以上見侯官嚴氏所譯羣學肄言其云拓都者東譯所稱團體也云么匿者東譯所稱箇人也）諒哉言乎。夫所謂公德云者。就其本體言之謂一團體中人公共之德性也就其搆成此本體之作用言之謂箇人對於本團體公共觀念所發之德性也夫聚羣盲不能成一離婁聚羣聾不能成一師曠聚羣怯不能成一烏獲故一私人而無所私有之德性則羣此百千萬億之私人而必不能成公有之德性其理至易明也盲者不能以視於衆而忽明聾者不能以聽於衆而忽聰怯者不能以戰於衆而忽勇故我對於我而不信而欲其信於待人一私人對於一私人之交涉而不忠而欲其忠於團體無有是處此其理又至易明也若是乎今之學者日言公德而公德之效弗覩者亦曰國民之私德有大缺點云爾是故欲鑄國民必以培養箇人之私德爲第一義欲從事於鑄國民者必以自培養其箇人之私德爲第一義

且公德與私德豈嘗有一界線焉區劃之爲異物哉。德之所由起起於人與人之有交涉（使如魯敏遜漂流記所稱以孑身獨立於荒島則無所謂德亦無所謂不德）而對於少數之交涉與對於多數之交涉對於私人之交涉與對於公人之交涉其客體雖異其主體則同故無論泰東泰西之所謂道德皆謂其有贊於公安公益者云爾。其所謂不德。皆謂其有戕於公安公益者云爾公云

私云。不過假立之一名詞。以爲體驗踐履之法門。就汎義言之則德一而已無所謂公私。就析義言之則容有私德醇美而公德尚多未完者。斷無私德濁下而公德可以襲取者。孟子曰古之人所以大過人者無他焉善推其所爲而已矣。公德者私德之推也。知私德而不知公德所缺者只在一推。蔑私德而謬託公德則並所以推之具而不存也。故養成私德而德育之事思過半焉矣。

二　私德墮落之原因

私德之墮落。至今日之中國而極。其所以致此之原因甚複雜不得悉數。當推論其大者得五端。

(一)由於專制政體之陶鑄也。孟德斯鳩曰。『凡專制之國間或有賢明之主而臣民之有德者則甚希。試徵諸歷史。乃君主之國。其號稱大臣近臣者大率皆庸劣卑屈嫉妒陰險之人。此古今東西之所同也。不寧惟是。苟在上者多行不義而居下者守正不阿。貴族專尙詐虞。而平民獨崇廉恥。則下民將益爲官長所欺詐所魚肉矣。故專制之國無論上下貴賤一皆以變詐傾巧相遇蓋有迫之使不得不然者矣若是乎專制政體之下。固無所用其德義。昭昭明甚也。』夫物競天擇之公例。惟適者乃能生存。吾民族數千年生息於專制空氣之下。苟欲進取。必以詐偽。苟欲自全。必以卑屈。其最富於此兩種性質之人。即其在社會上占最優勝之位置者也。而其稍缺乏者。則以劣敗而澌滅。不復能傳其種於來裔者也。是故先天之遺傳。盤踞於社會中。而為其公共性。種子相熏。日盛一日。雖有豪傑。幾難自拔。蓋此之由。不甯惟是。彼跼蹐於專制之下。而全軀希寵以自滿足者。不必道。即有一二達識熱誠之士。苟欲攘臂為生民請命。則時或不得不用詭祕之道。時或不得不為偏激之行。夫其人而果至誠也。猶可以不因此而磷緇也。然習用之則德性之漓。固已多矣。若根性稍薄弱者。幾何不隨流而汨也。夫所謂達識熱誠欲為生民請命者。豈非一國中不可多得之彥哉。使其在自由國。則大政治家。大教育家。大慈善家。以純全之德性。溫和之手段。以利其羣者也。而今乃迫之使不得不出於此途。而因是墮落者。十八九焉。嘻。是殆不足盡以為斯人咎也。

（二）由於近代霸者之摧鋤也。夫其所受於數千年之遺傳者既如此矣。而此數千年間。亦時有小小之汙隆升降。則帝者主持而左右之最有力焉。西哲之言曰。專制之國。君主萬能。非虛言也。顧亭林之論世風。謂東漢最美。炎宋次之。而歸功於光武明章藝祖眞仁。日知錄卷十三云。漢自孝武表章六經之後。師儒雖盛。而大義未明。故新莽居攝。頌德獻符者徧天下。光武有鑒於此。乃尊崇節義。敦厲名實。所舉用者莫非經明行修之士。而風俗爲之一變。至其末造。朝政昏濁。國事日非。而黨錮之流。獨行之輩。依仁蹈義。舍命不渝。風雨如晦。雞鳴不已。三代以下。風俗之美。無尙於東京者。又云宋史言士大夫忠義之氣。至于五季。變化殆盡。藝祖首褒韓通。次表衞融。以示意嚮。眞仁之世。田錫王禹稱范仲淹歐陽修諸賢。以直言讜論倡于朝。於是中外薦紳。知以名節爲高。廉恥相尙。盡去五季之陋。故靖康之變。士投袂起而勤王。臨難不屈。所在有之。及宋之亡。忠節相望。且從而論之曰『觀哀平之可以變而爲東京。五代之可以變而爲宋。則知天下無不可變之風俗。』此其言雖于民德汙隆之總因。或有所未盡乎。然不得不謂爲重要關係之一端矣。嘗次考三千年來風俗之差異。三代以前。邈矣弗可深考。春秋時猶有先王遺民。自戰國涉秦以逮西漢。而懿俗頓改者。集權專制之趨勢。時主所以貙狗其民者。別有術也。戰國雖混濁。而猶有任俠尙氣之風。及漢初而摧抑豪強。朱家郭解之流。漸爲時俗所姍笑。故新莽之世。獻符閹媚者徧天下。則高惠文景之播其種也。至東漢而一進。則亭林所論深明其故矣。及魏武既有冀州。崇獎跅弛之士。於是權詐迭進。姦僞萌生。建安廿二年八月下令。求負汙辱之名。見笑之行。不仁不孝。而有治國用兵之術者。光武明章之澤。掃地殆盡。每下愈況。至五季而極。千年間民俗之靡靡。亦由君主之淫亂有以揚其波也。及宋乃一進。藝祖以檢點作天子。頗用專制力挫名節以自固。君臣坐而論道之制。至宋始廢。蓋范質輩與藝祖並仕周。位在藝祖上。及入宋爲宰相。而遠嫌自下也。而眞仁守文。頗知大體。提倡士氣。宋俗之美。其大原因固不在君主。而君主亦與有力焉。胡元之篡。衣冠塗炭。純以游牧水草之性。馳驟吾民。故九十年間。暗無天日。及明而一進。明之進也。則非君主之力也。明太祖以刻鷙之性。擢鋤民氣。戮辱臣僚。其定律至立不爲君用之條。令士民毋得以名節自保。以此等專制力所挫抑。宜其惡果更烈於西漢。而東林復社。舍命不渝。鼎革以後。忠義相屬者。則其原因別有在也。詳下節 下逮本朝順康間。首開博學鴻詞以縶遺逸。乃爲貳臣傳以辱之。晚明士氣。斲喪漸盡。及夫雍乾。主權者以悍鷙陰險之奇才。行操縱馴擾之妙術。摭拾文字小故以興寃獄。廷辱大臣耆宿以蔑廉恥。乾隆六十年中。大學士尚侍供奉諸大員。無一人不曾遭黜辱者。 又大爲四庫提要通鑑輯覽等書。排斥道學。貶絕節義。自魏武以後。未有敢明目張胆。變亂黑白。如斯其甚者也。然彼猶直師商韓六蝨之教。而人人皆得喻其非。此乃陰託儒術。芻狗之言。而一代從而迷其信。嗚呼。何意百鍊鋼化爲繞指柔。百餘年前所播之惡果。今正榮滋稔熟。而我民族方刈之。其穢德之夐千古而絕五洲。豈偶然哉。豈偶然哉。

(三)由於屢次戰敗之挫沮也。國家之戰亂與民族之品性最有關係。而因其戰亂之性質異。則其結果亦異。今先示其類別如下。

- 戰亂
  - 戰亂時
    - 本國內亂
      - 暫
      - 久
    - 外國戰爭
      - 主動者
      - 被動者
  - 戰亂後
    - 本國內亂
    - 外國戰爭
      - 征服者
      - 被征服者

內亂者最不祥物也。凡內亂頻仍之國。必無優美純潔之民。當內亂時。其民必生六種惡性。一曰僥倖性。才智之徒。不務利羣。而惟思用險鷙之心術。攫機會以自快一時也。二曰殘忍性。草薙禽獮之既久。司空見慣。而曾不足以動其心也。三曰傾軋性。彼此相鬩。各欲得而甘心。杯酒戈矛。頃刻倚伏也。此三者桀黠之民所舍有性也。四曰狡僞性朝、避猛虎夕避長蛇非營三窟不能自全也五曰涼薄性一身不自保何況戀妻子於至親者尚不暇愛而遑能愛人故仁質斲喪澌滅以至於盡也六曰苟且性知我如此不如無生暮不保朝假日媮樂人人自危無復遠計馴至與野蠻人之不知將來者無以異也此三者柔良之民所含有性也當內亂後其民亦生兩種惡性一曰恐怖性痛定思痛夢魂猶噩胆汁已破勇氣全銷也二曰浮動性久失其業無所依歸秩序全破難復故常也故夫內亂者最不祥物也以法國大革命爲有史以來驚天動地之一大事業而其結果乃至使全國之民互相剸刄於其腹其影響乃使數十年以後之國民失其常度史家波留謂法國至今不能成完全之民政實由革命之役斲喪元氣太過殆非虛言也

內亂之影響則不論勝敗何也勝敗皆在本族也故恢復平和之後無論爲新政府舊政府其亂後民德之差異惟視其所以勞來還定補救陶冶者何如而暫亂僞亂者影響希而補捄易久亂頻亂者影響大而補救難此其大較也若夫對外之戰爭則異是其爲主動以伐人者則運用全在軍隊而境內安堵焉惟發揚其尚武之魂鼓舞其自

尊之念故西哲曰戰爭者國民敎育之一條件也是可喜而非可悲者也其爲被動而伐於人者其影響雖與內亂絕相類而可以變僥倖性爲功名心變殘忍性爲敵愾心變傾軋性而爲自覺心乃至變狡僞性而爲謀敵心變涼薄性而爲敢死心變苟且性而爲自保心何也內亂則已無所逃於國中而惟冀亂後之還定外爭則決生死於一髮而怵於後時之無可回復也故有利用敵國外患以爲國家之福者雖可悲而非其至也外爭而自爲征服者則多戰一次民德可高一級德人經奧大利之役而愛國心有加焉經法蘭西之役而愛國心益有加焉日本人於朝鮮之役中國之役亦然皆其例也若夫戰敗而爲被征服者則其國民固有之性可以驟變忽落而無復痕跡夫以斯巴達强武之精神照耀史乘而何以屈服於波斯之後竟永爲他族藩屬而所謂軍國民之紀念竟可不復覩也波蘭當十八世紀前泱泱幾覇全歐何以一經瓜分後而無復種民固有之特性也燕趙古稱多慷慨悲歌之士今則過於其市順民旗飄颭焉問昔時屠狗者闃如矣何也自五胡元魏安史契丹女直蒙古滿洲以來經數百年六七度之征服而本能湮沒盡矣夫在專制政體之下既已以卑屈詐僞兩者爲全身進

取之不二法門矣而況乎專制者之復非我族類也故夫內亂與被征服二者有一於此其國民之人格皆可以日趨卑下而中國乃積數千年內亂之慣局以膿血充塞歷史日伐於人而未嘗一伐人屢被征服而不克一自征服此累變累下種種遺傳之惡性既已瀰漫於社會而今日者又適承洪楊十餘年驚天動地大內亂之後而自歐勢東漸以來彼征服者又自有其征服者且匪一而五六焉日料眈於我前國民之失其人格殆有由矣

(四)由於生計憔悴之逼迫也管子曰。『倉廩實而知禮節衣食足而知榮辱』孟子曰。『民無恆產斯無恆心既無恆心放僻邪侈救死不贍奚暇禮義』嗚呼豈不然哉豈不然哉並世之中其人格最完美之國民首推英美次則日耳曼之三國者皆在全球生計界中占最高之位置者也西班牙葡萄牙人在數百年前深有強武活潑沈毅嚴整之氣度今則一一相反皆由生計之日蹙爲之也其最劣下者若泰東之朝鮮人安南人則生計最窮迫不堪之民也俄羅斯政府以鷹瞵虎視之勢震懾五陸而其人民稱罪惡之府黑闇無復天日。(日本人有露西亞亡國論窮形盡相)亦生計沈窘之影響也彼虛無黨以積年游說煽動之力而不能得多數之同情乃不得已而出於孤往冒險之手段亦爲此問題所困也日本政術幾匹歐美而社會道德百不逮一亦由其富力之進步與政治之進步不相應也夫世無論何代地無論何國固莫不有其少數畸異絕俗之士既非專制魔力所能束縛亦非恒產困乏所能銷磨雖然不可以律衆人也多數之人民必其於仰事俯畜之外而稍有所餘裕乃能自重而惜名譽汎愛而好慈善其腦筋有餘力以從事於學問以養其稍高尚之理想其日力有餘暇以計及於身外以發其顧團體之精神而不然者朝饔甫畢而憂夕飱秋風未來而泣無褐雖有仁質豈能自凍餒以念衆生雖有遠慮豈能舍現在以謀將來西人羣學家言謂文明人與野蠻人之別在公共思想之有無與未來觀念之豐缺而此兩者所以差異之由則生計之舒蹙其尤著者也故貪鄙之性褊狹之性涼薄之性虛僞之性諂阿之性暴棄之性偷苟之性強半皆由生計憔悴造之生計之關係於民德如是其切密也我國民數十年來困於徭役困於災癘困於兵燹其得安其居樂其業者既已間代不一覯所謂虛僞褊狹貪鄙涼薄諂阿暴棄偷苟之惡德既已經數十世紀受之於祖若宗社會之教育倖及現世國

之母財歲不增殖而宮廷土木之費官吏苞苴之費恒數倍於政府之歲入國民富力之統計每人平均額不過七角一分有奇（據日本橫山雅男氏之統計調查日幣七十錢有奇）而外債所負已將十萬萬兩（利息在外）以至有限之物力而牽變爲不可復之母財若之何民之可以聊其生也而況乎世界生計競爭之風潮席捲而來而今乃始發軔也民德之腐敗墮落每下愈況嗚呼吾未知其所終極矣。

(五)由於學術匡救之無力也。彼四端者養成國民大多數惡德之源泉也。然自古移風易俗之事。其目的雖在多數人。其主動恒在少數人。苟缺於彼而有以補於此。則雖敝而猶未至其極也。東漢節義之盛。光武明章之功雖十之三。而儒學之效實十之七也。唐之與宋。其專制之能力相若。其君主之賢否亦不甚相遠。而士俗判若天淵者。唐儒以詞章浮薄相尚。宋儒以道學廉節爲坊也。魏晉六朝之腐敗。原因雖甚複雜。而老莊清談宗派。半尸其咎也。明祖刻薄寡恩。挫抑廉隅。達於極點。而晚明士氣冠絕前古者。王學之功不在禹下也。然則近今二百年來民德汙下之大原。從可覩矣。康熙博學鴻詞諸賢。率以耆宿爲海內宗仰。而皆自汚貶。玆役以後。百年來支配人心之王學埽盪靡存船山梨洲夏峯二曲之徒抱絕學老巖穴統遂嶄矣而李光地湯斌乃以朱學聞以李之忘親背交職爲姦諛（李紿鄭成功以覆明祀。前人無譏。全謝山始訶之。）湯之柔媚取容欺罔流俗（湯斌雖貴。而食不御炙雞。帷帳不過臬絅。嘗奏對。出語人曰。生平未嘗作如此欺人語。後爲聖祖所覺。蓋公孫弘之流也）而以爲一代開國之大儒配食素王末流所致其奸其人格殆猶在元許衡吳澄之下所謂「國朝宋學淵源記」者殆盡於是矣而鼓鑄豈待問矣後此則陸隴其陸世儀張履祥方苞徐乾學輩以婞婳夸毗之學術文乾嘉以降閻王段戴之流乃標所謂漢學者以相夸尚排斥宋明不遺餘力夫宋明之學曷嘗無缺點之可指摘顧吾獨不許鹵莽滅裂之漢學家容其喙也彼漢學則何所謂學昔乾隆間內廷演劇劇曲之大部分則誨亂也誨淫也皆以觸忌諱被訶譴不敢進乃專演神怪幽靈牛鬼蛇神之事既藉消遣亦無愆尤吾見夫本朝二百年來學者之所學皆牛鬼蛇神類耳而其用心亦正與彼相等蓋王學之激揚蹈厲時主所最惡也乃改而就朱學朱學之嚴正忠實猶非時主之所甚喜也乃更改而就漢學若漢學者則立於人間社會以外而與二千年前地下之僵石爲伍雖著述累百卷而決無一傷時之語雖辯論千萬言而皆非出本心之談藏身之固莫此爲妙才智之士既得此以為阿世盜名之一祕鑰於是名節閑檢蕩然無所復顧故宋學之敝猶有偽善者流漢學之敝則並其偽者而亦無之何也彼見夫盛名鼎鼎之先輩明目張胆以為鄉黨自好者所不為之事而其受社會之崇拜享學界之尸祝自若也則更何必自苦以強為禹行舜趨之容也昔王鳴盛（著尚書後案十七史商榷等書。漢學家之鉅子也。）嘗語人曰吾貪贓之惡名。不過五十年。吾著書之盛名。可以五百年。此二語者直代表全部漢學家之用心矣莊子曰哀莫大於心死漢學家者率天下而心死者也此等謬種與八股同毒盤踞於二百餘年學界之中心直至甲午乙未以後而其氣燄始衰而此不痛不癢之世界既已造成而今正食其報耗矣哀哉

五年以來。海外之新思想。隨列強侵略之勢力以入中國。始焉一二人倡之。繼焉千百人和之。彼其倡之者固非必盡蔑舊學也以舊學之簡單而不適應於時勢也而思所以補助之且廣陳眾義促思想自由之發達以求學者之自擇而不意此久經腐敗之社會遂非文明學說所遽能移植於是自由之說入不以之增幸福而以之破秩序平等之說入不以之荷義務而以之蔑制裁競爭之說入不以之敵外界而以之散內團

權利之說入不以之圖公益而以之文私見破壞之說入不以之箴膏肓而以之滅國粹斯賓塞有言『衰世雖有更張弊泯於此者必發於彼害消於甲者將長於乙合通羣而觳之弊政害端常自若也是故民質不良禍害可以易端而無由禁絕』嗚呼吾觀近年來新學說之影響於我青年界者吾不得不服斯氏實際經驗之言而益爲我國民增無窮之沈痛也夫豈不拔十得一能食新思想者之利者而所以償其弊殆僅矣記曰甘受和白受采忠信之人可與學禮又曰橘在江南爲橘過江北則爲枳夫孰意彼中最高尚醇美利羣進俗之學說一入中國遂被其偉大之同化力汨沒而去也要而論之魏晉間之清談乾嘉間之考据與夫現今學子口頭之自由平等權利破壞其挾持絕異其性質則同而今之受痼愈深者則以最新最有力之學理緣附其所近受遠受之惡性惡習擁護而灌溉之故有清二百年間民德之變遷在朱學時代有僞善者猶知行惡之爲可恥也在漢學時代並僞焉者而無之則以行惡爲無可恥也及今不救恐後此歐學時代必將有以行惡爲榮者今已萌芽於一小部分之青年矣夫至以行惡爲榮則洪水猛獸足喩斯慘耶君子念此膚粟股栗矣

論著門

附表 中國歷代民德升降表 十六

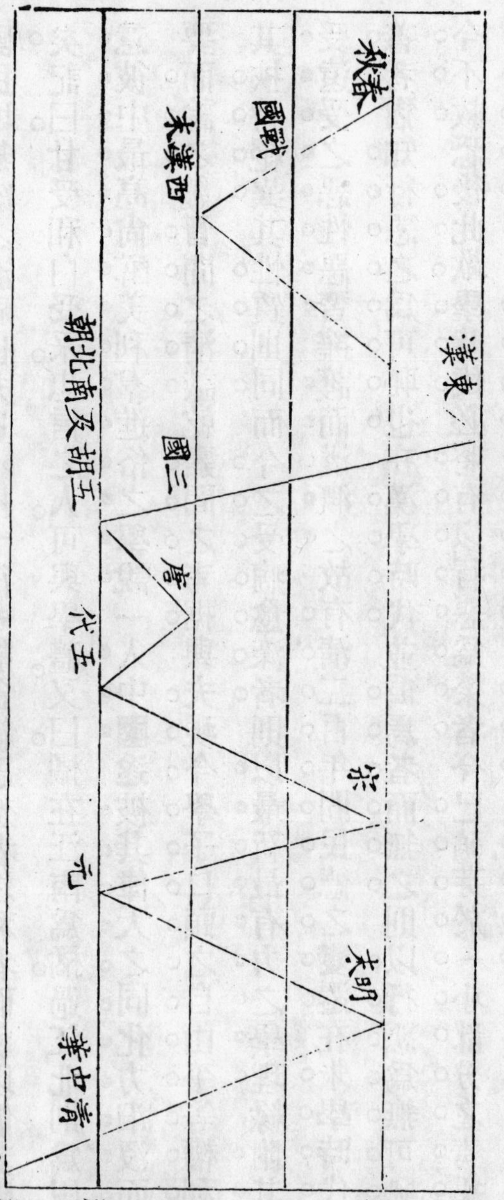

中國歷代民德升降原因表附

	國勢	君主	戰爭	學術	生計	民德
春秋	列國並立貴族專制	權不甚重影響頗少	雖多而不甚烈	各宗派雖萌芽而未甚發達多承先王遺風	交通初開競爭不甚劇	醇朴忠實

戰國	列國並立集權專制漸鞏固	大率以尚武精神外交手段兩者獎厲臣下	甚烈	自由思想大發達儒墨道法縱橫諸派互角而法家縱橫家最握實權	商業漸興兼幷大起因苛稅及兵亂民困殊甚	其長在任俠尚氣其短在儇佼詐僞破壞秩序
秦	中央集權專制力甚强	以塞民智挫民氣爲主	繼續	屏棄羣學稍任法家	大窘	卑屈浮動
西漢	同	高祖承用秦法專挫任俠刻薄寡恩	少	儒老幷行	文景間家給人足武昭以後稍困	卑屈甚於秦時
東漢	同	光武明章獎厲名節	少	儒學最盛時代收孔教之良果	復蘇	尚氣節崇廉恥風俗稱最美
三國	本族分裂	魏武提倡惡風吳蜀亦獎厲權術	烈	缺乏	頗艱	汚下
六朝	外族侵入	獎厲浮薄侈靡之風	甚多而本族率戰敗	佛老並用詞章與清談極盛	憔悴	混濁柔靡
唐	本族恢復中央集權旋復分裂	驕汰	上半期平和下半期大亂	儒者于詞章外無所事佛學稍發達	上半期頗蘇下半期大困	上半期柔靡卑屈下半期混濁

五季	不成國	無主	戰敗于外族	無	民不聊生	最下
宋	主權微弱外族頻侵	眞仁愛民崇禮	戰敗于外族	道學發達最盛朱陸爲其中心點	稍蘇	尚節義而稍文弱
元	外族主權專制力甚强	以游牧性蹴踏本族	本族全敗戰爭與國民無與	摭朱學末流而精神不存	困	卑屈寡廉恥
明	本族恢復專制力甚强	太祖殘忍刻薄挫抑民氣	戰勝後平和時代稍長	王學大興思想高尚	稍蘇	發揚尚名節幾比東漢
清	外族同化主權專制力甚强	雍正乾隆以谿刻陰險威羣下	戰敗後平和時代稍長	士以考据詞章自遁不復知學其黠者以腐敗矯僞之朱學文其奸	頗蘇	庸懦卑怯狡詐
現今	文明之外族侵入主權無存	四十年來主權者以壓制敷衍爲事近而益甚	內亂未已外患又作數敗之後四海騷然	舊學澌滅新學未成靑黃不接謬想重疊	漏卮既甚而世界生計競爭風潮侵來全國憔悴	混濁達於極點諸惡俱備

（未完）

政治學大家伯倫知理之學說

中國之新民

按此題已見本報第三十二號中以其所敘述尚簡略也且夫著者之所感觸別有在也故不避駢枝之誚再撰此篇讀者諒之

發端

日日而言政治學。人人而言政治學。則國其遂有救乎。、曰嘻僅矣。言而不能行。猶無價值之言也。雖然理想者實事之母。而言論又理想之所表著者也。則取前哲學說之密切於眞理而適應於時勢者。一一介紹之。亦安得已。

盧梭學說於百年前政界變動最有力者也而伯倫知理學說則盧梭學說之反對也二者孰切眞理曰、盧氏之言藥也伯氏之言粟也痼疾既深固非恃粟之所得瘳然藥能已病亦能生病且使藥證相反則舊病未得豁而新病且滋生故用藥不可不愼也五年以來盧氏學說。稍輸入我祖國。彼達識之士。其孳孳盡瘁以期輸入之者。非不知其說在歐洲之已成陳言也。以爲是或足以起今日中國之廢疾。而欲假之以作過渡也。顧其說之大受歡迎於我社會之一部分者。亦既有年。而所謂達識之士。其希望目的。未覩其因此而得達於萬一。而因緣相生之病。則已漸萌芽漸瀰漫一國中現在未來不可思議之險象已隱現出沒致識微者慨焉憂之噫豈此藥果不適於此病耶抑徒藥不足以善其後耶

伯倫知理之駁盧梭也。以爲從盧氏民約之說則爲國民者必須具有三種性質反是則國不可得立三種者何。一曰其國民皆可各自離析隨其所欲以進退生息於此國中也不爾則是强之使入非合意之契約不得爲民約也雖然人之思想與其惡欲萬有不同者也若使人人各如其意乃入此約則斷無全國人皆同一意之理以此之故亦斷無全國人皆同一約之理若是乎則國終不可得立故從盧氏之說僅足以立一會社（即中國所謂公司也。與社會不同。）其會社亦不過一時之結集變更無常不能持久以此而欲建一永世嗣續之國家同心合德之國民無有是處。二曰其國民必悉立於平等之地位

也不爾則是有命令者有受命者不得爲民約也然熟察諸國之所以建設必賴有一二人威德魏魏超越儕類衆皆服從而國礎始立即至今日文明極進猶未有改若使舉國無智無愚無賢無不肖皆以同等之地位決議立國無有是處三曰其國民必須全數畫諾也苟有一人不畫諾則終不能冒全國民意之名不得謂之民約也然一國之法制勢固不能有全數畫諾之理豈待問也盧氏亦知之乃支離其說謂多數之意見即不啻全體之意見夫服從多數雖爲政治家神聖不可侵犯之科律而其理論獨不適於諸民約主義之國家盖盟約云者人各以其意而有願與此約與否之自由權者也彼不願與此約之少數者而强干涉之謂其有服從多數之約之義務無有是處

此三義者。伯氏於國家原起論。取盧氏之立脚點而摧陷之者也。（參觀本報第十一十二號盧梭學說）

伯氏又言曰。民約論之徒不知國民與社會之別故直認國民爲社會其弊也使法國國礎不固。變動無常。禍亂亘百數十年而未有已。德國反是。故國一立而基大定焉。夫國民與社會非一物也國民者一定不動之全體社會則變動不居之集合體而已國民爲法律上之一人格社會則無有也故號之曰國民則始終與國家相待而不可須

與離號之曰社會則不過多數私人之結集其必要國家與否在論外也此伯氏推論民約說之結果而窮極其流弊也

中國號稱有國而國之形體不具則與無國同愛國之士眲眲然憂之其研究學說也實欲乞靈前哲而求所以立國之道也法國革命開百年來歐洲政界之新幕而其種子實盧梭播之盧氏之藥足以已病無疑義矣近則病既去而藥已爲筌蹄其缺點率見是正於後人謬想與眞理所判亦昭昭不足爲諱也獨吾黨今日欲救吾國其必經謬想而後入眞理以盧氏學說爲過渡時代必不可避之一階級乎抑無須爾爾逕向於國家之正鵠而進行乎此一大問題也盧氏之說其有功於天下者固多其誤天下者抑亦不少今吾中國採之將利餘於弊乎抑弊餘於利乎能以藥已病而爲立國之過渡乎抑且以藥生病而反失立國之目的乎此又一大問題也深察祖國之大患莫痛乎有部民資格而無國民資格以視歐洲各國承希臘羅馬政治之團結經中古近古政家之干涉者其受病根原大有所異故我中國今日所最缺點而最急需者在有機之統一與有力之秩序而自由平等直其次耳何也必先鑄部民使成國民然後

國民之幸福乃可得言也如伯氏言。則民約論者適於社會而不適於國家苟弗善用之則將散國民復爲部民而非能鑄部民使成國民也故以此論藥歐洲當時干涉過度之積病固見其效而移植之於散無友紀之中國未知其利害之足以相償否也夫醉生夢死之舊學輩。吾無望矣。他日建國之大業。其責任不可不屬於青年之有新思想者。今新思想方始萌芽耳。顧已往往濫用自由平等之語思想過度而能力不足以副之芸芸志士曾不能組織一鞏固之團體或偶成矣而旋集旋散誠有如近人所謂『無三人以上之法團。無能支一年之黨派』者以此資格而欲創造一國家以立於此物競最劇之世界能耶否耶此其惡因雖種之蘖之在數千年。不能以爲一二人之咎。尤不能以爲一學說之罪。顧所最可懼者既受彼遺傳之惡因而復有不健全之思想以盾其後而傅之翼也故人人各以已意進退而無復法權之統屬無復公衆之制裁乃至並所謂服從多數之義務而亦弁髦之凡伯氏所指盧氏學說之缺點今我新思想界之人人皆具備之矣夫以今日之中國。固未有所謂統屬。未有所謂制裁。未有所謂多數。則吾國民之躑躅焉凌亂焉而靡所於從。夫亦安可深貴。顧所貴乎新思想者欲藉其感化力以造出一新世界使之自無而之有云爾若徒恃此不健全之新思想果能達此目的否耶是不可以不審也吾非敢袒伯氏而薄盧氏顧以爲此有力反對之一大學說爲有志建國者所宜三復也作伯氏學說。

（附注）此論與革命論非革命論無涉。蓋無論革命不革命無論革命前革命後皆必以統一秩序組成有機團體爲立國之基礎。伯氏之反對盧氏。非反對其鼓吹破壞。謂其於建設之道有所未慊云爾。建設云者則兼破壞之建設與平和之建設而兩言之者也

（又）伯氏略傳已見本報三十二號。不再述。其遺像揭於本號卷首。

一　國家有機體說

伯論知理曰，十八世紀以來之學者。以國民爲社會。以國家爲積人而成。如集阿屯以成物質。似矣。而未得其眞也。夫徒抹五彩不得謂之圖畫。徒堆瓦石不得謂之宮室。徒集脈絡與血輪不得謂之人類。惟國亦然。國也者非徒聚人民之謂也。非徒有府庫制度之謂也。亦有其意志焉。亦有其行動焉。無以名之。名之曰有機體。

然國家之爲有機體。又非如動植物之出於天造也。盖藉人力之創作。經累葉之沿革。而始乃得成。而其沿革之所自來。厥有二端。一曰由國中固有之性習與夫外界事物之刺激而生者。二曰由君長號令所施行與夫臣民意志所翊贊而生者。此所以異於天產物也。雖然造者不同。而爲有機體則同。試即國家與尋常有機物相類之點而比較之。

一　精神與形體相聯合。(按)國家自有其精神。自有其形體。與人無異。

二　肢骸各官(原注)即其體中各部分。各自有其固有之性質及其生活職掌(原注)指政府各部分及議院。

三　宜聯結此等肢骸以結搆一全體(原注)謂憲法。(按)肢骸不聯屬。則不能呈其用。國家之各部分亦然。

四　先自內部發育然後長成以達於外部(原注)謂國家之沿革。

由此觀之。國家之爲物。與彼無機之器械實異。器械雖有許多零件紐結而成。然非如國家之有四肢五官也。故器械不能發育生長。而國家能之。器械之動循一定軌不能臨時應變現一新象。國家則自有行動。自以意識決之。故曰國家非成於技工成於意匠也。此伯氏國家有機體說之崖略也。

按此說不起於伯氏。希臘之柏拉圖。亦常以人身喻國家。伯氏前之德國學者。亦稍發之。但至伯氏而始完備耳。國家既爲有機體。則不成有機體者。不得謂之國家。中國則廢疾痼病之機體也。其不國亦宜。

又按自國家有機之說出。而知凡人造物與國家相類者。無一不屬於有機。即法律上所謂法人者皆是也。故欲組一團體而不具其機。未有能成者也。

二 論國民與民族之差別及其關係

伯氏以爲學者往往以國民與民族混爲一談。是謬見也。彼乃下民族之界說曰。民族者。民俗沿革所生之結果也。民族最要之特質有八。(一)其始也同居於一地。非同居不能同俗也(二)其始也同一血統。久之則吸納他族。互相同化。則不同血統而同一民族者有之。(三)異族而雜處一地。此言其朔耳。後此則或同一民族而分居各地。或同其支體形狀(四)同其語言(五)同其文字(六)同其宗教(七)同其風俗(八)同其生計有此八者則不識不知之間。自與他族日相闊隔。造成一特別之團體。固有之性質。以傳諸其子孫。是之謂民族。

伯氏乃更爲下國民之界說有二。一曰。國民者。人格也。據有有機之國家。以爲其體而能發表其意想制定其權利者也二曰國民者法團也生存於國家中之一法律體也國家爲完全統一永生之公同體而此體也必賴有國民活動之精神以充之而全體乃成故有國民即有國家無國家亦無國民二者實同物而異名耳

故夫族民者有同一之言語風俗有同一之精神性質其公同心漸因以發達是固建國之階梯也但當其未聯合以刱一國之時則終不能爲人格爲法團故只能謂之民族不能謂之國民

伯倫知理曰古代之國淵源於市府中世之國成立於貴族十八世紀專制時代認政府爲國家法蘭西大革命之時同國家於社會凡此皆與民族之關係甚淺薄者也自千八百四十年以後而民族建國之義乃漸昌雖或間遇抵抗或稍被制限而其勢力之不可侮則固已爲有識者所同認矣雖然或持之過偏以謂民族爲建國獨一無二之源泉推其意一若地球上之邦國必適從於民族之數而分立此又闇於實際之論也伯氏乃據歷史上之事實述民族與國家之關係如下

(甲)凡一民族既有其固有之立國心且有能實行之之勢力有欲實行之之志氣

夫然後可以創立國家雖然苟持此主義以立國則當以保存族粹爲第一義凡祖宗傳來一切制度苟非有妨害於國家之發育者不可妄事破壞

(乙)民族之立國非必舉其同族之部民悉納入於國中而無所遺也雖然必須盡吸納其本族中所固有之精神勢力而統一之於國家

(丙)合多數之民族爲一國家其弊雖多其利亦不少蓋世界文明每由諸種民族互相敎導互相引進而成一國之政務亦往往因他民族之補助而愈良如鑄幣然不徒用純質之金銀而反混加一二賤金類之物則肉好較完紋彩愈美也然此等多族混合之國必須以一强有力之族爲中心點以統御諸族然後國礎乃得堅

伯氏又言曰民族與國民固異物也然其性質頗極密接故於政治上常有相互之關係以故民族大而國境小者則其結果之現象有兩極端如下

(一)國家化其人民而別造成一新民族自本族而分離如古代雅典斯巴達之於希臘中世威內薩佛羅棱志挪亞之於意大利近世荷蘭瑞士之於德意志是其

例也。

(二)合併同族諸邦而成一大帝國。如法國當路易第十一以後之政畧。意大利德意志千八百四十八年以後之政略。是其例也。

若國境大而民族小。境內含有數民族者。則其國勢之所趨如下。

(一)謀聯合國內數多之民族而陶鑄之。使成一新民族。在昔羅馬帝國。及今之北美合衆國。是其例也。

(二)國內諸族。心志各殊。互思分離。如第九世紀法蘭西人與德意志人分離。十六世紀奈渣蘭人與西班牙人分離。十九世紀比利時人與荷蘭人分離。是其例也。

(三)諸族民之言語風俗等。悉放任之。使仍其舊。惟於政治上謀所以統合之道。此策也。瑞士善用之而收其效者也。

(四)政府教唆各民族。使彼此相鬩。乘間抵隙。以謀合一。此極危險之道也。奧大利用之。幾覆其國。

按由此觀之。伯氏固極崇拜民族主義之人也。而其立論根於歷史案於實際。不以民族主義爲建國獨一無二之法門。誠以國家所最渴需者爲國民資格而所以得此國民資格者各應於時勢而甚多其途也兩年以來民族主義稍輸入於我祖國。於是排滿之念勃鬱將復活。雖然今吾有一問題於此曰漢人果已有新立國之資格乎此吾不能無疑之第一問題也伯氏論民族建國之所恃者三(一)固有之立國心(二)可實行之之能力(三)欲實行之之志氣其第一事則吾固具之矣。其第三事則在今雖極少數而不能謂之無也。獨其第二事則從何處說起耶。日言排而不能排猶無價値之言也即使果排去矣而問愛國志士之所志果以排滿爲究竟之目的耶抑以立國爲究竟之目的耶毋亦曰目的在彼直借此爲過渡之一手段云耳苟遂不克達於目的地則手段何取也吾非謂我民族終不能有此能力然吾信其今日猶未有此能力此論也雖持最急激主義者當以無以爲難而難者則曰。惟其未有此能力。則當以排滿鍊造之。然徒排滿而遂能鍊造此能力與否則吾別有所欲陳今且勿於此枝蔓也。曰排滿者以其爲滿人而排之乎抑以其爲惡政府而排之乎此吾所不能無疑之第二問題也如以其爲滿人也且使漢人爲政將腐敗而亦神聖之也如以其爲惡政府也雖骨肉之親有所不得私而滿不滿奚擇焉夫今政府與滿洲有二位一體之關係。憎政府而及滿人亦固其所。然以是爲鼓舞之手段則可以是爲確實之理論則不可何也。今日之中國。實非貴族政體而爲獨裁政體。其盡國殃民者非芸芸坐食之滿人而其大多數乃在闒婀無恥媚茲一人之漢族也而其所以爲媚者非媚滿人媚獨裁耳使易獨裁者爲漢人其媚猶今也媚獨裁之漢人其盡國殃民亦猶今也故今日當以集全國之鋒刃向於惡政府爲第一義而排滿不過其戰術之一枝線認偏師爲正文大不可也。大學曰人於其所賤惡而辟焉。此古今之通蔽矣。今之論者或乃至盜賊胡曾而神聖洪楊問此果爲適於論理否耶且使今日得如胡曾其人者爲政府與得如洪楊其人者爲政府二者孰有益於救國而論者必將倔强而曰毋甯洪楊此吾所不敢苟同也章炳麟氏之言曰。不能變法當革。能變法亦當革。不能救民當革。能救民亦當革。嘻此何語耶。夫革之目的豈以快意耶毋亦曰救民耳如曰能救民而亦當革則是敵視此目的也假曰信今政府之必不能救民而革之也斯可謂健全之理論矣而猶當視其所以代之者何如如章氏言能毋使國民迷惑耶默察兩年來世論之趨向。殆由建國主義一變而爲復讐主義問建國與復仇孰重其在一人一家之仇而曰身可殺家可破仇不可不復是所宜言也其在一國之仇而曰國可亡仇不可不復則非所宜言也我不敢知曰復仇可以亡國我不敢知曰復仇可以興國顧吾特不欲吾民族於建國復仇兩主義倒置其輕重也以謂此不健全之理論爲造成國民資格之道一魔障也曰、必離滿洲民族然後可以建國乎抑融滿洲民族乃至蒙苗回藏諸民族而亦可以建國乎此吾不能無疑之第三問題也伯倫知理所述異族同國之諸欵。與中國今日情事。皆不相應。蓋各國發育之不同。如人面焉。未有可以他國之歷史爲我國之方針者也。而伯氏下民族之界說曰。同地同血統同面貌同語言。同文字。同宗教。同風俗。同生計。（地與血統二者。就初時言之。如美國民族。不同地不同血統。而不得不謂之一族也。伯氏原書。論之頗詳。）而以語言文字風俗爲最要焉。由此言之則吾中國言民族者當於小民族主義之外更提倡大民族主義小民族主義者何漢族對於國內他族是也大民族主義者何合國內本部屬部之諸族以對於國外之諸族是也中國同化力之强。爲東西歷史家所同認。今謂滿洲已盡同化於中國。微特排滿家所不欲道。即吾亦不欲道。然其大端。歷歷之跡。固不可誣矣。大抵北虜之同化於我也稍難而東胡較易。金元淸之比較蓋昭然矣。元則九十年率其游牧之俗。金淸則一入中原而固有之特質頓喪焉今關內之滿人。其能通滿文操滿語者。已如鳳毛麟角。他無論矣。故如伯氏之說。雖謂滿人已化成於漢民俗可也。即未能然。苟漢人有可以自成國民之資格。則滿人勢不得不融而入一於爐。此則吾所敢斷言也。姑勿具論。今所欲研究者。則中國之能建國與否。係於逐滿不逐滿乎。抑不係於逐滿不逐滿乎。實問題之主點也。自今以往。中國而亡則已。中國而不亡。則此後所以對於世界者。勢不得不取帝國政略合漢合滿合蒙合回合苗合藏。組成一大民族。提全球三分有一之人類。以高掌遠蹠於五大陸之上。此有志之士所同心醉也。果有此事。則此大民族必以漢人爲中心點。且其組織之者。必成於漢人之手。又事勢之不可爭者也。獨今日者欲向於此大目的而進行。其必將彼五百萬之滿族。先擯棄之。而再吸集之耶。抑無須爾爾。但能變置漢滿同病之政府。而遂有可望耶。欲研究此問題之眞相。不可不取狹隘的民族復仇主義暫擱一邊平心靜氣以觀察焉當預備時代將排滿而能養漢人之實力乎抑用滿而能養漢人之實力乎當實行時代將排滿而能禦列强之侵入乎抑合滿而能禦列强之侵入乎當善後時代將排滿而得國礎之奠安乎抑利滿而得國礎之奠安乎此三者不可不察也夫自今以往有漢滿同奴耳否則漢族必爲國中之主人今不務養成可以爲主人之資格而徒曰吾不願奴不願而奴遂可免耶一言蔽之吾若有建國之能力則以小民族成一國民可也以大民族成一國民亦可也若其不能亦安所往而有合哉吾因讀伯氏書有所感觸。不覺其言之長而與著述體例不相應也。吾又知吾之此論。必非新學界青年諸君所樂聞也。雖然吾道吾今日之所信所信之爲進步爲退步不敢計也以其所信與一世之輿論挑戰不敢辭也若夫預備乎實行乎則各應於其地位之可得爲者而孳孳焉非筆舌之範圍所宜及也

三　論民主政治之本相及其價値

伯氏博論政體。而歸宿於以君主立憲爲最良。謂其能集合、政治上、種種、之勢力、種種、

之主義而調和之。其說繁。今不備引。謹介紹其論共和政體者。而以鄙見發明之。

伯氏以爲主治權與奉行權分離。是共和政體之特色也。主治之權。掌之於多數之選擧者。（即國民）奉行之權。委之於少數之被選擧者。（即大統領及官吏）以故奉行者雖爲臣僕。而反常治人。主治者雖爲主人。而反常治於人。以牽制之得宜。故無濫用國權之弊。而多數國民得所庇焉。此其所長也。雖然。坐是之故。而國權或漸即微弱。儕國家於一公司。加以衆民之意嚮。變動靡常。而國之基礎。因以不固。此其所短也。故行此政體而能食其利者。必其人民於共和諸德。具足圓滿。不惜犧牲其力其財。以應國家之用。且已藉普及之學制。常受完備之教育。苟如是。其庶幾矣。若其人民浸染衰廢之俗。務私慾而不顧公益。氣力微弱。教育缺乏。而欲實行此政體。則未覩其利。而先已不勝其弊矣。其甚也。必至變爲阿里士多德所謂暴民政治者。而國或以亡。

伯氏乃詳考共和政體之沿革。述美國法國瑞士三者之成敗。而指其得失之林。其言曰。美國之能變英國政體。而爲今政體者何也。彼其未離母國羈阨之時。而共和之原質。已早具也。當其初年。其民之去本國而移殖於他鄉者。於祖國之議院制度自治制度固已久習熟練懷抱政治心以去及其至新大陸又不能復倚賴貴族及本國官吏之力不得不以自助及相濟兩主義爲安居樂業之本原共和政治之精神實根於此及其自助相濟之既久習而成風一旦而欲再加以束縛其勢自不樂受且所居新闢之地廣漠無垠任其所之稍有不適褰裳去之耳故當千六百六十九年英國法理學大儒洛克氏者曾爲植民地草一新憲法欲以英國所固有之君主貴族政體傳其種於美洲百計經營竟成畫餅職此之由故美國之共和政體非出現於獨立之後而出現於殖民之時其植根如此其深而發源如此其遠也

此政體之播植於歐洲也。自法蘭西始。法人以千七百九十三年。立革命後之新政府。其規模略仿美國。惟一切政權不以畀諸一人之大統領而以司諸數名之行政委員慮其權之在一人而將濫用之以復於君主也乃曾幾何時。而拿破侖第一之帝國出現及千八百四十八年。再爲共和置大統領一如美國然此第二次之試驗亦不見效。拿破侖第三旋起而盜之。再建帝國今者第三回之試驗。施行於千八百七十年。而此新共和國之能否永年識者猶疑之（按）伯氏國家論。成于千八百七十四年。其時値法國新造之後也。今民政完備。雖不及美。然久經陶冶。國民之資格漸備矣。

考法人之政治思想。當人權論出世之時。始大發達。其國民愛平等。尊自由。徹始徹終。心醉共和主義。雖然。其國民之性情。迺與共和主義最不相容。昔西士羅（按）羅馬之偉人也嘗評高盧人（按）法國民族所自出也云。『其性好新易遷。無論爲壓抑。爲自由。久之皆不能忍受』夫孰知當千數百年以後之今日。而法人此性。竟不克改也。不甯惟是。自治者共和政治最切要之條件也。而法人曾無所練習。百事皆仰賴政府。故讀法國建國以來之歷史。其治國之道。常以中央集權制度相貫徹。全國之運命。悉繫於巴黎一城。此自古及今。未或有改者也。夫欲行中央集權。使圓滿而適當。則必有强大之主權。精悍之官吏。有力之軍隊。若此者。惟君主政治爲最宜。故法國雖當兩拿破侖及麥馬韓爲大統領之時。其表面則裝示共和政治之美名。其實質則與君主政治無毫釐之異也。

若夫瑞士則異是。其人民自數百年以來。既於村落而有自治體裁。其市府之舊憲法。皆略帶貴族政治之性質。無論何市府。皆於行政小會議之外。別有立法之大會議。其在村落。人民皆有直接參政之權。每年集會。以多數之決議。制定法律。任命高等官吏。

以故千八百九十五年創建共和以後雖蒙外界之影響未能實行而歷時未久遂克改良傳今不替盖其先天所受者與法國殊異也

伯氏又曰。共和政體之優於他政體者有五端。(一)養成國民之自覺心使人自知其權利義務且重名譽也(二)使人民知人道之可貴互相尊重其人格也(三)以選舉良法使秀俊之士能各因其材以得高等之地位而因以獎厲公民之競爭心也(四)凡有材能者不論貧富貴賤皆得自致通顯參掌政權以致力於國家也(五)利導人生之善性使國民知識可以自由發達而幸福日增也以故苟為國民者能於共和所不可缺之諸德具足圓滿則行此政體實足以培養愛國心獎厲民智馴至下等社會之衆民其政治思想亦日發達以進於高尚美哉共和

雖然。天下事之結果每不能如其所期雖以最適於共和之美國而其政治社會之趨勢猶有與此諸德適相背馳者二事一曰賤視下級之國民也同為公民同有自由平等之權利。但使其教育程度在社會水平線以下者。一律蔑視之。不獨待烟剪人黑人為然也。凡與彼輩在同等之位置者莫不有然。(按)觀其待華人可知矣此亦平等主義萬難實行

之徵證也二曰猜忌非常之俊傑也凡國民之門第學識聰明才力資產挺出於社會水平線以上者。率爲公衆所嫉忌而不得自效於政界懼其含有君主貴族之餘質而將以傾覆國憲也。（按）此論最確。凡美國第一等人物。皆不入於政界。此其原因甚多。伯氏所言。不過其一端耳。吾所著新大陸游記。研究此問題頗詳。今不先贅。但現在帝國主義之風潮漸急。雖美國亦漸革此惡習矣。故共和政體者最適於養中等之人物齊國民之程度而爲一者也」

伯氏又曰共和政體爲國民謀普通之利益則有餘謀高尙之幸福則不足如設學校治道路獎慈善等事。共和政所最優也。至如文學哲學美術等高尙事業雖百計獎厲而發達總不能如其所期。夫此等無形之文明尋常政治家或不措意焉而不知此乃導進人格獨一無二之法門如美國者崇拜實利之主義過甚國民品格之墮落亦滔滔滋可懼也

伯氏又曰。共和政體之最缺點者使其政府如一機器然循軌自動幾無復有活潑之意識行乎其間彼以防弊故。不能不用牽制之法。故選舉更迭。爲此政體所不可缺之一要具以屢更迭故執政者之地位常不鞏固以不鞏固故無餘裕以練習政務以通覽大勢以養成完全大政治家之資格何也。凡入政界者必經一二年後乃能增進其

政治能力漸有所擘畫爲國家百年大計而實行此計畫又往往非數年之力不能而瓜代之期已至矣後任者之能否繼吾志而竟吾業非所期也故人人各存五日京兆之心而於國家有機體之永續發達所窒實多矣

伯氏又曰置多數之常備軍此共和政體之所大禁也夫常備軍者外之以發揚國權內之以保維秩序實國家之要素也而在共和政之國以嫌忌專制故懼此兵權所屬將爲多數人民自主之蟊賊也故其勢不得不代以民兵民兵者其於警衛守禦之力雖不可侮然以視素練之常備軍固有間矣故他日者世界進於大同戰爭之跡絕於天壤則共和政誠爲立國之極軌今則猶非其最適而最優勝者也

按伯氏所論大半就美國現狀而評隲之其語固動中肯綮但末兩條則今日情狀大變矣美國自麥堅尼以後實行帝國主義至重新解釋憲法增加中央政府之威力於是社會中最高流人物漸投身於政界而西班牙戰爭以來擴張軍備之志日以銳今年總統羅斯福巡行全國所至演說皆注重軍實於是此兩缺點皆漸去矣此亦共和政體之一進化也

又按伯氏所論共和政體之價值。可謂博深切明。然猶有未盡者。頃讀德國伯林大學教授波倫哈克所著國家論。有足以相表裏者。附譯如下。波氏者。比較法制派之鉅子。原書以千九百九十六年出版。日本早稻田大學校於三月前譯出。實最新之學說也。

波氏曰。國也者何也。以平衡正義。調和社會上各種利害衝突之一團體也。（按）其意謂社會各種小團體。其利害勢不免衝突。必賴有一大團體。超然立於其外以調和之。即國家是也。而在彼共和國。則其統治之主體（按）即國家與其統治之客體（按）即國民同為一物。舍人民以外。則國家之要素。他無復存。（按）君主之國。亦非不以人民為要素也。而人民之外。尚有他要素。若英國則合君主貴族平民三要素而成國者也。原文詞簡意賅。翻譯殊窘。讀者諒之。夫無論何國。其社會上宗教上民族上及其他種種關係。莫不錯綜分歧。此之所利。或彼之所害。利害抵觸。而必有衝突。此等衝突。即由人民本體而發生者也。以本體所發生之衝突。而還欲以本體調和之。是無異使兩造之鬥訟者。而自理曲直也。天下困難之事。孰過於此。君主者則超然於此等種種利害關係之外。而代表大團體之國家。以調和之者也。所貴乎有國家者。其目的莫大於是。而君主國之達此目的。與民主國之達此目的。其難易判然矣。(按)古今政治學者。論國家之目的。言人人殊。波氏謂國家爲正義平衡之源泉。以調和國內種種利害而融合之爲目的。是其創見。亦篤論也。學者不可不深察。以是之故凡共和之國家大率革命相尋使法制失其永續之性而幾於不國殆非無故

共和政體惟有一種結構特別之國家可以行之而無弊其結構云何則奉同一之宗教集同一之民族其社會上各種利害之關係不甚衝突而其最要者曰國境甚(按)此指南美洲各共和國言也。詳見下文。狹苟具此資格而結成一小共和團體者夫然後可以持久瑞士之各村落各市府美國獨立以前之各州是其模範也(按)今之美國。國境甚遼闊。而仍能行者。其根柢全在各州也。吾所著新大陸游記。言其性質頗詳。在此等結構之國其國家自減縮其行動之範圍而一以放任之於私人其人民之監督公共事業也亦無鞭長不及之患而自治制馴致鞏固則共和可以行之數百年而大紛擾不起焉而不然者種種階級互相懸隔貴族與平民鬩資本家與勞動家鬩甲族與乙族鬩甲省與乙省鬩於此之國而欲行共和政以圖甯息是無異蒸沙以求飯也

夫共和國者於人民之上別無獨立之國權者也故調和各種利害之責任不得不

還求之於人民自已之中必無使甲之利害能强壓乙之利害而諸種之關係常克相互平等而自保其權衡若此者惟彼盎格魯撒遜人種富於自治性質常肯裁抑黨見以伸公益以故能行之而綽綽有餘若夫數百年卵翼於專制政體之人民既乏自治之習慣復不識團體之公益惟知持箇人主義以各營其私其在此等之國破此權衡也最易既破之後而欲人民以自力調和平復之此必不可得之數也其究極也社會險象層見疊出民無甯歲終不得不舉其政治上之自由更委諸一人之手而自帖耳復爲其奴隸以圖性命財產之安全此則民主專制政體所由生也(按)民主專制政體之原因結果下文詳之

又別有一種之國家其於享受共和政之資格雖一不具以多數土著人種爲基礎。而少數之歐羅巴人立於其上。而此少數者亦未嘗有政治思想及其能力。純然爲一不秩序之社會若此者自當以君主專制政體爲最宜者也雖然以其爲殖民地之故欲置立君主而無歷史上之基礎乃不自量而妄效美國侈共和之美名(按)此指南美洲中美洲諸國也。雖然彼高尚完美之共和制與此等之國程度不相應以故累衝突以衝突重革命以革命而彼之所謂革命者又非起於人民之萬不得已也徒爲二三霸者之私鬥而已一勝之將假共和之形式以箝畜其民不旋踵而他將代之起仆興亡迄無甯日國民進步之障礙莫大於是

波氏又曰因於習慣而得共和政體者常安因於革命而得共和政體者常危請言其理夫既以革命之力一掃古來相傳之國憲取國家最高之目的而置之於人民仔肩之上矣而承此大暴動之後以激烈之黨爭四分五裂之人民而欲使之保持社會勢力之平衡此又必不可得之數也於斯時也其勢力最猖獗者即彼鼓吹革命率先破壞之一團也而此黨派大率屬於無資產之下等社會其所舉措往往不利於上流作始猶簡將畢乃鉅其力既無所限制自必日走於極端而遂取滅亡彼曷爲而致滅亡夫既已自紊歷史上之權利自傷政權之神聖一旦得志而欲以我新獲之權利造成歷史的之根柢雖百般擁護未有能濟者也於是乎社會階級之爭奪遂相互迭起而靡有窮（按）自此以下數節。大率皆借法國立論。其性質與南美諸國略異。爭奪之極其得最後之勝利者則彼從事中驚起之富豪階級也然彼等雖勝利而已厭政權。何也。當彼之時。其握政權者常危殆也。彼等欲得政治上之權利。不過以保其生命財產之安全云爾。其既得之也。則必孳孳然復自營其生計。不惜出無量之代價以購求平和。而社會棼亂疲敝之既極。非更有獨立强大之主權。則終不能以奠定。故君權思想之復活。實剝復之道所必至也。然歷史上之國家。既已覆滅。今欲使一姓再興。重復其舊。則其結果更釀百弊。欲別擁新主。而無一人可認其固有之權利。即勉戴之以行君主議院制度。終覺其主權微弱。不足以救濟沈痼瘡痍之社會也。於是乎民主專制政體應運生焉。若此者於古代之羅馬見之。於近世之法蘭西見之。

民主專制政體之所由起。必其始焉有一非常之豪傑。先假軍隊之力。以攬收一國實權。然此際之新主治者。必非以此單純之實力而能爲功也。而自顧已所有之權利。以比諸他國神聖不可侵犯之君主。而覺其淺薄無根柢也。於是不得不求法律上之名義。即國民普通投票之選舉是也。彼篡奪者。（按）即所謂一非常之豪傑既已於實際掌握國權。必盡全力以求得選。而當此全社會渴望救濟之頃。萬衆之視線。咸集於彼一身故常以可驚之大多數歡迎此簒奪者而芸芸億衆不惜擧其血淚所易之自由一旦而委諸其手又事所必至理所固然也何也彼時之國民固已厭自由如腐鼠畏自由如蠍蛇也

此簒奪者之名無論爲大統領爲帝王而其實必出於專制彼時之民亦或强自盧飾謂我並非以本身之權利盡讓於此一人而所定憲法亦常置所謂國民代議院謂以此相限制也而實則此等議院其權能遠在立憲君主國議院之下何也君主國之議院代表民意者也君主而拂議院是拂民也此等之議院則與彼新主權者（即簒奪者）同受權於民而一則受之於各小部分一則受之於最大多數故彼新主權者常得行長官之强權不甯惟是議院之所恃以對抗於彼者賴憲法明文之保障耳而彼自以國民驕子之資格可以隨時提出憲法改正案不經議會而直求協贊於國民權利之伸縮悉聽其自由故民主專制政體之議院實伴食之議院也其議院之自由則貓口之鼠之自由也

君主專制國其諸臣對於國民無責任惟對於君主有責任（按）君主對於國民本非無責任也然其責任不分明

故馴至於無。君主立憲國君主無責任惟議院政府諸員（按）如英國之制。政府即議院之多數者也。故兩者並擧。對於國民而代負責任。獨民主專制國不然惟民主（按）波氏所謂民主者兼大統領及帝王言之拿破侖兩帝亦此類之民主也讀者勿誤對於國民而負責任他皆無之雖然所謂責任者亦不過憲法上一空文耳夫既已以永續世襲之最高權委託之於彼此後而欲糾問其責任則亦惟視其力所能及更破壞此憲法而移置其主權耳質而言之則舍再革命外無他途也要之此專制民主猶在而欲與彼立憲君主政體之國民與純粹共和政體之國民享同等自由之幸福勢固不能

譯者曰吾心醉共和政體也有年國中愛國踸踔之士之一部分其與吾相印契而心醉共和政體者亦既有年乃吾今讀伯波兩博士之所論不禁冷水澆背一旦盡失其所據皇皇然不知何途之從而可也如兩博士所述共和國民應有之資格我同胞雖一不具且歷史上遺傳性習適與彼成反比例此吾鄙所不能爲諱者也今吾强欲行之無論其行而不至也即至矣吾將學法蘭西乎吾將學南美諸國乎彼歷史之告我者抑何其森嚴而可畏也豈惟歷史即理論吾其能逃難耶吾黨之醉

共和夢共和歌舞共和尸祝共和豈有他哉為幸福耳為自由耳而孰意稽之歷史乃將不得幸福而得亂亡徵諸理論乃將不得自由而得專制然則吾於共和何求哉何樂哉吾乃自解曰犧牲現在以利方來社會進化之大經也吾盡吾對於吾子孫之義務吾今之苦痛能無忍焉而彼歷史與理論之兩巨靈又從而難余曰、南美諸邦人之子孫藏其自由鐵券於數十層僵石之下誰敢定其出世之當在何日也曰、法蘭西自一七九三年獻納犧牲以後直至一八七〇年始獲饗焉而所饗者猶非其所期也今以無量苦痛之代價而市七十年以後未可必得之自由即幸得矣而汝祖國更何在也嗚呼痡哉吾十年來所醉所夢所歌舞所尸祝之共和竟絕我耶吾與君別吾涕滂沱吾見吾之親友昔為君之親友者而或將亦與君別吾涕滂沱吾見吾之親友昔為君之親友而遂顛倒失戀不肯與君別者吾涕滂沱嗚呼共和共和吾愛汝也然不如其愛祖國吾愛汝也然不如其愛自由吾祖國吾自由其終不能由他途〻回復也則天也吾祖國吾自由而斷送於汝之手也則人也嗚呼共和共和吾不忍再汚點汝之美名使後之論政體者復添一左證焉以詛咒汝吾與汝長別矣。問者曰。然則子主張君主立憲者矣。答曰。不然。吾之思想退步。不可思議。吾亦不自知其何以銳退如此其疾也。吾自美國來而夢俄羅斯者也。吾知昔之與吾同友共和者。其將唾余。雖然。若語於實際上預備。則不在多言。顧力行何如耳。若夫理論。則吾生平最慣與輿論挑戰。且不憚以今日之我與昔日之我挑戰者也。吾布熱誠。以俟君子。

四 論主權

主權者。一國精神所由寄也。故論國家者。必明主權。伯倫知理之論主權。其要有五。

一 主權者。獨立不羈。而無或服從於他種權力者也。（原注）獨立不羈。與無限殊科。勿混視。

二 主權者。國家之威力也。宜歸於人格之國家及國家之首長。其餘地方團體及法院議院等。皆隸於國家之一機關耳。於主權無關也。

三 主權者。至尊者也。「主權者」據之以立於國內所有一切權力之上。

四 主權者。統一者也。一國中不能有二箇主權。（原注）主權之統一。在君主國最為易見。在其他種政體。亦莫不然。如共和政體。則國民全體為其主權者。貴族政治。則貴族會議為其主權者。英國之立憲政治。則國王與議院連合而為其主權者。是其例也。

五　主權者有限者也主權有受成於國法之權利即有受限於國法之義務

伯氏之論主權。所以駁正平丹盧梭二氏之謬。而求其眞相者也。其有功於國家學也最鉅。平丹（法國人生十六世紀）之言曰。『主權者無窮無限之國權也』又曰。『法律依於「主權者」（即運用主權之人）而得其効力。「主權者」非依於法律而得其權能』此說也。以國家之首長與國家之全體混爲一談。路易第十四「朕即國家」之謬論所從出也。其說久已吐棄。茲不待辨。盧梭之言曰。『主權不在於主治者。而在於公民。公民全體之意嚮。即主權也。主權不得讓與他人。亦不得託諸他人而爲其代表。雖以之交付於國會。亦非其正也。社會之公民常得使用其主權。持之以變更現行之憲法。改正古來成法上之權利。皆惟所欲。』伯氏以爲盧氏之說欲易專制的君主主權而代以專制的國民主權也然專制君主主權流弊雖多而猶可以成國專制國民主權直取已成之國而渙之耳外此更有所得乎無有也夫謂主權不在主治者而在公民全體公民全體之意見既終不可齊終不可覩是主權終無著也主權無著而公民中之一部分妄曰吾之意即全體之意也而因以盜竊主權此大革命之禍所由起也公民之意嚮屢遷而無定寖假而他之一部分又妄曰吾之意即全體之意也而因以攻擊主權此大革命之禍所由繼續也伯氏所以斷斷焉與盧氏爲難者其意在是乃更爲申言主權之原則如下

一　主權既不獨屬君主亦不獨屬社會不在國家之上亦不出國家之外國家現存及其所制定之憲法即主權所從出也

二　或謂社會爲私人之集合體主權即爲私人之集合權其言謬甚主權者公權非私權也雖合無量數之私權不能變其性質使成公權

三　或謂一民族相結合雖未具國家之體裁亦可謂之有主權此說亦非也彼民族者未能成爲一「法人」（謂法律上之人格）未有形不具而腦先存者也故有主權則有國家無國家亦無主權

五　論國家之目的

伯倫知理曰自昔論國家目的者凡有兩大派其在古代希臘羅馬之人以爲國家者以國家自身爲目的者也國家爲人民之主人凡人民不可不自犧牲其利益以供國家其在近世日耳曼民族則以爲國家者不過一器具以供各私人之用而已私人之

力有所不及者始以國家補助之故國家之目的在其所屬之國民由前之說則謂民也者爲國而生者也由後之說則謂國也者爲民而設者也伯氏則曰兩者之說皆是也而亦皆非也夫天下之事物固有自一面觀之確爲純粹之器具自他面視之又確有其天然固有之目的者存即如男女婚媾其顯證也就其夫婦相愛之情欲言之則婚媾實一器具也就其居室大倫傳種義務言之則婚媾實有其至大之一目的存惟國亦然

以常理言則各私人之幸福與國家之幸福常相麗而無須臾離故民富則國富民智則國文民勇則國强是此兩目的不啻一目的也雖然若遇變故而二者不可得兼各私人之幸福與國家之幸福不能相容伯氏之意則以爲國家者雖盡擧各私人之生命以救濟其本身可也而其安甯財產更何有焉故伯氏謂以國家自身爲目的者實國家目的之第一位而各私人實爲達此目的之器具也

雖然伯氏之論常無偏黨者也故亦以爲苟非遇大變故則國家不能濫用此權苟濫用之則各私人亦有對於國家而自保護其自由之權理云

案天道循環豈不然哉無論爲生計爲政治其胚胎時代必極放任其前進時代必極干涉其育成時代又極放任由放任而後爲干涉再由干涉而復爲放任若螺旋焉若波紋然若此者不知幾何次矣及前世紀之末物質文明發達之既極地球上數十民族短兵相接於是帝國主義大起而十六七世紀之干涉論復活盧梭約翰彌勒斯賓塞諸賢之言無復過問矣乃至以最愛自由之美國亦不得不驟改其方針集權中央擴張政府權力之範圍以競於外而他國更何論焉夫大勢之所趨迫其動力固非在一二人然理想之於事實其感化不亦偉耶若謂盧梭爲十九世紀之母則伯倫知理其亦二十世紀之母焉矣

（完）

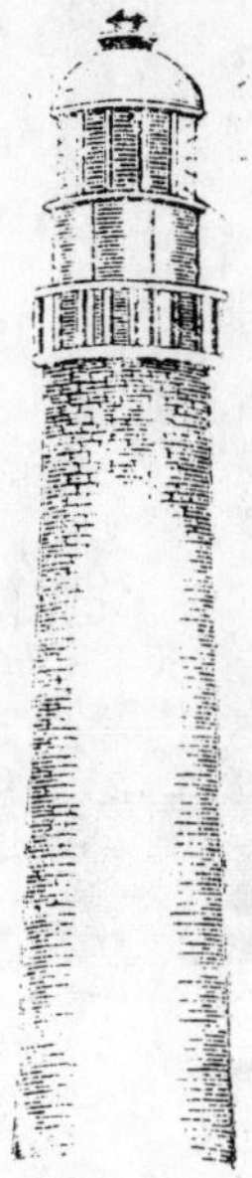

極東問題之滿洲問題（續三十七號）

觀雲

俄人再營黑龍江之事

世界水陸兩大國英負海而俄負陸至十九世紀中葉咸東向以逞其膨脹之勢而英由海以闖中國之南方俄即由陸以包中國之北部當英人之與清人交戰開五口通商得享有貿易之權利也歐洲傳聞此事咸以東方一片乳滴蜜流之土地可任人啖而食之而「征服極東征服極東」之聲喧騰於全歐之野而俄人於此亦復然其東向之心以彼立國於波羅的海黑海兩方面其海口均爲他國所扼守故不易逞其海上之雄心而陸地廣大曼衍以達亞洲之東遂因地勢而欲蠶食東方之土地以控制東海此固本於其國之形勢而然也

雖然東方之事與俄之本國地勢遠隔非得有其才足以獨當一面之人物則不能以告成功此固俄人之所熟思而審慮之者然而時會至而英雄生俄皇於沈觀默察之餘遂以此重任畀一堅忍剛果精練敏活之知事摩拉罷夫當千八百四十七年十一月俄皇尼古剌士賜摩拉罷夫謁見而命之曰朕授卿以東部西伯利亞總督之任其於彼得堡可速講究處置西伯利亞重要之問題以聞摩拉罷夫因悉研究其關職務之事於一千八百四十八年之始出發摩拉罷夫之一行而俄人於黑龍江之事遂得告成功矣

摩拉罷夫之政策以爲太平洋者將來必爲世界權力之首要點故俄國當亟擴張其勢力而得一有力之根據地與對岸之北美合衆國相提携又英國所從海上得於中國之貿易俄國可從陸上盡排斥之而使之衰又俄國當竭力以謀殖民地之發達如是皆不可不振興東部西伯利亞而欲振興東部西伯利亞不可不得黑龍江欲得黑龍江不僅保守其河源不可不兼幷其河口附近之地以爲立海軍根本之所而摩拉罷夫即以能達此目的爲其一己之責任深惜從前俄人棄其所已得之土地（指尼布楚條約）

爲大失計而欲恢復其昔日所失敗之事又非徒有此見地而已也其精力實能伴其識見而告其事之成功故俄人稱摩拉罷夫爲有學識與手腕合幷之傑物雖其所施爲者惟知有俄國皇家未脫專制國一般官吏之習氣然獨能持進步主義而有容人之量當時流竄於西伯利亞之革命黨多厚待之或列其幕中若著名之革命文士拔庫尼氏者亦禮之爲上賓焉拔庫尼氏平日之議論盛唱改革欲於西伯利亞建設合衆國與太平洋對岸之亞美利加合衆國同盟其言之驚人類如是而摩拉罷夫深重之其量可知矣

按摩拉罷夫之効忠於俄皇也。在盡其心於事業之間而不屑爲小臣之媚悅以固其榮寵者若近日中國之貴官。於國事民事曾不關心而惟知捕獲新黨以自要結於朝廷而保全其祿位則其人不免爲鄙夫而其事亦不出小人之所爲也

摩拉罷夫於其在任期內。自黑龍江拓地。以達於朝鮮之海岸。而使俄人於東太平洋。發展其膨脹之勢。其後古祿台可夫者亦以極端之排英主義著稱於黑龍江。然爲俄人立黑龍江根柢之業者必以摩拉罷夫爲稱首

當日俄國者既注目於東太平洋至不惜出鶩遠荒寒之西伯利亞以求遂其所大欲而與英國若賽走然各求早達於極東之一的而分異日之雌雄而國於太平洋岸操控制太平洋之形勢若中國者則被壓於政府之下其上昏昏其下亦遂嬉嬉于人國之所經營熟視而無所覩盖一則已警天曉起舞於演臺之上而一則尚在夜午鼾沈於寢幕之中嗚呼此所以馴致有今日之禍而以富天產扼形勝之巍然一大國爲列國之所制而不能自存推其故固由朝廷之不明而不早知自振焉耳

清政府既不知自振而其國運屢瀕於危然清國陷於危難之境正俄人所視爲機會而得遂其掩取之心方滿人之外逼於英法而內困於洪楊既無暇用意於北方廣漠之邊境而俄人乃悉蹂躪其尼布楚之條約日日拓闢其彊土而無所顧忌至千八百五十八年五月。與清廷結愛琿條約三章。而自額爾古納河至黑龍江左岸一帶爲俄人所暗侵橫奪之地。遂悉承認爲俄有。又乘英法聯軍之入北京。清帝出奔。英法二國。欲遂否認滿政府而掃除之。然俄人則利滿人之愚而易欺。不便英法二國之所爲。欲仍扶持滿人爲中國主。而俄人得乘間爲盡盬取中國之計。乃出而斡旋其間。以仲裁自任。而勸英法仍認滿政府。與訂和約取利而歸之爲得計。而於滿人之前。則示其大恩曰微我爾固已亡國矣今復有此是皆我之賜也不可不有以報償我乃復與結約十五條世所傳爲北京之條約也時在千八百六十年十一月。照此條約俄得有烏蘇里以東之地。復得有達爾哈斯坦天山南路之一部地。而於是年七月二十日。俄人所占領之浦鹽斯德。亦爲北京政府所承認。其後遂營爲俄人東方海軍之根據地至是而俄人征取黑龍江之計畫畧已完全嗣後當由黑龍江以進入於滿洲之全部此俄人於十九世紀中葉以後再營黑龍江而得勝利之事也

黑龍江事結論

要之黑龍江之事畧可分爲三段。於清俄交涉開始。至結尼布楚條約。爲最初一大段事於此一段之中。清方開國而俄乏東爭之力清人之勢力强於俄人雖然俄人經營之能力已於此見其萌芽覽此歷史也令人俯仰於盛衰之間與感無窮而又知定爲國之方畧不可退守而當務進取之思使清人而用進取之策則當國勢方强之日豈僅此黑龍江爲必保守之地進而并吞東部西伯利亞以進西部西伯利亞而以亞洲

之勢力擴張於歐洲之方面則非特能繼起成吉思汗之功業而以今日歐人之取攻勢以捲入亞洲乃於數百年前亞洲人先取攻勢以捲入歐洲雖或未能吞幷歐洲之全土而固足以濟歐洲今日之來勢矣且也國務進取則人心之間咸有朝氣即當外患之來又易悚其心而可圖變法自强之計即如彼俄人者其政治亦未盡文明然而能與列强比抗而成爲世界之一强國者無他彼固自祖宗累代以來以進取爲惟一之政策故能膨脹如今日耳而觀當日之清廷者自尼布楚結約之後以爲累世可以無事而視區區界約之一片石以爲黃河若帶泰山若礪天長地久共不滅者遂欲偷安食息以坐享太平豈眞如歐人所詆黃種人固以保守爲其特別之性質耶又烏能不懷想當事而太息弔古於無已耶至尼布楚結約以後。爲清俄休息邊境無事之時代。又自爲一段落。而此一段中。無大事實。則亦不足敘述之。至十九世紀中葉俄人乘時會蓄大志東向而欲恢擴其勢力而其間俄人所爲之事成敗利鈍悉與其首一段事相反而滿人不稍有抵抗力於其間任其蠶食鯨吞日長炎炎且靦拱手以讓之而其禍水遂濫觴於黑龍江以浸及滿洲而有瀰漫東亞天地之勢其間與滿人相交涉者有愛琿之約有北京之約至其後以清日戰爭俄得乘機逼日本之返還東而示恩於清人得結喀希尼之條約則其用意已全在滿洲之全部而不當僅屬於黑龍江之事要之滿洲之事其開端實由於黑龍江而區黑龍江之事迹言之則最初一段清勝干俄中間一段平和無事最後一段則俄人得全獲勝利者也是黑龍江清俄交涉之概略也

今者俄人之於黑龍江非獨變其圖上之顏色已也又總稱滿洲地方而起沙毋爾之新名詞蓋後黑龍之義而於滿洲地方之軍隊與黑龍軍團相對而稱爲後黑龍軍團蓋擴黑龍江之權力以及滿洲也噫覽黑龍江水之滔滔暮濤寒烟依然終古而人事遷流何其代謝興亡之速也又能無棖人憑弔之感乎系之詩曰

斯塔諾威翠埽空　室韋河畔易秋風
銅標界石無殘影　大鷲旂飜夕照中

琿春城外之沙草峰。爲清俄韓三國交界之處。昔年吳清卿依堯山議界時。以此爲清國地。其後於長嶺子建一銅柱。又於烏蘇里一帶樹立界石。義和團變後。銅柱界石。悉爲俄人撤去。清國固不問也。

黑龍江之金鑛

俄公爵黑鳩氏之言曰世人以西伯利亞之地終年被鎖於冰雪僅以一般放逐之罪囚爲住民者此屬想像上謬誤之言也西伯利亞南部者其天產物之豐富不亞於加拿大而其形勢亦與加拿大相似此言也實惟黑龍江之地足以當之當日俄人有作黑龍江旅行記者傳於俄國中讀者皆心醉其山川風物而願一游其地以爲快夫以天然饒富之地而住其間者皆屬野蠻種族蠢蠢然一無所發掘而留其完富以待人故凡農產牧畜植林航運等皆可爲非常發達之謀而其中最重要而有利者尤莫如金鑛之一事

俄人之着手黑龍江也固以爲一大寶藏之窟觀於俄皇尼古剌士任摩拉罷夫以經營黑龍江之事也而命之曰使黃金之出產發達弊政改革講究關係貿易之事其所注重者凡三端而以發達黃金之出產爲其第一事然則埋藏於黑龍江地下之黃金俄人果抱何等之慾望乎中國黃金遍地故各國皆垂涎鑛產

滿洲全部之鑛產棊布星羅而其中爲金鑛者尤多其間探檢調查而知其道路之遠近鑛質之良否者各國人所知皆不及俄國鑛山技師之詳中國人嚮懸開鑛爲厲禁

昔時若封禁鑛山之事且書之於史冊上以爲美談積非成是遂以發鑛爲有害閉鑛爲有益凡有佳鑛請於官府官府必禁之即官府許之而本地之紳士亦必禁之此誠中國牢不可破之守舊風俗也雖然若滿洲各處之金砂浮溢小民以利之所在有不禁自相掏取者故雖以不貪夜識金銀氣之政府亦不能不伴時勢而幾處鑛脈見棨之處遂亦從事開掘於其間今試略擧其所已開之鑛而爲記憶之所能及者而言之。如屬鴨綠江之流域有二道溝三道溝之金砂。三姓附近有砂金山產額饒多。黑龍江岸。從松花江之會流點。泝三十餘里有觀音山金鑛。太平溝金鑛。更泝二百餘里。於清俄交涉史上有名之雅克薩城。於其對岸相距不遠之地有漠河金鑛。以產額多而鑛質良。稱爲中國第一之金鑛。又泝江於額爾古納河之會流點數里有奇乾河金鑛與漠河產同質著名。以上若干之金鑛。欲悉其年年幾何之產額。則清國財政例無詳細之統計。而於距二十年以前。（光緒九年）據滿洲就地所記。黑龍江省總產金額八百五十三貫九十兩一分八厘。合時價四百三十三萬一千八百三十三佛。以後產額之增加。必與年俱進者可知。然黑龍江鑛務局所管理之漠河奇乾河觀音山風潤等處。其產金額。反甚減少。於光緒廿三年直隸總督王文韶所報告前年之採取額。不過平銀七十四萬九千四百四十七兩餘。試合前之產額而比較之。可謂統計上一大奇事。然中國督撫本不知財政爲何物。或且并前後之統計而不知。但以一報塞責。而政府亦委之不問。據通黑龍江鑛事情形者。謂其產額決不下二百萬兩上下。且據漠河之一鑛以推。從開始以迄當時。其產額實異常增加。工人已用至七千人以上。以一人一日五兩以上之採額計。一年之總金額。其時價當有二千五百萬佛以上。然而報告之產額。懸殊如是。是固不待明言。入於中國官吏役員之私囊。而又爲鑛夫之所竊取。如是而已。是固中國之習慣。而毫不足爲異者也。方漠河開設金鑛之始。定議以採金所得者十成之六爲工料。四成歸政府。而政府從所得之中。以十成之六爲鑛所住在兵丁之軍餉。因是而得養幾多之工人。及幾多之軍隊。其金砂輸送天津之機器局中。而其所用淘汰之機械。類多單簡。少新式者。故雖有佳鑛。未能充足其進步之量。此中國在黑龍江鑛產之大略情形也。

於義和團之役以前。黑龍江右岸清領之地。幾多防禦鑛產之軍隊。編制一種兵村。於江岸寥闊未開之處。兵營與人家相參差於其間。至經義和團之變。俄人得遂其用兵之慾。（俄國將校一度從軍得受特別之恩給終身不困於衣食故多主開戰論其兵卒每戰爭得以其所掠奪之民財爲私產故所過極亂暴）其兵入滿洲也。掠虜殘殺。所過爲墟。而於黑龍江之浩刼尤甚。鑛務局轉運部與愛琿之鎭守。皆爲俄兵付之一炬。江岸幾多豐富之金鑛。皆爲其所掠奪。而移各鑛之本部於武府。昔日所垂涎之鑛產爲渡江密採之計者。至是不費一毫之償價。而得公然占領之。以爲已有。中國投入幾多巨大之資本。俄國不待聲謝而收受之。其一得一失之間。中國之損害。可謂之巨而俄國之蠻暴。亦可謂之極矣。俄人之得鑛產也。當與西伯利亞各屬之鑛產同編爲俄國帝室之所有。昔摩拉罷夫經營西伯利亞時。曾設帝室御料鑛山而編制罪人及奴隷爲坑夫。蓋俄人固以鑛山所爲國君之產也。其所有砂金。當與西伯利亞之產金同爲政府所買入。俄人之于西伯利亞已得告鑛產事業之成功。而以用於西伯利亞之法。移而用之於黑龍江。其鑛事之日益發達。可無疑。計現時俄人於黑龍江沿岸及其他所採取之砂金所及金鑛。已共二十一所。使用鑛夫達十萬人以上。其採取之金。悉送伊爾古斯科冶金所。而其產額及價値。極關秘密。除當局之外。殆無一人能知之。然其多量之額。及每歲增加之勢。自可推知。其鑛業之厚利。前途殆未可量。又自黑龍江及額爾古納河之右岸。即興安嶺橫斷之地方。其未經開掘之金鑛尙多。此誠寶富之無盡藏也。俄人既以鑛產爲重大之事。故前迫黑龍江將軍薩保。訂關鑛山特別之契約。而滿洲密約中。又提議關於鑛山特別權利之規定。而近聞東淸鐵道會社。關黑龍江吉林兩省之炭鑛。又與淸國結十二條之條約。其重要之項。有該會社於鐵道線路之兩側三十俄里以內。得有炭鑛開採之權利。又於此地域外。該會社願開掘炭鑛者。對他之出願人有優先之權。又若他會社於該會社之優先域內。欲採掘炭鑛者。中國政府。不可不先告知該會社。又該會社於有特權之地域外有時有欲開採之炭鑛者。遵守淸國之鑛山條例。得開採之。此條約成。而沿東淸鐵道之炭鑛。已全落其手中。彼俄人之經營極東方。以之石炭一事爲大慮。若鐵道瀛船。一旦臨開戰之時。而炭量不足。則已立於失敗之地。日俄用兵。其計算勝負各條中。亦多加入石炭來源之一條。而以俄人艱于購炭。爲其欠點之一。

按俄人在西伯利亞所用之石炭量。於瀛鑵車停車塲工塲等。計算昨年度消費額。

共千七百萬盧特。（二十五萬五千噸）今年度預算二千萬盧特。（三十萬噸）此等石炭之產所。悉由於多木斯科之 Sudschenka 及伊爾古斯科之 Tscheremchow 二炭山。別有烏拉爾炭產。以多硫黃不合於用。夫以西伯利亞爾許之長道而供給石炭者僅二所。無事之時。可從他國買入。有事之時。危險蓋莫大焉。今秋有人從旅順歸者據云。當地貯藏之石炭額。不出三萬乃至四萬噸。是果得供幾月之燃料乎。一旦開戰。日本炭不能購出。即欲購英德諸國之炭。亦恐多不能得。俄所恃者惟清國之開平炭。是亦非清國所願。俄人惟以威力逼之而後可。然鐵道之貨車一輛積十五噸。廿輛連結。僅一回三百噸。而連接發如許之大列車。專爲運載石炭。必至妨兵士糧食運輸之事。俄人知石炭需用之要。不能仰給於外人。故亟亟從事開掘。去年於去奉天府五十哩。得一炭鑛。炭質良好。產額亦多。云至來年西六月頃。一日之採掘量可至千噸以上。俄人之注意炭鑛。蓋可知矣。

故俄人之經營東方也。於金鑛之次。尚注重於炭鑛。而在黑龍江者則金鑛之天產尤富。故俄人首視爲利窟。此俄人在黑龍江鑛產之大畧情形也。

吾聞日本人之言曰。滿人之嚮有滿洲也。天予之富地也。然而不能利用之。藏寶於地則其終必爲他人之所有無疑也。然則立國於十九二十世紀之頃。既有土地矣。不能經營而發達之。亦終必亡而已。又豈獨滿人之於滿洲而已乎

附攷拔庫尼氏事畧　俄人拔庫尼氏者。虛無黨著名之一人。少時入聖彼得堡砲兵學校卒業。爲砲兵少尉。駐於波蘭。目擊俄政府抑制波蘭之慘。心惻然憫之。反與波蘭人寄同情。而深悲亡國之人。僅二年。遂辭職而去。研求海盖爾之哲學。深造有得。因往柏林。訪海盖爾講學之地。與其門弟子交游。而與海蓋爾派之鉅子路蓋氏爲尤契。因爲路蓋氏所發行之雜誌撰述文字。已傾吐其革命之意見。旋游巴黎。復游瑞士。以德國語發刊共產主義雜誌。於巴黎之行波蘭革命紀念祭也。直往赴之。表示同意。而大振其演說。俄國出一萬盧布之賞格。購求其人。已而歐洲之一處有舉兵者。投入其中。爲敵所捕。已擬死刑矣。因俄政府之求引渡。遂執以與俄人。繫於俄國之獄中者八年。俄皇尼古剌士多其能文。命草自敍傳。由是頗異其待遇。得減獄中之困苦。能任意閱新聞紙。室中備洋琴。食事與典獄者同桌。至一八五五年。俄

皇歷山二世即位。以危險之大革命黨魁。不可留於國中。翌年。放逐於西伯利亞。是時總督東部西伯利亞者。爲摩拉罷夫。甚敬禮拔庫尼氏。保護無不至。庫拔尼庇於總督威權之下。行動極得自由。於遠征軍之下黑龍江也。託視察爲名。遂遁而至日本。以一八六一年末。至倫敦。大有著作。發表其意見。又多撰雜誌論說。於一八六三年。聞波蘭之舉兵。與同志共乘小舟。欲往赴之。不得達。至瑞典。因說諸州。令與俄開戰。然事無所成。去之丁抹。再至巴黎。轉至意大利。拔庫尼之行動。本以激烈稱。至是益走極端之無政府主義。而運動瑞士之國際黨。其說大行於瑞士西班牙意大利。刊行幾多之機關新聞雜誌。當時意大利分爲三派。一拔庫尼派。一瑪志尼派。一加里波的派也。於一八七六年七月一日。以病卒。其所著書。以俄文法文德文出版者甚多。於西班牙法國意大利。得占非常之勢力云。拔庫尼氏之學說。概言之。一共產主義（財本國有主義）二無神論。三無政府論。以能求得完全之自由與平等爲歸。而其作用。必先革命。其論革命之義務。曰凡纏綿於父母妻子朋友之愛情者。非丈夫也。一個人之利害之事故之感情之財產不可不供革命之犧牲世欲求完全之幸福而與革命寄同情者合乎道德者也妨礙之者無道德而有罪惡之人也其論革命之能事曰凡機械學物理學化學醫學皆不可不研究凡同一目的之人其性質位置及其在社會間所組織之事不可不細心觀察又當能爲上流社會人能爲商人社會人能爲僧侶能爲官吏能爲軍人能爲文人能爲偵探於何處中無不可入此其論革命之概略也又云欲造人間眞正之幸福者現在之制度無一物有可留遺於後世之價値政府然警察然議會然法律然無一非自由平等之妨害物吾人者不見有一物殘存之必要皆不可不破壞而改造之云云其如何厭世而取積極的行爲可知拔庫尼氏又信達爾文之說以人間爲由動物之變化而來而論之曰今人間之進化者不過漸時發展脫離其動物性而近人道而已又曰動物性者其出發點人道者其歸著點也又曰原人之與猿異者有二有思攷之能力有不肯阿從人之性故人性有三要素一動物性二思攷力三不阿從性也由第一故社會及個人之經濟從而起由第二故科學從而起由第三故求自由從而起其學說宏多具見於其所著書中玆舉其一斑而已

按無政府黨由政府而起者也。政府有種種不道德之事。而有一政府。即為一惡蘖叢積之所。由是大理想家起。以為政府可廢。而思所以代政府之事者。方得有完全幸福之日。而以是政府則欲保全其固有之權勢。無政府黨則欲推翻政府。以造其理想中所欲造之境。故無政府黨以政府為首惡。而政府以無政府黨為兇徒。龍戰于野。其血玄黃。其究竟之勝敗。果將歸於何者歟。是可以觀世變矣。

各國之受無政府黨之禍也。以俄國為劇。而英國為澹。英國於無政府黨素置不聞。倫敦一隅。即為諸亡命出入縱橫巢穴之所。而俄國則嚴警察。密偵探。重告發。廣株連。處以非刑。投之於闇黑臭惡之獄。而放之於魑魅冰雪之鄉。然而其報復也。皆若托倭夫將軍之事。然初虛無黨員某為政府所捕縛。被繫首都之獄中。於托倭夫將軍之前。未行脫帽之敬禮。托倭夫將軍憾焉。引之使出而棒擊之。虛無黨員某不堪痛苦。揚悲鳴之聲。獄中國事犯聞之。咸不忍。憤極。打破窗及鐵柵。獄吏又引喧騷之徒。一一笞之。血肉淋漓。閉之於暗室中。於是虛無黨人。切齒於托倭夫。誓必殺之。蓋用笞刑拷問。於一八六三年四月十七日既被廢。為國法所禁。而此復擅用之。為非

論著門　十八

法之濫刑也有賽紵麗一少女者（俄國虛無黨中多女子）耳其事不勝義憤之情遂訪托倭夫將軍之邸以一書呈將軍爲訴願狀乘其讀書之隙擊之中其腹部負重傷賽綷麗後以辯護士之力當事者動於輿論得以無罪放免。（按中國杖刑久廢。今歲有沈藎者。被捕於北京。太后命杖殺之。骨肉糜爛。宛轉哀號。閱二時許始斃。其慘不可言狀。此在中國人視之。固無若俄人之動義憤者。然各國傳述其事。無不詆爲蠻野無道之暴刑云。）歷山二世皇帝之飛血肉於爆裂彈煙塵之中夫非以惡感情往者以惡感情來歟　附識

（未完）

政治

中國古官制篇

官制議篇二十（續三十七號）

明夷

自劉歆僞作周禮。採太宰及五司之義。以爲六卿。立官之分司不清。一人之統馭太繁。夫分司不清。則空職難治。統馭太繁。則講求不精。散唐虞九官之制。敗三代九卿之法自茲始矣。其甚者天官之庶司百職。乃無一治國事民事之人。合此庶司百職。皆以奉一君。甚且六卿中六大六少之職。皆以奉君事神事爲主。其餘百官之專爲君事者。尙多。自是古所謂設官以治民者。則皆爲設官以事君矣。今以周官考之。天官之大名義。號曰掌邦治。以經邦國。紀萬民者。今考其屬。目宮正宮伯膳夫庖人內饔外饔烹人甸師獸人䱷人鼈人腊人醫師食醫疾醫瘍醫酒正酒人凌人籩人醢人醯人鹽人冪人宮人掌舍幕人掌次玉府內府司裘掌皮內宰內小臣閽人寺人內豎世婦女御女祝女史典婦典絲典枲內司服縫人染人追師屨人夏采五十官皆供奉人主之身無一及國事民事者春官之屬若司服守祧女祧世婦女史內宗外宗巾車典路車僕司常都宗人家宗人十三官夏官之屬若小子羊人司爟節服氏太僕小臣祭僕御僕隸僕弁師戎右齋右道右大馭戎僕齋僕道僕田僕御夫校人趣馬二十一官亦皆僅爲供奉人主之一身非有關于國事民事者又若地官之充人春官之鬯人雞人司尊彝司几筵天府典瑞典祀大卜龜人菙人簭人占夢太祝喪祝甸祝司巫男巫神士二十一官皆以事鬼神者凡此百有五官之職皆于民治無關于國事無預又冬官闕六十職則統周官所有但地官秋冬及夏官之半百七十五官爲治國事民事者耳夫以二官之半而統天下之事其闕略而不詳蒙混而不清以視古者九官之制分職淸而爲民切豈不懸哉然且六官之長貳皆以事神贊君行禮分其精神費其日力夫既有宗伯掌禮則一切祭祀喪紀贊君行禮用宗伯可矣然其于冢宰則祀五帝掌百官之誓戒與其具脩又帥執事而卜日誓戒及執事眂滌濯及納烹贊王牲及祀日贊玉幣爵之事享先王亦如之贊玉几玉爵大朝覲會同贊玉幣玉獻玉几玉爵大喪贊

贈玉含玉。小宰凡祭祀贊玉幣爵之事。祼將之事。凡賓客贊祼。凡受爵之事。凡受幣之事。喪荒受其含襚幣玉之事。宰夫掌以式法。掌祭祀之戒具與其薦羞。從太宰而眡滌濯。凡禮事贊小宰比官府之具。大喪小喪掌百官之戒令帥執事而治之。司徒則祀五帝。奉牛牲。羞其肆。享先生亦如之。大喪帥六卿之衆庶。屬其六引而治其政令。小司徒凡小祭祀奉牛牲。羞其肆。大喪帥邦役治其政教。大祭祀饗食羞牲魚。授其祭。大喪平士大夫。喪祭奉詔馬牲。小司馬之職。掌凡小祭祀會同饗射師田祭祀喪紀。掌其事。如大司馬之法。然則復何有餘日精神以鍊兵衆吏哉。大司寇若禋祀五帝。則戒之日涖誓百官。戒于百族。及納享。前王。祭之日亦如之。奉其明水火。凡朝覲會同前王大喪亦如之。小司寇于小祭祀奉犬牲。凡禋祀五帝實鑊水納烹亦如之。大賓客前王而辟后世子之喪亦如之。夫以六官之長貳萬務所集政事之繁如此而于祭祀喪紀之禮必有事焉又賓客朝覲會同師田軍旅本各有職任其職者專其事可矣而必使六官之長貳無一事不有分職以僕僕從事獘其精神于無益之僞文尚何暇講求于本職之中而求其精詳加之進化哉此眞孔子六經之所無而作僞于劉歆者無論其分職不清實不可解且必致相牽率而互諉何劉歆之不憚煩也自蘇綽仿其制而唐六典宋開寶禮因之凡一切祭祀朝賀喪紀會同皆使三省六官分任其事遂至今成爲定制吾在京師見京朝大官日從事于陪祀侍班救日求雨賓客會同之事雞鳴而起日昃而歸年已耄老精力頹憊還宅倦甚解衣復臥有人才而不能見有政事而不能理甚至有文案而不能盡識有書札而不能省視皆此行空文虛禮以累之夫以空文虛禮而累實政其爲愚謬亦甚矣以爲尊重乎求之孔子六經則無之其結托爲重典所從來則僞周官之造因爲之也故今之師尹長貳雖正直自好者自事神侍君以外無職事矣此其謬種流傳眞可爲太息痛恨者也蓋充劉歆之僞周禮六官長貳幾皆爲事神侍君之官禮繁稠重疊交錯聯互雖有强力暇日不能行其虛文密儀者也而顧學若朱子爲所重欺稱爲盛水不漏古今安得不爲所愚哉考劉歆官制之所以偏重于事神侍君者蓋彼目覩漢制而鋪張繁密之以媚王莽亦由習于古者野蠻事神之迷俗生於秦漢專制之積習所致也孔子之生時更古于劉歆其時神敎尤迷君主亦專而孔子六經掃除洗滌事神之官供奉君身之官至無一字蓋不使其入于後人之心

腦中也豈料劉歆可塗塗附教猱升木從而附會增多之以誤中國二千年耶考漢制皆本于秦。以丞相掌政事。以太尉掌兵事。對開二府。即此一端。其官制已疏矣。雖有九卿。而一曰太常。掌宗廟禮儀。又諸廟寢園食官令長丞。又雍太宰太祝令丞。五時尉。此爲神官。二曰光祿。職掌官殿門戶。屬官有郞。掌守門戶。充車騎。有議郞中郞侍郞郞中。多至千人。郞中有車戶騎三將。又有期門羽林。常執兵送從。各多至千人。三曰衛尉。掌宮門衛屯兵。有公車司馬衛士旅賁三令丞。又諸屯衛候司馬二十二官皆屬焉。掌長樂建章甘泉之宮。四曰太僕。掌輿馬。其屬有六廐。未央家馬車府路軨騎馬駿馬七令丞。又龍馬閑駒橐泉騊駼丞華五監長丞。又有牧橐昆蹏令丞。五曰宗正。掌親屬。六曰少府。掌山海池澤之稅。以供養天子。有尙書符節太醫太官湯官導官樂官若盧考工室左弋居室甘泉居室左右司空東織西織東園匠十六官令丞。又胞人都水均官三長丞。又上林中十池監。又中書謁者黄門鈎盾尙方御府永巷內者宦者八官令丞。諸僕射署長黄門皆屬焉。漢武又增佽飛九丞兩尉。太官七丞。昆臺五丞。樂府三丞。掖庭八丞。宦者七丞。鈎盾五丞兩尉。七曰將作大匠。掌治人主宮室。屬官有石庫東園主章左右前後中七校令丞。八曰詹事。掌皇后太子家。屬官有率更家令丞。僕中盾衛率廚廐長丞。九曰長信。十曰少府。大長秋。掌皇太后宮。十一曰水衡都尉。掌上林苑。屬官有上林均輸御蓋禁圃輯濯鍾官技巧六廐辨銅九令丞。又有衡官水司空都水農倉甘泉上林都水七官長丞。上林有八丞十二尉。均輸四丞。都水三丞。禁圃兩尉。甘泉上林四丞。又有奉車都尉。掌御乘輿車。駙馬都尉。掌駙馬。除將作大匠詹事長信少府大長秋奉車駙馬兩都尉六官外。皆供奉官而不列卿位。今以漢書九卿表考之。九卿中僅有廷尉司農鴻臚三官。爲治國事民事者。執金吾本亦屬於少府。後乃別爲寺。然則七卿及六官十三司與其曹屬千萬。皆奉人主一身之事。自宗廟陵寢宮殿掖衛輿馬園林服食游樂。及其母妻子女而已。以萬里之國。數千萬之民。設官僅得人主一身十分之二。不思其故則已。苟深思之。眞令人駭絕。于專制縱欲之政。有不可思議者。即在後世已不如其無道之甚。且其立制命名。皆甚無紀。而可笑。此蓋由秦之以野番起家。加以嬴政之專恣無道致然也。故秦漢京師士大夫。眞皆爲奴隸。而已于民事無預也。然以後漢政治之美。崇儒之君。不改其法。其官制於治國事民事疎濶如此。而漢世何以能集權。何以足治事。何以能久安。以唐宋明及本朝之令制考之。其丞相爲中書內閣及吏部其大農爲戶部其太常爲禮部其太尉爲兵部其廷尉爲刑部其將作大匠都水甘泉爲工部則漢世官制並未缺乏而御史臺爲都察院博士爲國子監執金吾爲警察蘭臺類於翰林院又有司隸校尉監內外百官有若歐洲之行政裁判所而大夫議郎則有若樞密院議院至尙書六曹分主公卿百官吏士蠻夷則爲軍機處而尤精密矣似此則官制亦非甚疎不過以七卿六官十三司供奉一人爲可駭耳劉歆在當時習染其制以爲固然。故于天官一官全爲奉御之職幾類今歐洲日本之宮內省者雖謂劉歆有合幷十三司爲一官之功可也後漢書百官志稱太尉凡郊祀之事掌亞獻。大喪則告謚南郊。司徒于凡郊祀之事。常省牲視濯。大喪則常奉安梓宮。司空于凡郊祀之事。掌掃除樂器。大喪則掌將校收土此盖秦前侯國簡單之制分職不明合諸大官以供喪祭之禮劉歆習爲固然而又粉飾之故僞作周禮六官長貳皆繁其祭祀喪紀會同賓客之事至於繁夥不能行以誤後世也然劉歆之學亦自過于叔孫通曹襃荀勗之流其所爲僞周禮多採戰國之制故于立國之法亦多有精密可採遠過漢制者且亦多與今歐美之政論政法相合者如園囿毓草木虞衡作山澤之材藪牧養蕃鳥獸百工飭化八材商賈阜通貨賄皆今官制所脫畧者也其關市山澤幣餘之賦皆歐洲所力講求者而今皆粗疏也

（本篇已完）

中國人種攷（續三十七號）

觀雲

西亞文明之緣起

自來言世界文明者每分爲自然民族與人文民族之二類自然民族者受制於自然界人文民族者能制自然界自然民族者專依賴外界之勢力取天與之物而不能取不與之物依强迫而行動隨時勢而推移其精神不自由其意志不能自撰擇而決行乏之謀慮而惟以慰當前之慾望爲滿足無權利財產之觀念無裁制無變動無進步之思改良之念任歲月之悠游而穆然相對於其間以終其生是自然民族之狀態也而人文民族者反是要之一者以他力而受動一者以自力而能動者也而上古未開文明以前皆自然民族無人文民族以自然民族而初見文明之發生是則不能僅恃內

力而必有假於外力者也。

近頃法國學者柯比那氏。Joseph Arthur Comte de Gobineau 其所著人種哲學。Ressen-philosophie 之書。謂人種之文明悉關於其人種之血統。而血統於有人類歷史以前變化已定。至有歷史後之時代。已消失此自然力。而不能有變化之事。其血統之優者。能發生文明。血統之劣者。不能發生文明。而初無關於土地氣候政治宗教之事。而歷學開化之各人種爲徵。是說也。世多評論之。而尤不乏反對之辭。顧獨以爲柯比那氏之言。亦徒狃於當今人文民族之情勢而言。世評柯比那氏之書爲人種貴族主義。蓋彼自尊其阿利安族以爲世界之優等人種。而世界文明之必出於其手也。夫以已進人文民族而言。雖遷徙其種類至於極寒極熱之帶。榛莽未闢之區。荒寂無人之島。而文明每隨其人之足迹而俱生。即有外界種種之阻礙。亦必能以人文戰勝之。誠如柯比那氏所言。無關於天時地理自然界之事者。至太古之世。人民蠢蠢。世方草昧。而於黑闇之全地球間。忽逗文明一線之光。是固不能不以外界爲誘起之原因。蓋人文强壯之時。能以人力勝自然界。而人文幼穉之時。必以自然界助人力者。此蓋觀於地球最古

文明之國而其事殆可徵也

文明之與地理相關也譬之論生理者謂精神必與肉體相關夫有健旺之精神必先以健旺之肉體爲基而太古文明亦必先發生於氣候溫煖地味膏腴之區且也人類進化之階級必先游牧而後耕稼而游牧時代居住無定故思想每多苟簡而文化終難開發於其間至一入耕稼居處有所作息有時而事事漸求周備故文化遂因之而萌芽（若入於工商則文化更進一級不可以農爲止境也）然太古人民脫離游牧之習而得從事耕稼尤賴有天然土宜之助是仍不離乎所謂氣候溫煖地味膏腴之說也。試觀埃及。從阿比西尼亞山地諸大湖水所發源。匯而爲尼羅河。其河源在赤道之下。自五月至八月。大降雨。河流汎濫。洋溢全國。宛如內海。村落市邑。若浮數點島嶼之狀。然一至九月。河水漸減。至十二月而水盡。土地悉現。而當其漲水之時。則渾渾濁流。挾其上流多量之淤泥以來。又羅河之狀。其近海河口。無大水之匯合。而其下流爲近傍幾多之沙漠。吸收其水蒸氣。絕無降雨之事。因而自距河口以上至千百哩之處爲最廣。而河口之身反縮小。故淤泥悉停滯於內。而下流一帶之平原。當水平之後。膏塗壅積。若施天然之肥料。無待人鋤。而靈苗嘉禾怒生旁茁不數旬而黃流濁𡎺之區已變爲綠雲襛密之場故希臘史家海羅陀泰士有埃及者尼羅河之賜也云云雖然埃及之地理。尤不獨恃其有尼羅河也據地質學者所研查謂阿非利加今日幾處之沙漠。當荒古時代沙漠尚未成形。其地爲海水經流之區。而下埃及則爲深水底之海灣。及幾處沙漠成形之後。不知經若干年河水之漲溢。挾泥滓而沈澱於其間。漸高出海面。而成今日之地形。今測其土。達其最下層之地底。其肥土直有四十呎乃至七十呎之量。故其地味之厚不獨食其後天尼羅河之福也尤恃其先天所形成者本爲沃肥之土焉故古代之埃及人自稱其國曰開姆曰開米猶言黑土之義蓋以其與西方利比亞之沙漠異而土地特呈黑色故而古代人之稱埃及者亦號爲世界之穀倉其國既農業發達。而堤防運河貯水湖。於國西鑿大湖名Meri(即漲溢湖)今尚有其遺迹 水準。尼羅河沿岸多殘留太古時代水準之遺跡又在岩穴中刻大石像以其頭上爲水準蓋以記尼羅河漲水之程度以有關於農業故 及測量術 希臘史家臺陀洛士曰河流汎濫每年一變土地之形象地主接畔之疆土廣狹之間每生紛議非有幾何之算學不能決定 諸事。亦因其地形而發迷獨早。其國中平民之一等。分三階級。而以農民分尼羅河之船夫爲第一級。又最初之王朝。其墓所已繪農夫耕耘之狀。而其文明之遺迹。大半在下埃及區域。故知埃及之文明實發生於入農業時代之後（以其最初王朝之墓所已繪農夫之象及平民中以農民爲第一級之事而知之）而其農業之發展實恃其有天然之地利故也。此埃及之文明可溯其所由發生之原因也。而所謂加勒底者直與埃及之地理有同一之觀。幾若造物故出此同一之手筆。爲全地球成一對峙遙映之文字。而爲太古文明之種子兩適于培栽之所。彼發源於終年戴雪之亞美尼高山。而其東爲底格里士河。西爲幼發拉底河。此兩河間一帶廣濶之平原。曰美索不達尼亞（希臘語兩河間之義）其北爲臺地。多崗嶺高低不一。最古時代爲諸種野蠻所雜居。亞述人亦舊居斯土。而所謂大洪水挪亞之方舟相傳曾置於其間者也。以其地高于河流。待人工之灌溉。故亞述人居此。惟以狩獵爲常業。其南則概爲平地。幼發拉底西岸之土地。聖書所謂埃田之花園者在也。此兩河間昔時諸多古國所散在。希臘人呼其全國爲加爾台。Caldai 即加勒底（亦譯作加爾特亞）迦勒底者棕櫚之產國。Ammianus Marcellinus 所云呈綠長林直自 Julianus 帝軍隊到達之地至於波斯海灣之岸。其地出海不高。而以兩河年年之流溢。淤泥累積。豐饒無窮。一拉穀種能收穫三百粒。薄沙斯 Berosos 稱小麥、裸麥、胡麻、棕櫚、林檎。及其他種種之果物野生自熟。而小麥於靄南

Anah 近傍自然生長。爲一種天產之物。（拉克伯里謂中國小麥之種由波斯攜來者據此）而海羅陀泰士所謂一度播殖。則二百回或三百回。不待種蒔。而非尼烏士 Plinius 謂小麥歲刈二回。其餘尚足飼羊。而以天氣與埃及同。殆無降雨之時。故農業悉恃人工之灌漑。而從古有通四方之大運河。又有通底格里士幼發拉底兩河之溝渠。有貯水湖。置特別官吏以管理之。（中國古代以共工爲水官）其河渠溝洫。今雖淹埋於沙土之間。而猶能攷見當日絡繹縱橫之迹。如蛛絲之布滿於國中。而據古史謂其第一代王阿爾羅士 Aloros 者。實爲有牧畜之稱號。此又想見其民族之最初。實習游牧。而以底格里士幼發拉底兩河間天然之膏腴。遂事農業。至農業既開。而文明亦因之而生。蓋底格里士幼發拉底兩河之於加勒底。亦猶尼羅河之於埃及。故曰加勒底者亞細亞之埃及也。誠哉是言。而吾人聯想其文明開發之原因。均不能不歸本於地利也。

夫太古文明之發生。既恃乎地理爲絕大之原因。而氣象之間。其與人思感之作用者。亦能操莫大影響之權。彼下埃及之地。以終歲不雨。得常覩空明澄澈之天。一天文學之思想。遂由之發生。故在埃及當日。已有正確之太陽歷。今日西洋諸國所用之太陽歷者本於羅馬英雄該撒所定用而該撒實採自埃及者也又知有 Hartepsheta 即木星 Harkaher 即土星 Har-desher 即火星 Sebekw 即水星 Duan 即金星及 Ak himu-Seku 即恒星 Akhimu-urdu 即游星之別。而分一年爲十二月。一月爲三十日其歲差則加種種之閏日法。如年加五日爲三百六十五日而四年又每加一日等諸法。當日有名之金字塔者。即依天文學之法則面北極星而築埃及人天文學之發達蓋如是。而在加勒底者。其地亦少降雨空氣透明日月星辰呈異常强烈之光輝以照灼於人之耳目故或謂加勒底人之於天文。於其在靄南山間畜牧之時。已觸其觀察天體之思。如以天頂爲大牧地。以星爲天之羊羣。而以大恒星 Arcturus 爲其牧者以黃道爲有光之牡牛。其後乃益進步而造有名之方尖塔。其高數層世所稱爲加勒底人造邑。高可達天者。而是等堂塔。或專以爲觀測天文之用。即可謂之天文台。凡重要諸市府皆有之。專置司天文之官吏。即可謂如今日之欽天監。（中國黃帝時亦置天文官已見上）以二週間一回報告於國王。如今日天文學上所用黃道 Zodiac 之記號。當日早已發明。而分圓圈爲六十度。分黃道爲十二支。作十二宮之圖。如定春分起於金牛宮者是。以 Capella 定歲首。（如中國堯典以星昴星虛等分四時以月之圓缺。分一年爲十二月。如中國同一月爲三十日。而於歲差則加閏。中國古代時亦已置閏分晝夜爲十二時。於日蝕月蝕皆能先測有晷表。中國土圭有凸鏡。於尼內微地層下發見太古時代之凸鏡當係古時觀測天文代望遠鏡之用以七日爲一週。爲安息之日。中國七日來復至日閉關商旅不行猶太人因之爲安息日或係同出於一原而關係天文及星占等書。爲莎公帝之圖書館所記錄者共有七十二卷之多。題曰蒸羅之觀測。雖其時件天文學之進步者。另迷於一種之幻想。如天體神學。Astro Geology 附諸天體以神祇之名而崇拜之。中國古時亦有祀日祀月等事又有一種星占之僞科學。中國古時亦有占星盖加勒八當日者見夫天體之燦爛。星宿之光明。以爲皆有神主持之。而與人間有絕大勢力之相關。生於人間之人。或即爲天上之星。變化而來。於未降世以前。已早定其一生之運命。故知其人爲受何星之感化。則其人一生之吉凶禍福。已可預知。中國古時以傳說爲列星後世以大星附會諸葛今世以天星卜人運命者尙行世間與加勒底人思想正同又以爲天上之現象。悉與地上之人事相關。如見彗星之出。以爲主肇兵端。而凡日蝕月蝕及氣象種種之變異。皆以爲主有災禍之事。中國孔子時代已非上古草昧之比然春秋一書尙以日蝕月蝕等事爲有吉凶漢儒迷信宗敎者皆沿其獘此星占之魔術者。其後傳於羅馬。於中世紀大流布於歐洲。學者攷其源流之所自。盖由塞米的人所傳。而塞米的人則由丢那尼安人種中阿加陀人。

之所傳也要之其天文學之發達固得與埃及人同保其最古之名而其發達之獨早者又未始非由其地之氣象有以動人之觀念而然也

且夫文明之耔種。其在太古之世。必待適宜之天時地理而後發生者。此徵之東西開化之古國。其例殆莫不然。印度之文明也。以有殑伽河與印度河。中國之文明也。以有黃河與長江。羅馬之文明也。以有帶衣白河。而是數國者。其氣候亦皆溫煖無極寒帶之國。故能發育獨早。不待全地球文明之壯盛。而已能自進於開化之域。又從而觀希臘。雖無大河流貫其國境。而崗巒重疊。磊磊然岩石之間。乏可耕之土地。又河皆急流。僅水涸時。露出其河身之半。而於河床之地。得入鍬鋤而試種殖。此與夫埃及加勒底印度中國羅馬比者。似地味大有優劣之分。而幾疑古代文化之必恃天時地理者。亦有例外之事。而其論點殆可得而動搖。然更從希臘之他方面以觀其全國之海岸線特長。故今人論之曰。希臘者縮本之歐洲。蓋非獨其政治文學與今之歐洲諸國相似。即其地形亦大相類焉。而又居於內海。故當太古之世。航路四達。其交通已特占便利之地位。因之得早從事於工商業。惟其北方之馬基頓國。尙服農業。而希臘之不可及者尤在其風景之優秀而奇麗其海岸島嶼巉岏特立多奇崖危峰而其山腹自半以下接連海水噌吰鼓盪於其間又多迤入內地之港灣海平波澄波瀾瀲灧發爲紫色與山容日光相掩帶希臘人文學藝術優美之思實多感受於此其農產地雖少而植物繁茂。棕櫚桂樹之屬無不畢備。至其氣候之間則溫和宜人而寒暑兩皆不烈如雅典之都府。極寒時始見冰點。然結冰之時。或不過二十年中之一度。而夏季溽暑之候又以海風鼓盪。雜清涼於燠熱之中。而適釀爲極溫和之度。故希臘自五月至九月。皆可在道上露宿。其一年之氣候。一如春日。殆可稱爲長春之國者。其人以是多愉快活潑。而常爲戶外之生活。居於家者極少而其空氣則又澄澈異常隔數里以外而得望見雅典都府古洛可神像之胄章由是而言希臘之地理天時固獨占優勝之位置而其文明之燦爛於上古時代者固非無故也

夫文明發生之原因既如是。而尤有進者即文明之發生爲出於一源乎出於多源乎出於一源者則必有首出之一國而其餘皆由此一國之所傳播各因其時地而栽植之故雖文明之區域顯分爲二而溯其淵源皆悉悉有相通之理此一源之說而互相

感染者也出于多源者則各各異其時地爲特別之發展其旨趣既殊而其源流亦異此多源之說而不相因襲者也而有調和其間者謂一個文明之發生其間必有傳授而來者又必有自發明者是說也即當歸于一源之中盖一源者謂夫文明之遠源其間有無相通若其源既有所自來而由彼國入於此國之後自不能不改變其形式而以其思想有所觸接或且能發明彼所未曾發明之理而增益之此固一源說之所賅非夫謂一源者必彼此事事相同而毫無歧出於其間謂其源不無因之自彼者爾以理推之大都一源之說其立論爲稍當矣夫以一源而言彼加勒底埃及與夫亞述猶太非尼基亞加爾達額而東則印度西則希臘其地勢接觸雖印度稍屬偏東而距離亦不甚遠其餘雖分三洲而實則屬聚于一隅其人民既遷徙往來交通有迹則夫文明亦因之而流傳其事理固易可言獨夫偏處亞東與亞洲西方形勢既相隔絕交通亦甚艱難之中國其文明發生與夫西亞之文明爲同一者乎非同一者乎是不易決答之一大問題而拉克伯里所爲據中國古代文明與加勒底多點之相同而從其事迹言語覈之又得其相同者不少以是而斷爲中國古代人種由亞洲西方遷徙而來

者。蓋由此也。

且也以一源而論。若印度中國亞述猶太非尼基亞加爾達額波斯希臘等國。其文明皆後於加勒底埃及。而其時代爲可攷。是則文明之遠祖。必推夫加勒底埃及二國者爲無疑。而此二國者以地勢接近。謂文明必出於一源。則又孰爲首出者乎。彼埃及未建皇朝以前。已有土人種之居住。此姑勿論。而自建設皇朝以來。其時代亦遠哉遙遙。不能得一確實之推斷。今但據其所發掘諸古蹟。而從埃及之古文字以斷。多有可推認爲紀元前五千年以上之事。而加勒底古蹟。亦多有可認其爲紀元前四千年以上者。然據加勒底國僧侶所言。謂其開國遠在十五萬年以上。又據比羅賽士之斷片。謂加勒底於太古洪水以前。有十王。其時代共四十三萬二千年。洪水以後八十六王。其時代三萬四千八十年。又有謂埃及人之宗教。多從加勒底出。加勒底之宗教。其所謂神者。分三階段。最初者爲動物。次者半人半獸。最後者人形（在中國稱伏羲女媧蛇身人首神農人身牛首等類以後亦全爲人類）而埃及太古之神像。全與之相類。（按埃及Hathor女神之像者有牝牛之角Sub男神之像者爲鷺頭Horus者鷹頭 East 者貓頭 Osiris 者牛頭 Chnm 及 Amon 者羊頭其他有以神鳥 pheinix 爲頭者等是）又攷埃及神殿之建築式。多從底格里士幼發拉底之河畔而來。而天文學亦有謂於紀元前五千年以上從加勒底輸入者又埃及之畫文字者本於加勒底之楔象文字Cuneiform writing與其最古之形象文字 Ideographic writing 又埃及之彫刻術者悉與加勒底同是今日所謂最古埃及之文化者且胚胎於加勒底而加勒底文化之遠爲何如然以荒古之事其攷證尙未能全定則二國文化之先後亦暫勿較而要以二國地相接近必先有一開化之區而後漸移于第二區此固不可疑之事實而二國之中孰爲首先開化者即可以上古文化之一源歸之也

若夫文明之事實無暇覼陳而有一至要之事不可不論者則爲此二國之文明固屬於何等種族所發生乎此人類學上之大問題也試進而畧陳之

按柯比那氏人種哲學之書大風靡於歐洲之讀書界顧其謂人種之優劣爲未有人類歷史以前所變成其言雖有至理如植物爲一種所化及其已變成形而後則蕭者自蕭蘭者自蘭雖有巧匠曾不能改易其性然據近時植物學家之試驗謂衆諸多種植物於一園一年之內嘗有數新種變出人類交通而後亦多有新族種之發生而據柯比那氏之言謂優等人種與劣等人種血統相混則優等人漸失其優

如其言人類日益交通固不能保其血統之不相混而由是則全地球優等人種必日減少而將漸歸于劣種殆不合於進化之理夫優等人種其血類自强於劣等人種吾聞優等人與劣等人血統相混數傳數十傳之後劣等人之血質日減日滅而將全成爲優等人之血質故劣等人幷不能附其血統於優等人以自保其種此適與柯比那氏之言爲反對推柯比那氏之言無非自尊其種以爲占全球之優等而其餘人種當置爲劣等而賤視之不欲與有血統相混之事此誠如論者所謂柯比那氏之人種說人種之貴族主義也且謂文化之事全係於血統而毫無關於天時地理政治宗教等諸事是誠所謂蕭者自蕭蘭者自蘭雖巧匠不能施其變化之理然試植蘭於膴壤與植蘭於磽土培蘭於當春與培蘭於沍冬獨無一歲貎而發華一蕉萃而凋葉者乎試舉太古文明諸國而攷其所處之地無一在寒帶與在山嶺沙磧間者以今日人文壯盛種種器械之發明冰天雪窖繩度汐行或亦能以人力經營而不能限其文化所至之迹然豈能據是以例太古之人民乎故讀柯比那氏之書其言誠多深佩而亦不能不稍附異同之議於其後也

傳記

大哲斯賓塞略傳

彗广

嗚呼斯賓塞先生逝嗚呼十九世紀學界之一代表人竟隨彼世紀而逝先生以哲學鉅子聞雖然先生之哲學非猶夫尋常之哲學也其範圍通物質以及精神其系統亘阿屯以及社會蓋先生之哲學學派乃據近世科學之結果爲地盤而建立之於其上者也其畢生集注精力貢獻於世界永爲人類一大紀念物者在其所著會通哲學之五大鴻篇五篇者析之而爲五合之而爲一者也今先舉其名及其卷數與夫出版年月如下。

一　哲學原理 First Principles　一卷　一八六二年

二　生物學原理 Principles of Biology　二卷　一八六三至六七年

三　心理學原理 Principles of Psychology　二卷　一八七〇至七二年

四　社會學原理 Principles of Souology　三卷　一八七七至九六年

五　倫理學原理 Principles of Elhics　二卷　一八七九至九三年

五篇凡爲十巨帙。自初版以至完成。歷時殆將四十年。甚矣絕學之成之不易易也。欲知其學統之大概。則先生當一千八百六十年三月。嘗以募集刻資之故。先槩括其結搆之內容以公諸世。譯而讀之。略可覩矣。

哲學原理第一　凡一卷

第一編　不可思議者……以調和科學宗教兩者爲目的。凡人間世知識所不能及想念所不能通之事理。皆可導之以歸於科學的結論。

第二編　可思議者及其公例……人間世可見可聞可想可識之事物。皆莫不有其原理。以今日之科學類能證明之。然不徒有其各自之原理而已。又有其公同之原理。故彙通凡百之現象而指出其最高之總鑰。即此編所有事也。

生物學原理第二　凡二卷

第一編　生物學之基本事實……演述物理學及化學之一般眞理。

第二編　生物學之歸納……演述博物學家生理學家比較解剖學家所推定確立之原則而概括折衷之。

第三編　生活之進化……舉尋常人所已知之進化說而以演繹的歸納的方法。博立其證據。

第四編　變形的發達……舉凡有機物之形體及其所從出之力而指出其相互之關係。明儲能效實以成形之理。

第五編　生理的發達……考機能之化分及其增進。明其相同之關係。又明其同一體而部分各異發達之理。

第六編　增加之法則……調查各種動植物生殖之程度而知此等之變化同出於不可避之一原因。

心理學原理第三　凡二卷

第一編　心理學之基本事實……論精神與生活之關係。及彼兩者與夫不可思議的哲學之關係。

第二編　心理學之歸納……凡關於精神的現象旣經實驗確定者。今括其綱要。加以發明。

第三編　一般綜合

第四編　特殊綜合（案）此兩編於一八六〇年之前。旣已出版故斯氏本文所述。不再及云。

第五編　形體的綜合……舉心識流轉相續之情狀。合以哲學原理所發出之神經運動的大例而發明之。

第六編　特殊分析

第七編　一般分析此兩編亦出版在前。故原文不詳。

第八編　分例……合社會學所從出之理論數端。以成此篇。

社會學原理第四　凡三卷

第一編　社會學之基本事實……論社會現象所由生之各種原因。如人類之觀念及其感情。自然界之各情狀。社會本體所生日趨複雜之情狀是也。

第二編　社會學之歸納……觀社會之變化。而考得其普通事實。取各種社會及其相續之狀現在之狀而比較之皆基於經驗以立言。

第三編　政治的組織……論政府之進化述其種種之標本種種之變形種種之複雜增進而以其職分其權限終焉。

第四編　教會的組織……宗教政府由尋常政府而化分者也宗教政府日趨複雜其宗派亦日增加皆隨知識之進步而道德之性質亦與俱變也是編專述宗教思想之變化求其與科學眞理漸相調和之跡。

第五編　儀式的組織……與他等統治體同根而漸化分者也謂之統治體之第三種可也述其自然發達之史。

第六編　產業的組織……考生產分配之機關尋其不可避之原因即分業之進步及產業機關之增加複雜是已又產業的統治與政治的統治同一現象茲詳論之。

第七編　言語的進步……言語之進化與社會相隨故須考其心理上之作用。

第八編　知識的進步……其進步狀況亦與言語同自性質的先見進爲分量的

先見。自不定進於有定。自有形進於無形。今爲述其統系。

第九編　審美的進步……論美術之原始。及其相互化分之次第。述其目的日趨於高尙之所由。

第十編　道德的進步……論人性順應於社會而日變日進之跡。並言其感受遲緩之理。

第十一編　一致……論各種之社會。其結構。其機能。及其發達繼續之現象。同遵一軌。道有必然之結果。

道德原理第五　凡二卷

第一編　道德之基本事實……生理學心理學社會學所測定之大則。凡以示人生正義之所嚮也。故道德理想隨而發生。今述其總綱分目之原素。

第二編　道德之歸納……凡開化國重要之道德法則。悉裒錄之。而因以定人間行爲經驗確立之規則。

第三編　私德……凡箇人立身必要之條件。關於形體的知識的道德的宗敎的。

各考其原理。若何而使內部之欲望。與外部之需要。常保平衡。則私德之體要也。今詳述之。

第四編　正義……即公德也。人間行爲之相互的制限。當何若。如何而能悉遵守之以搆成政治進步之目的。今詳述之。

第五編　消極的仁慈……爲道德上所必要。而爲法律上所不必過問者。以種種間接以防相互幸福之破壞也。今述其界說。

第六編　積極的仁慈……從於社會之順應。而爲人類所不可不履踐者。今述其界說。

譯者案。讀先生此篇自述之文。則其著述之宏博精盡。包宇宙。通古今。綜合有形無形於一爐而治之。可以想見矣。原書旣精深。終非至簡略之片語所能包舉。加以譯者於先生之學。未窺一二。而此篇又由日本文重譯而來者。其中舛誤之處。知所不免。乞讀者之恕諒。觀其大略而知其意焉可也。

先生著述。除此五巨帙外。尙有社會靜力學一卷。Social Statics 刋於一八六一年。教育論一卷。Education Intellectual Moral Phynical 刋於一八六一年。社會學研究法一卷。Study of Sociology 刋於一八七三年。案此書即侯官嚴氏所新譯。題爲羣學肄言者也。今僅譯成其半。斯氏書入中國。以此編爲嚆矢。記述的社會學八卷。Descrigtve Sociology 刊於一八七四年至一八八二年。科學政治及推理的論集三卷。Essays Scientific Politeal ond Speculative 刊於一八九七至一八六三年。個人對國家論一卷。The manaversus the State 自由篇論一卷。Plea for Liberty 皆刊於一八八四年。盖自一八六〇年先生自發表著述概略以來。（即所譯之原文）直至一八九四年。哲學原理之末卷（即五帙中第一門之末卷）出世。其會通哲學系統全書乃成。而先生亦既老矣。

先生名哈胠。Herbert 斯賓塞 Spencer 其姓也。以一八二〇年生於英國之達比府。祖父皆爲學校敎師。家清貧。體羸尫。自其幼時。父母頻慮其不育。父以其體弱。不任受普通之敎育也。乃不令入學校。常自誨之。使爲適宜之運動。以强筋骨。然收效頗少。多病如故。先生自幼好博物學。而不喜語學。常以希臘拉丁各古文爲無謂。不屑厝意。故雖以先生之高名。其學淹貫宇宙萬有。而於希臘最粗淺之敎科書。尙不能悉解云。當時英國之學制。凡不通希臘語者。不能入大學。所得就學者。惟土木之一職業耳。故先生爲鐵路機器師者凡八年。其間關於建築學頗有所著述。未幾別業。洎一八四二年。始著「異敎徒」The non-Conformist 及「政府適當之權限」The Proper Sphere of the

Government兩文。投於某叢報中。實先生從事著作之嚆矢。自一八四八年至一八五二年。爲生計學叢報The Economist之編輯員。始著社會靜力學一書。後爲四季叢報The Quarterly主筆者有年。

當先生之晚年。大名鼎鼎。每一著述。洛陽紙貴。盡人能知之能言之。而其初年受舉世之冷淡。籌印布之困難。殆有出人意表者。其所著「社會靜力學」之初出版也。一八五〇年以原稿託印於書肆。而坊賈無一肯受者。乃節衣縮食。自籌剞貲。僅印七百五十部。逾十四年始能售罄。後五年。其會通哲學內之心理學原理成書。託印於書肆。無應者如故。復以已力印七百五十部。除贈送友人數百外。仍逾十二年始能售罄。其後發行教育論及論集等書。其結果亦與前同。先生既抱宏願。著彼十巨帙之會通哲學。自審以綿薄之資力。終不能達此目的也。乃不得不募集豫約。發出股票。以求剞資。而以每年四次印出各卷。以布諸於購者。然至生物學原理第三卷出版時。所耗仍鉅。卒以四次之借貸。始得繼續。先生嘗戲語某友云。縱使余壽百齡。余亦不能償印書所失之資財。蓋紀實也。及其晚年。名譽既轟五洲。每出一書。重版十數。然先生以精力不繼。須雇用多數書記。耗費不貲。雖至身後。仍蕭然也。

財政之困難。既爲先生著述一大魔障。而其阻力尤甚者。則身體之不健康是也。先生當募集剞貲時。本擬以數年之力。盡出各書。而遲至三十餘年之久者。非輕視諸責實由病魔所纒也。先生以節養精力。故每日從事著述。只能以數小時。或年餘不能搦管。此先生各書敘言中所常道。亦天下所共見也。先生非自愛惜。自審萬一、一瞑之後。則大業、終、非、他、人、所能繼也。

古來豪傑之建大業者。莫不有忍辱負重之毅力。冐萬險排萬難而僅乃有成。豈惟事功。卽學問亦有然矣。先生於所箸社會學原理第三卷之末自跋云『余當三十六年前。始發心以著此會通哲學也。由今思之。不得不自驚其胆氣之豪。而今以暮歲卒得見全帙之寫定。抑亦始念所不及也』夫以極窘之剞資。極羸之病體。曾不自餒。而毅然貫徹其目的而後已焉。詩人索士比亞曰。『紀念碑上之忍耐力。對於苦難而含微笑者也』若先生庶近之矣。世有崇拜先生者乎。勿徒學其學。學其人可也。

先生嘗於某叢報撮述其會通哲學之大綱領。凡十六條。曰、

(一)物質及物力二者常循再分配之例此例彌綸於宇宙至溥徧至細密而未嘗須臾息者也

(二)再分配之結果有兩極其在質之合同力之散布則爲進化其在力之翕闢質之分裂則爲解散

(三)合同之作用或爲凝著之一集合體而無他種變化與之相伴者名爲單純進化

(四)自流而至於凝爲一次變化其所凝集之各部分又順應於外境而更爲二次變化若是者名爲複雜進化

(五)凡變化皆由純一而進於厖雜自宇宙全體以至其中各部分所顯變化之跡莫不皆然恒星及星霧之集合也有然太陽系統之聯結也有然無機體所搆成之地球也有然有機體之各動植物也有然地質時代各有機物之結集也有然在人類社會亦然在社會中各事物之動機亦然

(六)合同作用與化分作用相和不徒使純一者變爲厖雜而已又自不定之純一

變爲有定之厖雜

（七）物質再分配者所以構成集合體之進化也而一體既成之後又自有其再分配力復運動以至無窮層復一層愈赴厖雜

（八）天下現象無所謂絕對之純一者存也故再分配爲不可避之公例而其所以再分配之原因如下。

（九）以純一之不安固也於是每投加其異性於集合體之一部分於是所生變形之結果如下。

（十）一曰增加也一外力加於質點或本質點之中自含化分力於是而諸種變化起此等變化之各體實爲其增加的變化體之母也變化之增加則集合之厖雜亦從而加

（十一）一曰分離也常由不同之單位而結合於同一之單位此其作用也

（十二）一曰平衡也平衡者凡變化體所受集合最終之結果也各種變化於其集合體之各部分有強加力而其各部分復有反抗力於是平衡出焉當其未達

於平衡也必經過平均運動之移變一階級（原注云。如太陽系統。）或經過平均機能之移變一階級（原注云。如有機體之各動植物。）雖然其在無機體狀若靜止（按謂如土石之類。不見其移變也。）其在有機體則以死亡爲搆成進化之具（案此義至近儒頡德更大昌明之。）

（十三）一曰解散也解散者進化之反對的變象而亦各集合體所萬不可逃者也各集合體受其四圍不平衡諸力之強加於是其本質所含之力其運動或漸趨於急激故恒不免有消散之患而此患也有機的物體所受常速無機的物體所受常徐如彼太陽系統及星霧自無始以來徐徐而進化亦將於億劫以後徐徐而解散至是而變化之圓圈乃完

（十四）進化解散循環之理其在小集合體則以短期之間而得完結其散在空中之大集合體則以吾人思議不及之長期間而得完結吾人所可見之普通交代因夫一局部之狀況而或起於彼或滅於此耳

（十五）此等現象凡屬物類無論至洪以及至纖其質與力之變遷必歸結於此一定之結果但質力兩者分布於太空常無增亦無減

（十六）變化云者特吾人所得知覺之現象如是耳若其本相則曾無所變而永存續本相者超絕於人類識想之外就空間言之則無垠域自時間言之則無始終是之謂不思議匪惟不思議抑亦不可思議也

此十六條界說。其語雖簡。而天下大理具於是矣。若欲發揮其奧窔乎。則以鄙人之愚謭。雖索解尚且未遑。而安敢更贊一辭也。若所譯能得原意十之六七。毋至汚點先生而爲通儒笑。則榮幸莫大焉矣。

抑先生之哲學。進化論哲學也。故吾於進化論與先生之關係。不能不更贅一言。世人之視進化論。若與達爾文爲同一物者然。故進化主義。Evolutionism 亦名達爾文主義。Darwinism 此泰西各國之通稱也。雖然進化論實不始於達爾文。當達氏「種源論」一書未出世之前一年。其友和理士已發明此義。（參觀本報第三號達氏學說。）而達和二氏皆於初時未敢自信。及讀瑪爾梭士之人口論。（參觀本報生計學沿革小史。）而例證始瞭。故「生存競爭」大例實瑪氏始發之也。（近儒又謂進化論爲二千五百年前希臘學者所已道。嚴譯天演論案語中。述之頗詳。）而達氏之所以獨秀於各家者。則不徒明物競之義。而更發天擇之理也。若夫斯賓塞與達爾文之關係。則更有當深考者。達氏之進化主義。雖懷於胸中者二十年。其公之於世。則自一八五九年種源論出版始也。而斯賓塞則前此數年。其所論著言進化者已屢見不一見矣。達氏之言進化。僅就有機體之物象以立案。斯氏之言進化。則自宇宙萬物無論無機者有機者特別有機者（指社會國家等）無一不鎔而納之於一爐。而「適者生存」一語。又斯氏之所特創也。然則先生之非勦襲達氏明矣。先生於所著「哲學原理」第四版序中論述如此。故今並紀之。

先生之學。十九世紀之產物也。非在科學大發明之後。而先生之學派必不得出現。先生之學。又英國民族之產物也。非在進取與保守兩主義相調和之國。而先生之學派必不可得出現。先生於所著「羣學肄言」有云。「猶憶數月前。倫敦泰晤士報言瓦特所製印報新機甚悉。吾以爲是機亦羣中之一結果也。問何以不出於餘洲他國。而獨見於吾英。（中略）夫制作之巧。若不可階。亦踵事增成。有爲之前。乃爲之後。非若佛國樓觀。彈指遂見者也。（中略）是故以瓦特印機爲羣中之一果。則極所由來之致。脫腕難書。必經數千年之大演。化野蠻任情苟且之習。而轉爲憂深慮遠自由望進之風。大豈

心能甚簡慮機甚淺者所能達也哉一參觀嚴譯原書智絯第六於戲讀先生書者亦作一瓦特印機觀焉斯得之矣

先生以天演言羣治極言天下無不果之因亦無不因之果故急激之破壞非先生所賛也破壞舊痼固爲不賛先生以爲是固終不得破壞也破於此而復現於彼壞其一而復造其二三也故嘗論曰『法蘭西自革命以還於今蓋三世矣才智之士仁慈之君咸欲以一旦夕之所爲轉其國於盛治卒之徒變於政未變於羣害塞於此弊形於彼擇禍則可除孽不能此洶洶言治者所宜取爲殷鑒也夫法由君權而轉爲民主固也乃彈指之頃國權又有所專歸其霸氣且以彌旺予爲天王無敢越志一也苟可張君豈恤壓力又一也所異者特徽章名號耳於民何加焉(中略)爲君主爲民主爲君民共主而分省幕府之治自若善夫巴士基之言曰帝制可廢立憲可更而幕府常無恙故知一羣之立衆力所匯萬勢所趨薈萃相扶成茲一體雖部分釁割而與之同物者旋長旋生』亦見嚴譯羣學肄言讀此而先生之用意從可識矣先生非欲沮人銳厲進取之氣也顧以爲欲求無因之果者妄也殆必不可得不可得乃復返而求諸他途其遲進步之

機固已多矣故物種日變而日進今之人即昔之猿昔之猿即前昔之螺蛤然欲由螺蛤而忽爲猿由猿而忽爲人不可得也欲由螺蛤而忽爲人尤不可得也羣治亦日變而日進今之文明即昔之半開昔之半開即前昔之野蠻而欲由野蠻半開不一二年而躍入於文明不可得也然則其塗安從先生曰「造一因於此將祈其近效有不必得非斯人之力所能致也以言其遠果有所必形亦非斯人之力所能制也故曰羣俗可移期之以漸」俱見嚴譯此先生牖民成俗之微意也吾故曰先生學派爲英國民族之產物以其兼進取與保守兩主義而調和之也

先生所最尊者自由也放任也其初從事著述當英國國會選舉法改正以後一八三二年爲自由放任主義全盛時代及其歿也當帝國兼并之盛行中央集權之擴張爲自由放任主義最衰熄時代先生對之每不勝欷歔焉故其晚年有所論著其語調皆含悲觀蓋先生自以此一大著述其所感化及於社會者必將大且遠而不意其適與所期相反也雖然先生固言進化之狀若螺旋焉若波折焉將有將以正比例效其實或且以反比例儲其能先生又言羣俗可移期之以漸然則先生之治法在今日固暫爲秋

扇之棄在他日安知不又爲和璧之珍耶嗚呼先生亦可以瞑矣

先生生平淡嗜欲避榮利翛然有出塵之姿學者每一親炙如時雨化本國及外國諸大學屢以名譽學位相贈先生悉謝之無爵位無名號泊如也先生勤儉貯蓄然所蓄專以供出版之用以貢獻於世界沒齒未嘗有私財先生終身不娶晚年館於其門弟子阿爾靈博士之家終焉

先生所著會通哲學十巨帙德國法國俄國皆已全部翻譯其餘如意大利西班牙匈牙利波蘭荷蘭瑞典希臘日本諸國亦各以其國語擇重要之部分譯出日本人自言斯賓塞爲其學界之母云

中國尋常學者之知先生不過自十年以來先生所著書其由原文直接譯出者惟羣學肄言之上半卷出版後未及半歲而先生逝

先生以西歷一千九百三年十二月八日即華歷光緒二十九年十月二十日逝得年八十有三云

嗚呼斯賓塞先生逝十九世紀學界一代表人之精神不隨彼世紀而逝

斯賓塞先生訃電之東來也。新民社主人。謀述其學說。著之叢報中。以志哀悼而表紀念。以不佞好讀先生書。屬從事焉。不佞踧踖曰。某於先生之學。未窺涯涘。況所受又東國之稗販也。刻畫無鹽。夫吾豈敢。若不獲已。試爲草一小傳焉。既繙諸東籍東報、其傳文率簡短。無一可當吾意。以爲取材者。勉就藤井氏所譯綜合哲學原理、松島氏所譯社會平權論、乘竹氏所譯社會學之原理、嚴氏所譯之羣學肄言等書。東塗西抹。撏撦以成此篇。其能免於謗佛之罪者幾希。大雅君子。恕而教之。幸甚。　癸卯十一月先生沒後之二十有九日著者識

論著門

哲理

無神無靈魂說之是非如何

內明

是篇爲日本文學博士井上哲次郎所撰特譯述之以紹介於我學界。譯者識

(一)序論

夙負東洋盧梭之名奇氣嶙嶙不可一世之中江篤介氏一旦嬰不治之疾延醫診斷祇有一年半之餘命恍然悟怡然笑曰『一年半非短也是在人利用之而已矣』乃排二豎之侵害先著所題一年有半之隨筆書以發揮其平生之蘊蓄古人云『鳥之將死其鳴也哀人之將死其言也善』苟讀聖哲之書者見死期之切迫於眼前必不暇爲詼諧滑稽權謀術數之言蓋平生所經營所規畫之雜念至此已消散無迹惟存清瑩澄澈平明如鏡之心象而已映寫於此心象以論列社會百般之是非得失其言必

多誠實之旨而有藥石之効乃以讀一年有半未卒業而冷嘲熱罵之聲藹然充耳夫寧非反常歟雖然著者眞面目人也著者之言眞面目之言也即如論暗殺論政黨之弊論方今之人物皆所謂金言不可多得者而其鼓吹哲學之效用尤足聳動人之耳目其言曰、

哲學之效尚未昭著於人之耳目即如貿易之順逆金融之緩漫工商業之振不振等似皆與哲學無少關係抑知國無哲學不啻堂上無懸物國之品位不免於卑劣康德也笛卡兒也實德法之誇也二國堂上之懸物也於二國人民之品位自不能無關係無影響是閑是非而非閑是非也國民無哲學思想無論作何事終不免於淺薄而無深遠之意

又曰、

今後之要務不在得豪傑的偉人而在得哲學的偉人

著者如是勸告學界研求哲理非必偏於其所好而然也橫覽東方人士大率輕躁無定志不耐深思而有所究明以是之故雖其性敏捷伶悧而鬱然成材者寥寥若將晨

之星學界不競國之品位隨之而下著者之言誠可謂得其肯綮也矣一年有半出不數月而重版二十餘次東都紙價貴逾洛陽其爲世所歡迎也可知未幾而無神無靈魂（一名續一年有半）之書又出著者以氣息奄奄已瀕於死之身辛勤若此殊可欽佩此書問題涉於哲理一般人民或不能以歡迎一年有半者歡迎此書吾曹豈可漠然遇之乎敢請批評其要點

（二）本論上　評無神說

中江氏者主張無神說尤於耶教之神痛罵不置者也輓近以來耶教東漸鼓吹古代猶太荒誕無稽之說者漸衆百般之迷信遂傳播於下層社會愚夫愚婦不解眞理漫以耶教爲文明國之宗教而輕率信之不知耶教者與科學之進步相逆行科學日盛耶教日微大勢所趨雖使基督復生亦束手而無可如何觀蘇爾泰之言（蘇爾泰謂耶教終必崩壞而消滅）其於歐洲之現狀可知也或者不知其現狀專標榜自由主義以助長耶教之蔓延傳播古風之神說是豈眞正自由主義乎眞正自由主義在乎企圖科學眞理之勝利打破古代一切之迷信蓋世界之舞臺夙已旋轉迷信之時代疾去科學的智識之時代

方來居於今日尙鼓吹古代猶太荒誕無稽之說其愚誠不可及著者揮椽大之筆發表自由思想以攻擊之吾人滿腔表同情者也、迷信者曰『發表如是之自由思想背於信教之自由』是不然學者之見解亦一信教也妨害此之發表者是即背於信教自由者也著者就耶教之神說任口批評毫無疑忌誠不失學者之風度焉

雖然、著者之思想有僅及其表面而未深入肌理者是誠可惜也何也吾人手足耳目之所得接觸者現象也現象者剎那剎那變動不居者也拘泥現象不求其他世界之理人生之事遂不可得而解釋又何哲學之足云蓋世界人生之事理於手足耳目所得接觸之現象而外又有不變之實在彌綸磅礴於其間篤學之士極深研幾發見此不變之實在以爲立論之基礎始得解釋世界人生之事理始得謂之哲學故、雖以哲學爲闡明不變實在之途術無不可也然則此不變之實在何由而知之曰、亦惟哲學古今之哲學爲此昉者也蓋究明世界人生之事理達其極度必至於不變實在之境界是故不論古今不限東西大思想家皆以不變之實在爲根本之觀念以建設哲學如孔子、之太極老子、之無名婆羅門、之不二法門佛教、之眞如皆不變之實在也又如、

柏拉圖之觀念斯比挪莎之萬有本體康德之物如黑智兒之精神斯賓塞爾之不可知的哈篤孟之無意識亦皆不變之實在也不變之實在爲思想之最高潮不可思議不可解說強欲明之不得不假借於寫象之法此一寫象法彼一寫象法而異想開而異議叢而各派之哲學起焉中江氏之哲學以物質爲不變之實在者也是耶非耶入後論之。然要之寫象實在之方法雖因人不同至以不變之實在爲根本主義之一點雖謂東西洋大思想家全體一致亦無不可夫寧偶然事歟且實在之觀念未必自耶教來也若孔子之太極老子之無名乃至婆羅門教之不二法門佛教之眞如皆與耶教無纖微之關係又若柏拉圖生於基督之前數百年其所主張之觀念與耶教神之觀念亦毫無歷史之關係斯比挪莎康德黑智兒輩雖不免受耶教之影響然非以之侒耶教可斷言也實在云者依心傳心之物也起信論所謂「離言說相離文字相」者也惟其不可以言語文字顯故能超然而爲世界及人生之根本主義亦惟其爲世界及人生之根本主義故必由多方以顯之此各種之寫象法所由興也就中以實在爲人格化者即耶教之神也耶教神之觀念所以不易衝決者夫亦以實在之觀念爲世界及人生之根本主義故也雖然人格化之實在不論何時不限何所不可忘其人格化非然者無數之迷信隨之而來久而久之至與淫祠之類相去不遠失諸毫釐差以千里者實此類也著者痛加駁擊之不少假借亦適中時弊哉

批評門

偵探小說

離魂病

全一冊

定價 二角五分

小說者最能激刺人之腦筋而常善導人以遊于他境界者也盖其變幻不測哀樂無端使人讀之而忘其現在所處之地位不啻置身于書中而爲書中之人也者小說之妙不可謂非窮神盡化乎而其尤奇者則莫如偵探小說筆端閃爍有神龍見首不見尾之觀眞令讀者如墮五里霧中也且讀此等小說能使人性靈敏活行事老成是又與他小說之徒托空言無補實際者有異是書連號譯印于本報大受閱者之歡迎茲已完竣特將版權售與上海廣智書局歸其另印單行本出售經已存案翻印必究即日出書愛讀者盍速購取

發行所 上海 廣智書局 橫濱 新小說社謹啓

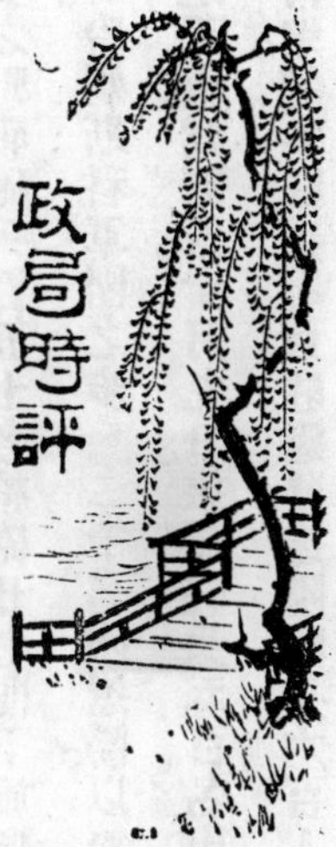

（國際之部）

▲俄日之戰機一髮

俄日戰機。自西歷去年六月以來。屢起屢伏。直至今日。而其勢殆將爆裂。不可終日。日本人關於戰事之法令屢頒。內閣會議、元老會議、御前會議屢開。近數日則海、陸軍兩省示諭全國報館。屢爲軍事之秘密。而民間出學校。罷商業。停工作。以求爲志願兵者。典時計。典衣服。典田宅。典簪珥。以報效軍事。獻金者項背相望。全國股份票價格。爲之驟落。數大公司之商船。爲之暫停。以聽政府之指揮。舉日本四千萬人。如狂如沸。磨拳擦掌。以待戰爭。祈神禱佛。以望戰爭。無老無幼。無男無女。無僧無俗。無一不歌舞戰爭。嗚呼。俄日之戰機一髮。

西歷新年後數日。日本仍爲最後之談判。與俄國交涉。戰機之破裂與否。惟視此一次之交涉。嗚呼俄日之戰機一髮。

嗚呼中國政府何以處之。嗚呼中國國民何以處之。

▲俄日之兵力比較

（以下兩條。全採游學譯編第十二冊所譯集。用識數言以表謝意。）

俄人年來之亟亟增軍額也。無日不有赴戰之勢。自八月中旬後。有若烏蘇里鐵道旅團之編製。（八月十七時事新報云。從來烏蘇里鐵道。以一個大隊爲守備隊。今以陸軍大臣命令。更增一大隊。編成旅團。兩大隊並依戰時之編製。）有若大連灣青泥窪旅順各地軍隊之移動。（八月廿三讀賣新聞云。在吉林之東部西伯利亞狙擊步兵旅團司令部。及同第十四聯隊。以八月十四十五日到著青泥窪在長春之同第十三聯隊。後拜噶爾砲兵大隊之一中隊。及東部西伯利砲兵第二旅團第一中隊。到著於大連灣。在哈巴羅市司科之東部西伯利工兵第二大隊。到著於旅順。而大連灣旅順兵力之新增者。別有步兵二聯隊。砲兵二中隊。工兵二中隊。漸次以滿洲北部之駐屯軍移之南方。而自西伯利亞鐵道輸送二旅團以補充北部之要員。計駐屯旅順者二師團。其他各地駐屯者總計步兵約五十個大隊。砲兵約三十個大隊。騎兵工兵亦有同數。又九月十六日在哈爾賓之野戰砲兵百五十名。帶砲廿七門下旅順。十七日。哈姆斯科軍團之步兵二千名來遼陽。以無兵舍。造天幕爲野營。十月九日。旅順駐兵五百名出發於何地。智多駐兵七百駐遼陽。遼陽駐兵六百人駐旅順。十月十五日。始爲關東州駐兵大輸送。鐵道線路之兵士僅留少數。其餘並移駐於青泥窪。十月廿六日東京朝日新聞云。駐屯滿洲之俄兵。有鐵道守備隊及占領軍之二種。其守備隊豫定爲二萬四千人。又有所謂國境兵者。以後備兵及豫備兵組織之。据最近調查各地之兵數。旅順步兵。東部西伯利亞狙擊第三旅團全部。即四個聯隊八千人。騎兵。西伯利亞可薩克旅團後拜噶爾式厘斯科第一聯隊之中一個中隊百五十人。砲兵。東部西伯利亞狙擊砲兵大隊千二百人。工兵關東州工兵中隊三百人。要塞部隊。步兵二個大隊二千人。及砲兵二個大隊二千四百人。配置於旅順之各砲臺。計一萬四千五百人。大連步兵。二個聯隊四千人。自滿洲內地特別派遣騎兵。西伯利亞可薩克旅團後拜噶爾式厘斯科第一聯隊之中三個中隊四百五十人。計四千四百五十八。鳳皇城可薩克旅順騎砲兵第一中隊。步兵第十五聯隊之中第二第三第四中隊之三個中隊。合鐵道守備隊約二千七百人。奉天鐵道守備隊約二十名駐停車塲城內則有軍務司令官之護衛騎兵三十名領事事務官之護衛騎兵三十五名郵電局之護衛兵三十五名合計可薩克兵百名其他傭用馬賊百五十名吉林步兵第十六聯隊二千人東部西伯利亞砲兵第一旅團第七中隊三百八。騎砲兵第二中隊(砲二十門)及領事事務官護衛騎兵四十人。長春少數之騎兵在城內鐵道守備隊駐停車塲附近哈爾賓以騎砲兵組織之混成旅團約八千人其他有少數之步兵現在更自本國輸送兵隊來着。据俄人言當輸送十五萬來公主陵第五十一中隊駐屯兵鐵道守備隊二十人鐵嶺鐵道守備隊三百人。砲兵一個中隊。齊齊哈爾步兵第二十聯隊二千人。東部西伯利亞砲兵第二旅團第二中隊三百人寧古塔黑龍江可薩克騎兵聯隊海拉爾第三豫備步兵大隊。營口東部西伯利亞砲兵第一旅團第三中隊。而据駐屯軍通譯官某氏所言則滿洲最近俄兵數步兵九萬五千騎兵一萬九千砲兵一萬二千工兵六千砲百六十八門內旅順守備步兵一萬。奉天守備步兵一萬五千騎兵五千。砲兵三千工兵二千云。(十一月廿一日國民新聞)云俄人自本國啓耶甫更輸送大軍團東下拜噶爾湖以快空車放回。從頻繁而泰晤士報之俄鐵薩通信員稱說俄人滿洲增兵其陸軍將帥慫慂兵卒兵役滿期當永住於該地兵士從命者不少大約東洋方面俄兵滿期者每年不下四萬人乃至五萬人故假令永住該地者得十分之二分五則俄國於四年後當得豫備兵五萬人)有若雷艇及兵營製造建築之忙迫(十月

批評門

廿日時事新報。旅順口水雷艇製造忙迫。本日竣功者十餘隻。容五六萬人之兵營亦新落成。而奉天吉林哈爾賓遼陽諸地兵營之弘壯落成又在此前。有若旅順要塞砲臺之建築（太陽雜誌九月終。俄國自東淸鐵道輸送口徑六生的身長三珊之大砲十三門於旅順要塞。以八門裝置灣口饅頭山之新砲臺。以四門裝置停車場北之鞍子山。椅子山砲臺亦告成。鵶鵠嘴更築新要塞。而扼鳩灣之兩端之二洋頭三洋頭。及雙島灣之直角之大洋島及老廟子之雙對峯。凡築砲臺五所。併刻期明年三月告成。）有若陸軍大演習及陸軍檢閱之舉行（九月廿八日後二禮拜間。極東總督舉行陸軍大演習。十月十一日。檢閱諸兵）有若石炭及兵糧之買入（九月七日日出國新聞。旅順俄陸軍入穀最巨。倉庫二十餘間。糧食充實。海軍貯蓄亦富。而本月九日。更豫買入大麥五千三百噸。小麥八千二百噸。蕎麥千九百五十噸。哈爾賓亦於二日買入蕎麥一千二百噸。麥粉八千二百噸。馬糧用大麥一萬三千八百三十噸。（十月卅日二六新報兩三日前俄人用諾威瀛船裝載石炭二十三萬噸來。而牛莊岫巖遼陽地方一帶糧食收買殆盡。俄士官調查淸國兵營兵器糧食彈藥。每槍但留二十出。其餘悉沒收之於俄營）有若準備金之購藏（十月卅一日中央新聞譯倫敦新報云。俄人之爲現金準備。藉意志人之手買入金塊極多。俄羅斯銀行金額驟增。現今有九一、六八二、〇〇〇磅。而昨年本季僅有八三、一四七、〇〇〇磅。且俄羅斯銀行存放外國市塲之金額。約八百五十萬磅容易收回）其備戰之步武。實重足而待駕。而艦隊之動靜。又有大可注目者。九月中旬。俄戰艦雷脫威撒等五隻。裝甲巡洋艦克侖波等二隻。巡洋艦波額意等三隻。塗換艦體。以二十日前後自海參崴拔錨。遊弋高麗海面。以旅順爲集中。十月三日。在海參崴之一等戰艦雷脫威撒等以下十一隻。舳艫相含而入旅順。是時俄國擧行海陸軍連合演習。以爲攻擊軍襲旅順。而防守軍抗禦之三方略。極東總督爲統領。而自崴港來之十一隻戰艦。假定爲侵入軍。港內之俄艦。與砲臺相待。爲防禦之事。演習終。各軍艦集於司令官斯塔爾克中將指揮之下。以旅順爲集中。艦艇總數五十七隻。內除航洋水雷艦十隻。水雷驅逐艦十八隻外。軍艦凡二十九隻。而自五月至八月。增遣戰艦三隻。一等巡洋艦一隻。二等巡洋艦一隻。裝甲砲艦一隻。水雷艦十一隻。水雷驅逐艇七隻。或已到着。或尙在航洋中。九月三日。又增遣水雷艇七隻。十月八日。增遣戰艦一隻。一等巡洋艦二隻。二等巡洋艦一隻。是爲俄國增遣太平洋艦隊之全數。而此等艦隊之外。又有從事航業之義勇艦隊之一部賣入海軍省者。亦已編入太平洋艦隊。（因西伯利亞鐵路開通之後。太平洋西北岸航業漸衰。以其一部航行地中海及太平洋新航路。一部賣入海軍省。）俄艦既注全力於東洋。而日本常備艦隊以九月二十二日分三十八隻二部遊弋黃海海面。二十八日朝日以下二十二艦遊弋高麗海面。十月八日。各鎮守府參謀長開會議於海軍軍司令部。常備艦隊參謀長亦列席。亘四日罷議。而常備艦隊以佐世保爲集中。十六日吉野敷島等九艦爲實彈射擊。出港。十九日歸。再爲艦隊運動。遊弋高麗海面。日俄兩艦隊。遂時時爲角立之勢。

德意志某新聞論日俄兵力之比較云。日本無論平時與戰時。有近衛一師團。及編列十二師團。各師團編製相同。自步兵二旅團。（一旅團。二聯隊。一聯隊。自三大隊而成。合計十二大隊。）騎兵三中隊。砲兵六中隊。工兵二中隊。輜重兵二中隊而成。於戰時。一師團之戰鬭員。與一萬二千五百人。此外尚有騎兵二旅團。與野戰砲兵六聯隊。而騎兵二旅團。於戰時編制。爲獨立騎兵師團。故日本之野戰軍。爲步兵百六十六大隊。騎兵五十一中隊。砲兵百四十中隊。其戰員自將校以下。爲十六萬人。而以技術部隊縱列輜重衛生機關附屬之。而豫備兵有步兵五十二大隊。騎兵十七中隊。砲兵十九中隊。其戰員五萬乃至五萬五千人。後備隊及國民軍之員數。二倍於豫備兵。其外尚有若干之守備隊及補充隊。由此視之。則中日戰爭時。日本戰員。當在四十萬內外。即可以測知現在日本之兵力。

日本兵。勤於訓鍊。勇悍而守軍紀。富於愛國心。然其將校之員數。尚有乏人之患。其兵卒身幹短小。膂力脆弱。不堪困苦。視北清戰役。兵數不過一師團。傭夫八百人以補其缺乏。可以視其狀態。日兵。體格弱於俄兵。而俄兵願慾寡少。亦勝於日。

日本海軍力。戰鬥艦七隻。裝甲巡洋艦六隻。海岸防艦九隻。於東亞歐洲列强之艦隊中。可居第一。優於俄國極東艦隊數等。以此之故。日本送兵大陸。俄艦當不克防止之。然俄艦亦非劣等。且富於航遠之水雷艇。故日艦亦不容易追逐俄艦於尼哥拉烏司克海參崴旅順牛莊諸港灣內。日本海岸亙數百里。難守而易攻。俄艦得不小試攻擊耶。故日本勢不能於本土毫無防禦。而將勁旅悉送於大陸。而到著大陸。又必留守備隊二萬或三萬。以守護兵站線路。以此加算於輜重縱列人夫之員數時。至少當上三十萬口。而將無數運搬之器。

具與三四萬頭之馬匹。合計時以日本現在船舶悉數輸送。尙須數次始畢。故動員完結至淸韓一地點上陸戰鬥開始時。至少必須四禮拜或六禮拜之時日。

俄國於此時日間何爲乎。彼必從事於集合部隊。而目下駐屯東亞部隊之大部分。無日不整戰鬥準備。已得大利益。千九百年來。俄國於東西伯利亞。（脫蘭斯拜噶爾、黑龍江沿岸地、滿洲）常置二個軍團。二軍團之隊數。步兵四十八聯隊。騎兵卅五中隊。砲兵十七中隊。無論何日。得整戰備。而此外尙有無數之補充隊。特別要塞守備兵。第二次及第三次可薩克兵。其隊數步兵卅五大隊。騎兵二十二中隊。砲兵九中隊。要塞砲兵四大隊半。及技術隊三大隊。而滿洲鐵道守備隊。至少在五千人以上。故俄國在拜噶爾湖東有十一萬之戰兵。而滿洲及旅順海參崴防備亦堅固。日本雖合團。而曠日持久。終難陷落。

俄國以此兵數。尙不足顛頏日本。必徵集西伯利亞之駐屯軍。以千九百年之經驗。五禮拜內得達滿洲。而自歐洲輸送八九萬兵員時。自莫斯科至滿洲至少須費九禮拜或十禮拜。而日本軍自韓京達奉天時。至少亦須六禮拜。而中途有小戰鬥到達目的地時。損耗必大。且必遷延時日。而俄兵大部分。當已達奉天。日本亦不能驟勝。而日軍後援甚弱。終被俄軍驅出滿洲。則俄軍必入朝鮮。故日本若無英美之强援。必難制勝。

而日本中央新聞論之云。俄陸軍雖精悍。到底不及德法。其在東方。地形利便。組織簡要。軍源宏大。爲他國所不及。而自歐洲輸送兵員。貝加爾線路。未竣工。送廿萬之兵。須六個月。而我兵以對馬海峽。

之砲臺與佐世保艦隊之擁護自釜山上陸其便。利。蓋非可同日語。俄兵於騎兵及騎砲兵雖勝於日本而日本兵食用省節勝於俄兵之非麵包不喫非肉不飽者。

俄國熱心傾注全力以伸張東洋海權現在除海防艦砲艦水雷驅逐艦外僅算戰鬥艦裝甲巡洋艦及巡洋艦有十七隻十五萬三千百三十六噸。加以近日增遣者總計達於二十二隻廿二萬二千二百五十七噸。汲汲與我艦隊均勢。然俄海軍。生產力之不充足。速力之遲緩。石炭庫之缺乏。船渠之不完全。船艦操縱術之疎淺。視我軍終當有。遜色。假令彼陸續增加艦隊超過我海軍勢力時。我若據對馬海峽斷海參崴與旅順之連絡。則彼海軍立於孤懸之地位。若嬰守旅順必被封鎖於港中。退歸本國則被擊沈於臺灣海峽。

然東京朝日新聞日俄海軍比較表云。

本年九月中比較（本年一月、瓦里雅克、柳里克、雖巴士特波羅、伯累士威特、伯妥羅巴烏羅斯克、波爾塔巴、俄羅斯、克侖渡八隻、共八萬七千噸至三月增雅士可爾脫為九萬三千噸五月增德雅捺、巴爾拿達、累得威撒、挪威、為十二萬二千噸、六月增波雅陵、波額衣爾為十三萬二千噸、七月增波俾耶達十四萬五千噸不及日本一萬五千噸、八月增遣禾斯拿彼亞、巴雅們、為十六萬五千噸、劣於日本者僅五千噸、九月增妞咱累威取為十七萬八千噸、來年二月、亞力山大三世、及禾羅拿來、會十九萬二千噸）

	日	俄	日(多)比較差
噸數	一七〇、七五七	一九九、〇〇一	二八、俄(多)二四四
十二尹砲	二四	二四	

十吋砲		三〇	一二			一二
八吋砲	三〇	一四	一六	
六吋砲	一七六	三三一		四五
四七吋砲	三八	一八	二〇	
十二斤砲	二二〇	二八四		六四
水雷發射管	八一	一〇五		二四
驅逐艇	一八	三二		四一
水雷艇	五八	一四	四四	

來年一月中比較

日本

(艦種)	(艦名)	排水噸數	長	幅	吃水	速力	砲數 十二吋	十吋	八吋	六吋、四吋七	十二斤	水雷發射管
戰艦	朝日	一五四四三	四〇〇	七五1/2	二七1/2	一八	四			一四	二〇	四
同	初瀬	一五二四〇	四〇〇	七六1/2	二七	一九	四			一四	二〇	四
同	三笠	一五三六二	四〇〇	七六	二七1/4	一八、六	四			一四	〇二	四
同	敷島	一五〇八八	四〇〇	七五1/2	二七1/4	一八、五	四			一四	二〇	五
同	八島	一二五一七	三七四	七三	二六1/2	一八、五	四			一〇	一六	五
同	富士	一二六四九	三七四	七三	二六1/2	一九、二	四			一〇	一六	五
裝甲巡洋	出雲	九九〇六	四〇〇	六八1/2	二四1/2	二一			四	一四	一二	四

批評門

同	磐手	九九〇六	四〇〇	六八1/	二四1/	二一	四	一四		一二	四
同	淺間	九八五五	四〇八	六七	二四1/4	一八	四	一四		一二	五
同	常磐	九八五五	四〇八	六七	二四1/4	二三	四	一四		一二	五
同	吾妻	九四五六	四四五/4	五九1/	二八	二〇	四	一二		一二	五
同	八雲	九八〇〇	四〇七/4	六七1/	二三3/4	二〇	四	一二		一二	五
巡洋	笠置	四九七八	三九三1/2	四八3/4	一九	二二1/	二		一〇	一二	四
同	千歲	四八三六	三九六	四九	一七1/	二二1/	二		一〇	一二	四
同	高砂	四二二七	三六〇	四六1/	一七	二三/	二		一〇	一二	五
同	吉野	四二二五	三五〇	四六1/2	一七	二三1/		四	八		五
同	浪速	三七〇七	三〇〇	四六	一八1/2	一八		八			四
同	高千穗	三七〇七	三〇〇	四六	一八1/2	一八		八			四

十

俄國

▲印者未着

（艦種）	（艦名）	排水噸數	長 呎	幅 呎	吃水	速力	砲數 十二吋	十吋	八吋	六吋	四吋七	十二斤	水雷發射管
戰艦	伯累士威特	一二六七四	四二六1/	七一1/2	二六	一八		四		一一		二〇	五
同	波倬即達	一二六七四	四二六1/2	七一1/	二五	一八		四		一一		二〇	五
同	▲禾司拿彼亞	一二六七四	四〇一1/2	七一1/2	二六	一八		四		一一		二〇	五
同	伯妥羅巴烏羅司克	一〇九六〇	三六九	七〇	二六	一六、八	四			一二			六
同	波羅塔巴	一〇九六〇	三六九	七〇	二六	一六、三	四			一二			六

同	雖巴士特波羅	一〇九六〇	三六九	七〇	二六	一七、五	四		一二			六
同	累得威撒	一二九〇二	三八二$1/4$	七二$1/4$	二五	一八	四		一二		二〇	六
同	▲姐咱累威取	一二九一二	三三八$3/4$	七六$1/4$	二六	一八	四		一二		二〇	六
同	▲亞力山大三世	一三五一六	三六七$1/2$	七六	二六	一八	四		一二		二〇	六
裝甲巡洋	克侖波	一二三五九	四七三	六八$1/2$	二六	二〇		四	一六		二四	四
同	俄羅斯	一二一九五	四七三	六八$1/2$	二八	二〇		四	一六		一二	五
同	柳里克	一〇九三六	四二六	六七	二七	一八、八		四	一六	六		六
同	▲巴雅們	七七二六	四四二	五七、四	二二	二一		二	八		二〇	二
巡洋	巴爾拿達	六七三一	四〇六	五五	二三	二〇			八		二四	三
同	瓦里雅克	六五〇〇	四一九$1/2$	五二	二〇	二三			一二		一二	六
同	▲禾羅拿	六七三一	四〇六	五五	二二	二〇			八		二四	三
同	波額衣爾	六六七五	四三四	五五	二一	二三			一二		一二	六
同	德雅捺	六七三一	四〇六	五五	二三	二〇			八		二四	三
同	亞司可爾脫	五九〇五	四二七	四九		二三			一二		一二	六
同	挪威	三〇八〇	三六〇	四〇	六	二五				六		五
同	波雅陵	三二〇〇	三五五	四一	七	二二				六		五

夫俄日海軍力之不相上下如此而俄國陸軍之根據堅牢。又非日之所敢望而其財力之窘迫又適相等。(下條詳之)此彼此之所以久持重不發也特至今日而形勢急迫幾於欲罷不能。有志時局者拭目而觀其後可耳。

▲俄日之財力比較

戰雲慘澹不可終日然而狙伏却顧相持不發者則亦有故焉。論海軍之噸數則俄略遜于日。論陸軍地形之利便則日遠不及俄。而二國之財力皆有不能持久之勢。日士論者。謂中日交戰時和戰終始延期一年有十月。日本陸軍海軍支出之費其最盛時一月實支出一、九三三、九八〇、一圓。共計戰局終始支出總數實達二〇〇、四七五、五〇八圓。（据日人前日臨時軍事費決算表）假令日俄戰爭延期三年。以中日戰爭一日支出軍費最多數六十八萬圓爲比例。現在海陸軍愈擴張。戰術愈複雜。軍費支出益增進。一日軍費平均爲百萬圓。一月爲三千萬圓。一年及三億圓。三年相續約當達十億圓。中日戰爭時。最初以三千萬圓之剩餘金及商人獻納金支辦。其後竟募集一億餘萬圓之公債。且至增稅。則此次戰費所出。亦不出于增稅與公債之外。而外債則病國。內債至二億三億。則國民經濟界亦生非常之擾亂。而倍加現今之稅率。一年僅得一億三千萬圓。故如今日日本之窮困。十億之戰費。必非國民所能堪。而俄國國債亦及百二十億佛郎以上。即一法國已及六十億佛郎。俄國國力亦無增稅之餘地。勢不得不續募外債。即法人爲保護信用。肯應俄人之軍事公債。其財政困難又當甚於日本。此二國之主戰論所以熾而復潛之一原因也。然而日本主戰論者則又有說。

博士金井延論滿洲問題經濟上之觀察云。我國財政雖薄弱。然鑑中央國家財政與地方財政之關係。改良租稅制度之根本。而確立其系統。決非不能一戰者。國民經濟之狀況。歲歲增進。普通銀行之預金（存放之欵）比前年殆四倍。貯蓄銀行之預金達於七倍以上。一般銀行之積立金。（次第增進之實歟）爲十分五以上之增加貯蓄銀行。之積立金爲二十四倍之增加。是皆進步之明證。前日中日戰役。一個師團支出之數。一月金二百二十萬圓强。今日廢人夫之制而易以輜重輸卒。出征費用必減少。是北淸事件所經驗。而今日之作戰。自運送里程交通機關等之關係。更得減軍費之一部。（中日之戰。運送傭給費五千二百萬圓强。實占軍事費全體三分之一。）故今回一個師團一月之出征費爲二百萬圓。必有餘裕。今自前所假定之兵力而言之。一月軍費共計一千六百萬圓。即一年不過一億九千二百萬圓。戰爭期假定爲一年。加以海軍經費。（假定爲二十五萬噸）合計不過二億八千萬圓。發揮大和民族之特性。節省物力。以爲軍人之後援。決非不得支辦者。

萬朝報論財源所以出及概算額云。（一）非常準備。基金即補充軍艦水雷艇基金準備災害基金。及敎育基金。此三者爲蓄存淸國賠款以備非常之財用者。金額達五千萬圓。而此五千萬圓中。一部放存四分利之英貨公債。一部放存五分利之本邦公債。實際現金迄二千萬圓。（二）特別會計資金繰替（繰替者墊用之意）此款係以各特別會計需用之資金。以非常之事借給使用者。中日戰役時。各特別會計種類不多。原資金僅得六千五百萬圓。而以非常之變。墊用金額。前後通二千八百萬元。今特別會計種類增加。三十五年度豫算。通固定資本達二億一千萬元之金額。實較前日三倍以上。假定繰替止三倍。亦得八千萬元。（三）繰越金流用（繰越金者因事業遷延逾歲而生之款流用者通融使用之）因戰後財政之變動。

而繼續事業及新營事業有不能豫定者。每年必生翌年度之繰越金。繰越額最多者。三十一年度。實出七千四百八十萬元之上。自三十四年繰越三十五年者。其總額猶不下四千三百萬元。此欵雖不得爲豫定之財源。而因遷延擴張海軍事業所生之繰越金。在三十四年度實出二千五百萬元之上。實占繰越總額六分强。計其緩急而以一千五百萬元爲戰費。必非難事。(四)事業繰延。(繰延者推下期限之意)前項之繰越金。自前年度遷延而得之。本項乃將今後之事業推下期限而得之。事業費之總額。本年度實達五千九百萬元。明年度當不下四千二三百萬元。若更加第三期海軍擴張各年比例之額。今年度當出六千一百萬元之上。明年度殆達五千萬元。通算兩年度事業費實達一億一千萬圓。除去政府所立整理財政繰延事業計畫中。今年明年合計約一千萬圓外。而今明兩年度不可不支出之事業費。猶在九千萬圓之上。假令繰延兩年度總額三分之一。猶得流用三千萬圓以上。(五)國債償還一時停止。停止國債償還。於公私經濟雖有大損。然以決戰賭存亡時。亦不得已之一策。英國與杜國戰爭時。猶決行增稅及停止四百六十萬磅(合日洋四千六百四十萬圓)之國債償還。況不及英國之豐富者耶。据我國國債償還豫定表。三十六年度償還額國債元金九百三十萬圓。三十七年度九百七十萬圓。停還兩年度之國債。得流用一千九百萬圓。(六)一時借入金。前北清事變。供遣清軍費。借入一千七百萬圓。而第二次山縣內閣補助各府縣水害土木費。借入四百萬元。現內閣補足製鐵所運轉資本之缺損。借入二百萬元。皆經議院認可。況臨時急用耶。現日本銀行之現金準備。出一億一千五百萬元之上。發行鈔票之餘力。常在三四千萬元之間。可擧餘款借入之以供戰費。(七)募集公債。當廢止借金政略之時。而募集公債。固爲難事。然我國民徇外難。急公義。聞軍事公債之名。應之者必急。中日戰役時。初次募集三千萬元。應募總額出七千七百萬元之上。(二倍半以上)不出二月。復募集五千萬元。應募總額爲九千餘萬元。(將二倍)而募集價格。率願入當局者所指定之三分之一以上。現今經濟界。非獨日本銀行現金達一億一千五百萬元而已。如公債標準之一般銀行預金四八八、五七〇、〇〇〇元。貯蓄銀行預金四四、〇二〇、〇〇〇元。郵便貯金二七、九七〇、〇〇〇元。一般銀行積立金六三、九五〇、〇〇〇元。貯蓄銀行積立金三、〇六〇、〇〇〇〇元。一般會社積立金一〇一、三八〇、〇〇〇元。合計七二九、三五〇、〇〇〇元。而中日戰爭時。日本銀行現金不出八千萬元。公債標準各種金。總計不過一億七千六百七十三萬元。咄嗟之間。而擧八千萬元之公債。然則以今日而擧二億之公債。決非難事。(八)有期限特定增稅。英杜戰爭。爲其一例。我國適於定期增稅之事。(1)地租。(2)酒稅。(3)所得稅。地租增十分之五。得二千萬元。酒稅以三元之增率。得一千二三百萬元。所得稅倍增之。得六百萬元。三者幷增。殆近四千萬元。但當短其期限而已。概括右所擧各項。計非常準備資金得二〇、〇〇〇、〇〇〇元。特別會計資金繰替得八〇、〇〇〇、〇〇〇元。繰越金使用得一〇、〇〇〇、〇〇〇元。事業繰延得三〇、〇〇〇、〇〇〇〇元。國債償還停止得一九、〇〇〇、〇〇〇元。一時借入金得三〇、〇〇〇、〇〇〇元。公債募集得二〇〇、〇〇〇、〇〇〇元。期限特定增稅得二〇、〇〇〇、〇〇〇元。合計四〇九、〇〇〇、〇〇〇元。我之財政。試大[illegible]於極東大陸而有餘。

而報知新聞論俄國財政云。威子特氏爲經濟界上大人物。而其政畧則無非剜肉醫瘡之計。試舉威氏聚斂之方。其始用間稅主義。酒煙草石油自來火皆課重稅。以是爲不足。則定政府賣酒之制。定鐵道鑛山輸運事業官營之制。定政府專賣茶及砂糖之制。且不僅中央政府通奪民業而已。而各地方自治體。凡民業之電氣鐵道馬車鐵道瓦斯電燈水道以及農具種子栽縫機械等。皆以之爲公有事業。蓋威氏之政策。在集全國資本於政府。而興官營之各種事業。由是在農業則政府爲地主。而修耕作。以國民爲使役之丁男。商業則以政府。爲股東。而以國民爲使役之店客。工業則以政府。爲廠主。而以國民爲使役之技師。取政府萬能主義之極端。而國庫得歲入二十億盧布。在職十年。成七萬里之鐵道。增加製鐵所造船所軍艦商船鑛廠工廠無數。國內民業之受補助金者。及外債之收重利者。仰威氏如明神。而俄國歲計。十年前威氏就任時。九億六千五百萬盧布。本年度豫算十九億四千七百萬盧布。增加二倍以上。威氏又發行十七億七千萬盧布之新公債。以擴張事業。据千八百九十七年威氏奏言。俄國之生產額。一年度三十五億盧布。今既以其中二十億盧布爲政費。約費全國生產力十分之六。國民精力疲敝。於是失敗之罅。浸浸發見於社會間。(1)生產減少。自昨年度溯五年前通算之。農民生產額減少十億盧布。(据大藏省報告)平均一年減少二億盧布。(2)直稅負欠之增加。間稅之煙酒。既課重率。則直稅自減。日多逋負。据千九百年歲計負員爲豫算之十分之一分有七。(3)食麵包之數減少。比十年前平均每農人每年減少麵包數五十斤。(4)壯丁不合格据徵兵檢查不合格者比前七年間增加十分之一分有四五。(5)生殖停止。雖最殷盛之地方人口亦不增殖。民力既已如此矣。而國力亦未見其充實。据本年一月。開財政閣議。威氏所報告最有可驚者。『(1)千九百三年度之豫算。雖歲入超過。是爲一時之戰爭稅及爲北清事變增加關稅之結果。若復舊時。則歲入必生二千三百萬盧布之不足。(2)國有鐵道以前。雖有多少之利息。而自千九百年度損失二百六十萬盧布。千九百一年度損失三千二百九十萬盧布。千九百二年損失四千五百萬盧布。千九百三年損失六千萬盧布。今後二年間。鐵道全線。尙當爲損失八千四百五十萬盧布之豫算(3)欲彌補以上之缺失。舍增稅之外無他法。而民力已盡。萬無增稅之餘地。』其現象如此。試舉千九百三年度豫算統計之所示。經常部歲入額一八、九七、〇三三、六七八盧布。歲出額一、八八〇、四〇五、二二九盧布。歲入剩餘一六、六二七、四四九盧布。臨時部歲入額二、五〇〇、〇〇〇盧布。歲出額一九一、二六二、二四三盧布，歲入不足一八八、七六二、二四三盧布。經常臨時統計。歲入總額一、八九九、五三三、六七八盧布。歲出總額二、〇七一、六六七、四七二盧布。歲入不足一七二、一三四、七九四盧布。僅僅仰公債以免破綻。而國債元金已達於六八四、五〇四、八六一磅之巨額。國債利息年額三〇、二八八、九一七磅。(一千九百二年實數)

而此外又有國庫負擔保証金額二、五八四、三四八、三八七、盧布。合前國債元金約九十億乃至萬億元之債務。而俄國財力俄國銀行及國庫存在銀貨額九二七、五〇〇、〇〇〇、盧布金貨流通額七三七、三〇〇、〇〇〇、盧布。俄國銀行及國庫存在銀貨額六一、五〇〇、〇〇〇、盧布。銀貨流通額一五三、二〇〇、〇〇〇、盧布。俄國銀行。國庫存在紙幣額七一、〇〇〇、〇〇〇盧布。紙幣流通額五五九、〇〇〇、〇〇〇、盧布。一旦有事。而兌換紙幣緊急時。則九億二千七百萬之金貨直減爲三億六千八百萬。國力民力並見穹窘。据威氏政策所收之結果。萬一遼東開戰。局則威氏所假定軍費爲十三億元。而論日俄兵力者。則亦有利鈍異形之二種觀察。殆無所出。

▲中國果可得中立乎

俄日戰机將破。裂日本公使內田康哉勸中國政府以中立。聞中國政府亦將布告中立。

中國果可得中立乎。竊嘗譬之。滿洲如中國之婦中國其本夫也。俄羅斯其奸夫也。日本則妒奸夫之艷福而議其後者也。今奸者與妒奸者將揮拳於其婦之室。而本夫恭然袖手而顫聲曰吾中立吾中立。是果可得中立乎。

中國果可得中立乎。於國際公法上。中立國有中立國之義務。不徒戰事之暗助戰器之供給在所嚴禁而已。乃至劃守其地界。約束其人民。無一事不當注意焉。中國今所處之地位。果可得中立乎。

不中立則開罪於一國。不能中立而謬言中立。謬言。中立而實不完中立之義務。將必開罪於兩國。中國。果可得中立乎。

不可得中立而猶中立。此其所以爲中國政府也歟。

噫、

（本國之部）

▲編纂商法問題

近者設立商部。其最可紀之事。則編纂商法一端是也。

聞商法草案由伍廷芳主稿。而袁世凱爲會辦。

聞商法草案由英美各商法譯出。而以日本現行商法參酌之。

中國數千年來無公告之成文法。今此次商法若出世。可爲其嚆矢。

雖然、法律者相互而爲用者。如人身腦氣筋然。苟有其甲之一部分。而缺其乙之一部分。則甲之一部分終無所用。今中國他法皆未立。而惟有一商法。果能收其效乎。吾不能無疑。

抑憲法者諸法之總根源也。若無憲法。而惟支支節節。立一二之法。如無總腦。而欲各體之神經能活動。也。吾不能無疑。

僅立法。不足恃也。必賴有行政机關司法机關。行政機關不完備。則所立之法。雖善不過一紙空文耳。司法机關不完備。則所立之法。雖善仍不過一紙空文耳。今此商法之內容。吾未知何如。即使盡善也。而以何道奉行之。奉行者若違法。以何道防禦之。吾不能無疑。

他端勿具論。即如有限公司者。（日人所稱株式會社）占商法中最重要之一部分也。以其爲有限也。故資本帳簿等。皆須經官吏之調查認可。此所以保護人民資本權利者。意至周也。若以今日中國之官吏而行之乎。其不至病民蠹商者幾希。

此舉一端。其餘類此者更僕難數。吾於商法發布之

批評門

影響於我國前途者何如吾不能無疑。

（本國之部）

○美國禁約問題

美國禁華工之約。至明年四月滿期再換。於是海外各報館。孳孳研究此問題。以求我國所以對之之法。其最痛切者。則檀香山「新中國報」之「擬抵制禁例策」一篇也。茲全錄如下。

千八百九十四年禁約續行。其禁約之提綱。則曰。限禁來美華工保護寓美華人。其未來者則限禁之既來者則慘毒之保護二字。欺人語耳立言巧妙。故墮其術中而不悟也。又禁約第二欵有現時之例嗣後所定之例兩語。禁約第三欵。有遵守美政府隨時酌定章程一語。皆所以推翻兩國公權而實行自立私例。以故手段毒之又毒。心思密之又密。而沙展之六十一欵禁例。出巴太連量人之機器查冊紙拘人之虎差。愈出愈妙。愈妙愈多。所謂兩國之約者如是。如是所謂保護二字者如是。如是來日方長。能無痛哭。嗚呼。讀沙展禁例六十一章。而不動心不變色者。決非人也。謂之曰禽獸可也。西人之恒言曰。不自由以生毋甯死。董仲舒之言曰。受大辱以生毋甯死。不自由孰有重于限禁者。受大辱孰有大于量人者。吾見至小之國如高麗。其人之來往自由也。不辱也。已亡之國如印度。其人之來往自由也。不辱也。獨至我華人于萬國平等之中。別有所謂限制之例。哀哀父母生我。勞瘁遠涉重洋。四方糊口。賣田售產以爲遊費。乃至而不得登岸者有之。居而下令逐客者有之。豈上帝造人獨于黃帝子孫應受此慘毒者乎彼之禁我者工黨也曰奪彼之工也曰華人傭工賤也曰華人不潔也奪彼之工者豈獨我華人工價之賤者豈獨我華人身體不潔者豈獨我華人我華人之忠信勤儉彼皆不言而故挑剔一二細故以爲口實吾見數事之中惟工價廉賤于彼爲奪利然而日人工價又何如高麗人之工價又何如彼皆不禁之而惟專心致志以與我族挑戰此無他不過我華人不知合羣不知抵制直受之而不報耳

今禁約將滿言駁例者又紛然而起譁然而呌矣吾以爲吾國弱不能調水師戰艦以臨金山以攻檀香山以集于彼國各口岸僅持公理以爲形勝之地恃口舌以爲砲艦之資則前任公使伍廷芳氏固絕妙口才熟習外交爭之甚力與金山府尹某氏幾至用武而卒亦無效前事不忘後事之師也且以重大之事而僅責備于公使一人我國既弱不能爲助而我國民亦袖手旁觀不發一策不建一謀其稍知義務者則曰吾將以彼之苛待我者告之我公使公使自能爲我救護殊不知能識公理者已非限禁華工之花旗人能恃口舌者亦非祖國衰弱之清公使公理無勢口舌無力競爭世界徒講道理斷不可以動人也吾見小孩子淘氣爲人毆擊歸而哭告于父母婉轉嬌啼使毆之擊之者亦爲小孩則父母亦可爲其解紛亦可爲其禦敵使所遇者而爲強漢爲癲人則亦何能爲力吾以爲華人而不思駁除禁約則已倘亦有是心也則必合大羣建奇策出其不意攻其無備以助我公使舍其舊而新是謀然後可以濟大事

今之所謂駁例者。吾知之矣。彼其意以爲禁約受虧。故苛例百出。今縱未能盡除。宜去其太甚者。而存其稍輕者。慰情聊勝于無。即鄙人之初意。亦若是已矣。然條約中所謂以最優之國相待。固久矣視爲隨例之文章。而別見于他款者。則又子矛子盾。大相逕庭。然則此等條約。無勢力以護持之。則有約與無約等耳。即幸而駁除淘汰罄盡。而以自爲刀俎之美人。而視我魚肉之中國。不旋踵而別出一途以相難。其事愈酷。其毒亦愈甚。我華人又將何以處此。矧無理可言。今日之花旗人。有理不能言。今日之中國人。其必不能得志者乎。駁例者固極天下之有心人也。而皆知吾國之弱。不能遽然廢約。遷就其詞。而曰駁之云爾。庸詎知惟國弱之故。則愈不能駁。且無所用其駁。遷就其詞者。盍反而思之。然則今日聽此約之續行乎。曰烏乎可。

我有國民。而我自禁其出境。如今日之日本政府。所謂權自我操也。我不自禁。而人禁我。且組織慘毒之例法以禁我。主權何在。國體何在。有心人所爲痛哭而流涕也。藉曰華人不知主權。不爭國體。惟試問禁例已行以來。華僑之財產喪失者幾何。華人之生命傷害者幾何。工黨鼓其無滋他族滅此朝食之蠻氣。無端而寸地可之警告來。無端而望淺拿之惡耗至。無端而查冊。無端而毒打。紛紛擾擾。倉倉皇皇。昨日今朝。眼內心頭。亦既飽嘗之而飫聞之矣。禁約何物。此而續行。又何事不可行。吾今正言以告我華僑同胞曰。禁例不能廢而必廢之。廢之之道將奈何。曰抵制之。夫美國强國也。中國弱國也。船不堅。砲不利。何從而抵制曰美人之禁華人也。亦以其敢爲而已矣。太平洋之海軍。未調。鋼快砲之準頭未施。以一紙空文而百數十。

萬之華旅將死而二十行省之政府被縛外交受其害生計蒙其災則亦曰敢爲之而已矣然則我行我法則此抵制之術爲今日獨一無二之法門

抵制之術奈何曰辦貨者不辦美人之貨用物者不用美人之物爲辦此抵制之術之絕妙宗旨而備力于碼頭者惟美貨則不起買賣于市上者于美貨則有禁爲辦此抵制之術之絕妙政策

何爲不辦美貨曰中國者固地大人衆萬國之銷貨場也各國皆有製造品大率自出之而自用之而幷以銷流于人國然甲固自出之而自用之乙亦自出之而自用之則兩相抵制兩相平均而甲乙互通之貨物寡惟中國則不然中國祇有天然產物(指未經製造者)而無人工造物(指已經製造者)內力不足外力斯侵故遂爲萬國之商戰所必爭而挾其地大人衆之好原因更爲外人銷貨之好市面往者歐人固嘗併力以爭非洲矣旣已得之如獲石田于是移其爭點以爭中國以素守們羅主義之美人亦一變至道奪檀山據古巴掠小呂宋其所以然者以人皆憂貧彼獨患富內力旣漲侵奪及人也檀香山者太平洋之孔道也奪之以爲水師第二根據地而保護商業之政策行小呂宋者中國東南之門戶也掠之以爲窺伺鄰室之好局面而推廣商務之佈置巧今者請開滿洲爲貿易場矣又請開北京爲通商地矣汲汲遑遑不可終日美人之心萬國之所共見者也夫以彼之急于銷貨于我而復慘以限禁于我因利乘便禁辦美貨吾知不數月而美之商業病商業所售者商品也因是而商品不銷則商品病商品何自出出于製造各大工廠也于是而工廠病仰給于工廠之千數百萬人皆工黨也又于

是而工黨亦病美例凡傭工于製造者爲工黨即傭工于會計貿易者亦爲工黨商業不暢商品滯銷則工廠倒閉而凡百工黨于何謀生乎是以間接而用其權力者也且惟中國無製造品故由此地而之他地者往往代人轉運售甲之貨物于乙凡外埠之華商者是也若此等事是人取其八九而我分其一二終歲代勞爲他人作嫁衣裳者何其盛歟今惟抵制之術行則並此而亦禁絕吾知影響于美人生計界其事非小而因商業而牽動于工人其結果乃亦同其一病彼工黨以爲我無如彼何而忿其慘毒手段者必始願不及此也夫美人講求商務此十年中孜孜不已近又推廣航業新造之高麗西伯利亞蒙古滿洲諸商船而皆以東亞之地名名之船重加大冠于環球其欲以商業而亡我國更不待言使非行此抵制之術則我國民且鼾睡不醒也今將中美十年來之商業比較列表如下

	中貨至美值銀	美貨至中值銀
一千八百九十三年	二〇、六三六、五三五	三、九〇〇、四五七
一千八百九十四年	一七、一三五、〇二八	五、八六二、四二六
一千八百九十五年	二〇、五四五、八二九	三、六〇三、八四〇
一千八百九十六年	二二、〇二三、〇〇四	六、九二一、九三三
一千八百九十七年	二〇、四〇三、八六二	一一、九二四、四二三

批評門

一千八百九十八年	二〇、三三六、四三六	九、九九二、八九四
一千八百九十九年	一八、六一九、二六八	一四、四九三、四四〇
一千九百年	二六、八九六、九二六	一五、二五九、一六七
一千九百零一年	一八、一〇三、七〇六	一〇、四〇五、八三四
一千九百零二年	二一、〇五五、八三〇	二四、七二一、九〇六

由此觀之則十年之中國。其無進步竟若此。而十年之美國。乃由三兆元之數。而達至二十四兆元以上。凡十年間商業之推廣于中國者。共計八倍有奇。而其餘由他國他埠間接而至中國者。尚不在此數內。且美貨之至中國則銷于中國人。中貨至于美國並非銷與美國人。實寓美之華人自用。其國之貨而已是中國不得爲商務本無所有而美人則剝我膚而吸我髓我將死矣。此術一行而繼之以自創製造則抵制之事必能行之愈久而愈效而美人之生計界必爲我擾亂將自困而至。于死我華商凡有國民之責任者何樂而不爲此。何爲不用美物。曰生計界之競爭也。以辦貨者爲輪艦。而以所銷之貨者爲兵械。有辦貨者無銷貨者。則其貨必不通流。而辦貨者亦少。今日中國商人買人之貨而賣于人。此所謂辦貨家者舉國之商者是也。外國以其新奇淫巧之貨易我資財。剝我膚而吸我髓我國民之生計受其害。其所以然者固由我國工鈍物劣不足以供民用以爲抵制。之具而外貨之來判厥罪狀則辦貨者罪之四而用貨者罪之六何也。無用之使之去斷無辦之使。

之來其理甚易見也。今擬抵制之術。如前之說。則既曰不辨美貨矣。然華人不辨之來。而美人或辨之至。至則美貨大銷。華人樂用。則失利在華商而得利在美人。美貨之銷流如故。貨廠之製造如故。工人之衣食亦如故。將所謂抵制之法。不亦有名無實。重爲各國所僇笑哉。且如英法德日諸國之商。轉運以謀利。其辨美貨而至中國者亦不少也。不于用物嚴其禁。正如前門拒虎。後門進狼。終未有達其目的之一日。然則不用美物。正以補前說之不足。而益收抵制之全功。若夫翻然悔改。求其本原。工藝由此而發達焉。出產由此而漲進焉。則如天之福。舉國之所屬望。吾人之所企禱者也。不辨其貨。不用其物。其宗旨既爲公衆所同認。則抵制之法。思過半矣。然而所以行此宗旨者則有政策。政策既定。則以最多人最廣土之中國。羣而措之亦自易易。夫貨之來也。最初一步。則莫如碼頭。不爲起貨。則貨何自來。貨之去也。最顯之地。則莫如市上。嚴禁賣貨。則貨何自去。對外對內。以行此抵制之目的。條理而舉之。熟誠以行之。則我之計成而我之事立。

今試執一人而語之曰。美貨不能至中國。聞者必笑之。以爲商約已定。談何容易。然貨無脚不能行。重洋萬里。輕舟一葉。既已抵岸。行將脫手。殊不知此雷池一步。遠于重洋。而險于輕舟。何也。貨之得上岸與否。其權力操之在我也。夫商約許其通商。定其稅則。如斯而已矣。至于售貨之多寡。起貨之負担。彼政府固無過問之權。我政府無干涉之理。吾聞香港之起貨者。其名曰咕喱。有行者也。行有行所。有行長。會議于行所。總制于行長。一唱而百和。一令而百從。其事易辦。即不爾而限期若干畧與彌補。省力得財。人所樂就。況乎美貨不至。而中國爲萬國之銷貨塲。若德若英若法若日本。抵隙尋釁。其誰不樂以其國之貨來。而替代美人銷貨者。當斯時也。中國之銷貨有定額。斯他國之來貨。無缺數。其足以爲咕厘計傭力生財則一也。若曰美人以重值僱工。代其起貨。華人無公共心。必樂爲之用。則我抵制之術敗。然重值僱工。則利已歸我矣。而貨之銷流與否不可知。我之不用美物。其風潮已極行于國內。加以工值愈重。則成本愈大。而貨價愈昂。美貨更不易銷。而華人誰復樂用。若曰美人爲銷貨計。勉強賤售。不計虧折。然僱傭旣糜重價。售物又復折本。其受我抵制之術所苦可知矣。行于香港者如此。行于各通商口岸者皆如此。則美貨何自來。

若夫物自外來。人多樂用。此又爲中國人最畀下之特質也。失利失權。未必不由于此。今實行抵制之術。則美貨宜禁用。然用與不用。存乎其人。而華人性質。大率東家失火。西家坐視。火不燒身。不肯往救者。使美貨禁用之例旣行。其中保無有姦商蠹儈。私售居奇。不顧公義之所在。而從中漁利者。買者不察。價廉貨美。即樂于用。是美貨之銷流如故也。吾以爲用物必購于市。而售某類貨。必有某類之行頭。今唯有速聯行頭。嚴立行約。各自爲治。倘猶慮其作姦犯科也。則每行派若干人以監督之。所派之人。先由各行頭公認。監督以每五日彙報一次。其彙報之式。則按年月日分刊一冊。若某街某號。有無私賣美貨。照格塡寫。違者則以背行約論。請于其行頭而處置之。若猶慮內地之人不知若者爲美貨。若者非美貨。則當照列其貨之字號商標。以中西文今璧刊印成書。頒發內地。講求。

演說雷厲風行則人人明白人人禁用抵制之術不脛而走夫美之工黨于既禁華工之來又復日日倡言不用東亞之物以爲酬荅資本家之政策。凡此等事日有所聞月有所見然則我華人反其道而行之亦不爲過也。

或者曰美人既吃大虧其事必不干休。駁之曰。爭權奪利之事何國蔑有活動之人尙禁之不使入美境聽人左之右之不能自行之貨物安知不能使之不入中國境且並非使之不入中國境也我不辦不用之耳。天下未有強制人必辦其貨必用其貨者。彼美人雖屬强權我並非違背條約彼又如我何哉且美人之所以不禁日人。不禁高麗人。而必禁我中國人者。以中國人之可欺耳今明示以不可欺之莫大勢力因病發藥。美人亦當爽然自失也。

或又曰。彼挾我政府。以干預我民間。則我抵制之事亦不行。駁之曰。我輩行此事正所以助我政府之大力而更換平和之約也。以其人之道還治其人之身我政府之覆荅美人者不患無詞。且欲推廣商務于十八行省之歐洲强國正當利用吾民抵制美人之術以行其漁人得利之心仗義執言。必不乏人而美人又何說之辭。

或又曰。此事有礙于我外交官。行之無利而有害。駁之曰。官者代表一國之平和者也此事爲我民自行官自官而民自民美人不能以野蠻手段施于我外交界上且禁限華人愈出愈酷。華人來者。少而去者多。美境已無華人之足跡則公使之代表可有可無而派駐之領事則更可以不用也。

吾今又正告于我華僑同胞曰。畏首畏尾。身其餘幾今日換約之期急矣。我輩當冒萬險抱一意以

批評門

貫徹始終決意興辦此事而其要則先行籌欵次刊說帖于美國立一總辦所而以諸地爲分局總辦所代表各分局辦事派人歸國歸國後擇一要區人烟輻輳之地又立一總辦所而分派幹員分赴國內諸商埠美國總辦所與各分局通信報告消息籌備欵項中國之總辦所與各商埠通信報告消息興辦各事于是乎無事不辦我華人不以禁例爲苦而甘之如飴乎則又何言時乎時乎不再來盍早爲之所矣

此策而能行豈不大善但不知我中國工商社會果有能結集此團體之能力乎能各捐私利而顧公益若此乎恐此論亦不過徒爲一篇好文字而已噫

○祕密結社之機關報紙

旅美華僑其掛名三合會者過半所謂義與公司是也向來雖有其名而團體甚散近歲內地一二志士出而鼓舞之感化之近乃有大同日報之設立實彼黨之機關報紙也今摘錄其初刊時所題『大同日報緣起』一篇如下

大同報何爲而作也曰中國數千年無會黨以是數千年無政黨羣桀萬雄起於盜賊起於游牧擁千萬無業之衆鏖名城屠豪傑乘時之疲弊民之憔悴無力抗拒彼能多殺人竊神器者則自稱爲應天順人之王者攘太祖高皇帝之尊號以天下爲其私產矣所謂從龍之彥附鳳之英大都迫於飢寒窘於鄉里誕而走險以謀衣食一旦得志大者王小者侯羣以開國元勳相賀分茅胙土帶礪山河爵祿世襲罔替彼亦視天下爲其主之私產矣然而此開創之主或得人天下于孤兒寡婦之手或盜據九鼎於降將叛豎之手物由盜來者不能不虞盜去也天下既定盤據私產之心愈固欲

為子孫萬世帝王之安愈深。思前慮後中夜自驚。于是大封功臣。立之盟誓以弭遠方離貳之心。而懼天下久安。後嗣闇弱。法律廢弛。草澤之士。難免有法吾之故智起于盜賊。起于游牧。擁千百無業之衆鏟名城屠豪傑多殺人竊神器。取天下于吾子孫之手而稱太祖高皇帝者。則不得不務為強幹弱枝之謀。布其所謂從龍之彥。附鳳之英之子孫。柴立于各省都會日夜伺察降奴之舉動使無敢異心而後即安。又懼有陳涉吳廣其人者。聯盟結會於潛滋暗長之中。仰指天俯畫地。招聚壯士、議論朝政。腹誹心謗。幸天下有變而以創大業其所攘竊以傳子孫之私產將不穩、於是思為斷絕。人民報復之路得國之初。首嚴立會結社之刑。俾人民各不相通各不相結。聲氣各不相通。體志各不相結。人民雖極受暴虐而欲訴諸干戈。決乎有

所不能。蓋防之綦嚴散之綦至。霸天下者之術固日精如是哉。然而天下之事固有出于霸天下者。所料之外防之愈嚴。散之愈至。而會黨之萌芽。遂發起于其間。日增月盛。乃至黨衆達於千餘萬人。之多黨所布於二十行省之廣。黨朔經乎二百數十年之久澎漲於南洋蔓延於美澳非墨而未有。已也此會黨何歟。豈非當世所稱為義興公司者。歟。

義興公司。起于明亡之歲、而秦亡漢亡蜀亡晉亡唐亡宋亡。未有會黨起焉。何也。以前此主中夏者皆中國漢種。即或有如五胡之亂華金元之盜夏。亦不過數十年而已。未能久奸天位。踐踏黃農之裔于裘氈之下也。明太祖傳檄四方曰。去氈酪之陋俗。復漢官之威儀。又曰胡虜無百年之運。民族思想。畧見于斯。然及其末造。昏主失德。張李橫行。

批評門

外患遂鉅。滿洲部落。迺乘間而取中國。屠江淮翦閩粵。漢人全部受誅勦而屈服。無復可延殘喘之地。而爲九世復仇之策之豪傑。乃詭辭詭實託于子虛烏有之事以激其忠憤以廣其流傳以冀後世有大英雄起而推廣其意變通其法以合至大至多至久之會黨。一變而爲極有思想極有組織極有基柢之政黨。此非爲私一黨計也實欲爲復與中國計大同報者實本斯意以佈告我同胞漢種者也。

泰東西名哲之言曰。凡欲興國强國者。必有會黨。必賴會黨。無會則無團體。無黨則無主義。室之無牆也不可處也。器之無輪也不可轉也。人之無羣也。不可立也。故其國之無會黨者。其民必散漫。必懦弱。國雖大必蹶。一蹶則不可以復振。是故愛國之士莫不以創會立黨爲亟亟焉夫會也者所以團衆體也。團衆人之財以爲財則財大。團衆人之力以爲力則力厚。團衆人之心以爲心則心廣。團衆人之才以爲才則才多。黨也者所以樹主義也。樹激烈之義則必思破壞。樹和平之義則必思建設。樹競爭之義則必思改進。樹國粹之義則必思保存。國勢有異。政俗有異。故會有萬殊。黨有萬態。然而不論其會之如何。團體其黨之如何主義。而皆與其國家興亡盛衰之故有大關係焉非虛垂一會黨之名號而絕無表見於天下者也。以視我義與則何如。

我義與何所表見於天下乎。不獨他人言之慚愧。即自已言之。亦覺汗顏無地也。夫焉有黨人數千百萬之衆。會所二十餘省之廣。立黨二百數十年之久。其會黨如是之大之衆之長。年爲地球萬國所無。而竟無一可表見于天下者乎。豈不負此會黨之美名。而辱先祖經營之苦心乎。此其故在於年久而忘宗旨。尤在於散處而不知聯絡。一言以蔽之曰。有會黨之基礎。無會黨之喉舌。旣無喉舌。不獨會外人不齒之。即會內人亦無復齒之。於是遂成此不識不知若夢若覺之會黨。而無所事事。此非獨我義興之罪也。亦時勢使之然也。使非生于今日。有數十國交迫於中土。携其文明而至。則會黨之名。不見重于世界。人將以會黨爲畏途。而我祖先創造此會之苦心。必不著。民族思想。政治主義。亦徒託之于盟誓空言。而不視爲要義。所謂數十世之仇人。將認爲重生父母。舐他癰。吮他痔。不以爲恥。反以博其一盼以爲榮者。咸以爲天經地義之所在矣。幸也。當茲廿世紀湍急之潮流。政治界思想之發達。人有同情。民族界競爭之劇烈。國有成說。會黨之名。尤爲明目張膽。横行無忌。我義興愛國愛種之宗旨。遂不復可以久匿而不彰。久隱而不發。於是大同日報出焉。

大同報之宗旨有二。

一曰改良義興本黨之組織。由私會而升爲公會。由民黨而進爲政黨。

二曰聯合義興會外之各會。凡有志於救中國者。不論其會之大小。其黨之衆寡。皆聯絡之。以期收提携之益。嚮應之功。

改良義興之方法甚多。此刻不能明言之。然他時必詳著一書。以餉吾四方之手足焉。夫吾義興昔者處於滿洲朝廷之下。潛踪匿影。屏氣隱息。切齒於國仇之莫報。痛恨於非種之必鋤。惟賴秘密之口說。得以此傳於彼。彼傳于他。輾轉相傳。延綿無已。倘一經春風之洩漏。緹騎立至。鷄犬不寧。欲羽毛之豐滿以待高飛。其勢有所不可。固必隱隱隆隆焉。冥冥渺渺焉。深深沉沉焉。從事于相結之途。使其一入焉而無敢洩。即或偶洩焉。其人念手足之情。自已當之。不忍以累其黨。此誠立黨之苦心經千萬人陶鎔而成此特別之社會者也。前之立黨。旣以秘密爲第一義。今之欲善其黨。豈能違之。況夫今日者。雖世界會黨各相呈現之時。而各黨中一切機關之事。亦未能宣露於外。使人知而使人防。則本黨進取之方針。運動之妙法。關於全部得失利害禍福存亡。豈可違先祖之訓。而犯私洩軍事之條哉。雖然、當秘密者秘密之是也。至如黨內之歷年多而積弊生。傳世久而遺訓失時勢變而方針異正宜大加改良進步。不能因循苟且。緣以爲奸也。吾先祖立黨之宗旨。苟非與國種有關則可任其腐敗與緣以爲奸者。借黨以欺人託會。以求富矣尸位素餐。蠅營狗苟。醉生夢死。走肉行尸。亦人羣腐敗之常耳。而不知如此行爲。不獨汚我義興之聲名。即先祖愛國愛種之隱衷。亦將永沒而不傳于世矣。豈非大失先祖之遺意哉。故我義興不欲振興也則已。如欲振興也。舍改良安有望哉。夫以改良爲至要之舉則世界各國私會。公會之歷史不能不熟考而取法之各國私會公會。之歷史。吾雖不能盡詳之。然而其目的專向于國家務使我之所要求於國家者必能達其所欲而後已則大略可知也。我義興何所求於朝廷何所。惡於朝廷豈非以民族受制政治無權之故憤而。爲此舉乎以此故而立會黨黨中之人。即宜極力。達其目的使我義興會黨。有一日在于天地之間勢必羣捨其性命以掃無理之政府羣拋其頭顱以博立憲之光榮。萬不宜辜負此至大會黨之名。無所事事與廢朽之物同科夫日日爲之。月月爲

之。年年爲之將必有達其目的之一日者。雖然豈能一蹴而至哉。改良組織。實爲目前不可緩之要圖矣。(中畧)

雖然袖手旁觀。毫無舉動。人或不屑責之。以其二百年來。忘祖宗之遺訓。視盟誓若弁髦。借放馬以圖財。求口食之無缺。非有雄飛宇內之心。振與民族之志。故有衆數千餘萬。亦視之蟻螻蟲沙。大而無當。多而無用。毫不足以爲廟社之憂。故聽其自生自滅。自聚自散。自起自沒。曾無事焉震驚匕鬯。臆言百里。引爲心腹之疾也。雖或有一二豪桀。憤蒼天之憒憒。奮赤手於元元。方欲披荆棘。蒻蓬蒿。救斯世于水火。登斯民於袵席。而腐敗歷數代而來。混合爲下流之藪。黨內習于驕縱。不知節制之爲何。習于淫擄。不知軍法之爲何。習于平等。不知軍令之爲何。志所存者。祇在子女玉帛。享旦夕之侯王富貴。豈知經營天下。宏遠規模。究內治以安人心。善外交以聯與國哉。即據有天下之半。良平爲謀。臣韓彭爲大將。而內訌橫生。自相殘賊。蕭牆煽禍。長城忽傾。開隙以引人踐踏。啓穴以召水冲決。勢雖極盛。不旋踵而盡歸撲滅。天乎人乎。豈非黨內之無紀律無章程無道德有以致之乎。其非然者。則此或南方據州。彼或北方取縣。一在天之涯。一在地之角。聲氣不通。消息斷絕。人得制我。我莫制人。故年年歲歲。省省州州。莫不有橫池弄兵。無幾即殄滅以去。即有繼起者。相率蹈從前之敗轍而已。未見其能有所悟。改絃而更張之也。其逃於海外者。或以頭顱之聲價見重於社會。相與贈金帛。供揮霍。預商業。不數年而有富翁之資格。平時叱咤風雲。慷慨悲歌之氣。日即消亡。反以捐官銜進洋籍爲狐兎三窟之計。義與先祖所傳復中國漢種民權之遺意。更不知置于無何有之鄉矣。
豈復顧念而保守之哉。南洋數十百島。我會黨中
人。大率陷於此弊。有財者旣相率而爲官以圖洗
滌。一爲官則骨化神移。多置驕妻美妾。多買良田
美宅。多役僮僕奴婢。汲汲顧影。祇願快活以了此
生。以償前此之辛苦。不復有大志。其無財者更無
論矣。

若夫居於美洲者。見鄉里親戚。相攜而來。重載而
去。咸動發財之想。亦復棄犁鋤。別妻子。借貸數百
金。收拾行囊。迢迢以往金山。平居目未見烽火之
事。身不親戰爭之役。心不動河山之感。非有所觸
犯當世之文網。不得已而亡命者。故其情不憤。其
識不熱。浸假而投義興。亦不知爲其大會黨。與國
家有關係有影響之爲何故。我乃從而託足焉。於
是貿貿然而入習矣而不察。行矣而不著。問其何
爲。不能明答。祇託以我宗旨固秘密焉耳。其能稍
言其益。亦謂各埠多吾黨人。逢處無虞饑莩焉耳。
或能略通文字。據秘傳之冊子。述一二大言。謂吾
黨果有大志焉耳。然而何嘗見其爲一二大事于
吾黨前途有益于國家前途有關係有影響。足以
爲世人之注目者乎。則亦所謂空垂老大會黨之
名。以聽當世之譏罵而已。浸假此三種人者。又升
爲頭目矣。訛以傳訛。謬以傳謬。終日蜷伏暗陬。高
臥烟室。燈光如粟。氣蒸若霧。隆隆作聲。隱隱有影。
不知是晝是夜。不知是人間非人間。一日復一日。
一年復一年。若終身焉。有詰之以何時舉事者。則
曰有天意在。待眞主出。天下自然太平矣。嗟乎。以
此若人若鬼若生若死之子孫。閫塞於海外。外率
義興之名而隱壞義興之實。先祖茹苦含辛締造
之業。掃地以盡。而無復知爲何物者。此眞陳近南

先生灑淚九原含冤莫訴者也以此之故黨內之宗旨日闇沒黨內之智識日低下黨內之人才日消滅黨內之氣魄日懦弱黨內之財力日耗蝕于渺冥之地率美洲義興數萬人無復齒及當世之事發憤以經營之者不獨中國內地音問不相往來南洋各島消息不相通郵即同洲之近除建醮勸捐以外無一事而商榷焉則即同黨有經營大事于異地者亦袖手旁觀聽其成敗如秦越人之視肥瘠矣況其胸懷之隘見識之短尙何知聯絡會外大會黨爲第一要圖也乎夫終日高臥終年飽食以待天意之至眞主之生不辦一事而徒虛望此天下至愚極庸之流之所爲也苟俄而天意至矣眞主生矣試問一事不辦又何以待之夫天意與非天意眞主與非眞主事本渺茫誰能辨之吾以爲天意之至眞主之生則莫如今日無理政府之罪狀大表著於國民之心目中鬻土地殺賢臣逞淫威縱燕樂抽剝民之脂膏以代擔賠欵而猶忍爲中飽以供土木遊觀賞賜優伶之用國民皆危而已獨安國民皆哀而已獨樂國土盡亡而已獨存於是乎國民發憤而各會黨生焉各會黨生而又有特大會黨起焉是吾祖先二百餘年求一同聲同氣之會黨而不可得者今則各處皆有昔則獨任其難者今則有人分任是一物而二人共負也夫昔之獨任其難猶或爲之豈今日有人分任而竟從卸責乎

若其甘從卸責一事不辦也則請散黨衆去會名無爲聚此數千餘萬之人游忽隱沒低首下心緣息跂行偸生苟活于此光天化日之下如魍魅魍魎伏山林而不敢入都市如虎豹熊羆遊昏夜而不敢遊白晝如赭衣逃犯露宿而風餐如誤國罪

人。天跼而地蹐矣。古語有之曰。抱大辱以生者不如死。天下大辱孰過於有黨數千餘萬之衆。黨人布於海內外之廣。黨朔經於數百年之久。而猶一事不辦者乎。豈其心非欲一事不辦。特非其時則不爲乎。雖然今日何日。今時何時。而猶以爲不可爲乎。我義興其不甘御寶也。則請聯黨外之黨。聯會外之會。又於各會黨中而聯其勢力至大。人才最衆。章程最善。財力最厚之大會黨。與之並轡聯鑣。方軌齊翺。登崑崙之山。馳大陸之野。上世界之大舞台。鼓中原之大政海。國事既定。憲法既立。則我義興者。將與某會黨爲兩大政黨。並立于二萬方里之禹域。垂天地而不朽。如英吉利之保守自由。美利堅之力怕步近點文欽勒。日本之自由進步。皆以兩大政黨。主持一國之政柄。此退而彼進。此朝而彼野。互相提携。互相連挈。政策不同。而愛國之雄心則同。若是乎我義興者。昂首伸眉于天地之間。抵掌舉足于政壇之上。揚光飛榮于歷史之中。以視昔之囚首喪面。蛇行鳥伏。崎嶇於山谷之涯。飄泊於海天之表。足不得踏中原之土。身不得列國民之格。望神州而隕涕。對黃種而傷心。吾之土也。任人踐之而已。無與焉。吾之毛也。任人食之而已。無與焉。有牛馬之壓制。無猿鶴之樂趣。陷蜣螂之生涯。任雞犬之烹割。不獨不能與泰西諸政黨公會同垂名譽于世界。且匪黨匪會之目。時加誣枉于鄉閭。並私會民黨之名。亦靳而不與。畏月驚霜。荆天棘地者。不亦有天淵之別哉。於斯時也。可以對吾祖先在天之靈。與日月爭光矣。雖然。豈易事哉。豈易事哉。

天下至樂之境。無不經過一至苦之境。而能享其福者。天下至安之境。無不經過一至危之境而能達其極者。今以我老大腐敗散漫之會黨。而欲與至大至盛之大會黨。並駕方軌。以握中國之政權。此非我會黨不能驟得。即某大會黨。亦豈能驟得也哉。然而古今中外偉人傑士。動天驚地之事業。莫不由於希望而來。有希望之心。而後心雄氣壯。奮勇無前。行萬里者。雖不能跬步即至也。行行不已。終必有至之之時。越高嶺者。雖不能凌空而上也。仰攀不已。終必有登極之日。倘使我義興兄弟。齊心希望。進爲政黨。與至大至盛之某會黨。方軌並駕。以握中國之政權。今日不得。望之明日。今年不得。望之明年。今世不得。望之後世。務使希望爲政黨之心。彌久而彌堅。彌苦而彌銳。雖經千萬困阨之境遇。而曾不爲少挫。其向前之志氣。少阻其奮往之精神。則雖不敢謂其必爲政黨。而循是以往。而不退縮。終必有進爲政黨之一日。蓋天下之事。有希望。則必有作爲。作爲之。或成或敗。初無一定之局。然敢作敢爲。偶敗也不以爲憂。偶成也不以爲喜。即大敗大成。亦不足以攖其胸。而奪其氣。黨之壁壘既固。黨之道德既新。黨之根基既大。夫然後乘時勢之多艱。起而平其難。乘國政之墮壞。起而滌其弊。雖欲不爲大政黨。參政權而揚政海之波瀾也。豈可得耶。豈可得耶。吾義興兄弟。其以余言爲是耶。非耶。以余言爲是而從之乎。抑以余言爲非而攻之乎。從之攻之。余不得而知之。然余之心所望於義興者。則在於斯。今者爲大同日報開宗明義之日。猶不能不大聲疾呼。以敬告我同人也。

大同者。春秋所謂太平世也。春秋之義。據亂世內其國而外諸夏。升平世內諸夏而外夷狄。太平世天下遠近若一。人人有士君子之行。今中國之局。

據亂世也。所謂內其國而外諸夏。正其時矣。曷取乎大同。曰君子之用心。則以大同爲歸。君子之行事。則以據亂世爲用。今列國由帝國主義而升爲民族主義。漸由民族主義而變爲社會主義。似亦去大同世不遠矣。

其國家之政體。無論爲君主爲民主。莫不由專制而改爲立憲。取多數人之幸福。國中有不得其所者。蓋亦其少數矣。雖不敢謂其可列于春秋之所謂太平世。而于升平世之景象。則亦漸近矣。雖近世各國社會之風潮。貧富遠絕。資本家與勞工之衝突。時見於報端。一國之權。幾操於數大公司。生計盡爲所攬。貧人無以立足。而社會主義。起於其間。其影響達於全球。足以鼓舞萬國國家之清聽。異日若採其議而爲之。以劑大地人民生活之平。則各國人民。無生計懸絕之患。有各能自養之安。

禮運所謂不獨親其親。不獨子其子。老有所養。壯有所用。鰥寡孤獨者皆有所歸。夜戶不閉而天下大同者。於歐美諸文明國見之矣。乃還而觀我中國則何如。

中國漢人。無政治之權。無國統之系。二百五十年於茲矣。國亡之日。即吾義興公司創始之一大紀念日也。吾義興公司。旣因國亡而起。今又偃蹇跼蹐於無理政府之下。呻吟哀籲。屢動干戈。而冀其有所悟。改革政治。以免陷人民於不平之境。卒遭斬刈。無有白其苦衷者。微論執民族政治之義論之。非我族類。其心必異。斷不能容異族之加乎吾上。即以撫我則后虐我則仇之義論之。亦豈能聽其妄爲。彼今日鬻吾土。明日鬻吾民。日夜荒淫。徒工媚外。所行之事。無不顛倒糊塗。失權辱國。令人心灰氣結。又以民爲奴隸牛馬。盜其土地以自養。

不能守仍不還之竟以贈諸外人抽剝萬端善政無一每經一大變則腐敗愈甚壓制愈精乃至以其祖宗所謂發祥之地拱手送諸俄人宇下以求自庇則吾漢種所居之本部十八行省求其不分割持贈以購保險延其子孫帝王之業如越南故事者又烏可得哉夫彼不過長白山下之一部落耳本無國也借吾漢人之國以爲國耳旣借吾漢人之國以爲國以生以養以安以樂應念如何保守之乃不保守之反背漢人之德而以爲仇欲倚外力以制吾國民之死命則即國土所有權更國民所當發憤者也以此數大問題我義興方汲汲籌對付之策如何而後可以爭回國土使其不轉贈於他姓如何而後可以整頓國政使其不貽害於蒼生民族主義尚不暇及何論於社會主義大同理想哉曰吾明知不能驟致大同而實欲立大同之基也立大同之基何曰在迫朝廷改專制政體而爲立憲政體中國有立憲政體社會風潮自然洶湧而至以中國賢聖所傳天下學大同學之種子久經灌漑豈憂其不繁生耶迫朝廷改專制爲立憲其法何在曰在改良義興公司組織由私會進公會由民黨進政黨改義興爲公會政黨其法何在曰在開大同日報大同主義者使吾義興兄弟放開眼界放大心胸知泰東西政黨公會之有大名譽大榮光並天地而不朽與日月而並壽可欽可慕可儀可法而不徒以私會民黨自甘蜷伏沒世而無聞也吾義興兄弟有念先祖臥薪嘗膽茹苦含辛創立本會黨之宗旨者乎庶幾漢種有吐氣之時民權有出現之日也吾甚樂與言之

乃首先述大同日報緣起以見吾志

該黨而有此機關報該黨進步之一徵證也但區區

批評門

一機關報。其於該黨前途所能收之結果何如。則非吾所能知也。請懸以俟其後。

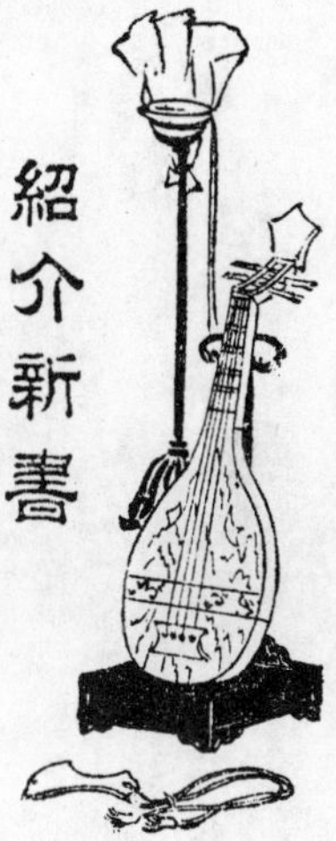

紹介新書

世界萬事最新調查表
十九世紀萬國統計比較表

歐美調查會輯

有正書局印行　每部定價八角

兩書皆爲歐美調查會所輯。世界萬事表。乃將現在各國之各種事物。悉編成表于世界之現狀及一切之政治實業等。莫不一目了然。最佳者卷首一表。乃將各種地名。用西文東文及漢文兩種並列。最爲適用。書中登明此表係經嚴先生又陵手定。自必精當。以後譯者。能悉照此表地名。以爲定準，庶不至使人多費腦力也。▲又十九世紀比較表。乃將前世紀百年內各國之一切政治商務實業人口等事。逐一比較。其增減變遷之數。極爲淸晰。居今世紀不可不知前世紀之事迹。且又必須以前世紀之實迹。方可以考鏡推測後世紀之變遷。二書皆有裨益于學子者也。

新學書目提要

南昌沈兆禕著　上海通雅書局刊

法制類　各一冊定價　四角
歷史類　各一冊定價　四角
輿地類　各一冊定價　貳角五分

自頃風氣稍開譯書盛行。然球琳碱砆。良楛糅襍。讀者未能別白。購者尤難抉擇。嘗有投擲金錢購無用之書。從而生厭棄之心者。於我國學界其生阻力甚大。沈君兆禕於近譯諸書分門抉擇著爲提要。先成法制歷史輿地三冊。學者翻閱此編雖未及瀏覽原書。已能窺見一斑。按次購求。既有塗轍之可尋。而無恥坊賈僞濫射利之書。或亦少爲其所淆惑焉。於讀書購書兩有裨益。亦求學者之一助也。

國文敎授進堦

上海王建善著　上海作新社刋

人之智識與其年齡有相關之理。故敎育之淺深。不可不因此以爲差。中國敎授童蒙。當其授學之始。即投以大學中庸艱深之書。而於世間之常識。一無授受。無惑乎讀書數年。於智識毫無進步。或且握筆不能成一字。誠中國敎育之陷於悲境中也。王君建善深憫國中敎育之無法。苦心經驗。著爲此書。執此以敎兒童。既能開發其心思。又能使其執筆易於成文。謂爲適用之敎授書。誠無愧焉。

叢錄門

本社緊要告白

啓者本社定例先收報資然後發報第以輸入文明起見執例未敢過嚴故一經定閱即按期發寄本社之通融辦理當爲諸君所洞鑒矣頃今年本報已出至第十三期而閱報諸君多未將報資寄下於本社辦事殊多窒礙前者總撰述飲冰室主人遊美出報因之遲緩本社深自慚愧、今飲冰室主人已東還今年之報定能趕速印成以副讀者諸君之望務望閱報諸君速將報資寄下幸勿再緩否則此後所出之報一概停寄仍追取前費此佈

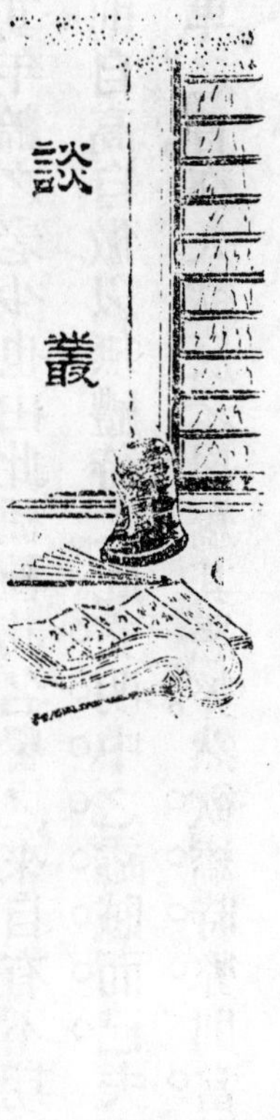

談叢

日本大儒福澤諭吉語錄

人生名譽之權利

自由者。在於不自由之間。凡人皆有自由自主之權。上自王公貴人。富家大室。下至西夫匹婦。皂隸輿臺。雖有智愚强弱之別。而其名譽生命私有之權利則一也。夫擁貲千萬。與乞兒囊中之一文錢。同爲屬於主人之私有。不可奪也。生命名譽。何莫不然。人之生命。無貴無賤。皆不可無端而受辱於人。人人自衛此名譽生命私有之權利。即屬其人之自由。故謂之人生之自由。我有所思。即可行之。無妨礙也。雖然。徒逞我之自由而不顧他人之自由。則不自由。非平等。惟必重他人之自由。於己之自由。謹而愼之。寧忍己之不自由。然後始得社會全體之自由。試就日常之實際論之。如謹遜辭讓者。人之美德也。交友之道。莫此爲上。然無論其爲何如人。皆俯首鞠躬以尊事之。是不知自重也。不特此也。或有對其所事奉之人。則謙抑過度。其向所豢養之人。必横暴有餘矣。在昔封建門閥之時代。名分最嚴。階級既分。莫敢相越。屈服於在上者。而奴隸其在下者。互相報復。其醜態令人不忍寓目。當時西學者流。憤此習俗。專以破壞門閥之制度爲事者。蓋以其有害於人生固有的名譽之大義故也。故謙遜過分。必非自由之主義。王政維新以來。爲四民同權平等之世。其中僅華族官吏。尙分等級。是亦不過猶存封建門閥時代之風而已。春宵一覺。曉夢無痕。大勢所趨。古風未遠。然當變遷之際。流弊亦有因是而生。即四民平等之權利。輕重不分是也。夫我之權利固重。而人之權利亦非輕也。自重重人。乃人民天然之權利也。若任一己之自由。忘却他人之權利。此實未知人羣共生之義也。夫人非能獨立而無所依倚也。乃蔑視同類。以爲名譽在此焉。不亦愼乎。夫人世之所以尊者。在夫德義品行也。在夫才學智能也。在夫地位職業也。在其家之貧富也。在其年齡之老少也。由此種種。其名譽之來。自有不期然而然者。若獨聞四民同權一語。則自高自傲。以無禮待人。此文明中之蟊賊而已。夫吾人唱人權平等之論。於官尊民卑之旨。亦久欲反之以矯其惡弊。然欲矯時弊。則當以己躬爲之表率先自愼焉先自重焉乃能制他人之傲慢若口能言而行相反是揚湯止沸抱薪息火之類也然則謙遜自卑與傲慢輕人。苟未知人生名譽之權利如何未足與語文明之眞面目也唯願此種人。致力於學使思想日新。不放棄自由。又能小心翼翼重人之權利。而解自由者在於不自由之間之意味是則予有厚望也夫。

人事無絕對之美

今日世界人類。於文明門進步。始陟初階。故其經營。不能見絕對之美。如建築然。非可以一蹴幾也。當此之時。即令附之以文明之名然其實無異兒戲耳夫以羣兒居集社會間於種種事理孰能爲標準而斷定其是非得失哉是則皆是非則皆非擾擾塵寰謂之無得失可也。即如道德之論。舜娶堯二女。孔子之時。諸侯娶九女。且有謂一夫一妻爲非禮者。此多妻之主義。回敎諸國亦多行之者矣。然至今歐洲各國。則嚴下禁令。一妻之外。不許復娶。孰是孰非。何從定焉。雖然平均世界之人類計其數之多少測其智能之淺深而分上下二流於上流多數之部分以爲是者則是之以爲非者則非之舍此之外更無別法故今所謂文明國其行一夫一妻之法者謂之爲道德之本義然謂之變古法可也此事雖小。然我日本國於明治初年。唱禁火葬之議。以爲父母之體。使土近肌。猶且不可而況焚之乎。此乃夷狄之法。大戾天理人道者也。當時講漢學者。喋喋不休。得遂禁止。然亦不過一時。今已復舊。今國之中火父母之肉體蔑視天理人道者。一日之中。不知凡幾。至於忠君愛國之主義亦與世界交通之發達廣其區域在昔之論忠義也以死於君之馬前或君死身殉爲忠義今也不然外國之交際頻繁治則以商爭亂則競兵力一治一亂其國之輕重者皆視其資力之如何故苟有愛國思想則宜勉治家業蓋其營私者即其報公之道也今古相違。即忠君愛國之義且遷變如此。雖然處世之要。非徒在於積蓄若以畢生之力經營貨殖。如支那人爲貨財。故而令士氣痲木不仁者。是亦立國之最可厭者也。古人之言曰。爲富不仁。爲仁不富富之與仁。孰是孰非乎。苟輕富自高閑居放言以此立世。則有浸假而受厄於人又從而苦其身辱其父母妻子者矣。反是則徒擁巨貲。不顧人情。則浸假而怨謗興焉。盜賊生焉矣。夙昔熱靑雲之志。經營辛苦。出沒於政界中。即其本願則欲立身出世。衣錦還鄉。雖似鄙俗。然風流才子。卓識奇人。厭世甚深。目空一切以爲天爵在我。可驕人爵。似甚高尙。然亦不必感服也。人爵爲衆人所趨。而天爵少得。故重人輕天耳。然無論其爲人爲天。要之常有一爵字往來於胸中。亦斷不能謂之爲淡泊明志也。當此滔滔之世。天爵固重。人爵亦未可輕也。唯當因時行之而已。又經濟主義在於勤勉。故古者教人在節儉正直。此二者居家處世之所不可缺者也。故天下富豪之人果能遵奉此旨。加之以法律之保護。日增殖既有之私產。則世界中之財貨不數年而歸於少數之手矣。彼政治家厭政治上之壓制。漸可得權力之平均。然權力平均又變而爲貧富之不平均。貧乏之受壓制其直接之苦痛者此政權之不平均尤甚。歐美諸國既開其端。今日尙未至於甚者。幸而已耳。彼富豪之輩薄於德而驕奢淫侈。時行不義之事。時冐積財之險。種種失德。以致招意外之奇敗。而貧富之平均亦未嘗不可翹足待也。由此觀之。則社會之安寧於人所不注意處將生大變。亦奇矣哉。官尊民卑雖似可厭。然人民跋扈國未可治。男女同權雖似可美。然偏於一方則男女同等亦非所宜。東洋西洋各訴其苦情者多矣。又離箇人之私而爲天下國家之公。其是非得失亦甚不易斷也。今之所謂四海兄弟。一視同仁者。徒有空言。而實際則反之。故於生存競爭之世而立國所賴者大礮而已海陸軍備務盡全力以維持之唯恐相後此正今日之事實也此雖不得已之事然軍備進步不知其所底止也遂使人間日用之需皆舉而供之戰備以人生之智愚不齊器械之精粗不一於是同類相殺相食其狀如往古之蠻族眞奇觀也是亦非文明進步所當行者故冷眼以觀今日列國之形勢唯附之一笑而已故謂開闢以至今日社會種種現象無異兒戲非妄語也然因動輒衝突不免生苦痛既知苦痛乃思改良於道德然於經濟亦何莫不然榮辱已殊其發於感情者亦異由箇人而進於社會由處家而進於經國歷階升級隨時制宜而已若論眞實永久之計固難定也夫利害計及百年得失憂諸千古斯言也昔人時道之然徵諸人事之沿革則利害得失之間豈待千百年之久乎直轉瞬間耳獨處隱居擘畫周詳以爲如是可以終焉矣不數年間而改良之風潮已起社會萬事何一非如是者故絕對之美實非今人之智德所可望也然則學者之責任如何而後可曰唯有虛心平氣靜察社會之形勢助其不及制其過分以止其滔滔奔逸之勢耳時而流於文弱也則宜以尙武精神振作之尙武太過則又宜以文調和之若爭利太甚也則當唱言仁義空談仁義衣食俱忘者則

謀利之說又不可不唱也調劑適宜使天下均歸於平是則學者之責任也夫如上所述。今之世界。其程度可知矣雖然、惟今日惟然耳。至千萬年後能至絕美之一境。是又吾人所深期望者也。今試爲設想。則必始於器械有形之物理由物理而進於元微發其秘蘊窮其眞理使無所遺憾如以宇宙爲我掌中之玩物焉即天人合體之日也至乎此境則世界間無無形之人事。必現出可感應之物之形遂至於人心之正邪清濁喜怒哀樂之觸動如今日所謂觀其眸子而知善惡蓋至於無可隱諱之境焉由此進而上之則醫學之精微殆可盡揭醫學之方針由無形而變爲有形故自今數十百年後必無但以疾病稱者一切萬病皆包羅於化學光學聲學機器之中若有病則直示其點取而治之不過如整理有形之物耳即至微極妙之精神病亦不能脫物理學之範圍矣醫學既能如此他事之進步不待言耳至於人心不同。各如其面。善惡邪正。剛柔緩急。孰得而識別之。雖然、人心果與人身之實質有關係。則察其粗而知其精。觀其外而知其內。亦殊易易耳。然於文明未開。如今世者。而立爲此言。雖似甚奇。苟學者有深遠之思想。則計晝百千萬年後可也。此又我輩所日夜馨香祝禱者也。

政論

一國之政府者國民公心之代表者也。此代表者有以君主一人爲之。野蠻半開之專制國是也。有既戴君主而復定憲法以爲之。歐洲立憲之國是也。又有全無君主而獨依賴憲法者。始於亞美利加之合衆國。其在歐洲則有法蘭西瑞士等之共和國。察近年歐美政界之風潮。有由專制而立憲。由立憲而共和者矣。未聞有逆之而自共和返於專制者也。蓋政治家多有大發宏議。謂政府所以代表國民之公心。即爲公心之集合體。從其字義而授民以主權。實至當不易之理也。其意以爲政體舍共和不能成立。甚有不顧實際之利害。大唱共和。反有得色。以爲時運所移。風潮所趨。苟戴君主。即非時宜。此種言論。雖合於政界。然在我國之今日。若不顧利害而妄爲大言。則吾亦不能不謂識者之未注意也。竊以我輩之所見。則今日之文明國。其當戴君主者。以國民之智愚平均。其標準尚未高故也。其政治上之敷設尚幼稚。公心集合之點。不能觀於無形之間故也。彼政治家之唱共和說者。其身與多數之愚民雜居。而忘其愚故也。吾試以宗教言喻之。佛教所崇拜之如來。本無此物也。不過人想像其善行美德。附之以如來之名耳。故其至美之名稱亦不限於一所謂明也。光也。不可思議也。十方無礙也。無邊也。洪大也。種種稱謂亦不外表其至善至美至明至大之德而已。如是者即爲佛。而人信仰之。其趣不異在俗界中代表國民之公心。即名爲政府。其功德即政法。而人信仰之。故據理以論。則佛德雖美且大。然於無形之間觀之可也。不必設像而膜拜也。一國之政法。雖公明正大。然唯利用之而依賴之可也。不必敬而畏之也。雖然若於無智識之世。而導以如此深遠之理。則斷不可行。唯有示形之一法而已。眞宗之拜佛也。有謂木像不如畫像。畫像不如名號者。蓋以金箔附木成輝煌之像。以表佛之德者。是獨可以惹俗眼而已。非佛之本意也。故廢木像而進一步。寧作畫像。使之近於淡泊。然畫像尚存形也。寧代以南無阿彌陀佛六字。更爲盡美而眞實。然以我輩之思想。則欲并此六字亦無之。凡所謂念佛也。寺也。佛壇也。經文也。一切去之於虛無之間。而佛德存焉。雖然此思想耳。若以語人。則眞能會心者實不多見。夫以金鑄如來身。或畫像以寫其莊嚴。或作名號以崇其至德。使人觸於目。震於耳。於不知不覺之間。自能誘人起尊敬信仰之念。數千年來。偶像之制行之久矣。然而人生品位未有進也。佛教如斯。政界亦然。彼專制之君主。普天之下。率土之濱。一人有之。車馬宮室。衣冠文物。窮華極耀。以驚眩世俗。此即金箔木像之類也。進而上之。則立君定憲。整然有條。如今之英國是即畫像之類也。更進而上之。則如亞美利加合衆國。不立君主。全依法律。即揭憲法二字以爲號而崇拜之。是即去木像與畫像而專取名號之類也。如此者不論利害之如何皆與國民之智愚有關係。當民心頑愚之時。則以君主一人支配之。如父母之於子。是其類也。然觀之歷史。其君主亦類多頑愚。故此流風亦甚危險。由是以進。則爲立君定憲與共和之二法。其得失如何。學者所最關心者也。吾前謂共和之說。不可妄唱。蓋恐民智未開。不合時宜。蓋共和與立憲。其政治之事實不甚殊異。因其國之風俗習慣。依其歷史之由來。有立君而却得利益者也。夫論社會之能達其眞成之目的者。則人之私心與公心。其所歸一也。己所不欲。勿施於人。苟能推一點之私而至於忘人我之利害。各食其食。苦樂平均。老安少懷。雍雍熙熙。使社會之風。如家族之親睦可也。今所謂良家者。其親睦之情形。令人一見而生敬愛之念。苟推之而至於社會。莫不皆然。至於此則社會爲眞成之自治。人民雖有互相立約。而其立約者。非因違約。不過互相信守而已。世間既無犯罪之事。則法律亦無所用之。於是無政府無官吏無憲法。唯依賴公平無私的民心。無侮無爭。悠悠然浩浩然。世界一家。人皆兄弟。豈不休哉。雖然、文明尚在幼稚之時。人類之智識。尚未及此。安能有世界一家之景象。唯各逞私心以相爭而已。然其爭也亦爲人事之本色。所謂不爭則不可自立者也。名爲國家之一團體之人。則與其他之一團體相爭。甚至攻擊以相殺戮。而一團體之內。亦不外爭名爭利。爲功名富貴而已。是之謂生存競爭。甚而有欺詐者。有盜竊者。更甚而有殺同類者。殘骨肉者。殆禽獸之不如焉。雖然人爲萬物之靈。不許見此等窮凶極惡之事。此亦可幸也。因此一心定一衆庶所歸之中心點。而設政府者。不得不謂爲人心自然之妙用。然於人世之實際。而尋政府創立之起原。無論創立者之心事如何。以國民之眼觀之。則自有横奪之狀。故特裝飾外面。施其手段。或頌君主之盛德。或言天帝之相助。託諸一種神靈奇異。以維持其君臨一國之尊嚴。當其時國民亦漠然不關心。絶無政府所以代表國民公心之思想。唯見其外形。則心爲之醉。聞其尊嚴。則仰而服之。隨其政法而俯首受命。而不知其政法之所以尊也。是不異信佛法者。不知佛之眞理。而徒拜佛之外形。

重如來之尊像而自然歸依而已。今立憲之政體。雖謂君主之外。復有憲法。而其國民。猶以君為至尊。其重之之情。如出於天然而不可奪。觀之立憲之國。莫不皆然。如歐洲人至羅馬參謁法皇者。咸捧其足。此皆迷信之故也。要之今日所謂文明世界。尚屬有形崇拜之時代。如一羣小兒。必賴大人之力以扶持之調護之也。故觀此社會之狀況。決不能向之多求者也。苟有益於治安。則不問其物之性質如何。惟保存維繫之。智者之事也。知此則知立君之必要矣。若共和政體。雖不過代表民心。然其國民之尊崇憲法。無異君主國之尊仰其君主。英國則以女皇之名而致威嚴。美國則賴憲法之神聖。彼則尊畫像。此則拜名號。其異同如此而已。是蓋因人民公私兩心。互相衝突。不能自制。而人民無所歸依。故不得不立約束之書。裝之以不可思議之靈光。以維繫而籠絡之也。舍此之外。別無手段也。今試向眞宗之僧侶。問其何以尊拜名號。則必荅曰名號二字之中。自含佛德故也。就共和國之人民。問其憲法神聖之理由。則必荅曰代表國民之公心故也。然則以一人之名代表之。如英國焉。或以憲法之名代表之。如美國焉。其代表之事實。無以異也。是亦如表佛德之或以外形。或以畫像。或以名號耳。要之立憲制度與共和政體皆出於一時之權法兩者相較未易斷其利害也故不問其國民之資格如何而輕率以從事焉是大失矣自有佛教以來能知其眞相者固不乏人然至今而偶像猶不能廢其所以然者何歟假令去像偶而獨存名號則名號雖尙有形然已失其眞矣俗眼觀之必致大失信仰。非智者之事也。然則共和之治似稍美矣然今之所謂共和比之立憲。尙無五十步與百步之差。以文明之大活眼觀之不得已而爲此窮策耳要之窺其國民智愚之程度如何察其歷史習慣之如何唯擇其適當者以期其大成於已千年之後而已文明之進步也。廣而永若論立君。則千百年間豈無可容一人之餘地乎。而況其人能代表一國民之公心有足以維繫民心之資格者乎苟具慧眼者甘戴君主與世俗共之如人之崇拜宗教益厚其信心爲此經世之善法也。彼之唱論共和者。英國之立憲。以爲未足。更欲變革。而豈知文明之進步有遲遲而不能急激者耶而豈知今日之治無論立憲共和皆是籠絡愚民之窮策者哉已與愚民雜居。而不知已亦愚民中之一人。身居今日而輒思夫千年之後。如不顧目前欲一蹴而登富士山之絕頂。其不顚躓於山之麓者鮮矣。我輩見此種國民唯有憐其短氣性急而已。

有形界之改進

進步改良者。人生之目的。欲達其目的。唯有前進而已。然無形之事。其變動難。有形之事。其變動易。此學者所當注意者也。譬如古來所謂人倫、宗教、政治、法律等。精細剖析。而玩味其眞理之所在。往往多無稽之談。非不可改。然欲改之者。唯可於心中暗思之而已。不可以出諸口也。何則冠婚喪祭之事。舊習儀式。且不易變。而况經綸天下。範圍人心者乎。至若有形之物。千變萬化。殆無窮焉。雖其新舊變遷之際。不無駭世驚人。然不過一時之小波瀾。習慣焉則安之若素。悅其利用而忘其新奇。舊日之頑鈍者。自然消滅而無痕矣。徵諸數百千年之歷史。百物沿革。盡可知矣。我日本維新之始。時勢急劇。三十年間。去髮易服。而舊時衣冠。蕩然盡矣。武士佩劍。變爲執鎗。大鼓之軍。變爲銃礮。兵船變爲鐵甲。陸路通用瀛車。工場之製作。著書。新聞紙之印刷。郵便。電信。電話之利便。日本人曾夢想所不到者。今悉採用之。以造出新日本國。而國民毫不驚懼。且進而益求其新。不亦怪乎。蓋人生固有好奇之心。故偶然觸奇。接新則新奇之念愈勃發如人嗜酒。偶飲一盃。則酒興勃然而起也。文明先達之人知有形界之革新。無論如何劇變。亦不害世人之安樂。故每有想像所及者。則毅然行之而不顧。即或不幸而失敗則必再試行之。雖費多金不足怯也。三度失敗。一度成之。則得可償失矣。此文明之所以進步也。

正直者非田舍漢之特性

世人皆曰田舍之人。正直仗義。如小兒焉。眞可愛也。此言誠是。雖然、退而察其情。其所謂正直者。唯於田舍惟然耳。若使之出而居於都會繁雜之地。則磨練於世情。漸次變爲狡猾。時而運奇計。時而作惡劇。反其本來面目者多矣。故田舍翁之善者。非固有之善也。不過被制於田舍之情勢。不得不善耳。其故何在。第一其地方之生活簡畧質樸。無所可欲。其社會之範圍甚狹。一言一行之微。鄉黨皆知。窺伺於前後左右者。有如警察之嚴。故一作惡事。則人言嘖嘖。且或見擯於宗族。見笑於鄉鄰。以致無地自容。不齒人類。是即田舍翁之所以忠直也。若一旦出於都會。千門萬戶。皆素不相識之人。耳目易飾。日久而野心生焉。於鄉黨中所不敢爲者。亦毅然行之而不知恥矣。此非由都會之惡風所誘惑也實露其生來之本色耳。然則人之善惡本無大殊。視其習染何如耳。吾嘗見古來熱心之宗教家。其議論往往稱美鄉人。謂其樸素正直天眞流露。如小兒焉。不知文明之世非所依於田舍漢。亦非可任用小兒也。夫好善乃人之天性。而竟有爲惡者。是其人之無智故也。故明其表裏之關係。徐導人以不背文明進步之實際。則德行亦可伴之而進步也。然則用心於社會交通之道者。宜於海陸之汽船汽車郵便電信電話等。及著書新聞紙之發行自由等。速注意焉。令田舍漢於居家時習見文明之事。出而應世。自無隔膜不通之虞。因之惡念潛消。善心觸發。如斯而已矣。

偏狂之事

偏狂者英語謂之「莫諾馬尼耶」其人之精神與常人無異。能知輕重大小緩急之分。能辨榮辱之所在。而自居道理範圍。但有一種如盲如聾。出乎常人之外者。是爲偏狂病。據西說此病有七種。

第一　猜疑之偏狂。其心常疑人。即至厚之親友。至親之家人。皆不信之。或調理食物。亦疑其有惡毒。此等爲常人所百思而不得其故者。故謂之偏狂。

第二　迷信之偏狂。凡於吉凶禍福。神鬼幽冥。篤信死守。一舉一動。巧於趨避。是謂偏狂。

第三　色莊之偏狂。其實際恐人窺破。無論何事。極力裝飾外觀。自不以爲怪。是謂偏狂。

第四　恐怖之偏狂。心志不定。常有驚悸。如夜中聞一聲。見一影。亦驚懼不已。是謂偏狂。

第五　高慢之偏狂。無智識。無藝能。大言不慚。囊空如洗。而猶謂能得萬金之法。是謂偏狂。

第六　盜心狂。已非貧寒之身。然每見人之金錢及物品。則垂涎欲得之。是謂偏狂。

第七　飲酒狂。嗜飲成癖。大則害身。小則僨事。而猶不能自禁。是謂偏狂。

此七病爲西人所常言者。在我國人視之。雖不慮有此。然以我輩所見。則更有屬於此類者。如嗜潔者頻頻洗手。是亦偏狂病也。推而至於多慾之人。爲絲毫之利。不顧廉恥。不畏譏彈。毅然決然以爲之。然此猶其小者耳。至其大者。則富翁擁巨萬之貲。汲汲然猶以爲未足。平日智慧。亦能辨別是非。至於利則黑白不分。唯以貪多爲主。問其何以貪爲。則又無辭以應。是守錢之偏狂也。又政治家功成名遂而不知退。或附人驥尾。僅得置身政治上之地位。一切政權於己無與。仍戀戀不肯捨去。推其心非以爲有利益可圖也。實以政治爲無上之榮譽。崇拜之而不忍去。一如守錢奴之愛財如命者也。又田舍之書生。鄉黨之紳士。固無一定之目的。唯 關涉於政治上者。則傾倒趨赴。亡身蕩產而不辭。如此者是謂政熱之偏狂。其他好事家如愛書畫骨董。耽博奕音樂。學者讀書窮理。過於勞苦。以釀成疾病。宗教家自信其宗教。而謗毀他人之教等。此種奇行。不遑枚舉。皆不妨定以偏狂之名者也。故凡偏於人事之一方。或凝滯一物。而精神不平均者。皆有害於身體。吾願人居家處世。解脫百念。而修心思志平均之學可也。

美人手

香葉閣鳳仙女史譯述

第三回　窮措起家以財爲命　嬌娃選壻遠訓失歡

却說圖理舍銀行行主的世系譯者如今且趁空兒表明。按這個圖理舍譽當初本是個貧窮的人家出身。自幼從鄉裡出到巴黎京城。在一個大商家的行裡雇工。他爲人很勤謹。故此被那商家十分看得起。將行內事權漸漸交給他管理。不上十來年。也就積了些資本。開了這間內國的銀行。生意極盛。以巴黎而計。這銀行也算數一數二的了。他的妻子。因爲生霞那之時。在月裡得病身故。圖理舍譽與那妻子是個極恩愛的夫妻。不幸因產難去世。十分悲悼。也曾立誓不再續娶。雇了一個上等的保姆把霞那鞠育長成。又請了一個有學問有見識的女師。教導他婦女禮儀及那文藝歌曲音樂針黹等事。如今學得件件皆精。眞個是才貌兼全。出挑得一個萬中無一的美女子。圖理舍譽每每憶起亡妻。萬種恩情。覺得總無着落。思念亡妻身後的留傳。惟有這愛女霞那。是他一點血脈。因此這點愛情。都移在霞那身上。疼愛霞那。就當作向亡妻盡點心事一般。所以他愛霞那。比別人疼愛子女不同。每日行中事務雖極忙極鬧。他午飯前後。也必定留一個時辰的工夫。同霞那說說笑笑。有時沒甚麼話可講。也要霞那將臉兒對着他。不住的看個飽。這纔算完了一樁心事。話說那日是禮拜五的時候。就是瑪琪拖亞及伊古那兩人在庫房拾得美人手的第二日。圖理舍譽在那大餐樓裏的椅子上坐着。用手招霞那到他跟前。霞那照日常見尊長親愛的禮。用手抱着父親的頸。輕輕向父親的臉旁啜了一啜。嬌癡癡的說道。爹爹。今天把鬍子剃的這麼乾淨。那臉上很是滑油油的呢。話着。那手兒便向他父親的臉上摩掃了一會子。圖理舍譽笑道。我的兒。你今年十八歲了。前日不是你的生日麼。依然是一般孩子氣。十八歲的女兒。也要端端肅肅立個品格兒了。霞那笑道。是呀。我依然是個小孩子呢。爹爹的膝頭上。我很想爹抱我坐坐。爹爹是養大我的。比不同別人。如果我出去見了生人。我也曉得莊莊重重起來的圖理舍譽道。十七八歲的年紀。如果親疎的界限都不曉得。那還成個中用的嗎。如今你年紀也不算小了。也應該擇婿的時候了。霞那聽見提起擇婿二字。羞荅荅的不覺漲紅了臉。再不則聲。一直走向那邊桌子上。把那蒸熟的雞子端將過來圖理舍譽微微的笑着道。這也不用害甚麼羞。你已是及笄的時候。提親是應該的事。自古道男大須婚。女大須嫁。那有終身做老姑娘的事。霞那把頭低着說道。我是一生願跟着爹爹。侍奉你到白歲呢。圖理舍譽道。那也是你一點孝心。我也不願把你遠嫁他方的。話着。忽然轉想一想。又改口道。遠方的外國人。只有一個。我很願招贅他做個女壻的。你記得那個俄國人嗎。那是個有錢的財主呢。霞那答道。爹爹。休要把孩兒來開心罷。圖理舍譽道。那是眞話。你不記得先日來過那個俄國人。叫做荷理別夫的麼。他在俄國現做大尉的官。家當很是豐富。我的行裡。也有十萬圓的金錢存下。此人品貌亦不俗。又是個大家子弟。那還不算好的麼。霞那聽見作起色來答道。這樣的人家。我是極不願意的。有法國這麼自由的人。不做反去做俄國人受那沒自由的法律拘束。我情願死也不願吃這個飯。圖理舍譽聽了帶着笑道。死也死不得這麼易。有爹爹在。也不用你操這個心。我定必揀到合你的意的。我這間銀行。幸而也有寬餘地方。我揀個一生可以同着我一塊兒住的做個女壻。你可願意麼。霞那道。那任從爹爹的主意。我但求跟着爹爹。時時可以見爹爹的面侍奉爹爹。那就願意了。圖理舍譽道。然則這樣身分的男子漢。你果眞沒有不願意的嗎。霞那道。果然是合了爹爹的意思。孩兒是沒有不願意的。圖理舍譽又道。然則年紀你也不論的嗎。霞那荅道。二三十歲的也不論。圖理舍譽點了點頭道。是了。那正是當時得令的美少年呢。霞那道。孩兒不曉得甚麼美不美。也不計較甚麼少年不少年。但求有些才幹。不是個薄倖郎。那就好了。圖理舍譽道。不錯。有本事。有情義。那是第一件緊要的事。比如家當那兩個字。你又是怎麼樣的主意呢。霞那道。爹爹有這麼殷實的家業。那又何必較計甚麼家當不家當。圖理舍譽道。那也不錯。家當有沒有也可不計。但要勤謹。像得個興家創業的模樣兒。將來也不怕不發達。即如我初在鄉裡。也不過是個窮漢。却不料如今竟然坐了巴黎弟一二把的椅子。霞那道。可不是麼。縱然是有本事有情義。如果是個懶惰愛吃不愛做的人。那就沒有指望的呢。圖理舍譽道。愛吃懶做。那便是不中用的東西了。我告訴你。我的心意。如今看中了一個男子。現時甚麼家當都沒有的。但將來還個銀行。打算入他些股份。把這盤生意交給他。算是與我兩份合做的。你的心意如何呢。霞那聽了這句說話。不覺滿心歡喜。應聲答道。是爹爹這麼中意的人。孩兒是萬分徼倖的了。圖理舍譽道。果然是個孝順的女兒。如果你也合意。我就想把家內的業務。及我們的意向。早日對他說明。盡地交托過他。你知到這個男子叫甚麼的名字麼。霞那滿臉兒堆着喜色答道。是美治阿士麼。是美治阿士那個男子麼。圖理舍譽本來笑吟吟的對着霞那。忽聽見霞那舉出這個名字。突然歛了笑容。斜着這雙眉。含着一種惱色問道。美治阿士。美治阿士。我同你講了半天。你以爲我是賞識美治阿士麼。霞那見父親忽然變了這個臉色。把自己的臉色都嚇黃了。再不敢出半句的聲。垂着眼把頭低了。圖理舍譽又厲聲問道。我所講這番說話。你怎麼忽然把美治阿士想起來了。快告訴我。霞那暗中想道。美治阿士是我最屬意的男子。當時以爲爹爹也是同我的意一樣。不想這卦竟然變了。我若是始終默然。這個心事是沒有指望的了。想到此便大着胆子答道。美治阿士在銀行裡。原不是個下等脚色。當着書記的職役。也是代爹爹分任辦事的權的。他不是我家得用的人麽。爹爹所有要重的事。不是時常交給他辦理的麽。他的品性也不錯。人又純直。又勤謹。還不算一個好夥計麽。圖理舍譽歎口氣道。你口口聲聲只記着美治阿士。那就錯了。霞那道。然則爹爹的意思指着誰人呢。圖理舍譽道。你問我的意思嗎。我并不是看中美治阿士。我告訴你罷。這個美治阿士。我爲甚麼用他在這裡做書記呢。本來他的父親。從前同我這銀行常有交易。也是個老主顧。後來他的家運不濟。事事崩敗。把那些家業都弄得清光了。因此他的父親抑鬱生病。也就死掉了。留下這個美治阿士。一貧如洗。不能過活。我爲着同他父親相識過一場。是以起了一點憐憫的心。將行裡書記的職役給他做了。我用他的緣故。就是爲此。并非取他的品貌。亦并非愛他純直勤謹。你想我把他招做女壻。那是斷不能彀的。霞那道。怎麽斷不能彀呢。圖理舍譽道。你曉得他的家世來歷麽。他是個貴族的宦裔。雖然現在不露出貴族的腔子。但以一個侯爵的公子。在人矮屋簷下低着頭做人。暫時不得不委曲忍氣。究竟他自幼驕養慣的。那種奢侈揮霍的手段。那裡知到這個錢來歷的難處。我們做買賣的人。怎能彀扳惹得他來。況且我從少時就是貧窮出身。

四五歲的時候。已經知道這個錢的好處。故此一生儉約。攢積得這副身家。我老實對你說。我家的女壻。一定要揀個同我一樣貧窮的人家子弟。那是一定不易的家法了。霞那被父親教訓了這一頓說話。看看這點心事。已是成了絕望的景象。不覺忍着兩眶子的眼淚。低着頭一語不發。圖理舍謩見女兒這麼光景。知道一時自己的話說得太重了。不覺生起一點憐愛的心。把臉色回轉過來。改口說道。呵呵我爲你只顧把話儘地來說着。這個湯擱着凍得冷冰冰的都忘記了。哪、你也吃點兒罷。我見你常時放着這副刀叉。懶懶的甚麼都不愛吃。那身子怎能彀强壯呢。快些陪着我吃點兒罷。霞那滿面堆着淒涼。喉裏帶着悲咽的聲音微微應道。今天甚麼都不想吃。爹爹請用罷。剛說着。忽聽見外廂有人行走的脚步聲。一直到了大餐樓門邊。把手向門梆子敲了兩敲。遂輕輕的踱將進來。欲知這個是誰。且聽下回分解。

第四回　善知識相逢離恨天　巧安排强行逐客令

話說圖理舍謩剛纔把女兒教訓。不肯招那書記美治阿士爲壻。不料話猶未了。如今踱將入來這個人。正正是他。他本來是霞那心頭牽掛着的人一聽那脚步的聲響早已認得八九不覺把這種無限的淒涼憤怨從心坎兒一直挽到臉上及至美治阿士到了餐樓之內他眼巴巴的把美治阿士的臉望了一望這種淒涼欲訴的心事就從那眼睛兒的光線渡將過來美治阿士見了霞那這般情形就如接了無線電報一般也就猜中了八九分臉色不覺黃將起來。惟是當着東家面前。不好十分顯露。勉强忍着。站在圖理舍礐傍邊。細聲說道。方纔俄國大尉荷理別夫到來。請你一見。現在客廳上等着。圖理舍礐像個極不喜歡的聲口答道。食餐的時候。會甚麽客。叫他等着。美治阿士聽了。不敢怠慢。答應一聲是。連忙退了出去。這裡圖理舍礐。把朝餐食完。立起身來。見霞那在那邊坐着出神。好像想度甚麽似的。圖理舍礐用手撫着女兒的肩頭。說道。你也不用憂心了。爲父的說話。正是替你打算的。你好好聽着爲父的教訓。把美治阿士丟開。一時雖然覺得難過。漸漸也就忘了。你把餐吃完。慢慢的自己細想。試看偌大年紀的父親所說的話有理。抑或你自己使性子固執的有理哩。你仔仔細細想一想。那就自然明白了。懇懇摯摯的安慰了幾句。就從大餐樓踱將出來。心中想道。料不到今日提起擇婿的事。累霞那哭了這一塲。也覺問心難過。但幸今日一問。方知到他心上的事。不然我就始終睡在那夢裡頭了。我一向見他在我跟前尚未脫那些孩子氣。因此也不大留意防閑他。不料他就有此意想不到的事。幸而知覺尚早。從今不得不要格外留神了。一頭想。一頭走到那客廳上。那個荷理別夫大尉正在把那紙烟用兩指夾着。吸了個不耐煩。圖理舍譽走近一步。同他握握手。說道。對不住。對不住。太簡慢了。荷理別夫恭恭敬敬的答道。造次登門。十分驚動。弟因今朝接到本國來電。促令歸國有事。刻下便要起程。因此到來辭行。且欲將從前寄頓的些少金錢及那些說至此。圖理舍譽急接口道。那是不錯。閣下所寄頓的金錢。隨時可以收取。但平時銀行的規矩。凡提收巨欵。先要預日通知。可巧今日法國銀行。有數十萬的欵到期應交。已預備好了。尚有數日之期。如今就從該欵內提撥。先行交與閣下便是。荷理別夫道。弟此來非欲收取這叚欵項的事。弟從前同那欵項一齊交來那個小鐵箱子。那時也曾向老兄說過。這是弟家歷代所傳重要的品物。此箱子弟要一齊帶回國去。特地到來通知。至於欵項。不過欲取出二三千金作爲沿途旅費。其餘仍然寄存貴行。比之自存倉庫。

那更穩當了。圖理舍嚳道。然則閣下幾時要用呢。荷理別夫道。明日早晨九點鐘。弟當親來領取。說完便匆匆起身告辭。圖理舍嚳把他送了出門。轉身仍舊入客廳坐下。把美治阿士叫了進來。嚴氣正性的擺出那東家的架子。問道。你在我這裡已經有兩年了。你記得麼。美治阿士荅道。是兩年零三個月了。圖理舍嚳又道。其中我有甚麼地方待薄你的沒有。美治阿士荅道。說那裡話。自從先父去世之後。美治阿士一無倚賴。幸蒙東主提拔。格外栽培。得在行裡供職。此恩此德。正所謂沒齒不能忘的了。圖理舍嚳道。你也知道感恩麼。既是感恩。就不該來蠱惑我的女兒。難道算是你報恩的所爲嗎。美治阿士突然聽了這話。好似當頭打了個霹靂。知到不是個好消息了。不覺嚇得兩臉鉄青。如同呆了一般。連話也荅不上來。圖理舍嚳又道。此事你也不用掩飾了。我已經審問明白。女兒也已承認了。美治阿士此時。不覺那種公子家的舊脾氣。幾乎要發作起來。用力禁制。方把這氣捺將下去。荅道。小子并不敢隱飾。自已亦不知到過犯之處。至謂小子蠱惑令女公子。此言不知從何說起。莫非小子有誑騙令女公子的財物等事麼。圖理舍嚳道。你也不必用那咬文嚼字的話。在我跟前搪塞。我老實問你一句。

你是很眷愛我的女兒麼。美治阿士荅道。眷愛的心那是有的。圖理舍譽道。然則你想眷愛霞那就估量着霞那也眷愛你麼。美治阿士道。方纔東主說霞那小姐甚麼都已承認了。然則眷愛不眷愛。想東主聞霞那小姐的言也都明白的了。圖理舍譽忽然翻了口調。着着實實的說道。我是個生身的父。他敢不照直的供認。你也不用多說了。從前的事。追悔已是不及。幸如今已經知覺。自今以後。不能不設法挽回。美治阿士忽聽得設法挽回四個字。不覺變了顏色。一種又怨又急之氣。衝得頭筋條條暴漲起來。圖理舍譽又道。你也不用惱了。年少兩相愛慕。那也是人情有的。但欲我把霞那做你的妻子。那是斷斷不能的事。我幷非嫌你是個破落戶的人家。你的境遇。我是盡知到的。我也着實的憐愛你。你的品行。我也儘見信得過。幷不曾有半點兒的意思睇不起你。但我仔細思來。你的家世。是個侯爵的貴族。我是個鄉裡的平民。以平民的女兒。恁敢扳你貴族的門戶。我之心意。幷無別的。不過因我是個商人。我之女壻亦願擇一個商家子弟。那纔是我本分的事。貴族的公子家兒怎能彀同我商家人合櫳得來呢。如今霞那着實被我教訓了一番。他已經醒悟。已經聽從我的話。絕了這個念頭了。你也該把這無益的念頭收拾收拾了罷。我家裡近在咫尺。你在此出出入入。實屬不便。我極願你從今以後二三年間勿與霞那會面。如果兩不相見。漸漸的丢開手。那自然也就忘了。我這番說話。并非把你退職。你切勿誤會我的意。今有一句話。和你商量。我在埃及分設一間支店。意欲委你到那支店當個代理人的職任。任滿三年。你儘可積得一分小小的家當。那時擇過一個好人家的姑娘。也可以過得活了。這是我一番的好意勸你。你須要知道纔好。如今你也不用立刻回荅我。我今天有事。此刻要到別處去。今晚或者不回來。你慢慢想過。明日後日回我的信也未爲遲。你莫小覷了這事。到埃及的出息是比別處强得多的呢。那老頭子有意無意半冷半熱的說了一頓。就起身大踏步出門去了。圖理舍譽因動了這一點家庭專制的念頭。下了這一番强權壓制的手段。有分教

暮色起心思賣友。　捨生畫策累恩人。

後人有長歌一首歎道。

錢神尊骨月賤。中懷百慮交相戰。風俗習慣坑煞人。可憐專制家庭變。天生國民

於我何所讎。湍水强决東西流。兒女亦國民。壓抑夫何求。豈不曰憂樂關懷是親志。越俎借箸非多事。豈不曰少年識見未堅定。抉擇不審將爲累。那知大造成烝民。各賦愛力爲精神正副兩電具攝力電力之大尚有何物能比倫陰陽二氣皆元理團體結合萬化始肩任義務行平權。種類密切社會起。斯道本自含太和。因果緣法無偏頗。蕭蕕雜植異根性那得玉樹成交柯。君不聽王郎曲。御輪翻作輿脫輻。君不見璇璣軸。廻文字字失聲哭。縱然繩尺能閑防生趣已絕非鸞凰覆水斷帶秋扇捐擧案空羨梁孟光斯民豈盡良德薄牙角凶終歌鼠雀是皆間接强權人釀此禍胎莫可藥野蠻未開化。憒憒吾無言。巴黎號文明。擾亂仍朝暾。獨惜自由石像默不語冷眼閱世徒渠軒

要知後事如何。且聽下回分解。

第五回　美書記憤辭埃及店　瑪公子夜赴瀨音川

却說圖理舍譽不願把女兒嫁與美治阿士。苦苦要設法把他兩個分拆開。究竟他意

中所選的人是那一個現時他隱着不曾說明。然測度說話的來頭。一定是那管賬伊古那了。惟是美治阿士并不知到這個根由。以爲我一生的朋友。只有伊古那是個莫逆之交。如今受了這番委曲。只可向他訴說幾句。因此一直走到樓上賬房。把伊古那邀到一間談話的密室。伊古那見他神色慘淡。與往常不同。因問道。你身體莫非有甚麼不舒服的麼。美治阿士道。我并不是身體不舒服。特地來同你作別。從今以後。我不在這個行裡執役了。伊古那道。爲甚麼事哦。我知到了。前日聞得東主說要派人到埃及的店裡去。莫非把這個差使派着足下麼。美治阿士道。我不到埃及去。伊古那道。然則那裡去。美治阿士道。那裡去現還未定。要之我一定不在這裡。我已經不是這行裡的雇人了。伊古那吃驚道。莫非東主把你辭了職麼。美治阿士道。也不是要我退職。實在因爲那一件事。說至此。剛欲把圖理舍譽適纔的話向他訴說。忽然見一個人半遮半掩的在門外竊聽。美治阿士留心一看。對伊古那道。那細崽助摩祖在外邊偷聽我們的說話。你可把這個門關了罷。伊古那道。這東西只曉得頑意兒。那裡曉得留意窺探人家說話。你既是這麼小心。我便把門關了就是。於是站起身走到前頭。把門掩着。然後再復歸坐。美治阿士道。伊古那君。我眷愛霞那的事。你不是知到的麼。伊古那道。是呀、我聽說霞那小姐極愛慕你。我正很替你歡喜。美治阿士道。當初我以爲霞那也是一樣的眷愛我。如今方知是我白眷愛了他。我極悔我的癡心迷惑了。伊古那道。這話是怎麼講。他不是同你已訂了婚姻之約麼。美治阿士道。正惟是有婚姻之約。所以我纔陷了這個錯誤的念頭。如今被東主把他責了一頓。他聞得父親已經同他擇定了別個人家。他一時就變了心。把從前的念頭都掉轉了。伊古那道。這話怕不實罷。你只聽見他父親說。你也曾見霞那小姐沒有。美治阿士道。我雖然沒見他。但他的父親說道。霞那聽他的說話。已經醒悟過來了。如今把那個念頭都斷絕了。如果霞那不是變了心。何得謂之醒悟過來。伊古那道。那也不過是推測之論罷。要之東主究竟因甚麼事不肯招贅你爲壻呢。美治阿士道。他說我是貴族後裔。不應該繼他商人的家業。他要在職役中人另揀過一個最適當的招贅。伊古那道。我諒霞那小姐。未必肯答應這個事。美治阿士道。他既說醒悟過來。那有不答應的道理。如今老頭子爲這個事。恐防我近着碍眼。要把我擠到遠處去。叫我到埃及同他管理支店的事務。又說埃及的出息比別處好。伊古那道。我諒此事。或者是東主特地試試你也未可定。你何不答應着去呢。你若到埃及。這支店的事權。便是你獨當一面。如果用心經理一二年。把一切事務整頓整頓。將生意擴張起來。那不是顯你才幹的機會嗎。我忖諒一定是東主想試過你的才幹。然後定那東床的座位。罷美治阿士道。不管他試與不試。我受了這一場奚落。捱了這一頓刻薄。也就够了我了。兼且這等背盟失信無終始的婦人。想起來也就令我灰心。我也再不願見他。也再沒臉面在此法國的土地做人。打算走向人境隔絕的地方。不論美國印度星架坡。隱姓埋名。放棄此數十年無用的形骸。做個他鄉之鬼。罷了。伊古那道。你此時着了惱。胸中的氣憤懣不平。作此無聊之思。那也難怪。但凡事須要仔細想透。切不可拚着性子。百事不顧。一經錯了。那就要吃後悔的虧。美治阿士道。蒙你箴規。我也知道。但我此時心枯意寂。甚麼得失都不管。我已決定主意。准明日一早便起程了。伊古那道。你主意已決。我也沒法把你挽留。但出門的人。旅費是第一件要緊的事。我諒你猝然間未必能備。我這裡攢積得點子金錢。不如你盡地拿了去。暫時應用着。罷美治阿士道。極感謝你的盛情。但我立意自己設法籌策。并不願叨忝人家的帮助。雖然是你我的交情。再不講甚麼客氣。且待我先自籌畫過一番。如果不够。再向你商量罷。刻下銀行正當事忙的時候。請先辦了你的公事。今夜或明早。趁銀行未開寫字樓之前。我再到你寓所一談。我尚有許多說話。想同你細講。此時且告別罷。說完便起身要走。伊古那知道美治阿士是無法籌畫旅費的。目下身邊一文沒有。又不肯受人家的資助。見他這個毅然不顧的主意。恐他是懷了自尋短見的絕念頭。不覺心中傍徨起來。牽挽着美治阿士的手道。憑你要去到天盡頭也沒緊要。你切不可起那絕路的念頭啊。美治阿士聽了。强笑着道。你恐防我自尋短見嗎。此事你請放心。我不是沒氣骨吃不得苦的人。大丈夫寧爲境遇所困。斷不肯被境遇抹煞這個胆氣。我也是個頂天立地的男子漢。斷不與那婦人女子一般見識。做那淺見的事。你放心罷。伊古那道。如此那就晚些會罷。於是兩家分手。美治阿士遂下了樓。一直向大門出了去。話分兩頭。却說昨夜金庫裏丟掉那美人手的事。伊古那自從受了瑪琪拖亞囑咐的話。今日到了銀行。再不敢題起。依舊照常一樣。在賬房裡辦公。適纔美治阿士到來。談了這一會兒。如今不覺已是四打鐘。銀行規矩。一到四打鐘。便不辦事。因此把賬部疊攏起來。正打算回家裡趕那晚餐的時候。忽然見瑪琪拖亞走將進來。說道。伊古那君。昨夜那隻手。又生出一段稀奇的事呢。剛說着。回轉頭來見助摩祖正站着在門外。瑪琪拖亞向着他說道。你這個東西。站在此聽甚麼。這時銀行已是收工的時候。你還在這裡做甚麼。走罷。把那個助摩祖喝退了。然後再對伊古那道。此地說話究竟不便。不如找一個僻靜的地方纔說罷。伊古那道。可也不必這麼小心。此地再別有他人的。你剛纔說稀奇的是怎麼事。瑪琪拖亞道。昨夜我把那隻手拿了回來。留心細看一看。原來是個左手。我想到婦人沒了手。已是不經見的事。如今沒了的又知道是左手。那更一定沒有雷同的了。我有了這個主意。出去查訪查訪。也就更容易了。伊古那道。你所謂稀奇的。就是這個事嗎。瑪琪拖亞道。你別要心急。慢慢聽着。還有呢。我當時拿了這隻手出去之後。自已想着這個已是沒了生氣的東西。如果留着。第一件他不久便腐爛。第二件萬一被巡捕知到。那就不得了。如今既然有了這隻手釧。便可做個憑據。這隻手留着也無用。不如把他拿到無人之處。靜悄悄的丟了。省得露出形迹。因此夜深時候。一直照瀨音川跑去。不料正跑之時。忽有一個長大的漢子。在我後頭趕來。步步跟着我尾隨不捨。我也就留神關顧着。到了十字街口的去處。我轉身就向那橫街跑了進去。轉了幾個灣曲。回頭看時。他仍然跟着我。離十來丈的遠。我料這個必不是個好東西。一定是甚麼做眼綫的人。若不設法快走。被他追來。那就脫身不得了。正愁着。可巧有一駕沒有人坐的馬車。從前面駛來。我急跑了上車。囑那馬夫使勁加了兩鞭。那馬就追風逐電似的。霎時間那漢子就不見了。我於是在各街迴旋了一回。及至一打鐘時候。然後叫那馬車跑到瀨音川。下了車。一直跑到橋上。四面張望。幷沒有一個人影兒。我纔把這個手拿了出來。從橋上輕輕的丟下水去。是晚白白的跑了一夜馬車。花了五塊多車錢。你說可笑不可笑呢。伊古那道。還有甚麼。瑪琪拖亞道。丟了之後。我就趕回家睡了。今天一早在床裡爬起來。心裡怙記着這件事。胡亂梳洗畢。便跑到各家相識的貴婦人處。滿心高興。要打探出這個事來。不意到了許多家。個個婦人一切如常。幷不見有甚麼動靜。我就心冷了。抱着悶回到家中。適值那每夕新聞剛派到來。我就拿起一看。不覺嚇了一驚。原來這美人手的事情。已經登在報紙上了。伊古那急問道。這事果眞的麼。瑪琪拖亞道。你不信。我給你瞧瞧。說着從袋子裡把本日的每夕新聞拿了出來。遞給伊古那。伊古那急忙接着查閱起來。要知這每夕新聞說出甚麼話來。且聽下回分解。

飲冰室詩話

鄉人有自號珠海夢餘生者。熱誠愛國之士也。游宦美洲。今不欲著其名。頃仿粵謳格調成「新解心」數十章。且自爲題詞六首。詞曰。百粵雄藩鎭未開。尋春怕上越王臺。可堪流盡珠江水。猶有秦箏洗耳來。一樂操土音不忘本。變徵歌殘爲國殤。如此年華悲錦瑟。隔窗愁聽杜秋娘。二軟紅何處醉花仙。一掬胭脂灑大千。不見秦時舊明月。鷓鴣啼破夢中天。三萬花扶起醉吟身。想見同胞愛國魂。多少皂羅衫上淚。未應全感美人恩。四小蠻妝束最風華。螺髻香盤茉莉花。除卻後庭歌玉樹。不教重譜入琵琶。五當筵誰唱望江南。傳徧珠江亦美談。一樣俠情今日記。簫聲吹滿白鷺潭。六芳馨悱惻。有離騷之意。吾絕愛誦之。其新解心有「自由鐘」「自由車」「呆佬祝壽」「中秋餅」「學界風潮」「唔好守舊」「天有眼」「地無皮」「趁早乘機」等篇。皆絕世妙文。視子庸原作有過之無不及實文界革命一驍將也。

南海先生積年詩不下千章。率散佚無復存。家仲弟嘗手鈔二百餘首。檢行篋得之。裒錄其古風數章如下。

八月廿四夜晉陽寺夜坐書事

古佛無靈僮僕無聲先生獨坐長夜五更轉大地於寸竅噫萬籟於碎瓊四海翻波黑山橫帝座炯炯接長庚鼻孔噴火滅日星羲皇轡走爲之停四壓百怪踏萬靈天龍血戰鬼神驚神鼠推倒雙玉瓶金輪忽放大光明萬千世界蓮花生先生開眼但見秋蟲唧唧佛殿燈焰青

望小姑山

長江波濤浩洶湧南北諸山皆立拱何處飛來一片石獨立江中無所恐蒼厓百尋峭若削。昂首向天神氣竦。插脚巨浸中崩浪。日夜相嚙不爲動。小姑小姑爾女郎。是何骨力健且勇。崖巔傑閣何蓬蓬高踏蒼穹轉烈風我欲置身於其中謝絕世人不與通手弄白日踏諸峯夜聽江聲流向東祿靈仙人時相逢披髮長嘯江天空

廬山謠

紫漢吹落青芙蓉隨風飄墮江之東瓣開四面花玲瓏化作碧玉千百峯倒影翻潮黛色濃突兀萬丈絢青紅層巒重阜築爲宮五老拄杖碧雲中子孫諸峯咸侍從爾來一萬四千歲白頭昂首嘯鴻濛我來經喪亂。九十九寺皆在焚刼中。瀑泉又已枯。秀色減昌丰。惟有重崖與疊嶂。蒼翠合匝轉無窮。陶謝妙述作。幽人不可逢。長臥龍潭石。醉欲騎蒼龍。青鸞未能馭。白鹿已無蹤。夜投東林訪遠公殿宇隳剝瓦礫封誠懸北海殘碑在古佛露坐似慚居尊無寸功長蘿蓋山樹蒙茸天黑虎嘯蕩驚風萬籟笙竽瀉青松搨鈴夜語不聞鐘宵深月出山徑白虎溪之水鳴潺淙似聞山鬼說法談空空

題羅浮華首台

石徑犖确蔚萬木密繡棕櫚盤龍竹桄榔倒掛依巖壁菖蒲側生出澗谷洞門幽閟瀝霜雪。華首高臺居其麓。飛雲廣長瀉飛瀑。夜夜說法龍虎伏山僧採藥鋤坿子鋤得寶塔供尊宿景泰宗風猶可希頑石合掌受戒囑蝙蝠不來蛺蝶飛諸山花雨長

霏霏華鬘會上散珠璣半月巖中孤坐微夢入梅花一笑歸

讀日本松陰先生幽室文稿題其上

孔學在成仁春秋通國身拱噲爲巧宦中庸托妄人全軀保妻子秦越視斯文儒術久矣喪安問起傳薪舜水發高躅寓公搏桑濱大道重扶輪學派盛彬彬軒動東國波大業輝維新王政忽復古三島翽慶雲元功在誰手慨慷松陰君正學宗洙泗高蹈抗邱壙鼎鼎宏大道軒軒表蒼旻弟子同激昂大師國所尊首創尊攘義誓心掃武門武門何赫赫政柄八百春天王實守府生殺惟收軍急激發義唱豈不憚禍艱救國心旣苦殉道勇可熏遂使羣處士憤起擲血痕前覆後軌繼大獄慘酸辛終能覆覇圖版籍奉元君千年大革命磊磈壯乾坤豈知一志士誓死奮所聞創業翳絕偉道義實其根固知下無學不足振國羣我今讀遺書正氣照千春一讀生慚悚再讀起輪囷諸夏愧無士東國存斯文

南海游羅浮詩頗多內一首云萬峯走神僕絕頂立飛仙俯視但雲氣山岳盡茫然迷蒙難見日呼吸欲通天白帝如能問蓬萊駕紫烟又一首云萬紫千紅總是春升天入

地不猶人曲徑危橋都歷徧出來依舊一吟身此皆可見人格之詩也。

南海有登萬里長城一詩於我民族偉大之紀念三致意焉。詩云。秦時樓堞漢家營。匹馬高秋撫舊城。鞭石千峯上雲漢連□萬里壓幽幷東穹碧海羣山立西帶黃河落日明且勿卻胡論功績英雄造事令人驚又過昌平城望居庸關一首云。城堞逶迤萬柳紅西山岧嶢霽明虹雲垂大野鷹盤勢地展平原駿走風永夜駝鈴傳塞上極天樹影遞關東時平堡堠生靑草欲出軍都弔鬼雄又由明陵出居庸關一首云。鏑弦老死不聞聲身是漁陽戍卒營胡婦琵琶傳大漠幷兒勑勒倚長城帝陵千嶂秋盤馬玉塞平沙曉閱兵百里盤厓紅柳路騎駝到驛月微明讀之尙武精神油然生焉甚矣地理之感人深也。

南海已丑上書不達出都作。前已錄一首。今復鈔六絕。落魄空爲梁父吟英雄窮暮感黃金長安乞食誰人識。只許朱公知季心。海水夜歗黑風獵杜鵑啼血秋山裂虎豹猙獰守九關帝閽沈沈叫不得此去南山與北山猿鶴哀號松柏頑或勸蹈海未忍去且歌惜誓留人間南山之下豆苗肥北山之上猿鶴飛百畝耕桑五畝宅先生歸去未必非六朝碑版一千紙行裝綑大如牛腰長安臣朔飢欲死猶抱墨刻作紅綃平生頗有回天志今日眞成去國吟回首五雲宮闕逈柴車惻惻愴余心。

丁酉秋先生嘗屬草堂諸子彙刻其功課劄記繫以三絕云萬木森森散萬花垂珠連璧照紅霞好將遺寶同珍護勿任摧殘毀瓦沙一春華秋實各爲賢幾年傷逝化風烟偶登羣玉山頭望八萬珠瓔總可憐二萬木森森萬玉鳴隻鱗片羽萬人驚更將散布人間世化身萬億發光明三此亦萬木草堂一掌故也斯時陳通甫曹著偉已逝矣故第二首云云刻竟不成而兩君宏邃之理想雄遠之高文竟無復吉光片羽以傳於後惘夫吾最念通甫著偉而苦不能憶其遺文通甫辛卯冬有贈余入都長古一首記其四句云「豈無江海志詄蕩恣游遺蒼生慘流血皺席安得煖」他皆忘矣著偉他文不能記卻記其少年所作八股題爲天地之大也人猶有所憾凡一千餘言連犿瑰偉不可思議八股界之革命也末兩股云『同人以咷爲始則憂患已伏於生時可知泣血漣而即降孕已受天囚之慘未濟以火爲歸則乾坤必毀於灰燼可知亢龍有悔即上帝難爲乞命之身』亦可見其理想之一斑也昔夏穗卿嘗於十年前戲語余云八股之

運必絕矣。此亦五百年來中國文學之一種也。吾將別其流派。著一書焉。以存於後。果爾則著偉之八股。亦有可記之價値也歟。

甲午夏。南海先生曾以詩三絕書余箑。今錄之。神鬼天龍日夜圍。六時說法萬花飛。金輪千轉不相動。紫府燈光寶欲微。華嚴國土時時見。大地光明無語言。只是衆生同一氣。要將悲憫塞乾坤。鯤鵬變化且隨風。出入千重雲水中。行到光音應少住。鏗鏘天樂海雲紅。又題孺博箑一首云。三千刼裏橫金翅。二六時中看白牛。終日散花忘結習。諸天聞樂少淹留。脫將瓔珞親貧子。故入泥犂救重囚。丈室億千師子座。金身偶現不湏收。

今年美國金山大埠。我領事館有隨員譚侍衛錦鏞者。無端爲美警吏辱毆。憤極歸而自裁。我公使以國際問題與美政府起交涉。竟莫伸也。邦人哀之。多有輓作。余亦爲三絕句。今錄第一第三兩章云。丈夫可死不可辱。想見同胞尙武魂。只惜轟轟好男子。不教流血到櫻門。國權墮落嗟何及。來日方長亦可哀。變到沙蟲已天幸。驚心還有刼餘灰。

氷壺女史者同學順德譚君張孝之夫人也。夫婦同盡瘁於國事。美洲風氣之開功最多焉。今秋余游羅省。客其家。未幾。家兄均歷從墨西哥來亦客焉。均歷有贈女史七章。錄如下。……嫁作通人婦。何妨屬女流。我聞天上女。無碍散花遊。憶昔夢維摩。助我幻師力。化得男女身。毋使兩敵國。人種溯厥始。先聖女媧皇。如何後聖人。抑陰獨扶陽。佛說大解脫。西人得自由。不願步金蓮。縱橫蹴地球。攬鏡鑑容顏。圓顱綴橫目。萬彙總同塵。一絲界人畜。天下一興亡。匹婦亦有責。纖手豈辭勞。叙鈿鑄矛戟。十年採芳草。憔悴盈懷抱。未得美人憐。涕淚爲君道。

（問）閱貴報廿六號政界時評門張伯倫帝國政畧一節有謂『英國殖民地其自治之制甚完備自有政府自有議會毫不受母國之束縛殆純然爲一獨立國之形內地人之好談外事而不知大勢者以爲英國將來或遇有各屬地奮然獨立則英帝國將不免分裂此囈語也』夫英國各屬地之自治盡人皆知之矣但不識印度之議會爲英人耶爲印人耶據貴報云云似乎印人亦自有政府自有議會否則謂英人之在印度者已純然爲一獨立國不必如美國故事奮然獨立而印度土人不應奮然獨立也鄙人曾讀美人 Goldwin Smith 所著 Commonwealth or Empire（此書西歷千九百〇二年秋間出版）其 Im perialism 篇有論英印一節略譯如左

『異族相合性質風俗各有所異於社會上必不相安今日者英人對印人則蔑視之印人對英人則畏敬之然印人之畏敬迫於勢也自其內觀之團結印人胸中者有痛恨英人之氣浸淫印人腦中者有反抗英人之思此種思想爲印人朝夕所不忘吾嘗聞英之官吏曰統制異地而不能使異族與我族相安必有破壞之日但其如何結果非吾人所能預測也』以此觀之則印人所念念不忘者非思奮然獨立耶英官吏所云者非慮印人之奮然獨立耶倘如貴報所云則必抹煞印度始合貴報之議論不

然則美國人之著書。亦如內地人之好談外事。而不知大勢者。再不然則貴社人之好談外事。而亦不知大勢者。鄙人才薄學疎。莫衷一是。乞登報示復以釋疑團(經滄)

(答)此語誠本報記者一時粗率。界限未能分明。辱承詰問。不敢自文。但英人之待屬地本有兩種方法。其一爲白人多而土人少者。則純以自治制度行之。其一爲土人多而白人少者。則純以專制政體馭之。其第一種。則澳洲加拿大之屬是也。其第二種。則印度乃至南洋羣島之英屬以及吾所割之香港等類。皆是也。其在第一種。則母國雖派總督往。而不過一名譽耳。實則無責任。其責任全在本地之民選議會。及其多數黨之政黨內閣。其第二種。則英所派總督。有莫大威權。雖東方君主不及也。故其第一種之與英帝國有母子之關係。其第二種則有主奴之關係。本報廿六號所云云。是專指其第一種耳。至如印度者。誰謂其不應奮然獨立。然此恐不過理想上一佳話耳。今日研究時局者。已久將此問題擱置腦後矣。今印度人家中。雖一小刀。尚不許庋藏。人民欲操一至微之鐵工。如造針造釘等業。尚且有禁。從何處得復見天日耶。況其人民之格品卑下如此。國中之宗派爭鬨如此。雖予以資籍。假以機會。夫亦安能獨立也。其結果之終歸於劣敗淘汰。殆可十斷八九矣。故今日英國之與屬地。其有子母關係者。則斷不必離母而獨立。其有主奴關係者。又斷不能離主國而獨立。然則憂英帝國之不免分裂者。果囈語而已。還質高明。謂爲何如。(飲冰)

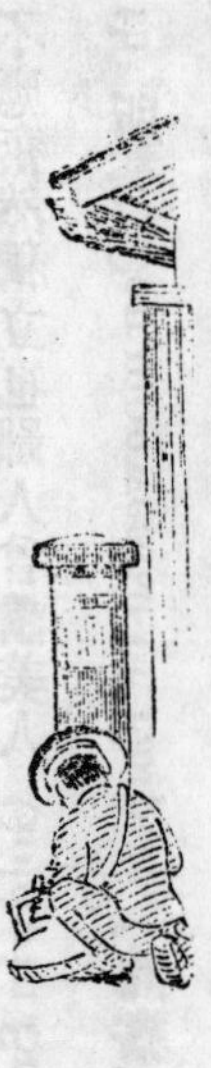

專件

旅行俄京日記（續卅七號）

鳴鶴山人

俄京彼得堡與莫斯科相隔一千三百餘華里。若乘快車需十二時。此地未有華商。俄人設茶店二家。以金龍華字懸諸門。裝飾如華式。門窗塑列華人偶像。以醒衆目。彼族之重華貨可想而知。其皇宮形如方璧。爲樓三層。金幛繡幔。光芒射目。各殿鋪陳顏色互異。殿內均懸列代功臣宗室遺像。又油繪歷代爭戰形圖。以示不忘武功之意。雖陳設壯麗。而規模之廣大。不及莫斯科舊京。至於舖戶房舍。飛閣流丹。則又勝彼一籌。到此幾疑天上非人間矣。

考俄羅斯爲當今雄國。地居極北。橫亘一洲。北至冰洋。南迄地中海。東盡太平洋。西亦幾及大西洋。占地球二十五分之一。平陸七分之二。縱橫九百餘萬方里。在歐洲凡四部。西曰波羅的海部。西南曰黑海部。東南曰鹹海部。西北曰白海部。在亞洲三部。西曰哈夫喀士部。東北曰西伯利部。南曰中亞細亞部。合計大省七十有七。小省十九。國都有二。名城有七。人口合一百四十兆。其鐵路密如蛛網。往來梭織。合計約華程七萬餘里。遇水則設長橋。過山則穿洞穴。其三四等貨車客車。約有百餘萬架。頭二等客車共約十數萬架。有事則運兵神速。無事則商旅稱便。化重爲輕。縮遠若近。無異以陸作海。而以車當舟。曩昔商務不講。困守一隅。今則百貨遂漸流通。商賈日形輻輳。西伯利等處。觸目曠土。開墾甚便。無業遊民。相率移徙。將來膏腴日闢。邊備日充。生聚教訓。沈機觀變。乘時而動。誰能禦之。雖曰天時人事。有以就之。然非鐵路之效曷克臻此。

查俄國殖民之法。先由農政大臣查勘測量劃地招墾。出示勸導。凡農工願往者開明戶口人數。呈請於官。即按人數發給照票。每戶約領地十五畝。所有房屋農具牛馬亦由官備領。凡灌溉淘汲之法。耕種樹藝之宜。有該處駐札農政委員訓廸。或因貲本拮据。欲借國家庫欵爲農牧爲製造。官亦助之。許其廿年至卅年分期攤還。又訂廿年內一切賦稅從寬豁免。又特準免充兵籍。故民咸便之趨之若鶩。西伯利鐵路未設以前。移民多由柯的沙乘輪前往。今鐵路大備。特設移民車輛。往者益衆。歲以數十萬計。往者所至。不逾烏喇嶺以外。西伯利以西白海之間。今則由西而東。至於亞穆爾烏士利。及黑龍江上下游一帶。漸推漸廣。陸續開闢。向之所謂廣漠無垠者。多成審庶村落矣。近年俄國戶口歲增二百萬外。而亞俄之移民生育人口。比較歐俄加增十之一。足証地利興。民生阜。生衆食寡。收效良速。其拓疆强國。卓識遠見。有足師者。若言夫政治得失。俄無貴賤皆兵。將士用命。又制治嚴整。城市肅靜無嘩盜賊屏足。是其長。世族專擅。才智屈抑。貧富懸絕。仕商奢侈成風。婦女放蕩無節。是其短。我中國截長補短。損益因應。烏見積弱不振也。

去臘由俄返粵。聊將見聞郵寄親友。乃爲中外日報館索去登之報章。而北京閣鈔彙編天津新聞報相率錄傳。上海游戲報館繙演白話登之潦草献醜。重讀汗顏。茲就原稿略加修削。以餉大雅。惟東三省情形日新月異。俄人經營千變萬化。閱者諒焉　癸卯仲夏自誌

附各地車脚表

(一) 急行車

地名	一等(俄圓)	二等(俄圓)
彼得堡哈爾賓間	二二六、八五	一四九、八〇
仝 旅順口間	二八三、八五	一八五、四五
仝 青連灣間	二八九、八五	一八三、五五
仝 海參崴間	二五三、五八	一六六、四〇
莫斯科哈爾賓間	二一五、六五	一四二、六〇
仝 旅順口間	二七二、六五	一七八、二五
仝 青連灣間	二六九、六五	一七六、三五
仝 海參崴間	二四二、四八	一五九、二〇
柯的沙哈爾賓間	二三五、〇〇	一五四、一五
仝 旅順口間	二九二、〇〇	一八九、八〇
仝 青連灣間	二八九、〇〇	一八七、九〇
仝 海參崴間	二六一、八三	一七〇、七五
華秀哈爾賓間	二三九、四五	一五七、九〇
仝 旅順口間	二九六、四五	一九三、五五
仝 青連灣間	二九三、四五	一九一、六五
仝 海參崴間	二六六、二八	一七四、五五

(二) 慢行車

地名	一等(俄圓)	二等(俄圓)	三等(俄圓)
彼得堡哈爾賓間	一三七、〇〇	八三、一	五三、九
仝 旅順口間	一七三、〇〇	一〇五、六	六七、四
仝 青連灣間	一七三、〇〇	一〇五、六	六七、四
仝 海參崴間	一六五、〇三	一〇〇、四七	六四、六一
莫斯科哈爾賓間	一二九、〇〇	七八、三	五〇、七
仝 旅順口間	一六五、〇〇	一〇〇、八	六四、二
仝 青連灣間	一六五、〇〇	一〇〇、八	六四、二

仝 海參崴間	一五七、〇三	九五、六七、	六四、四一
柯的沙 哈爾賓間	一四六、〇〇	八八、五〇	五七、五
仝 旅順口間	一八二、〇〇	一一二、〇〇	七一、〇
仝 青連灣間	一八二、〇〇	一一二、〇〇	七一、〇
仝 海參崴間	一七四、〇三	一〇五、八七、	六八、二一
華秀 哈爾賓間	一四六、	八八、五〇	五七、五
仝 旅順口間	一八二、	一一二、〇〇	七一、〇
仝 青連灣間	一八二、	一一二、〇〇	七一、〇
仝 海參崴間	一七四、	一〇五、八七、	六八、二一

華年閣襍錄

▲列國之職業別

近時德國發刊之國勢通計。載德國人之從事職業者。實業鑛山業。八百三十萬人。（即全人口之三割七分五厘）植林業農業。八百三十萬人。商業二百三十萬人。（即全人口之一割六厘）官吏八十萬人。（即三分六厘）海陸軍六十三萬一千人。（即二分八厘）其他雇人百四十萬人。（即六分一厘）又以實業商業農業三種。區分歐美列國國民之職業。其率如左。

雜組

	（實業）分	（商業）分	（農業）分
英國及威耳士	五七	一二	一〇
蘇格蘭	五八	一〇	一四
愛爾蘭	三一	五	四四
大不列顛	五四	一〇	一五
法蘭西	八四	九	四四
澳地利	三七	一一	三八
匈牙利	二三	六	六四
意大利	二八	四	五七
瑞士	四一	一一	三七
北美合衆國	二四	一六	三六

又女子之從事職業者。北美合衆國比全國女子之數。僅一割四分三厘。次和蘭及瑞典。次德國。二割五分。次英國。二割七分。而意大利則四割。澳地利則四割七分。女子之從事職業者多。可爲文明進步之徵。然亦有因社會生活之困難。而其率增多者。是又不

可無別辨於其間也。

▲汚水之害生命

中國不知市政。（關係都市公益及衛生與防止一切有害之事）所至都市間。街道湫隘。溝渠閉塞。糞穢堆積。發臭醜惡。平居既若墮汚垢地獄中。疵癘瘟疫由此發生。然而舉國之人。曾無一人醒悟提議改良者。誠所入鮑魚之肆。久而不聞其臭。而特別成爲一種耐汚之天性。非獨貽人以野蠻之譏。而有害於一國之生命者。固不少也。近來歐洲都市。於地下皆設鐵管。流通糞尿汚水。一無停滯。調查一年人死之數。頓形減少。德國伯林。於一千八百七十年頃。合計千人中死者之數。三十八人乃至三十七人。至一千九百年。市中工事告成。下水疏通。不使滲入地盤。嗣後調查死者之數。千人中減至十八人半。較工事未成之前。人死之率。幾減半。顯然則汚水之關係於生命。

二

者固重且大。世有知其事者。可不矍然大驚而亟思挽救以造一國之福耶。

▲海軍與麥食之關係

日本於明治十五年前後。海軍不用麥食。其時航海兵士。罹病者甚多。有事時直有不能開戰之憂。當事之人。慮其爲專用米食之故。因廢米食。改爲米麥合用。嗣後遂無罹病者。按米百兩中含淡氣物（蛋白質）六兩。含炭氣物（澱粉糖油）七十二兩。爲一與十二之劑。合麥百兩中含淡氣物十二兩。含炭氣物七十二兩。爲一與六之劑。合米麥共食。爲九與七十七之劑。合米之含蛋白質者。多在外皮。若去皮之淨白米。滋養分反少。麥亦然。又大豆含蛋白質甚富。故醬與醬油及豆腐豆汁等。均有維持體力之用者也。

▲小兒貴活動

凡人之所以生者。特有活動力也。而以小兒儲活動力爲最多近有人攷小兒不活動時比活動時疲勞更甚故養育小兒者以使之活動爲第一義凡强健之小兒皆好活動不好活動之小兒其長成多無可望强使小兒靜止是逆小兒之天性非徒無益而實害之云

▲各國郵便局之數

世界各國所有之郵便局以美國爲最多共有七萬八千餘所德國次之有四萬五千六百二十三英國有二萬二千四百俄國有一億以上之人口而郵便局僅不過六千二百郵便箱之數德國最多有十二萬三千〇〇八又於郵便局使用之人員亦以德國爲最多有二十三萬三千百七十六人云

▲最大之家鴨飼養所

澳洲有世界最大之家鴨飼養所其中孵卵所者能孵鴨卵一萬一千四百四十個雞卵一萬四千〇八十個云

▲琉球之養豚

肉類中品居劣等而又最不潔者爲豚肉世界各國惟中國以用豚肉爲一大宗然琉球人養豚之風亦有不減於中國者據最近之調查沖繩縣下之戶數共八萬六千餘而豚之頭數亦八萬六千餘有每一戶飼養一頭之比例其飼養法特築圊廁頗堅好其中放人尿屎（中國北方之猪亦食尿屎者多）外置甘藷之外皮或泡盛酒粕以爲豕之食料經豚兒產後經二三月割去睪丸（中國閹猪法）養至一年長則三年有體量百五十斤乃至二百五十斤者則賣却之然亦分爲肥肉與生育之二途其飼養法因之而異凡遇冠婚葬祭之禮典無一不用豚肉其調理法最多就中稱朧付臺一種烹調法者以最上之豚肉湯煮後除外部之汚染切方一寸程之肉一斤

入醬油二合。更煮之亘數時間。以煮汁減量。加以味淋酒一合。又煮三十分時間。而後入置瓶中。能貯藏數月之久。風味良好云。按琉球養豚之風。與中國全同。是不可不知其國俗者也。

▲繭別雌雄

分別雌雄繭之法。往時多以形小不正不豐圓紋深者爲雄繭。而形大且正又豐圓紋淺者爲雌繭。然亦多有不合之處。有一法以繭之重輕分雌雄。重者全出雌蛾。輕者全出雄蛾。實驗之多不爽云。

▲古代之時計

意大利有千七百二十五年造成之時計。（中國稱鐘錶不如名時計之切）其構造式平面天體圖形。示時及分之外。又示日日太陽之位置。又示日蝕及月蝕。其精密遠過今日。不知何以造成。實可驚歎。若萬一破壞。更無人能修繕云。

▲水中取火

美國芝加哥之藥劑師摩乃可氏。近分析水之輕氣養氣。而發見一種化學物。可作煤氣之用。其價又甚低廉。如作熱十萬呎者。僅須十五仙。作光十萬呎者。僅須二十五仙。與今日作光與熱之價値相較。約不足四百分之一。產業界因此發明。可生一大變革云。

▲熱海島之風土

日本之熱海島中。殆不見有毛族之物。貓犬馬牛雞等。島中皆不飼養。惟見有一種出沒之土鼠而已。又島中之人。無盲啞瘋癲癩疾。若人間外之別一天地云。

▲X光線治白髮

自透骨之X光線發明。應用甚多。美國醫師呵烏來氏。於用X光線治癌腫患時。發見用X光線。可使白髮復返爲玄色云。

▲眼色鑑人

俄國喀爾羅夫氏研求眼色鑑人之法。據其所研求。凡盜賊眼多茶褐色。流浪人眼多水色。正直人眼多紺色云。

▲木材保存法

近頃英國發明保存木材之簡法。以熱度達沸騰點之糖。使其溶液。吸入於材木。次以高度之熱。蒸發其內之水氣。其結果於氣孔間留固體而木材變爲膠質。依此方法。軟質之木材。可爲硬質無破裂之敝。而久能保存云。

▲新鑛物之發見

英國新發見之鑛物名海利翁者。其質比阿爾米尼翁更輕且堅。有非常之抵抗力。於造船最爲適用。無與擅結合生鏽之患。其價亦廉云。

▲新製之無害煙草

人食煙草。不無多少之害。德國化學者以愛洛託氏。發明製造無害煙草法。其法以未製之烟草浸以打銀酸之溶液。打銀酸與烟草中尼可齊（烟草中含有之毒質）化合則煙草全爲無害之物。惟依此法。或致烟草失幾分之香氣。更以摩盧依亞蘭（屬薄荷種類之草）之煎汁浸之則仍有好香味云。

▲俄國之鐵道

據俄國遞信省之調查。俄國所開通鐵道。迄至今年一月十四日。延長哩數。總三萬二千二百八十二哩。於今年之初三個月間。乘客之數。二千百三十三萬七千三百九十八。運搬貨物之總量。三千三百八十萬六千二百六十噸。一威爾斯託。（凡一哩三分之二）平均收入三千百三十圓。又西伯利亞鐵道。俄國所投之工事費。迄至今日。總計爲八億〇三百四十萬圓云。

▲埃及古語字典

德國研求埃及學著名之甕爾曼氏。近編纂埃及古語字典。網羅埃及古語共有二十八萬之多其費用皆德皇任之云。

埃及古代文字甚難解讀。一千七百九十九年拿破侖遠征埃及。一工兵於尼羅河口古城砦之基礎。發掘誌銘三種。其一種爲希臘語。直易翻譯他二種不能解。至一千八百十八年。英人陀賣士越古。始開解釋之端。一千八百二十二年。法人章坡列翁。始發見其原則。一千八百三十八年。德人來部麻士。始集埃及學之大成。通埃及文字能發見上古之事不少。是亦近世紀一昌明之絕學云。

▲猶太人數

數千年前有名古國之猶太人種。今散居地球各處。各國皆以其爲亡國之民。賤視而虐待之。近有人調查其散在各國之總人數。有一千萬人。在俄國者五百五十萬人。在奧國者百八十六萬人。在德國者五十六萬八千人。在羅馬尼亞者三十萬人。在英國者二十萬人。在美國者百萬人。在阿非利加者二十七萬人。在澳洲者十七萬人。而在其本國之亞細亞者。僅二十五萬人。其中信基督教者。不過二十萬人云。（耶穌生於猶太猶太人極口詆之信其教者極寡〇按近世紀著名之哲學大家斯賓挪莎猶太人也）

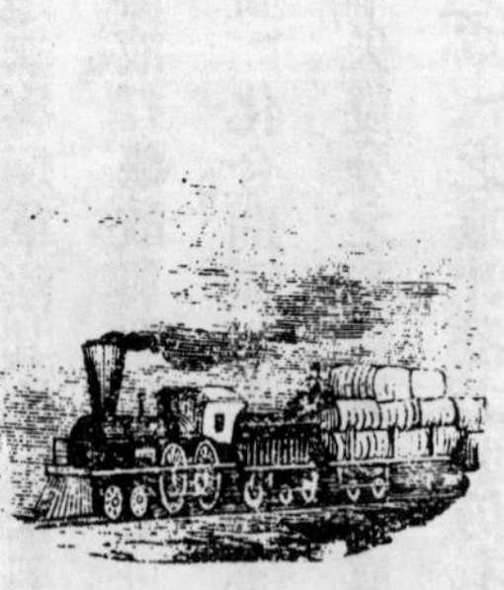

紀事

〈內國之部〉

◎記北京大學堂事　本科新進士及庶吉士等。均須入大學堂肄業一節。已誌前報。昨見學堂新定章程。惟庶吉士到堂後。每人每年由學堂發給津貼銀三百兩。以資贍家。其分部者則無焉。有師範館學生某君聯合仕學師範兩館學生向堂提調曰。同一學生。何以庶吉士獨有津貼。我等則無也。爭論數日。管學大臣爰將章程改訂。以庶吉士每人三百兩項下。各提六十兩作爲師範仕學兩館學生津貼。其事始寢。

大學堂新改之章程。其大要如下。原設管學大臣改爲學務大臣。總辦改爲總教長。堂提調改爲教長。分教習改爲分教長。全歸總教長節制。無總教習名目。從前之總辦祇管提調等事。今改爲總教長。則各教習之事亦干涉焉。故較從前之權稍大也。

又學生所着之衣服。均由學堂發給。無論在堂出堂。須一律穿着。不准更換。以杜在外招搖之弊。

又學生如未畢業。即行告退。或因事革退。均須按畢業之年。呈繳學費。每年一百兩。如遲遲不繳。惟出結官是問。

又張之洞前奉懿旨。令即改訂大學堂章程後。當將保薦特科之陳毅胡鈞留京贊助。頃擬就之稿本頁數幾於盈尺。命意由之洞。而筆墨則悉以陳胡主之。其最要之一節。在首請降旨通諭督撫。此後無論各省府州縣學堂。概用東洋留學卒業生爲領班。予以教育之權。責以將來之效。此舉蓋爲籠絡人才起見。其餘條目雖多。究其實不過採取政府之意旨。以正人心端學術爲目的所在云。

張之洞擬奏學堂章程實與原定章程並無十分出入。除增加習經時日及添習詞章妥定考試外。又裁去政治一門。以爲政治常言憲法是導民於亂也。又聞原有執事各員。亦鮮更動。不過改總教習曰校頭。總辦曰校長提調曰監督而已。盖一切均仿日本大學章程參酌舊法。又特諱言立憲。以期與政府浹洽。然政府終不信之。故之洞此番來京。頗失初望。

◎**科舉不廢之原因**　科舉不停之故。因某御史條奏。謂近來各處學堂多專重西學。不重經學。於治己之道。多有未明。將來作官治民時。必不能善。況日事西學。難免染平等自由之習。加以學堂定額有限。爲額限而不能入者。縱有才華。亦不能登進。實阻礙讀書之路。莫若仍在科舉中選取人才。利多弊少云云。

◎**股票不再展限**　昭信股票於七月廿九日第三次請獎限滿。聞直隸山陜四川等省。尚有數十萬未請獎。戶部本有再展限兩個月之議。某堂謂前次奏定。無論如何不再展限。此次如不依限請獎。係屬伊等自誤云云。案今年股票請獎。約及百萬。內有四十萬係湖北某撫由廣東購來者。兩月而盡。直隸股票成數畧大。現餘不及廿萬。約限內當可掃數。緣都中現只有此一種。其售價每百收庫銀五十三四兩。

◎**紀商務部**　商部現先借順天府中學堂餘屋作爲公所。頃振貝子到公所開用木質關防。又具奏調用人員二十二人。均奉旨依議。日內籌議本部辦事各項章程。大致倣外務部體制。分設四司。各專職守。首司曰保惠司。專管商報商律保護專利接見中外商人。本署司官升遷等事。次曰平均司。專管開墾山利水利農務蠶桑種植畜牧等事。次曰通藝司。專管製造工藝鐵路鑛務輪船電報郵政賽會機器等事。

次曰會計司。專管錢幣度量權衡海關洋土貨出入稅務商家詞訟本部度支等事。日內即將入告。共擬章條程十二條。

現擬一面修訂商律。一面商訂保護章程。計保護章程約分三項。(一)保護本境商務。(一)保護出境商務。(一)保護出洋商務。今擬先訂保護出洋章程。又聞商部現在順天工藝局設立商報館。每七日出報一次。其體例則只紀商務。不言政治云。

外務部通飭各海關道公文爲劄行事。光緒二十九年七月初九日。准英國薩使照稱。查商約批准之據已經互換。除約內暫停數端外。現在正當施行之際。大約已由貴部分行各省大吏。惟其中有數端。應請咨令著實留意者。如第一欵發給存票一事。第十四欵米穀出口一事。均應行各海關道照辦。第七欵所載由南北洋大臣在各管轄境內設立牌號註冊局一處。派歸海關管理。各商到局將貿易牌號呈明註冊等語。應請轉咨南北洋大臣速行設法照辦。並請轉行各省承認保護英商貿易牌號之責。以防中國人民違犯迹近假冒之弊。合行照會。並希裁復。以便轉咨本國。是爲切要等因前來。查中英續訂通商行船條約。經本部奏請批准後。業於本年六月初五日與英使互換。所有約本亦經劄行在案。茲英使照稱各節。均係條約中應辦事宜。除照復外。相應劄行該監督遵照辦理。並申復本部可也。須至劄者。

◎**電參袁道**　奉天將軍電致政府云。東邊道袁大化辦理交涉。不合外情。請旨開缺另簡。以重外交云云。按袁爲人忠直。每與俄人交涉。俱能以力競爭。頗知外情。決不敷衍俄人。以爲不利。已故令奉天將軍電參。

◎**詰問俄使**　俄人立遠東部一節。某日我政府奉

叢錄門

命問其設官之故。據俄使答云。此不過暫爲治理。令年必將地方交還中國云云。政府明知其爲虛矯之辭。勢不便以此言覆奏。故現在仍含糊不得辦法。而皇太后於此事甚爲着急。聞當日奏到俄人設官之信時。是日宮中正演戲。皇太后立未往觀云。

◎俄國撤兵密約　俄公使新提出撤兵條約如下

一去年四月八日所更定中俄協約。於盛京省全部撤退俄國占領兵隊。改爲本年十月八日。又吉林省全部撤兵。改以其後之六個月爲限。黑龍江全部撤兵。亦以其後之六個月爲限。

一松花江航行船舶。俄國於其沿岸新設碼頭。並保護航行者。又因該地不時有匪亂。故特駐屯若干軍隊於新設之各碼頭。

一盛京吉林黑龍江三省俄國所設之電線。應加保護。此後如有必要處所。仍可安設電綫。

欲期中俄兩國之貿易隆盛。中國無論因釐金及其他何等之名義。總之對由陸地上入東三省之俄國商品。除現在議定之新稅則。並現行以上之稅則外。不得增加。

東三省及內地所設中俄銀行分行。又牛莊稅關收稅章程及檢疫事務。均當照現行者極力維持。

俄國兵隊撤退後。東三省全部之土地。中國不得贈與他國及租借他國。

慶王得此條約後。不勝俄人之督促。進退俱窮。爲祇得仍用中國外交之故技。思得一遷延時日之策。故對於俄國之新要求。已送公文於俄公使云。第一條、不割讓云云之件。中國自無異議。但在開市場以外之地。亦望俄國推此意以行之。第二條、松花江口航行權。更無異議。但不可以俄國兵官守護之。齊齊哈勒拉克新斯克間之大道。配置哨兵一事。亦爲不可。應以清國兵員守護之。第四條、檢疫醫一事。除士人外。可傭聘他國之醫師。第五條、則全無所妨礙。以上即請協商承諾云云。

俄國接清國覆答後。不允所請。仍固執當初之要求。且追其認諾。更又提出一事。新市場開設之際。其滿洲稅關須全脫赫德氏之手。而任俄人專管云。其勢甚不可屆。慶王夾於俄日兩國之間。進退俱窮。遂欲藉公平之美國公使助力。以講善後之策。特出頤和園而訪問康德公使云。

◎中俄新訂吉黑兩省開鑛條約　中國東方鐵路公司（即俄國公司）現在已與中國政府立約。欲得吉林黑龍江兩省開鑛之利權。此約計共十二欵。今將其尤要者錄登於下。

一中國東方鐵路公司有在中國東方鐵路三十判司（按三十判司即三千五百英尺）地界以內。專開煤礦之利權。

二在三十判司以外。如有人欲享開鑛之利權者。此種人亦歸中國東方鐵路公司管理。

三倘三十判司以外。如有人欲向中國政府租地開礦者。中國政府須先照會中國東方鐵路公司。

四倘中國東方鐵路公司欲推廣其權利在三十判司以外之地開礦者。所有合同。應照中國開礦章程立之。

五本公司所得之煤。應議定取幾分之一。送與中國政府。作爲津貼。現在東方鐵路公司既立此約。即可在鐵路之側經始工程。開掘煤產。現已派定嗒里司脫拉少甫爲公司開鑛之工程師矣。

（外國之部）

西歷九月大事記

▲九月一日路透電。英皇在維也納英使館請奧王筵宴。宴時亦申其頌詞。稱奧皇爲英國之大元帥。奧皇答云。余得此稱號甚爲榮耀。余日後與英國陸兵當益形親睦。

同日柏林電。有一消息謂俄前大藏大臣域提現又派爲宮廷集議大臣。

▲二日路透電。在婁拉忒地方前因有欲謀害美領事之事。現已將該兇手拘住五名。

同日電。土耳其政府向駐君士但丁之美公使言婁拉忒之事。並非出於有意。惟適因遇有慶典例應放槍。故致此耳。美公使不信之。又以有他事與土耳其調停未恊。故仍遣水師至土耳其也。

同日電。現在馬其頓他處地方。又有亂事。此地近保爾嘎利亞之國境。德國與俄國均逼迫土耳其政府。定欲其竭力設法將亂事平定。推土皇以爲現在之法已爲甚善。足以平亂矣。

同日電。土耳其政府聲明現在在司蔑勒伏奈伐、司嘎、克立梭拉三處戰時傷保爾嘎利亞人一千五百名。

同日電。英皇此次至維也納。奧國人民極其踴躍。街上觀者甚夥。常有人佇立俟英王之經過。在維也納地方近來數年凡各國君主之至其地者。從未蒙如是之歡待也。

同日柏林電。此次土皇適遇慶賀登極之日。君士但丁城中冷靜異常。

同日電。此次倫敦各報論英皇往維也納之事。可使兩國以後交誼益形親睦。並能助奧國和平辦理馬其頓之亂事。英皇之擧奧皇爲英國陸軍大元帥。各報亦均以爲然。

同日電。現在美國爲婁拉忒之事。或當派巡船兩艘至土耳其。

同日電現在南北美洲之中間巴拏馬地方亦有亂事。

▲三日路透電俄皇或須即至維也納與奥帝法朗西斯商酌馬其頓之亂事。

同日電土皇照會駐君士但丁之各公使謂現在肇亂之人將有謀害各公使及焚燒使館其他公所等事土皇現在欲設法預防其變屬各公使亦及早設備馬其頓北方將有大亂惟現在亂民之舉動彼等極其謹愼也。

同日電据土耳其政府之消息則在馬其頓之保爾裒利亞人近於禮拜二曾遭大敗死傷之人甚夥。

▲四日路透電保爾裒利亞王昵地難在鬱希努華拉地方有與內務省大臣密議之事在保京凤腓亞之衆人咸靜俟密議後之消息。

同日電馬其頓現在亂事似乎稍歇土耳其近派多兵至哀丁諾泊爾地方故現在該處亂民咸避入山中。

▲五日路透電駐君士但丁之美公使有電知照美政府謂現在歐洲有數國已派水師兵登岸倘有不測則美國亦應派兵登岸。

同日電塞爾維亞有消息謂現有塞爾維亞之武員七百人上禀於塞王請其將前次謀弒前王之人治罪倘使王不懲之則彼等將自行懲治現在有許多武官被拘即在納希地方被拘者已有四十七人矣(納希在塞爾維亞之東南)

同日柏林電保爾裒利亞現在甚欲與土耳其一戰惟歐洲各國照會保爾裒利亞政府令其不能輕啓釁端以期保全和平。

同日電。現在塞爾維亞之陸軍官諸人意見各不相同。或有以為謀弒前王之人應當治罪者。或有不願者。塞爾維亞政府現在防備此事。甚為嚴密。因恐其中有陰謀之事也。

▲六日路透電。現在君士但丁有數使館。均由本國水師隊中分派兵士登岸入內防衛。

同日電。現在君士但丁之各使館駐兵防衛之故。因由土廷知照各公使謂恐有變亂也。

同日電。在君士但丁之土國官員。雖不願有戰事。然在陸軍之中及回教諸人。則極有開釁之意。

同日電。現在各報載馬其頓之亂事。過於緣飾。故陸軍中之回回教人。均有開釁之意。

▲七日路透電。撒馬利連之事。現在消息甚少。惟近日英政府依舊預備進兵。又設法編成駝隊四隊。每隊用駝五百八十八只。以為運水之用。現有四駝隊。則以後進兵之時。飲用之水。可不致缺乏也。

同日電。近來保爾嘎利亞王在鬱克希努格拉與諸大臣集議一切。現已議定保爾嘎利亞國以後不與馬其頓之亂事。保爾嘎利亞之兵部大臣甚不願與土耳其開戰。惟土人果欲與保國開釁。則彼亦不懼也。

同日電。美政府已准美國水師官丕爾勒辭差三年。往北極探地。丕君已豫備一切。定於明年西七月啓程。

同日電。據駐沙羅湼給領事之報告。現在莫奈司忒之亂業已平定。惟土耳其所用平亂之法。極其兇惡。土耳其政府之意。直欲假叛逆政府之名。盡殺基督教中人。因有其報告。而歐洲之人心。為之大憤。今日夙腓亞得君士但丁之消息。以為戰禍難免。或於本月杪即有戰事焉。

▲八日路透電。在凤腓亞之官場中。以爲土耳其之事情。勢更爲危險。馬其頓人近來力迫保爾戞利亞人與土耳其開戰。羅馬尼亞現在於毗連保爾戞利亞之國境。增加兵力。以備不虞。

同日電。馬其頓與愛丁諾泊爾兩處。現在消息斷絕。令人疑惑異常。有數羣人經馬其頓北境。在此處。恐一禮拜內將有亂事也。

同日電。奧帝法朗西斯將于西十一月下旬至倫敦。答謁英皇。

同日電。在阿爾及耳法國之衛隊。於途被工人擊鬥。至七時之久。死者三十七人。傷者四十七人。

同日電。俄奧兩國同照會各國。請其會同照會保爾戞利亞政府。令其不可與馬其頓之新政官員互相交涉。又照會云。設保國與土開戰。他國不能助力。聞德國已允。英意亦將允之。惟法尚難言定也。

▲九日路透電。凤腓亞地方傳有消息。謂馬其頓山林之中。現在避難之老人幼婦共有十五萬人。聞土耳其兵縱火焚林。如遇脫逃之人。則立行殺斃。

同日電。據保爾戞利亞消息。謂莫奈司忒之保爾戞利亞居民。被土耳其人所殺之數。共有三五萬。

同日電。華盛頓傳有消息。謂美水師提督喀德尼有報告與政府。言婆拉忒地方之亂事。係因回教人與基督教人尋仇而起。而該處之土耳其官員。又不設法阻止。遂致肇此禍端。現在土耳其官員業已許爲查究。又允派兵千名至婆拉忒地方。以資彈壓矣。

同日柏林電。塞爾維亞王已在巴黎借欵一兆。

同日電。聞英皇在維也納時。言及保爾戞亞利近日之行事。大不然之。

叢錄門

▲十日路透電。駐君士但丁之各國公使近爲婆拉忒地方之事。照會土耳其外務部。謂此地滋亂之情事。各公使均不以爲然。現在有大馬色之武員。已帶土耳其兵至婆拉忒地方矣。

同日電。德皇此次往維也納。本不與首相偕往。今則定計偕行。現在有此改變者。想係土國之事。極其危急也。

同日柏林電。現在婆拉忒地方。甚爲安靜。該地前任之官。已經革職。柏林地方聞蒲拉司給帶兵一千至婆拉忒地方之消息。心中甚爲安慰。

同日電。土耳其兵在馬其頓平亂。非凡順手。

同日電。俄國報中近登保爾戞利亞首相演說之事。其中似有願與土戰之意。各國因又照會保爾戞利亞政府云。萬萬不可輕啓釁端。

▲十一日路透電。美國兵船於距近抱泥窩地方踞守小海島數處。故現在美政府與英政府時時有公文來往也。

同日電。土耳其政府近出有諭命。將愛丁、諾泊爾、却塔利、遏其隆、抱司泊爾司、數處之炮台。或重脩。或改造。又有諭命。將所有土耳其之國債。歸併一處。

同日電。在馬其頓之土耳其官員。議讓歐洲各國與聞馬其頓之事。彼等謂倘使歐洲各國果欲用兵力干預馬其頓之事。則彼等必將馬其頓各處之城邑焚毀。又必將居民大加屠殺。如此辦法。則即令各國欲侵佔馬其頓各地。亦屬無用矣。

同日電。馬其頓照會各國。謂倘使日後亂民有向土耳其人復仇。加以殺害者。則各國必須擔任此責。

同日電。保爾戞利亞首相。已照會各國。謂倘使土耳其國在馬其頓仍復橫殺人民。則保爾憂利亞政府。不能不干與此事。

同日電。英國政府謂美水師占抱泥窩附近小島一事。已照會美政府。美政府已有復電。謂此島前屬于西班牙。

▲十二日路透電。夙腓亞得有哀丁諾泊爾之消息。謂現在土耳其人在哀丁諾泊爾地方亦用暴虐之法平亂。與馬其頓無殊。又有消息云。奧政府因保爾憂利亞政府在奧國定造鉛彈十兆。現已查出不許解往保爾憂利亞。

▲十三日路透電。現在馬其頓之土耳其統帥前在德國學習武備。彼在馬其頓平亂之法。與前者英在南非洲無殊。亦甚爲得手。

▲十五日路透電。昨日英國內務省集議商略有三時之久。所有大臣除內閣大臣之外。其餘皆至集議所之外。街道之上。聚觀之人甚多。皆候觀各大臣之至。又聞英國首相將賦稅一事。已調查完竣。將報告交於各大臣。聞今日尚再有一集議也。

同日電。昨日集議。乃商略收稅之事。今日則會商他事。

同日電。英國斯丹達報言英國政府決意不行收稅之新法。除非英全國之民均有此意。方可行之。故現在暫不舉辦也。惟英國政府亦有權增稅。倘令他國亦行加稅。則有碍於英國商務也。

同日電。保爾憂利亞政府。現在照會各國云。觀現在土耳其政府之集兵。並非全爲平亂計。必有他故。是以現在保國政府請歐洲各國阻止土耳其殺害人民。倘使各國不與聞其事。則保國政府必自行設法以抵拒之。

同日電。今日英國內務省再行集議。共有一點半

叢錄門

鐘之久。計所議之事。尙未定奪。因諸人意見各有不同。惟想此集議之效驗。可免政府再有分裂之勢也。

同日電本月十三日保爾戛利亞政府有信關照各國政府。咋日始在君士但丁聲明。奧俄之兩公使大責備土耳其政府及內廷。謂其兵之行事。過於兇惡。殺害之人過多。奧爾本兵在莫納司德及哀丁諾泊爾兩地爲更甚云。

▲十六日路透電。保爾戛利亞照會土耳其政府。謂前者土耳其政府以爲亂事由保爾戛利亞創始。此語實係不確。此亂之起。實由土耳其政府虐待人民所致。又因土耳其人時時逼迫他人。若照現在情形。則與兩國必有損碍。

同日電保爾戛利亞政府已招集後備兵六隊。以備戰爭。其數共有二萬。

同日電。英國斯丹達報駐維也納之訪事函云。現在各國欲在沙羅湼給地方。將所有水師全行會集。爲脅迫土耳其政府之舉。

同日電。英首相巴科近印出小書一冊。論自由貿易之理。其內言五十年前初講此理之時。並未能見及現在之時勢。意或以後通商之各國。將不照自由貿易之理而通商也。

彼又言及英國之商務。較前爲推廣。惟其推廣之迅速。不與富强之人數相等。

彼又論及保護貿易之事。亦有害處。故我等不宜過行此理。凡有各國應公議以後通商。應作如何辦法商議之時。彼此不宜徒持空論。惟應依衆所共知租稅之例而行之。使彼此不受損害也。

現在所最要之事。必須設法棄去繁維。而得自由辦事。以後英政府應定如何辦法。乃始可議及之也。

同日電英國各報論首相所著小冊以爲首相之意。在於抵制他國所議加稅之事。有以爲若行此政策。則與主持自由貿易諸大臣意見不合。恐彼等將行辭職。各報又論及張伯倫見此小冊。未知彼意云何。意者彼或不因此事而即行辭職。因首相書中未言及其租稅之法也。各報之意。亦須俟日後政府有何變動。然後再定如何辦理之法也。

▲十七日路透電倫敦日日報言現在英國政府已定議在君士但丁招集水師。迫土耳其政府停止殺戮之事。英國又另派水師至君士但丁。會同他國水師同行此事。保爾憂利亞王匪地難已返至京城矣。

同日電英殖民大臣張伯倫及大藏大臣羅茨、內務省管理印度事務書記官漢白爾登已行辭職。

同日電。匈牙利政府近日亦有更調之事。因近來有議論欲在匈牙利兵中用新記號及新號令。因此一事。奧帝法朗西斯近日往調步道派西欲調停此事。後又有諭發與陸軍中不許陸軍之中。有如何之改革。

▲十八日路透電。張伯倫本月九日有函致英相巴科。謂照現在情形而論。彼無望將租稅法改良。惠及於殖民地。因改進黨中人。甚不願將此查攷。以辨其孰爲利害。又常言若行此法。則物價必然昂貴。令人民難以度日。函中又云。英國首相須有一定之政策而得自由。倘使他國有加稅之事。致有碍英國商務者。英國亦可設法以報復之。此種政策想英國人民喜之者必多。惟前者彼所擬之政策。既不見施行。則彼意不能再行留任。故今定行辭職。意者彼辭職以後。或轉可乘機以力助國

家而成此舉耳。

同日電。奧國政府已照會保爾戛利亞政府。倘保爾戛利亞政府。無力阻止亂民等越境而至馬其頓者。則奧俄兩國將令土耳其用兵力自保其境界。以使馬其頓無亂。

同日電。奧俄二國政府已照會各國。謂兩國已決計在馬其頓施行新政。不論有亂與否。

同日柏林電。俄國照會各國。請各國向保爾戛利亞政府告以前次保爾戛利亞政府召集後備兵之舉。各國均不謂然。保爾戛利亞政府答之云。召兵之舉。並非備戰。乃防戰也。柏林地方之衆意。則謂未必遂有戰事云。

同日電。奧帝降與陸軍之諭。不准改用匈牙利之號令記號。此諭中之意。奧帝決不肯相讓。必欲照其全權以定此事。以保全奧匈兩國之帝權。而抵拒其仇敵。有此諭後。政府中之人心。大爲激動。

▲十九日路透電。德首相保羅及奧首相博羅格斯基在維也納會議。會議之時。約計有一點半鐘之久。

同日柏林電。德報中言及今日在維也納德奧兩帝相會。其相會之意。則欲保全太平。又欲使德奧兩國仍續舊盟。永相連合。

▲二十日路透電。夙腓亞地方。前有開戰之象。現已稍平。意或可以免戰。各國照會土耳其保爾戛利亞。以爲不宜輕易開釁。此事現已大有效驗矣。法國外務大臣達爾喀塞在內務省中言及現在俄國與奧國。決不與聞馬其頓之亂。惟欲在馬其頓地方推行新政耳。他國亦極願兩國之行此事也。

▲二十一日路透電。奧帝於本月十八日降與陸軍之諭。雖奧人之心。咸極快樂。而匈牙利人心。則爲

之大震自有此論。轉令改進黨與中立黨互相連合。因兩黨之意均謂奧帝之降此論。係明欲逼彼等爲亂也。

同日電。保爾戛利亞政府已豫備一切。可於一禮拜內招集兵丁二十萬派往各處國境。有兩隊兵昨已去腓力泊泊力司至黑蠻爾里黑蠻爾里者亦近保國國境之地也。兵啓行時。人民甚爲歡躍。(保爾戛利亞戰時共可集兵二十萬五千人)

同日電。土耳其外務省照會塞爾維亞。謂現在塞爾維亞任令國人往馬其頓協助亂黨之舉。土國不以爲然。塞爾維亞答云。塞爾維亞政府向欲設法力保太平。無如土兵依舊逼迫基督教徒行兇惡不端之事。則塞爾維亞政府不能禁止國民激發憤怒之心。以敵土耳其。塞都保爾萬雷之報。咸謂塞爾維亞應與保爾戛利亞連合。以禦土耳其。

▲二十二日路透電。在蒲達帕思地方。聞有消息。謂奧帝心中甚爲不樂。因匈牙利人誤會彼降諭之意。彼云余降此諭。祇期奧匈兩國之兵結爲一體。別無他意。彼並未於匈牙利改進黨所圖改良之事。欲加阻止。彼等前次所條陳各事。現今尙在商議。以後或可決定也。

同日柏林電。奧國政府現在于匈牙利。或尙可調處。匈牙利之民心現亦稍定。

德帝在維也納不獨蒙奧國朝廷優待。且全國人民禮迎。亦甚歡躍。故此次德帝之往維也納。大有效驗。即可調停土耳其之事也。俄國與奧國政府屢次照會保爾戛利亞政府。不宜輕易開衅。此舉已著明效。保爾戛利亞政府開衅之意。已較前減矣。或以後不再有鹵莽開戰之事也。

▲二十三日路透電。英國與法國議論摩洛哥之事。

法國政府之意。並未欲吞併摩洛哥。現在法國在阿爾及耳之南。豫備戰事之故。乃爲此地常有亂民滋擾。以備防禦起見。並無他意也。

同日電。張伯倫辭職以後。接到各處慰電甚多。除此以外。則理藩院中亦接各殖民地之電。謂現在張伯倫之辭職。實爲可惜。又言及彼前次爲各殖民地所籌之策。衆情咸甚感激。而尤以其政策爲然。

▲二十四日路透電。土皇欲平馬其頓之亂。極欲允從保爾戞利亞所索各欵。惟現在土耳其之主戰黨。則謂保爾戞利亞係有意遷延。俟至冬日。則土耳其不能派兵以至各處。故莫妙於即與保爾戞利亞開戰也。

同日電。摩洛哥王已照會彼所用之英法人。令其離去佛時地方。因該處土人欲與彼等尋衅。恐彼等性命難以保全也。

同日柏林電。聖彼得堡有信。謂現在俄奧兩國照會保爾戞利亞及土耳其政府。以助馬其頓之亂。首責保爾戞利亞。又責土耳其政府。謂其兵太暴虐。橫殺平民。照此辦法。則馬其頓必不能行新政也。再者俄奧二國與他國亦聲稱設以後兩國再有阻撓新政之事。則倘有事故。各國必不加助云。

▲二十五日路透電。俄政府知照土耳其及保爾戞利亞政府。倘使彼兩國於俄奧兩國春間所定在馬其頓施行新政之法。己由各國認許者。再加阻撓。則各國必不助土保兩政府。奧國亦知照兩國政府。其意與俄相同。惟奧國又增數語云。倘使知照以後。土保兩國政府仍不聽從。任已意而行。則各國必加以阻止。不令有變動之事也。

同日電哥崙比亞政府。現在不允與美國所立開巴拏馬河之約。因內中各欵與科崙比亞政府之意不合也。故現在開巴拏馬河之一事。尙無舉行之期。巴拏馬地方之人。聞此消息。大爲失望。咸以爲恨。以後恐釀成亂事也。

同日電。保爾憂利亞昨日照會土耳其外務部。請其將近保爾憂利亞國境之兵調回。乃外務部答文並未言及將兵調回之事。轉謂保爾憂利亞政府招集兵丁。土耳其政府之意。不以爲然。

同日柏林電。法國報中現在論及摩洛哥之事。以爲法國或已與西班牙立約。將摩洛哥瓜分。駐倫敦之法公使堪旁君。欲請英國政府承認此約。謂倘英國能允此舉。則以後埃及之事。法國概不與聞。摩洛哥之海口名灘尼夕亞者。以後作爲通商口岸。至摩洛哥之內地。亦由法國保護。

▲二十六日路透電。現在馬其頓地方。有人名赫爾們者。已派爲馬其頓行新政之專員。計行新政之專員共有六人。二係回回教人。四爲基督教人。再有一領袖。係土耳其巡撫。名希爾米。

同日電。駐君士但丁之英公使。知照土耳其外務部。謂倘使土耳其欲阻馬其頓所行之新政。則英政府以後決不再爲土耳其盡力。英公使又知照保爾憂利亞政府。其意相同。

同日電。匈牙利之內閣。于奧帝所聲明之諭言。甚爲悅服。惟匈牙利之改進黨。則近在議院中大有議論。其中一人謂奧帝之言。不足深恃云云。

▲二十七日路透電。雖在君士但丁之各官員。以爲土耳其與保爾憂利亞之事。可以調處。惟土耳其之外務部。則依舊備戰。今已在小亞細亞招集大兵六十四隊。內三十五隊派往沙路涅給。其餘則

派往愛丁諾泊爾。

▲二十八日路透電現在馬其頓地方所派行新政各員其中雖有基督敎之官員然並無一定之主見。亦惟土耳其政府之命是從而已。英國政府現迫土耳其外務部令其照俄奧兩國所定之法以行新政。近又與他國商酌欲增入數欵以期整頓地方不致再有如今之紛亂也。

同日電現在有一消息。謂法國並未向英國言及法有欲將摩洛哥國歸其保護之意。惟現在英國正與法國商量摩洛哥之事。則實有之。法國政府又申明其在摩洛哥之權利。謂今者摩洛哥既有亂事。則法國亦應加防備。以免其後再有此事。並須向摩洛哥政府索償一切。惟欲將摩洛哥國歸其保護。則法國終無此意也。

同日柏林電。在倫敦巴黎馬德力特傳有消息。謂法國竟有瓜分摩洛哥之議。惟其議現在一時間尙無定見也。英國有一報。以爲莫妙於承認法國在摩洛哥有保護之權。而與法國商定以後。請勿與聞埃及之事。又須與法商定暹羅及紐芬蘭之事。以便後來兩國可以立約承認兩國之利權。

▲二十九日路透電。上禮拜日在保爾戛利亞都城夙腓亞之保國人。派代表人往問保之首相云。保國政府究往助馬其頓否。首相答云。保國政府之政策乃欲有益於保國全國。代表人即申辨云。如相君此種答語。人民聞之定不滿意。

▲三十日路透電塞爾維亞之陸軍中人有陰謀弒王者事既敗。乃將百總諸佛科物茨及武員一人在公廷審判。今塞爾維亞政府將此兩武員革職。使兩年中不能當差。又有他武員或罰停差委一年一月。惟逆料塞王越日必將施赦也。

光緒二十九年九月十四日
明治三十六年十一月二日　發行
光緒三十年正月初一日補印出版

新民叢報

第肆拾壹號合冊

本社緊要告白

啓者本社定例先收報資然後發報第以輸入文明起見執例未敢過嚴故一經定閱即按期發寄本社之通融辦理當爲諸君所洞鑒矣頃今年本報已出至第十七期而閱報諸君多未將報資寄下於本社辦事殊多窒礙前者總撰述飲冰室主人遊美出報因之遲緩本社深自慚悚今飲冰室主人已東還今年之報定能趕速印成以副讀者諸君之望務望閱報諸君速將報資寄下幸勿再緩否則此後所出之報一概停寄仍追取前費此佈

新民叢報第肆十壹號目錄

◉圖畫

▲論著門

▲批評門

全年廿四冊	半年十二冊	每冊
六元	三元三角	三角

日本各地全年五元半年二元六角每冊二角五分日本及日郵已通之地每冊加郵費一分全年二角四分其餘各外埠每冊加郵費六分全年一元四角四分

編輯兼發行者　馮紫珊
印刷者　陳侶笙
發行所　橫濱山下町百六十番　新民叢報社
上海發行所　四馬路老巡捕房對面　新民叢報支店
印刷所　橫濱山下町百六十番　新民叢報活版部

法國第三次共和政體建國之二偉人

(其一)爹亞士

Louis Adolphe Thiers

一八七〇年普法戰役拿破侖第三降普軍後法人即在巴黎建立國防政府其初次被舉爲大統領者則爹亞士也當時內之則黨爭頻仍帝政黨與社會黨勢力極大共和政府搖動不安外之則强敵壓境合圍巴黎危在旦夕爹氏奮身報國歷萬險冒萬難曾無所屈親游說英俄奥意各國爲秦廷之哭毫無所救卒以獨力與普媾和和後鎭壓內亂恢復國力雖償五千兆福蘭格之兵費而元氣不傷爹氏之伐最高云

法國第三次共和政體建國之二偉人

（其二）甘必達

Leon Gambetta

當拿破侖第三降復法國有兩大派其一主和派爹亞士爲首領其一主戰派甘必達爲首領其對外之方針雖稍異其於內治則皆盡力以擁護共和政者也當國防政府初立之時甘氏即被舉爲緇盧政廳之首長當時巴黎被圍其指揮全國者多在緇盧自拿帝降後而法國尙拒敵半年有奇皆甘氏之功也

日本故國會首領(其一)
衆議院議長片岡健吉

片岡氏與近衛公皆歷任貴衆兩院議長最久者也片岡氏以日曆去年十月三十一日逝近衛公以同今年一月二日逝前後兩月間兩議長相繼而逝故特揭其肖像以誌今昔之感云

日本國會首領（其二）

貴族院議長公爵近衛篤麿

世界第一之羅馬遊戲場

Exterior of The Colosseum, Rome

世界第一之比利時裁判所(在布些利士府)

The Court of Justice, Bruxelles

中國名勝
居庸關之圖

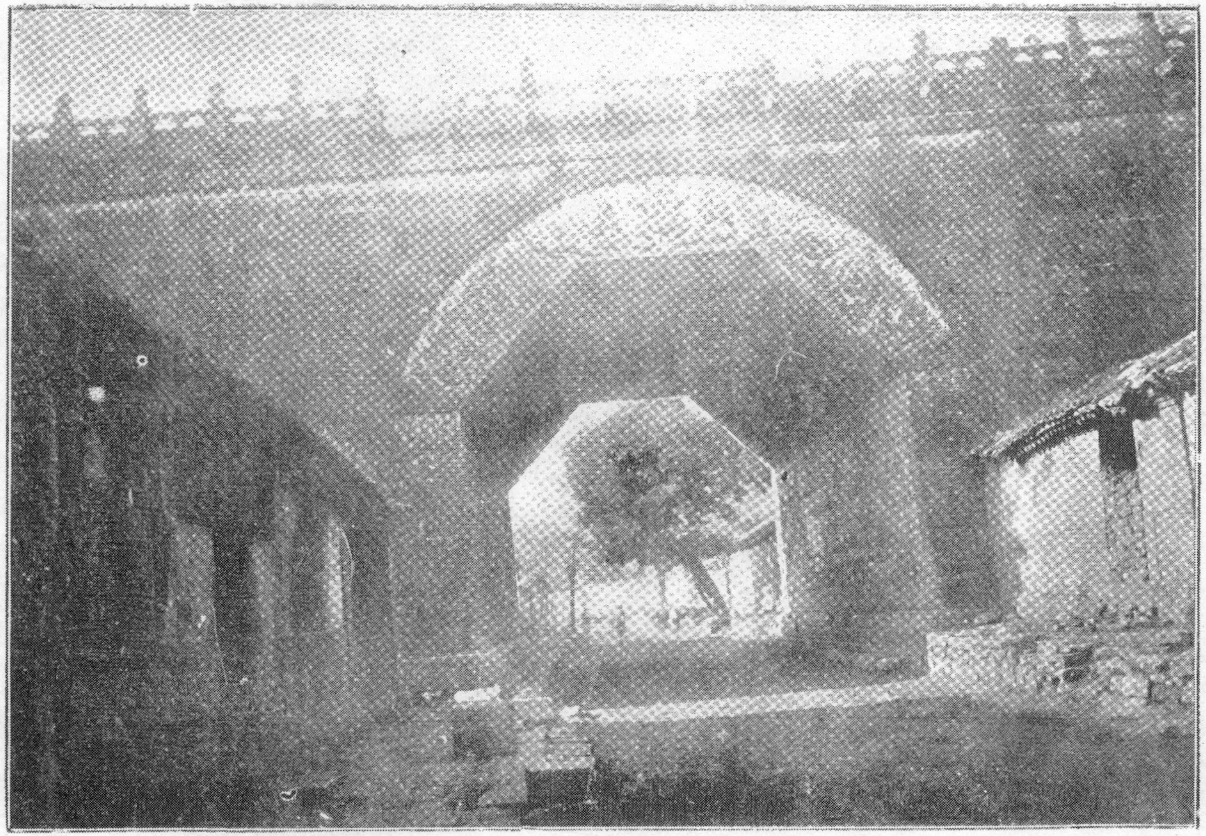

中國名勝
彈琴峽之景

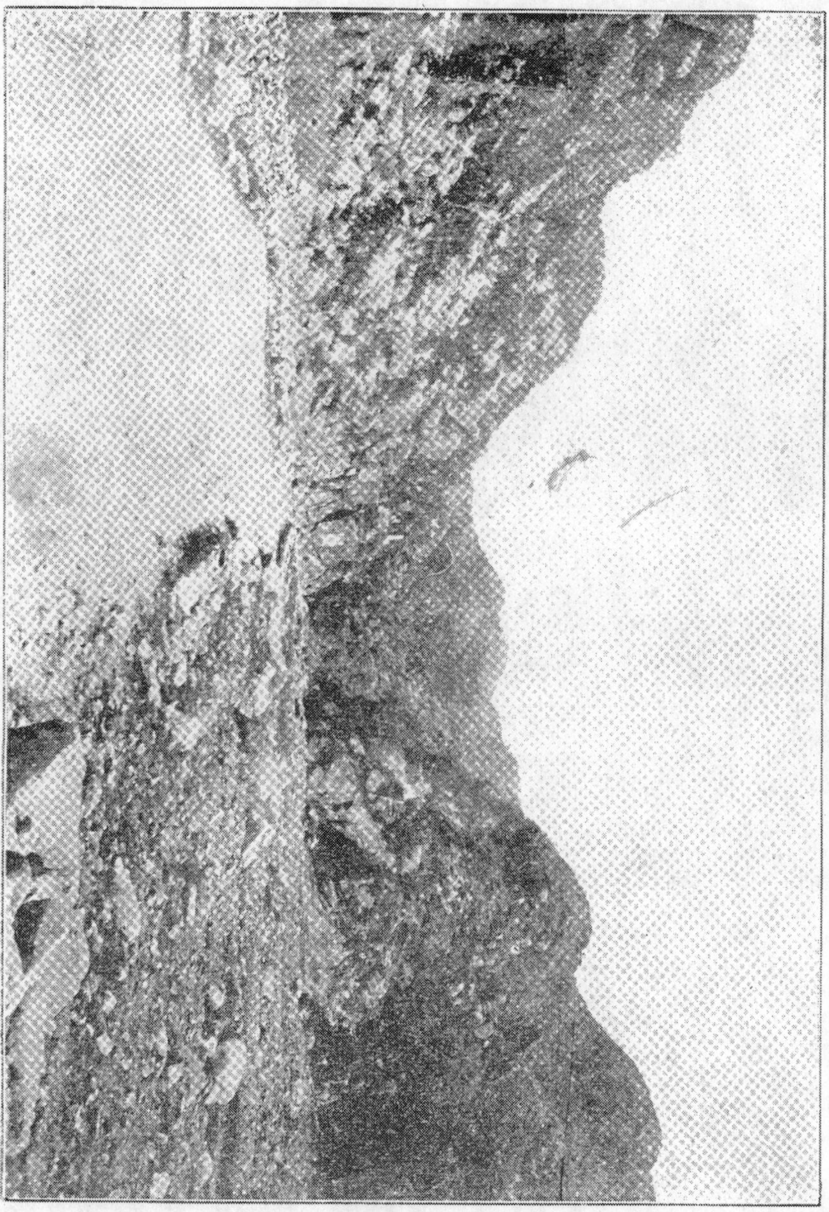

論著門

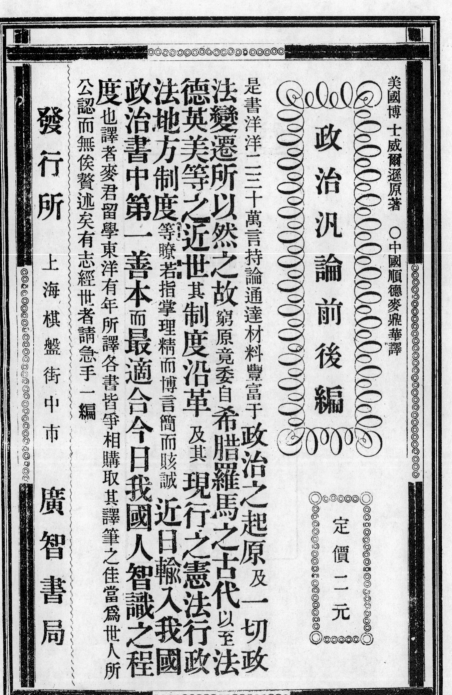

論說

新民說二十四

論私德（續）

中國之新民

三　私德之必要

私德者。人人之糧而不可須臾離者也。雖然。吾之論著。以語諸大多數不讀書不識字之人。莫予喻也。即以語諸少數讀舊書識舊字之人。亦莫予聞也。於是吾忠告之所得及。不得不限於少數國民中之最少數者。顧吾信夫此最少數者。其將來勢力所磅礴。足以左右彼大多數者而有餘也。吾爲此喜。吾爲此懼。吾不能已於言。

今日踸踔俊發有骨鯁有血性之士。其所最目眩而心醉者。非破壞主義耶。破壞之必能行於今之中國與否。爲別問題。姑勿具論。而今之走於極端者。一若惟建設爲需道德。而破壞則無需道德。鄙人竊以爲誤矣。古今建設之偉業。固莫不含有破壞之性質古今破壞之偉人亦靡不饒有建設之精神實則破壞與建設相倚而不可離而其所需之能力二者亦正相等苟有所缺則靡特建設不可得期即破壞亦不可得望也今之言破壞者。動引生計學上分勞之例。謂吾以眇眇之躬。終不能取天下事而悉任之。吾毋甯應於時勢而專任破壞焉。既破壞以後。則建設之責以俟君子。無待吾過慮也。此其心豈不廓然而大公也耶。顧吾以爲不惟於破壞後當有建設即破壞前亦當有建設苟不爾者則雖日言破壞而破壞之目的終不得達何也羣學公例必內固者乃能外競一社會之與他社會競也一國民之與他國民競也苟其本社會本國之機體未立之營衞未完則一與敵遇而必敗或未與敵遇而先自敗而破壞主義之性質。則以本社會本國新造力薄之少數者。而悍然與彼久據力厚之多數者爲難也。故不患敵之强而惟患我之弱我之所恃以克敵者何在。在能團結一堅固有力之機體而已然在一社會。一國家。承累年積世之遺傳習慣。其機體由天然發達故成之尚易在一黨派則反是。前者無所憑藉。並世無所利用。其機體全由人爲發達。故成之最難。所謂破壞前之建設者建設此而已苟欲得之舍道德奚以哉今之言破壞者。動曰一切破壞。此讆言也。吾輩曷爲言破壞。曰、去其病。吾社會者云爾。如曰一切破壞也。是將並社會而亦破壞之也。譬諸身然。沈痾在躬。固不得不施藥石。若無論其受病不受病之部位。而一切鍼灸之攻洩之。則直自殺而已。吾亦深知夫仁人志士之言破壞者。其目的非在破壞社會。而不知「一切破壞」之言。既習於口而印於腦。則道德之制裁。已無可復施。而社會必至於滅亡。吾亦深知夫仁人志士之言破壞者。實鑒於今日之全社會。幾無一部分而無病態也。憤慨之極。必欲翻根柢而改造之。斯固然也。然療病者無論下若何猛劑。必須恃有所謂「元神眞火」者。以爲驅病之原。苟不爾者。則一病未去。他病復來。而後病必更難治於前病。故一切破壞之言流弊千百。而收效卒不得一也。何也。苟有破壞者有不破壞者。則其應破壞之部分。尚可食破壞之利。苟一切破壞。則不惟將來宜成立者不能成立。即目前宜破壞者。亦卒不得破壞。此吾所敢斷言也。吾疇昔以爲中國之舊道德。恐不足以範圍今後之人心也。而渴望發明一新道德以補助之。（參觀本報第三號論公德篇）由今以思。此直理想之言。而決非今日可以見諸實際者也。夫言羣治者。必曰德曰智曰力。然智與力之成就甚易。惟德最難。今欲以一新道德易國民必非徒以區區泰西之學說所能爲力也即盡讀梭格拉底、柏拉圖、康德、黑智兒之書謂其有「新道德學」也則可謂其有「新道德」也則不可何也道德者行也而非言也苟欲言道德也則其本原出於良心之自由無古無今無中無外無不同一是無有新舊之可云也苟欲行道德也則因於社會性質之不同而各有所受其先哲之微言祖宗之芳躅隨此冥然之軀殼以遺傳於我躬斯乃一社會之所以爲養也一旦突然欲以他社會之所養者養我談何容易耶竊嘗擧泰西道德之原質而析分之則見其得自宗敎之制裁者若干焉得自法律之制裁者若干焉得自社會名譽之制裁者若干焉而此三者在今日之中國能有之乎吾有以知其必不能也不能而猶云欲以新道德易國民是所謂磨甎爲鏡炊沙求飯也吾固知言德育者終不可不求泰西新道德以相補助雖然此必俟諸國民敎育大興之後而斷非一朝一夕所能獲而在今日青黃不接之頃則雖日日聞人說食而已終不能飽也況今者無所挾持以爲過渡則國民敎育一語亦不過託諸空言而實行之日終不可期是新道德之輸入因此遂絕望也然則今日所恃以維持吾社會於一線者何在乎亦曰吾祖宗遺傳固有之舊道德而已（道德與倫理異。道德可以包倫理。倫理不可以盡道德。倫理者。或因於時勢而稍變其解釋。道德則放諸四海而皆準。俟諸百世而不惑者也。如要君之爲有罪。多妻之非不德。此倫理之不宜於今者也。若夫忠之德。愛之德。則通古今中西而爲一者也。諸如此類。不可枚舉。故謂中國言倫理有缺點則可。謂中國言道德有缺點則不可。）而「一切破壞」之論興勢必將並取舊道德而亦摧棄之嗚呼作始也簡將畢也鉅見披髮於伊川知百年而爲戎毋曰吾姑言之以快一時云爾汝之言而無力耶則多言奚爲汝之言而有力耶遂將以毒天下吾願有言責者一深長思也

讀者其毋曰。今日救國之不暇。而嘵嘵然談性說理何爲也諸君而非自認救國之責任也則四萬萬人之腐敗固已久矣而豈爭區區少數之諸君惟中國前途懸於諸君故諸君之重視道德與蔑視道德乃國之存亡所由繫也今即以破壞事業論諸君亦知二百年前英國革命之豪傑爲何如人乎。彼克林威爾實最純潔之清教徒也亦知百年前美國革命之豪傑爲何如人乎。彼華盛頓所率者皆最質直善良之市民也亦知三十年前日本革命之豪傑爲何如人乎。彼吉田松陰西鄉南洲輩皆朱學王學之大儒也。故非有大不忍人之心者不可以言破壞非有高尚純潔之性者不可以言破壞。雖然若此者言之甚易行之實難矣吾知其難而日孜孜焉兢業以自持困勉以自

勗以忠信相見而責善於友朋庶幾有濟若乃並其所挾持以爲破壞之具者而亦破壞之吾不能爲破壞之前途賀也吾見世之論者以革命熱之太盛乃至神聖洪秀全而英雄張獻忠者有焉矣吾亦知其爲有爲而發之言也然此等孽因可多造乎造其因時甚痛快茹其果時有不勝其苦辛者矣夫張獻忠更不足道矣即如洪秀全或以其所標旗幟有合於民族主義也而相與頌揚之究竟洪秀全果爲民族主義而動否雖論者亦不敢爲作保證人也王莽何嘗不稱伊周曹丕何嘗不法舜禹亦視其人何如耳大抵論人者必於其心術之微其人而小人也不能以其與吾宗旨偶同也而謂之君子如韓侂冑之主伐金論我輩所最贊者然贊其論不能贊其人也其人而君子也不能以其與吾宗旨偶牾也而竟斥爲小人王猛之輔苻秦我輩所最鄙者然鄙其事不能抹煞其人也倘論者如略心術而以爲無關重輕也夫亦誰能尼之但使其言而見重於社會也吾不知於社會全體之心術所影響何如耳不甯惟是而已夫鼓吹革命非欲以救國耶人之欲救國誰不如我而國終非以此「瞎鬧派」之革命所可得救非惟不救而又以速其亡此不可不平心靜氣而深察也論者之意必又將曰非有瞎

鬧派開其先。則實力派不能收其成。此論之是否屬於別問題。玆不深辯。今但問論者之意欲自爲瞎鬧派。且使聽受吾言者悉爲瞎鬧派乎。恐君雖欲自貶損而君之地位固有所不能也。即使能焉。而舉國中能瞎鬧之人。正多現在未來瞎鬧之舉動。亦自不少。而豈待君之入其間而添一蛇足也。而更何待君之從旁勸駕也。況君之言皆與彼無瞎鬧之資格者語。而其有瞎鬧之資格者。又非君之筆墨勢力範圍所能及也。然則吾儕今日亦務爲眞救國之事業。且養成可以眞救國之人才而已。誠如是也。則吾以爲此等利口快心之言可以已矣。昔曹操下教求不仁不孝而有治國用兵之術者。彼其意豈不亦曰吾以救一時云爾。而不知流風所播。遂使典午以降。廉恥道喪。五胡迭侵。元魏憑陵。黃帝子孫勢力之墜地。即自玆始。此中消息。殆如銅山西崩。洛鐘東應。感召之機。銖黍靡忒。嗚呼。可不深懼耶。可不深懼耶。其父攫金。其子必將殺人。城中高髻。四方必高一尺。今以一國最少數之先覺。號稱爲得風氣之先者。後進英豪。具爾瞻焉。苟所以爲提倡者一誤其途。吾恐功之萬不足以償其罪也。古哲不云乎。兩軍相對。哀者勝矣。今日稍有知識稍有血性之士。對於政府而有一重大敵。對於列强而復有一重大敵。其所以兢兢業業蓄養勢力者宜何如。實力安在。吾以爲學識之開通運動之預備皆其餘事而惟道德爲之帥無道德觀念以相處則兩人且不能爲羣而更何事之可圖也自起樓而自摧燒之自蒔種而自踐踏之以云能破壞則誠有矣獨惜其所破壞者終在我而不在敵也曾文正者近日排滿家所最唾罵者也而吾則愈更事而愈崇拜其人。吾以爲使曾文正生今日而猶壯年。則中國必由其手而獲救矣。彼惟以天性之極純厚也故雖行破壞焉可也惟以脩行之極嚴謹也故雖用權變焉可也故其言曰扎硬寨打死仗曰多條理少大言曰不爲聖賢便爲禽獸莫問收穫但問耕耘彼其事業之成有所以自養者在也彼其能率厲羣賢以共圖事業之成有所以孚於人且善導人者在也吾黨不欲澄清天下則已。苟有此志則吾謂曾文正集不可不日三復也。夫以英美日本之豪傑證之則如彼以吾祖國之豪傑證之則如此認救國之責任者其可以得師矣

吾謂破壞家所破壞者。往往在我而不在敵。聞者或不慊焉。盖倡破壞者。自其始斷未有立意欲自破壞焉者也。然其勢之所趨多若是。此不徒在異黨派有然也。即同黨派亦

然此其故何歟竊嘗論之共學之與共事其道每相反此有志合羣者所不可不兢兢也當其共學也境遇同志趣同思想同言論同耦俱無猜謂相將攜手以易天下及一旦出而共事則各人有各人之性質各人有各人之地位一到實際交涉則意見必不能盡同手段必不能盡同始而相規繼而相爭繼而相怨終而相仇者往往然矣此實中西歷史上所常見而豪傑所不免也諺亦有之『相見好同住難』在家庭父子兄弟夫婦之間尚且有然而朋友又其尤甚者也於斯時也惟彼此道德之感情深者可以有責善而無分離觀曾文正與王璞山李次青二人交涉之歷史可以知其故矣讀者猶疑吾言乎請懸之以待足下實際任事之日必有不勝其感慨者夫今之志士必非可以箇箇分離孤立而能救此瀕危之國明也其必協同運動組成一分業精密團結鞏固之機體庶幾有濟吾思之吾重思之此機體之所以成立舍道德之感情將奚以哉將奚以哉

且任事者最易漓汨人之德性而破壞之事又其尤甚者也當今日人心腐敗達於極點之時機變之巧迭出相嘗太行孟門豈云巇絕曾文正與其弟書云『吾自信亦篤實

人只爲閱歷世途飽更事變略參些機權作用倒把自家學壞了』以文正之賢。猶且不免。而他更何論也。故在學堂裏講道德尚易在世途上講道德最難若夫持破壞主義者則更時時有大敵臨於其前一舉手一投足動須以軍略出之而所謂軍略者又非如兩國之交綏云也在敵則挾其無窮之威力以相臨在我則偷期密約此遷彼就非極機巧勢不能不歸於劣敗之數故破壞家之地位之性質嘗與道德最不能相容者也是以躬親其役者在初時或本爲一極樸實極光明之人而因其所處之地位所習之性質不知不覺而漸與之俱化不一二年而變爲一刻薄寡恩機械百出之人者有焉矣此實最可畏之試驗場也然語其究竟則凡走入刻薄機詐一路者固又斷未有能成一事者也此非吾摭拾宋元學案上理窟之空談。實則於事故上證以所見者所歷者而信其結果之必如是也夫任事者修養道德之難既若彼而任事者必須道德之急又若此然則當茲衝者可不慄慄耶可不孳孳耶詩曰毋教猱升木。如塗塗附。息息自克猶懼未能挽救於萬一稍一自放稍一自文有一落千丈而已

問者曰。今日國中種種老朽社會。其道德上之黑闇。不可思議。今子之所論。反乃偏責

備於新學之青年。新學青年。雖或間有不德。不猶愈於彼等乎。答之曰。不然。彼等者無可望無可責者也。且又非吾筆墨之勢力範圍所能及也。中國已亡於彼等之手。而惟冀新學之青年。致死而之生之。若青年稍不慎而至與彼等同科焉。則中國遂不可救也。此則吾嘵音瘏口之微意也。

（未完）

時局

極東問題之滿洲問題（續三十八九號）

觀雲

俄人經營滿洲之事

古來之欲得土地者。每不能廢戰爭。蓋幾以用武爲擴張其國家之權利。宣揚其國家之榮威者。惟一之政策也。然以人類進化。今日之開疆拓土者。必不能徒恃戰爭以告成功。美國政治家之言曰。戰爭者地獄也云云。若今日而徒恃戰爭。實自投入於地獄之中也。蓋今日之欲得人土地者。非僅恃一度之戰勝。遂能據而有之。而即以爲己物。必於其土地上。有種種布置經營之事。其事業能牢固不拔。而後土地之根柢。亦隨之而不可拔。雖有時迫於事變。不能不戰。然必有以善其戰之後焉。且苟有一法可不戰而勝於戰。則必不出於戰焉。列國之政治家。絞其幾多之腦漿。竭其幾多之心血。咸欲紉

獲此新法而利用之故戰爭得地云者。在今日已爲後時勢之陳言而今日所用之法固有嶄新百倍於是者若俄國於滿洲蓋其用新法之巧者也

英人之於埃及世所驚爲滅國之新法也彼其握尼羅河之權。而管理埃及全國之財政。（與握中國長江之權而管理中國之稅關相同）其關係之複雜錯綜。雖使埃及立於何等之地位。常不能脫離英國人之手。而惟英國之命是從。埃及之不國也是英國政府用其新法之結果也而翻觀俄人之於滿洲。其玩弄之技。尤離合變化。詭幻而不可測。而滿人自甘以其發祥之地持以相贈今日退一寸焉明日退一尺焉不知不識而滿洲全部之山河悉落於俄人掌握之中而俄人得此厖大之疆土也未嘗以戰爭之故耗其若干之帑藏拋其若干之生命以爲得土地之代價彼其出於用兵者不過對義和團之一次而其前後皆以計畫取之雖一槍一彈未嘗浪擲於滿洲之野夫以得此大地而僅見一次之干戈實可謂古來至稀之事即以俄國之往事攷之。彼其於土耳其也經數回猛烈之戰爭於黑海之濱。擲俄國之生靈財帛者不知凡幾。而俄皇尼古喇士。且至因戰敗而憤死然俄之於土耳其也。卒未能遂其所大欲。即其於中亞洲也。亦屢與蠻族相衝突。雖

戰事之後仍親撫其土人而用平和并呑之策以免兵禍之連結然方其攻取之時亦不免起戰鬥之風雲者獨至於取滿洲一無遇危險驚恐之事而時機之順利不出數年而已告大功之垂成即滿洲之居民於河山易主之後亦夢夢焉無大動駭惶於其耳目間并未嘗惹新舊之惡感情或起一時之騷動而且有得土民意外之歸順者（滿洲住民多上書於俄關東總督西歷斯夫請俄國勿撤滿洲之兵蓋以有俄兵在可免清國官吏之誅求及馬賊之擾害也）以視英人之於印度於非洲尚不免結怨土人喚起其敵愾之心而終不免取兵力壓平之策彼俄人者又何其善得半種人之心而悉能排除此困難也

俄之於滿洲也固首恃其外交之長而餌之以恩誘之以利懾之以強逼之以威既魔惑其宮廷而又盡牢籠其前後左右及其有力之大臣使爲已用故於言之不能欺者而爲之飾詞有人於事之不易成者而爲之幹旋有人此固俄國亡人國之慣技於試用經驗之後而滿洲則尤極其用之之奇故雖以列國之耽耽瞀視而俄國卒能從容於大衆之前而滿志躊躇以去彼列國政治家之言曰涉俄國外交如與惡魔會食不可不用長匙顧列國外交家雖各用其長匙欲與俄人分一盃羹之食而俄國所垂涎

之禁臠卒未嘗爲他人之所奪或且從他人之手攫而下於己之腹中及其食已下咽之後始欲起而扼其吭而出之而已失之於無及然則世雖嘗爲惡魔而此惡魔之伎倆世固無如之何也此俄國之所以於外交而卒能操勝算也

從一方而觀俄國於滿洲政府旣盡其簸弄之技而從一方以觀俄人於滿洲之土地其事業上之發展有不禁訝其進步之速者夫以名分未定尙不知誰何之物而俄人則以爲無他吾着手事業於其間則權利所在雖欲不認爲我之土地而不可得也觀於俄對日本人之言曰俄於昔日營滿洲時日本未嘗一言今已投莫大之貲本豈能奪人之所有乎是故俄人之取滿洲也其事爲至曲及其轉一言而出之而其理又至直故列國之於滿洲不能不承認俄國已得之權利俄國雖始終不言欲得滿洲之土地而滿洲之土地自不能不歸之是固俄國之善用其先得權而又善用其實力權也又其法之至新而巧者也

俄人知欲取人國也必先使其國生活之源泉鑿一溝渠焉源源焉而吸之使來彼戰爭者若築大堰然而無通財富之渠洫終不能膏潤此土地而使臻榮茂夫俄人之興

事業於滿洲也。其所拋之帑項。固已不貲。若盡取諸其本國而投之。毋寧就地集財而以他國之金成已國之事之爲得計也。而俄人於此則又有集財之新法在。其事維何。則所謂俄清銀行是也。

俄清銀行。其名若個人私立之會社。然而其實全隸屬於俄國藏相之下。資本金亦以俄政府爲多。而以其欲吸收清國之財。故於外象。示爲兩國共同所營業。而內則俄人實操其權。凡俄國政府所欲爲之事。而有關於財政者。無一不經由於俄清銀行。俄既以此爲集財之的。而滿洲達官貴人之欲保其富厚者。爭以其贏餘而存儲於中。爲子孫萬世之計。而俄國則以有此來源。興辦各事。遂無竭蹶之虞。而尤有意外可喜之事。則以達官貴人儲財於銀行之故。凡關涉俄國之事。多不敢持戰議。蓋國家之疆土可失。而一己之財囊則必不可失也。今者俄清銀行之鈔票。已全通行於東三省。滿洲之財權。即所謂全統制於俄清銀行之手。夫此金銀燦爛鈔幣流轉之處。而烏知即爲俄人取滿洲之火藥庫鎗砲廠耶。

俄既有此銀行。以呼吸東方之財源。雖其本國貧乏。而於滿洲諸事。固未嘗陷於力不從心之境。彼其中國東方鐵道公司（東清鐵道）之設立也。亦由俄清銀行組織之。當時資本金五百萬兩。分募股分於清俄兩國人。而俄清銀行即總其事之成。此鐵道落於俄人之手。而其軌線所至之處。即爲其勢力所到之處。夫商業從國旗。國權從鐵道。甲國而有鐵道之權於乙國。則其欲取乙國之土地也。亦猶之振落葉焉爾。然而俄人之狡也。既以銀行示爲兩國共有之物。而於鐵路之始着手也。亦飜清俄兩國之旗。且示日後之欲歸返於清國者。又以爲取出兵之便。而可爲清國之援助者。（李鴻章以此與訂密約）故清國於俄人之築鐵道也。不特無疑猜之心。而又願爲之任保護之勞。抑亦若視爲已所與有之物者。而一銀行。一鐵道。遂以供俄人亡滿洲之兩大利器。而勝於用數十萬哥薩克之軍隊矣。

亡滿洲者非他。固鐵路也。雖然。此固清領之土地。孰以鐵道之權予俄人乎。無清廷見許。俄雖强。豈能無故而縱橫於他人之境。而爲所欲爲乎。是固有秘密之歷史在。而喀希尼之約。其事卒不可蔽也。何則。觀俄人於滿洲之所爲。而即可證喀希尼之約之爲實有。今據列國所探密約之文。其關於鐵路者如下。

第一　俄國西伯利亞鐵道。以竣工期近。清國允以左之諸線。使其鐵道。得延長於清國版圖之內。

(甲)從俄領之浦塩斯德。至清國吉林省之琿春。從此處向西北而至吉林省首府。

(乙)從西伯利亞於或市府之停車塲至清國黑龍江之愛琿。從此處向西南至黑龍江省首府齊齊哈爾。從齊齊哈爾至吉林省之伯都寧。更向東南至吉林省首府。

第二　俄國於清國之黑龍江及吉林省。布設一切之鐵道。其經費由俄國支出。規則工事。亦全從俄人所規定。一切與清國無涉。俄國於三十年間有監督鐵道之全權。滿此年限。清國以相當之價値。此等之鐵路。及附屬列車。機械局及建築物。可向俄國買歸。若何買歸之方法。俟日後再議。

第三　清國因現有之鐵道。可再延長。爲從山海關至奉天府。從奉天府至吉林省首府之計畫。若將來清國於此等諸路。有不便布設之事。允俄國備貲金。從吉林省起工。可布設此等鐵道。而清國於滿十個年後。有買歸之權。

第四 清國計畫從山海關至奉天府經蓋平金州而達旅順大連灣。及其坿近諸處之鐵道。總可依俄國鐵道之制規以便兩國通商上之事。

此條約所由成。固以報俄國逼令日本返還遼東割地之一事。當日以贖遼東之費俄國又爲清國保證千六百萬磅之公債。得於歐洲市塲募集。俄既以此示大恩於清政府。清政府於感激無地之餘而又心醉俄人國力之强。方經挫敗於日本之後。慮國勢削弱。無以存立。而忽有俄國之後援。突如其來。遂信爲交好第一之友邦。而緩急之間欲倚之以爲用。俄本欲以此釣清國。益迎合清國之意。駐清俄公使喀希尼伯遂與李鴻章協議。訂清俄互助之約。適於千八九六年五月。俄皇尼古喇士二世舉行戴冠典禮。清廷已命王之春爲賀使矣。喀希尼欲利用此時機。令李鴻章赴俄。而於俄都訂約。即示意清廷。謂王之春官爵尚小。不足以表尊敬俄皇之意。參預此大禮者。以望隆中外之大臣若李鴻章伯者爲可。而清廷遂改命李爲賀加冕大使矣。李以衰老。慮不測。輿櫬而行。既至俄。俄優待李。無所不至。李心感之。欲結納俄人。俄外務大臣羅排諾夫。

以喀希尼之立案爲其。欲乘李在俄之日而定約。然爲掩耳目計。不自直接與李鴻章交談。而遣大藏大臣域堤與李鴻章議定。其議定書即於墨斯科調印。直送北京喀希尼公使以八月下旬。於總理衙門提出。促清國皇帝之批准。約中內容清廷中極少知者。皇帝見而大驚。以爲直舉滿洲祖宗創業之地而送於俄人也。甚憾李鴻章（李於使俄回後有蒙譴責之事蓋爲此）而不肯批准密約。喀希尼憂之。乃別取徑路於皇太后。假皇太后威力逼皇帝之批准。遂於九月三十日告事之成。而俄國即於十一月議設中國東方鐵路公司。

俄人之與清國相親交也。固欲伸手於滿洲。而尤欲於太平洋岸得一不凍之良港。其時山東省之膠州灣。俄國已要求爲其海軍冬季之碇泊所。得清廷之承諾。然未幾而山東有殺德國兩教士之案。德國突以軍艦。占膠州灣。旋訂租借之約。此雖奪諸俄人之手中。然俄方誘德法爲三聯國。迫日本之還遼東。俄以是取利于清國。則德國之事。俄固不能與之相違反也。故俄人於是直不動聲色。默認德人之得占領膠州。而俄更要清國得租借旅順大連灣。以代膠州之用。此固俄人計之至得者也。由是英國提議租借威海衛。法國提議租借廣州灣。爲均勢力之舉。清國一無能難之。均陸續與訂條約是實從海面定中國瓜分之局者雖由德人之發難而實俄國爲之戎首也俄既得旅順大連灣而西伯利亞之鐵道遂得以是爲終點之海口而俄人幷吞滿洲之計畫成矣茲述其租借之條約要項如左。

一 俄國以二十五年之期限。與從清國租借旅順口及大連灣借地區域。從遼東岬角。其北約清里百五十里。東西約八十里。

二 大連灣爲貿易港。旅順口惟限清俄兩國之船舶得以出入。

三 從伯都寧經奉天府到旅順口之鐵道。依俄國式布設。

四 俄國從新得地之區域。於遼東西方海岸有布設鐵道支線之權。鐵道之終點。得至大連灣與旅順口。

夫俄國經營如許之長鐵道也其究竟之目的果何在乎以彼之財政困乏處於無能善後之勢然於其國之鐵道事業不惜投無限之資本今試查其關於鐵道上之費用。於千九百一年。俄國之鐵道總延長者四萬八千七百八十三俄里內官線三萬二千三百八俄里。私線一萬六千四百七十四俄里。其建設費。官線三十二億留。（一留約中國一圓零）私

線十五億留而從千八百九十二年至昨年凡十年間俄國政府於鐵道之總費用十五億五百萬留內經常支出者二億七千四百萬留其細別如左

西伯利亞鐵道敷設費	三〇二、〇〇〇、〇〇〇留
同鐵道附帶事業費	二四、八〇〇、〇〇〇
自餘之鐵道敷設費	二五四、四〇〇、〇〇〇
鐵道用具製造費	二八五、二〇〇、〇〇〇
官私鐵道修繕費	三二六、二〇〇、〇〇〇
鐵道會社貸下費	三三五、二〇〇、〇〇〇
（此內東清鐵道貸下費）	二五三、〇〇〇、〇〇〇
私設鐵道買收費	五六、三〇〇、〇〇〇
關鐵道雜費	二、九〇〇、〇〇〇

又據俄國聖彼得商業電報通信社所報俄國臨時歲出額計二億千二百十七萬八千八百六十四留其內除二百萬留外悉以之供鐵道之支給又試查俄國於過去數

年間。鐵道上之損失額。於千九百年。約二千萬留。千九百一年。約三千二百九十萬留。千九百二年。約四千五百萬留。而今年之損失。其額必更高於昨年。又昨年西伯利亞鐵道之損失額。或云二千百六萬以上。或云不止此。俄國爲補此損失額。至不得不更募七千萬留之公債。又西伯利亞鐵道尚未竣工。非更投五億金者。不能告有完全運輸之機關。反而觀俄之輸運業。其輸出於清國（含滿洲）者僅五萬磅。然則僅供運輸之用俄於鐵道。其果何所得利。而又何以支長久乎。然而俄人於此。則固有大欲存焉世界之商業。於二十世紀有以東太平洋爲中心點之勢。試以近年之速度計之。於千八百九十二年。中國之貿易總額二億三千餘萬圓。至昨年達四億二千餘萬圓。十年間。示九割之進步。又同年。於朝鮮八百六十萬圓。至昨年達二千三百萬圓。十年間示近二倍之進步。又同年。於布哇千七百萬佛。至昨年達五千五百萬佛。十年間。示三倍以上之進步。又於日本。當明治二十六年。一億八千萬圓。至三十年達三億圓。至三十一二三年。達四億圓。至三十四五年。達五億。至今三十六年。超六億圓。其中輸出者。二億八千九百餘萬圓。輸入者三億一千七百餘萬圓。十年間。示三四倍之進步。又美國於太平洋岸之貿易。對中國日本香港。其他亞細亞諸國。於千八百九十六年。一億一千萬佛於千九百二年。一億九千萬佛。六年間示八割之進步同此年限於大西洋岸進步極微而論者猶謂東太平洋岸於商務尙屬幼稚之時代。然則持續此繼長增高有加無已之勢。將來居東太平洋岸居重要地點之國。其事業之隆盛何可量乎俄人之眼光其夙注於此也久矣觀於域堤之言曰俄國當傾全力使成爲偉大之工商業國。雖然無適當輸出之口則不能告成功云云。今一旦得有滿洲居於東太平洋高屋建瓴之勢其產物得盡輸出於中國及亞細亞諸國又以其爲天富之區可爲供給製造之原料地而俄人所抱勃勃之野心遂欲於滿洲之野而一償之也

雖然俄人之屬望也均在將來而於現在其商力之微弱殆不能與各國爭今試觀俄國之商務於千八百九十二年至九十六年此五年間淸俄之貿易總額二一九、五一〇、〇〇〇盧布。而俄國之輸入超過一六八、四〇〇、〇〇〇盧布。於九十七年至九十九年。此三年間。總額一五〇、二三〇、〇〇〇盧布。而俄國之輸入超過一〇九、二六〇、〇〇〇盧布。又其貿易之進步不速。於千八百九十年至千九百年之十

年間。俄國之輸入者增加六割。輸出者僅增加三割七分。故俄國與淸國。若爲平和之貿易。俄國常立於貧者之地位。又其西伯利亞之用物。多由各國從滿洲口岸輸入。故滿洲今日之市場。其商業已決不小。而以美國與日本爲多。俄國固深忌之。多轉運己國之貨以足其用。爲壓制各國之計。如西伯利亞之食糧。已全由滿洲輸入。而以滿洲爲西伯利亞住民之米倉。又從墨斯科及坡路加地方之織物。輸送於吉林及奉天之市場。又欲減鐵道之運費。以謀商務之振興。觀於近日俄國工商業獎勵會美爾古羅夫之言曰。俄國欲制勝於商業者。鐵道運費。不可不減五割。乃至七割之五。又俄國輸送於滿洲之物品。從淸國得特別之權利。或無稅。或以非常之低率稅。而於俄國鐵道之在淸國領內者。於何部分無設關稅。當淸國總稅務司之對俄國商品。提議課稅之事。俄國直要求滿洲之稅務官。悉用俄人。反之而於淸國商品之入俄國者。若西伯利亞諸稅關。不顧淸國商人之不平。悉課重稅。俄既竭力對外國之商務。加種種之障害。中國商人之無國家力保護者。其受虧勿論。而美國貿易。於千九百一年。滿洲之全輸入額者。占四割。至千九百二年。減三割五分。而日本於渤海灣上。及俄領亞細亞之貿易。痛被擊打。謂自後可令被杜塞於牛莊之貿易。既大呈衰退之勢。而在浦鹽斯德於千九百二年。日俄貿易總計百五十萬六千八百五十九圓三十錢。其內輸入者百十四萬八千二百十九圓八十三錢。輸出者三十五萬八千六百三十七圓四十七錢。而比千九百一年之輸入減二十八萬二千六十九圓八十七錢。比千九百年減六十三萬七千七百二十二圓。夫俄國於西伯利亞及滿洲人口事業日益增多而美日兩國之貿易反日減退。則俄國出其種種之手段竭力防遏之而不使外國商務品之得發達故也。

是故滿洲一旦開放爲各國公共之市場而各國人闖入與俄人競角逐於商務之上。則俄人不能無立處危亡之恐而拋耗巨本以築千五百餘里之長鐵道。其希望終不得而達。此固俄人所深懼。故其於占領滿洲也。對列國解釋之詞。不曰條約所得爲清俄兩國之事。列國不能容喙。即曰征服之權。俄未撤兵。則清國尚未收回其土地。而不能擅以許人。常弄其兩說之環而窮於此則遁於彼。塞於彼又轉於此。即屢約撤兵而屆期食言。破毀其約束而無所顧。人方謂俄即撤兵不過暫移地界。仍可隨時爲入滿洲之舉雖撤兵與不撤同俄國何所憚而不爲有不免笑其愚者不知此淺近易見之理彼俄人夫豈不知然而俄卒不肯踐撤兵之諾蓋一撤兵而已明認土地之主權爲他人之所有也是故於俄人之外苟有欲稍植滿洲之權力者俄即不憚危險而盡其抵抗之力非至於萬不獲已之時而斷不肯爲輕易之讓步蓋不如是則不能貫澈其目的而苦心經營具前途無窮之冀望者將盡付之流水之中是豈俄人之所能忍乎故俄人之於滿洲始終必排斥外國人而使成爲黃俄羅斯（俄人有此稱以住民者黃色人故）第二偉大之俄國此俄人占據滿洲之用心也

俄人之於滿洲也取以新法而概不用舊法之徒以武力略地者顧或者謂用是等之新法其所投之貲本不能不鉅是不究其實之言也今試爲用兵取滿洲之計其兵費不得不以二億萬磅預算而得地之後又不能不以四五千萬磅爲開始經營之用然俄人之得掩有此土地也有良軍港有好市塲有大都會而又有完富之天產以供後日之用果抛何等之價値以易之乎彼所擲之金錢悉以振興事業而土地屬俄則仍不啻以俄國之金投之於俄國之地況吸取清國人之財以成俄人之基業者不少未

必盡出自俄人之帑藏也彼其所虛擲者不過賫金於北京結納宮廷及其二三有力之人而旋即於其銀行收回復得以供俄人之用而滿人拋擲此錦繡之河山初何嘗得索分毫於俄人之掌中非但不能索分毫於俄人也遼東一岬清廷出償欵以贖之日本未幾而即獻於俄人是又不啻滿人之出金購地而以爲俄國之贈物也試以戰爭得地比之其低廉爲何如是固不能不推新法得地之巧而俄人於滿洲尤能善用此新法也。

雖然。俄之取滿洲也。果能如其期望而終收其用乎抑不能副其期望而或歸於失敗乎。是一歸宿之問題昔者俄之戰勝土耳其也。大得土地權利於土耳其之手。英人懼俄之南出而不可制也。約列國爲柏林之會議。是時德方與俄親好。而俾斯麥實爲柏林議會之議長。人方謂俾斯麥之必袒俄。而俄亦計俾之必助已也。然而事實反是。俾斯麥不僅不助俄人。反多從而壓之。至在會長之席上。見列國使臣之窮迫俄使。而笑曰。是何異孤鹿而被追於羣犬也。終會之事。無一言爲俄國地者。俄不得已悉從列國而反其侵地。其後米古蘭陀將軍游柏林。會俾斯麥。談及俄土之事。將軍問曰。貴國當日與俄交好胡爲於會議之時無一言以助俄乎俾答之曰俄以戰勝得土地過多余懼其不能消化而爲病也使之吐出而健其消化是所以爲俄利也夫俾斯麥之言固由衷與否又深中俄國之情事與否茲無暇推論及此特以當日俄所得於土耳其之地固不如今日得滿洲之地之爲大也彼其傾國之財力以從事於此其成而膨脹俄國之氣運者在此其敗而短縮俄國之命脉者亦在此然而俄之於滿洲也方振其食慾如巴蛇之吞象寧脹滿而就死不納之腹中而必不已故夫如西伯利亞之長鐵道其胃腹也清俄銀行其溶消食物之津液也太平洋岸其吐出消化食物之所也彼其國之主戰論派信其必能消化者也平和論派有少數懼其不能消化者也而滿洲一隅以之賭俄國之盛衰又以之着東亞之禍福矣

（未完）

中國古官制篇

官制議篇二（續前號）

明夷

然劉歆多讀周世列國之遺書。于立國之制。有極纖悉精密而爲後世治一統之制所不及者。故以今日歐人立國之政考之。亦多相合。蓋凡治統一之制必疏。而國爭之制必密。乃勢之自然也。以此比之。則今歐人新制。乃在近數百年間。而劉歆之制。乃出數千年前。亦足貴矣。今略擇其良法美意而發明之。

一曰地圖戶籍

凡治必有質。國以土地爲本。以人民爲本。無地無民。不得爲國。既以土地人民爲本。則地形地產民數民生。治國之質也。無皮則毛無所附。無紙絹則畫無所託矣。管子有地圖篇。最發明之。蕭何入關取秦地圖。知其山川阨塞戶口兵籍。故因以成功。今歐美于圖學尤精。不止爲地圖而衆鑄地質矣。若其戶口計帳。尤極清析。蓋知之極詳。而後能運動之也。劉歆僞周官。尙能知之。其於大司馬之職。以天下土地之圖。周知地域廣輪之數。辨其山林川澤丘陵墳衍原隰之名物。以土會之法。辨五地之物生。以土宜之法。辨十有二土之名物。以相民宅。而知其利害。以阜人民。以繁鳥獸。以毓草木。以任土事。辨十有二壤之物。而知其種。以敎稼穡樹藝。草人掌土化之法。以物地相其宜而爲之種。知廣輪者。明方里之數。辨名物者。考土產之宜。若何地而宜于人居。若何地而宜蕃植何草何木何鳥何獸。其地力不足。復有化料以增益之。今歐美農田下料至多。乃至用電火。使小者能大。寡者能繁。一畝田能養一家。而劉歆已知用土化之法。蓋必戰國之舊法矣。相民宅而知利害。則凡絕壑深林。下隰不宜人體之地。皆當禁民居宅。而江河流濱高原爽塏之地。風氣通達。乃許民居矣。土訓掌道地圖。以詔地事。道地慝以辨地物。而原其生。以詔地求。則政府之上。又有專官。以講地輿物產之學。不致若今之外部大官。如徐某者。以澳門爲在星架波。龔某者。割野人山與英。而問地于英外部矣。司祿掌巡邦野之稼。周知其名。與其所宜地。以爲法。而縣于邑閭。則如大司馬所職考地宜物產而懸法邑閭下達于民矣言乎周知則地產植物學自日加精良而農事日進矣國之大利皆本于地興于農其視後世無治興圖之官無治物產土宜之官則劉歆之說勝矣

二曰戶役

國者民之公國也當公謀之其勞役當公任之若並其戶籍人口而不知則從何集事小司徒之職掌國中及四郊都鄙夫家九比之數以辨其老幼廢疾凡征役之弛舍與其祭祀飲食喪紀之禁令頒比法于六鄉之大夫各登其鄉之衆寡六畜車輦以歲時入其數以施政教行徵令不獨詳知戶口乃至六畜車輦亦能考其數則今之歐美政治之密尙或少遜之以能知馬牛羊犬車而尙有鷄豕未知也戶籍既明人民器用皆悉然後以施政教行徵令乃可得宜而無過輕過重之患今歐美重稅而民不怨固由公國而亦由知之既悉故行之得宜也後世天下一統地廣而路不通故戶籍難計況于六畜車輦哉無此戶籍作底則一切施政無從得宜雖本朝極力從輕而又患于力不能運動之遂有荒蕪之患甚無治法矣

三曰民兵

諸國並立則尙競爭稍不自强即有滅亡之患故國民自保其國皆有爲兵之義周官小司馬合萬民之卒伍而用之五人爲伍五伍爲兩四兩爲卒五卒爲旅五旅爲師五師爲軍以起軍旅諸子掌國子之倅帥國子而致于太子有兵甲之事則授之車甲合其卒伍以軍法治之今自德國以民爲兵後各國皆行其制而王子以下隸卒伍亦猶此義也中國向來狃于一統只有警捕之夫曾無國戰之士而不教以人共保國亦無由勤其愛國之心故必以民爲兵乃能合國民以保國視國家如身家戶役民兵此義固孔子六經所有非周官所獨而劉歆言之甚詳亦可取焉

四曰道路（附營繕）

人之身血氣通則康强而無病血氣不通則窒塞而生疾國之有道路猶人之有血脈也故歐美人之于道路自國路省路縣路鄉路之廣狹大小皆有定制焉周官野廬氏掌達國之道路至于四畿比國郊及野之道路宿息井樹候人掌治道路量人司險掌九州之圖以周知其山林川澤之阻而達其道路設國之五溝五塗而樹之林而量人

常建國營城郭市朝道路門渠造都邑壘舍則自國中及郊野畿外山林川澤之道路廣狹莫不有定式故曰五塗矣若所謂九軌七軌五軌之異矣今各國皆有國道縣道鄉道別其大小即五塗之別也樹之林及宿息井樹則夾道皆濃陰宿息則處處有旅館有公園而全國通之無間山林川澤量人營其廣狹大小焉路政之修深類歐美而城郭市朝門渠都邑壘舍之建造皆有量人定其程式今歐美造室繪圖皆歸量地官定焉故無參差雜亂之患皆得養生洩水之宜也遺人所掌凡國野之廬廬有飲食三十里有館館有路室室有委五十里有市市有候館候館有積道路既通館舍飲食復便則眞今歐美之政矣

五曰商市

市政爲民生國用所需其關涉尤大今歐人于市皆由鄉官舉以任職專司其役者大市凡千百員而朝夕之需飲食服玩之物皆別構一宇以爲互易正名曰市有胥守之量人之多寡而遠近置之而我國蕩然絕無法紀但聽民之自由故穢詐亂爭而工商因之而壞周官于市政則極精詳矣司市掌市之治敎政刑量度禁令以次敍分地而

經市。以陳肆辨物而平市。以商賈阜貨而行布。以量度成賈而徵價。以賈民禁僞而除詐。以刑罰禁暴而去盜。胥執鞭度守門市之羣吏。平肆展成。奠賈上旌于思次以令市。市師涖焉。而聽大治大訟。凡治市之貨賄六畜珍異。亡者使有。利者使阜。害者使亡。靡者使微。又有質人掌成市之貨賄牛馬兵器珍異。大市以質。小市以劑。稽其書契。同其度量。凡治質劑者國中一旬。郊二旬。野三旬。都三月。邦國期。期內聽。期外不聽。廛人掌歛市絘布總布質布罰布廛布。而入于泉府。肆長各掌其肆之政令。陳其貨賄。名相近者相遠也實相近者相邇也而平正之歛其總布。掌其戒禁。又有胥師賈師焉。其云分地辨物則令各國賽珍會乃酷似之若其禁僞除詐有市師聽之而能斟盈劑虛無者使有利者使阜害者使無靡者使徵則能用管子輕重之法以濟一國人民之用尤爲商政之要矣得此術也其何患不富而質劑之不許逾期質布罰布廛布雖重稅而令歐美皆行之民無怨者乃至陳肆有官賈胥分職其密極矣市者爭利乃最囂詐之地復有司囂禁鬭囂者與暴亂者出入相陵犯者又有司稽掌巡市而察其犯禁者與其不物而搏之掌執市之盜賊以徇而刑之則于熙穰之中無有囂亂犯禁之事幾微皆見矣。今歐美之市道皆有禁囂及出入相陵犯及暴亂者。何其闇合耶。其山川林礦皆有官。若山虞林衡川衡丱人。可謂備矣。山虞凡竊木者有刑。令萬民時斬材有期日。皆與今歐美林政同。囿人掌囿游之獸牧百獸。場人掌國之場圃而樹之果蓏珍異之物。此二者爲動物園植物園矣。曰珍異之物。則搜奇博異可見。其他角人羽人掌葛掌染草掌炭職極瑣瑣而皆切于人事。歐美之制所不廢者。雖柞氏薙氏哲蔟氏等職極細若無用。而若虞衡囿場之官。則精密過于後世之蕩然者矣。

六曰禁戒

雍氏掌溝瀆澮池之禁。脩閭氏掌禁徑踰與以兵革趨行。與馳騁于國中者。銜枚氏禁叫呼歎嗚于道中。行歌哭于國道中。司寤氏禁宵行夜遊。與司囂之禁鬬囂及暴亂與出入相陵犯。故道路清肅。邑居靖謐。今歐美皆行之。但統于警察一司而不紛立諸官名耳。若其職則一也。後世無此禁官。于是車馬馳騁傷人。道路叫呼歌哭。囂鬬暴亂陵犯如織。終宵極鬧。至令居人不寐。治與不治之象若此。非徒有害氏之公益。亦損風俗傷國體甚矣。至禁兵革趨行。亦太平之事哉。日本變法。謂治從立警察始。旨哉。

七曰刑訟

歐美之法分民事刑事二者而小訟則鄉官及小吏判之或施罰恥之刑其地訟則以地圖正之考周官士師掌聽質劑之訟鄉士聽鄉比之訟凡民訟以地比正之以圖正之民無職事者出夫家之征又以圜土教罷民有罪過未致于法者坐于嘉石司救掌萬民之邪惡過失而誅讓之以禮防禁而救之三讓三罰而歸諸圜土恥諸嘉石又有不任不恤之刑其士師鄉士即聽民事之小訟者也其圜土嘉石以治罷民者也皆與歐美同其有不任不恤之刑則以道德爲法律似出法律範圍之外而今歐人有子不養父之罰亦其近似矣出夫家之征以戒惰游蓋人生在勤惰爲大害也尤爲有意

八曰敎俗

敎俗爲合羣之第一事矣劉歆尚知之勝于後世矣其本俗六安萬民媺宮室族墳墓聯兄弟聯師儒聯朋友同衣服言乎聯則合羣開會之意其媺宮室以樂人之生爲進化之計尤得安民之法保息六養萬民慈幼養老振窮恤貧寬疾安富皆孔子之仁政也而安富尤爲妙義蓋富爲民母富者不安則百事無由興舉又特立司諫之官掌

勸德正行。强之道藝。巡問而觀察。司其德行道藝。辨其能而可任國事者。今歐美各國。皆以德行之事附之于敎。七日而一諄勸之。故能常提其良心。周官有司諫以勸德正行。强之道藝。巡問而觀察之。其法密而意良矣。後世旣無司諫。又無敎士。自出學之後。終身不聞一嘉言懿行。豈敎民之意哉。治世無荒政。若在古昔。則不能免。周官于荒政移民通財舍禁弛力薄征緩刑。此數者。亦爲千古所不能外焉。

政治

政黨論（續第二十七號）

羅普

第五章 利害

今建國於環球之上者以六十餘計。其中有已立政黨而收其用者。有現時雖尚未有政黨而汲汲於創立之者。審時勢之所趨。必至天下無一無政黨之國。此等現象。將於二十世紀之政治界遇之矣。雖然。世之於政黨也。或聞風而歡迎之。或深惡而痛絕之。政黨乎政黨乎。汝果有受吾人歡迎之資格乎。抑果具吾人所應痛絕之惡質乎。但迹事實而不折之於理論。以審定此問題。則或不免於誣枉。但據理論而不證之於事實。以審定此問題。又或不免於袒庇。然則欲毀譽政黨者。非全揭政黨之利害而細為比較之。其能不失於公平者幾希矣。論政黨利害。

政黨之利。有已著於事實者。有止存於理論者。今略述之。都凡七事。

一　長國民自由之風

專制政體之下。必無政黨。非政黨之不自出現。以無可容政黨出現之餘地也。何以故。以專制與自由不能兩立。而政黨實為自由之結果。故夫政黨既不能見容於專制政體然則有政黨之國必爲自由之國者可据論理法而斷定之夫豈能反果爲因而謂自由爲政黨之產物乎雖然政體雖許人以自由而人人出其心思材力參預政事不肯受政府少數之束縛而必求達其政治上之目的者實舍政黨以爲之機關莫克覩此大效也彼以一人之權力若一主義一方略强制天下牢籠一世者其勢力既有所專屬更不許他人容喙於其間此即奪國民天賦自由之權而使不得賴優勝劣敗自然之大例以進其化者也試觀察東洋諸國之學界自數千年前已定爲一統之尊壓制之力可謂重矣而卒以此沮國民活潑之氣使失其言論思想之自由而亘古不再發達焉學界如是政界亦然如以少數制多數强者可以橫占勢力則雖素主自由論者一旦得政尙不免出於專橫手段而況不知自由爲何物而但戀戀於一身之富貴利達者其必以國民之自由爲害已而必竭全力以裁抑之撲滅之無可疑也故欲保國民之自由非禁有司之專制不可而禁有司之專制非恃政黨之組織不可何也政黨者以反對政府爲用者也政府苟有失策政黨必從而攻擊之以爲苟不如是即自棄其監督之權使政府無所忌憚而不能

小心翼翼以處政務是或至侵人民之自由而不能保護其對於政治所應得之權矣苟有政黨雖其勢力或尙未足控制政府然政府以有反對者之故必能加意戒愼不敢冒昧開罪於人民試考英國爲自由之祖而其所以能致此者豈不因君主及貴族平民之三者常相監視或離或合而能以競爭爲發達乎西儒美伊之言曰『自由之命繫於政黨』豈非中肯之言乎故無自由不能生政黨而無政黨又無以保自由也是爲政黨之利一

二　保社會和平之局

今試問國家何以能維持人民何以享幸福豈非賴有上下相安之秩序以爲之保障乎夫惟人人知守秩序則公私交益故雖以喧譁成性之動物尙不敢妄施其強暴手段以破壞社會和平之局面者乃天下之通情也然而一國之內或未能免於禍亂相尋者何哉蓋聚無量之民以成國各有信奉各有意見各有感情求其必出於一致殆百年而不一遇焉惟其不一致也故行一政發一令有以爲適者即有以爲否者顧此失彼道難兩全雖在政治脩明之世猶難望天下無不平之鳴而況於

政府之所舉措。未必盡爲得當者乎。夫不平之氣。既盤鬱於胸中。斷不能制之使其勿洩。故常借端而發。小之則揚反抗之聲。大之則釀革命之禍。昔之政治家。輒以此爲慮。而不識所以戢之之術。第以若輩與己爲敵。往往目之爲叛臣爲逆賊。不問其所反對之果爲正當與否。而概以專制手段挫辱之撲滅之。此所爲激而生變。使國內破其平和。而演不仁之慘劇也。若使政黨既立。其在平日既有監察政府之權。又如政府果有失策。則反對之可也。攻擊之可也。改造之亦可也。既有相當之方法。足以發揮其政見。舒展其政論。則不平之氣。可以平。不足之心。可以足。又何待暴舉妄動。以求達其目的哉。顧有時數黨並立。因爭意見。或不免於騷擾滋鬧。然其論爭之性質。仍在於平和而非叛亂也。乃欲借此以改良國家。而非漫爲破壞也。即不然。亦爲黨員操之過激之流弊。而非政黨所本有之缺點也。故在昔以革命制政府之專橫。而至近日。以有政黨之故。遂不必再出於此途。而得以平和增政治界之幸福焉。

是爲政黨之利二。

三 振國民之精神

政治之得也。國民享其利。政治之失也。國民蒙其害。兩者既有密接之關係。而國家之政治。國民又本有干涉之權。然則推人人趨利避害之心。天下當無不良之政治矣。盖國民既知國家之利害。關切於己。宜其鼓勵精神以謀政治之進化而不敢庶外視之有所假借者也。然或視國家之政治與己若無關涉。一任其自興自廢。即見政府腐敗。猶復不痛不癢。毫無感覺者。豈國民之神經已死再不能振起哉。特以未有激刺之者耳。夫最能激刺國民之神經者。舍競爭無以爲功。而啓國民政治上之競爭心者。實莫能過於政黨。夫爲私利私益。樹立徒黨。以期增植其一私人之權力者。以其競爭之迹與政黨有所相類。尙能助社會之動力。使人心時時刻刻有所振發經營。獨惜其驅於利欲而動。志氣不久而自昏。且使社會吸其腐敗之空氣。或不免一變而爲不起之症耳。若夫以國家爲目的之政黨。其所持主義。皆爲光明磊落可以質天地而對神明。故於其所可。必竭全力以辯護之。於其所否。必竭全力以攻擊之。人人恃其理直之壯氣。以與反對者相爭。務期發明眞理。施行善政。不敢自棄其國民之責任。此國民所爲發揚蹈厲。終其身於政治上之競爭而不敢一息懈也伯倫知理嘗言曰。『政黨之競爭足以煥發人民。精神振起人民之倦氣因此而得建至善之國家使從來熟睡之國民亦得醒覺而奮起』政黨爲政治上所必不可少即此足以證之。彼羅馬共和國之進步。及英美之文明豈非其明證大驗耶。是爲政黨之利三

四　增國民政治上之智識

不識航路無以把舵。不諳地理無以行軍。不周知天下之大勢民間之疾苦政府之情形以及政治上所不可不知之事物無以挽大權指揮天下也。夫卓犖非常之士有志經世或能獨縱才力以養成其馳騁政界之資格者有焉矣。然此可望之於一二偉人不能望之於國民全體也。如欲國民皆具政治上之智識吾恐除立政黨之外更無他術焉。盖凡預于政黨者不能不負黨員之義務。其義務何在。曰某問題常如何解釋也。曰某事件當如何處置也。其於本黨之宗旨若何。條理若何。不能不熟悉明白也。其於反對黨之所主張者爲何。所根據者爲何。又不能不深知詳細也。故置身於政黨之競爭者必日求進其常識以爲立足之地或臨議事而闡明義理或

臨集會而交換見聞凡可以增益自己之心思耳目者莫不留意以期有所憑藉以爲訴于國民對于敵黨之具而爲黨員者復不時出遊演說聚無數之國民而告以主義使共奮其政治思想而不敢自安於固陋者豈非政黨之力效耶若無政黨則國民之視政治一若爲政府之專有物而已不與焉則是舉其國民之責任全然放棄甘受二三當局者之愚而不辭此國民智識之程度所爲每況愈下卒至人人皆不知國家爲何物而況於政治乎故吾於此益知政黨之足以開發民智也是爲政黨之利四

五　養國民政治上之能力

使人民奮然興起而以直接間接參預國事不敢放棄其政治上之責任者議院制度之良果也然人民既欲負政治上之責任則或坐而論或起而行皆未可以敷衍塞責而必求有擔當之能力而不然者雖能別是非明利害究得失而適于議論家者或勉强一變而爲事務家而不免於敗績焉蓋以素不習事之人當衝繁疲難之政局何異使盲者辨五色聾者別八音無怪處置失宜爲天下笑也惟生活於政黨

者則不然。其耳之所接。目之所遇。口之所道。心之所存。無日不與政治爲緣。而不知不覺之間。遂得以養成其政治上之能力。然則政黨者。政治家之專門學校也。政治練習所也。宜乎由此出身者。一旦任人家國事。而不至於束手無措也。是爲政黨之利五。

六　便益民生

政府專制之政治。既不能復行於今世。於是國家大事。大抵取決於議院。議院者。間接以代表國民之眞意者也。蓋使舉國之人。皆直接參預政事。於勢既有所不能。故全賴投票選舉之制。使國民各選其所最親信。所最悅服。所認爲同心同德之政治家。使操國家之最上機關。以保其所應享有之利益。此近世政治。以民意爲主。所以較之往昔爲稍得公平也。雖然。國民之於政治家。彼此不相聞問。向來絕無交涉者。十中居其八九。是其對于國家之政見。莫從窺其所主張。而得認爲與我相同。而舉之自代。以間接發揮其意見。然則非有政黨以爲之紹介。則議員被選。或出于偶然之結果。是議院之制。雖曰以多數制少數。亦不過有名無實而已。惟有政黨者。其宗旨條理既有一定而復憑報章演說之力公布於天下所以求國民之表同情者當無不至夫既欲求國民之表同情以制勝於選舉競爭而使其政策得藉此以見諸實行則其一黨之所主張不能不求合于民心且不能不求合于多數之民心故有政黨相競其結果必借改良政治之精神以爲吸收民心之磁力宜其日日之所講求皆在於利民便民而必不敢倡害民之議行擾民之事是因有政黨而國民之多數得以保其政治上之利益正合于最大多數最大幸福之旨也是爲政黨之利六。

七 高尚人心

人心之作用雖變幻無端而方寸之間實不能以同時而容兩物故出於此者必入於彼出於彼者必入於此或公或私或義或利兩念相反不能並立於一時是故主持一國者必不可無術以鼓舞人心使之急公義而遺私利也然果欲收此大效吾嘗考之殆舍政黨其奚以哉蓋政黨之一舉一動皆爲求達其目的而其所目的又必在於國家故黨員最始之本心雖未必全爲公而不爲私全爲義而不爲利然及

其捨身入黨。一言一行。皆不得不奉本黨之主義以爲標準。則凡有運動。皆爲國家思想之所發迫。心有專向。志不他及。則雖其平日所最難忘情之私利私益。亦不得不甘爲犧牲。以成就其正大光明之事業。蓋集多人以成一團體。彼此互相勸善。互相激厲。固足使人格日高矣。況爲辯護本黨以與他黨相持。勢不得不託於高義。藉國家二字之名詞以爲武器。其初雖或出于假借。而口耳之所習。漸得浸入于其腦。愈印而愈深。則不知不覺之間。即有卑汚齷齪之心。亦化而爲磊磊落落矣。此外如同志雅集、共發友愛之情。民望所歸。益厲清廉之行。此皆政黨足以高尚人心之效也。是爲政黨之利七。

有利必有弊。凡事莫不皆然。而世之淺見短慮者。輒擧政黨一二流弊。以爲若此者足以危害國家。攻之不遺餘力。夫政黨之有流弊。吾人固不必强爲之辯護。然平心而論。必不至如反對政黨論者所言之甚。且其弊多起於黨員之不自檢點。其最大端。實在於競爭過激之故。斷非政黨之性質。早有與此弊端不能相離之關係也。今試擧其重者於下。

一　舉動之激烈

一黨既立。不能强天下之人盡從其主義。而歸於一致。必有反對於此者。復出而糾合同志以與我相持。故擧國而絕無一政黨者。固嘗有之。而未有有政黨而可以得一而足者。以理論審之。以事實證之。未嘗謬也。夫既有二政黨之出現。其主義必異而不同。離而不合。故競爭之事。勢不可免。顧政黨以競爭爲用。而能致種種之利。既爲識者所共許。然以競爭過激之故。或因事理之堅執。變而爲意氣之相持。或因宗旨之水火。激而爲人身之攻擊。觀各國政黨歷史。雖在最號文明之國。猶或不免此弊。致貽非政黨論者以排擊之口實。蓋政黨成立。既以競爭爲生涯。無怪身入其中者。悉爲此暗潮之所搖蕩。流於激烈而不自知。故雖平日以溫和爲旨者。或且變爲憤激。以長厚見稱者。或不免於輕薄。其驟于一時之客氣。以與敵黨相持。常有彼此忽大決裂。釀成不忍見聞之慘禍者。蓋一人之競爭。堅忍之力。不可以持久。故或因他事之牽制。或因忿氣之漸平。有始而激昂。不久即復歸于穩和。惟至擧全黨以爲競爭。則其結局往往有與此大異者。無他。羣衆集合之地。莫肯先示人以怯。故只有互相鼓舞互相激厲互相[illegible]盪一朝相率而迷于狂熱勢必至相持兩敗其害大見然後各自悔其舉動之孟浪焉則人心已倦殆難匡復甚者流而變爲私黨盡失其本來面目者有之豈非政黨之一大缺點哉此政黨之弊一也

二　目的之謬誤

政黨何以可貴可尙以其以國家爲目的一切運動皆全注於公利公益而與結黨營私者絕然不同也然吾嘗就古來之政黨而稽之其能始終保此忠義之美德者蓋寡而以一黨之利益爲目的只知藉口國家以便其運動之手段者反十居八九焉夫既非以國家爲目的則其視國家之利害必輕視本黨之利害必重凡遇問題之來必全以本黨之利害解決之其於反對黨之所持說雖明知其光明正大甚有利於國家而尙慮增長反對黨之勢力本黨不得不立於劣敗之地位故寧昧本心斥之爲非理目之爲謬說務竭全力以排擠之反於本黨之所主張者雖明知其有礙於國家而亦以扶植本黨之故不得不强詞奪理蠱惑天下以從我而其結果遂不免使國家蒙其不利焉此政黨之弊二也

三　疾反對黨之太甚

政黨雖有左右國家之權而其地位視國家爲有異故附和我黨者非必有愛國之心反對我黨者非必有仇國之念使或以有恩怨於我者爲即與國家爲恩怨遂忘反對黨亦爲國家之分子而竟認爲我敵務必撲滅之獨占權力以爲快故其惡反對黨也全出於私意其見反對黨之有隙可乘固不憚吹毛求疵藉公義以挫其勢力即令反對黨之言動爲果是而亦以爭勢力之故不憚出其陰險狡詐橫暴凶悍之手段以挫其優勝之勢此風一長而爭奪相殺之禍或且不免於文明之世豈不可痛乎此政黨之弊三也

四　侵政黨員之自由

對於國家必獲思想言論之自由然後政黨可以成立然則政黨者殆吸自由之空氣以生活無所往而受人之束縛者矣然政黨雖不受人之縛束而其權勢漸次擴張迨達極點往往有脫其一定之範圍而至侵其黨員之自由者夫人民合意而立國家猶尚須犧牲其權利之幾分以從公定之規則然則黨員既入政黨有時亦當

爲黨議所屈不能不少失其自由者固其宜也然此不過自由之或加限制且於入黨之時已爲默認固不得以咎政黨之專制惟政黨有時擅張勢力并不問黨員之同意與否遽發命令設規律大侵入黨員自由之界強使服從其有唱異議者則律以黨規加以重罰是政黨從自由而生今忽變而爲專制之物矣夫政黨本爲黨員達其政治目的之机械而黨員非政黨之机械猶國家爲人民之机械而人民非國家之机械也若奪黨員之自由而視之若政黨之机械然則可謂反賓爲主失政黨之眞矣况人民本爲保護擴充其自由而立政黨今乃于其所得于政府之自由反爲政黨所奪是可忍孰不可忍則無怪獨立不覊之士相率脫黨而不肯再受其束縛也美國人有言紐育府民近日所受政黨壓制之苦比於英國當時有過之無不及於此可見專制政黨之爲禍甚烈比于專制政府爲尤甚蓋政府專制易招民怨發憤而欲顚覆之者尙多而政黨專制則人或輕輕看過不加酷責豈非怪事乎此政黨之弊四也

五 社交破絕

凡人現身社會不能獨以一政治界送其生涯故人與人接必於政治界外更有種種之交涉是故政治上之同意見者其人非必與我爲可親即政治上之異意見者其人亦未必於我爲可怨然政治上競爭之過烈往往有因政見不合并其人之他種關係而亦絕之如以商人之屬于反對黨也則斷其交易又以醫者之屬于反對黨也則辭其診治甚至百工之事婚姻之約亦每因反對黨之故而斷恩絕義一若所好所惡只以其人所屬之黨派而定而不再問其人之如何甚至父子兄弟之間亦因黨派不同釀成家室之不和即或以善言相贈亦疑其巧言餂我而不肯用豈非欲以一政治界而範圍一切之人事乎何其度量之隘也蓋對于國家而言曰民民則以政治爲生活者也對于社會而言曰人人則不止以政治爲生活他如宗教界學問界商業交際界皆莫不彼此互有關係故於政治上之意見雖或不同而於他方面未必全異則何庸因此及彼并一切而盡失其交情乎願競爭止在於政治其互相嫉視之情一本於至公可待問題既決而化其迹若以政治之競爭爲根據而波及于各種方面則是爲私而非爲公爭氣而不爭理必至使私憤私怨日甚

一日而競爭之熱過其常度則社會之平和將因此而大破壞矣此政黨之弊五也

六 小黨分裂

國無政黨則競爭之事不行而政治難於進化夫既屢言之矣然或誤會此旨以爲政黨出現以多爲貴則紛紛設立之下卒至勢力愈分而愈弱民心愈歧而愈疑國內雖有無數之小團體而按其實力皆不足以獨當一面總攬國政而支持大局則人心惶惑莫知所從而國之大權又無人負荷則必終於委靡不振而國勢日就衰頹積弱不返隨以滅亡考古今之歷史以國內黨派林立離析民心而終至四分五裂不可匡救者何勝屈指而或以此歸咎於政黨則不知政黨之爲用者也蓋政黨之用妙在於兩黨相持一進一退一反一正以求得其平衡故國內雖有數多之支派苟能以小從大歸于合併以成兩黨競爭之用夫何至陷於此弊哉而不然者人才星散而國家不收其用人民瓦解國家實受其殃小政黨分裂之足以誤國有如此者此政黨之弊六也

七 引敵國以自滅

政黨之爭。只在國民之間。故無論孰勝孰敗。其於彼此之勢力。雖有增減。而於國家之存亡。絕無影響者也。若至國與國爭。則勝負之所決。存亡繫焉。其輕重較於政黨何止百倍。然而政黨競爭過烈之結果。或令其怨恨反對黨之心。出於怨恨敵國之上。夫敵國可以害國家之生存。全國民皆與之不共戴天。故苟不幸而至於國交破裂。則當合全國之力以抵抗之。此其時雖國內有黨派之爭。亦當捐小嫌而就大謀。語曰。兄弟鬩于牆。外禦其侮。審緩急而知輕重者。固應爾也。奈何當國步艱難。危急存亡之會。猶復斷斷於黨派軋轢。以危其國。即并其所以立政黨之根據而危之。甚者惡反對黨之傷我。乃竟不顧國恥。援借外力以自屠其與我不同黨之同胞。及外力既入。再無術足以驅之使去。卒之引虎狼以自衞。勢必與反對黨相繼而爲所覆沒焉。所謂皮之不存。毛將安附。觀於古今東西史乘。其犯此而自絕者。正歷歷可數也。此政黨之弊七也。

由是觀之。政黨之利弊。兩者雖似足以相抵。而其實則利重而弊輕。利多而弊少。何以言之。政黨之利與政黨相緣而不可離。而政黨之弊非政黨之所自生。實由黨員有以釀成之故其責不在於政黨苟黨員各自加意以深防之則其弊必可輕減或能全免是吾人之所深信而不疑也然則政黨果何害于人國而或者不遺餘力以攻擊之何其謬哉。

（未完）

歷史

論俄羅斯虛無黨

中國之新民

俄羅斯何以有虛無黨曰革命主義之結果也昔之虛無黨何以一變爲今之虛無黨曰革命主義不能實行之結果也

吾今欲語虛無黨不得不先敘其略史史家紀虛無黨者率分爲三大時期

(第一)文學革命時期　自十九世紀初至一八六三年

(第二)遊說煽動時期　自一八六四年至一八七七年

(第三)暗殺恐怖時期　自一八七八年至一八八三年

其事蹟之關係最要者略紀之則

一八四五年　高盧氏始著一小說名曰「死人」寫隸農之苦況

一八四七年　緇格尼弗氏著一小說名曰「獵人日記」寫中央俄羅斯農民之境遇

歷史　二

一八四八年　耶爾貞著一小說名曰「誰之罪」發揮社會主義

一八四九年　尼古拉帝捕靑年志士三十三人下獄處刑禁人民留學外國本國大學學生限額三百名並
禁讀哲學書及他國之報章

一八五五年　亞歷山大第二即位銳行改革

一八五六年　「現代人」叢報發刊專提倡無神論

一八五七年　渣尼斜威忌氏著一小說名曰「如之何」以厭世之悲觀發動全國

一八五九年　「俄語」新聞發刊大鼓吹虛無主義

一八六〇年　革命派之學生在彼得堡及墨斯科立一團體名曰「自修」俱樂部

一八六一年　二月亞歷山大第二下詔釋放隸農
因各學生煽吹暴動六月禁學生集會逮捕多人放於西伯利亞
八月各軍人持立憲主義者設一秘密會在參謀本部出一叢報名曰「大俄羅斯」僅出三冊
被封禁

一八六二年　耶爾貞創一日報名曰「鐘」有號稱中央革命委員者傳檄全國
十一月政府嚴禁集會幷封禁報館數處渣尼斜威忌被捕

一八六三年　「自由」日報發刊　波蘭人反柏格年募義勇兵助之不成被捕處刑者十餘人

一八六五年　諸學生在墨斯科立一「亞特」俱樂部

一八六六年　亞特俱樂部一委員名卡拉哥梭弗者謀弑亞歷山大第二不成被殺是爲第一次暗殺案株連者三十四人

始立第三局之警察裁判專嚴罰國事犯

一八六七年　俄皇往巴黎波蘭一革命黨狙擊之不中就縛

一八六八年　柏格年始聯合西歐各國之革命黨立一國際革命黨

一八七〇年　彌渣夫立一民意會決議廢平和的革命手段專採陰謀之鐵血主義旋以洩漏本黨秘密殺其同黨某逃于瑞士

一八七一年　瑞士政府以殺人罪逮捕彌渣夫交還俄國同時株連者三百人彌氏監禁二十年

一八七三年　革命黨大行遊說煽動手段同時各地并起之革命團體凡十三所

社會黨之一團共赴美洲欲立一共產主義之殖民地失敗而歸

一八七四年　濟格士奇蘇非亞等所創之革命團發布三大綱領一曰國家之撲滅二曰文明之破壞三曰自由團體之協助運動大盛

俄政府禁本國青年游學於瑞士之條利希大學各男女學生俱歸國

一八七五年　革命黨員被捕者男員六百一十二人女員一百五十八人共七百七十八人

革命黨中之國粹派運動俄皇起俄土戰爭後卒無功於是專務煽暴動

一八七六年　土地自由黨出現專煽民間暴動學生一歲數蜂起

一八七七年　三月在墨斯科被逮者五十八十月在彼得堡被逮者一百九十三人審判時供詞皆極壯烈大鼓動一國人心是歲國事犯之案凡十一起號稱最盛

革命黨始一轉專取暗殺主義是歲及去歲凡刺官吏四人皆警察及裁判官也

一八七八年　正月弱女薩利志刺殺彼得堡之府尹德利波夫

二月刺殺裁判官阿士先奇

四月刺殺大學總長馬德阿夫

五月刺殺憲兵大佐海京

八月刺殺第三局長官米仙士夫（案第三局專審判國事犯者也）

是年八九十三月中波蘭革命黨起事三次　又土地自由黨員十餘人被逮

一八七九年　二月刺殺哈爾夫省總督格拉波特勤

同月刺殺憲兵大佐格那夫

三月刺殺第三局長官德倫狄龍將軍同時傳檄各地謂本黨宜告死刑之官吏共有百八十人云官吏人人自危

同月玖弗省總督卡爾哥夫被刺不中

同月刺殺彼得堡警察署長龍特羅士奇

四月大豪傑梭羅姚甫狙擊俄皇亞歷山大第二於多宮旁發五彈皆不中卒被逮年三十三

六月民意黨更開大會議議定暗殺方針及其手段宣告亞歷山大第二之死刑派出實行委員

七月各海陸軍士官之在革命黨者共謀裝水雷於黑海附近待俄皇閱操時轟之事洩

同月謀在離宮要路置地雷要擊俄皇旋以皇不經此路中止

十一月俄皇出巡虛無黨預置地雷於鐵道及駕過以電池壞第一彈不能爆發第二彈僅中副車

一八八〇年 二月俄皇宮中之食堂爆藥驟發皇是日適以事遲半點鐘就食僅免

同月刺殺奸細査哥夫

同月刺殺新任內務大臣米利哥夫實俄皇授以全權懲治虛無黨者也

六月俄皇送皇后葬有謀置地雷於鋼橋下者爲暴雨所淹不成

一八八一年 二月於彼得堡馬拉耶街伺俄皇出游有謀置地雷者事洩不成

三月一日俄皇亞歷山大閱兵歸爲女豪傑蘇菲亞等爆彈所狙斃於道旁

同月虛無黨上新皇亞歷山大第三一書要求改革之實行

六月又在彼得堡卡米匿橋下通隧道欲擊新皇亞歷山大第三不成

十月又謀於加槐時置地雷狙擊先期發覺被捕

是歲刺殺憲兵長官警察長及偵探者凡十三人

（附注）以上所列乾燥無趣味之年表或令讀者生厭然非略知其事蹟不能審其發達變遷之順序故不辭拖沓爲詮次之若語其詳又非數十紙不能盡也。

虛無黨之事業無一不使人駭使人快使人歆羨使人崇拜顧吾所最欲研究者有一問題即彼輩何故不行暴動手段而行暗殺手段是也是無他故以暴動手段在彼等之地位萬不能實行故請條其理

第一　西人有恒言曰後膛鎗出而革命跡絕此其言於論理上或不盡合而於事實上則無以易也美之獨立法之革命皆在十八世紀末故其事易就自玆二役以後風濤大簸激歐陸十九世紀上半期騷動者踵相接而俄人彼時猶舉國鼾睡也及法蘭西第二革命一八四八年以後西歐之暴動已漸收其跡而東歐之俄羅斯乃始爲

新思想濫觴時代一二文學家搖舌弄筆無絲豪之勢力彼時之俄雖或可以暴動（實已不能）其奈民黨之魄力萬不足任也以培以灌磅礴鬱積歷十餘年之歲月黨勢漸張而政府自衛之力亦益鞏固矣政府之進以尺民黨間之進以寸至一八七〇年以後虛無黨達於全盛而中央政府之兵力已足使全歐吁食而何區區民間斬木揭竿者之足以芥蒂於其胸也故暴動之最大障礙中央兵力使然盡人所能知者也。

第二　綜觀各國革命史。其爲中央革命者可以成其爲地方革命者罔不敗一八四八年以前歐洲諸國其有能奏革命之凱歌者未有不起自京師者也。（即今年之塞爾維亞亦然）若夫蠭涌於外徼嘯聚於郡國則雖有驍鷙之將謀略之士義勇之卒而其究也敗而已矣匈之噶蘇士意之加里波的瑪志尼其尤著者也俄羅斯之彼得堡與法蘭西之巴黎及其他西歐諸國之首都。大有所異。彼得堡者貴族之窟穴也。而彼中市民之大多數。又皆仰衣食於貴族而自安者也。故俄人不謀暴動則已苟其謀之勢不得不在京師以外即此一端罔已犯歷史上革命家之第一忌故一八七〇至一

八七七年之間南俄及波蘭諸地蜂起者凡二十八次無一能支一月以上者虛無黨以屢經試驗屢經失敗之餘而不得不思變計則地理上使然也

第三　凡欲暴動不得不藉多數之景從法蘭西之大革命也實巴黎全市民乃至法國全國民皆狂沸而表同情者也俄羅斯情勢則異是彼虛無黨以數年之間謀弑其王者十二次敵黨之斃於其手者百數十人轟動五陸談虎色變皮相者或以爲其黨員必徧於全國而不知乃僅區區千數百人也其在游說煽動時期亦嘗汲汲以擴張黨勢爲獨一無二之手段故續學青年輕盈閨秀變職業易服裝以入於農工社會欲以行其志者所在而有而收效不能如其所期彼等常多著俗語短篇之小說且散布且演繹終不能鑿愚氓之臆而注入之史家記某黨員所演「大將與農夫」一故事其例證矣某虛無黨員。游說于一村落。集羣農演說。爲寓言以曉之曰。嘗有大將二人。失路入一荒島。時已暮。偶見一農夫。偃臥隴畔。輒蹴使起。曰、余等方飢。汝乃酣臥。不爲我服役耶。農人乃起。爲拾野菓捕山鳥。羅列燔炙而供養之。夜間兩大將恐農人之他遁也。縛諸樹焉。明晨釋之。復使操作。如是者數日夜。大將思歸、又督令彼農爲造舟。送之於彼得堡。瀕行。僅賞一杯火酒以當薪金云云。彼黨員之演此故事。欲使農民生憤心也。乃羣農聽畢。咸張口大笑曰。以大將之貴。猶待養於吾儕。咸欣欣有喜色焉。某黨員索然而返。夫彼志士之擲頭顱注血汗以欲有所易者非爲一己爲彼大多數之氓蚩耳而彼大多數者匪惟不相應援而仇視者且十而八九焉「急雨渡春江狂風入秋海辛苦總爲君可憐君不解」此運動家所最爲嘔心最爲短氣而其甘苦固不足爲外人道也俄羅斯之上等社會與下等社會其思想濬絕不通殆若兩國然彼虛無黨常以人民之友自楬櫫者也而與之表同情者仍在上中等社會而所謂普通之人民覺視之者比比然焉於此而欲號召之以起革命其亦難矣且其民富於尊皇心視「沙」（俄皇之號）若神聖終非尋常口舌之所可動故彼黨員往往託皇帝之密使冀以爲煽動之具（一八七九年。有一新立之祕密結社。員數約千人。農民居十之八九。政府逮捕鞫問之。則其人皆言皇帝有密使告彼等。謂自欲實行均分土地之政。爲貴族所抗。不得其志。使農民自團結以與貴族爭奪云云。）然其所成就亦至有限故夫彼等雖欲暴動而無其儔則民情之爲之也

第四　凡暴動者必藉巨欵苟力不足以傾政府而惟騷擾於一鄉一邑此必非仁人志士倡暴動之本心也既欲傾政府矣就令不敢期於必成也而先毋立於必敗則固不得不預備相當之兵力不徒恃人也而尤恃財於是乎所謂志士者不得不有所仰於人所仰者虛而一切經營終歸無用矣是終不得有自主之權而歲月蹉跎

事率以不辨也。故暴動必藉賴他力。而暗殺則惟賴自力。虛無黨之所以舍彼取此。誠閱歷後之心得使然也。抑虛無黨之籌欵。亦固有術。大率由募集而得者十之一二。由强取而得者十之八九。其强取之術奈何。一曰以匿名迫索之書函。致於當道貴族及頑固之財產家以行威嚇也。一曰用穿窬手段。篡取公家之帑藏也。其最著者如一八七九年。穴隧道以破卡哥爾之金庫。一舉而得百五十萬盧布。是其例矣。顧吾等有不可不注意者一事。即此等籌欵之方法。皆自一八七七年以後而始得行。是也。此其故何也。曰此等手段。必與暗殺手段相狼狽。而非泛泛然以口舌煽暴動者所能有也。且即以其所得之欵。亦祇足以供暗殺之目的。而不足以供暴動之目的。即彼等於一八七九年七月及十一月。三次裝置地雷。謀刺俄皇。其所費已及十萬佛郎以上。卒猶未成。而他次更倍是。故當一八七六年。「拿羅德拿倭利亞赤十字會」(按)此亦虛無黨所起之會以籌欵者。其綱領云。凡人類之思想及良心自由。蒙有形無形之阻害者。本會匡救之。以此名義。募貲於俄國及西歐各國。之首領秋拉羅弗。嘗警告其黨員云。『以十桿毛瑟之價。足以製一炸彈而有餘。以五百桿毛瑟之費。足以安置一地雷而有餘。而一炸彈一地雷之効力。終非區區數百毛瑟所能及』因極言黨論不一久誤方針耗費資財而事終不一就實爲民黨最大之弱點此誠非久於其事者不能道也故彼等舍煽動而取實行亦財力之爲之也

第五 暴動之不能專賴自力而必兼賴他力者不徒於財爲然耳於人亦然藪聚草澤其最少數亦必須千人以外乃可集事此千人而在山谷耶或可以事前而不爲多魚之漏其奈運械之路絕而流竄之勢窮充其量不過陷數四之州縣糜爛百數十里之生靈則草寇飢民優爲之而何待志士之以全力運動焉若夫在可以接濟可以進取之地集千數百人以上厲兵秣馬而欲爲秘密則亦掩耳盜鈴之類耳質而言之則暴動者萬不能祕密者也彼法蘭西日耳曼意大利前此屢次之暴動大率起於京師及國中最大都會彼始終固未嘗用祕密也因全市民如然如沸之感情偶得一二人一二事爲之導火線是以猝發若乃於邊徼之地爲幽期密約之手段以求逞於一擲未有能濟者也不甯惟是凡欲於其地起暴動者必須其地土著之人有一豪傑焉以爲主動力苟恃外來人入而運動之又未有能濟者也而凡思想開通之地大率不可以起暴動可起暴動之地其思想又大率不開通地與人之

不能相應此眞各國民黨所同病也不甯惟是以外來人入而運動者無論其不能就也即就矣而指揮此暴動軍隊終不得不賴夫與彼相習之土豪而土豪之思想目的其不能與志士相聯合者又十而八九也而志士既賴彼以起即不能不仰其鼻息委蛇而將順之事之不敗者鮮矣質而言之則非有軍令刑殺之權必不能督軍隊以運動者對於被運動者而欲行此權能耶否耶未經閱歷而徒嚚嚚然曰吾欲云云吾欲云云適自表其爲書生之見而已彼虛無黨員大率皆海外之亡命與校舍之學生也彼凡有勢力於一地方可以一嘯聚而千百應者必其在本地方上或以財富而素市儈饋之恩或以豪猾而廣蓄江湖之客者也而惜乎虛無黨員之皆非其人也而彼有此資格有此地位者又不幸而皆於虛無黨所懷抱之主義茫乎未有聞也故虛無黨而不欲暴動則已苟欲暴動則不得不注全副精神以運動彼等而運動之有力與否又質之於我而卒無自主之權以此歲月蹉跎而事又不得辦故彼等幡然改途以爲與其恃人也毋甯恃我竟棄其數十年來夢想之暴動政策則人事之爲之也

第六人心之難測。古今同慨矣。機事之不密也。由敵黨偵探而得者。不過十之一二。由本黨通謀而敗者。恒十之八九。以瑪志尼之精細老練。而猶爲拉摩里那所賣。喪其黨員數十人。（瑪志尼當一八三三年欲起事自以不諳兵略委權於黨中之拉摩里那將軍拉氏者父法人母意大利人曾以助波蘭獨立軍得盛名者也拉氏言其部下在法者一呼可得萬人瑪氏遂以數年運動所得之資金四萬佛郎一舉而授之約以十月拉黨自外來瑪黨自內應遲之十一月十二月竟不至卒乃拉氏泄其謀於法政府瑪黨被逮者四十餘人）故欲爲秘密舉動者。少一人知。則少一人之害。而暴動者。則最少非千數百人以上。不能爲功者也。此千數百人。雖不必自始而預聞機謀。然當將動之際。在一月半月以前。必有所知此又斷不能避者也。而千人中有一奸細。則大局已懸於其手。此在東方各國。或猶未甚。若以俄羅斯警察制度之嚴密。此最不可不慮者也。夫暗殺則亦非不慮此矣而要其共謀者不過數人。乃至十數人而已。足爲其相結既深。其相制亦易。故彼黨自一八七六年以後。其戮本黨之奸細者。固亦屢見不一見。而事可以不大敗。若夫二十八次之暴動。則旋起而旋滅者。居其三之二。未起而先破者。居其三之一。彼黨人其有所鑒矣。惟其黨員之寥寥少數。正其黨勢之所由鞏固也。則內團作用之爲之也。

吾以此六者觀察虛無黨手段變遷之原因。吾以爲雖不中不遠矣。夫虛無黨者發願流血以救衆生者也。而自一八七七年以前。民賊流志士之血者黨獄數十次。人數千百計。而志士流民賊之血者不得一度。不得一人。彼民賊者自顧勢力如此其强。而彼小醜跳梁者之終不可以逞志又如此其明白也。則亦高枕爲樂。謂莫余毒也已。而豈料其方針一變。風行雷厲。舉所謂第三局長官警察總監者斮戮纍仆。馴乃至神聖不可侵犯之「沙」亦與查理士第一路易第十六同一結果。自是而民意黨實行委員以露布喩亞歷山大第三矣。自是而亞歷山大第三以憂鬱怔忡亡矣。自是而尼古拉第二下令赦國事犯。而改正地方自治案矣。故虛無黨最後之手段。實對於俄羅斯政府最適之手段。而亦獨一無二之手段也。嗚呼偉矣。

或曰。虛無黨此等之手段。可以公言之而無憚乎。曰無憚也。自一八七七年以後。俄國政府亦孰不知虛無黨之執此方針者。使知之而可以撲滅。可以規避也。則亞歷山大第二經一二三四五乃至十一次博浪之警。宜其一八八一年三月之凶變。可無見矣。而竟若此。即今皇在儲貳時。非亦幸而免耶。而去年內務大臣、卡弗總督、彼得堡府尹、之噩耗。亦且絡繹也。故夫暴動者。宗旨與手段兩不得祕密者也。暗殺者。手段較易祕密而宗旨則竟不必祕密者也。虛無黨於諸種手段之中淘汰而獨存此最優勝者。可謂快事。可謂快人。

今又勿論其成就之難易。惟以結果所得論之。則暴動與暗殺二者。於俄國之前途孰利。曰使其暴動能如法蘭西之革命。遂直取政府而代之。則新理想直可以湧現。可以實行。今則雖去一帝者及其重臣百數十。而自由政治。尚邈乎未有其期。以此言之。謂暴動之結果優於暗殺可也。雖然暴動若成。其勢不得不出於共和。以俄羅斯之地勢。能行共和乎。以俄羅斯之民俗。能行共和乎。此又天下萬國所不敢輕許者也。既不能行共和。則革命後之現象。能有以愈於今日者幾何。以此言之。則謂暗殺之結果優於暴動亦可也。且俄羅斯暗殺之事。所以屢試而大效未覩者。因其貴族所處之勢騎虎難下。而虛無黨所希望又多屬萬難實行耳。何也。虛無黨持均富主義。務取土地所有權而變易之。彼貴族若降心相從。則不惟失其政治之勢力而已。而又將失其衣食之源泉。其不得不竭全力以相抵抗。勢使然也。若在他國者。其憑高位擁厚權之人大率皆飫肥甘御輕煖擁姬妾宜子孫置田廬長僮僕苟遇盤根錯節奉身而退其肥甘輕煖姬妾子孫田廬僮僕自若也若貪戀勢位以遭不測則其所享受者與其能享受者同時俱亡夫孰不惴惴而思避也故使虛無黨之敵之地位而非若彼也則虛無黨奏凱歌之時盖已久矣

虛無黨之手段吾所欽佩。若其主義則吾所不敢贊同也。彼黨之宗旨。以無政府爲究竟。吾聞之邊沁曰『政府者害物也。然以其可以已他害之更大者。故過而廢之。甯過而存之』。持消極論以衡政府。亦不過至是而止矣。如必曰無之則豈有無政府而能立於今日之世界者。豈惟今日。雖至大同太平以後。亦固有所不可也。故以近世社會主義者流。以最平等之理想爲目的。仍不得不以最專制之集權爲經行。誠以無政府者。不徒非人道。抑亦非天性也。若其共產均富之主義。則久已爲生計學者所駁倒。盡人而知其非。更無待喋喋焉矣。更申言之。則虛無黨之爭點。起於生計問題而非起於政治問題。其黨之所以能擴張者在此。其黨之所以難成就者亦在此。雖然此不過一八七七年以前耳。迨暗殺之方針既定。其大勢固已全傾於政治。暗殺者。在政治上求權利之意味也以建設思想而代破壞思想之表徵也觀亞歷第二遇害後民意黨實行委員所上亞歷第三書可以知其意之所存矣（原書甚長。此文乃論虛無黨。非爲虛無黨作歷史。故不譯載。）其書末所要求兩大端則(一)大赦國事犯。(二)開代議院行普通選擧法也。其附屬之保障。則出版自由言論自由集會自由選擧演說自由也。皆含政治上和平改革之意味。所謂無政府。所謂土地均分者。已不置一辭矣。此亦虛無黨之一進化也

(附注)余於虛無黨所觀察。尚有多端。他日再發表之。

歷史

中國人種攷（續前號）

觀雲

亞西之種族

約當西紀前三千年至四千年之頃於美索不達尼亞之平原建設幾多之王國爲太古時代放有歷史之光彩者是固何種族乎則所稱爲塞米的 Semitic 人種是也雖然此美索不達尼亞之地初非塞米的人爲原始之住民於塞米的人未至以前已早有種族之蔓衍而其開化之程度獨早實可爲塞米的人文明之導師者是又何種族乎則所稱爲屬丟那尼安 Turanais 人種之思米爾 Sumeria 與阿加逖 Akkadia 人種是也

此屬丟那尼安之思米爾與阿加逖人種者其原始之祖國當從中亞洲之山間來於其所使用之言語中有金屬之名稱故知其原居之當屬山地無椰子之名稱故又知其原居之不在熱帶而其人種展布之順序從裏海之南亘靏南以迄波斯海灣而美索不達尼亞西部之哈倫 Harran 亦爲是人種所建設大勢可分爲南北二部南部者

稱思米爾人北部者稱阿加逖人思米爾人者蓋先阿加逖人由北方而移植南方者也於太古時代所稱爲象形楔形之文字者早由其人種於在靄南時所創造其後乃傳於塞米的人或者又流入埃及而爲畫文字之祖蓋開西亞文明之權輿者固不得不歸之於是人種也

塞米的人種於未入迦勒底以前當屬純然游牧之民族住天幕之內而不識耕作之事故始至之王號凝託者有神獵 Bilu-sipru 王之名於入迦勒底後盡學其原始住民之文學及技藝而原始住民之勢力反爲此新入種族所壓倒觀於塞米的人始入迦勒底時其初代建國當用原居人種之言語至數世之後而塞米的人之言語幾統一迦勒底而廢原居人之言語而不用蓋思米爾與阿加逖人種者長文藝而不長於軍事及政治故不能與塞米的人種抗而終受其統轄雖然以文明論之則思米爾與阿加逖人者固遠出塞米的人種之上而塞米的人之文明寧可謂爲思米爾與阿加逖人文明之產兒也

美索不達尼亞之平原於太古時代諸國散列其在北部有若錫伯蘭 Sippara 及巴比

崙而稱爲阿加陀 Accad 阿加埭 Acada 盖爲高地住民之名其在南部有若愛雷克 Erech 蘭薩 Larsa 或者吾爾 Ur 而稱爲思米爾 Sumer 若者西那爾 Shinar 思米爾者黑面之國之義此等分散諸國於塞米的人種移來前後之時均不相統一若阿加台若喀克若愛雷克若吾爾若蘭薩諸國名皆見於塞米的人種入居之後或者幾多爲塞米的人所創設與爲塞米的人所征服之國至阿加台之王莎公一世者以文治武功著稱於一世始謀統一諸國然未能成其事莎公一世約當西紀前之三千八百年而塞米的人種之始入迦勒底約當西紀前之四千年也

莎公一世者屬塞米的人種當其在位之時大獎勵文化凡阿加逖思米爾人所有宗敎神話天文等諸文學之書悉以塞米的語繙譯而建設大圖書館以藏儲之其後亞述人文化盖多得此圖書館之力而希臘人所轉譯之天文及占星書七十二卷亦皆由此出又編纂阿加逖人種所用言語之字典以便學者之研求而爲化異族人之法移住其人種使散居各處與土人雜居而漸脫其故鄉之風俗習慣與歷史之觀念（按美索不達尼亞前後諸國多統合幾多之人種而成僅以外部之勢力相約束而內無人種上共同一致之關係故國基脆弱不久解散觀於此而知民族國家主義其義爲不可廢矣）盖自塞米的人

入迦勒底後若莎公一世者固所謂傑出之王也

莎公一世雖多赫赫之功業而統一迦勒底之事尚不能告成功其後於下迦勒底有以吾爾爲首府之王名烏雷安者始得統一諸國而此烏雷安王之時代約當西紀前之二千八百年也

距烏雷安王數百年後有從迦勒底之東北起自莎峻山麓進取詩賽爲首府而建靄南王國屬丟那尼安人種其王名廓特奈亨臺 Kudur Nakhunte 者反抗吾爾王朝用兵於迦勒底陷莎公以下諸王所建設之市而取烏雷安王神殿之神像移於詩賽觀其所征伐諸國皆爲塞米的人所建設者而廓特奈亨臺王史稱其屬丟那尼安人種當即爲北部之阿加遜人其用兵也蓋爲種族上之競爭而以復塞米的人侵入之仇由是知上古時代兩民族上之爭鬪不少起仆興滅之事而廓特奈亨臺王之時代約當西紀前之二千二百八十年間也

於古代迦勒底曾有人種一大遷移之事若希伯來人者其酋長亞伯拉罕。率其種族。從其原居之吾爾地方。循幼發拉底河以西。而轉居於迦南。非尼基人者。由波斯灣頭西去。而移住於卡奈安沿海之地。亞述人者。從巴比崙而退於底格里士河畔。建設都市。此人種遷移之原因不外由二大事變而分爲前後二說前者謂爲塞米的人種侵入之時後者謂爲廓特奈亨壘王崛起之事此二說未能遽定要之迦勒底古代有一人種大遷移之時者此固不可動之事實也

阿加迯思米爾者。屬壬那尼安人種。而或有謂與 Finno Tatar 人種爲近。於狀貌爲廣而骨唇厚眼小皮膚呈暗黑色毛髮短促而濃密髭長而直屬烏拉阿爾泰山 Ural-Altae 語系無語尾之變化言語學者謂與今西人所樂爲蒙古種之語言爲同源盖即與今西人所稱爲蒙古種者爲同種也塞米的人種者屬高加索人種之一而即舊約所謂挪亞三子閃之子孫者與阿利安人種爲近近時偉富亨美爾氏攷印度之歐洲種與塞米的種其乳兒之言語多相一致故謂兩種族之本國當日必相隣近又非陀利俾米由雷爾氏謂二者之祖先同一其狀貌顏皆橢圓形巨眼薄唇隆準於古代諸國若猶太人若非尼基亞人若阿刺伯人盖屬塞米的種族而若印度人若希臘人若波斯及羅馬人盖屬阿利安種族也

然則我中國人種。姑以西來之說爲假定。其屬原住迦勒底阿加逖與思米爾之人種乎抑屬後入迦勒底塞米的之人種乎如爲阿加逖與思米爾人也則當屬於丢那尼安之黃人種如爲塞米的人也則與歐洲白人種之系統爲近而據拉克伯里之說以廓特奈亨臺王當中國之黃帝則當屬丢那尼安之阿加逖人種而以迦勒底人種大遷移屬後之一說而言則中國人種之西來蓋出於同一之時期者也

巴克爲當日一都府之名而拉克伯里譯其音以爲巴克種族即中國之所謂百姓二者固甚相近而攷之史謂巴克種族起於裏海之南而廓特奈亨臺王從迦勒底之東北方而起其地望亦當裏海之南今俄人築黑海之裏海間之鐵道由黑海東岸之巴香港而達於裏海岸之巴克又從巴克之裏海有巴克線滊船之航路每週三回此準諸古代之所謂巴克者雖其地域所包賅容或有大小之不同而固同在裏海西南之一隅其名稱亦必傳自古來而至今尚爲有名之區所也

凡兩人種之相處也其一方以血統之不同本無天然親愛之情而又以其言語風俗宗教習慣種種之殊異必有互抱嫌忌而生反感之情致起劇烈之爭鬪其一方以居

處密邇又必有互通婚媾之事而所謂混合之新種族生此新種族大抵兼兩種人之狀貌性質而有之而種族由是而一變當塞米的人入迦勒底時與其原居之阿加遜思米爾人其社會間多錯雜而居遂於數世之後有所謂迦勒底之人生盖以地名名其一新種族之名也論人種者謂居迦勒底之塞米的人不如居亞述之爲純粹塞米的人盖塞米的人本爲强悍游牧之民族富宗敎心而好經商亞述人之性質盖全似之而迦勒底之塞米的人好學問而富文化盖非獨陶鎔於阿加遜思米爾人之氣風而其血緣間亦有與之相混合者顧東來中國之人既稱爲屬巴克之一族而廓特奈亨臺王爲純屬丟那尼安人則於所謂迦勒底之新種族者殆不相涉也

居於迦勒底之北方者尙有所謂康部來Gambulai之種族又太古時代諸多游牧之種族亦羣處於其地若阿倫Aram訥柏Nabath布克陀Pukudu百可陀Pekod等盖是也然是等人種跼處山谷多未脫太古蠻民之風而於迦勒底文明之事業殆屬無甚關係至所謂百姓種族者當其東來中國已全屬文化優等之民則必不出於是等種族之內者當可知也

約當西紀前三四千年之頃埃及王斯內弗爾之時代得紅海頭西乃半島之銅山與鐵山其金屬之出產遠以供給中國印度及其他諸種族所用武器之原料品埃及人得此通商上之巨利遂得建築當日幾多之金字塔而其商賈往來之孔道蓋由中亞細亞集中於波斯灣頭之美索不達尼亞而吾爾實爲商業系統之中心環繞此中心者爲迦勒底諸國故迦勒底之地以道路交通其民族遂多遷移之事而中亞洲一道初不待後世由中國販絲至羅馬（羅馬上等人以着中國絲爲貴服當日中國絲皆由中亞洲取道販往）之隊商而始開則當日百姓民族之東來殆循其固有之道線而初非同鑿空而至者則今日讀史而尚可想像者也

（未完）

趙武靈王傳（附李牧傳）

黃帝以後第一偉人

替广

（一）敘論　痛哉恥哉中國民族之外競史也自商周以來四千餘年北方賤種世世為中國患而我與彼遇劣敗者九而優勝者不及一其稍足為歷史之光者一曰趙武靈二曰秦始三曰漢武四曰宋武（劉裕）如斯而已如斯而已而四役之中其最足為吾儕子孫矜式者惟趙武靈

（二）當時本族之形勢　黃帝以後我族孳乳寖多分布於中原而其勢不相統合雖夏后殷周之盛其元后與羣后皆南面分土而治有不純臣之義所謂大一統者不過一虛名已耳及春秋以降五霸迭興兼并盛行降及戰國繼以七雄凡歷四五百年逮嬴秦興而中國始統於一五霸七雄者實我古代史之帝國主義過渡時代也而其勢愈

搏愈劇。如重學公例所謂物墜空中。愈距地近。而其速率愈增。七雄時代者。實短兵相接。決勝負於一髮之時機也。

羣學公例。惟內力充實。乃能宣洩於外。亦惟外競劇烈。而內力乃以益充。故我民族活潑進取之氣象。惟七雄時代為最盛。皆此之由。

(三)當時外族之形勢 北國之先。其所自出不可深考。史家或以為亦神祖黃帝之支裔。雖然。既竄於異域。與母國殊其語言。殊其風俗。殊其宗教。則已不得謂之為同一民族。自周以來。所謂山戎玁狁者。已世為中國患。驪山之變。為歷史上第一次之國恥。此後雖齊晉繼霸。幷力外攘。而聲威所訖。綦微末矣。卒乃白狄赤狄。盤踞中原。為患心腹。終春秋之世。吾族苦之。然彼族發達甚緩。且散漫不相統紀。猶甚於我。以故主客之勢。猶不相敵。降至戰國。而控弦之種。漸加強盛。所謂匈奴一種屬者。始崛起於北方。史記所謂冠帶之國七。而三國邊於匈奴。即秦趙燕是也。故三國皆築長城以為防。至是而匈奴與中國。殆有不兩立之勢。

(四)趙之地位 自晉悼公和諸戎後。戎翟皆朝於晉。不相侵犯。故中國不病。而狄亦得

「安堵以自强。至周安王時。晉卿趙襄子帥師踰句注。兼戎取代。以攘諸胡。此亦畏偪不得不爾也。而趙與胡之交涉自茲益繁。三卿分晉。趙有代句注以北。而魏有西河上郡。皆與狄界邊。其後秦滅義渠。魏西河上郡入于秦。自此三晉之中。惟趙邊胡。而其所當之衝。視秦燕爲更劇。趙不創胡。胡必弱趙。趙之憂患在是。趙之所以盛强亦在是

(五)武靈王伐胡之預備

(戰國策)武靈王平晝閑居。肥義侍坐曰。王慮世事之變。權甲兵之用。念簡襄之跡。計胡狄之利乎。王曰。嗣立不忘先德。君之道也。錯質務明主之長。臣之論也。(中略)今吾欲繼襄王之業。啓胡翟之鄉。而卒世不見也。敵弱者用力少而功多。可以無盡百姓之勞。而享往古之勳。夫有高世之功者。必負遺俗之累。有獨智之慮者。必被庶人之怨。今吾將胡服騎射以敎百姓。而世必議寡人矣。肥義曰。臣聞之。疑事無功。疑行無名。今王既定負遺俗之累。殆無顧天下之議矣。夫論至德者不和於俗。成大功者不謀於衆。愚者暗於成事。智者見於未萌。王其遂行之。王曰。寡人非疑胡服也。吾恐天下笑之。狂夫之樂。智者哀焉。愚者所笑。賢者戚焉。世有順我者。則胡服之功未可知也。雖驅世以笑我。胡地中山。我必有之。王遂胡服。

欲使外競有力。非舉其國而爲軍國民不可。七雄中實行軍國主義者。惟秦與趙。趙之有武靈。肥義。猶秦之有孝公。商鞅也。而秦之主動力在臣。趙之主動力在君。商君者秦

之俾斯麥而武靈王者趙之大彼得也王之變胡服也凡以爲習騎射之地也以騎射敎百姓所謂舉國民而皆兵之也

(六)輿論之反抗及王之英斷

(戰國策)王使王孫緤告公子成曰寡人胡服且將以朝亦欲叔之服之也家聽於親國聽于君古今之公行也今寡人作敎易服而叔不服恐天下之議之也夫制國有常而利民爲本從政有經而令行爲上故明德在於論賤行政在于信貴今胡服之意非以養欲而樂志也事有所出功有所止事成功立然後德可見也且寡人聞之事利國者行無邪因貴戚者名不累故寡人願慕公叔之義以成胡服之功使緤謁之叔請服焉公子成再拜曰臣固聞王之胡服也不佞寢疾不能趨走是以不先進王今命之臣固敢竭其愚忠臣聞之中國者聰明睿智之所居也(中略)遠方之所觀赴也蠻夷之所義行也今王釋此而襲遠方之服變古之敎易古之道逆人之心而畔學者離中國臣願大王圖之

使者報王王曰吾固聞叔之病也即之公叔成家自請之曰夫服者所以便用也禮者所以便事也是以聖人觀其鄉而順宜因其事而制禮所以利其民而厚其俗也(中畧)是故聖人苟可以利民不一其用果可以便事不同其禮儒者一師而禮異中國同俗而敎離又況山谷之便乎(中略)窮鄉多異曲學多辨不知而不疑異於己而不非者公於求善也今卿之所言者俗也吾之所言者所以制俗也今吾國東有河薄洛之水與齊

中山同之而無舟檝之用自常山以至代上黨東有燕東胡之境西有樓煩秦韓之邊而無騎射之備故寡人。且聚舟檝之用求水居之民以守河薄洛之水變服騎射以備燕參胡樓煩秦韓之邊且昔者簡主不塞晉陽以及上黨。而襄主兼戎取代以攘諸胡。此愚智之所明也。先時中山負齊之强侵掠吾地。係累吾民。引水圍鄗。非社稷之神靈。即鄗幾不守。先王忿之。其怨未能報也。今騎射之服近可以備上黨之形。遠可以報中山之怨。而叔也順中國之俗。以逆簡襄之意。惡變服之名而忘國事之恥。非寡人所望于子。公子成再拜稽首曰。臣愚不達于王之議。敢道世俗之聞。今欲繼簡襄之意。以順先王之志。臣敢不聽令。再拜。乃賜胡服。

凡改革之業最難其利在後愚者弗見知者即或見之而疑慮其成若夫目前之不便則萬衆所共睹也故非智勇兩備者其不挫躓於中途希矣武靈王之大計畫非徒在陸軍也而猶在水師一面廣舟檝之利一面採騎射之長此其政策之全體也彼所以語公子成者。於國勢敵情。洞見無餘蘊矣。而水居之民可以用因騎射之民勢必用創因尚易而創斯難其必汲汲易胡服也固以謀騎射之便利抑亦借此以壹舉國之觀聽而定民志也日本變法時之易服。亦猶此意而已。故以騎射爲其目的而以胡服爲其手段彼其目的已非庸衆所得喻況於手段其駭必更倍蓰矣王固知之而必厲行之此所謂智勇俱備者也商鞅爲輿論所反對。而以威力屈之。武靈爲輿論所反對。而以理勢服之。雖其所處地位各不同。而武靈之手段固高鞅一籌矣。法行自貴近始。此兩君所同認也。乃鞅則罰太子而刑師傅。武靈則先施於公叔而禮下之。公叔變而舉國皆變。其政略豈不亦遠耶。史復載趙文趙造周紹趙燕與王爭辯胡服。其論甚詳。周紹之言曰「舉國未通於王之胡服」觀此亦可見當時全國輿論譁囂之一斑也。文繁不復具引。

當時反對論。非徒在胡服也。而並在騎射。試以史文證之。

(戰國策)王破原陽以爲騎邑。牛贊諫曰。國有固籍。兵有常經。變籍則亂。失經則弱。今王破原陽以爲騎邑。是變籍而棄經也。且習其兵者輕其敵。便其用者易其難。今民便其用而王變之。是損君而弱國也。故利不百者不變俗。功不什者不易器。今王破卒散兵以奉騎射。臣恐攻獲之利。不如其所失之費也。王曰。古今異利。遠近易用。故賢人觀時而不觀于時。制兵而不制于兵。子知官府之籍。不知器械之利。知甲兵之用。不知陰陽之宜。故兵不當於用。何兵之不可易。教不便於事。何俗之不可變。今重甲循兵不可以踰險。仁義道德不可以來朝。吾聞信不棄功。智不遺時。今子以官府之籍。亂寡人之事。非子所知。牛贊再拜稽首曰。臣敢不聽令乎。遂胡服率騎入胡。出於遺遺之門。踰九限之固。絕五徑之險。至胡中辟地千里。

(七)武靈王之成功　王以其遠大之政策。英鷙之材略。冒萬險。犯萬難。以實行軍國民主義卒能使貴族服其教黎元化其俗十年之間四征八討使趙爲當時一等國揚我民俗聲威於域外前乎此者爲山甫方叔之所不能及後乎此者爲蒙恬衛青之所不能幾本族歷史名譽之紀念以此爲最今据史記略次其年表如下

武靈王即位八年五國相王趙獨否曰無其實敢處其名乎令國人謂已曰君

十七年王出九門爲野臺以望齊中山之境

十九年正月大朝信宮召胞義與議天下五日而畢遂下令易胡服改兵制習騎射

同年北略中山之地至于房子遂之代北至無窮之門西至河登黃華之上

二十年王略中山地至甯葭西略胡地至楡中林胡王獻馬歸使樓緩之秦仇液之韓王賁之楚富丁之魏趙爵之齊代相趙固主胡致其兵

二十一年攻中山趙袑爲右軍許鈞爲左軍公子章爲中軍王幷將之牛翦將車騎合軍曲陽攻取丹丘華陽鴟之塞王軍取鄗石邑封龍東垣中山獻四邑請和王許之罷兵

二十三年復攻中山

二十四年牛替胡服率騎入胡出於遺遺之門踰九限之固絕五徑之險至胡中辟地千里

二十六年復攻中山攘地北至燕代西至雲中九原

傳記

二十七年。五月。大朝於東宮。傳國。立王子何爲王。是爲惠文王。武靈王自號主父。
惠文王二年。主父行新地。遂出代。西遇樓煩王於西河而致其兵。
三年。主父滅中山。遷其王於膚施。起靈壽。北地方從代道大通。還歸。行賞。大赦。置酒。酺五日。

吾述武靈王之偉業。有欲求讀者注意深察者一事。曰王之兵力所加。皆在異種而非同種是也。王所侵略者。曰中山。曰林胡。曰樓煩。樓煩在今代州北三十里。即匈奴所居地。林胡在今陝西榆林鎭東北四百五十里。種以胡名。此兩者之爲異族。衆所共知也。若中山。即春秋時之鮮虞。爲白狄別種。春秋末最强。晉屢伐之不得志。武靈王以十餘年。全國之兵力。僅乃滅之。於是今保定大同宣化諸地。始隸內版。使無趙武靈王。則冒頓平城之禍。或不待漢高之時而已見於中國。蓋未可知耳。唐人詩云。『若使龍城飛將在。不敎胡馬度陰山』弔古撫今。感慨係之矣。

武靈王舉動之尤奇特者。則棄萬乘之尊而自從事於戰陣是也。

（史記趙世家）武靈王自號爲主父。欲令子主治國。而身胡服。將士大夫。西北略胡地。而欲從雲中九原直南襲秦。於是詐自爲使者入秦。秦昭王不知。已而怪其狀甚偉。非人臣之度。使人逐之。而主父馳已脫關矣。審問之。乃主父也。秦人大驚。主父所以入秦者。欲自略地形。因觀秦王之爲人也。

五七七八 八

於戲。此等舉動。豈不壯哉。豈不偉哉。使主父而永其年。則一統之業。其將不在秦而在趙。而白登之金繒。甘泉之烽火。或遂不至爲我國史汚也。而乃亢龍有悔。遺恨於沙丘。鸜鵒能言。齎志於餧穀大業之就。雖曰人事。豈非天命耶。嗚呼。

（八）結論　國史氏曰。論者或以爲國民之性質。全由地理上遺傳上所限定。謂吾國民之文弱。其天性也。嘻、何爲其然。觀於武靈王時代之趙國。雖泰西之斯巴達。何以尙之。夫非猶是吾輩之祖宗也歟。朔方健兒。好身手。昔何勇銳。今何愚故。知黎民於變。放勳所以光被。遐不作人。周王所以壽考。齊桓好紫。一國易服。豐沛之間。羣兒相埋一二。英雄以右武精神鼓舞而左右之。舉國靡然。今猶昔耳。嗚呼。使武靈王而在今日者。德皇維廉第二。瞠乎後哉。武靈王卒後二十餘年。而趙將有李牧。

李牧傳（附）

（史記李牧傳）李牧。趙北邊良將也。常居代雁門備匈奴。以便宜置吏。市租皆輸入幕府。爲士卒費。日擊數牛饗士。習騎射。謹烽火。多閒諜。厚遇戰士。爲約曰。匈奴即入盜急人收保。有敢捕虜者斬。匈奴每入烽火謹輒入收保不敢戰。如是者數歲。亦不亡失然匈奴以李牧爲怯。雖趙邊兵。亦以爲吾將怯。趙王讓李牧。李牧如故。趙王怒召之。使他人代將。歲餘匈奴每來出戰。出戰數失利。失亡多。邊不得田畜。復請李牧。牧杜門不出。固稱疾。趙王乃復强起使將兵。牧曰。王必用臣。臣如前。乃敢奉令。王許之。李牧至。如故約。匈奴數歲無所得。終以爲怯。邊士日得賞賜而不用。皆願一戰。於是乃具選車得三百乘。選騎得萬三千匹。百金之士五萬人。彀者（索隱云謂能射者也）十萬人。悉勒習戰。大縱畜牧。人民滿野。匈奴小入。佯北不勝。以數千人委之。單于聞之。大率衆來入。李牧多爲奇陳。張左右翼擊之。大破殺匈奴十餘萬騎。滅襜襤。破東胡。降林胡。單于奔走。其後十餘歲。匈奴不敢近趙邊城（史記馮唐傳）當是之時。趙幾霸。其後會趙王遷立。其母倡也。乃用郭開讒。卒誅李牧。令顏聚代之。是以兵破士北。爲秦所禽滅。

國史氏曰。古稱兵法有守如處子。出如脫兎者。豈李牧之謂耶。漢文時。匈奴數爲邊患苦。烽騎至候甘泉。景帝乃納晁錯納粟拜爵徙民實邊以屯爲兵之議。而匈奴勢乃少殺。殆今世所謂武裝的平和非耶。未幾而孝武卒用其力。命將出師。逐北千里。致漠南無王庭呼韓邪以後而冒頓之裔且俛首歸命於我大邦矣漢世孝文孝景孝武三代之境遇之軍畧李牧以一身備之茂陵之聞而搏髀也宜哉抑李牧之人格武靈王之教育所產出也李牧之功業武靈王之經營所留貽也一夫善射百夫決拾英雄之澤數世未斬盛矣夫

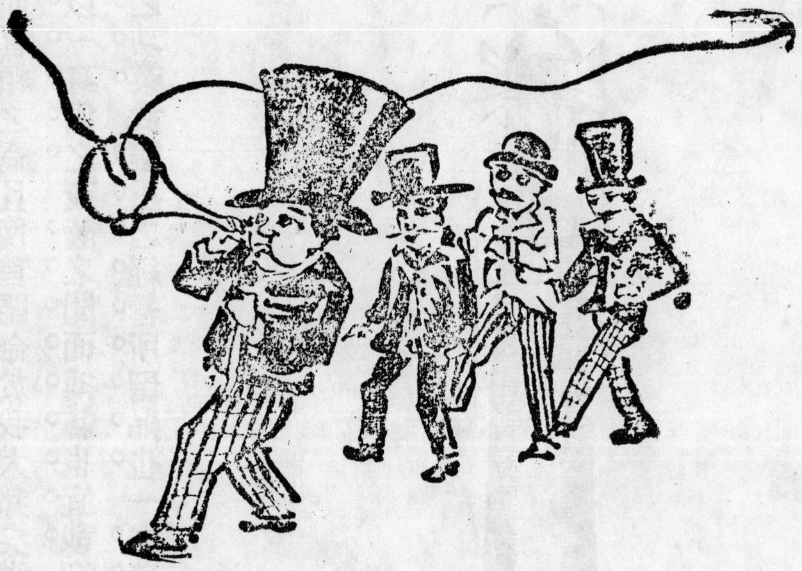

生計

中國之新民

二十世紀之巨靈　托辣斯

（一）發端

新民子曰。豈不異哉。豈不異哉。不及百年。全世界之政治界。將僅餘數大國。不及五十年。全世界之生計界。將僅餘數十大公司。

斯賓塞言。野蠻之羣。以產業機關爲武備機關之供給物。文明之羣。以武備機關爲產業機關之保護物。吾以爲文明之極。則豈惟武備機關爲然耳。乃至政治上一切機關悉爲保障生產之一附庸。故觀二十世紀以後世界之大勢者。則亦於其生產機關焉可耳。吾自美國來。吾請語彼中生計界新飛躍之一魔王曰「托辣斯」

（二）托辣斯發生之原因

世界事物蕃變之狀態萬。而貫之之大理一。一者何。曰物競天擇適者生存是也。曷爲適曷爲不適曰因於時而殊因於地而殊故或內競而適或內競而不適夫競者對外之意義也。然則曷云內競而亦適曰凡么匿（謂箇體）弱者其拓都（謂羣體）必不能強欲么匿強不可不充其發達之力量內競者凡以達此目的也是之謂適及競之既極而無所以統合之則不惟對外無力而內部亦將自儆是之謂不適由前之說故箇人主義自由主義尙焉由後之說故集權主義干涉主義尙焉此兩者遞相引迭相勝如波折如循環歷史之奇觀莫大於是在政治界有然在生計界亦有然

自十八世紀中葉以後。箇人自由主義日盛一日。吾昔以爲由干涉而自由進化之原則也既自由矣則斷無退而復返於干涉之理及觀近二十年來世界大勢之傾向而不禁爽然以驚也夫帝國主義也社會主義也一則爲政府當道之所憑藉一則爲勞動貧民之所執持其性質本絕相反也而其實行之方法一皆以干涉爲究竟故現代所謂最新之學說駸駸乎幾悉還十六七世紀之舊而純爲十九世紀之反動嘻社會進行之線路誰能畫之誰能測之豈有他哉亦緣夫時之適不適而已喩斯理也乃可以觀察托辣斯矣。

托辣斯烏乎起起於自由競爭之極敝當十六七世紀時生計學上重金主義盛行法之哥巴英之克林威爾等皆厲行干涉國以驟强全歐艷之轉相倣效既而不勝其敝逮十八世紀之半重農派之學說起頗倡自由斯密亞丹原富出益暢斯旨自是政治上社會上皆起大革命而生計問題實爲之原百年以來「自由競爭」(Free Competition)一語幾爲計學家之金科玉律故於國際之通商自由也於國內之交易自由也於生產製造販賣種種營業自由也勞力者以自由而勤動資本家以自由而放資上自政府下及民間凡一切生計政策罔不出於自由斯密氏所謂供求相劑任物自己而二者常趨於平(參觀本報第十九號第八九葉生計學沿革小史第九章)此實自由競爭根本之理論也故此競爭行則生產家不得不改良其物品低廉其物價以爭販路以是之故不得不求節減其生產費擴充其生產力復以是故新式機器之發明技術意匠之進步相緣而生焉以物價之低廉也增加需用者之購買力以物品之改良也增加其物之利用價値以汲汲謀擴張販路也故交通機關(即輪船鐵路等)隨而擴張而供給日以普及復以是故生產家之規模愈大其所需勞力愈多勞力多需則庸率愈騰庸率騰而勞動社會之精神形質俱

以進步復以是故製造家之需原料品也愈渴競於購買故原料價騰價騰故農虞諸業皆食其利如此則於全國全社會種種方面互添活力而幸福遂以驟進論者謂十九世紀之文明無一不受自由競爭之賜非過言也雖然天下事利之與弊每相倚伏。自由競爭之過度。其病國病羣也。忽又出前賢意計之外自機器大興生產力驟增而消費力（即買物者）歲進之速率不足以應之於是生產過羨物價下落不知所屆小資本家紛紛倒閉而大資本家亦綦憊矣然其敝固不徒在資本家而已即勞力者亦隨而殃及何以故以競爭之故勢不能不廉其價以網顧客然欲以廉價而購原料品勢固有所不可也則不得不減勞力者之庸率而延長其操作之時刻或用婦女兒童使爲過度之勤動彼非必好爲若是而爲達競爭之目的迫之不得不爾爾也加以小資本家力不克任相次倒閉弱肉強食兼幷盛行於是生計界之秩序破壞勞力者往往忽失餬口之路勢亦不得不乞憐於彼之能堪劇爭之大資本家故大資本家從而壟斷焉庸率任意尅減而勞力者病物品復趨粗惡而消費者病原料任其獨占而生產者亦病此近世貧富兩級之人所以日日衝突而社會問題所由起也於斯時也乃舉天下厭倦自由而復謳歌干涉故於學理上而產出所謂社會主義者於事實上而產出所謂托辣斯者社會主義者自由競爭反動之結果托辣斯者自由競爭反動之過渡也」曷云托辣斯爲反動之過渡也。托辣斯者實「自由合意的干涉」也自機器之製造日益精。運輸之交通日益便。而競爭日劇一日。如上節所云物品務改良。物價務低減。於斯時也。營業家不能不一改其目的。不求利益之高也而惟求利益之多即昔者以每月千金之產物能博百金之贏利者今已不可復望毋甯以每月萬金之產物而求博五六百金之贏利故生產物不能不增加實此趨勢迫之使然也。於此時也而欲占優勝之位置。則其必需之能力有數端。（一）必置備最大最新最良最敏之機器（二）必使用多數精練之職工乃能利用此機器而節減生產費（三）必需用原料品愈多然後購買之時其價能較廉（四）必資本大信用堅然後欲借外債其息較微（五）必資本大然後機器及工場乃可以隨時進步改良（六）必設法利用廢物製造所謂補助物品副產物品者（詳下節）然後勞費少而結果多（七）必設法使分業以愈趨精密職工盡其所長（八）必設法節減販賣費用而因以侵略外國市場以此八端故非有大資本者不能優勝於競爭至易明也十九世紀百年間箇人獨立之小商漸次絕跡相率而走集於有限公司（日本所謂株式會社）之旗下皆此之由於是而第三等之工業全敗雖然有限公司者其大小亦無定形也以十萬者與百萬者遇而十萬者必不支以百萬者與千萬者遇而百萬者亦終必不支其現象誠有如哲學家費息特所謂大食小大復食大者於是而第二等之工業亦將全敗於斯時也生計界之恐慌不可思議而全社會必受其病故非有所以聯合之而調和之則流弊遂不知所屆此托辣斯之所由起也

（三）托辣斯之意義及其沿革

托辣斯者原語為Trust。譯言信也。此語何以變為生計上一特別新名詞。蓋多數之有限公司互相聯合而以其全權委諸少數之人為眾所信用者故得是名（西律凡承受遺產之人。未成年。或有疾不能自理事者。則任托一人為之代理。其人亦名托辣斯梯。）今略述其組織方法可分四種。

（一）以數公司股票之過半數委托於眾所信用之「托辣斯梯」（Trusty）數人。此「托辣斯梯」則以「托辣斯證券」付諸股東而代理其股東權利或由直接或由間接以督辦各公司事業而統一之各公司之贏利俱集於「托辣斯梯」之手按證券均分之。

（二）以數公司股票之全部悉納於「托辣斯梯」之手各公司之舊業由「托辣斯梯」估價舊股東除領受「托辣斯証券」外仍有權使「托辣斯梯」負擔保之責任。

（三）以數公司之財產悉納於「托辣斯梯」之手前股東惟受證券無他契約。

（四）新設立一公司將舊有數公司之土地工廠機器棧房一切流通資本一切客路乃至種種權利悉行買收別以新公司之股票給之雖然此新公司不過一名號其實則以新股票與舊股票交換而已。

觀此則托辣斯之性質可見一斑矣故生計界組織進化之現象與政治界殆絕相類。試以美國民族發達之跡比例之其初小工小商各以自力營生如殖民時代箇箇獨立也及進而爲有限公司則如分治時代合多數之箇人多數之家族而成一州一省也更進而爲托辣斯則如聯邦時代合併各州各省而成一中央大帝國也吾故曰托辣斯者生計界之帝國主義也夫政治界之必趨於帝國主義與生計界之必趨於托辣斯皆物競天擇自然之運不得不爾而淺見者從而駭之從而尼之抑亦陋矣問者曰。子言托辣斯所以救自由競爭之極敝。今若此。是亦以更大之資本。與彼次大之資本相競爭耳。而何救之可云。曰是其性質不同。彼以更大之資本而立新公司者。非使他公司斃於其馬前而不能自立也。托辣斯者是使舊有之諸公司。悉逃其害而共蒙其利也。(其不肯加入托辣斯者不在此例)故托辣斯者。平和之戰爭而自由合意之干涉也。

托辣斯之成立。聳動一世耳目者。自一八八二年美國之煤油托辣斯始。其翌年亞美利加綿油托辣斯繼之。一八八七年。蔗釀托辣斯砂糖托辣斯繼之。故謂托辣斯爲美國之特產物可也。雖然其起源已甚古。英國當拿破侖戰爭前後。煤礦公司各股東。既有相聯合公定價格之事。其他各種產業。亦次第聯行。前王佐治第三之世。曾以法律禁止之。而奥大利一七五二年修正之刑法。且有禁生計上結集托辣斯之事。然則此物之出現於世界。已在百五十年以前。而當時既有不勝其弊者矣。顧前此組織不完。勢力不固。無足道者。自煤油砂糖兩托辣斯成立後。其勢乃披靡於全美。踵起者歲不絕。於是國中小資本家及勞力者。蒙一時直接之損害。乃囂囂然共鳴其非。一部分之學者、及政治家、和之。故自一八九三年以來托辣斯之左右袒實爲美國第一大問題而禁遏托辣斯之法律遂陸續發布今述其沿革概略如下。

一八八二年　煤油托辣斯成

一八八三年　國會議員設立一托辣斯調查會

一八八五年　紐約省開一托辣斯反對會以滿場一致決議上書於政府

一八八七年　政府頒法律令鐵路公司不許以特別廉價運送托辣斯貨物

一八八九年　康沙士省米因省始發布禁止托辣斯之法律

一八九〇年　愛和華、庚達奇、路易查拿諸省發布禁止托辣斯之法律

一八九一年　阿拉巴馬、伊魯女士諸省發布禁止托辣斯之法律

一八九二年　紐約省發布禁止托辣斯之法律

一八九三年　倭克拉哈馬省發布禁止法律……中央政府亦下令凡營業家以聯合手段限制自由競爭使物價騰踊者科五千元至一萬元之罰金處五年至十年之禁錮刑

一八九六年　佐治亞省發布禁止法律……阿拉巴馬省修正禁止法律

一八九七年　汶天拿省尼布拉士加省南哥羅利拿省南德哥克省狄尼士省同發布禁止法律

一八九八年　姚達省阿哈哟省阿康沙省同發布禁止法律

一八九九年　米志康省米拿梭達省北哥羅利拿省北德哥克省特沙士省同發布禁止法律……紐約省修正禁止法律

一九〇〇年　密士瑟必省威士康臣省發布禁止法律……衆國中央政府發布托辣斯救濟法案凡五條改從前禁遏手段爲改良監督手段且改正憲法以托辣斯處分權畀諸議會

自一八八三年至前世紀之末歲爲美國反對托辣斯最劇烈時代。雖然非惟不能遏絕也。而發達滔滔。日益加甚。亦可知天演自然之力終非以人事所能逆抗也以政府之禁也故不爲正式之發達而爲變形之發達變形之發達奈何即前所述第四種之組織方法是也其名則有限公司其實則托辣斯自一八八五年以後之托辣斯大率皆採此方法而成立者也

今[illegible]生計九九年以前美國所設立之托辣斯及其所合併之公司。舉其重要者爲表如下。

（托辣斯名稱）	（合併公司數）
庚達奇省釀造公司	五十七
美國農產公司	二十三

國民壁紙製造公司	三十
昇降機器製造公司	十三
美國煉瓦石製造公司	細約全市同業合併
美國錫箔製造公司	三百三十製造局合併
美國綿油製造公司	百二十三
國民餅乾製造公司	全國大製造所十分之九
國民製粉公司	二十
美國麻油製造公司	八十二
製紙公司	三十五
國民革囊製造公司	全國同業之全數世界同業之過半皆合併
製氷公司	十二
製造麥芽公司	三十
格爾哥士製糖公司	全國同業皆合併
萬國製銀公司	二十四
國民製鋼公司	二十

（附注）以上所舉皆資本在二千萬圓以上者。（又）以上所舉皆一八九九年以前成立者。其近四年所續立。別有表在拙箸新大陸游記。茲不另詳。

又將營業之種類。舉其所有托辣斯之數爲表如下。

食品類	十四
釀造品類	十二
烟類	五
紙類	五
織物類	五
皮及樹膠類	五
木品類	二
玻璃及煉瓦類	四
化合品及油類	十一
鋼鐵類	十八
機器及其餘金品類	八
電氣品類	十一

(附注)右表亦舉一八九九年以前者。其以後者別詳新大陸游記中。

以上所舉十三類一百有六所之公司。(實托辣斯)全美國產業之勢力集於是殆過半矣。以視二十年前則全國公司之數幾僅餘百分之二三而此後合併之率日烈一日日急一日近四年來一年之所合併視前此之十年猶將過之自今以往更閱十年則美國全國每一業僅有一托辣斯亦意計中事耳吾故曰。不及五十年全世界之生計界僅餘數十大公司

二十世紀開幕之三年間。美國新成立之大托辣斯。其足使歐洲人乃至全世界人震讋變色者凡三大端。(其一)則鐵路大托辣斯以千九百年成立凡合併十一大公司全美國最大之幹線皆被網羅其線路合計四萬三千三百餘英里(約當中國十五萬里餘)足以繞地球四周其有餘其資本爲美金十萬萬零五千四百餘萬(約當中國通用銀二十萬萬有奇)當中國政府二十年之歲入(其二)則鋼鐵大托辣斯以千九百一年成立凡合併八公司內有三公司。名爲公司。實則托辣斯者。乃前此已合併多數之公司爲小托辣斯。今復合併爲一大托辣斯也。此大托辣斯。以卡匿奇之公司爲中心點。全美國之鋼鐵業。皆歸一統矣。其資本爲美

金十一萬萬零四千五百萬此托辣斯之主權者（即托辣斯梯）其部下職員凡二十五萬有奇（其三）則輪船大托辣斯以千九百二年成立凡合併八大公司有船百十八艘八十八萬一千五百六十二噸英美德三國大西洋航路之船一網而盡黎倫輪船公司者英國最久最大之公司其船之往來大西洋者二十九萬三千餘噸英國百餘年來所以左右海權者實惟此公司是賴今乃一旦而歸諸美國人以爲之「托辣斯梯」當摩爾根（世所稱托辣斯大王者也其畧傳見新大陸游記）之謀創此托辣斯也先至英國與彼公司交涉全英輿論目笑存之乃不數月而事竟成歐洲人之相驚以「美國禍！美國禍!!!」也蓋有由矣外此如銀行托辣斯電報托辣斯今雖未成而機已大動不及五年吾輩可拭目俟矣昔賢詩云『朝辭白帝彩雲間千里江陵一日還』世界壯觀至斯而極

（四）托辣斯獨盛於美國之原因

托辣斯發生之原因第二節既略述之其爲天演之大勢驅迫使然不待問矣顧何以不發生於他國而獨發生於美國蓋亦有故焉今據日本農商務省四年前之報告書譯錄如下。

(一)美國國土廣漠。天然之富源無限。其資本夙闢溢國中。國民營業心最盛。而其民無論作何事業。皆喜新奇。喜雄大。故美國人不以孤獨分立之小事業自滿。天性然也。此實托辣斯之大經營所由起也。

(二)自洛奇佛拉（按）世所稱煤油大王者也之煤油托辣斯。（按）即托辣斯之鼻祖創于一八八二年者也奏非常絕大之成功。舉國豔羨。勢益流行。洛氏之初創斯業也。以一人而專握全國煤油之利權。競爭路絕。而托辣斯享莫大之利。近三年間。（按）此報告在千九百年距今四年前也其股東有百金資本者。歲獲九十四金之贏。其所派利息總額。每年美金九千一百四十萬有奇。以此之故。而洛氏以三十年間。亦自殖富至四萬萬（美金）。諺曰。成功生仿效。洛氏以此空前之勝利。其使美人舉國若狂也亦宜。

(三)美國之保護政策（按）如英國之入口貨物一概免稅是自由政策美國反是是爲保護政策此財政上通用名詞也亦助長托辣斯之一大原因也。增加海關稅率。使外國製造品難以侵入。而藉此以保護本國產業。此實美國年來之國是。而今者共和黨政府所最堅持也。夫托辣斯者所以調和競爭。維持物價者也。使在自由貿易之國。無關稅以相保障。則外國物品。忽乘隙而入。而托辣斯之目的。終不得達。且馴以自斂。故英美同爲資本國。而此現象不先見於英而先現於美。有由來也。

(四)美國以天產原料之豐裕。機器技術之進步。兩者相倚。故其國產業之興。奔軼絕塵。外國貿易歲進。不特凌駕先進國之英吉利而已。自今以往。且將決勝負於世界之市場。而爲其主人。以此之故。故托辣斯者起。節制國內。毋使以自競耗其力。乃一心拚命。以馳逐於世界之舞臺。夫是以此風一開。譁禁者雖多。而遠識之士。固贊成而獎厲之。其氣象且滔滔日進也。

(五)美國之鐵路。如蛛網然。貫通全國。而往往有秘密減價之事。是亦導起托辣斯之一原因也。蓋托辣斯者。合數公司乃至數十公司之力。其所需用之原料。及所製出之物品。以較諸其餘獨立之小公司。自更多量。而彼鐵路者。亦有多數之公司而互相競者也。托辣斯以減價之議。與鐵路公司相交涉。甲公司不應。乙公司將應之。而其利乃歸於乙。鐵路家之不能不生心。亦勢使然矣。故美國政府。雖有嚴禁鐵路公司私減運率之令。而秘密違法之舉動。竟不可得絕。如濱士溫尼亞鐵路與煤油托辣斯所定密約。其一例也。以彼運費之格外低廉。故孤立之事業。終不能與彼聯合者爭。舉國皆折而入於托辣斯。又事勢所必至矣。（未完）

生計

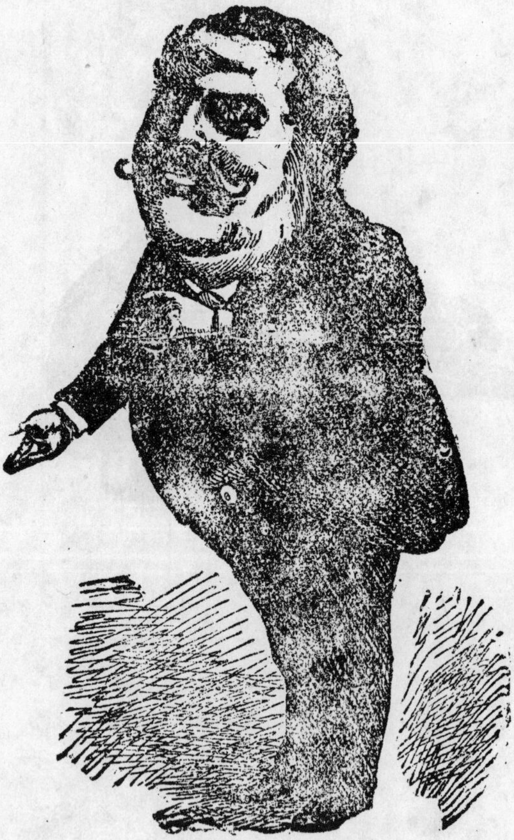

批評門

廣智書局編譯新書目錄

癸卯年出版

日本維新三十年史	一元六角
世界近世史	九角
歐洲十九世紀史	八角
俄羅斯史	八角
英吉利史	七角
中國文明小史	四角
政治學全編	一元五角
政治汎論	二元
政治原論	七角五分
萬國憲法志	五角
憲法精理	五角五分
英國憲法史	一元二角
英國憲法論	六角
國憲汎論	六角
法學通論	三角
國際公法志	五角

中國商務志	四角
歐洲財政史	三角
現今世界大勢論	二角五分
人羣進化論	五角
教育學史	八角
倫理學	六角
家政學	六角五分
福澤諭吉談叢	三角五分
飲冰室文集 白紙	六元五角
飲冰室文集 赤紙	四元五角
李鴻章 洋裝	六角
李鴻章 赤紙	二角
康南海	二角
意大利建國三傑傳	二角五分
飲冰室自由書	四角
修學篇	二角五分
埃及近世史	二角五分
胎內教育	三角

總發行所設上海棋盤街中市

政局時評

(外國之部)

▲俄日之勝敗如何

咄！俄日之戰端開。咄咄‼。俄日之戰端竟開。戰塲在東方本宜日爲主而俄爲客也。乃今次之形勢反是。俄之海軍以旅順口大連灣爲根據地。其陸軍以滿洲全部爲根據地。皆藉負嵎之勢。以臨日本。故自開戰以前。其孰勝孰敗。雖何人所不能論定也。乃甫交綏。未及十日。而日本之海戰一捷於仁川。再捷於旅順。日人之歡欣鼓舞。趾高氣揚。蓋可知矣。今舉其最近戰報所列俄艦之被擊沉被轟破者如下表。(參觀前號俄日海軍力比較表)

(艦名)	(艦種)	(排水噸數)	(速力)
累得威撒	一等戰艦	一二、九〇二	一八
妲咱累威取	同	一二、九三七	一八
波羅堵巴	同	一〇、九六〇	一六、二
巴爾拿達	巡洋艦	六、七三一	二〇
志亞拿	同	六、六三〇	二〇
亞司可爾脫	同	六、一〇〇	二三、八
挪威	同	三、二〇〇	二五
瓦里雅克	同	六、五〇〇	二三
哥列	砲艦	一、二一三	一三、五

統計俄國在東洋之艦隊。凡十七萬三千二百二十噸。(另有二萬七千五百七十一噸東來而未至者不計)今次所損已七萬六千五百七十二噸。日人謂俄之東方艦隊已全失戰鬥力。殆不誣也。

雖然。日本之海戰不過爲陸戰之豫備耳使日本海

批評門

戰而敗則不惟於海上失其戰鬥力即陸上更無可。戰之地也故日本海戰之捷洵爲大可喜俄國海軍。之敗不爲大可憂。

嘗有德國某兵官評日俄兩軍之特色。其言頗達運相。今譯錄以備參考。

一日本海軍。其軍艦品質優於俄國。

一日本海軍。其戰術之敏慧優於俄國。

一日本海軍能採英德兩國之所長而善用之。

一日本海兵。其遺傳體格不甚良好。

一日本海兵。其功名心愛國心之熾烈。世界無比。

一日本海戰之勝利。不過爲大陸戰爭之預備條件而已。

一日本之陸兵規律整齊。運動敏活。軍氣振肅。優于俄國。

一日本陸兵體格矮小。腕力薄弱。若僅以一人遇一人。則日本易侮耳。至其組織爲一軍隊。則其勇敢。其堅忍俄國似猶遜一籌

一俄國海軍。有好戰之氣象。

一俄國海軍。其體力及抵抗力優于日本。

一海戰雖敗。不足以制俄國之死命。

一俄國於戰地與本國之間有鐵路以爲之交通。大利于戰。

一俄國現在滿洲地面。其兵可一呼而集者十四萬人。

一俄國當日本力爭海上權爲陸戰的豫備之時。可以厚集其陸軍勢力。

一以此之故。俄國宜務延引海戰期以妨害日本。

一俄國有良好之馬匹。

一俄國人能耐寒暑。雖在氣候酷烈之滿洲地面。

一日本之馬匹不甚良好。然其騎兵砲兵訓練皆精良。

一日本利於大戰。利於短戰。

而不爲病。

一俄國利於小戰。利於長戰。

一以此之故。戰事曠日持久。則爲俄國之利。

以上所言。雖或有所未盡。亦兩軍得失之林也。美國某報亦記俄國某兵官之言云。吾俄之軍隊。無一可以及日本。所勝者惟忍耐力耳。故初戰時。我必失利。若久戰則終非日本之所能敵云云。其言若信。則日本一時之小勝。

莊子云。兩軍相對。哀者勝矣。今度之戰。日本其哀者也。俄人而敗也。不過關其東方侵畧之勢而已。日人而敗也。則遂降爲第三等以下之國。而馴致衰亡。故日人全國君臣上下。以破釜沈舟之概赴之。就此點以觀察。則日人其有可勝之道矣。若其狃於一勝之喜。而驕氣乘之。則其所恃以爲勝之具。既喪失矣。吾欲爲日人忠告也。

▲日本勝則何如

以今日吾中國人之地位。雖不能自退大敵。而當此兩虎相持之際。固無不望日本人之勝者也。日人勝則何如。

海軍既捷之後。日本各報紙既已有囂囂然論戰勝後之要求條件者。今錄其一二。

法學博士戶水寬人之意見。

(一)使俄國政府將旅順口之租借權讓於日本。其條件一如中俄前者之所約

(二)使俄國政府將東方支那鐵路讓與日本

(三)使俄國政府將伊淥積州以東之地割讓於日本

(四)日本直占領朝鮮全國使俄國政府承認之不得容喙

法學博士岡村輝彥之意見。

(一)將庫頁島割還日本

(二)俄國在旅順口大連灣之租借權及一切經營悉讓與日本

(三)限制俄國之東洋艦隊

(四)日本對於朝鮮之經營俄國悉公認之

此雖一二人之私言。亦可以覘輿論之一斑也。然此不過言對於俄國之要求云爾。彼日本無論若何全戰。恐斷不能向俄國索取兵費。此戰既以保全滿洲。為旗幟。則滿洲之地日本未必能紾諸俄人之臂而自置諸其懷也。必於名義上交還中國。交還中國。其所索之報償。殆有必不能免者。其條件當如何。以常理度之。則

(一)代取還滿洲之兵費也

(二)擴張其勢力圈於福建以外也

(三)擴充內河之航行權也

(四)或更開二三之獨占租界也

此言其外交有形上之要索者。若夫無形上。則教育權練兵權財政顧問權等。必皆折而入於日本。日本遂為東亞大陸之主人翁。而中國與日本之關係一變為二十年來朝鮮與日本之關係。此殆不能免之數也。

雖然。此戰者黃白種人之戰也。日本而勝。則雖以極疲苶之中國。其氣亦必為之小揚。或因此而喚起我國民之自覺心。亦未可知。此則中國之福也。

▲俄勝則何如

俄人而勝。則日本在東亞無復立足地。忽降為世界第三等以下之國。一切國際問題。不能容喙。而受

最劇者。尤在中國。此稍有識者所能見也。俄人而勝。則哥薩克之鐵騎。遂蹂躪黃河以北而中國瓜分之問題。遂不得不於斯役取決俄人而勝。則英美勢不能坐視其壟斷東亞之市場。而必思有所以抵抗。英美出則法國必出而加於俄。此皆可預料者。彼時則惟德國政略之何如。未能測耳。誠如是也。則此役也。爲有史以來空前之大戰爭而戰爭之結果。受其敝者。終在中國而已。誠如是也。則吾復忍言哉。吾復忍言哉。

▲日俄之宣戰詔書

日本以西歷二月十日宣戰。其詔書云。

保有天佑踐萬世一系之皇祚大日本國皇帝。告汝忠實勇武之有衆。

今者朕與俄國宣戰。朕之海陸軍宜竭全力以從事於戰役。朕之百僚有司。宜各率其職務。應其權能。努力以達國家之目的。期於國際條規之範圍內。盡一切之手段。毋使遺算。

夫求文明於平和。與列國篤友誼。以維持東洋治安於永久。無損傷各國之權利利益。永保障帝國之安全於將來。若此者朕所夙持以爲國交之要義。而旦暮不敢違者也。朕之有司。亦能體朕意以從事。與列國之交涉。日以親厚。今不幸而至於與俄開戰。此豈朕之志哉。

我帝國之以保全韓國爲重也。非一日之故矣。此不徒因兩國累世之關係而已。韓國之存亡。實帝國安危所攸關也。然彼俄國者。雖嘗與清國有明約。且對於列國爲累次之宣言。然猶占據滿洲。益鞏固其地步。終欲併呑之。若滿洲歸俄國之領有。則韓國之保全。無由支持。極東之平和。亦自素不可望。故朕當此之時。深望由於協商以解決時局。以維持平和於恒久。乃使有司提議於俄國。亘半歲之久。屢次重折衝。雖然彼俄國曾不以一毫交讓之精神相迎。曠日彌久。徒遷延時局之解決。陽倡導平和。陰增大海陸之軍備。以欲使我屈從。蓋俄國自始未嘗有好愛平和之誠意者也。俄國既不容帝國之提議。韓國之安全方瀕於危急。帝國之國利。將被侵迫。事已至此。則帝國欲求依於平和交涉的將來之保障。今日舍旗鼓之外。無從求之。朕倚賴汝有衆之忠實勇武。速克復平和於永遠。保全帝國之光榮。朕有厚望焉。（按此詔依文直譯。期不失其本相）

俄國亦以同日宣戰。其詔書云。

朕宜告左之事項於忠實之臣民。

朕本以維持平和爲目的。故盡力以鞏固東洋之靜謐者。於長有年。以此目的。故朕於日本政府所提議。謂關於韓國之事體。欲改訂兩帝國間之現行條約。朕亦有同心焉。然該問題之商議。尚未了結。日本不待我政府最近之回答。遂發照會。謂與俄國之商議及外交關係全斷絕。夫外交關係之斷絕。非必有軍事行動開始之意義也。而日本政府遽使其水雷船襲擊朕之艦隊於旅順口砲臺之旁。朕既得極東總督之報告。乃直下令使以干戈而應日本之挑戰。

朕之爲此決意也。深祈上帝之救護。凡朕臣民當悉奮起赴朕之命。以防護其祖國勿疑。

朕更望上帝加佑於朕之有名譽的海陸軍。

就兩宣戰書比較之。則理之直。氣之壯。詞令之巧。皆日本遠優於俄國。俄國欲以先挑戰歸由於日本。殊不知外交關係之斷絕。卽軍事行動之開始。實國際

法上之原理也先交綏而後宣戰亦各國之慣例也俄國以國際法名家者頗不乏人此等之宣戰詔勅亦未免爲一國羞矣

▲俄英之交涉何如

正月初六日(即西歷二月廿一日)日本中央報號外稱接英京倫敦特電云英國現以兵隊入西藏俄國妒之相與爭拒現俄英兩國輿論皆極激昂開戰之機殆迫眉睫

西藏之事俄英反目之一大原因也而昨日(正月初五日)英國某商船在旅順口經過爲砲臺之俄兵所擊連發五砲不中而逸此亦大害兩國感情之一端也咄!英俄之戰機今亦一髮咄!!

此報之確否未敢具信雖然俄英數世紀以來之積仇人人知之俄英在東方權力圈之爭競人人知之自英日同盟以來此東西兩島國之感情日親一日故今之英國於國際法上雖不得不守中立然擧國皆表同情於日本不待問也然今世之戰爭必非感情上之戰爭而實利害上之戰爭今日者感覺解決英俄交涉數世紀未解決之問題盖未可知

十年以來外交之中心點在歐洲故德奧意三角同盟之成遂有俄法同盟以相對抗今則外交中心點移於東亞故英日同盟又俄法同盟之對抗也若果以英日同戰一俄則法其能袖手乎吾儕深欲觀其後

英若與日同戰俄則法必與俄同戰英此殆不可避之數也於彼時也則歐洲大局以德國之左右袒爲輕重

吾儕雍容安豫之中立國國民今請以應接不暇之眼先觀日俄次觀英日俄次觀英日俄法次觀英日俄法德

批評門　八

德皇今一世之雄主也。其外交手段之慓悍英鷙。不讓俾士麥。今最難測者實惟德國之態度。觀德國所提議中國中立案第三條特加限制於俄國之黑海艦隊。以此一事論則德國固表同情於日本者也。但其現在之內情何如。其將來之結果何如。則吾儕今日固無從斷之。

(本國之部)

▲再論中國之局外中立

中國之局外中立。從日本內田公使之勸告也。近者法國復提議三事。

(一)滿洲以外為中立地

(二)對於兩國之軍事行動不為偏頗之妨害。

(三)不使俄國黑海艦隊通過於達達尼爾海峽。

以上之第三件非為中國言。不過因中國中立公文之回答。附提議於各國耳。實則滿洲以外為中立地一語是關於中國最緊要之條件也。

中國固不得中立。亦不得不中立。中國中立已奇。中立而由交戰國之勸告則尤奇。中立而容他中立國。之提議則尤奇

▲日本何故欲中國之中立乎

日本何故欲中國之中立乎。嘗刺取日本各報之輿論。謂其故有

(一)日本如與中國結攻守同盟則中國之助日本者甚少而累日本者甚多於軍略上有顧此失彼之患

(二)日本若與中國同盟是則黃種人同盟以極白種人恐惹起歐美人「黃禍」之惡感

(三)戰爭之地面愈濶則亞洲大陸愈擾亂則至引起全球戰爭

（四）中國若加於戰役更無餘力以彈壓國內恐民間暴動之事所至蜂起北京政府全失其統馭力將惹起瓜分

此數端者皆是也。然吾以爲日本人之所以不願與中國聯者。猶有一端。蓋中國國際上之德義不爲外人所信也。數日前見某報載北京來電言中國人於日本海軍戰捷。深表同情。其下附一畫。畫一中國人右手高擧一大旗。書曰大日本萬歲。其左手藏於背後。亦持一小旗。書曰大俄國萬歲。蓋北京政府之情狀。外人窺見之久矣。

▲俄國果許中國之中立乎

俄人果許我中立乎。此亦一問題也。

西歷正月廿八日北京電報稱奉天將軍增祺致電外務部。謂俄國之軍事工匠需以輸送軍隊之故。欲徵發馬車五百輛。請示可否。外務部答以既守嚴正中立。則日俄兩國皆不得有所偏助。命止徵發。此實中立國應履行之義務也。雖然俄國之感情則何如。此不過其一事耳。此後續有所要求。我固不得不應。以此道待之。俄國之感情又將何如。

中國固自願中立也。然俄國爲野心所驅。不能保其不逕與中國宣戰。蓋俄國近日固深猜於中日之結者也。而中國之軍隊。又俄國所視爲無物者也。且擾亂大局之平和。使日本疲於奔命。又俄國軍略上之利也。中國遂可高枕而臥乎。

俄國不出此辣手則已。苟欲出之。則彼與中國宣戰何患無辭。願當局者一顧慮之。

▲中國中立之困難

俄國砲艦「滿洲爾」駐泊上海。中國不能麾之使出。頃美國以巡洋艦「拉黎」到上海。以此質問我官吏。請此爲不能守中立之據云。（据正月初五日上海來電）上海道不能自主乃以請於日本領事令「滿洲爾」猶未去尚請命於極東總督亞力斯夫。其後俄國公使復向外務聲言若中國勒令「滿洲爾」出境則將來不問其結果之何如中國必不可不負其責任又言駐上海之俄國領事中國必要設法保護是俄國故以種種難題難我其意均欲破上海之中立也

且俄國非但欲破上海之中立而已其在北方亦然彼因中國欲將遼河以西盛京省之一部（即俄國第一撤兵期所歸還之地域）爲中立之地乃大反對之今駐俄公使胡惟德曾致電北京請政府速行抗議特未知我當局者何以應付之耳

能戰而後能守兵家之常談也要而論之今日之中國果能有嚴守中立之實力乎吾不能無疑

中國雖無嚴守中立之實力而其利在於中立然而俄國今日之不肯使中國中立其深意可想而知矣」

日本勸告中國中立然則中國中立日本之利也日本之利即俄國之不利也中日今日之形勢日如長兄中如弱弟長兄攜弱弟而出戰其累實甚故日本之欲中國屏息於一隅勢也對戰者欲累其長兄則必困難其弱弟使兄疲於奔命故俄之欲中國加入於戰場亦勢也

夫以俄人入中國則虎入羊羣耳數月以前俄日交涉有所謂滿韓交換策者今則殆欲爲淸韓交換策略嘅、

俄人自甲午以後苦心焦慮以求中俄攻守同盟之成立及一旦有事乃反欲迫之使爲中日攻守同盟外交之狡技可畏矣夫

▲法人何故欲煽亂於南方乎

日本某報載西貢電報言法人欲煽南方民黨使起暴動其事未知信否果其有之則法人意欲何爲我國民不可不察

法與俄相狠狽者也其相狠狽也在西歐則爲防禦計在東亞則爲侵略計

俄日之戰局未可知苟曠日持久而牽動及於全局則法國必以脫兎之手段攫取其勢力範圍之兩廣雲貴故今日中國之有暴動俄法兩國之所最禱祀也

吾亦信今日中國之民黨必無起暴動之實力也苟其有之亦宜愼之昔人云凡舉事無爲親厚者所痛而爲見仇者所快

▲在直隸之列國軍隊

日本某報有載現在各國駐屯直隸之兵數者蓋義和團事變以後之戍卒也今照錄如下

北京

▲英國　司令部員將校七、下士卒以下一四、步兵將校四、下士以下一八一、砲兵將校一、下士以下四九

合計將校一二、下士以下二四四

▲美國　步兵將校四、下士以下一五〇

▲德國　司令部員將校五、下士以下九、步兵將校八、下士以下二五五、砲兵將校一、下士以下一七

合計將校一四、下士以下二八一　外機關砲二門榴彈砲二門

▲法國　步兵將校九、下士以下二七〇、外[illegible]六門

▲伊大利　海軍陸戰隊將校一〇、下士以下二一一、憲兵下士以下四

批評門

合計將校一〇、下士以下二一五外砲六門

墺匈　海軍陸戰隊將校六、下士以下一七〇、外砲十門

▲俄國　狙擊兵將校六、下士以下一三〇、哥薩克騎兵將校一、下士以下二〇

合計將校七、下士以下一五〇、外機關砲四門

黃　村

▲伊大利　本部將校二、下士以下九、步兵將校六、下士以下一八〇、騎兵將校一、下士以下三〇、山砲隊（砲二門）將校一、下士以下四五、衛生部將校三、下士以下一一、經理部將校二、下士以下二九、獸醫部將校一、下士以下二

合計將校一六、下士以下三〇六

廊　房

▲德國　步兵將校四、下士以下一二七

楊　村

▲德國　步兵將校四、下士一二九

天　津

▲英國　司令部將校三五、下士以下四八、步兵將校二三、下士以下六七三

合計將校五八、下士以下七二一

▲德國　司令部將校二〇、下士以下六七、步兵將校二八、下士以下五三六、乘馬步兵將校四、下士以下一三〇、輕騎兵將校五、下士以下一四六、機關砲兵將校四、下士以下八九、砲兵將校四、下士以下一四四、工兵將校六、下士以下一六四

合計將校六七、下士以下一〇七四外砲一二門

▲法國　司令部將校九、下士以下二九、步兵

將校二三、下士以下四〇九、騎兵將校三、下士以下五六、砲兵將校三、下士以下一三〇、工兵將校一、下士以下二八、電信隊將校一、下士以下一〇、憲兵將校一、下士以下一四、馬廠將校一、下士以下二〇、病院將校三、下士以下二〇

合計　將校四五、下士以下七三二

▲伊大利　司令部將校六、下士以下一六、步兵將校三、下士以下九〇、海軍陸戰隊將校二、下士以下二〇、衞生部將校一、下士以下五、經理部將校一、下士以下一七、憲兵下士以下八

合計　將校一三、下士以下一五六

▲墺匈　海軍陸戰隊將校三、下士以下五一、

▲俄國　哥薩克兵將校一、兵二〇

軍糧城

▲法國　步兵將校八、下士以下二一〇

塘沽

▲英國　司令部出張員將校三、下士一

▲德國　步兵將校四、下士以下一二八

▲法國　步兵將校八、下士以下二〇〇

▲伊大利　水兵下士以下四

蘆臺

▲墺匈　水兵二

▲英國　步兵將校一一、下士以下二〇六

唐山

▲英國　步兵將校一四、下士以下三三一

山海關(合秦皇島分遣隊)

▲英國　步兵一八、下士以下三七〇

▲德國　步兵將校四、下士以下一二九

批評門

▲法國　步兵將校六、下士以下二一〇
▲伊大利　海軍陸戰隊將校三、下士以下三八

以上總計

▲英國　將校一一六、下士以下一八六三
▲美國　將校四、下士以下一五〇
▲德國　將校九七、下士以下一八六八
▲法國　將校七四、下士以下一六二三
▲伊大利　將校四二、下士以下七一九
▲墺匈　將校九、下士以下二二三
▲俄國　將校八、下士以下一七〇

以上總計凡歐美兵在我畿甸者。合共六千九百餘人。（日本尙不在此數原表闕日本駐兵數頃未得確實之調查也）昔滿洲入關設駐防以防漢人。曾幾何時而所謂祖宗發祥地者。變爲中立外之區域。而邦畿千里亦以七八國之駐防兵充滿也。噫、

教育時評

◎北京大學堂改正章程（張之洞愚不可及）

自張之洞參與北京學務。乃議改正大學堂章程。凡半年始脫稿。聞其章程厚將盈尺。日間將發印。頒諸各行省云。

其章程內容。今未能盡悉。惟聞其中一條云。凡私立學堂不許敎授政治法律。不許用兵式體操。噫、張氏之用心何在。路人皆見之矣。

張氏之意。殆以爲學政治則立憲共和之學說。自瀰漫於人心也。學法律則權利義務之思想。自散布於社會也。學兵式體操。則革命破壞之實力。且將膨脹。於學生界也。張氏之慮此而防此也。吾不之怪。吾物悲夫張氏之立法未密。而其苦心恐終歸於泡沫耳。張氏亦知十八世紀中葉。奧意諸國之革命黨。起於官立學校乎。起於私立學校乎。亦知近世俄羅斯之虛無黨。起於官立學校乎。起於私立學校乎。張氏而欲絕立憲共和權利義務諸思想之種子也。則宜法王文韶並科舉亦萬不可廢。並學校亦萬不可開。不然。未見其能有功也。

試問張氏汲汲倡學校之意何在乎。非以國民智識之蒙昧。而欲開導之乎。非以國民體力之薄弱而欲增進之乎。誠如是也。則官立與私立奚擇焉。張氏而自信以官之獨力。即可以盡此責任也。則竟禁絕民間不許私立學校焉可也。既許之。而復防之。是先以猜忌待。而欲民之不以猜忌來。烏可得也。

夫民非好革命也。非好破壞也。革命破壞之思想者在上者造之此其理吾儕已屢言矣不然若今之英美德日諸國其私立學校何一不教政治法律何一不教兵式體操豈嘗見其因此而誘起革命耶張氏此等舉動總之皆爲革命家造因而已

昔人詩云『書灰未冷江東亂劉項原來不讀書』苟政府而授民以可革命之隙也而迫民使不得不上革命之途也則其可慮者固不在學生矣張氏其何以處之與張氏同政見者其何以處之

◎美國之教育大會

日本現制分行政部爲八省文部居其一而文部省之權力遠不及他省近以行事不洽輿論往往爲天下所指攻又當財政困難宜節政費之議出於是忽有廢文部省之說盛傳一時迄今或存或廢尚懸爲一問題未得決定乃國異勢殊事情有與此相反者則美國之教育大會議擴充文部之勢力者是也

二

美國教育大會故事每年一開以多數取決之法議定一案而布告之或上條陳於議院或有所警告於教育者喚起輿論以謀教育界之進步今年仍例以西歷七月六日開會於波士頓市是爲第四十二回大會凡開會五日來會者二萬二千餘人以哈威大學總長埃利乙爲會長今年其所議決之宣言書乃由哥倫比亞大學總長巴脫拉博士主稿今譯其中所列條件如下

(一)擴張教育事務局使之獨立自爲一省使與他省立於同等之地位

(二)印度人所住地方之人民有四分之三不得受學校之教育此事情國會宜速加意

(三)教員薪水當令足持相當之家計無虞不足

(四)國庫所助只可以之補地方收稅不可以之竟代其用

（五）言語舉動。教員必須加意檢點。以爲人倫師表。

（六）學校之舍及運動廣場。宜以爲教育國民全體之機關而用之。

（七）學校當教其生徒。養成一種尊重法律之風。

且吾攷美國教育大會。每年所發布之宣言書皆以建設文部專省一條置諸第一。美國教育家之以文部省爲重要不亦可見乎。而日本顧欲舉其現有者而廢之。是則蒙所大惑不解也。

批評門

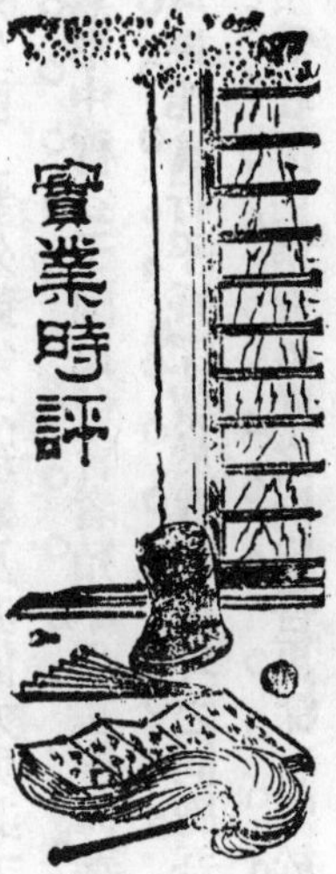

◉川漢鐵路公司

近見日本報稱我四川之紳商有開設川漢鐵路公司之議。其資本五千萬兩內一千萬兩由創辦人担認。一千萬兩在四川省內招股。其餘三千萬兩在上海廣東漢口安慶等處招集。期以五年內竣工。路成以後。以所得贏利十分之四納於政府。作爲路稅。四十五年後。全路皆歸於政府。已擬定章程二十條。呈請外務部云。

其豫定之線路。則自漢口經宜昌巫山雲陽至萬縣。迂繞重慶經大定內江資陽簡州達於成都。是爲幹線。自成都分歧。一西北行至灌縣。一南行至敘州之富順。是爲支線。凡延長四千一百餘里云。

其章程內最重要之一條。則外國資本一概不許侵入是也。夫以現在中國人之實力辦此五千萬金之鐵路。本尙非難。但不識創辦人對於國民之信用何如耳。不然。蘆漢鐵路當初辦時。何嘗不嚴斷外資。何以卒以比利時之名號而歸於華俄銀行之掌握耶。寄語當事者。不可不鑒。

抑吾國人辦路辦礦之往例。往往有揚言不借外資。而創辦人所認之股份。己全屬洋欵者。如前者山西路礦。其往事也。此實賣國而欺國民。其罪擢髮難數。吾知四川之紳商愛國自愛。未必爾爾。吾更祝其必勿爾爾。

若誠能實踐不假外資之言。履行五年竣工之約。則吾國將來實業進化史。其必託始於是矣。創辦人之功德。不亦偉耶。

批評門

●檀香山華工對於禁約問題

檀香由新中國報有「抵制禁例政策」一篇已錄登本報前號。茲本館接到該處來函言檀中華商經已在中華會館決議實行此策已分派委員到美國香港菲律賓等處游說聯合實行此策云。

又聞駐美公使梁誠。聖路易博覽會副監督黃開甲。皆極贊此議。

此策果能實行。則民間實力之反抗比諸外交之提議。爲更有力且其活動範圍較外交更易著手甚善。甚善。

此策果能實行則能使我民知自力之可用能使我民知生計上對外競爭之理想及其能力與其方針。於無形中裨益于國民教育者殆不少甚善甚善

此策果能實行乎吾深望於我在海外之同胞吾深望於我在海內消費外產之同胞吾更深有望於彼。

香山派遣之委員

○英國前總理大臣沙士勃雷

（續三十七號）

俾孔士魁伯（即治士列里）之執國政也保守黨之勢力大熾特熾於時沙侯雖嶄然露頭角於政界而或者猶以為附驥尾而益顯未遑許其獨當一面足以推倒一時之豪傑也及因愛爾蘭自治案解散議院以千八百八十年之冬再行選舉其結果也使俾孔士魁伯不能不退內閣而自由黨首領格蘭斯頓入而代之夫俾孔士魁伯向以平民主義雖得機得勢幾致風靡天下而素信自己所持之保守主義不失和平料其在國民之中必能占一勢力範圍此其於政治界所恃以為運動之根據也遽內閣既倒黨勢敗北知以財產以門閥以教育數者不能於將來占大勢力於英國於是絕望於前途一鬱之餘年不可永罷相歲餘竟以不得志而歿於是沙侯代為上議院保守黨之首領而以本黨主義之不振亦不免滿腹牢騷常負抑鬱不平之氣然當自由主義極隆盛之時沙侯已據消長盈虛之理知大勢之潮流行將翻轉則保守主義之不終為世所棄沙侯早已認前途之一線光明而不敢自餒矣其後一千八百八十五年格蘭斯頓辭總理之職於是保守黨之勢力驟增而沙侯與諸士哥（保守黨之下院首領）孰為黨魁猶未決也及域多利亞女皇命沙侯組織內閣此問題遂一定而不可易則沙侯初任總理大臣之時即沙侯實任保守黨首領之時也

新政府既立以總選舉之期雖在來秋而不可不預

批評門

爲之準備。於是沙侯以十月七日演說政綱。發表地方政治之改革方針。而攻擊張伯倫之政策不遺餘力。且以非國教論爲足制保守主義之死命。乃極力反對之。然其於愛爾蘭問題。不大論及。當時保守黨員以爲此問題足以搖動英國之政界。可使自由黨因此分裂。而我當乘此機會。收其一派以與共事者居多。而沙侯獨不以爲然。殆未免失策矣。及總選舉之結果。自由黨得三百三十五人。保守黨得二百四十九人。愛爾蘭自治黨得八十六人。於是沙侯以少數敗績。知其不足以維持內閣也。乃上表辭職。而襲其後任者。實爲格蘭斯頓。

格蘭斯頓公言于衆。欲以獨立國會與愛爾蘭。而其政策爲自由黨中之一派所反對。攻擊之不遺餘力。卒與保守黨提携。而使愛爾蘭自治案不得採用。及其後再行總選舉。統一黨實占百十八人之多數。沙侯甚欲使哈治頓出而組織內閣。而哈治頓辭不就。沙侯乃不得已獨以保守黨員組織內閣。而其所採政策。乃與格蘭斯頓絕然不同。而特以反對愛爾蘭自治案爲第一義者也。

及一千八百八十七年之初。外相伊的斯列忽辭政界而歸道山。沙侯乃代而當外交之局。其時查治斯卿與沙侯爭勢力。積不相能。而查卿終非其敵。於是沙侯乃得實任保守黨首領。再莫有與之爭衡者矣。自是而後。英國之政權。幾爲保守黨之所獨占。而沙侯在英國政界之地位。遂高不可攀矣。夫自俾孔士魁伯失位以來。保守黨之勢力。幾於墜地。而沙侯知死灰有復燃之期。故常有一希望懸于其心。而至今竟克恢復勢力。其殆對于自由黨爲反動之時代者乎。然就沙侯個人之地位而言。其與自由統一黨之聯合。實有出于不得已者。故當此氣燄萬丈之時。而

二

沙侯仍未能高枕而無憂也一千八百九十五年的汪西亞公張伯倫及自由統一黨員皆入沙侯內閣與之共事於是保守黨與自由統一黨之聯合愈益鞏固矣夫張伯本爲沙侯之政敵而乃引與共事同立內閣驟然觀之雖似可怪然沙侯之心事只知爲大局計耳其於私交之如何毫不爲意然鑒于時勢之必要其引張伯倫爲同事原無足怪也盖當時欲以保守黨之歷史的主義與自由黨之民主的主義互相調和原非易事而沙侯之甥巴科於此時爲保守黨之首領實當此任則沙侯已不必再留意於此而得全注其精神於外交局面焉且當時英國之新保守主義屬於建設的者居多而沙侯則批評的而且懷疑的與黨員之意見不大相同然則沙侯之人物及其政治上之經歷雖是受國民之大尊敬而彼早已非政黨行動之主動力矣雖謂其超然於政黨之上非過言也雖然沙侯之人物對于外則爲帝國政治家之代表對于內則爲君主之深所倚信而立於最重最大之地位者也

沙侯之本來面目雖非平民的政治家然其受國民之尊敬日重一日比及晚年益爲輿論所恭維其聲望之隆並世之政家殆莫與比盖沙侯之政治雖未嘗建大功奏奇效而其一生之所經營未嘗損辱國體有碍民生是則英國上下之所深信即在反對黨亦不得有違言者也

沙侯爲歐洲最有經驗之外交家乃天下之公評也雖其同黨之中亦有以其對于國內之反對論無善法以處置之又其對于外國常以退讓爲主不滿國民之心者居多然就大局而觀之則沙侯之偶然讓步亦不過以退爲進其結果皆足以增長國民之利益是又查沙侯之外交歷史及考今日英國之地位

者所不能不首肯也。

沙侯以貴族而任首相。凡有問題之屬於平民主義者。其不得不委於在下院之同僚。固勢使然也。然其在上院之勢力。實非常偉大。殆可以任意指揮。更無人足以支吾之者。故當上院可廢之論極其激烈之時。沙侯不特極力反對之而已。乃更銳意經營。務更張大上院之權力焉。

沙侯之挺身於政治界。其得力于夫人之內助者實多。及一千九百年夫人先辞沙侯而長逝。沙侯之勢力爲此一頓挫焉。蓋夫人自一千八百九十五年以來。病在牀蓐。而沙侯運動之力已因此大減。故每將指揮本黨之任。委之於同僚中之握要人物。不寧惟是。即至外務一職。亦屢使巴科爲之代理。及一千九百年總選擧之後。竟以外相之椅子讓於蘭士陀文。自爲掌璽官以主持內閣。直至一千九百零二年。南非之和議既成。沙侯自以爲功成身退。惟在此時。乃以七月十七日上表辭職。而以其首相之地位。讓於巴科。乃不幸天不假年。未得享林園之樂。而遽奄然長逝。吾聞訃之下。不得不爲英國惜也。

○英現任總理巴科之與張伯倫

沙士勃雷退隱之後。何人足以繼其後任而不愧爲首相之器乎。此爲英國政界之一大問題。未易返答者也。然必欲於下院議員之中。妙選其人。則當以巴科及張伯倫爲最適。舍此兩人之外。而欲求得一勝任愉快者。吾恐其必不得當也。巴科與張伯倫皆有才氣。大有縱橫馳驟不可一世之概。且以久在議院。爲衆所服。其雄才大畧。在野則足以指揮政黨。在朝則足以統率政府。是誠政治界不易得之偉器。天下所公認之良材也。然而兩人之才。雖足以相敵。而至其性情閱歷之殊異。又他無其匹者也。

巴科生于英國貴族中最有名之舊家。而張伯倫乃崛起于中等社會。巴科曾受大學之完全敎育。而張伯倫不過在倫敦大學所屬之中學校。曾受實際之敎育。巴科有讀書之癖。雅好文學。深通各國之語言。而張伯倫則無此嗜好。無此能力。巴科好爲野外之遊。而張伯倫則絕不運動。無事則杜門不出。巴科喜美術。而張伯倫則無此雅趣。巴科之天性。恭謙而保守。而張伯倫則流動不居。有日新向上之志。巴科爲大學之學究。社交之貴人。而張伯倫則從艱難辛苦之中。幸得成功之地方政治家也。兩人之性情之閱歷。既相異若此。宜其雖同屬一黨。共爲黨中之碩物。而意見常不相同。故其欲得首相之地位。互相競爭而不已者。乃必然之勢也。及沙侯一朝退隱。而巴科起而繼之。於是張伯倫之政治生涯。爲一大頓挫。其不免於失望也固宜。夫巴科自現內閣組織以來。曾任大藏總裁之職。且曾爲下院總理。則其今日之獲此際遇。本在意中。斷非因與沙侯有親戚之關係。然後能有此也。然張伯倫及其同志。因此甚爲不平。每相竊計。欲使巴科敍爵。移之上院。而進張伯倫爲下院總理。使握保守黨之實權。然沙侯當國之時。以其占議席于上院。每於下院運動。多有不便。保守黨員以前事不忘。爲後事之師。故皆有宰相必用下院人之意。而張伯倫之計畫。遂以反對者占多數。而歸于水泡。則張伯倫之失意不平。更無術可以慰之。其後張伯倫突然執特惠關稅之問題。欲破內閣之統一。退而別立一派者。亦因此故也。蓋彼欲效查治斯卿之故智。欲立一第四政黨。以左右政界者乎。

巴科生長于貴族之家。性情典雅。接人極恭謹。好行善事。收卹孤貧。其人格之清高。雖政敵猶敬服之。今錄其一逸事。即此可略見其爲人矣。

英國有一婦人。雅好文學。以小說家著名。近以身心衰弱。生計不足以自持。一日其知已大集。共謀善後之策。忽有一人提議。英國向來有一存欵可提出以供著作家之生計之用。其欵使大藏總裁管理之。如查有合格之人。即可援例授與。於是衆議一决。欲爲婦人謀此以爲養。乃以此事託默喀西爲之周旋。以巴科適爲大藏總裁。即貽書告以詳細。時恰逢南非有事之初。英國陸軍。所至敗北。英軍不利之報。達於本國。輿論沸騰。人心洶洶。在野黨欲乘此機會傾倒內閣。每晚在議院。詰難政府。攻擊無所不至。時巴科任下院總理。實當此局。其不得一息休暇可知。然則默喀西之書。雖已得見。而以事關一文學者之生計。其事甚小。巴科即置之不理。人亦無敢怪者。當時各人皆爲此婦人嘆息。以爲事必不諧矣。乃以送信之翌日。巴科自作一長函。對于文學者之境遇。大表同情。深憐其困于逆境。且謂如此之人。固當以國庫金補助之。吾必爲之盡力云云。夫此事甚小。若在他大臣。必委之屬員。使其辦理耳。況當戰局未定。國事多艱之日。此等書稟。雖抛置案上。經旬月而不肯寓目可也。而巴科乃於極忙之時。尙自親爲處理。不肯使陷于困境之人。有所失望。是亦足見其人格之一斑矣。人或曰。巴科天性怠惰。貪眠玩日。不顧複雜之行政事務。然据此逸事。則巴科之溫情可掬。固堪仰羨而其秉性勤愼。不遺細事。亦可於此證之。而知或人之說爲不實矣。

評論之評論（歐美之部）

○斯賓塞逝

英國大儒斯賓塞之逝也。全球各國報紙皆揭其肖像。叙其履歷。以表敬慕而志哀悼。其論其學說之價值者尤夥。今擇譯一二。

美國波士頓之德蘭士格立報云

女皇維多利亞時代中英國之思想界生一大革命。其主動力之人有四。曰達爾文。曰葢達爾。（按此人爲大宗敎家發明耶穌敎理之新學說）曰赫胥黎。曰斯賓塞。此四君子者。皆於人生之大理。舉一切舊思想而打破之。對於舊來之現象而爲之下新解釋新標準。此四氏者或以物理學名。或以神學名。或以社會學名。而皆能取人類之起源及目的而發明之。使全世界之思想及形勢。皆爲之一變。功洵偉矣。而四氏之中。尤當推斯賓塞爲第一。盖斯氏如哥命布舉全地球之土地而悉覓得之。斯氏實集羣說之大成者也。

美國紐約太陽報云

斯氏之功。不徒在能集大成。而在能創新見。何也。彼當達爾文「種源論」出世之前數年。既已發明進化之原理。而應用之。以解釋人類心性之發達。又使治道德學得據生物學上之學理。以研究人間道德的及社會的性質。盖進化論之始創者。惟斯氏。進化論之弘布者。亦惟斯氏也。

斯氏者。自由思想家之模範也。彼其著述一出世。而前此之學說之制裁。半被打破。而至今猶未能得究竟之歸結。斯氏之思想。實過渡時代之思想

批評門 二

也。雖然斯氏決非破壞家。彼蓋欲據生物學爲基礎。而建設一新道德新社會於其上者也。而惜乎其大業之未竟也。雖然。此非斯氏之力有不逮。實今之時勢尙未至耳。其業雖未竟。然其爲萬古不朽之業。則盡人所同認也。或又以彼爲宗敎之敵。吾謂不然。彼蓋欲建設宗敎之人也。

紐約晚報云

凡學說之勢力有二。一曰、其影響直接而廣者。二曰、其影響間接而深者。斯賓塞之勢力當屬於何種乎。如彼達爾文者。其影響雖大。但以廣言。則遠不逮斯賓塞。達爾文之學說。足以動專門名家之學者。且旣受其學而知其意。則無不用其方法。以思想之起點。此其所長也。雖然。其說與普通一般之社會。尙隔一層。今試任擧曾受尋常敎育之十人於此。其人雖或皆知達爾文主義。然直接以讀其書者殆甚稀也。斯賓塞則反是。雖非專門家。無不能讀其書。故斯氏之影響於學界。實較達氏爲尤鉅也。

前此之哲學者。不過東鱗西爪。發明學理於一二。至斯賓塞乃擧一切宇宙人生之事物。網羅而組織之。雖其論非無多少之缺點。至其願望之宏大。判斷之銳利。其氣魄固空絕前後矣。世之論者。或以彼爲近世之阿里士多德。吾則謂以比笛卡兒。更爲近之。

○世界之圖書

德國柏林巴布力西亞報嘗調查現在全世界出版書籍之數。爲表如下。

(國名)	(年次)	(書籍)
德國	一九〇二	二六、九〇六
日本	一八九九	二一、二五五

俄國	一八九五	一七、八九五
法國	一九〇二	一二、一九九
意國	一九〇〇	九、九七五
美國	一九〇二	七、八三三
印度	一八九一	七、七〇〇
英	一九〇二	七、三八一
墺匈	一八九九	五、〇〇〇
荷蘭	一九〇一	二、八三七
比利時	一九〇一	二、六八八
羅馬尼亞	一九〇一	一、七三九
瑞典	一九〇〇	一、六八三
瑞士	一九〇〇	一、五〇〇
丁抹	一九〇一	一、二四九
西班牙及葡國	一八九七	一、二〇〇
土耳其	一八九〇	九四六
阿根廷	一八八六	七一六
那威	一九〇一	五四〇
加拿大	一八九三	四四九
智利	一八九一	三八五
埃及	一八九八	一六〇
阿士蘭	一八九九	一四六

又叢報及定期出版之書類種數表如下。

(國名)	(年次)	(種數)
德國	一九〇二	八、〇四九
日本	一八九九	九七八
俄國	一九〇〇	一、〇〇〇
法國	一九〇一	六、六八一
意國	一九〇〇	二、七五七
美國	一九〇〇	二一、〇〇〇
印度	一八九九	一、〇〇〇

英國	一九〇二	四、九四三
墺匈	一九〇一	二、九五八
荷蘭	一八九八	九八〇
比利時	一八九九	九五六
羅馬尼亞	一九〇一	三二〇
瑞典	一八九六	三五〇
瑞士	一九〇二	一、〇〇五
丁抹	一八九六	二三〇
西班牙及葡國	一九〇〇	一、四三〇
土耳其	一八九二	三〇〇
阿根廷	一八八六	七一六
那威	一九〇〇	四五〇
加拿大	一八九三	九〇〇
智利	一八九六	三一〇
埃及	一九〇三	一二〇
亞非利加諸國	一八九二	一九〇
澳洲	一九〇三	一、〇〇〇
巴西	一九〇二	三〇〇
布加利亞	一八九七	八九
中國	一九〇二	二八
芬蘭	一九〇一	二〇三
希臘	一八九五	一三一
墨西哥	一八九二	三〇七
波斯	一八九二	一二
塞爾維亞	一八九七	七八
西伯利亞	一八九三	二四

又將各種書籍部分之。則其率如左。

（書籍）	（比較率）
法律及社會學	二五、四二
文學	二〇、四六

應用科學	一二、一八
歷史地理	一一、四四
神學宗教	一〇、〇〇
雜書	九、〇〇
言語學	四、〇八
自然科學	三、四四
美術	二、六二
哲學	一、三六

右出版各書。則德意志爲最多。次則法、意、英、美、荷蘭、然其出自創撰者。則英爲巨擘云。又德國敎育書最多。法國歷史書最多。意大利宗敎書最多。

又以人口百萬出版部數之比較率計之。則

德國	三五四
法國	三四四
瑞士	三三八
比利時	三三七
意大利	三〇九
瑞典	三〇〇
那威	二六二
英國	一七五
俄國	八五
美國	八一
西班牙	六六

自印刷術發明以來。全世界出版書籍。皆爲突飛之進步。我中國其可以興矣。

批評門

紹介新書

政治汎論（一名政治沿革實用學）

美國威爾遜原著　順德麥鼎華重譯

上海廣智書局印行

定價　前編一元　後編一元

國民建國之元氣。莫急於政治思想。故政治學之要。盡人而知之矣。雖然。讀政治學書有數難。夫學理每借事實然後能發明者也。然尋常政治學之書。無臚列事實之餘地。惟東鱗西爪時時徵引。讀者於泰西歷史既不熟。則莫知其所徵引者為何如。往往掩卷而嘆。否則動生妄解。其難一也。專門大家之政治學書。類多深奧之理論。獨闢之新見。然淺近者輒吐棄不復道。故往往於政治上甚切要之條件。而亦畧之。因。其為布帛菽粟之言。讀彼書者所已知也。此等書為深造此學者之研究。固為至寶。然在吾國政治思想極幼稚之時。則不適於用。其難二也。若夫普通淺近之書。則於盡人應知之諸條件。或搜羅無遺。然所言太簡略。或使讀者知其然而不知其所以然。其難三也。又著述家往往偏執已所信之一主義而排斥其他主義。讀者苟非有判斷力。或走於一偏而反闇於眞理。其難四也。有此四難。故欲求一書適與吾中國今日學者之程度相應。使其讀一過而於政治上之大理了然無復凝滯者。誠戞戞其難哉。若此者。惟威爾遜之政治汎論。可以當之矣。此書當十年前。上海時務報館已譯成過半。後以事中輟。而其譯稿亦復散佚。更閱七八年。尚未得輸入我祖國。實遺憾之極也。而至今日本出版之政治書汗牛充棟。究無能出其右者。（就適用於中國學界論）近兩年來。譯事盛行。而以本書簡帙之太浩繁也。莫肯從事彙迻憾焉。今見此書之出版。不禁爲我學界前途酌酒相慶也。原書凡十六篇。一千二百八十七章。今並紹介其篇目如下。

第一篇　政治之起原

第二篇　政治之發達

第三篇　希臘羅馬之政治

一希臘政治

（甲）雅典

（乙）斯巴達

（丙）大希臘

二羅馬政治

第四篇　羅馬之屬地及羅馬法

第五篇　中古條頓民族之制度及政治

第六篇　法蘭西之政治

（附）法國地方政治

法國司法制度

第七篇　德意志之政治

（甲）總論

（乙）德意志帝國之政治

（丙）普魯士之政治

第八篇　瑞士之政治

（甲）總論

（乙）邦之政治

（丙）聯邦之政治

第九篇　雙立君主國

（甲）奧大利……匈牙利

（乙）瑞典……挪威

第十篇　英國之政治

（甲）中央政治

(乙)地方政治
(丙)英國殖民地政治
第十一篇　美國之政治
(甲)總論
(乙)聯邦諸州之性質機關及職掌
(丙)地方政治
(丁)聯邦政治
第十二篇　憲法上及行政上之發達
第十三篇　政府之性質及形式
第十四篇　法律之性質及其發達
第十五篇　政府之職掌
第十六篇　政府之目的

觀此則全書之內容可以概見矣。竊嘗論之。學政治者莫急於讀歷史。然今日西人所著之世界史。其適於吾東方人之用者已不多覯。何也。歷史之通例。必以戰爭居其一大部分。今以我國人而讀萬里以外千年以前之相斫書。有何意味。讀時則掩卷欲臥。讀畢時則掩卷茫然耳。然則吾儕之讀泰西史。亦惟觀彼族所以組織國家之法。及其發達之次序。而求其原因結果云爾。然於歷史書中求其合此格者。則鳳毛麟角矣(日本歷史書中無一部合格者)此非史家之陋。毋亦史裁不許爾耶。吾初讀東籍時。即好威氏之政治汎論。不徒賴之以得政治上之智識。亦賴之以得歷史上之智識也。若以政治論。則又非原原本本洞悉其變遷之跡。及其所由來。則於彼國之美。終不可得見。而理想亦必多謬誤。此書之所長。在挈全地球數千年來凡最富於政治能力之諸民族。臚列其進化之事實。而隨處加以論斷。其第一第二篇及第十二至第十六篇。則舉近世有力之學說。網羅具備。以公平之眼評判之。學者讀其全書。亦自能獨出判斷力而不必爲水母之目蝦也。故吾以爲學者若有餘力能多讀歷史類政治類之書以資博考上也。若不能則讀此一書而此二者之普通智識可以具得焉。宜其在歐美重版百次而日本之譯本今亦十六版也。原書一千二百餘葉都凡六七十萬言計中國現時譯出之書當以此爲最巨帙矣。原書名 The State Elements of Historical and Practical Politics。日本高田早苗譯早稻田大學出版。改爲今名實不能脗合原意也。

羣學肄言

英國斯賓塞著　侯官嚴復譯

上海文明編譯局出版

原名爲 Study of Sociology。以東學界通用語譯之則社會學研究法也。嚴氏定爲今名。書刊於一千八百七十三年。(日本未有譯本)蓋斯氏將著「社會學原理」而先爲此書以導學者也。嚴譯分爲十六篇。砭愚第一。倡學第二。喩術第三。知難第四。物蔽第五。智絯第六。情瞀第七。學詖第八。國拘第九。流梏第十。政惑第十一。教辟第十二。繕性第十三。憲生第十四。述神第十五。成章第十六。斯賓塞書入中國此爲嚆矢。斯氏之學與嚴氏之文。學界稍有知識者靡不欽仰。固無容復贅一辭。但嚴氏譯此書之意。亦固有在。其自序云。『乃竊念近者吾國以世變之殷。凡吾民前者所造因。皆將於此食其報。而淺譾剽疾之士。不悟其所從來如是之大且久也。輒攘臂疾走。謂以旦暮之更張。將可以起衰。而以與勝我抗也。不能得。又搪撞號呼。欲率一世之人。與盲進以爲破壞之事。顧破壞宜矣。而所建設者。又未必其果有合也。則何如稍審重而先咨於學之爲愈乎』其言之所以箴吾黨者至矣。雖或不盡適於今日之事勢。而苟以愛國自强者。亦烏可不三復也。書中物蔽篇云。『大抵常人心立一說。自以爲得理之眞。則常致其愛護之私。雖大反事實而不悟』又曰。『且殺亂事實而黑白相貿者。尤莫重於人心自爲之私。觀其所爭。大抵在名實耳』此其言誠切中人人通病。論學論事之有瞀謬。罔不由此。故亦必先除此二蔽。然後可以。讀此書。即讀此書。亦當察其於此二蔽。尙有存焉者否也。

政治小說 雪中梅　江西熊　垓暢九譯

發行所　江西尊業書館

欲思想普及于全國之人。莫如小說。而思想之不可不普及于全國之人者。以政治爲最。中國獨有之小說。能鼓動人政治之思想者蓋少。是誠月露風雲。不免輕薄之譏也。爾日本廣末鐵腸著雪中梅小說。敍述明治初年變法時代。幾多英雄女兒盡力國事。卒至開設議會。成就維新之業。江西熊君暢九譯爲漢文。流麗明暢。情事如繪。抑熊君之意。非獨欲人知日本之事而已也。欲借以爲中國社會間添政治之思想力耳。讀者其尤毋負此意也可。

批評門

叢錄門

新出班本

黃蕭養回頭上套
京調維新夢成套

合刻

（洋裝一冊定價一角八分）

欲開大多數人之智改良班本其急務矣舉國中不讀書不看報之人十居其八九而未有不看戲者歐西日本多注重于是故士大夫皆不惜紆尊降貴親演其事而我國則鄙此道爲下流至不屑與平民伍此强弱智愚之所由分也邇來倡改良班本之議者頗不乏人其有見乎此矣本報每期附印之黃蕭養回頭作者既洞悉中外所演皆近今時事而又熟于此道善于結構令人人看之無不起愛國自强之心故一出即大受歡迎實班本革命界之巨子也又維新夢一套乃演戊戌變法前後時事句句皆道實而其結構之佳腔調之熟又不在黃蕭養回頭之下作者爲春夢生即卅八九號新民叢報飲冰室詩話所稱之珠海夢餘生其人也今特將兩套合印成書賤價發售以餉我國民有志斯道者盍速購取

發行所　橫濱百六十番　新民叢報社

飲冰室自由書

希望與失望

希望者靈魂之糧也而希望常與失望相乘失望者希望之魔也今日我國民全陷落於失望時代希望政府政府失望希望疆吏疆吏失望希望民黨民黨失望希望漸進漸進失望希望暴動暴動失望希望自力自力失望希望他力他力失望憂國之士溢其熱血絞其腦漿於彼乎於此乎皇皇求索者有年而無一路之可通而心血爲之倒行而腦筋爲之瞀亂今日青年界中多少連犿俶詭之現象其起因殆皆在失望

失望之惡果有二其希望而不甚誠者及其失望也則退轉其希望而甚誠者及其失

望也則發狂今之志士由前之說者十而七由後之說者十而三

國民之自殺

發狂之極其結果乃至於自殺自殺之種類不一而要之皆以生命殉希望者也故凡能自殺者必至誠之人也

一私人有自殺一國民亦有自殺何謂國民之自殺明知其道之足以亡國而必欲由之是也夫人苟非有愛國心則胡不飽食而嬉焉而何必日以國事與我腦相槃故凡自殺之國民必其愛國之度達於極點者也既愛之則曷爲殺之彼私人之自殺者固未有不愛其身者惟所愛之目的不得達故發憤而殉之痛哉自殺苦哉自殺

一私人之自殺於道德上法律上皆謂之有罪私人且然況乃一國死者不可復生斷者不可復續嗚呼我國民其毋自殺

不自由毋甯死固也雖然當以死易自由不當以死謝自由自殺者志行薄弱之表徵也嗚呼我强毅之國民其毋自殺

有無意識之自殺有有意識之自殺今舉國行尸走肉輩皆冥冥中日操刃以殺吾國

者也。故惟恃彼輩以外之人，庶幾拯之。浸假別出一途，以實行自殺主義焉，是我與彼輩同罪也。嗚呼！我有意識之國民，其毋自殺。

成敗

吾於五年前始爲自由書，而以成敗章託始焉。今吾將復論成敗。

天下無必成之事，而有必敗之事。治事者量其事之必成而後爲之，則終無一事之可治也；若量其事之必敗而故爲之，則治事亦更何取也。孔子曰：必也臨事而懼，好謀而成。嗚呼，閱歷稍久之後，其必有感於斯言矣。吾昔持無成無敗之理想，以謂造一因必有一果，而其結果之遲速遠近，非淺見者所得論定。由今思之，吾爲一事而誠能造出一因，以冀百數十年以後若數千萬里以外之結果者，則固謂之成，不謂之敗焉矣。而天下事固有糜多少之日力，絞多少之腦漿，及其一敗塗地，乃如煙消雲散，渺然無復徵痕薄跡之可尋，問於將來世界有絲毫影響乎？共事一二人和血呑而已，而他更無有也。傷哉失敗。

且持雖敗不敗之理想者，少年初入世初任事之人，類多能之。雖然，此不過客氣耳。失敗者最易墮人志氣也一敗再敗之後而最初一往無前之概已萎喪而無復存吾見此者數矣非其人之中變而根器實有所不任也上等根器固非磨湼之所能懼其奈芸芸衆生具中等以下之根器者十而七八也嗚呼此其所以往而不返也歟

問者曰子爲此言其阻人辦事之心不亦甚乎答之曰不然辦事者有成有敗者也而不辦事則全敗者也知成敗之義者其必知所擇矣惟當其辦事也雖不能要以必成而必盡其智力所及以期於可成雖不能保其不敗而必謀定後動而毋或立於必敗此豈徒爲達救世之目的而已抑亦自養其氣勿使夭絕之一法門也曾文正曰多條理而少大言又曰紮硬寨打死仗善哉善哉吾師夫吾師夫

雖然天下豈有終身不經失敗之人哉粵諺有之『做過不如錯過錯過不如錯得多』失敗者實天惠之學校也能受此天惠與否則亦視其人也已矣

答飛生

「浙江潮」第八期有自署飛生者著「近時二大學說之評論」一篇於鄙人之持論加是正焉大率以倒果爲因一語爲本論之總批評一年以來海內之以筆墨相非難省

往往而有顧其言如村嫗之角口。不能有相商榷之價值。飛生之文。則眞吾所樂聞而樂與語者也。乃錄其原文更爲答辨之如下。

(原文)新民氏之言曰。苟有新民。何患無新制度新政府新國家。而問其若何而可得新民。則曰新民云者。非新者一人。而新之者又一人也。則在吾民之各自新而已。玆言也。則吾之所最不敢贊同者也。夫論民族興亡之原。而歸乎其性質。則性質云者。有秉之自天然者。有受之于地理歷史之遺傳影響者。遠者且在不可窮詰之種性。近者亦積自千年百年之前。亦旣習之成性矣。一旦而欲改革之。固非一議論之所能奏功。亦斷非十年數十年之所能見效。獨不見夫歐洲之改革乎。夫社會者國家之母也。則社會改良。國家自能變易而且。而何以百年來政治之改革。痕跡顯然。而社會改良。則至今尙百口沸騰。而莫得其端倪也。故自理論上言。則有新民。固何患無新政府。而自事實上言。則必有新政府。而後可得新民也。何者。政府者民之代表也。代表其羣者。必其賢智之過于其羣者也。賢者敎不肖。智者敎愚。則政府者固有新民之天職在也。夫使政府而果賢且智焉。則政府之敎民也。固當如新民氏之言矣。若曰爾其自助。爾其自新。今政府旣不能擔任其天職。而乃不思易而置之。而仍敎之以自新。不敎之以變少數短年易變之政府。而敎之以新多數積重之民俗。吾知其事之萬不可期。而又不得代此蚩蚩者向新民氏一訴寃也。夫治治國。則當用繁賾之法。治亂國。則當用單簡之法。敎文明强悍之國民。則當平心靜氣。以立其遠大之基。敎野蠻柔弱之國民。則當單易直捷。以鼓其前進之氣。反其道而用之。未有能濟于事者也。

新民氏曰。今之動輒責政府者抑何不智。又曰。責人不責巳。此中國所以不能維新之大原。又曰。各委棄其責任。而一望諸家長。吾以謂國民者對于國家而負其監督政府之責任者也。舍此之外。吾未見有責任之更大于此者矣。吾正患其不能責政府耳。苟其能也。則中國何至于今日也。且夫吾中國之政府。則又與外國異。譬之甲乙二人。有二事焉。甲以事委諸丙。而從而指導之焉。監督之焉。乙以事委諸丁。悉與之權而不顧問也。苟二事悉敗。則丙之責任爲重乎。丁之責任爲重乎。中國之政府。丁之類也。四萬萬人悉舉其權而委之。其責任愈重。則責之宜愈嚴。理勢之必然也。

夫變俗之事。亦未始不可期。雖然。有其道也。則有一震撼雷霆之舉。足以使沈睡之腦一震。而耳目能一新是也。善夫嚴子原强之言也。歸其本於智德力。而救急則歸于一震。蓋深知智德力之進之有道。而救時之要當在是也。新民氏之宗旨。與嚴氏同。而于篇末一節。未有留意焉。所以言焉而不免有病也。(中略)

要之新民說者。史論也。非政論也。敎育家之言。非新聞記者之言也。勿以政論視新民說。則新民說。固近今有數之文字也。新民氏聞我言。其以爲何如。

答曰。飛生謂當敎以變少數短年易變之政府。而不當敎以新多數積重之民俗。此其言似也。曾亦思歐美民族。皆能自變置其惡政府。而吾民獨不能者。其原因何在乎。彼非有所倖而我非有所不遭也。大抵有新政府而後有新民歟。抑有新民而後有新政府歟。此二說者殆與「時勢造英雄英雄造時勢」之語同一理論。互相爲因。互相爲果。强畸於一焉。均之非篤論也。飛生欲直捷以新彼政府。我之欲此。誰不如飛生。雖然。飛生何以能作此想。能作此言。則以飛生固已自新者也。使飛生而爲十年以前之飛生。則政府之惡。縱十倍今日。而烏能新之。使四萬萬人而皆如十年以前之飛生。則政府之惡。雖百倍今日。亦誰與新之。然則新民之爲緩爲急。可以見矣。飛生又言使戊戌變法。能如彼日本之所謂大政維新。則今日新民說。(與夫立憲說)誠可爲根本之理論。云云。(見原文前簡不全引)以鄙人所見。則正反是。使戊戌變法而收全功也。則利用數千年來莫大之政權。舉一國而鼓鑄之。民之能自新者上也。其不能。則干涉以新之而已。雖不能新其全。猶新其半。不能半。猶新其半之半也。如是固不能專以責任委諸民。彼時而專爲教民自新之言。是反爲政府卸其責也。惟今之政府。則固不足以受責者。乃始不得不還責望於吾民之自身。鄙人之爲新民說。豈徒欲吾民讀之成一如歐美現今之善良市民而已。其意亦將以爲階梯。而有所變置。此必當爲飛生所能知而公認者也。而飛生必曰無須新民。而惟變置政府。試問非從新民處下一番工夫。而孰從而變置之且所以必須變置之理由謂其爲舊政府耶謂其爲惡政府耶如欲變惡者以置於良也而曰無須新民此吾所未解也飛生謂吾新民說倒果爲因吾亦欲以此語還贈飛生焉爾且言固不可以若是其幾也曰有新民而後有新政府者。豈其取四萬萬人爲前提而盡新之。而乃希望此黃金世界之政府湧於其後也。夫孰不知新民說之所能灌注者。萬人中不得其一也。而飛生必強以新民說與社會改良問題同一視亦已過矣。

吾讀飛生引嚴氏一震之語。吾知飛生之意所存矣。此亦可謂近來最有力之一學說也。若謂鄙人於此一節。未留意焉。則固非所敢受。去年一年之新民叢報其與「震」主義之關係深淺若何。讀者皆能言之。今勿具論。但吾儕今日所同禱祀同歡迎者「震」也。而「震」之實行當從何塗望得獨一無二之豪傑以自震之乎抑望得多數無名之豪傑以共震之乎如望彼多數者則新民之論烏可以已如望彼獨一者則其人之智力必遠在吾與飛生之上而又何勞吾輩以區區之筆舌震彼而彼乃始有所藉以震他也。飛生謂新民說爲非新聞記者之言。吾以爲言與行固異物也語夫實行何取於言微特語言可以已即飛生亦可以已也以云言也。則爲一般人說法也吾以爲新聞記者之責任其必在於新民也已。

至其所駁「責己不責政府」一言。則言各有當而已。使之自責。正乃使之自認天職豈有以飛生而猶不解此義者。吾知其本意非相駁。直假此爲棒喝而已。抑曾思新民說者。非與政府言與國民言也。不責國民則嘵嘵多言胡爲者

吾非欲强護吾前說。與飛生競口舌也。飛生之論本無一不與吾同。但其歸宿在「單易直捷以鼓其前進之氣」此實飛生全論之主腦。亦近時報界之趨向也。吾嚮者固亦最主張「鼓氣」主義。乃最近數月間。幾經試驗而覺氣之未盡可以恃。氣雖揚上而智德力三者不能與之相應則不旋踵而瘉矣或者又以爲吾之「震」主義只以用之於一時。乘氣之怱揚而便川之。既震之後。雖瘉何害。庸詎知震雖簡單而震之前提卻有不得不複雜者存飛生知改良社會非一議論所能奏功豈謂變置政府遂僅一議論所能奏功耶短時間之客氣其必不足以濟大事明甚矣然則鼓氣主義竟不可用乎曰可偶用而不可常用而用之又必以其時曷爲不可常用。曰有二義。其一則用这

多而力量反醇司空見慣變爲口頭禪而將不足以動人心也大黃附子劇劑也日日而服之失其效矣驪山烽燧及其時而或反喪其用是不可不謹也其二則今日欲改造我國家終不得不於民智民德民力三者有所培養苟非爾者非惟建設不可期即破壞亦不可得也而偏持鼓氣主義其結果也則往往於養成智德力三者之事業無端而生出許多魔障□君□□爲余言。自蘇報學界風潮一門並不能破壞一書院而惟破壞許多學堂自東京學生運動之義倡不能損滿洲政府一分毫而惟躭閣自己功課或鼓其高志棄學而歸歸而運動運動而無效無效而懼喪懼喪而墮落間所贏者幾何曰。廢學而已此雖靑年諸君逆耳之言乎顧亦安可以不深察也甚矣立言之難也朱子曰。教學者如扶醉人。扶得東來西又倒。以數千年無動爲大之中國。稍有志者。疾心痛首。恨不得日旋雷霆於其頂上以撼之吾去年爲敬告同業諸君一文蓋亦有在矣。顧氣衰者不得不激之使揚而氣太盛者又不可不斂之使靜何也欲民之有氣者非欲其囂然塵上而已將以各任一二實事也乃一語於任事則徒氣不足以自行矣故鼓氣主義者藥也而非粟也藥也者當適其時而用之日日而藥焉治而已矣何謂適時。夏間蘇報之僞造上諭。彼其意欲以激動學生及一般國民也。使其時國民之實力既已充。預備既已足。如六軍秣馬待將令而行。如爆藥成陵待火線而迸。則蘇報之藥爲適時矣。奈誤認時勢。故其藥力全消耗於無用之地。而反以生他病。則不適之爲害也。孟子曰。予豈好辯哉。予不得已也。一年以來。東京學界之雜誌。彬彬蠭起。突飛進步。然跡其趣旨。似專以鼓氣爲唯一法門。此傾向日甚一日。其發論之太軼於常軌者。往往有焉矣。夫以此對於社會一部分之人以立言。豈曰無益。然鄙人所陳二流弊。亦不可不深長念也。因答飛生難。牽引冗沓。下筆不能自休。讀者平心以察其意之所存。庶不以我慢見罪。還質飛生。以爲何如。

談叢

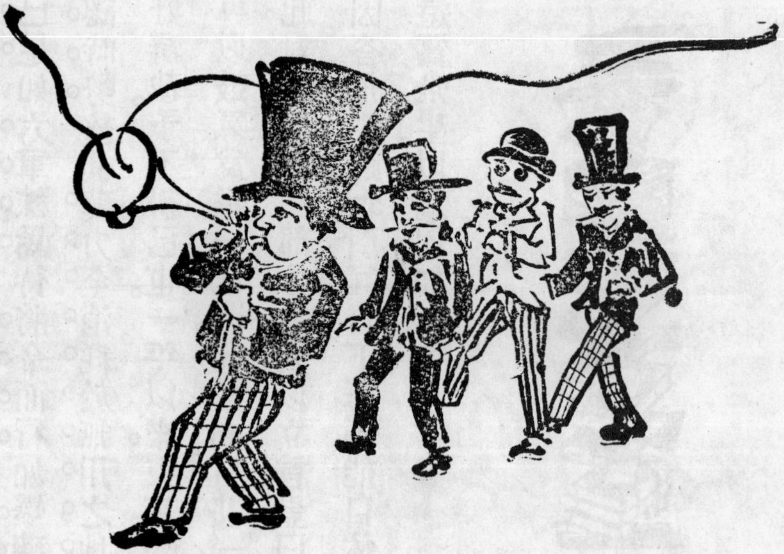

瑪志尼少年意大利會約

第一

今我意大利之同胞。遵信進步之法律。而擔任不可放棄之天職。共立此會。凡本會會員。須認定意大利今日實有全力自立。意大利人民實有全力復合成一新國民。我會友不可不同抱一最大之目的。曰重建意大利。使我意大利之人民。復爲自由平等而有獨立主權之國民。務期協同盡力達此目的。

第二

意大利者。歐洲大陸上據海灣建國之一古文明國也。北以亞爾魄司山 Alps 之上脊爲界。南以海爲界。西以華樓 Varo 口爲界。東以特里司特 Trieste 爲界。由天然之地勢上論之。我意大利有特別之語言。當建一獨立不羈之意大利政府。而由我意大利國民組織意大利之政治。以公共契約。組合我意大利之人民。而以同樣之法律管治之。

第三　結會之基

凡欲一會之安全强固。而進步極速。則不可不有確定明白之結會目的。

凡一會之所以强者。必有其會之一特別元質焉。其元質不須複雜而須純一。凡是會員皆須共同一致。本此元質。以爲目的。如行路之有嚮導焉。雖各人達此目的之行狀不同。而心志則萬不可不齊同。衆情合一。其會乃可强也。

至於革命會。則尤須有特別之一元質。苟元質複雜。平日之外觀雖似合一。辦事之時。必不免於分歧單弱。以致無力而起危險。

革命者。普通名詞也。故革命會亦須有其一定之目的及信仰。苟革命會無一定之目的及信仰。其會必搖移而無成功。則進步必無可望。讀古昔之歷史。其得失可知也。國民之欲實行改革者。斷不可無信仰。以無信仰之國民而希望改革。徒起暴亂而已。其弊將不可救藥。蓋無信仰則無目的。以無目的之國民圖改革。與戰爭。斷無成功之可望。其勢瞭然易明也。

由是之故。故我少年意大利會之結合。當有一定之目的。宣示衆知。無所隱諱。

我少年意大利會結立之目的。曰企圖革命。而我會友達此目的之法。曰普興教育。凡未革命之前。及既革命之後。皆我會友致力於教育之時也。故凡我會友。皆不可不盡力與國民之教育。惟以教育與革命並行。我意大利之前途。乃可望安全而長久也。

我意大利人民之企圖革命也。非妄起篡亂之比。因實行革命以復得自由獨立。實我意大利人民今日不可逃之天職也。

凡是國民。皆應得天賦之自由。而保守其固有之主權。故任一國之民。皆有其自己特別之國旗。以爲獨立建國之表記焉。我意大利人不可不希望有特別國旗之一日。

凡我少年意大利會會員。皆守共和主義及統一主義。

所以守共和主義之故。

一因凡一國之民。或從神意。或從人道。皆須彼此成爲自由平等之兄弟。苟非實行共和主義之國。其國中必有侵害自由及放棄自由者。是與神意及人道皆相背馳。

一因一國之主權。其實在於國民。此理實合於道德之規則。而不可駁。

一因苟國中有握特權之階級。而占一國中之高位。則大不合於國民普通平等之例。而於一國之自由。有大危險。

一因苟不認國之主權在全國人。而以國中少數之人握之。則必因是開爭奪篡亂之端。以至互相仇殺。而大害同胞和親之天理。

一因君主之制。惡獘甚多。既有君主。即有貴族。君主貴族既繁多。則全國之民必不平等。是其國將腐敗之前兆也。

一因觀於古昔之歷史。及物質之天性。凡選舉君主之流獘。必至變爲無政府。凡繼嗣君主之流獘。必致變爲專制政體。故皆不如共和主義之善。

一因君主之强。全賴有神權之說爲之護符。今日君主有神權之說。已爲世人之所不認。則君主萬不能復有强力以輯和國家。

一因今日歐洲進步之現象。已有一掃君主而盡變爲共和政體之勢。革命之風潮。日盛一日。我意大利介立其間。自不能墨守君主政體之舊習。

不寧惟是。我意大利古昔之建國。固無君主政體之元質也。我意大利之民風。莫不嫉貴族惡王朝。而莫不謂是乃國民進步之妨礙焉。

一因我意大利之好古諺。莫非讚美共和主義者。意大利之大記念。莫非歌頌共和主義者。意大利國民進步之歷史。莫非描寫共和主義者。讀意大利之歷史。可知意大利君主發生之日。即我意大利人民凋瘁方始之日。蓋君主常與我意大利人民爲大敵。而破壞我如錦如荼之意大利。使其爲蠻夷之所分裂竊據焉。言念至此。孰不痛心。

一因我意大利今日之大勢。既已分爲數小國矣。苟欲合一之。則斷不可以一君主轄制之也。惟用共和主義。而後可期意大利諸小國之和合統一。

一因我少年意大利會。苟主張君主政體。則革命爲無名。外交之塲。多所不便。且使我意大利之人民。降爲卑賤。夫甘以國權托諸君主。是我意大利之人民。甘爲奴隸也。革命之事。如何可成。

一因即我意大利之民情觀之。其一切舉動。莫不傾向共和主義者。

一因凡欲鼓動國民與非常之舉。則必須示之以一明白確定之目的。夫人民非因欲得自己之權利幸福。孰肯起而共舉革命者。

一因我輩所欲建立之政府。其主義制度。必皆可以告天下後世而無所愧怍。且革命者。國民之公事。不可不表同情於國民。樹立國旗。名正言順。務與今日歐洲大陸之革命宣告宗旨相合。是非主張共和主義不可。

所以守統一主義之故

一因無統一則不能成國民。

一因無統一則無實力。今日之環繞我意大利而建國者。皆强盛統一而抱嫉妬心之國民也。故我意大利非有統一之强力。則一事皆不可行。

夫統一主義 Unitarian 與聯合主義 Federalism 不同。欲知統一主義之利。必須知聯合主義之害。

一因聯合主義之弊。必致其國於政治上絕無强力。如瑞士然。必賴其鄰邦之勢力以自保護焉。

一因聯合主義易起各地方之競爭。是將復起我意大利在中世紀之惡象也。

一因聯合主義。必致分一大國爲無數小國。人民各逞野心。將起貴族政治之弊。
一因聯合主義。必破壞我意大利民族之統一。而傾覆我意大利敦重人道之根基。
一因就歐洲進步之大勢觀之。今日歐洲之社會有漸進爲一連合大羣之勢。
一因我意大利內部之文明。孕育久而將發現。有自然趨於統一之勢。
一因專制政體。乃統一主義之阻礙。而少年意大利會。已不取專制主義。我少年意大利會之主義。固國民統一主義也。然實行統一之方法。則當以和親而不以專制。我少年意大利會行政之組織。以基於宗教之天賦自由爲根柢。至於政治上之組織。則不能不合於歐洲國民之現勢。集一權於中央。

凡一國之民。必須有宗教信仰之統一。社會契約之統一。人民之政治及刑律之統一。不然、不能成眞國民。

本以上諸理。爲和親相愛之基。以造成我少年意大利會。凡入會之人。皆須眞信敬受立會之原理而不可忘棄。

凡少年意大利會之會友。皆須信受立會之原理。以爲他日組織政治之基。

凡我會友雖同信受以上之原理。而不可不厭等等之特別意見。以圖會事之擴張本會須時時刊布論文。發揮宗旨但萬不可不本立會之原理而立言。各信人羣進步之律。人道之生活。須遵守進步之法律此我意大利相傳之古說也。

一本會之和親主義。不以意大利人爲限。凡他人種之欲助成意大利種人之獨立自由者。本會一律以和親之義待之。

凡本會會員須敦崇道德。天下未有無道德之國民也。故須敦崇德行。以保靈魂之聖潔。道德與人不可須臾相離。與道德相離之人。乃汚穢僞善之人。汚穢僞善之人。必不能成就一事。我少年意大利會欲達建國之目的。而勝吾敵。非敦崇德行。萬萬不可苟本會全無德行。多行不義。則反對者有所藉口而肆其攻擊。於是則我少年意大利會決不能成一完固之黨派也。

以上皆少年意大利會重要之宗旨。本會會員各有信從奉行之天職。

第四

少年意大利會達目的之方法。曰敎育與革命。二者同時幷行。凡我會員。不可不咸表同意。

教育與革命二者不可相離。以教育養成國民之智識。指示意大利今日所以當革命之故。然欲革命之成功。則非我意大利人多半有普通之國民教育。而懷抱革命之思想。則不能。

國民教育。爲我意大利神聖不可欠缺之一事。

凡一會欲宣布宗旨廣羅同志。必不可無多種之印刷物。故少年意大利會會員有出金以刊布印刷物之責任。

凡在意大利因國政得罪放流之人。本會須聯絡賙恤之。使彼等擔任外面運動之責任。

凡本會會員。無論在意大利國中及國外。皆須知智識學問之必要。而不可輕廢之。

革命一事。爲我意大利國民今日之天職。但須本於愛國之眞心。而不可爲無益之妄動。凡舉革命。皆須奉揚意大利之國旗。而實行本會共和統一和親之宗旨。

革命者。所以改革舊弊。而企圖重造一新國民也。所以使盡意大利全國皆除舊弊而成新民也。故任在意大利何一地方皆可興革命軍。

革命者。所以企圖我意大利國民。復有意大利之眞國權之一日也。同是意大利之國民。則彼此須親愛憐恤。興革命軍之時。務須守此宗旨。不背不可有妄肆殺戮之事。

我會友須知我意大利有實力足以自由獨立而脫異種之羈絆。而不須借重外助。人人守國粹主義。若借外國之兵力以舉革命。非我意大利人企圖革命之正義也。故我意大利人之舉行革命。務須斷絕希望外援之心。有一毫希望外援之心。即不能制勝。雖僥倖借外援而獲勝。亦非我意大利人之榮譽也。

歐洲革命之風雲盛矣。我意大利之國民。不可獨居他國民之後。寂然不動。我意大利前代之革命。乃一部分之革命。而非全國民之革命。今日者。鼓動全國人之心力。共起革命。乃我少年意大利會之責任也。

我二千萬意大利之同胞。苟欲得自由也。則須有一物爲代價焉。曰篤信。既篤信共和統一之理。則不可不勇於傳播其主義於他人。且自實行之。

有破壞之期。有建立之期。爲建立而破壞。其破壞始有效。破壞已成。建立方始。

當革命初起之時。革命軍所佔領之地方。不能不以少數人握權施政。非常例也。革命軍必至之地皆自由之地也。其地即爲意大利國家之產業。廢昔時擅權之官吏而立民會以治理之。

任一民族苟欲脫異種之壓制。而復得自由。皆不可不用破壞之手段。但革命軍必不可不嚴紀律。革命者國民之公事。非少數人之所能成也。革命軍所至之地。有權以强一般能任戰鬭之人民受陸軍之教育。

欲行軍之有紀律。非於組織軍政之時十分注意不可。破壞方始。苟行軍無紀律。而爲一般人民之所厭惡。則非革命軍之本色也。

凡是少年意大利之會員。務須竭力到處傳布革命之宗旨。或著論文。或憑演說。無時或息。總以能鼓動全國人之愛國心革命心爲主。

第五

凡少年意大利會之會員。須每月以五十深提墨 Centimes（每深提墨約當中國錢五文共二百五十錢）捐入本會。其力量可以多捐者。隨意多捐。不在此限。

第六

少年意大利會尙白紅綠三色。本會旗幟卽用此三色爲之。一面大書曰自由平等親愛。更一面大書曰獨立統一。

第七

凡入少年意大利之人。須對其介紹入會之人發誓。其誓詞如下。

上帝鑒之。意大利鑒之。意大利爲國流血諸先靈鑒之。今意大利久受異族壓制之慘禍。我同胞皆陷於爲奴隸牛馬之地位。小子今願入會與諸兄弟同心戮力光復舊物。對一般意大利國民表深惻之慈愛。對我先祖後昆聚居之國土表深惻之慈愛。對彼敢於爲惡之篡竊專制君主表不共戴天之痛惡。對其他自由獨立之國民。表不可洗刷之羞恥。因我意大利無國民權利無國民旗幟。乃至無國民故。我之靈魂有無限之熱情。欲得自由。國人無自由則不成爲人而爲奴隸故。

我記念我意大利前世之光榮。我實不堪覩我意大利今日卑賤劣下之光景。

我不忍見我意大利國中之老婦人朝夕哭泣。因其子孫被異種人惡政之所虐殺所囚禁所放流故。

我信上帝有助我意大利復得自由之聖靈。我意大利人民有不可不奮力恢復自由之天職。

上帝造人。即與之以國民之權利。國家因人民而有。政府爲人民而立。我不能慢藐上帝之聖意。

我有殺身報國之天職。我身能死。我愛國之熱情終不死。

我將我之名注于少年意大利會之會册。我信奉少年意大利會之條規。

我獻我之一身。欲與我同胞共造一自由獨立共和統一之意大利。俾我全國人爲自由獨立之國民。

我如我之所能。以達本會之目的。或以著述。或以言論。或以行事。達本會之目的。我守本會之宗旨。隨處布施國民之教育。以教育我意大利同胞。篤和親。敦德行。圖建立以期革命之成功。

我既入少年意大利會之後。永不再入他會。

我守少年意大利之約章。發揚志氣。激勵精神。至身死之日爲止。

我對我同會之兄弟。凡一切行爲言論。皆共同一致。彼此互相扶助。

我自發此誓之後。永世不改。我如改變初衷。上帝罰之。會友刑之。天下人民皆棄之

美人手

第六回 讀新聞提心吊胆 趁機會胡想亂思

却說每夕新聞雜報欄內有一則標題着「瀨音川美人手發現」其文曰。

今日瀨音川發現一段奇妙不可思議之事。瀨音川之下流有某漁戶之子。於昨宵臨流垂釣。忽然釣得一人手。此手連着半截腕骨。想是極利之刀所斷。不知從上流何處蕩漾下來。漁戶不敢隱匿。奔報於附近警察署。警察即將此手送交國家軍醫查驗。玆據某軍醫所佈告言此手是婦人左腕。其形體甚纖削輕巧。當是上等婦人。再查該手傷痕。計其截斷時刻。應在未投入水以前二三時間。至其在水內所經過之時刻。亦爲期未久。大約是昨夜十打鐘前後所拋棄云云。現該手施以防腐藥劑。用瓶載起。存放在摩洛哥街解剖會博覽場中。其餘事之原委。現尚未悉。刻下警署已派遣偵探。四處嚴密查訪。諒不日此案當有頭緒。此案一經發露。料必有非常新異之奇聞。俟時再當詳細續登。以飽諸君之眼福。

當時伊古那查得此段新聞。從頭至尾讀了一回。瑪琪拖亞等他讀完說道。此事我本來不願經警察的手。不料去在這麼大的川裡。也被人家釣着。眞是湊巧。伊古那變着臉色。把新聞紙放下答道。我當時也告訴你。叫你同去照直告訴東家聽。憑東家投報警察署。你偏偏不願意。又要自已另外出甚麼手段。出甚麼奇策。如今依然隱瞞不過。被那警察知到。那便怎好。這都是你累了我了。瑪琪拖亞作色道。呀你怕這事就累了你。不成。像你這樣豆子大的胆兒。還想出來幹別的事嗎。諒來這事警察斷斷辦不來。就是外間所傳說的新聞。也不過是談論幾日。過了這幾日你看還有誰記着伊古那道。這手現放在博覽場中。每日遊覽的如許多人。倘或有知到原委的。當場剖白出來。那便怎好。瑪琪拖亞道。你又說傻話了。此事除了本人。怎能彀還有誰知到。如果既是本人。斷沒有對衆剖白。說這手是我到銀行做賊丟掉了的。請你給還我罷。你想這句瘋話說得出來的麼。你試想想也就明白了。你別要懸心罷。我且問你今日舅父到了庫裡。可有甚麼破綻的疑心沒有。伊古那道。今日我見了東主。并不敢露過半點風聲。他亦未曾向我查問過甚麼。諒來未必看得出破綻。只不過當入賬房的時候。他問我昨晚的宴會因何不到。我就照着你所教的說話回了。也就罷了。今日東主的心裡很沒得空兒。所以別的閒事都沒有十分留意。瑪琪拖亞道。難道有甚麼老主顧的行店倒閉。所以他心裡沒得空兒麼。伊古那道。那裡的話。這銀行根基這麼穩固。就是有三兩家主顧的大行店倒閉。也未必費得着東主這麼操心。他并非爲生意的事。其實因美治阿士同霞那小姐兩家戀愛之故。如今被東主知到。今朝他兩人受東主誠責了一番。剛纔美治阿士來對我說。要辭工不做呢。瑪琪拖亞道。有這個事。那不是鬧翻了麼。伊古那道。眞是鬧翻了。適纔東主要把美治阿士調往埃及支店去。美治阿士不願。因此把職辭了。瑪琪拖亞道。那是一定了。美治河士本來是個貴族的身分。不過現在窮了些少了。這個錢老爺不曾來巴結他。究竟他仍然記着氣節兩個字。怎忍受得這點難過的氣。諒他就是餓死也未必肯答應。如此方像得是個美治阿士的所爲。我

小說 四

很讚賞他。只虧他囊裡沒有點錢。這旅費不知怎麼籌法。他現在想到那裡去呢。伊古那道。他并不曾定主意到那裡去。只說道一意跑向別國去。再不回到法國來。我想霞那小姐。捱着這別離的苦楚。不知怎生過這日子。瑪琪拖亞道十七八歲的女兒們。那裡有甚麼定見。不過暫時捨不得。有點淒涼。也未可定。不上三兩個月。聽聽他父親的話。那便漸漸把前事丟過腦後。從新揀起姑爺來了。女兒們沒定性。我也見得多了。如今把這件事替你想想。我料舅父把美治阿士趕走了。他的意思却是爲着你呢。那真是你的福氣了。伊古那道。無蹤無影。那裡有這個事。瑪琪拖亞道。你說沒有這個事。照我說一定是有的。我知到舅父的心裡一定想招贅你。且不止心裡想。他也曾說出口了。前幾天我聞舅父說道。商家人沒有兒子。就沒有帮手。事事都很不便。幸虧得你在此提點提點。我舅父見了你。就不論甚麼事。都放了心。你試想想。我是說謊的麼。兼且每次禮拜四請酒。都有你的分子。本來這個夜宴。是爲着同他女兒鬧熱鬧熱。開開心的。如果美治阿士長在巴黎。雖然隔絕不大見面。他女兒知到美治阿士不曾變心。依然帶着那條戀愛的根。兩家不肯打斷。或者不容易輪得到你。如今美治阿士已是到別國去了。他一定怨他薄情。說他無義。那戀愛的根。自然就要割斷了。那不是你的福氣麼。伊古那道。這也未必。我想我們大衆朋友。一旦離別。尙且牽掛着放不得心。何況他是個女子。又是個心裡的人。那纏綿的情絲。好容易翻得轉的麼。瑪琪拖亞道。那有翻不轉的話。俗語道。你既薄倖。怪不得我無情。如今美治阿士先做薄倖。把情根割斷。不記念他女兒們的恩義。忍心把他拋撇不顧。怎不令他絕望。事到絕望。怎怪得他要斷念。這邊斷了念。那消受的福氣。不是你還有誰呢。伊古那本來是個假至誠的僞君子。平日臉面上雖然裝成莊莊重重的模樣。不露出甚麼聲色。但他的心裡。實在日夜焦思。很想吃這塊天鵞肉。如今聽見瑪琪拖亞這番說話。正中了他的心懷。不覺低了頭。并不答話。心中已自想到槐安國去了。瑪琪拖亞又道。不用想了。那一定是你出頭的機會了。如今且去吃晚餐罷。於是瑪琪拖亞同着伊古那。到了一間酒店。把晚餐吃完。又牽牽着同到戲館裡聽戲。伊古那心心念念只想做銀行東家的姑爺。晝思夜想。都記着一個霞那小姐。那裡是有心聽戲。到了十一打鐘。就同瑪琪拖亞分了手。跑回自已寓所。適見桌子上擱着一封書子。面上寫着是美治阿士寄來的。因拿起把封面拆開看道。

伊古那君足下午間與兄有約。今夕或明早到尊寓一叙。刻弟已趕赴夜車啓程。明日侵晨距君已在數百里外矣。從玆一別。把晤無期。世外餘生。勿以爲念。匆匆

留白美治阿士頓首。

伊古那讀完。把書放下說道。眞眞可憐他了。歎了一口氣。也就到床上睡了。欲知後事如何且聽下回分解。

第七回　點失賍銀行驚盜竊　認賠欵大尉顯功名

却說次日圖理舍銀行弄出一件非常的事變來當時伊古那在家。還未知到。清早起來。梳洗一會。用了茶點。到九點鐘時候。照例出行辦公。及至到了行內。見金庫這兩扇鐵門。已自大大的打開。不禁大吃一驚。想道昨日退行的時候。我明明把鎖栓好。怎麼能彀打開。走進裡便看時。見鐵櫃的鎖件件都已扭開。便知到是被盜行竊無疑。記起前晚美人斷手的事情料得又是他昨夜再來今回已自得手去了不覺嚇得魂靈兒

都走吊了出來。急的奔到後樓。告訴東主圖理舍譽。聽見好像頭上打了一個霹靂。大驚失色。赶忙跑到庫房裡便。一一查點過來。却也奇怪。計庫裡所存的欵項總共有二百餘萬。多半是現成的金錢。竟然不曾短少。僅僅失了一張五千圓的銀票。再把鐵櫃內的匯單點過。也依然照數完全。圖理舍譽纔放了心。把手巾將額上的汗珠兒抹了一抹。說道。所失僅五千圓。倒也沒甚要緊。但看這樣情景。也眞奇了。這鐵櫃不是也開了麼。鑰匙只有你同我拿着。暗碼也只有我同你知道。還有誰呢。此事諒來不是外人。一定是行裡的人無疑。如果是外人。不特這鎖不曉得開。還要逃不脫這個機械的利害呢。伊古那肚子裡先已懷了鬼胎。這機械拿不倒賊的緣故。心裡早已明白。惟暗想更改暗碼的記號。那賊怎麼能彀知到。總想不出頭緒來。意欲把前晚的事對東主說明。又礙着同瑪琪拖亞約定了。不能翻口。不得已含糊答道。這事確實的奇怪呢。鐵櫃的祕法。連機械暗瑪。一概都曉得。手段這樣周密。事情這樣冒險。倒僅僅偷了五千圓。諒來確不像外賊的所爲。且一個人是做不得來的。圖理舍譽道。總之行裡的人。內中儘有同謀引綫的無疑了。正談論間。忽見守門的小厮助摩祖走進來稟道。俄國大尉荷理別夫到來。現在客廳上等着。他說特地到來領昨日約定的東西。圖理舍譽聽着。猛然記起。對伊古那道。荷理別夫大尉所存下的鐵箱子呢可在鐵櫃裡便嗎你快看看。伊古那答應着。把鐵櫃的抽屜揭開一看。不覺嚇驚道不好了這小鐵箱子不見了。剛纔查點。不曾留意這個。如今找遍都不見了。荷理別夫在客廳上聽見這話。就忘了形。忙跑到庫房裡便。并不與圖理舍譽等見禮。對着他兩人說道。怎麼把我這鐵箱子亡失了這個是我的性命我萬分珍重方交托你存放如今失了我斷斷不能干休我寄存的十五萬金錢你把他失了我也沒甚要緊這箱子是金錢買不來的你失了去打甚麼主意還我圖理舍譽同伊古那聽着。不迭的向着他賠不是并把失竊的情形。哀告一番。荷理別夫帶着憂憤之色向圖理舍譽道。這箱子內裡的緣故諒你未必知到因爲這個箱子也不知幾多人恨我想設法偷他所以我忙着送給你存放以爲你這金庫堅固穩當。可以放心。不料依然逃不過他們暗算的手段。如今既已失了。諒難再復到手。雖然事縱萬難。我也斷不肯干休。惟是此宗失案如果佈白出來反不好辦。如今莫如索性隱着不要投報警察等我想個法兒跟究跟究至你失了這五千圓諒你、是、要、報、失、賍、的。也可、不、必。等、我、替、你、抵、填、了。你當、作、無、事。把這、事、交、給、過、我、一、人、查、辦、罷。圖理舍譽適纔被他逼迫一番。不料忽然轉了調子。講出這話來。覺得出乎意外。因答道。那裡的話。方纔受老兄的怪責。自問實在惶恐無地。如今承尊意指示。不要傳揚出外。并願替敝銀行填了這失欵。老兄這樣海量。兄弟實在萬分感激。此事本是敝行的疏虞。兄弟正欲求老兄見諒見諒。所失鐵箱子的價値。兄弟力量若果做得到。自願竭力賠還罷。荷理別夫道。說起賠償的話、這、鐵、箱、子、實、在、値、不、得、五、塊、錢。其、中、的、品、物。不、過、是、抄、存、的、字、紙。因、爲、我、受、了、本、國、政、府、的、密、旨。到、來、查、辦、事、情。這、失、案、若、被、我、國、駐、法、公、使、知、道。那、就、報、知、我、國、政、府。我、政、府、就、於、我、大、有、處、分。故、此、特、求、秘、密。不、要、宣、揚、出、外。我、寗、願、多、費、些、金、錢。靜、中、設、法、查、究。諒、來、你、等、也、是、不、知、情。也、未、必、有、受、人、囑、托。與、那、賊、串、同。那、是、我、信、得、過、的。總、之、我、是、欽、奉、密、旨、的、差、官。所、到、之、地。少、不、得、有、人、窺、伺。這回的事。諒、是、敵、家、所、爲。所、以、更、不、能、罷、手。我且問你。當日把這個鐵箱子存放鐵櫃之時。行內有誰見着。還有那個知到的麼。圖理舍譽道。除我之外。只有這個管賬。及那、個、書、記、生、美、治、阿、士。此外再沒有別人了。荷理別夫道。哦、美、治、阿、士。就、是、時、常在你案傍這個很修潔的美少年嗎。我時常聞得他在行愛鬧排塲的名。他不是先年做過駐俄公使嘉黎那侯爵之子麼。圖理舍譽道。不錯。自從侯爵家業退敗之後。身後異常蕭條。所以我把他提携。用他在這裡當個書記。荷理別夫道。現在那裡。我很想會他一面。圖理舍譽道。這很容易。就叫伊古那去叫美治阿士來。伊古那道。美治阿士昨夜搭火車不知那裡去了。圖理舍譽道。搭火車到那裡。此時還不回來麼。伊古那道。他不回來了。昨夜他有書子給我辭行呢。說着便向袋裡把昨夜擱在桌上的書子拿了出來。荷理別夫接着看道。這便有些可疑了。書內并不題所去的地方。這不是逃亡的意思麼。對着圖理舍譽道。老兄。你不覺得詫異嗎。不知圖理舍譽荅出甚麼話來。且聽下回分解。

第八回　審問賊蹤書記受屈　溺情魔障慈父失歡

話說荷理別夫見了美治阿士的書子。動起疑心。猜量他是與賊同謀的黨。圖理舍譽的本心。本來知美治阿士脾氣。是個硬直的男子。不像那做賊的人。但去得無踪無跡。

也不免動起疑心來。如今聞荷理別夫問起這話。來皺着眉頭答道。是呀去得不明不白。半夜裡猝然動身。此事實在可疑。惟是他這個人向來不似見利忘義之輩。怎麽忽然敢做起賊來。就向伊古那道。你到守門人那裡問他有誰看見美治阿士昨夜的踪跡麽。伊古那答應着。下了樓一會兒。上來回道。看守大門的人說道。昨夜十一點鐘的時候。美治阿士進來拿了一個皮包子去了。我再到美治阿士房內看過。所有他平日擺設的東西。已經甚麽都沒有了。圖理舍轡聽着。不作聲想了一會。說道。這就確實的可疑了。半夜裡來拿皮包子。其中顯有情弊。他十一點多鐘還未起程。想此時還未到得外國地界。尙在兩國交界地方也未可定。不如即發電報通知邊界的警察。還可以捕拿得着呢。荷理別夫道。宣揚出外。是使不得的。我已經告訴你了。圖理舍轡道不錯。我一時心裡着急。倒把剛纔約過的話都忘了。以後還牢記着罷。伊古那平日與美治阿士同事。他的行爲。問心是信得過的。況且前兩天有賊來過的蹤影。及今回美治阿士出走的緣故。他心裡都是知到。今見東主拿定是美治阿士。這點良心。自是忍耐不住。禁不得要替他解釋幾句。聲顫顫的從旁說道。美治阿士的行爲。看來雖似可疑。

諒他一人做不到。此外想必另有甚麼歹人。暗中謀算。須要切實查究。尋了的憑據。方能追出底裡來呢。荷理別夫道那是不錯的。我也是這麼想。你在這裡當算賬每日來往出入的人。可有那個是你意中所猜疑的嗎。伊古那道別的可疑之處。意中也不覺得。惟有這個看守庫房的人。每夜總在十二點鐘以後纔回來。諒此失竊的事。那賊必定在十二打鐘以前下手。那是無疑的了。荷理別夫道照此說來。然則美治阿士更是可疑的了。圖理舍譽對着伊古那道看守的工役。每晚到十二打鐘還不回來。你怎麼總不對我說。這樣不中用的人。就應該立刻開除了他。這是你太不留心之過了。伊古那道不是我敢隱瞞着。因為我自從初來那時候。見他已是這樣。估量東主是知到的。所以沒有說及。荷理別夫道事已過去。悔也無益。如今且再查驗看他用甚麼法子開這鎖罷。圖理舍譽聽着再復把鐵櫃門拉開一看。見有一個新鑰匙。還依然插在鎖穴裡。不曾拔去。圖理舍譽當下把鑰匙拔出來。拿着一看。說道這賊也新樣的很了。偷了東西。連鑰匙也不要了。這鑰匙沒有模樣。他怎麼弄得來呢。伊古那你想想美治阿士。日前有向你借過鑰匙看過沒有。伊古那道。沒有。圖理舍譽道。恐怕就在我那房內抽冊偷了出來。交與鐵匠印了模樣的。不錯了。我屋裡除了美治阿士。別人是不容易進去的。這一定瞰我不在家。悄悄的入去偷了來。惟是鑰匙縱然偷得。怎麼就曉得這個秘法呢。伊古那你前晚聽見外便有脚步的聲音。你把那祕法換了。後來還見美治阿士到過這裡沒有。伊古那道。昨日早上到過一次。不過是一息間工夫。是時已是開了鐵櫃的時候了。圖理舍譽道。鐵櫃雖是開了。這櫃門上不是依然現着那祕法的字樣麼。伊古那道。他并不曾行近櫃邊。諒未必能够看得見。圖理舍譽道。他有心窺探。眼睛一過。便已印在腦袋裡。那裡肯被你看得破。好提防他。而且既經看見。一定故意離遠些。方不令你生疑。你試想想。這個捕縛的機關。只有美治阿士知到的。他向來都裝作不知。如今纔曉得是他的心計呢。伊古那明明知到這事。是委屈了美治阿士。屢欲把前夜美人手的事情剖白出來。因爲答應了瑪琪拖亞。翻不過口。二則已是過後的事。如今纔說出來。一定大受叱責。心內躊躊躇躇。好幾次都把口禁住了。荷理別夫愈想愈疑。向着圖理舍譽問道。此事我想除了美治阿士之外。再無踪影可以捉摸。我當從此設法查究出根據來。我且問你。美治阿士平日所交處的朋友。與那種人往來最多呢。圖理舍譽道。此人交遊極少。甚至禮拜日仍躲在屋裡。絕不見有甚麼人與他往來。此人生平的品行也算是個好男子。不知怎麼忽變了本性會做出這意外的事來。荷理別夫道。他往常沒有提說俄國甚麼事嗎。圖理舍譽道。他曾隨父親到過俄國。故此時常談說俄國的風景。及俄國人的故事。也是有的。荷理別夫道。他別處還有甚麼親戚。圖理舍譽道。沒有。只聞得他在布理他尼的地方有一間舊房子。是他父親遺下的。荷理別夫又盤問了三兩件零零碎碎的事。因說道跟查美治阿士去向的踪跡。此事我可以辦得來。無庸再費你心。以後我也不暇常到這裡。但如有要事。求你給我個人情。不論甚麼時候。均許傳見。以便商量請教。說完。握了握手。就告辭去了。荷理別夫出了庫門。向樓上正面的梯子踱將下來。是時金庫隔壁的小房子內。忽然見助摩祖攝手攝腳的走將出來。繞向後樓的小梯子跑下。追着荷理別夫尾後向大門去了。他平日是個頑皮的東西。年幾又少。個個都不大留意他。所以絕無人知覺。圖理舍譽自荷理別夫去後。對着伊古那把今日所應做的事。一一吩咐了。然後向後樓進去。話分兩頭。却說圖理舍譽自昨日把愛女霞那責了一頓。追後因有事出街。夜深纔回。父女不曾會面心裡很是牽掛着。如今稍暇。因走進霞那房內。只見霞那滿臉堆着愁容。眼胞皮腫得胡桃兒似的。伏在書案上。拿着一枝筆兒。不知寫甚麼。呆呆的坐着想。絕不動彈。圖理舍響走近跟前。平心靜氣。帶着微笑說道。噯喲。霞那你受了誰的欺負。為甚麼哭得眼胞皮都腫起來。霞那聽見也不轉過頭來。只是憤憤的答道。都是你沒情理。強屈女兒受這委曲。這樣的淒涼。叫我心裡怎能熬得過。說話間又吊了幾點眼淚。覺得一種怨怒之意。現於辭色。圖理舍響嚇驚道。哦、為昨天的事情。你就記恨到今天。你只管發惱氣。只怕你要後悔不迭呢。你知到嗎。美治阿士現在弄出一件壞事。以後再不能踏進我們了。霞那裝作聽不見一般。并不偢倸。圖理舍響又望着書案上問道。你寫甚麼書子。要寄與誰。霞那道。寄與美治阿士。圖理舍響作色道。甚麼。寄與美治阿士。你如今在為父的跟前。也不復忌憚的嗎。霞那硬着性子答道。這些事。我并沒有甚麼應該忌憚之處。美治阿士是我心裡擇定終身倚靠的人。已經同他訂有婚姻之約。不論那個。也是不必隱瞞的。圖理舍響道。好一個婚姻之約。你以後可不必要為父了。凡事任自已性子。就可以主持得來了。那文明的法律。我也見得多。甚麼自由結婚的國例。

總未見有年未過二十歲的女兒就可以違抗父命自行擇婚的道理。霞那道。我正在想等到二十歲再說。圖理舍謈平日并不曾見霞那違過半句的話。如今見他這樣。不禁大怒。厲聲喝道甚麼呀。你等到二十歲再說嗎。居然想挾你一分子的自由權利。來欺壓爲父的主權。强背父訓。偏偏要嫁那鼠竊狗偷之輩。做賊婆子。你不把心竅兒淘一淘。不把耳朵掙開打聽打聽。美治阿士已經做了賊。偷了金錢逃走去了。霞那道。不要說謊。美治阿士斷不做這些事的。圖理舍謈道。歇着嘴聽我說。我本來好好的待他。叫他去管理埃及支店的事務。他不肯聽說至此。霞那赶着說道。那是一定了。美治阿士的脾氣。斷不做這搖尾乞憐的。圖理舍謈又道。因此他昨晚上走進庫房。開了鐵櫃。把金錢偷去了。霞那道。爹爹。你不要委屈了人。你試調美治阿士來問問。我諒這樣的事。斷不是他做的。圖理舍謈道。還想問他。他如今不知去向。只怕已經逃到了外國了。霞那忽聽這話。心裡突的好像被一枝毒箭攢了進去。一般臉上忽然翻白起來。說道。他甚麼都沒講過一句。那就去了麼。說着便覺得身子虛恍恍的安坐不穩。仰身要倒。圖理舍謈急忙把他扶着。只見他唉的一聲。仆在他父親的腕上。不覺連氣也絕了。要知後事如何。且聽下回分解。

文苑

飲冰室詩話

去年聞學生某君入東京音樂學校專研究樂學余喜無量蓋欲改造國民之品質則
詩歌音樂爲精神教育之一要件此稍有識者所能知也中國樂學發達尙蚤自明以
前雖進步稍緩而其統猶緜緜不絕前此凡有韻之文半皆可以入樂者也詩三百篇
皆爲樂章尙矣孔子稱誦詩三百歌詩三百弦詩三百舞詩三百如楚辭之招魂九歌漢之大風柏梁皆應弦赴節
不徒樂府之名如其實而已下至唐代絕句如「雲想衣裳」「黃河遠上」莫不被諸弦
管宋之詞元之曲又其顯而易見者也蓋自明以前文學家多通音律而無論雅樂劇
曲大率皆由士大夫主持之雖或衰靡而俚俗猶不至太甚本朝以來則音律之學士
夫無復過問而先王樂教乃全委諸教坊優伎之手矣讀泰西文明史無論何代無論
何國無不食文學家之賜其國民於諸文豪亦頂禮而尸祝之若中國之詞章家則於

國民豈有絲毫之影響耶推原其故不得不謂詩與樂分之所致也鄭夾漈有言「古之詩曰歌行後之詩曰古近二體歌行主聲二體主文詩爲聲也不爲文也浩歌長嘯古人之深趣今人既不尙嘯而又失其歌詩之旨所以無樂事也凡律其辭則謂之詩聲其詩則謂之歌詩未有不歌者也（中略）嗚呼詩在於聲不在於義孔子曰關睢樂而不淫哀而不傷亦謂關睢之聲和平能令聞者感發而不失其度耳若誦其文習其理能有哀樂之事乎二體之作失其詩矣」通志樂畧 其言可謂特識夾漈時已然輓近迺益甚至於今日而詩詞曲三者皆成爲陳設之古玩而詞章家眞社會之蝨矣頃讀雜誌「江蘇」屢陳中國音樂改良之義其第七號已譜出軍歌學校歌數闋讀之拍案叫絕此中國文學復興之先河也惜余亦一門外漢僅如夾漈所謂誦其文習其理而已寄語某君自今以往更委身於祖國文學據今所學而調和之以淵懿之風格微妙之辭藻苟能爲索士比亞彌兒頓其報國民之恩者不已多乎

近年以來愛國之士注意此業者漸不乏人而黃公度其尤也公度所製軍歌二十四章幼稚園上學歌若干章既行於世今復得見其近作「小學校學生相和歌」十九章

亦一代妙文也。其歌以一人唱。章末三句。諸生合唱。今亟錄如下。

來來汝小生。汝看汝面何種族。芒碭五洲幾大陸。紅苗蜷伏黑蠻辱。虬髯碧眼獨橫行。虎視眈眈欲逐逐。於戲我小生。全球半黃人。以何保面目。

來來汝小生。汝所踐土是何國。身毒淪亡猶太滅。天父悲啼佛祖默。四千餘歲國僅存。蓋地舊圖愁改色。於戲我小生。胸中日芥蔕。芒芒此禹域。

來來汝小生。人於太倉稊米身。人非羣力奚自存。裸蟲三百不能羣。消龍柙虎人獨尊。非衆生恩其誰恩。於戲我小生。人不顧同羣。世界人非人。

來來汝小生。汝之司牧爲汝君。尊如天帝如鬼神。伏地謁拜稱主臣。汝看東西立憲國。如一家子尊復親。於戲我小生。三月麛裘歌。亦曾歌維新。

來來汝小生。汝身莫作瓶器盛。牛兒馬兒墮地鳴。能飲能食能步行。三年鞠我出入腹。須臾失母難生成。於戲我小生。佛亦報親恩。忘親乃畜生。

聽聽汝小生。人各有身即天職。一身之外皆汝敵。一身之內皆汝責。人不若人吾喪吾。怙父倚天總無益。於戲我小生。絕去奴隸心。堂堂要獨立。

文苑

聽聽汝小生。天賦良能毋自棄。誰能三頭與六臂。誰不一心轄百體。聽人束縛制於人。是犬繫尾牛穿鼻。於戲我小生。汝非狠疾人。奈何不自治。

聽聽汝小生。汝輩即是小團體。相親相愛如兄弟。相友相助如盟會。一羣苟敗羊盡亡。敢憚為犧私斷尾。於戲我小生。六經新註腳。要補合羣誼。

聽聽汝小生。人不可無謀生資。翼短懶飛雀啼饑。游手坐食民流離。黃金世界正在手。人出隻手能維持。於戲我小生。而今廿世紀。便是工戰期。

聽聽汝小生。人人要求普通學。不願百鳥出一鶚。不願牛毛變麟角。空談高論不中書。一任代薪束高閣。於戲我小生。三年幾巍科。何補國昏弱。

聽聽汝小生。我愛我書莫如史。此一塊肉摶摶地。軒項傳來百餘世。先公先祖幾經營。長在我儂心子裏。於戲我小生。開卷愛國心。掩卷憂國淚。

聽聽汝小生。人言汝國多文辭。彼筆尖尖毛之錐。此點點墨染於絲。何物蟹行肆蠶食。努力努力爭相持。於戲我小生。世無文弱國。今非偃武時。

聽聽汝小生。欲求國强先自强。食案以外即戰場。劍影之下即天堂。偕行偕行若赴敵朝歌夕舞黑禰襠。於戲我小生。生當作鐵漢。死當化金剛。聽聽汝小生。雪汝國恥鼓汝勇。芙蓉薰天天夢夢。鬼幽地獄隨地湧。吸我脂膏扼我吭。使我健兒不留種。於戲我小生。誰甘魚爛亡。忍此飲鴆痛。

勉勉汝小生。同生吾國胥吾民。南音北音同華言。左行右行同漢文。索頭椎髻古異族。久合鑪冶歸陶甄。於戲我小生。願合同化力搏我諸色人。

勉勉汝小生。既爲國民忍作賊。國民貴保民資格。國民要有民特色。任鋤非種任瓜分。心肝直比黑奴黑。於戲我小生。焚盡白降幡。有我無他國。

勉勉汝小生。汝讀何書學何事。佛經耶約能救世。宗教神權今半廢。莫問某甲聖賢書。我所信從只公理。於戲我小生。口唱漢兒歌。手點堯典字。

勉勉汝小生。汝當盡職務。民義嬴顛劉蹶幾興廢。蚩蚩不問官家事。棟析榱崩汝所知。天墜難逃天壓已。於戲我小生。誓竭黔首愚。同救蒼天死。

勉勉汝小生。汝當發願造世界。太平昇平雖有待。此責此任在汝輩。華胥極樂華嚴莊。更賦六合更賦海。於戲我小生。世運方日新。日進日日改。

惜公度亦不解音律。與余同病也。使其解之。則制定一代之樂不難矣。此諸編者苟能譜之以實施於學校。則我國學校唱歌一科其可以不闕矣。抑吾猶有一說焉。今日欲爲中國制樂似不必全用西譜若能參酌吾國雅劇俚三者而調和取裁之以成祖國一種固有之樂聲亦快事也將來所有諸樂用西譜者十而六七用國譜者十而三四夫亦不交病焉矣。但語此者。非於中西諸樂神而明之不能。吾儕門外漢蓋無取喋喋云爾。

公度之詩。詩史也。頃撿其舊集。有朝鮮嘆七解。蓋癸未所作。距今二十有一年矣。朝鮮迄今。猶擁虛號。當亦作者當時所不及料也。乃者俄日戰機。懸於眉睫。區區朝鮮。朝露之命。盖可知矣。而隨朝鮮之覆轍者。復將有一巨靈在。以吾儕居今日而讀此詩。其感慨更何如。詩曰。有北有北鄂羅斯。展翼巨鷲張牙獅。欲囊六合鞭四陲。夢中伸脚直東下。諒爾無過土耳其。吁嗟乎朝鮮。吾爲朝鮮危。解一 雌王寶劍猴王双。還來又唱征韓論。躊躇四顧權且忍。有人欲殺西隣牛。宰肉平分先一分。吁嗟乎朝鮮。何以待日本。解二 四夷交侵强隣逼。皇皇者華黯無色。保藩字小有何力。黃龍府又黑龍江。方監小龍供鳥食吁嗟乎朝鮮汝毋恃上國三解前有檀君後衛滿夜郎自大每比漢幾經內屬幾外叛黃幄拜天九叩頭受降又留百世患吁嗟乎朝鮮恨不改郡縣四解尊漢如天使如父前兒在子求保護四鄰環伺耽耽虎不能雞口作牛後高下句驪定誰土吁嗟乎朝鮮奈何不自主五解山中之天海中市中央如礪可辟世列強畫作局外地嬴顛劉蹶百興亡任我華胥閉門睡吁嗟乎朝鮮安得如瑞士六解峨冠博帶三代前蟠伏蝝息海中間猶欲鎖港堅閉關土崩瓦解縱難料不爲天竺終波蘭吁嗟乎朝鮮朝鮮吾忍言七解

客有自署楚青者。余屢讀其詩。好之。顧憾未得交並姓名亦不諗也。頃復從觀雲處得見其秋感四首。殊妙。擷以入詩話。塵海浮生感逝波。沈沈大陸竟如何。睡獅未醒千年夢。野馬行看萬丈過。便欲奮身蹈東海。誓將被髮向陽阿。荒山楓葉紅于染。半是英雄血淚多。……病骨支離太瘦生。西風吹我上臺城。黃埃澒洞龍蛇戰。白晝晦冥魑魅爭。僅有微塵瀰滄海。恐無大地住秋聲。太空近亦昏霾甚。不似頻年爽氣清。……湖海論交肝胆傾。晦明風雨感雞鳴。陸沈不盡千秋恨。歌笑無端四座驚。並世英雄空有志。一般豎子盡成名。□吾將濟扶桑去。會策金鰲背上行。……蕭艾當階未許刪。美人香草

文苑

自幽閒。狂奴不解趨時態。山鬼猶知帶笑顏。亂世杜陵哀蜀道。暮年庾信泣江關。古今一樣傷心事。檢點青衫涕淚潸。

平等閣主人狄楚卿。高平子其別號也。余憶其泊長崎有感絕句二首云。腸斷如花彼美人。媚紅嬌綠爲誰春。轉憐小妹深閨坐。珍重明珠不字身。霧鬢風鬟空掩映。柳腰蓮步枉輕盈。淺山如黛波如鏡。小小眉彎自畫成。以美人喻中日兩國。不着一字。感愴甚深。令讀者心酸。

平子長于絕句。其五絕如急雨渡春江四首。七絕如夜過焦山一首。余最愛之。其平等閣筆記中庚子亂後北京雜詩。如帝子不歸秋又去。萬鴉如葉撲宮牆。國自興亡誰管得。滿城爭說叫天兒。要亦名句。燕京感懷云。甘爲流俠流離子。孺婦無顏長者憂。何不掃除公義盡。讓他富貴到心頭。其律詩雖不及絕句。近作倚枕不成寐見樓外繁星有感云。不寐中宵萬念灰。明星何意儘徘徊。憐他天上無窮事。疑是人間第幾回。點點相思成世界。塵塵春夢現樓臺。箇中兒女知多少。都放情光上枕來。意遠情深。皆未經人道語。其避地泰州時一絕云。草草生涯白鷺飛。柳絲菱葉露初肥。却將身世忘情久。又聽花間鶯亂啼。平子頗自愛之。謂其氣韻幽逸。無烟火氣。當勝於諸作。然余意却不以爲然。

余故交中復生鐵樵之外。惟平子最有切密之關係。相愛相念。無日能忘。前月在美洲時。得所寄小詞。自序云。九月十五日午夢初醒。念我故人。遠隔太平洋。此時却月影正圓矣。洲別東西。時異晝瞑。然相隔僅一塊土耳。戲占一闋以寄遙思。故鄉日影初停午。郵書電話渾無據。兩面總高山。盈盈一水間。頻思穿地脈。一望君顏色。皓月正當天。知君眠未眠。

夏穗卿被薦入都。當道出天津時。于方藥雨處留詩二律。其自署云。丙申之冬入天津。洎已亥秋。始得歸。將行。賦此二律。詩云。鴻飛本不爲留計。竟見荒原萬瓦稠。又舉離觴辭舊雨。爲思身世怯登樓。青山白浪馳黃海。細雨疎燈過秀州。從此歸颿好雲物。分明點點入新愁。天問無靈白日徂。素箏濁酒欲何如。起看天地斜陽裏。浪策興亡作計疏。今古幾回蕉鹿夢。江湖相勗計然書。河流一道窓三面。贏得他年入夢無。愴往悲來深情無限。

文苑

穗卿之近作。余僅見此二律。平子曾郵寄其舊作二章。乃爲蘗雨題扇者。金堂慊慊憺忘歸。百姓容容無所依。逴逴春秋愁覽竟。浧浧霧雨溼征衣。三招悔擁來丹劍。每下眞成監市豨。聞道仙人共噉棗。壺中樓觀是耶非。江水湛湛楓樹林。風紘嫋嫋女環琴。冥昭瞢闇成千古。苐靡波流見素心。圖視吾良秋柏實。化爲蓍草洞庭深。有情最算神州土。曾見提符直到今。穗卿詩從不留稿。庚子之亂。聞蘗雨他物無存。于彈煙礮雨之中。惟夫人與此扇得無恙。

西伯利亞鐵道說略

譯東邦協會報

第一 地理

西伯利亞在亞細亞之北部。(除圖爾盖部及土耳其斯坦)俄羅斯領地之總稱也。

北緯起四十五度至同七十七度。東經起六十度至同百九十度。

西由坦坦的烏拉爾山及烏拉爾河。而與歐洲俄羅斯接境。北臨北冰洋。東隔白令海峽。與阿拉斯戞半島相對。隔鄂霍脫次克海及日本海。而面太平洋。南接波斯阿富汗。由阿爾泰山脈。而與伊犂、新疆、塔爾巴哈台科布多烏里雅蘇台及蒙古各部相界。隔黑龍江及烏蘇里江。中分興凱湖。以綏芬河而接黑龍吉林二省。隔圖們江口北邊少許之地。而界于朝鮮。

西伯利亞之面積占全地球陸地約九分之一。居亞細亞四分之一。比歐羅巴大一倍半。

以支那之大。比西伯利亞之面積。支那四百二十一萬八千四百〇一英方里。西伯利亞則四百八十三萬三千四百九十七英方里。比較尙大六十一萬五千餘英方里。

以面積與人口相較。西伯利亞遠遜支那。支那人口四億〇二百六十八萬餘人。(據光緒二十八年戶部調査及美人勒芬邇氏調査)西伯利亞當千八百九十七年。(即光緒二十三年此年俄國大調査戶口)其民數僅八百十八萬八千三百六十八人。每英方里不滿二人。支那則每英方里幾于百人也。

其面積旣大。其自然現象之異。固不俟言。地以位于

專件

北。故氣候嚴寒。殆非樂土。適于耕植之地。僅占全境十四分之一。

此十四分一之地。自東至西一帶長約三千五百餘英里。寬約三百五十餘英里。此部分即三百年來俄羅斯東漸之道途。往昔驅馬于冰上者。今則通鐵道是也。

又自北至南之間。可區別之爲天然三帶。最北爲冰苔帶。其南爲森林帶。又其南爲耕植帶。沃壤而適于拓地植民之地也。今略記之如下。

一冰苔帶方約一百六十萬英里。爲西伯利亞之極北部。大率位于北緯六十三度之北。其地荒涼而濕。蘚苔之外。不見植物。下層之土。終歲凍結。惟嚴夏之候。表面融解。變爲濕地。一歲之中。河冰之不泮者九閱月。故不適于耕農焉。

此帶之住民。不過六萬有餘。而區區之土着。亦多屬貧苦之土蕃。及俄國之罪囚。其人蓄養馴鹿。以供駕橇之用。啖其肉而衣其皮。又有極犬。冬期連結數匹。供駕橇之用。其疾走如矢。

二森林帶方約二百三十二萬英里。位于冰苔帶之南。土人謂其森林爲太戞。即原林之義也。鬱蒼古茂。歷千萬年。其樹種如樅、松、蝦夷松等之針葉樹、栓、楡、白楊等之濶葉樹類。殆皆茂密成林。不見日光。一歲之中。冱寒者七閱月。下層之土。冰凍不解。夏秋頗覺暑熱。較之冰苔帶稍爲溫暖者也。故耕農少有可望。此帶地方間產砂金及木材。人口約七十萬。

三耕植帶爲西伯利亞極南之地。方約九十萬英里。即俄國移民之所麕至。西伯利亞大鐵道之所通行者也。夏季比前二帶稍長。故小麥大麥燕麥等之可收穫者。此帶雖尙少。然已五倍于法蘭西。到處可得與支那開國彊貿易。
統而言之西伯利亞土地廣大耕地不少。又由于地
勢縱斷而區別爲三部也。今請得而言之。
西部西伯利亞　此地與波斯、阿富汗、伊犂、新疆、接
境。中分爲托博爾斯克縣、托穆斯克縣、阿克穆林
斯克縣、舍密列廷斯克省、舍密巴拉斯克省、烏拉
爾克斯省、之六省縣而屬俄。比伊爾齊、什二河之
領域。南方僅有山脈數條。
此地氣候風土殆等歐俄中央之地。俄國自其本
國移民來住者最多。今爲西伯利亞中主要之地。
又于托穆斯克之南部。開採亞爾泰山銅坑。以供
帝室之用。人民從事鑛業農牧田園等者亦多。
其東南部之山系距海面一萬英尺以上。自其谿
谷橫斷之處。多產金銀銅鐵及諸礦類、及
寶石類。採掘之時。甚易發見煤炭層。頗爲富源之

西伯利亞鐵道說畧

區也。
牧畜亦甚發達。其牧牛所得之牛奶油。多出于阿
爾泰山以北。近五年來。始得其銷路。而輸出于西
歐羅巴。今爲重要物產之一也。
中部西伯利亞　此地位于蒙古部之北。分葉尼賽
縣、伊爾庫次克縣、雅庫次克省、之一省二縣。屬葉
尼賽河領域。與中國境界相接。因有塞陽山系之
起伏。故氣候比西部寒冷。
貝喀爾湖者。中國人稱之爲白海或北海。在伊爾
庫次克省之東境。而爲中部東部之境界。長四百
英里。幅自二十六英里至五十六英里。全面積約
一萬三千平方英里。亞細亞洲中淡水湖之最大
者也。安嘎拉河自湖之西境而流注于葉尼賽河。
此地亦富于金銀銅鐵其他之礦物。
東部西伯利亞　此地在黑龍吉林二省。及車臣、土

三

謝圖汗部之北。分後貝喀爾省、阿穆爾省、沿海省、之三省。屬堪察加半島。薩哈連島及沿海省。

雅庫次克地方。占荒涼廣大之地。勒那河之流域。多出砂金。極北之部。山岳起伏。氣候寒烈。全不適于耕牧。產炭、鐵、銀、鹽及寶石等。

阿穆爾省之北部。及沿海省中之堪察加半島、薩哈連島等。地極寒。而與極北略異。至大陸則北緯五十三度以南之地。爲貝爾湖水之所灌漑。只以通古斯、扶里雅脫等之游牧民。及哥薩克騎隊之所屯駐。故失最好之牧場。

後貝喀爾省。土地肥沃。富于金銀銅炭諸鑛。鑛泉常湧出各地。

西伯利亞之河流。大概發源南方。有四大河。其河系如左。

葉尼塞河 發源蒙古部。合通古斯克河而入俄比灣。

黑龍江 發源喀爾喀車臣汗部。合失爾喀河、鄂爾古納河而爲黑龍江。匯松花江東流而至伯利。(今之哈巴洛夫斯克)併烏蘇里江北折而衝薩哈連島西岸而入海。此河水十分之七入鄂霍次克海。十分之三自韃靼海峽(即間宮海峽)而入日本海。

勒那河 發源貝喀爾湖西之地方。與維底穆河會合而北流。河口分七派。造巨大之三角洲而入俄比灣。

俄比河 發源蒙古國疆。與伊爾齊什河會合而入俄比灣。此河及海口漁業甚盛。

西伯利亞都會之民數。今據一九〇〇年所調查者分列如下。

浦潮斯篤克 三〇、八四七人

伊爾庫次克 五八、一七〇
托穆斯克 五六、三二〇
鄂穆斯克 五三、〇五〇
托博爾斯克 二〇、二〇四
克拉斯諾雅爾斯克 三八、五九三
知他 一八、五〇〇
朱美泥 二九、七九三
夫拉果爺廷斯克 三八、五九三
哈巴洛夫斯克 一五、六四八（一八九八年調）

以優勝劣敗生存競爭之理言之。土人之部落必日就衰退。今觀其人口不過約七十萬餘而已。

第二 史略

明嘉靖十二年。俄帝宜萬即位。以苛猛之人而經營新土。此君所負頗多。史曰。嘉靖年間。俄人滅庫程移其汗于金山之北。後來俄羅斯人遂與互剌人（即江上之人）相接。金山即阿爾泰山之一名也。

西伯利亞之地。產獸皮最多而最佳。當時斯脫洛噶諾夫有一商會。在烏拉爾。密邇于西伯利亞。常垂涎其獸皮之利。大有欲踰烏拉爾山而與之貿易之勢。而未果。

當時哥薩克之衆人。獲罪俄帝。逃而入于西伯利亞。政府以其道途遼遠。不能追而罰之。當此時。斯脫洛噶諾夫商會。欲利用此徒。適哥薩克部之愛爾馬克率其部衆投奔此商會焉。

一五八一年。即明萬曆八年。愛爾馬克率其部下五百騎度烏拉爾山而入西伯利亞。屠韃靼之部酋。翌年。擊破庫程汗之城塞。悉畢爾。悉畢爾即西伯利亞名稱之所起因也。

愛爾馬克所滅之庫程汗者。成吉思汗之嫡裔也。悉畢爾克服之後。愛爾馬克代而入其城塞。即今之託博爾斯克城是也。而現今之城堡。係一八〇四年所創建。

愛爾馬克既克服悉畢爾之事。奏聞俄帝宜萬四世。獻悉畢爾之地及黑貂黑狐獵虎等皮。以請贖罪。俄帝嘉其功。赦其罪。賜以甲冑及物。又由莫斯科簡派兵士一隊。以援助愛爾馬克。

後數年。愛爾馬克深入西伯利亞而遠征。爲韃靼人殺之于伊爾齊什河之上。其所率之士卒。殆全殲滅。

愛爾馬克死後。俄人由其本國猛進而來。一五八四年。遂于茲剌河畔之支育尼。及伊爾齊什河之托博爾斯克兩地。建設都會。是爲俄領都會設于西伯利亞之始。

俄人漸次東漸。而至黑龍江。無一土人之抗拒。所至征服。約其納貢。又築砦于新領地之沿道。以保其後路之連絡。又設納貢所。(毛皮徵收場)是即現今各都邑之始。

其涉阿比河。過葉尼賽河。踰勒那河也。皆藉哥薩克兵之力。蓋以獸皮之利。誘哥薩克兵也。

愛爾馬克死後。繼起者爲哈巴羅夫哈氏。當一六五一年。即順治八年。渡黑龍江。築砦壘于雅克薩(即亞爾巴)而守。清廷雖派兵掃蕩。然俄人東漸。旣達黑龍江口。隨掃隨來。其爭鬥常不絕。故中俄遂結尼布楚之條約。黑龍江全境。歸于中國所有。時康熙二十八年。即一六八九年也。

其後百七十年間。中俄兩國設互市場于恰克圖。及塔爾巴哈臺于其北方。俄人則益移住西伯利亞。形成村落。一六九七年。哥薩克隊遂占領亞特拉索布之堪察加。

道光末年。模剌威甫爲東部西伯利亞總督。舟師下黑龍江。所至經營。方此時。清廷之彊臣拒之。而俄人則全然不屬。植民于黑龍江沿岸。當時黑龍江北已非中國所有矣。

一八五八年。模拉威甫與中國使節立約于愛琿城。其後黑龍江北岸全歸俄國所有。翌年俄國以此地爲阿穆爾省。此兩年間。俄國移民一萬二千人。置戍營六十一所。皆以哥薩克兵當之。

一八六〇年。英法同盟軍侵入北京。皇帝蒙塵熱河。恭親王留守北京。當議和之任。俄國則乘多事之秋。斡旋其間。弄其術數。當愛琿條約未及兩年。遂訂約而割烏蘇里東岸之地。

其後十六年。即一八七五年。又獲薩哈連島于日本。而爲重罪囚徒之収監地。

一八九七年。即光緒二十三年。俄國突率其艦隊入旅順口及大連灣。迫北京政府取去金州半島。及其附近。而爲併呑的租借。稱爲關東省。

由是觀之。俄人自歐洲而東漸。終掠取西伯利亞。又欲南上而席捲東洋。今徵其迹。鑒其行動。可爲寒心。而爲其基礎者。實愛爾馬克、克巴羅夫、模拉威夫之三偉人也。

一九〇三年七月三十日。(光緒二十九年六月初七日)俄帝命關東省總督亞歷斯夫爲極東太守。解黑龍沿道總督之職。又命亞歷斯夫將管轄規則起稿呈閱。由是觀之。亞氏實握極東兵馬交隣一切之統治權。大藏大臣直轄之東淸鐵道。陸軍大臣所管之滿洲駐屯隊。及太平洋艦隊司令長官。皆聽其號令。至于外交。雖外務大臣亦据其意見。而由俄帝裁決之。然則亞氏權力之偉大。可想而知。宜世人之稱爲「俄羅斯極東副王」也。自今以後。俄國之極東政策。事權歸一。不相扞格矣。

第三　殖民

俄國既克服西伯利亞。由是而自其本國移住者甚多。此等皆爲義勇移民。確定其住居編制爲西伯利亞哥薩克隊。此移民最有功于開發西伯利亞者也。又莫斯科政廳。于罪人及戰時之捕虜。常流放或監禁于西伯利亞。以供拓地殖民之用。其收效比之義勇移民甚少。至現今以鐵道交通之便。此事遂廢。

先是一五九〇年時。莫斯科政廳。獎厲移植歐俄之產物于西伯利亞。自十八世紀。西伯利亞礦業發達。以從事農礦而來者甚多。以故人口大爲增加。即奴隸之自歐俄逃避而來者。亦不少焉。

一八六一年。亞力山大下解放奴隸之令。自後因土地之分配。與其他之事情。而移住西伯利亞者陸續有加。十九世紀初葉。西部西伯利亞既有俄人六十餘萬。其大多數皆因受政府何等之保護而來者。

奴隸解放以來。移住西伯利亞之俄人。即

八

自一八六〇年至一八八〇年二十年間	約十一萬人
自一八八一年至一八九二年十二年間	約四十四萬人
自一八九三年至一八九九年七年間	約九十七萬五千人
同（自海路至烏蘇里地方）	約二萬五千人
計	約一百五十五萬人

移民既衆。政府既給與土地。不得不立法以治之。又一八八九年。俄政府下令。凡移民皆免稅及延遲其兵役。又移住于沿海州及烏蘇里地方者。給與多大之土地。免其二十年之納稅及兵役之義務。除此特典之外。尚加以保護焉。

俄政府之獎厲移民也。既爲有形之帮助。至無形之保護。亦復不少。寺院則建立二百有餘。學校則建築一百數十所。又有育兒院、施醫院、宿泊所、排水工事、井戶堀等。政府視爲當然之事。固不俟言。此外復有慈善事業施設甚多。此慈善事業之資金。即亞力山大第三世之資金。俄國大臣會議事務局所管。抑此資金者係尼哥拉士二世之首唱。爲俄國官民之義捐金。一八九〇年。金額達一百二十萬。而爲西伯利亞移民部落之寺院學校教育施醫等諸種之慈善事業支出者爲多。

一八九三年。西伯利亞鐵道會議局之成立也。以移民事業與鐵路大有關係。乃將本事業歸本會議局所監督。

一八九七年。調查人口。當時全西伯利亞之人口共得

八百十八萬九千三百六十八人

內分

西部西伯利亞（托博爾斯克省、托穆斯克省）………………三、三六七、五七六人

同　高原地　二、四六一、二七八

葉尼賽省、伊爾庫次克省　一、〇六六、四一九

阿穆爾省（合薩哈連島）　一、〇三一、三六四

雅庫次庫省　二六一、七三一

秦始皇連絡皇城以拒胡。胡遂逐而入于今之蒙古之地。居于蒙古部者又逃于其北。其種族昔則北上者。中葉以來。又南下矣。今大別俄國人種其最多者即如左。

東部西伯利亞　蒙古種

中部西伯利亞　通古斯種　布利耶陀種

西部西伯利亞　韃靼種　凱爾凱伊斯種

西部西伯利亞人口。俄國占九之六。中部占八之四。布利耶陀種約不過二十萬人云。

（未完）

專件

英人之特性

魯庵譯

一 英人之富於常識

舉英人之特性者。必先言其富於常識。國中不問男女老少。皆有力學之習慣。故非以新聞書籍。徒供娛樂之具。皆欲藉此以養實際之智識。故出版之書籍。概以學問智識爲主。初無有專意著述以投人之娛樂心者。其新聞亦然。主報告迅速。事情眞實。不事鋪張。不求點綴。故讀英國之新聞。頗爲枯寂。如小說笑話等下等新聞。或間有之。至中等以上之新聞。殆不有此也。

英人之俱樂部夜會等。比他國尤多。然非專爲娛樂而設。實欲藉此以交換知識。故應酬之巧拙。不在詞令。不在儀文。有新智識者。即被推許。遂於不知不識之間。知識驟增。而助常識之發達。

且好旅行。英國人十中七八。殆遊歐洲大陸者。非獨男子爲然。即至婦人。莫不若是。其目的固欲研究學問。尤以廣已見聞爲主。故少有資力及有暇日。即從其所欲。到處漫遊。返國時。將所見所聞。及一切閱歷。表之公衆。故舉國國民。互相交換。開發其日新之智識。其旅行漫遊。殆成習慣。故親友相率三四十人。事塲握手。河干贈別等事。殆罕見也。

其國之教育。養成常識之問題。比之授以新智識之問題。尤爲重要。各國學校所設之科目。皆求即可應用。至英國之教育制度。則恒注意於品格常識二事者也。

二 獨立自尊

英人傾於保守主義。不妄模擬他人。即衣服器物。亦喜用本國製造之品。他國每以外國之貨誇示於人。英人初無此思想。只有誇示本國之某公司某製造廠而已。

崇尚節儉實爲英人之特性。一日之中肉食者只一午餐。凡成年而卒業於學校者。殆不受父母之扶助。各執一業。以求自活。苟其子出遊他國。或旅行於殖民地。除與以旅費外。惟授以堅苦忍耐勇猛精進八字而已。

英人之對小兒。專養其獨立之氣象。示以自治之精神。自幼少時。必別與以一室。衣服器物。不令其假手他人。使視己之一室。猶己之一家。蓋一則欲其習勞。二則欲其自治也。

親有養子之義務。萬國同然。英人於既受教育之子。或結婚而後。即父子別居。其生計如何。父母初不過問。即爲父母者。亦決不仰給於子。其父母雖擁鉅萬之富。爲之子者。亦必事生產。斷無放棄百事。坐待父母之遺產。蓋以依賴他人爲極可恥之事。即家貧無以自給之學生。甘受他人之供養者。亦不數見。殆皆勞働以自食其力者也。

大陸國民法人最爲搖動。輕易其職業。至英人則極重自己之責任。苟既從事某職某業。常至二十年或三十年。絕不更改者。若見之未真。則不鹵莽從事。一入其中。雖如何艱難。如何困苦。非達其目的不止也。

三　冒險及世界思想

今日世界之大探險事業。殆半出於英人之手。彼等於平時旅行。亦挾一探險思想。泛一葉之扁舟。任其所至。以航洋海。其所到之地。一切名山峻嶺。必登峯造極。故萬國中每年遇險而死者。以英人爲最。宜乎南善之北極探險。士但列之阿非利加探險。獨占世界之冒險事業也。

英人之世界思想雖胚胎於其歷史及其殖民地然其得有此殖民地者亦未始非其國民之精神心力有以致此國中時有殖民地博覽會之設集澳洲加拿大印度亞非利加南美緬甸香港一切殖民地之農工商業及教育學藝美術衛生等之物品聚之一室每一物品附以論說苟入其中如遊萬國既使國民得新舊世界之知識復使其知本國之富源而誘其殖產心其能以一島國而握天下之商權者固有由然也

當南非戰爭之時英國所費國帑實十億以上軍士之死於是役者亦以數萬計然其成敗之數尙未可逆覩外則有大陸各國之嫉妬內則有自由黨之反對是時沙士勃雷爲首相有詰其戰爭持久恐耗國力者沙士勃雷答曰自古有百年戰爭三十年戰爭我英杜戰爭區區何足道何躁急爲觀此一語眞不愧代表英國國民之遠大氣象矣

四　英人之公共心

倫敦之公共事業自施療院救貧院一切救治貧民之機關無不具備其費用半出自義捐各區有區立之圖書館備置新舊圖書不取分文許人縱覽出版者以折數售其書於圖書館又有慈善協會爲公衆衛生計於各貧民區設「肉類廉價販賣所」公浴湯等蓋人有同情故富者不惜其有餘之貲財以惠此無告之貧民也

凡於災害之地各國所行慈善事業槪直接而救助或與以金錢或施以衣食被害人等雖未嘗不受其實惠然施與而後絕無影響至英國則設立工塲或貧民館召集貧民使入其中各從其所知所能以從事職業然後給以工金故一則當時可使免於饑塞二則他日使其有謀生之道誠爲兩得之道也

英人之節儉雖爲其特性至其於公共事業殆若相反。觀其公立之美術館及圖書館此室則爲某富翁所認捐彼室則爲某貴族所寄贈殆半由其人之遺囑所捐出者。昨年某富家之寡婦瀕死時舉其珍寶重器悉贈送之國家博物院其値殆四千萬圓云。倫敦市中公立病院殆不下數百皆以義捐金供其費用。蓋英國無養子之制。苟富而無子者。其所有遺產多以其一半分與親戚其一半則捐之慈善事業。國中人民苟能自給必不受此公立病院之療治蓋恐濫耗公費以侵貧民之利益也。至病院之會計監督則自倫敦市長或國務大臣等選之而爲名譽監督。若院長之制則無有也。

五　英國之學務

英國之大學制度以涵養品性爲首。研究學問爲次。非如德國之大學以學問爲唯一目的。其他皆置之不問。英國國中自由思想雖極發達至如大學則頗採干涉主義。一切學生皆修養之於寄宿制度之下。凡大學生之於寄宿舍不問貧富貴賤必有二室。一爲寢室。一爲應接室及書房。晚餐時學生與教習必會見於一室。朝午兩餐則互招其朋友於應接室共食而談話。此即練習他日處世之道者也。至其每日之學課清晨則咸集於校內之禮拜堂。禮拜既畢則就教師而聽講。於一切學課教師必嚴爲詰問。凡如爲大學生時必詢以將來之目的若以欲爲醫師答。研究學術既畢後亦必實地練習三年乃爲卒業。其他欲爲政治家法律家文學家工學家哲學家則皆於校內爲之準備卒業後即得出世而見之實用。故一般國民能咸備所謂紳士之資格者。未始非大學制度之與有力也。

凡修業於大學者於講堂聽講。大約只受質問。此外皆聽其自修。故聽講之時少。自修之時多。恐其放蕩。特設寄宿舍之制。歐洲教育之方針。大別之可爲二種。一爲英國風。一爲大陸風。英國風者。卽寄宿舍制度。大陸風者。卽放任制度也。然其結果。於人物之養成。大陸究不及英國也。

英人規律之嚴正。性質之堅忍。雖由宗教之觀感。然其所以養成紳士之精神者。實於中學時代。其在中學時。生徒朝夕祈禱。自品性上及學問上。皆施以教育。其校長則擧望高德重。可爲學生模範者當之。學生朝夕受其薰陶。教師與學生。皆有密接之關係。非僅登堂數時。敷衍塞責。一出校外。便若路人者也。

英國之教育。以養成人物爲主。故其學問之程度。自不及大陸各國。一歲之中。休暇者殆居半數。但其休暇斷非虛擲光陰。非爲旅行。卽習交際。其讀無字之書。比之有字之書。尤爲切實受用也。

一語千金

眞正之幸福者。非受之於外。由內部之智識與道德之習慣而生者也。（梭格拉底）

世間之毀譽。是有名譽者納於社會之租稅也。（西士卑亞）

高尙之事。與可笑之事。其間不容以寸。（拿破崙）

金錢者使萬人頓首。唯一之力也。（勃拉）

不能爲害之物。亦不能爲益。（拿破崙）

復讎者敢死。戀愛者輕死。名譽者希死。悲哀者奔死。恐懼者先死。（卑孔）

聲名者何爲耶。只塞故紙之一分部而已。（擺倫）

能與汝以滿足者。惟有汝而已。（域遜）

後悔之淚者。洗罪之汚。（西諺）

覺人之詐而不形於言。受人之侮而不動於色。此中有無窮之意味。亦有無窮之受用。（洪自誠）

言語者如木葉。其最繁茂者。其果實最少。（波勃）

汝愛生命乎。其勿浪費時間。時間者造生命之原質也。

凡人之品格。觀其所讀之書可知。一如觀其所交之友而知其人。（斯賓塞）

智識愈多。愈覺學問之不足。（斯賓塞）

學問者金庫。研究者即其鍵也。（同上）

兒童者。寫其父母行爲之鏡也。（斯賓塞）

汝欲得名譽。則勿使太陽窺汝之床。（西諺）

於少年時所成之習慣。終身不變。如刻文字於樹皮。其文學亦從其樹之長而漸大。（斯瑪士）

今日之後無今日。又曰今日之一時間。比明日之二時。尤可寶貴。（西諺）

最如我意最適我用之役人即我也。（克爾頓）

記憶者心之帳簿也。夢者腦之演劇也。（西諺）

欲動天下者。必須自動。（梭格拉底）

人者猶如數目之字。由其地位而異其價值。（拿破崙）

吾人漂流於人生之大洋。道理者羅盤針也。情慾者颶風也。（波勃）

堪難堪之事者。事後愉快之度數。比之難堪之度數常高十倍。（西涅卡）

無勞力則安得有安樂。又安得有休息。（卡萊）

大石橫路。懦者視爲行路之障碍。勇者視爲進步之階梯。（同上）

慮過去。働現在。樂未來。（卑孔士）

汝雖如何艱苦。決勿乞世人之愛憐。愛憐之意義。即含輕蔑之意氣者也。（占士動歷）

妄發。言語後悔。固多過守。沈默後悔亦。不少（伯治士）

決勝敗之機甚微。只在最後之五分間。（拿破崙）

謂「無機會」「無機會」者。不過志行薄弱者之口實。（訥爾遜）

志者其人幸福之天國也。（斯列爾）

遇困難之問題。汝其深思之。汝其深思之。思之思之。自有一種之電光。於瞬時間震動頭腦。激發熱氣。以解釋汝之問題。（奈端）

不能制馭已身者。不能有自由。（克魯的士）

立憲國之自由。實重租稅之賠償也。專制國之輕租稅。乃向自由而賠償者也。（孟德斯鳩）

志不立。則如無舵之舟。無勒之馬。漂蕩奔逸。莫知其所終。（王陽明）

勤勉之人。有化萬物爲黃金之術。雖光陰亦可化之爲黃金。（倫脫爾）

人之有不幸。皆自已之過。天者不問誰人。皆欲與以幸福者也。（伊卑他士）

智者一切求自已。愚者一切求他人。（卡來）

能制自已而管治情慾希望恐怖一切之事。其權力在帝王之上。（彌兒頓）

今日不準備。則明日更無準備。（阿忽達）

眞正之才智者。剛毅之志向也。（拿破崙）

欺已者莫如已。（佛蘭格林）

人若云「我不知。」「我不能。」「此事甚難。」當答之曰。「學」「爲」「試」三字。（卑孔）

若發明機會。當即捕之。不然自戶入即自牖出。（同上）

前途之大希望者。使吾人之所以爲人者也。（伽尼遜）

雜俎

八

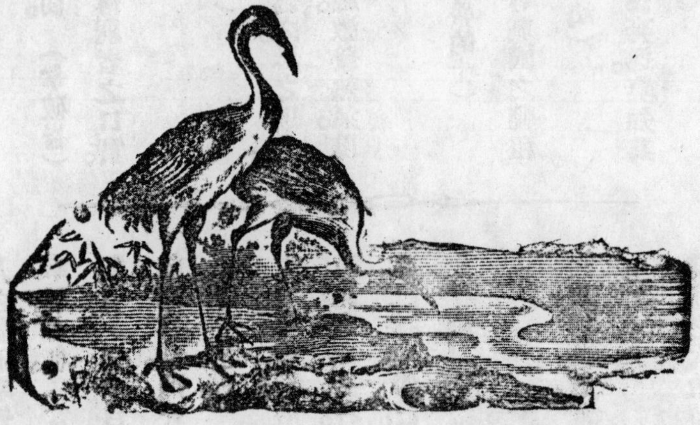

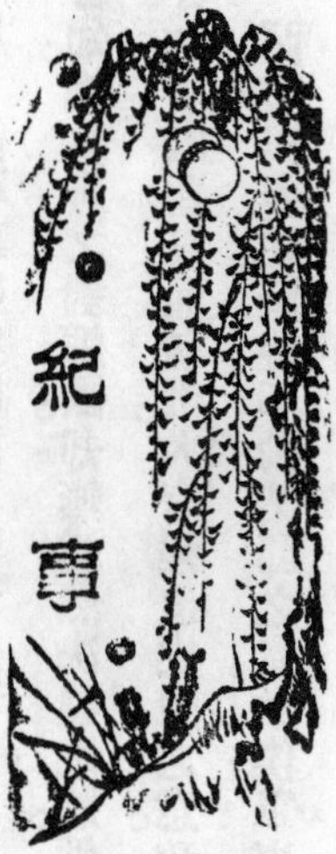

（内國之部）

◎中國嚴守中立　日俄開戰。我政府特援局中立之例。照會各國。并畫定戰地。不准侵優。且添派兵隊。駐守山海關熱河錦州等處。以爲嚴守中立之實。茲將律法官所擬通飭南洋所屬各海關及南洋海軍等官訓條開列於下。

（一）現在日俄兩國爭戰之際。凡戰國之戰艦。均禁止停泊中國水道轄境各口。或停泊爲爭戰起見。或爲布置一切戰務。並禁止如甲戰國之戰商各艦出口後。其停泊在中國水道轄境內。或泊艦之處之乙戰國之戰艦。不准追蹤前去。必須候過至少二十四點鐘後方准開行。

（二）一經曉諭之後。如有戰艦進中國水道轄境口岸。或停艦之所。此項戰艦。應令自進口之時起。於二十四點鐘之內。離開出洋。除非遇風潮或因缺食物。或因修理。凡遇此等事情。如逾二十四點鐘之限。該口之官長。應飭令迅速開去。除僅敷即時需用食物外。不准多帶食物等件接濟此種艦隻。如因修理而來。一經修畢。不准在中國轄境水面逗留逾二十四點鐘之限。

（三）凡戰國之戰艦。不准在中國各口岸及水道轄境內多備食物接濟。只准向華民購辦。以敷及時需用之食物等件。爲艦上水手人等之急需。如購煤斤。只准接濟僅敷回本國至近之口岸。不准多備。

（四）兩戰國之戰艦。不准以捕獲之戰利敵艦或商艦進中國水境。

◎日俄戰爭與中國　中國政府聲明自處局外守中立之例。日本公使謂貴國雖中立。然亦當整頓兵備以備不虞。蓋恐日俄開仗。貴國內地。或有賊匪乘機竊發也。俄公使則謂中東一役。俄人從日本之手。奪已失之東三省。還之中國。日本因此懷恨。今俄國雖暫屯兵隊於東三省。然於中國地方主權。固毫無妨碍。俄日兩國之與中國。孰親孰疏。今日俄日開仗。係爲中國之事。中國萬不能中立。且開仗之地。海則旅順。陸則東三省。皆係中國之地。中國若不助俄。則俄國將來如因戰事。或有別據京津等處之擧。中國不能見責。若中國果欲助日。亦不妨對俄明言云云。政府於日俄戰事。雖聲明兩不干預。然聯日之事。人人皆知。惟政府之對俄國。却無遽然決裂之狀。俄人近亦知中國親日而疏俄。大有强迫挑釁之意。政府仍一面虛與委蛇。堅持不動。某邸之意。欲俟軍事預備粗定。再作計較。

常東事初緊時。日俄兩國均向中國索助兵力。彼皆知中國兵不足恃。不過欲探中國意向耳。頃聞俄人忽向我政府責言。謂我暗以鉅欵輸助日本。我政府力白並無此事。俄人謂後自明白。蓋俄人自知失歡於中國。誠恐中國或有潛助日本之意。故先爲此刼制之言。

俄公使照會外部。聲稱日俄開戰之日。俄國須調集兵隊分駐京津榆關一帶。以爲聲勢。絕不干得中國之事。中國政府毋庸驚恐。並須嚴防各地方官曉諭居民。勿使滋生事故云云。未幾日本公使亦有照會。所言與俄使略同。惟加京津地方日本力保無虞等語。政府以難於措詞。均置不復。

又某日政府續接俄國來電云。俄日開戰。大率在黃海渤海一帶。俄國一勝。即移得勝之兵。假道天津直抵北京保護地方。望貴國幸勿疑懼云云。又政府電致各省督撫云。本處近接出使大臣胡楊兩公使電稱日俄協商之舉。恐無成局。一旦決裂。我國若守局外。未免有負日本美意。若遽聯日與俄國抗拒。則兵力又恐不足。且萬一戰敗。後患更不堪設想。如何處置。務望貴處統籌全局。各抒所見。以便入奏云云。聞各督撫業已紛紛電覆政府。即薈萃衆說。折衷一是。密摺上聞。

◎俄要礦利　奉天將軍增祺某日致電政府云。俄國關東總督亞歷斯夫突來照會。略云。東三省各礦。除已經華人開辦外。其餘各礦須與俄人商議。始得開辦。如各國有欲開辦者。一經俄人允准。即可施行等語。請政府速爲籌示機宜。以挽利權云云。

◎購辦軍伙　直督袁世凱現因東事日亟。密飭津海關道唐及招商鐵路兩局總辦周梁二道。向某國購辦軍械。聞付價之法。計分三期。以訂立合同時爲第一期。應付三分之一。某國將軍械裝船時爲第二期。再付三分之一。其餘一分俟軍械到華時付清。并聞此項軍械已由上海五馬路某洋行承辦云。

◎言官奏對　某日某官入對。論及時事。某官叩頭問曰。近有一事。道路紛傳。皆謂確鑿。以臣愚見。必係謠言。太后亟問何事。某曰。外間皆謂皇太后皇上有西幸之意。臣以爲今日之事。與庚子不同。今各國皆有兵保護使館。俄日兩國。似不肯復駐大隊。招人疑忌。而無益於事。況今日民力窮困。遠過庚子。聖駕西巡。亦恐還京不易。太后曰。我並無西巡之意。某官頓首曰。臣亦以爲太后聖明。必無此意。

◎東三省之俄兵　東三省自被俄人佔據後。惟所欲爲。恣無忌憚。自將軍以迄州縣。均懾於俄人之威。莫敢誰何。凡地方緊要隘口。亦俱建築砲臺。九月以前守臺弁兵尚不致十分嚴密。即俄兵之散處於吉省全境者亦僅在萬名左右。今則來者愈多。所携槍械亦較前嚴整。各處砲臺輪班嚴守。日夜不懈。而且俄兵往來靡定。即大吏密飭交涉局詳加訪察。亦無自知其確數。目下俄兵之在吉省者。大約在二萬六七千上下。惟聞俄人聲言。除水師不計外。吉省有足兵六萬。合之奉天黑龍江兩省。足有俄兵廿萬云云。俄兵之聚集於東三省。向確以遼陽哈爾賓爲最多。其次爲旅順大連灣甯古塔等處。今則以上各處益復增多。而新民廳海蘭泡伊通州鳳凰城寛城子呼倫貝爾阿勒楚喀沙草峰南岡等處。均有俄人車轍馬跡焉。鐵路各車站。亦莫不駐有重兵。嚴爲警備。

◎政府腐敗　日前政府被蔣侍御式瑆嚴參。太后大怒。將原摺發各軍機大臣閱看。諸大臣皆惶恐碰頭謝罪。請月簡賢明大臣。太后斥慶王曰。他人姑不必言。汝乃懿親。亦臨危思避乎。慶王對謂實恐才力不及。致誤大局。上亦謂既如此。或換一二新政府亦好。太后曰。今無合格者奈何。或以新入政務處之孫家鼐張百熙爲之如何云云。彼時諸大臣咸謂事在必行。不意後來竟不提及。

自御史疊參軍機之後。樞廷諫垣頗存意見。聞日前某侍御復有封奏。某大軍機曰。某人不知又說甚麼。某中堂曰。不用問。無非你我而已。並聞近來軍機辦事。其含混謬誤處甚多。如批摺應批交某部者。或批交他部。應批議奏者。或批知道。應批某部某部議奏者。或僅批一部等類。大家以省事爲心。故絕無有揭出者。

●學務近聞　張之洞所定之大學堂章程。頃已脫稿。招善書者多人。終日繕寫。聞須繕寫四份。隨摺具奏。一分存政務處。一分存大學堂。一分留存備查。一

四　五九一六

分。並悉章程內有將大學堂改爲中國高等師範學校。俟將來有具大學之資格者。再設大學。所有進士館學生三年畢業。畢業後升入大學肄業三年。大學畢業後。升入通儒院肄業三年。即以三四品京堂候補。計共前後九年之期。

◎刪改律例　探聞刪改律例一事。一時未能辦理。總之因奉旨不能不改。亦不過因陋就簡。姑成草案。至於各種法律須俟此次大學堂法律卒業生共同纂校。始能公布施行云。

◎議設商會　商部擬在北京設立商會。日前傳見北京巨商十家、到者六家。會議設立商會事宜。令其分告各商聽候開辦。以便將來作爲顧問云。

◎條陳籌欵之法　傳聞日前某京堂上書條陳籌欵之法。據稱刻下講求商政要務甚多。只以欵項不足。以致雖有善法。不能舉辦。現擬一籌欵之法。有益於國。無損於民。有益於此。無損於彼。請將各海關歲出之乾修及平餘之銀兩。皆令澈底呈出。作爲公項。每年必可得數百萬之巨欵。以此辦理商務。必有起色等語。皇太后以摺示政府。當經某公奏對云。此舉恐不易辦。容臣等細酌之。摺遂留中。

◎袁督練兵　袁世凱近已決計在直隸招練新軍三萬人。請戶部籌發的餉。如戶部不能籌發。則北洋自籌。部中不得挑剔。

◎練兵章程　練兵處奏定章程。頗能扼要。惟聞照此辦理。則內而部臣。外而督撫。均屬無權。其籌餉一條云。凡各軍各營餉項。統由練兵處管理。無庸造冊送戶兵部核銷。又有一條云。凡練兵地方文自督撫。武自提鎮以下。如有故意留難阻礙軍事者。由練兵處分別參辦。其他類此者尚多。至該處雖有慶王督辦。而一切事宜。全由徐菊人閣學襄承慰帥主持。所有緊要文牘皆徐一人手定也。

◎認欵參參　商部前行文各海關。飭令認籌常年經費。詎迄今多月。各關尚未報齊。且所認之數。不及十萬。商部中人大爲掃興。前者特簡楊京卿士琦爲商部左參議。聞係因楊現辦電報局及招商局。有人建議。謂該二局應歸商部直轄也。

◎條陳遞減科舉辦法　前兩管學大臣及張之洞具摺條陳遞減科舉。摺中開引辦法五條。茲揭如左。

一鄉會試中額。請自下屆丙午科起。每科分減中額三分之一。俟末一科中額減盡。以後即停鄉試。

一學政歲科試取進學額。請於鄉試兩科年限內。兩歲考兩科考四次分減。每一次減學額四分之一。俟末一次學額減盡。即行停止學政歲科試。以後生員。即盡出於學堂。

一科學停止後。會試總裁。改於大學堂畢業考試時奏請簡放。分別內外場考試。鄉試主考。改於各省高等學堂畢業考試時奏請簡放。分別內外場考試。

一科舉停止後。各省學政。毋庸裁撤。即令會同該省督撫考察整頓全省學堂功課。並中學堂以上選錄學生及畢業考試等事務。以昭慎重。查日本各處。皆有視學官。正與學政之名義相合。

一科舉既議停減。舊日舉貢生員。年在三十歲以下者。皆可令入學堂肄業。三十歲以上至五十歲者。可入師範學堂之簡易科。若三十歲以上。既不能入學堂。並不能入師範簡易科者。及年至五十六十者。擬請自下科舉人於每科會試後。大挑一次。或揀發一次。並多放謄錄。分送各館。俾得議敘。其大挑揀發未入流之舉人。及恩拔副歲優各項貢生。均比照孝廉方正例。准其考職。分別用爲州同州判。生員亦准比照已滿吏考用爲佐貳雜職。分發各省試用。其年在六十以上。不能與考酌給虛銜。至經生寒儒文行並美而不能改習新學者。可選充各學堂經學科文學科之教習。每屆三年查其實有成效者。比照同文館漢文敎習例給予獎叙。如此則舊日應科舉之老儒亦不至失所矣。

西十月大事記

(外國之部)

▲一日路透電。俄奥二帝會於維也納。於筵宴時互相祝頌。二帝言及馬其頓之事。如何辦理。彼此均意見相同。願協力辦理此事。以保全歐洲之太平。

同日電。英政府迫俄奥兩國政府將馬其頓新政條欵。加以推廣。且須有規則。使可實行。

▲二日路透電。土耳其政府復俄奥兩國政府云。現在爲馬其頓之事。土耳其政府之意見。與俄奥兩政府相同。故彼于在馬其頓竭力以行新政之事。甚樂允從。

同日電。英大藏大臣羅茨及印度書記官漢白爾登之辭職書。現已印出。此書係同日所上。書中言及彼等亦主自由貿易。

同日電。世爵密爾納不允受屬地書記官之職。

同日電。保爾戛利京城夙髀亞有消息云。土耳其與保爾戛利人。現在雷時洛克麥爾納克笛那海薩奈伏洛喀普四處。皆有戰事。其戰甚劇。(笛那海薩係土耳其之城。在西利斯之西北。相距有十五英里。西利斯乃羅馬尼亞之一城邑)

同日電。攻素馬勒之英兵。將於月杪重入內地侵伐。並已與阿毘辛尼亞商定。阿國亦允爲英之助。

同日柏林電。印度總督寇仁此次欲往波斯。俄國各報論中。咸以爲此事可疑。
同日電。英法協商摩洛哥之事。暫時亦未妥協。因英國政府不能允法外部大臣所索各欵也。
三日路透電。英首相現已派定內閣諸大臣。惟尙未布告。須俟下禮拜一方行宣布也。
同日電。世爵塞爾明意或可繼張伯倫之任。爲理藩院大臣。現已至卑爾磨勒地方。英皇於禮拜四回至倫敦。其歸倫敦之故。因有樞密院集議之事也。
同日電。保都夙腓亞傳有消息。謂雷時洛克地方之基督敎民。與土耳其人互鬥。非常兇猛。於九月念八號。該處城內之居民。爲土耳其人殲除殆盡。僅餘男子十八而已。
同日電。夙腓亞地方傳有消息。謂土耳其人平亂極其順手。有亂黨之魁數人。竟不敢與土耳其人爲敵。
同日電。英首相近在雪飛爾地方演說。其演說之意。與張伯倫君演說之意相同。曾言及以後英國之稅務。當如何辦理。是可見彼之意。亦將依張伯倫君之意。以辦理稅務也。雪飛爾地方官員等。於會議日。亦均以英首相之說爲然。願行首相所言之政策。
同日電。杜蘭斯哇將軍三人。一名偰法。一名第威忒。一名笛雷爾。現欲至印度地方。勸在印度之偰何人回至南非洲。後卽啓程而往歐洲。
▲四日路透電。奧帝及俄帝互商土耳其之事。現已將土耳其新政之條欵。重加推廣。較前更爲周匝。
俄皇已去奧國至唐斯忒地方。
同日電。照夙腓亞之消息。謂雷時洛克地方。有戰鬥及殺害居民等事。現在究不知何種之信息。爲得其實。又聞有等保爾戞利人。欲在雷時洛克地方舉事。有人先通信土耳其人。謂此等人將於九月念八號舉事。舉事之時。將用炸藥。土耳其人聞之。即往平亂。乃將保爾戞利人所居之地。全行焚燬。亂首桑切甫亦來助亂民。故戰至二日之久。後以力不能敵。亂民乃挈難民數百逃往他處。

同日電。土耳其與保爾戞利互商。以定馬其頓之事。駐君士但丁之俄奧兩公使。不以爲然。因土國不從兩國前者之命令。而自行私議故也。德國以爲土國此舉。過示弱於保爾戞利。心中亦不謂然。希臘亦照會土耳其政府。謂土耳其不與希臘商酌。而徑與保爾戞利協商。令其與聞馬其頓之事。未免太過。歐洲各國現爲馬其頓之事。尚未調妥。心中亦頗不滿土耳其人在馬其頓殺戮人民之事。衆咸謂其實有。因有歐洲人曾親自目擊也。英國之國民聞此事者。心中咸爲憤懣。

▲五日路透電。現在有許多難民由馬其頓逃往保爾戞利。據難民等言。皆謂卑納斯加地方之人民。爲土耳其人殺戮者甚夥。又有他處亦遭焚掠。麥爾涅克地方有亂魁二人。名桑切甫及顏恪甫者。近在該處指導亂民舉事。故近日該地亦爲土耳其人焚毀。然据土耳其人之言。則又謂有鄉村二十處。均爲亂民焚毀。卑納斯加之土耳其居民二千人。均爲亂民所殺。惟今則保爾戞利之兵。已由政府調往國境矣。

同日電。夙腓亞有信。謂在代華喀普地方。土兵與保人有交戰之事。兩面均有夷傷。奧俄二國知照土耳其外務部云。現在俄奧兩國。不但欲土耳其在馬其頓施行新政。又以土耳其平亂之法。殺戮過暴。以致被難者甚多。故並欲設法以救難民。即

紀事 十

餓者賑以食。逃者復其居。鄉村被燬者再營其宅是也。

同日電。英內閣諸大臣。已新派定其各員之姓名如下。白洛的克繼漢伯爾登爲印度書記官。奥斯丁張伯倫繼羅莢爲大藏大臣。列德爾登繼約瑟張伯倫爲理藩院大臣。福斯忒繼白洛的克爲兵部大臣。莫爾雷繼斐爾福爲蘇格蘭書記官。斯撘稜繼奥斯丁張伯倫爲郵政大臣。

同日電英樞密院領袖代文些公現已辭職。英皇允其所請。

▲六日路透電。英各報云。內閣改換人員。均是少壯有爲。足資輔弼。惟士丹達報云。甚惜內閣前任之員。權力頓失。又因樞密院首領公爵代文些辭退。想軍機人員必爲震動。該公爵與巴相辭退之函。實因巴相在雪飛爾演說所言之故。巴相以爲該公爵如此舉動。恐將來各員之弊更有甚焉。又云上月十六允許在軍機要商妥此政策。今忽然辭退。實出意表。

▲七日路透電。張伯倫在喀士高城演說。畧將已意所擬之稅策宣言曰。所議章程如何辦法。若將米麥酒果茶糖架啡等物之法而行。則短征稅銀二兆八十萬磅。將征外洋製造什物稅。多每年九兆磅。張伯倫瀕行時。人皆送之。沿路人皆歡呼迎送。

▲八日路透電。英國某報云。俄某大臣於四日有書致日本。內稱日本不得干預滿洲之事。惟將高麗分權。准日本在高麗南方經營而已。六日日本覆書俄國不允所請。

同日電。英國人皆謂張伯倫大臣所議之政策。無不合宜。即前時力拒此政策之人。亦無異言。又云張伯倫辭職。得置身局外。將此政策之意。詳晰申明。而人亦於其言未嘗有不悅之意。此即政策可行之機兆也。

▲九日路透電。日使稱英國某報所言。俄有書往日本。不准日本干預滿洲事。又准日本在高麗南方經營一說。無庸置議。

同日電。所言英法所立秉公判事之約。今已妥議。與英美所立之約相同。祇待兩國畫諾耳。

▲十日路透電。英法之約。經已簽押。

同日電。有土軍一隊。於八日晨早到保爾戞邊界攻擊某村落。惟波軍馳至。則退縮。土軍斃命三名。保軍一名。

▲十一日路透電。創製無綫電之馬哥尼在盧近尼輪船上。該輪駛至大西洋海某處。馬哥尼能用無綫電。同時與英美兩國通問。

同日電。保爾戞與土國。雖現在邊境兩相會議。而境界之亂。仍是慘情。昨日時保政府號令哥士丹第二營常備軍調往助勦。又將邊事滋擾情形照會土國政府。謂有二萬居民逃避於保爾戞。

▲十四日路透電。意皇往法京。在半途俄皇親軍總領遇之。呈遞俄皇御筆書函。云惜因事不能如期到羅馬京。

同日電。意皇往法京。沿路提防。在法京尤甚。

▲十五日路透電。意大利王及王后已抵巴黎。

同日電。英法兩國協商之約已經簽字。約上所載各事。係言兩國所屬地之界限。俟後在海邑之議會議定。又以前所立約之意如何。亦俟海邑之議會議定。所議之事必須無碍於兩國之利權。亦須無碍於兩國之國體。

▲十六日路透電。意大利王在巴黎。法總統羅勃請

其筵宴。法總統宣言云。意王之至法國。表明意法交誼。日益敦睦。意王答云。余之此來。本因向與法國相好。故敢來前。意王及后見巴黎地方如此優待。中心甚悅。

同日電。意大利王與后至浮塞爾地方。該處人民禮接非常歡躍。

同日電。南非洲喀普殼落奈屬地首相世爵斯伯力克。以爲張伯倫之納稅政策。能使現在英吉利帝國之國體。互相統合。較前益强。

同日電。南非洲喀普殼落奈屬地天甚亢旱。恐成荒災。

同日電。英皇已派世爵麥休尼往維也納。封奥帝爲英國陸軍大將。

同日電。昨日倫敦地方市面緊急異常。因有一行賞本折閱至　兆磅。將有倒閉之象。惟後來聲明有等欠款可以償完。力免擠倒。故有數行家因牽涉在內。亦將有欲倒之勢。後幸向別銀行借款數兆。方得免焉。

▲十七日路透電。土耳其墨斯敦亂黨之首沙魯福夫現已逝世。

同日柏林電。意大利首相若那特立因俄皇復行不允前往羅馬之事。恐將辭職。倘果辭職。則繼其任者恐係目下之內務大臣。即係意皇最倚任之大臣格阿立鐵。

▲十八日路透電。意皇及皇后於昨日由法京啓蹕回國。

同日電。路透局北京訪事電稱北京英使署並非有人設謀轟裂大炮。不過有人圖竊積儲房物件而已。至行竊之人。諒即係守房之華人。緣彼刻已逃走也。

同日電。俄京聖彼得堡現已設立議會一所。董其事者即俄皇專討論財政商務兩大端。

同日電。日俄兩國近向英屬威爾烈士購買煤炭甚多。該煤限定兩箇月以內即當運往海參威旅順口及長崎橫濱各處。

同日電。紐約世界報云。美國海部現已決定遣派兵艦四十九艘。編爲亞細亞美國水師艦隊。蓋恐日俄兩國或有戰事也。聞目下已描繪地圖。爲異日泊船之計矣。

▲十九日路透電。保政府近擬將布屬各處防兵先行裁撤五千名。果土政府亦允撤兵。其餘布屬各防兵。此後倘可陸續裁撤云。

同日電。分劃北美洲西北境美屬阿拉斯克省及英屬加拿大邊界之官員。彼此議定允照美國所爭。惟拋脫蘭特運河則歸英屬加拿大。如是則加拿大于西北境多一水道。下禮拜一將照例宣示。

同日柏林電。德國聯邦普魯斯阿達爾白脫太子將于初九日由意國及諾阿埠乘德郵船來東。係奉德政府之命。于十一月廿九日在香港登德國吼瑟兵輪當差兩年。

同日電。德國新派東方水師提督二人。已於二十四日在及諾阿埠登德國郵船起程赴華。

▲二十日路透電。保政府現已允將防兵先行撤退一萬人。土政府亦允撤退防兵二萬人。

同日電。俄皇不赴意京。駐俄意公使已奉本國政府諭令將俄皇所以不赴意京之故而申明之。

同日電。駐意俄公使現已請假。

同日電。意京某官報云。俄皇欲來意國遊歷。經駐意俄公使迭次沮止。今俄皇忽罷遊意之議。該公使難辭其咎也。

同日電。北美洲西北境美屬阿拉斯克省。與英屬加拿大劃界判斷宣示後。加拿大頗滋不悅。蓋以如此判斷殆失所望。而現在加拿大前往油庶產金地。須出美國之途。否則即須自造鐵路一條。然需資甚殊云。

同日電。阿拉斯克省判斷畫界之稿。已由美國專員及英國專員阿爾淳而斯吞畫押。而加拿大之專員則不願畫押云。

同日電。土耳其巴拉干山境內之事。雖似講和。而土政府已在散朗尼克孟那斯脫可蘇符三處。調出新募之兵三十七營。並在安捺拖里亞調出二十三營。共六十營。皆將派往散朗尼克。似有他意存焉。而由斯爨納地方。已有土軍兩營前抵散朗尼克。

▲二十一日路透電。俄國管理西伯利亞第一營兵隊盧威中將。已奉俄政府簡命統帶黑龍江各屬兵隊。

同日電。美京華盛頓消息云。美國政治書記官海得翰。已往俄京聖彼得堡查探此番中美新約所載將安東縣大東溝開為商埠一節。畢竟俄人意見若何。

同日電。俄東方總督亞歷斯夫氏所設之瑙博克力機關報。現極力阻抗安東縣大東溝開埠之事。

同日電。分劃美洲西北境美屬阿拉斯克省。及英屬加拿大邊界專員之判斷。深招加拿大所派專員之怨恨。即是將拋特蘭脫運河劃歸加拿大。但將該運河進口處之兩島劃歸美國。故加拿大得此運河譬諸不得。又云美首相接到判斷後。即交美國樞密院聚議。美總統羅斯福在避暑別墅。接判斷電文後。即與華盛頓樞密院彼此電賀。美人目此判斷以爲近百年來。美國所獲最大交涉之成效。又云加拿大領袖之人因此判斷大形憂慮。又有一勢力之加入云。此判斷礙及英國與其屬地之交接。爲從來所未有。

同日電。意大利內閣各員現已辭職。

同日柏林電。俄外部大臣藍斯濤公爵欲圖與法外部大臣相會。以釋法人懷疑之心。並探詢俄法邦交目下是否如故。

▲廿二日路透電。土耳其墨斯敦領袖。現勸全境之保爾戞民人入天主敎。以便避去虐待。而目下天主敎亦勸傳道。冀欲感動多人入敎。

同日電。土保兩國現在遣散所調出之後備軍。此消息已宣告衆人。但無續聞以証其實。

▲二十三日路透電。北京訪友電稱北京風聞駐華俄使雷薩氏現已照會慶親王。謂滿洲撤兵一事。日本輒加干預。俄國不得不籌末策與之抵抗。並云中政府如袒護日人。俄國亦必聲討其罪云云。聞俄使致此照會時。日俄協商時適中止。因此日本亦籌備戰事。

同日電。英屬加拿大議院接到所派劃界委員公文。內述初時委員曾經申說。謂美國所派之劃界委員。非約內所載公平及著名之美國法律官。加拿大委員。後又申說謂從前彼等所申說者。未接英國殖民大臣覆信以前。政府已將劃界之約調換。

同日柏林電。德皇已從俄皇之意。將于十一月四日會俄皇于德之惠斯柏地方。

同日電。意皇將允准首相辭職。意國內閣均行辭職。但內有數大臣允留任。故目下外務大臣。(即副水師提督馬林)必定留任。

▲二十四日路透電。駐西班牙英公使杜廉德近奉英政府調任駐美公使。以繼故使赫柏之後。

同日電。俄澳兩國所擬整頓墨斯敦之政策中有墨屬政治之權。須歸俄澳兩國管理二年之久。又俄澳兩國應各派協理官各一員。輔助墨屬土耳其總督辦理政務。

同日電。俄外部大臣業已前往法京。與法外部大臣會商政策。

同日電。英屬加拿大下議院。議論劃分美屬阿拉斯克省與加拿大邊界之事。經加首相勞立益起言云。將加拿大之利益事務。交于英國所派之劃界專員爵臣愛衍佛斯吞。辦法甚屬妥當。即慮其錯悞。亦須聞知愛爵臣之意見。及其意見所由來。然後可定加拿大是否誤從愛爵臣也。倘劃界之約畫押後。而加拿大不允照行。則美國將于相爭之境地內。懸挂美旗。而加拿大只得與美國開戰。以求償吾之所爭矣。勞首相又宣言云。加拿大政府即將建造達猶康產金境之鐵路一條。

同日電。俄奧兩國所擬在土耳其墨斯敦境內改革之政策。一、俄奧兩國能統理墨境內一切政治兩年。二、俄奥各派官員一人為墨境土總督之顧問官。三、土政府當用歐洲將軍一人統帶駐墨土軍。又土政府須整頓墨境之警察。雇用各國武員多人。相助為理。又避難之墨民。土政府須運回恤救。已毀之各村學堂及禮拜堂。土政府須為恢復。其有尚未成軍及無約束之兵。土政府亦須遣散。

▲二十六日路透電。英國斯坦特報。駐南非洲特境澱里拖里亞訪事報稱。該處財政情形日亟。雜物及平常需用之物價均較昂貴。雖鐵路運費減價。而氏人之度日仍艱。惟礦生則頗滿足。因情形如

此。必能使華工入境承作礦工。但境內他等之人。則仍力拒華工入境。

同日柏林電。美京華盛頓消息。謂英政府以日俄協商之故。擬向中政府要求長江一帶各項利權。

▲廿七日路透電。兩禮拜以來。日俄兩國曾向克底馥地方購買煤炭約十二萬噸之多。昨日兩國已派輪船前往裝運矣。惟俄商昨日已奉其政府之諭。凡購運貨物前赴旅順者。現可不必保險。蓋前此因恐日俄戰釁遽開。故運赴旅順貨物均須保險也。

同日電。布政府現已諭令布屬各處防軍。概行撤退。想此後可無戰事矣。

同日電。路透局探聞俄澳兩國此次所擬整頓馬斯敦政策。各國現仍極力贊成。

同日電。英國特雷克浪克爾報駐土京訪事電致該報。謂土國軍機奏請土皇不認俄奧兩國所擬在墨斯敦改革政策。因此舉有碍土皇主權故也。

同日電。各報述及德皇與俄皇將會晤于惠斯柏登一事。該報歡悅異常。並云當此遠東滿布將有戰務謠言之時。有此會晤。必能保俄人及地球直心主和之人。皆大欣慰也。

同日電。保國政府頒諭將後備軍一律遣散。故歐洲遠東將有戰務之慮。現已停止。

同日柏林電。俄國某報言德俄兩皇近者擬在惠斯柏登地方會晤。實因日本外交之故。德俄兩國。或且因遠東大局。從此訂結盟約云。德國各報閱此新聞。均不以為然。聲言我德國無論滿洲事局如何。始終以不侵滿洲權利為宗旨。此後我德無論處何等地位。斷不至改其初心云云。

▲二十八日路透電。俄外部大臣日內可行抵法京。

俄大臣此來。蓋欲與法外部大臣商議俄法聯絡之事也。

同日電。英屬加拿大政府。已議定給予南非洲英屬地稅則利益。與給予英國者同。以報答南非洲先讓稅則之誼。

同日電。倫敦商會多人。已抵巴黎。晚間即經法商務會設席邀讌。法首相及各大臣皆在座。席間彼此致頌。甚形輯睦。又復見英法踴躍聯絡之氣象。故法商務大臣又謂商人之所爲。亦可得力。以補政府設施之缺。又謂此舉非僅有益商務云。

同日電。張伯倫所擬之稅則政策。感人漸深而多。

同日電。土耳其境怡們地方。現有阿剌伯人起事。有土軍千人。或傷或殺。情形頗亟。土皇急由洒某捺及阿大捺兩處。調兵前往彈壓。

同日電。有德國報數張。載稱俄皇與德皇晤會一事。頗爲鄭重。謂俄國各報。倘言德國將改其嚴守局外之例。而欲干預遠東之問題。實有舛誤。

同日柏林電。現俄國各報。仍設法欲使德國與俄聯絡辦理遠東之事。但目下尚無效驗。

同日電。俄外務大臣現在巴黎。欲令法外務大臣允准合辦土耳其巴拉干山政策之細密條款。並欲離間法國與英輯睦之心。

▲三十日路透電。法國人之意。以爲此次俄國外務大臣來法之宗旨。欲使俄法同盟。因之益形堅固。並慰告法政府。使知俄德兩皇相會。並無深意。其俄德兩國之報。謂此次兩皇相會。異常緊要。實屬過言。

▲三十一日路透電。俄外務大臣抵巴黎。時晉呈法總統俄皇信一封。信內恭賀法國近日行成可喜之事。如法英兩國新訂公正人調停和約。及法意兩國聯絡之舉。在此等可喜事內。復見保守天下和局之景。而保守和局。亦係俄法聯盟之宗旨。

明治三十一年十二月廿七日（第三種郵便物認可）

光緒二十九年十月十四日
明治三十六年十二月二日 發行

新民叢報

第肆拾貳參號

甲辰年之臨時增刊……題未定

本社此次之臨時增刊新大陸遊記其書一出當爲閱者之所歡迎甲辰年份亦擬援例照出**臨時增刊**或一冊或兩冊其題目今未能定奪當俟屆時觀察**世界上有何大問題**之起或**關于時事**者或**關于學理**者由本社**總撰述及記者同人隨時酌定自行執筆**其定閱本報全年者皆照例奉送不取分文特此預白

甲辰正月 橫濱山下町百六十番 **新民叢報社謹啓**

新民叢報第肆拾貳參號目錄

全年廿四冊	半年十二冊	每冊
六元	三元三角	三角

日本各地全年五元半年二元六角每冊二角五分日本及日郵已通之地每冊加郵費一分全年二角四分其餘各外埠每冊加郵費六分全年一元四角四分

編輯兼發行者　馮紫珊
印刷者　陳侶笙
發行所　橫濱山下町百六十番　新民叢報社
上海發行所　四馬路老巡捕房對面　新民叢報支店
印刷所　橫濱山下町百六十番　新民叢報活版部

電報發明者(其一)

士梯芬遜

George Stephenson

電報發明者（其二）

摩士

Samuel F. B. Morse

聖路易博覽會之景

合衆政府館

運輸館　機械館

美術館

聖路易博覽會之景

工業館

礦業館　教育館

電氣機械館

論著門

本社告白

啓者本社所出之臨時增刊新大陸游記頃已出書凡定閲本報癸卯全年經交足報費者本社皆已照例送贈其或間有未收到此書者即是閲報者或代派者未曾清帳與本社故本社扣起未寄尚請即日清帳本社即將此書寄上祈閲報及代派諸君鑒之

橫濱新民叢報社謹啓

厭世主義

觀雲

以世界爲惡土以人類爲穢物瀟然作別一天地之想而絕人避世不與社會相接觸者世稱爲厭世主義之人而評者曰人類者羣物也世界者羣之現象也一人之以生以養以出以居以作以休以歌以哭無一不與羣相關切以個體立於一羣之外而個體立斃是故有造於羣而名之爲事業有效於羣而稱之爲功名有福於羣而號之爲德行有序於羣而目之爲倫理揭而言之謂人世間事無一非羣之事可也而一人之對一羣其責任之重且大固何如而是人也離羣絕羣食羣之福利而不償沐羣之恩澤而不報率是道也是大渙其羣而使人類復返於蠢蠢然自生自衞之動物也故持厭世主義者非也目爲厭世主義之人即含有誹謗之語意於其中者也是言也誠哉然矣其理固無以易之。

雖然。所謂厭世主義者。一括之名詞也。其起因若何。其終局若何。其派別又若何。是不可以不辨。夫僅曰厭世主義。則是尙爲未判是非之一名詞也。

是故欲問厭世主義之當有與否當先問世之果可厭與否今夫人間之殺戮也爭奪也詐僞也邪曲也貪酷也驕慢也卑佞也險巇也凡夫一切可恨可憤可歎可泣之事。無不自人類演之。彼動物之對吾人類。或以其能力之殊異。而視爲天人蓋不可得而知以吾人生爲人類一觀人類間之事其闇黑而慘淡兇殘而劣惡者直謂修羅之變相場而魑魅魍魎之寫影圖可也彼野蠻之俗。人與物相食。人與人相食。

上古野蠻時代曾有食人之俗今日於河海沿岸發見之廚芥丘不但見當日人類爲食髓故遺有動物之管狀骨又有打破人類之管狀骨又今澳大利亞之土人尙以饑餓食慾迷信三者有食人肉之俗於北庫因撒猥犢地方以人之腿肉及腎臟爲美味又住於新畿內亞及其他島嶼之黑色人種名排富阿種族中之喀倫卡勒部族者其文化最低度人皆赤裸露臥山野見他人過出而攫之啖其生肉子之屍體皆葬腹中

於危險殘虐之中。送其一生。而無人生之況味者無論矣。進而爲有倫紀文化之國。而專制政體下之人民。其匍匐呼號。不得自由之狀況又何如。又進而爲立憲民權之國。其文化固更上矣。然一旦入其地也。見其議員之悉以運手段而得總統之又以由製造而成。而偏黨曲私無公道之可言者又何如。而工商膨脹。都邑繁華。一皆托辣斯所占領。而勞働社會之日入於窮蹙。救死不贍。至不得不服動物之勞。而以養富人之逸欲者。其失望之境遇又何如。略言其大致如此。其細故不能繼述。然則此世界殆終爲地獄耶。此人類殆終爲惡魔耶。嗚呼。一二志氣淸明之士。惡感接於外而憂患發乎中。又烏能不焦首蹙額而生厭世之想也耶。

是以或人民者追憶既往而謳歌之。是以太古爲黃金之時代也。或人民者希望將來而禱祝之。是以後日爲黃金之時代也。是何故而然耶。謂夫人之情。往者不再來。故易棖人之記憶。來者不可知。故易動人之企想。是固心理上有是意象矣。雖然。使現代之世界而固爲極樂之淨土。無上之天國。人人居之而安心焉滿志焉。焦額之氣。不見於色。呻吟之聲。不接於耳。則追念既往。懷想將來。側身天地。不勝俯仰之慨。未必不因之而稍澹也。然而此現代之世界。尚能副此想像否耶。且即不欲其能副吾人理想上之烏託邦。華胥國也。而但使掩耳濤目者。不如今日之甚。夫亦可以稍安焉。然而此世間其能若是否耶。

故夫自古生人。其思想之稍高者。其懷抱之稍深者。其感情之稍富者。其志氣之稍介者或遂遭逢不時與世齟齬孤臣棄士寃夫勞人其牢騷之慨不平之氣充滿於山澤間雖閱世長久而猶若聞其歌哭之音蓋自昔賢哲殆無一不含有厭世之性質者也宜乎鏬噴胥爾（亦作佐邊荷埃）與夫哈脫門（亦作黑民）之哲學皆以有厭世語爲其學派之特色也彼無厭世之想者其言多不足動後人之翫味然則厭世之士不能一日絕於天壤之間者夫豈無故耶

然而由此道也。而遂判一至大之途逕於其間。其緣起同而其歸宿大不同其懷想同而其作用大不同其究也人物之位置不同而其價值亦不同是何也曰以厭世爲前提者同而厭世遂從而棄世厭世欲起而救世者此其所以相反而大不同也

厭世而棄世者其派約分爲二其一則一身自了呼江上之淸風侶山間之明月世與我而相違我於世而爲求已矣其理亂不知黜陟不聞矣由是派而差而下之或門羅詩書庭有絲竹左顧孺人右弄稚子非不知國家之阽危時局之喪亂也然而念羣之心常不敵其爲已之心救世之念又不勝其顧家之念而終持利已之義操爲我之算者也其一則萬事破壞謂世界胡爲不速燬人類胡爲不早亡無貴無賤無强無弱無

智無愚而同歸于大盡是亦一快心之境矣由是派而差而下之或至芻狗百物糞土萬事不免爲亂暴殘殺之行世嫉彼而彼亦嫉世而或失於事之過激傷於情之或偏者也是厭世而棄世者其所爲蓋大都如是也若夫厭世而欲救世者不然謂夫世界之不平人類之不善固也雖然吾忍見吾之同胞長處此不平不善之世也耶人人不平此不平不善此不善而世宙遂終古留此不平不善矣是非吾之責任也耶是非吾之仔肩也耶由是而菲薄之心不敢生焉發而爲悲憫毀訾之口又不敢開焉存而爲惻怛以人之惡爲己之惡以世之罪爲己之罪而此心常孜孜焉懃懃焉期得見人之無惡世之無罪而後已而其效也或易舊社會而爲新社會或易舊國家而爲新國家或易舊風俗而爲新風俗或易舊人心而爲新人心是其始厭世而其後出於救世者之所爲也故同一厭世之人而其道乃大相反而不同也

凡夫人未有不清靜其心高潔其思與世俗成一大反對之性格而後能以其所得之道易天下者也彼諸葛武侯之在隆中淡泊以明志寧靜以致遠若蕭然一無與於世者然而後日之經綸悉自其高臥抱膝長歌梁甫吟之時而預備之故曰經濟多在冷

淡人日本人詩句者非虛語也若夫逐逐於名山攘攘於利海與當世爭一日苟且之富貴其頭腦既已不清而志趣亦復不高如是之人其於入世之效亦已可覩矣是又有望於厭世之人而不厭世之人未必其可取者也

使重責厭世者而不責不厭世者彼蠅營狗苟昏夢于權勢利祿之場以其智識之淸濁言之固當讓於厭世人自了派一輩以下巢父許由必高於祝鮀宋朝是其例也然即以功過言彼厭世自了者僅可謂之無功於世而此不厭世之徒非特無功而又有過何也世之所以可厭者皆由此不厭世之徒作之孽也雖然彼不厭世之俗輩固不足道而厭世之人固不可不審愼而擇所自處也

英儒邊沁之論道德也立一道德算術法而計數快樂之多寡以定善惡之權衡約翰彌勒起而補之謂不可不敘品之高下蓋獸類之快樂決不與人類同而劣等人類之快樂亦不與優等人同雖然此不過邊沁之說之所未備而道德之爲何物必以及人爲標準固與邊沁氏之言未嘗不同也故約翰彌勒之言道德立智慧檢制之法謂各人於所爲之事於自己之利益與他人之利益不可不聯接而幷算之云云蓋人類之

在社會不斷其連鎖交互之事未有專利人之事而已不還受其利者亦未有專害人之事而已不還被其害者特其算術至爲複雜人之智慧短淺者不能馭此煩難之命題遂至橫生差別成爲個體觀而非普遍觀耳又日本眞言宗之言謂聖人亦有貪瞋癡三毒其與吾人異者在此三毒不用之以爲小我而用之以爲社會萬衆故悲癡正邪實爲同一之物大貪大癡是淨菩提心是三摩地余於昔時又嘗舉幾多之善字謂無非有益於人之名（如不欺人謂之信信者對於人而有道德之詞若對一已無用是名餘甚多不悉舉）又舉幾多之惡字謂無非有害於人之名（如殺奪人謂之盜盜者對於人而無道德之詞若對一已無用是名餘甚多不悉舉）由是言之厭世何病厭世而不能舉一物焉有所以自効於世是則不免負世焉爾

然則古今最高尙之人格者誰乎曰佛陀是已今試問佛教爲厭世教乎爲非厭世教乎以爲厭世教以爲非厭世教者殆皆挈其一端而未舉其全體者也則且毋具陳大小乘之教理而即佛陀之人格論之夫以佛陀之見傷蟲而悲（佛爲太子時與父王出游城外休憩閻浮樹下以觀農夫之耕偶有傷蟲見飛鳥隨而啄之太子起而歎曰「衆生可愍互相呑食」端坐樹下深有思維王慮太子思念無常生出家之想乃强携太子歸城）見老者病者死者而歎（佛爲太子時出游城

外見老人頭白腰曲支杖羸步歎曰「日月流邁時變歲移老至如電身安足恃我雖富貴豈獨免耶」云何世人而不怖畏」或曰又見病人身瘦腹大喘息呻吟肉落骨出顏色憔悴不能自立歎曰「如此身者是大苦聚世人於中橫生歡樂愚癡無識不知覺悟」或曰又見有一死人四人舉其輿香花散布屍上幾多家人慟哭送之與憂陁夷問答憂陁夷曰此人在世貪着五欲愛惜錢財辛苦經營唯知積聚不識無常今者一旦捨之而死又爲父母親戚眷屬之所愛念命終之後猶如草木恩情好惡不復相關如是死者誠可哀也太子聞而深有感動低聲而謂憂陁夷曰「世間乃復有此死苦云何於中而行放逸心如木石不知怖畏」太子見此苦痛由是益欲究人生可免老病死之方法而出家之念益堅矣 而遂悟人生之無常觀世界爲苦聚決然捨棄其富貴而夜半辭宮殿騎犍陟之白馬苦行求道寒暑六周方是時也隔離親戚棄其僕從佛夜半出家過藍摩城達阿伐彌河畔之深林樂其幽邃靜寂乃使從者車匿牽其白馬還宮車匿以太子孤寂請侍左右佛告之曰「世間之法獨生獨死豈復有伴」又使告父王曰「世皆離別豈常集聚」云云 獨往山林殆與俗不爲伍而與世不相接是固由發於厭世之心而成爲厭世之行者也而欲不如是乎則固不足以明道也 凡人隔離鄉井別其親戚朋友至於隻身四無人境之所對山川之岑寂感萬物之悠然當此時也精神界必有一大變動之事蓋衆緣隔絕則心境自淸而執縛係戀之熏習至是一洗古人求道往往得之於此願與學者共參之 至於畢波羅樹下經四十九日之參悟明星爛然成最正覺佛坐於畢波羅樹下謂不成道我不復起至四十九日之朝東方初曉明星出時智慧洞開廓然大悟得無上正眞道爲最正覺 嗣後而佛陀之一生悉以救濟世人

爲一大事故佛教之敎義若是其廣博而蕃變者蓋亦由佛陀以普度世人爲心隨衆說法而經四十五年之長日月故也且亦嘗攷佛陀求道之初心乎當其訪道於跋迦婆仙也於衆許摩訶帝經有云

菩薩問曰汝等修行於何所求一云我求帝釋一云求梵王一云求魔界之身爾時菩薩即身思惟今此仙人所修之行皆是邪道非我所依我今於此不求帝釋不求梵天不求魔界本爲宿願利樂衆生求成佛果道既非眞宜應捨彼

觀於此而佛陀之初心可見矣故後世猶得依佛陀救濟之權能力而立淨土門之敎

佛敎分二部門一聖道門二淨土門聖道門者自力門也佛陀以自證之智慧及證悟之方法顯示衆生使亦得證悟如己修行之敎門也故云難行道又云顯理門於聖道門中又分權敎實敎二種實敎者佛陀爲最極優等衆生開示自證之蘊底之敎門即天台華嚴眞言禪宗是也權敎者如法相宗三論宗等所說爲對比前降一等之衆生隱眞理之一分而僅說他之一分之敎門也淨土門者他力門也佛陀以其大慈悲心及其救濟衆生之權能力使衆生捨自力而得依憑佛力之敎門也故云易行道又云益物門淨土門中又分方便眞實二種方便敎者半他力敎既依憑佛陀救濟之權能力同時又依賴自身所修善行之功力眞實敎者不然全拋自力而仰佛力日本見眞大師據大無量壽經觀無量壽經阿彌陀經立眞宗敎即全他力敎也

而得沐佛陀之恩寵佛之悲智兼大爲何如也夫不知厭世之人其人格既多失於不高尚而但知厭世之人其人格又多失於不完全而佛陀者固世所疑爲厭世主義之人也故一擧其人格而欲世人之知所法也

論說

洛克之主權論

論主權者多矣。未有善於英儒洛克 Socke 之說者也。洛克曰。（見所著 Treatise of Civil Government）凡立有憲法之國家。則必有其天然之一至尊權焉以保衛其國中之人羣即立法權是也。是爲其國中之至尊無對權。而非其餘一切權之所可比擬。雖然、立法之事固必有其一定之目的焉。苟所立之法。眞有害於公衆之安寧。則人民又有至尊之權以變移改革之。蓋立法權本出自人民。而以達其圖維公衆安寧之一目的。則其權必以此目的爲之界。行一事而與此目的相反異者皆罪惡也。人民既有此權而托之於少數之人。苟彼少數之人負其所托。而人民可收回其權。而移置之以自圖其最完全之安寧幸福。夫何疑也。

人民又有至尊不息之一權焉。曰自衛權。無論何人（被選立法者亦在其內）皆不得專制詭譎圖害人民之自由及財產任一社會任一箇人皆不得棄失其自衛權而服受他人之專制壓抑以爲奴隸蓋自衛者乃至尊之人權而天然不可變易之聖律也人身既入於社會之中則無一息可與此聖律相違而爲專制政治下之奴隸也

立法權之所以爲至尊權者何也曰、立一法律使人從之是非有加於人上之特權不可也法律既定則凡是社會中之箇人一切行爲皆當受其範圍而莫許踰違焉犯法律之人有司法者按法律以罰之故立法權者社會中至尊無對之權社會中之一切權皆由是出未有能加於其上者也

專制之國立法權與司法權漫無分別而惟以一人執之是一人者至尊無對本其私意立法律而自施行之國中一切行政官皆服從之無敢違一人放恣於上而人民皆帖然效忠信於下若是。則其國家之危險莫甚原夫人民之所以服從法律者非以立法者及司法者之爲天然至尊而必不可不效其忠順也法律者人民集權之所公立人民安寧之所公賴則其服從之之故乃服法也非服人也既由此社會之人之同意公立之而公認之則任此社會中之何一人皆不許干犯也立法者及司法者本無權

因法律而後有權法律者所以代表公意故其權至大苟立法者及司法者恣其私意破壞法律是自卑賤之道也法律之至尊權即與彼相離而彼復退爲一私人而無所逃於破壞法律之罪焉於是人民無復服從之之理人民之所以當服從法律者乃服從社會之公意而非服從一箇人也（以上皆洛克之說）

洛克之說與其徒盧梭之說相同。盧梭曰。『主權者人民所固有而絕不可移交於他人者也。洛克曰。主權者依然存於人民之中者也』是爲人民之自然權而非權勢及道德之比非君相之所可任意取與也。然英人之習莫不譽洛克而毀盧梭其實盧梭之勢力大於洛克。盧梭之書出世。而歐洲之大革命興。克洛不及也。

綜而言之。主權有三類。一爲名義上之主權。二爲地方上之主權。三爲政治上之主權。名義上之主權者。英國之女王法國之共和政府聯邦國之聯合政府北美合衆國之國權。皆是也。地方上之主權者。英國之巴力門。合衆國之議院。皆是也。改憲法之人。非其人之有權改憲法也。因成文之憲法。自須改也。地方主權之尊。在一定之人之身上。非名義上主權之所可比。政治上之主權者。即公意是也。非一定之人數也。雖以人數代表之而其權固常隱而不顯且較之代表之人爲更有力。由此言之。可知奧司丁 Austin 所主張「主權即一定之人」一說之大謬。奧司丁之所謂主權者。特指地方上之主權一端爲言耳。

笛卡兒之懷疑說

笛卡兒所著之哲學原理。乃其 Discours sur la Méthode 中之一種也。共四章。其第一章曰人智原理。多發揮懷疑說之理者。摘譯數條於下。

(一)求實者。人道之一大要事也。求實之法。在懷疑。疑一物斯知一物。遇物皆疑。如吾力而止。

小兒之知物。皆自懷疑來也。小兒遇一物必疑之。集時久而得智廣。求實之道在是矣。故遇一物而於吾心苟稍有未通。勿輕置之。須懷多端之疑。至明悟而後已。

(二)事物之可疑者勿信。當思之若僞誤然。

疑事物爲僞誤。乃求眞知之術也。先有疑焉。而後乃易明察事物之眞際也。

(三)懷疑者。爲求眞理。適行事也。世人之行事。多不求明其事之眞理。而徒以知其混似爲止境。兩事當前。則擇其稍近理者行之。不求明徹眞理而毫無所疑。殊可怪也。

(四)凡與物五官相接之物。何以當莫不懷疑乎。

曰求眞理則不能不懷疑。物之與吾五官相接者。或吾思想之所及者。苟實有此一物存於世間。則必須竭力以察其眞際。苟徒據五官以察之。必不免於被欺也。夢中所遇之物。皆非實有。苟人遇物而不懷疑。以求其眞。是等此世界於夢幻也。

(五)雖有算學之確證。以證一物爲實。亦不可不疑之。

一物之定理。雖已知。亦不可不懷疑。雖有算學之確證者亦然。蓋所謂定理者。每不足據。常有一物經前人信以爲確。而後人復見其僞者。如上世常以爲上帝有全能以造人。苟吾未得上帝造人之眞迹而遽信之。則吾固不免爲古語之所欺也。故當求上帝造人之眞迹。求而不得。當思吾人或由他故生歟。或上帝固無若是之全能歟。則可免爲僞理之所欺矣。

(六)世人有一至尊權焉。以之懷疑而辨惑。曰思想自由。

輕信古人之陳說。謂上帝能造物。而不復深思其故。是之謂易於受欺。而無思想之自由。思想自由者。人之所賴以求眞辨惑之權也。

（七）懷疑爲哲學求知之第一義。

懷疑者。思想自由之極則也。或疑上帝非實有。或疑天非實有。乃至疑我身之非實有。疑我身之手足皆非實有。此身之手足何以可思爲非實有。曰以設疑也。以求眞也。是徒懸想而已。懸想者。求眞之捷術也。

（八）由是可知思想與形質之別。

思想者。無實在之物存。無界限。無形迹。無據地。無繪象。徒可懸象及之而已。思想居先。形質居後。吾疑一物而後知一物。夫物固因吾之思想而得也。

（九）何謂思想。思想者。居吾人之內界。如知、如欲、如悟、如覺。皆思想界之屬。至於見則爲吾目之用。行則爲吾肢體之用。皆吾身所作之功用也。亦有雖眼見而非眞見。雖肢動而非眞行者。如吾夢中之見之行是也。亦有不開眼而見。不動肢而行者。且有雖無吾身而亦見亦行者。如吾思想中之見之行是也。是皆不得不謂之爲眞。惟是乃思想中之見之行而已。

(十)意義之單簡易明者。不必再用名學之界說解之。而反使其曚昧。凡是之類。固不必由誦讀得之以爲識也。

一事之意義。既自然易明。則不必更用他法以解之。常有哲學大家。不知此理。又解之以名學之界說。反致曚暗而不易明。哲學有恒言曰。我思則我是。I think tkerefore I am 蓋指事理之易明者。思之即是。不必繁數多事以滋困也。

(十一)思想不僅先於形質。大於形質而已。實則苟無思想。亦無形質。今有一物質於此。爲天然之光所映而見。苟吾無情與之相關屬。則光與物皆爲無物。其成爲一物之故。則因吾情與之相屬。故此人能知物之原因也。吾之所以知地球者。固因吾目睹之。吾足蹈之。尤必因有吾心存之。苟雖吾目睹之。吾足蹈之。而吾心不存焉，則吾不知地球。

(十二)人之知識。各不相同。

人之所以無哲學思想者。由不深知思想與形質之別故也。彼之目雖見物。手雖持物。而其觸於思想界者。會心不同。則得知遂異矣。

(十三)遇物而懷疑。因疑而得知。得知之道。曰考象。曰求數。算學有公理曰。兩邊同加以相等之數。其全數亦等。由此理推知三角相加。必與兩直角等。夫事物莫不有其一定之理。疑之知之存乎其人。

極東問題之滿洲問題（續前號）

觀雲

俄人大海軍國之希望

擁百萬之貔貅不憚冰雪沙漠以陸軍可橫行於地球者此世人想像中之一俄國也雖然此特以俄國之疆域控歐絡亞而又屬哥薩克之人種隸其宇下故俄之國勢不能不趨練陸軍而亦以陸軍爲易擅其長顧俄人所懷抱之大野心亘數世而求一遂其願而作統轄全地球之想者實不在陸軍而在海軍此世人所不甚窺知者也

俄之希望爲大海軍國也從其累世之計畫上已隱然顯現其勃勃之心當彼得大帝之崛起憤其國人不長水戰。乃自投人國爲弟子。習水師術。歸以教其國人。而於波羅的海濱建築新聖彼得堡之都。既已若推窗而望歐洲而擅北歐之形勝矣又欲以君士但丁爲首府而掌黑海地中海之鎖鑰以控制南歐此彼得大帝之雄心也當格特林帝之時。其計畫欲從諾爾斯克浦之東。殆百五十哩。從北氷洋起通泊斯尼阿灣。經聖彼得堡及卡浦中間之芬蘭灣。更從波羅的海起點。迂回經克瓦以達亞速海。又橫斷高加索地方出裏海。更沿烏拉山烏拉河通莫斯科。又中斷巴爾克什湖之南。貝加爾湖之北。而出疴哥德海。其規畫若是。故俄人累代所吞并者奪芬蘭盖欲逸出於波羅的海也。滅波蘭漸蠶食其黑海兩岸之地盖欲突進於黑海及地中海也。及其東向占領黑龍江進而幷薩哈連島南據浦鹽斯德盖欲雄飛於東太平洋也。要之無一非預布置其海軍根據之地。又自柏林會議之結果。俄不能得志於地中海。於是移巴爾幹半島軍隊之一部。而集於裏海與黑海中間之一省。於裏海黑海之間築鐵路以便調遣兵卒。不久而於一八八四年。占領通波斯及河富汗要路之美耳弗。又進而窺南方之赫拉德。寖寖有出印度洋之勢。英人以全力阻之而後已。又於一八九八年。西伯利亞鐵道工程及半之時。俄人新計畫一大工程之事。此工程盖從波羅的海接續黑海而開鑿一大運河。利用注波羅的海利加灣之朶伊那河。與注黑海之陀尼卡爾河。而鑿百二十五哩之道。其全運河凡一千哩。經費九千七百萬弗。此運河成以波羅的海艦隊集於黑海與以黑海艦隊集於波羅的海僅不過百六十七時間其對歐洲之戰爭固易調動水師若用兵於中國方面而一道得由西伯利亞鐵道以輸送陸兵一道即出地中海（須先破壞土耳其海峽之約）經蘇彝士河繞印度洋以直赴東洋而運河成後其流通道路經過大小都市十六區俄國南部之商務可因之而繁盛然俄人之志尚以有此運河能敏活全國之海軍為主此略徵往事言之而俄人欲大成就其一海軍國之心固昭然若揭也。

俄國海軍之艦隊也分為四區一波羅的海艦隊一黑海艦隊一裏海艦隊一太平洋艦隊波羅的海艦隊以孔思達 Kronstadt 為根據地黑海艦隊以著名俄與英法戰爭之苦里米亞島之斯排斯得堡 Sebastopol 為根據地裏海艦隊以數個小砲艦及蒸汽船成備波斯方面太平洋艦隊以浦鹽斯德為根據地而近又經營旅順大連灣與浦鹽斯德相呼應顧是數處也於地勢上論之雖多占其要害然而有感極不便之處而令俄人之心懷不足者其在裏海之艦隊既不能通外海而為擴張之計又以其僅為艦隊之小部分也勿論波羅的海艦隊拱衛聖彼得堡極擅形勢然一年之中半為冰

時局　四

結之期此大有礙於艦隊之運動者故近又營苦蘭陀 Courland 之利拔 Libau 以爲艦隊繫泊不凍之港又有欲營拉弗蘭陀 Lapland 爲不凍港之計而東方之浦塩斯德亦屬冬期之氷港近營之旅順大連灣亦以有氷告此誠苦於天然地理上之不利者至黑海艦隊又以土耳其之海峽列國禁止通航其黑海海軍僅以供黑海岸 Nicalaief 及 Kinburn 又 Ochakof 又 Yenikale 又 Poti 又 Batum 諸地防禦之用。此皆俄國欲雄張其海軍於全地球而未能急滿其志者也

土其耳海峽之問題也從一八七一年倫敦條約閉鎖霍坡賴斯及他大尼里二海峽不得通過軍艦俄國黑海之艦隊遂若虎之縶於檻中而不能逞其飛而食肉之勢雖然俄人之不能堪此而欲破壞其禁約也固已久矣故於一八九五年。致一通牒於土耳其。其要稱俄國若於平時輸送極東之兵員及載兵器彈藥之運送船。又若戰時。關係極東自國之利害。於緊要不得已之時。可得通過海峽云云。而俄人僅一通牒而止。不言條約之應改與否。蓋以此探列國之意向。又當時條約。於戰時不詳載若何制限之明文。故俄人得乘條約面之空隙。翻弄其辭。預爲後日得以通過之地。而是時英人

亦不聞申何等之阻礙。俄遂於千九百二年以不武裝之水雷驅逐艇四隻。揭商船旗。通過海峽。土耳其置不問。英人亦僅警告土耳其。聲明土讓俄國通航之權。日後亦須保留英得同等之權利。於今年一月。俄國遂以驅逐艦通過海峽。英人以違反條約抗議。與土耳其交涉。而德國以無關於已國之利害也。漠然視之。故論者謂土耳其海峽之問題也。閱時數十年。殆已成過去之勢。嗣後若欲禁止俄人。必各國協力齊一。斷不能恃一國之力。若各國之志不齊。而憚於發難。則禁約殆已作廢。蓋俄人一再試其破壞條約之技。乘各國之不問。而必有逸出之一日也。

俄國之欲振海軍於東太平洋也。於黑龍江方面之地。而營一軍港。固以浦鹽斯德居最相宜之地位矣。（浦鹽斯德元屬清國吉林省地名海參崴以灣內多海參故有此名於一八五〇年俄國海軍省所屬船名滿洲者碇泊於此翌年遂派遣東部西伯利步兵聯隊四十名來此屯營又築寺院示占領之勢不久與北京恭親王協議而得允諾俄遂收為已國之領土而自尼古剌莫斯科之海軍根據地移轉於此遂為俄國海軍極東之雄鎮）雖然浦鹽斯德。誠占形勢上重要之位。而以軍港論。尚不免居于第二級者。以每年冬季結氷。不能不用壞氷船。以開航路。又港中水淺。碇泊每多困難。而船渠乾燥。不能容最大之艦。又港之前面廣開。敵艦若以夜間侵入港內。易砲擊其艦隊。於一八八六年英國提督力藉陀哈米敦者率英國之支那艦隊入港以海霧深鎖俄人毫無所知至霧開而見英之大艦隊前橫大驚嗣後遂依軍港規則凡外國軍艦以二隻爲限然此猶浦鹽斯德本港之未盡良善也至其出航之路尤有大不便者蓋浦鹽斯德其前方爲日本所遮蔽若欲出而至東太平洋及朝鮮中國海之方面也其航路之通過有海峽四必經其一而後得出而此四海峽者其一爲韃靼海峽（黑龍江與薩哈連島之間）一爲宗谷海峽（日本北海道與薩哈連島之間）一爲津輕海峽（日本與北海道之間）一爲對馬海峽（朝鮮與對馬島之間）韃靼海峽者一體水淺僅通一縷之航路船喫水至十二呎以下者不能行駛於一八五四年苦里米亞之戰爭也俄艦二隻爲英軍艦所追欲通過此峽而逃卒不得通乃自壞其船使沈沒以免捕獲者其已事也且也一至冬季堅氷凝冱港路已被封鎖而不能用是此道之感不便者一也宗谷海峽經千島之間其水道固勝於韃靼海峽然列島間夏則多霧冬則多烈風與雪而航路每被暗蔽而不能行至春則氷塊如山自北極盛流而下是此道之感不便者又其一也除是二海峽外則爲津輕海峽與對馬海峽津輕海峽全在日本境內者勿論對馬海峽亦半屬日本之境日本以艦力扼幅員二百五十啓羅密特朝鮮峽之咽喉而有不能

出之憂此又浦鹽斯德關出航之諸多障礙也俄人知之故於浦鹽斯德而外更欲於東方得一良軍港其指算蓋已非一日矣借用膠州灣之約成俄人得展其羽翼於渤海灣之一機會也然未幾而膠州灣爲手强之德國所占領俄乃變其方針而轉爲借旅順大連灣之計旅順大連灣之形勢與其軍港質點之優固遠過于浦鹽斯德故俄人不憚投巨貲而經營工事然於旅順青泥窪其工用之費達二億留而渠成之日於冬季仍見結氷俄人爲之失望或謂全部結氷蓋非事實惟港內周圍沿岸之少部分輪廓見氷俄人於此復懷不滿之心而欲於他處更求一完全之良港顧其地不出直隷灣與朝鮮海之間而在直隷灣者德占膠洲英占威海俄人已不能插足於其間遂不能不於朝鮮海之方面求之且夫中分朝鮮而俄得其北日得其南此俄人所必不能滿意而遂能相安於無事者何則朝鮮南半島悉爲日本所有則俄國浦鹽斯德與旅順大連灣之聯絡線中斷而日本海與黃海分離因之黑龍艦隊與遼東艦隊不能爲共同之動作而東方之形勢遂缺而不全蓋俄之占有滿洲也其視朝鮮半島猶北美合衆國之視輔羅力達之半島然其形勢亦極相似方輔羅力達之未歸於美國人

之手也美國海岸線之兩端往來極不自由故美國之必取輔羅力達以爲已有亦猶俄國之必取全朝鮮以爲已有者其理一也。以此而知滿韓交換之說於事實必不能成即暫如約而其勢亦必不能久而相安於無事者此可窺見俄國之肺腑者也

於十九世紀之初英國之國勢隆隆日上其富强直占歐洲之第一位而究其故則以多得海外屬地大振興其商務而其所以能統攝此屬地者則以有莫大之海軍力故也故今日而立國於地球之上不欲富强則已欲國富强未有不當以海軍爲第一事者而於近十年內海軍力之增進爲尤速蓋各國悉增賽其海面之實力而於多少强弱之間日較量其數字而有不甘屈於人下之勢不觀日本乎其最初之製造軍艦也。於一八五一年。（嘉永四年）即今猶存在之海軍太祖船筑波艦是也至明治初年。政府所有之船艦。九隻乃至十隻。其噸數不過從二百噸至千六百噸。大半爲木造之砲艦。而於一八九四年（明治二十七年）五月。當淸日戰爭之時。日本之海軍二十五隻。五萬四千六百四十四噸。至次年（明治二十八年）五月。二十七隻五萬八千四百七十七噸。至千九百二年。（明治三十五年）五十九隻二十三萬三千五百三十一噸。而

據今年（明治卅六年）九月所調查。軍艦七十八隻。二十五萬六千八百十六噸。現役軍人三萬二千八百人。就其統計觀之。其增進之數。實可驚人。而以日俄戰事。又有新買入與新製造之軍艦。而增添於其後。其長足之勢。直未知所終極。而翻觀俄人之東洋艦隊。於一八九四年。當清日戰爭之時。不過十三隻。一萬六千七百七十七噸。故清日之戰。俄惟取傍觀之勢。而不敢過問清日之役日本慮俄人助清而合戰故豫算海軍力時幷清俄兩國之軍艦而合計之以爲可以無恐至次年。乃至二十三隻。五萬二千二百零三噸。其時又加以德法兩國之艦隊。取共同一致之態度。其勢頓加日本之上。故敢岸然干涉清日和約。而逼日本之返還遼東。而日本亦以三國之勢。爲不可敵也。而讓之。至一千九百二年末。其艦隊三十七隻。十一萬零八百六十八噸。推算至千九百四年一月。當有八十隻。二十四萬五千四百零八噸。計千九百三年。此一年間。其增加之數。實爲十三萬四千五百四十噸。而又時有東航之艦。約與日本無相距差。而常有示頡頏之勢。蓋海軍力之一有强弱。即關制海權之有强弱。而制海權之有强弱。則國家政策之成敗。事業之屈伸。皆因之而起。故若一國加增海軍力者。其對待國。有不能不加之勢。而遂各竭其國力。繼長增高。若是其有加而無已也（中國聽者中國之海軍力今至若何之地步乎可謂不國也矣）於一八五四年苦里米亞戰爭之後。而世界海軍示異常發達之勢。既製造鐵甲船。然當日鐵板之厚。僅不過四吋八分之三。而其時大砲力亦弱。以四吋半厚之鐵板密接砲口。而砲力已不能穿貫。至一八六五及六六年。漸發明大砲之猛射力。能貫厚鐵板至三呎以上。而軍艦之鐵甲。亦不能不伴砲力之程度而加增。遂有舷側之鐵板加厚至一呎七寸者。一八八八年。英國一製造之軍艦。其裝甲鐵板。直厚至二呎。然大砲之猛射力亦益進步。雖有二呎以上之鐵板。仍苦不能防禦。而欲再加厚鐵板。則其船行駛之速力及其他生種種之障害。造艦技師苦心研究之餘。遂廢鐵而用煆鐵。又廢煆鐵而用純鋼。又以鐵工業之進步。逐年發明堅鋼法。遂從純鋼而用鐵鋼合成板。又用庫羅鋼及白銅鋼。而遂至如今日之用哈婆鋼及白銅板。以其具非常堅硬力。故厚可從減。而得抵禦大砲之猛射力。又爲防爆發榴彈。全艦上包貼之部面。亦更加廣。又當日之鐵甲船。其噸數不大。故載炭量亦少。而不能航行於遠洋。至一八六〇年。英國以三十五萬七千磅。製一航洋鐵甲船。有九千二百噸之排水量。五千四百七十之馬力。當時稱爲世界無比之大軍艦。然嗣後又續增一萬五千噸。一萬五千馬力。載炭量千四百噸。速力十八節以上之大鐵甲艦出。又以汽機機罐之進步。而速力亦漸次增加。一萬五千噸之鐵甲船。一時間走十八海里。一萬噸內外之巡洋艦。走二十二海里。水雷驅逐艦。走三十三海里。今後楊賓式之汽機被實用。則一時間能走五十海里。又以海洋戰術之進步。艦種亦從而增多。如戰鬪艦、巡洋艦、海攻艦、海防艦、砲艦、報知艦、水雷艦、水雷驅逐艦等。而是等之內。又以裝甲之有無。噸數之大小。細別種類。蓋自十九世紀之後半。經一次海戰。即於海軍上增一次之進步。於一八五三年俄土戰爭。而一八五四年英法俄苦里米亞之戰爭。始而一八六一年南北美之戰。一八七九年智利秘魯之戰。一八八四年淸法之戰。一八九四年淸日之戰。一八九七年美西之戰。而自淸日戰爭後。列國之眼光。咸注集於東太平洋。自戰爭後至今十年。列國於東太平洋之海軍力。示非常增加之速度。而其中尤以俄之增加率爲最。美國次之。今揭其比較如左。

(自一八九四年至一九〇四年共十年間)	(噸數增)	(海軍費增)
俄	五十九割六	八割半

美	四十四割三	廿六割七
德	廿五割	十四割七
意	廿五割	一割
法	十八割	十七割八
英	十一割三	六割六

夫美國之艦隊增加者無他新得菲律賓領土而欲擴張其商權於東太平洋遂不能守其孟祿之主義而有干涉東亞之勢至俄之艦隊其增加之急勢遠過于美國之上無他已得滿洲欲遂幷吞中國朝鮮以及日本而以東太平洋爲俄國之池故於美西之戰爭也俄人見美國之得勝於摩尼剌古巴者一依海軍之力而足喚起俄人倚重海軍之心矣於英杜之戰爭也俄人見英國隔杜國之遼遠而得送大軍於南非者又一依海軍之力而更足喚起俄人倚重海軍之心矣深山之熊欲與大海之鯨同一時而出現此俄人前途之一大野心也

不觀俄人論對日本之戰略乎其言曰日本處於便利之地位者以其立國與滿洲近而能一時派遣多數之陸軍而俄國之派遣陸軍也以道路窵遠常多困難之事若日

本之陸軍其上陸之數多於俄國則俄之陸軍不能不從東亞之方面退卻而要害之地點或有不能保守之虞然則俄之對日本也其上策惟有增加東洋艦隊而常有凌駕日本之勢能阻扼其陸軍而不使之登岸是也夫以近時戰術之發明而海防術尤爲進步若如法國所發明之潛航艇（於一八九九年法國新搆造名可斯泰輔射台之潛行水雷艇可斯泰輔射台者即造船技師之名積十二年之辛苦經營方得完成以潛沈水底敵艦不能知其方向惟射擊敵艦出現圓頂之一時最爲危險然僅一刹那間水雷已脫管而向敵艦矣又法政府於一八九六年懸賞募製造攻擊用潛行水雷艇亦得種種之新發明此等潛航艇浮行水面時用蒸氣力水中潛行時用電氣力每隻之製造費約三十二三萬金云）而編制新式之潛航艇隊比較敵軍常得占其優勢則能防敵之登陸且時出而襲擊其運送糧食船即敵登陸而絕其後援敗之亦易易也夫昔者苦里米亞之役俄若有暗車艦船（苦里米亞之役俄已用多式之水雷防禦黑海港灣英法軍大困遂喚起歐美海軍國之注意而大研究水雷術水雷術以此益有進步云）彼英法之陸戰隊將遭若何之否運乎觀其所言云云而俄於東方之軍謀亦略可見矣蓋俄於東方之位置使其海軍果能壓倒敵人則敵之欲勝俄國者不先撲滅其海軍而俄之尺土寸地殆不能犯若俄之海軍力不足而徒恃陸軍之防守則利鈍勞逸之勢懸殊而要害地點不能保其一無疏虞之時一有損失而勝敗之事易分此俄之不能專恃陸軍而必有待於海軍也彼德皇之言曰帝國之運命在海洋謂

俄人東方之運命即在東太平洋可也

世界之氣運自數世紀以來均移其重心而集合於東太平洋凡立國於其間應時運而興者曰美國曰日本曰俄國（中國聽者中國固東太平洋之主人翁而處最好之位置者也）美國自新現國土後歐洲之文明亦同時而移於新大陸之上而其地勢獨接近於東洋故其動力之所向亦易貫輸於東洋之一方面日本居太平洋之中心自以爲獨得天賜優勝之地位而吸其潮流務欲四出發展其勢力俄人本國本非在東太平洋而其眼光獨先至不惜造橫斷西伯利亞大陸之長鐵道以與東方諸國爭發達之運命（中國聽者中國固東太平洋之主人翁而處最好之地位者也）雖然，西伯利亞鐵道固俄國應運之新產兒而與西伯利亞鐵道爭消長而賭存亡者則尤在能變易地球之形勢而美國所新開之巴拿馬海峽是也。巴拿馬海峽自太平洋岸之巴拿馬。至大西洋岸之壳倫。直徑三十六哩。然以運河取道不少迂回之處。延長爲四十七哩。其中有山有川。高低不一。概以向大西洋岸者傾斜而緩。向太平洋岸者峻急。其最高處云庫部拉者。拔海三百尺以上。其掘除土塊須一億二千萬立方米突。其間設水閘若干。軍艦商船。至一萬五千噸者。可得通過自由。開鑿經費。約一億四千萬佛。竣工之期。當在今後七八年。遲或至十年。預算船舶通過費先一噸一佛。一年間少亦得通過八百萬噸或一千萬噸。通過費每年終可得八百萬佛。乃至一千萬佛。（按蘇彝士運河於一千九百二年通過船舶總四十二萬四千五百七十三噸收入通過費達一億三百七十二萬二十佛以此推之將來巴拿馬收入之通過費必超過預算可知）通過時間。十一時十四分。運河之兩方爲自由港。此運河成而大西洋與東太平洋之地面頓縮而接近歐洲。若英德各國。共工產業大有傾倒於東洋之勢。而美國以產業膨脹。急求銷路之國。得此運河。處於便利之地位。而貨物得先運出。必有呈洪水之勢。於太平洋岸者。是則操巴拿馬海峽鎖鑰之美國。與操西伯利亞鐵道鎖鑰之俄國。若兩巨人之相搏而爭勝負者。然然以巴拿馬海峽之安便而捷利。恐非特壓倒舊日之蘇彝士河。而亦將壓倒今日之西伯利亞鐵道。故爲俄國最後之大敵者。非他。蓋美國也。夫立國之道。順商務之趨勢者興。背商務之趨勢者衰。而今者商務之系統在海。故一言國權。不能不聯想商權。而一言商權。又不能不聯想海權。以是國權商權海權。常在三位一體之位置。而俄國欲保其西伯利亞鐵道之運命。惟有振興海軍。握東太平洋之制海權。閉鎖其領土之門戶。而壟斷商務。由於爲武裝的經濟政策。此則尤在俄人必先造成

無敵之海軍國而後可也

作者於此不能不附識數語以諗我中國人曰地球之大勢自哥倫布得新地而一變自開通蘇彝士運河而又一變自築西伯利亞鐵道而又一變自開通巴拿馬海峽而又一變若美國若日本若俄國咸摐金伐鼓以驩迎西伯利亞鐵道巴拿馬海峽之一新紀元而我中國獨若瞀若夢對此浩浩太平洋之水而漠然一無所感覺乎抑夫我中國者生齒過繁之國也地有窮而人無盡如是則國可坐斃是故布占其人種銷售其產物擴張其商務於東南洋方面此中國立國根本上惟一之政策也而欲布占其人種銷售其產物擴張其商務於東南洋方面不能不用優勢之海軍故中國者一海軍國地位之國也有欲振興中國者必當以是爲要策矣

（未完）

中國漢後官制篇

官制議篇三

明夷

漢治國事民事之司既少矣。實不可行。故其三公有曹椽以代之。西曹主府史署用。東曹主二千石長使遷除。又有軍吏。戸曹主祠祀農桑。奏曹主奏議。詞曹主詞訟。法曹主郵驛科程。尉曹主卒曹轉運。賊曹主盜賊。決曹主罪法。兵曹主兵事。金曹主貨幣鹽鐵，倉曹主倉穀。黃閣主簿錄衆事。又有御屬掌公卿閣下威儀。太尉椽吏屬二十四人。司徒椽屬三十一人。令史及御屬三十六人。司空椽屬二十九人。令史及御屬三十一人。而三府各有長史總署諸曹事。此猶丞相之有司直今各國總理大臣之有書記長而其衆總諸曹事權更大幾與副相無異矣。其分曹凡十五。東西曹如今之吏兵部也而遷除二千石及軍吏則權且過之戸曹主祠祀農桑。蓋兼今戸禮二部又爲歐美各國之農部矣奏曹主奏議。近於各國樞密院矣詞曹主詞訟。如今之刑部各國之法部後漢書陳寵傳稱寵轉詞曹專掌天下詞訟。時司徒詞訟久者數十年。事類溷錯。易爲輕重。寵撰詞訟。比七屬決事科條，皆以事相從。其後二府奉以爲法。稱掌天下詞訟。則公府曹椽權任之重與後世專部大臣無異可見矣詞曹如此。他曹之權任亦可推見。法曹主郵驛。則如今法美比波之郵部日本之遞信省矣當時已以郵驛別主一曹已重視交通之政矣尉曹主轉運。如今之漕運總督蓋轉漕立于漢時。已二三千年。爲一大政也賊曹主盜賊。如今各國之警察總監又隸于內部也決曹主罪法。其與詞曹分爲二者名曰罪法。當是刑法民法之分也比于後世統以法爲刑過之遠矣兵曹主兵事。則今之兵部各國之陸軍部也金曹主貨幣鹽鐵。則各國之藏部也其比今之戶部職更專一矣倉曹主倉穀。則今之倉場總督也黃閤主簿錄衆事。則各國總理大臣之秘書官也三司之曹椽如此。必因丞相之舊制蓋漢世丞相之權佐天子總理萬機故無所不統既以一人無所不統則其下必分曹任事乃理勢之自然也故漢世國事專在丞相一人如今歐日各國政權全在總理大臣一人其各曹椽吏由三公得自行辟舉亦猶今歐日各國各部大臣由總理大臣自行辟舉除用也故漢制大臣能運用如意絕不掣肘亦與各國總理大臣同惟兵權別掌于太尉大將軍此亦與各國總理大臣無兵權同然既總全國之政故信任極重羣臣見之皆拜天子見之爲起在輿爲下所與立憲國異者因人行事大者當聽天子意餘亦須奏聞耳然其時無立法議院一切事由公府椽議則以立法權言之比立憲國之宰相權尤重但行政權不如之耳各曹椽事權即如各部大臣但秩僅百石地位甚微然當資格之世則可以拔擧奇材以當權任故漢世公府椽屬上自故九卿二千石下及草澤大儒皆可辟充故往往得人實由于此今各國總理大臣自除各部長官自故相及布衣奇才皆可立拔補用在故相不以降就爲嫌在草茅不以超遷爲議以故得人任職實與漢同本朝六卿崇官皆以資格久次進用。非徧歷羣官。至於耄耋。罕有能階至六卿者。又與軍機不通爲例案所格。故言乎人材。則皆老耄庸冗。才志衰頹。言乎事權。則皆繁蕪散漫。不能擧動。外聽督撫之隨意變通。下聽書吏之舞文弄法。六卿雖尊。但拱手畫諾。等于木偶而已。上之無各國部臣之威望。下之無漢世曹椽之事權。官制之弊。未有若今日者也。故漢世公卿之制自其外觀之則九卿幾皆爲天子私人若無任國事民事者自其內考之則十五曹分官列職眉目分明事權活動乃遠過于近世而有類於歐西眞異事也盖專制之國資格之多反以此收其益也諸卿雖遍占大官而於國事乃無大損反得諸重臣隨時集議有類於各國樞密元老院者故漢世之政事可分君相兩門觀之其在下公府諸曹所用之人所議之法多當者其在上人君所用之勛戚官寺所行之特事多謬者也兩者相爭時爲勝負苟非諸外戚爲大將軍專恣無道者則丞相三公多賢才故下之政事人才尚可觀過於後世也成帝綏和時。何武建言古者民謹事約國之輔佐。必得賢良。然猶備三公官各有分職。今末俗之弊。政事煩多。宰相之才。不能及古。而今丞相獨兼三公之事。所以大化未洽也。宜建三公官。定卿大夫之位。分職分政。以考功效。于是置三司並爲宰相、今自太尉大司馬掌兵外。司徒司空分職殆不可考。而三府列曹皆同其職事。不知若何分任。而觀漢世三公一切同事同議意者府曹雖分于下而事權則操之三公公議如今各國國務大臣之一切公議也但各國政事雖由公議而責任各由本職漢世則三公公議之而公受其責任故除免多同而曹椽則但有謀議而

無責任此其所與今歐美之制少異者歟即立三公位同而權不一或不無互掣之虞此其與前漢不同者也

然中國人主專制者也權歸丞相則人主自多不便多于除免則太繁且宰相或無大過亦不忍棄不若自收其權之爲切實也武帝雄才大略丞相備位不能有所爲督兵遣使凡百興舉皆出帝意而置諸吏左右曹給事侍中散騎常侍大夫郎謁者廣置員數以决大政備謀議供使遣別立中書尚書以出納王命故大臣自張安世霍光王鳳師丹皆領尚書事典樞機蓋猶今之軍機處也至後漢安帝之後事歸台閣三公遂幾成閒曹若今日之權歸軍機而大學士爲冗員焉此蓋君相爭權而爲君所勝亦中國政界一大案也

漢世所謂權歸台閣者尚書也尚書既出納王命雖品秩甚卑僅六百石然大權所在即幾務所歸故其時太傅大將軍必加錄尚書事乃爲總揆也尚書既幾務所集于是不能不分曹漢成帝初爲四曹其常侍曹主公卿二千石曹主郡國民曹主吏民上書者客曹主外國夷狄其分四曹者蓋因秦制尚書四人故也其郎亦分四曹一主匈奴

單于營部。一主戶口墾田。一主財帛委輸。一主羌夷吏民。蓋類今之外部藩部戶部四曹雖寥寥疏濶。然帝者大政已盡攬矣。其後置三公曹以斷獄。則首奪司法之事。後漢增置五曹。一曰三公曹掌天下集課州郡。如今戶部如歐洲各國之內部矣。二曰吏曹亦曰選部掌選舉齋祠。已全爲後世吏部禮部之權。三曰賊曹掌中都官水火盜賊詞訟罪法。全爲後世刑部及各國司法之權而兼綜警察總監矣。四曰民曹掌繕理功作鹽池苑囿。此爲後世工部及各國□□之權。五曰客曹掌羌胡。而客曹分南北。此猶英之有印度部殖民部今之有理藩院及四譯館也。然則漢之六曹。已具今六部理藩四譯之體。獨少兵曹一事矣。每曹侍郎六人。共三十六人。其尚書雖六百石與令僕稱八座。其尊如此。蓋眞爲國務大臣實爲公卿之任矣。而八座受成。事決于郎。下筆爲制策。出言爲詔命。則郎寔以軍機章京兼諸政務大臣矣。魏有吏部、左民、客曹、五兵、度支五尚書。則已統兵及度支純爲今日六部之任。而尚書郎分二十五曹。曰殿中若今之內務府各國之宮內省也。曰吏部曰駕部。此爲今之鑾儀衛矣。曰金部曰度支。此如英德意之於大藏部外別設出納部矣。今日亦別有管三庫大臣。曰虞曹。此如德普之以農部管山林矣曰比部曰南主客此爲四譯館又若各國之有外部矣曰祠部此爲今日禮部曰賊曹華譚曰縣所不能讞之尙書以爲重于吏部謂之秩同班等其選並清足見其重也曰農部曰水部曰儀曹曰三公曰倉部曰民曹曰中二千石曹此二曹專理郡縣如各國之內部矣曰中兵外兵別兵都兵騎兵分爲五曹者略如各國之有海陸軍參謀部分爲三矣又有考功定課二曹今歸吏部各國則歸總理大臣又有都官共二十五曹晉尙書改革不常然初有吏部三公客曹五兵左民度支復又增置殿中田曹杜預爲度支尙書內以利民外以救邊備物置用以濟當時之益者五十餘條陳羣山濤爲吏部尙書知名其權位之重可見渡江後置祠部宋齊梁陳添置都官起部則增置三十五六曹又有長流城局法田水鎧集士右戶奏牛馬加直事屯田起部左士右士其民曹中兵外兵分爲左右主客分爲左右又改都官爲賊曹南北當時選極清美號爲大臣之副吏部郞比中丞其尊重可見宋齊梁陳互有異置率二十餘曹北魏有殿中樂部駕部南部北部吏部兵部都官度支七兵祠部民曹金部庫部虞曹儀曹右民宰官都牧牧曹右曹太倉太官祈曹神曹都儀同曹廿六尙書郞曹爲三十六

曹。諸曹郎皆領于令僕左右丞。不隸于尚書也。尚書有兼曹。有不兼曹。魏齊以左丞領十七曹。右丞領十一曹。故至唐世尚分六曹爲左右。而隸於左右丞焉。而令僕爲宰相統之。書曰『允釐百工庶績咸熙』羣書咸稱百官。蓋設官分職不患無統紀而患分職不明。事任不專則無所措手以振其職也。兼綜太多則無論何才。必不能舉事。韓信將兵。多多益善。朱子以爲分數明。中國土地至大。大地各國無其比。故分職務多而後事任可舉。惟多分乃能專營。惟專營乃能舉職。自漢至六朝。分職不明。設官不專。既有九卿。而復有公府諸曹。尚書諸曹。魏晉後以尚書權重。人主又於其私人別置中書。故魏晉後尚書又等於漢公府諸曹。又等於外司矣。而中書復設二十局與尚書諸曹相當以任其事。其任官之亂。皆不能比于今歐美諸部。而北魏並設多曹。又有南北二部尚書。八部大人以領州郡。頗類于英之有地方事務局總裁。阿爾蘭大臣。蘇格蘭大臣。印度大臣。殖民地大臣。尚書位四品。不卑而亦不極尊。曹司多而分職明。其綜核精密。實易於舉職。故北魏至强而詒謀周。隋幷吞天下。實有其由。民兵租庸調之制。起於北魏。後周二十四軍。唐十六衛。皆本原於北魏。因以一統。夫民兵及二十四軍之制。極似德國蓋北魏前有道武後有孝文皆好改制立法故氣象規模迥異於人也又當諸國角立之勢故勵精提絜不肯苟簡尤於今日之時勢爲相近焉故北魏者集漢晉之大成而又無隋唐元明一統之冗漫之弊制者也雖權限未極精善而可竊取矣

周承北魏之舊君好古而臣多才孕隋唐一統之規模本爲美善無如蘇綽好古過甚惑於劉歆僞周官之學以爲周公之遺制也取而更張之以六卿統政事在北周國土至少政務不煩君臣勵精而復有周官鄉黨及小官之繁密本易興治及施於唐後大一統之國則有分職不明任事太繁卿位太尊曹司太卑之大害出焉故近千年之政制皆劉歆之毒而蘇綽之貽誤也

隋雖廢周官而改尚書爲六曹以統二十四司仍不出周官之範圍以迄於今則皆劉歆僞周公之恐嚇致之也隋二十四司有吏部司勛主客膳部兵部職方都官司門度支戶部比部刑部各侍郎二人主爵考功禮部祠部駕部庫部金部倉部工部屯田虞部水部各侍郎一人其時二十四司以侍郎之高官主之位尊權重皆得行其志故隋能以舉天下猶不失北魏三十六尚書之意雖隸于六曹尚書不過如尚書之隸於令

僕僅差一階矣各自奏事各能行權至煬帝乃以侍郎貳尚書而二十四司但置郎遂爲近世千年之永制唐于郎下加中字曰郎中又因隋制置員外郎以佐之于是堂司顯然凡郎中二十九人員外郎三十人然唐制尚書三品宰相亦三品侍郎四品郎中五品僅隔一階故郎中已爲極淸顯之秩得常朝自奏事其視侍郎猶侍郎之視尚書尚書之視僕射矣猶日本局長皆爲一等官僅次大臣一等耳故雖分曹猶能自舉其職六朝政在中書尚書備列諸曹已非機要唐世亦以中書門下柄政而尚書行政未盡失權故得號稱三省六朝曹郎皆稱侍郎其選甚重如陸慧曉爲吏部郎未嘗諮令史帝遣左右問之慧曉曰六十之年不能諮令史爲吏部郎也魏孝文謂百官曰爲朕尋一吏部郎給卿三日假尋曰朕得之矣徵崔亮爲之夫以一郎官而煩上之問事又故抗之選其人至令百官給三日假而覓之又自思得其人徵召求之此今日吏部尚書尚無此寵者也魏周隋唐以考功員外郎典孝秀唐中業乃改用侍郎蓋唐時郎選稍輕也然唐中業戶部之度支一司官乃至以宰相呂諲劉晏韓滉元載竇參勾當之則其重大且過於戶部然何不以此另立一部乎足見六官之法不可行矣齊祖孝徵

虞昌衡爲金部郎。自謂無愧幽冥。其重之至此。梁武帝欲得一人通學藝解朝儀者爲儀曹郎。徐勉曰。孔休源識具清通。諳鍊故事。自晉宋起居注畧誦上口。遂拜儀曹郎。則與魏孝文之求吏部郎。同一重大矣。隋辛公義爲駕部侍郎。勾檢馬牧所獲十餘萬匹。文帝喜曰。惟我公義奉國忠誠。宋顧琛爲庫部郎。有歸化人入朝。文帝問武庫仗有幾。琛詭對曰十萬。則當日事權之重。近侍之親。與人主知遇。有非今日尙侍所及者。宜能行其志。舉其職也。當漢立尙書郎時。九日一美食。下天子一等。奏事明光殿。口含雞舌香。其親近貴重如此。今之郎官。豈能奏事哉。宋之六卿。改革不恒。北宋則以爲品秩無職事。元豐之後。乃復舊制。依唐六曹二十四司之法。二十四司皆爲清途。多以名流居職。得常朝奏事。故能舉職。然自是升尙書階從二品。侍郎從三品。而郎中不升。仍爲五品。則堂屬之隔。漸自此生矣。然宋初寄祿之制。以郎中員外郎爲貴重之品。非奉使及曾爲監司閫帥者。不得補充此官。及一爲郎。即遷卿少。即在明世及國初。尙時以郎員奉使放差。若今日則以爲極卑之階。奉使放差者。必假京卿矣。故今日之郎中員外與唐宋之郎中員外。品秩略同。而位望迥異者也。宋初官制分職。較多近儒。嘗於時勢謬於好古改歸六曹。爲劉歆所累也。金元草草略依宋制。而失其意。不足稱數。而權在中書尚書。曹司益下矣。元地太大。各省皆設行中書省丞相平章政事等官。大權遂輸于外。而治地太遼遠。與京曹之分曹相等。其制垂於今日。官既遼遠高大。分曹少而治地疎。有荒而不治之患。其與魏宋之分曹多而治地少。適相反。此即宋元治與不治之根歟。此論官制之至要竅肯所在。千古解人未易索也。

劉歆僞周官之壓力。既大行於周隋唐宋金元之時。至明與本朝而壓力極矣。定制嚴矣。自蔡京於府州縣治無在不以六房分之。明祖既去宰相。乃純用六卿以佐大政。又升尚書爲正二品。侍郎爲正三品。於是郎中員外郎地位懸殊。純乎堂屬。於是天子之下。乃眞以六卿治之矣。尚侍之上無令僕以總之。則純爲長官之權。乃一切皆禀命於尚侍。而不得專達。其郎員之選除。不過道府。其與侍郎有若天淵。累十遷而不得達。而府上有道。道上有布按二司。布按二司上有督撫。總督乃得用侍郎銜。故內之六部分曹極少。而天下之大事所集則極繁。外之則十三省領地極大。而督撫之精神照料不能及。自隋後既無鄉官。遂成一極疎濶極自由之治。詩曰。毋田甫田。爲莠驕驕。中國於元明以後爲莠驕驕矣蓋在上者但知振領提綱之義以便其大權不知細筋入骨之能而絕無條理如寺監院司則自六朝後久爲閒曹不待至明世也然明世雖分曹極少郎員甚卑尙有數者之美故猶能舉其政尙書只有一人故得自專部事而不患掣肘吏部員能操選官之權兵部員能運中樞之任位尊權重同于漢之三司而曹數倍之分職較明當中業以前六曹朝夕奏事大事公議而吏尙總領之其制度甚似歐洲各國內閣合議之制以六卿即相既內以參與樞要又出以分領專曹一也其時藩臬道府縣領選于吏部督撫選于兵部亦如各國內部參謀部之制其時督撫未設設亦不多官卑易制故頗收指臂之靈二也郎中員外主事品秩雖卑而六卿既有大權同於宰相故郎中員外主事亦如漢之公府椽皆因而亦有大權外官權位不重故亦不得不仰承郎署之指意而郎署出身皆自進士補官極速年少氣盛皆思自致功名三也又明世郎曹皆許奏事皆許召見得奉使差四也又明世用人皆由吏部推擢不拘資格之限其郎中一轉京卿可放巡撫主事一轉御史可爲巡按蓋轉瞬而已躋權要故氣盛志銳多奮事功五也故明世人才莫盛于郎曹即在郎署中立事立功指陳建

白已過于今之大臣故明世政事雖粗疏而畧能收中央集權之効亦有舉職之能也」本朝六部百司官制一因於明舊然盡有其邱山之害而無其分毫之益者則以外體雖同而精神迥異故也

一明世六卿大權實同宰相雖中葉後爲內閣所少奪然大體猶在若本朝之初大政全在內閣雍正後則全歸軍機吏部既爲籤選並無用人之權大官道府及京官五品以上則皆由樞垣更無與吏部之事至選將籌邊皆在軍機兵部不與焉名操武選皆用資格姓名不知徒付於籤甚至咸同之後各省盛行練勇皆不報於兵部而兵部只知綠營之空名而已至今綠營兵且裁其十之七兵部更無用矣禮部則掌祠祭朝會貢舉之虛文主客則屬國俱盡無所用之工部則受各省報冊之具文及營繕京邑宮殿苑囿之事而已凡此四部已等空名惟戶刑二部差有實權實職戶則昔人尚兼天下戶口計賬今則絕不舉行只爲大藏官而已而各省各自加稅籌餉以爲養兵辦事之舉皆不歸于戶部督撫皆兼察院節制刑名凡民刑裁判行政裁判莫不兼之故於布按二司之外廣開善後釐金讞局有若別開一國刑部既無用人行政之權

即戶部有需。百計求之督撫。而督撫自辦其小政府。外銷無定。外稅亦無定。其報部備查者。皆僞造冊籍以塞責而已。戶部不能定其籌餉之法。又不能定其外銷之法也。六部之中。惟戶有權。而於操縱一國萬貨之情。出入之數。求如劉晏等僅判度支一司者尙不如之。何能如歐美各國大藏部之經營全國財用哉。夫以六卿之尊而權實之落如此。其異於明六卿之權遠矣。而每部堂官既有六人。凡事須六人畫押。尙書復分滿漢。意見亦難一同。其異於漢及明之以一人主政二也。六尙書而非直入樞垣者。經歲月乃得召見一次。循資除用。絕非知遇親拔之選。其不能比六朝之選。郎尙費搜求唐宋之曹郎。常朝奏事三也。尙書官高一品。京官向無事功。皆按資遷授。積累歲年。至於是官。皆七八十餘老耄頹廢。精神憊弱。而天下簿書環集。郎官抱牘請畫押者日有數尺。一字不省。即便署行。豈復有整頓之理。其與前朝之論人任官。才而少壯者便可爲卿。迥異四也。國朝大權在上。臣下則皆以例繩之。尙書既不能事事上請於君。而一切下抑于吏。引例相正。則尙書拱手畫諾。莫之如何。其與前朝之出謀發慮。迥異五也。以國土如此之大。分職如此之少。此周公孔子爲之。而有不及。而國朝尙侍皆有兼差。其戸部率以軍機筦之。近者又多兼外部。有軍務則兼軍務。此外或兼南書房行走。或兼師傅。或管國子監。或管三庫。或兼國史館。或兼某修書總裁。一身而百職付之。彼既爲樞垣。則領袖百職。一切皆當請命。彼不畫諾。則事不行。苟非樞垣。則不敢作主。循例書到而已。故自朝而昃。分到各衙。日旰無暇。而所到皆匆匆一坐。每差事處又皆有數大臣共商數語。屬吏面回數事。率付異日。又須到他署矣。既到他署。又復如是。故務使勤勞異常心神瞀亂至於一事不能辦一物無所知而後已然而天下大事即暗敗壞於其中蓋人才不能知則用人必誤地理不能熟則割地必誤至一切權利皆暗中隳廢輸與他人而執政者尙辛苦忠勤茫然無所識也求其本原則官職不分任事不專以致此耳故在劉歆尙分爲六職施及有明在本朝則謂之身兼百職而實人無一職夫以人民之衆國事之大千官之夥庶司之多而乃無一人任職者無一職有人任之者政事雖欲不隳壞而安得乎此又自漢以來二千年所未有也合劉歆六卿之餘毒加始皇防制之餘威積而成此弊政而以當百國勵精圖治下合民權上分衆職紀綱明而條理密之國安得不大敗塗地哉各國人人有權事事有會職職能分人官物曲莫

不皆舉以數千萬人之國而入吾無職無人之國安有不勝者哉嗚呼官制之敗壞至此遂以喪國苟不更張之雖有管葛之才不能爲治也

若夫郎官地位至今益卑本朝尚書升爲一品侍郎升爲正二品。而郎官之五六品如故。則相隔如天淵。徒供指使而已。郎官不能召見不許奏事。一切有事只能請命於其長官。欲有所陳須六堂官畫押始能許可。然皆惡其多事矣。然進士分部須十餘年乃能補缺。十餘年乃望外遷。且一部而人員數百。又必須奔走上官備極媚悅。乃能保一差事而備簡放知府。其望知府有若登天。逐隊入署。耆吏得持其短長。拱手受命。率然笑語。夫唐宋郎中員外皆爲清貴之選。奉使開閫乃許加銜。內轉學士舍人。即登揆席。即在國初學差考差。尙時見及。近則放差無聞。而捐班特盛。輸金千數。即爲省郎。沒字銅臭。無所不至。郎署之中。賣玉器。說笑諧。有古令史所不爲者。故其散冗猥雜卑賤無恥。尙何二十四司之云乎。故至是眞爲六曹而實則無曹而已。

若夫九列諸卿。品秩雖高。然在漢世多爲供御。無關國民。後漢九卿分隸三公。然後此權歸臺閣。漸同冗散。二千年幾備百司以爲儀制而已。

晉六朝加將作大匠及太后三卿大長秋等爲列卿。梁武以太常宗正司農爲三春卿。太府少府太僕爲三夏卿。衛尉廷尉大匠爲三秋卿。光祿鴻臚大舟爲三冬卿。魏無大匠大舟太府。齊添太府而去少府。隋唐宋皆因之。宋無職事。以充品秩而已。歷代太常雖掌祠祀而可歸併於祠部。宋梁光祿只掌朝會。仍領門戶。隋唐改爲司膳。遂至于今。今有領侍衛大臣。漢光祿勛也。

衛尉古掌宮掖。隋唐改領軍器儀仗帳幕。唐以守宮及武庫。然又有軍器監。然軍器當歸併兵部之庫部。守宮當歸神策等軍。此亦所謂分職不淸支離拖沓者也。宋有四庫勾當官管武器。又有左右金吾衛司守宮。得其職矣。元明則去衛尉矣。今有護軍步軍。漢衛尉之職也。

太僕古皆掌車駕。如今之鑾儀衛。惟唐掌養馬。張景順至四十萬匹。置八使五十六監。此爲得職。宋則別有羣牧使。別以副相領之。特設專司。名實皆得。其太僕則掌車駕馳象牛馬。元明與國朝畧同。然可歸併車駕司矣。本朝又有上駟院鑾儀衛。皆同此職。

大理掌郡國疑獄處當以報。歷代皆爲實職。丞爲勾檢事司直評事不判事。惟覆理檢劾出使推覆。北魏十人。隋十六人。秩五品。評事四十八人。此職與各國大審院同。其置多員推檢亦同。最得宜者也。宋則專治官獄。若行政裁判司。明因舊制。與刑部都察院爲三法司。訊疑獄。尚有事權。今名因明制。實則亦爲廢官虛署矣

歷代鴻臚掌藩客朝貢。惟宋有國信所以掌遼事。如今外部有西驛掌夏事。如今四驛館有禮賓院。掌南夷有懷遠驛。掌西域。條理最析。職事最專。故吾於宋有取焉。其鴻臚但掌朝賀鹵簿。今因之。然可歸併禮部儀制司

司農掌倉農監都水六十五官。及壚鐵十三州。各置勸農一人。後推以與郡縣。頗失集權之理。北齊但掌園池果實倉市薪米。隋唐掌倉儲。宋兼農田水利免役保甲。後掌倉儲。兼苑囿溫泉。明裁之。置倉場總督。然宋唐時與倉部同矣。

太府置于梁。掌金帛關市。後因之。魏王顯謂楊固曰。吾作太府卿。庫藏充實。可知爲實職。隋唐掌左右藏及尚方司染。後不司染而司京市。唐領兩京市。平準左右藏。常平。宋初無職事。後領二十五司。條理稍繁。然精詳矣。漢有長安市。雒陽長丞。六朝因之。魏有宗邑市令。北齊有東西市令。隋唐有京市令。宋益詳明。無京市。疎甚矣。而尚有市舶所。

惟本朝無之。則眞蕩蕩矣。各國特立商部。而我朝並一市令亦無之。以此理財。能不困乏乎。然有管理三庫大臣。亦太府卿之職也。

秘書監。本於漢之蘭臺。置于桓帝。歷朝因之。如各國之博物院圖書館也。但秘書不公之於民。宋有書庫官。是眞各國之公于民者也。故吾稱宋。今爲武英殿文淵閣校理。

少府監。舊與太府同一官。隋唐以後。別置領染及軍器冶鑄金玉。亦供奉官之一歟。明删之。歸併內監。今爲內務府。

將作監。上承漢將作大匠。六朝有事則置。無事則省。隋唐常置。宋無職而有修內司。掌宮城大廟。有東西八作司。掌京城。有竹木務。有麥麵場。有窑務官。有丹粉所。有作坊。有物料庫。有落場。有退材場。其精詳如此。故宋之窑器冠古今。有以也。明歸併工部。今因之。

國子監。漢時博士隸太常。宋魏之間別置。古今同矣。

軍器監。後周置。唐因之。宋歸三司冑案。明省。今無此職。而近添製造槍砲廠。亦其職也。

都水監。漢隸水衡。後與河隄謁者互置。魏則並置之。梁爲大舟卿。歷朝沿革。名異實同。

明及本朝尚有河道總督。今裁矣。然此爲民事之官也。

殿中監。魏置。後因之。資品極微。隸于門下。唐別爲監。宋置六尙局。別爲虛秩。元明皆[illegible]

內監。本朝爲內務府。俄德英意日皆爲宮內省也。

以上九寺七監。皆六朝唐宋之卿官也。

欽天監。置于宋元明。因之。各國隸于文部。

通政使。置于明。因唐之投匭。宋之登聞鼓也。各國有事皆投議院矣。今已裁。

詹事府。古爲太子宮官。與大長秋同。本朝無太子。已爲學士院多一曹遷除焉。

翰林院。本于漢之議郎大夫。以文學備顧問者。置于唐宋元明及本朝。日益大。今則南書房行走。乃爲眞學士矣。各國亦有學士院。隸文部。有樞密院顧問官。君主民主之國。此職固不可少者也。

御史臺。秦官。掌風憲彈劾。又有受狀置獄巡察之事。御史多以微官爲之。自漢至元同。明爲都察院。本朝因之。此職甚要。各國亦以彈劾奏議屬下議院。中國雖不立憲。不由民舉。而設御史至數十人。起自微員。以通下情。以議法度。未有議院以前。亦最要之司故其與尚書臺對立亦有議院與行政官對立之意又審官犯判百事爲最上法司類各國行政裁判所其員命於君或者近于各國上議員乎今臺長絕無力與古之中丞遠矣。

步軍統領。因於明之錦衣衛。以警捕盜賊。因於漢之執金吾。與各國之警察總監同。魏齊尚有中尉。歸御史臺。漢有司隸校尉。既轄州郡。又警盜賊。職最雄劇。後亦不可行矣。大約察吏之舉。歸于御史。警盜之事。自別爲司。六朝皆有賊曹。唐宋歸併於府尹。失其職矣。

太醫院。漢隸少府。宋隸太常。明自爲一司。今因之。各國大學有醫科。州軍皆置醫官。不設專司。而益密矣。

凡此諸司皆古今獨立官也雖沿革或異職掌或疎而大概分職不出於此惟宋制尚有六院四提轄其分司最詳而細有可取焉詳于下篇

宋制設司最多其隨事置官不拘古跡惟適時宜其表觀似不整齊其收大權而切事實極似英德實出列朝上也王安石迂儒好古務返之六官而誤遂貽于今日此與蘇

綽王莽同受僞周官之毒而害後世者也蓋一統之世必不能用周禮之煩曲則不得其善而徒受其弊矣奚似隨時設司期適時宜而舉職事之爲得耶

歷史

中國人種攷（續前號）

觀雲

中國人種之諸說

於太古茫邈之世。必不能據一說以爲定衡。恐或失之隘也。於是擧其義之可採者。或已有人主持其論。或尚少人論及。而可取以備一說者。略爲捃摭。而稍坿以論衡。或亦學者可取以爲參觀互證之資。若夫精鑿之論。不當徒取之書冊。而有待於他日之發掘古物。得窺見我三幹兩戒間陸離光怪之地質史。而又不能不俟之學科日精（如言語學化石學等）而人類學亦大有進步之後也。

（甲）甲之言曰。夫人類始生之處。果何地乎。若達爾文雷士婆羅卡諸大家之言。謂人類始生之地。盖在非洲。據達爾文所攷證。謂現存各地所有生存之哺乳動物。於其同地皆有其屬近緣之種族而與吾人類爲近緣之類人猿今獨見於非洲且從太古以來卽棲息於其地然則與類人猿分支而爲吾人人類之祖先當日必生長於非洲之山野間不難從今日之形狀而推知之此人類始生在非洲之說也又有學者攷澳大利亞洲之東北部尚未有獨木舟之製太古人民於海島往來皆用獨木舟穿一大樹之幹中爲凹溝之狀而乘以之行〇按今臺灣東海岸之奇萊平原者爲南勢番所棲息之地番人以二隻之獨木舟爲其一族中極大之紀念物於距海不遠之曠原葺茅而深藏之若朽腐則更造新舟以代其舊番衆每年大集會一次以二舟試水若干人乘坐其中駛出近海之處復駛回事畢會飲盡歡而二舟復藏於原處據南勢番所傳其祖先係距臺灣之南方及東方二處同乘舟而來此島者故每年行此禮節以追念其祖宗也而檢前印度馬頭島之動植物知古代澳洲實與大陸相接連其後於中間之陸地沈沒遂隔斷大陸而自成爲島而此中間沈沒之地今於印度洋所稱爲崙母利亞 Lemmuria 者據海概爾氏所攷證以爲太古人類初生之地此人類始生在亞細亞南方之說也於是二說之外而蒯督祿茀幾氏則謂人類始生蓋在亞細亞之北方使其言而有徵也則或者我人種發生之地自太古卽在亞細亞之北方而就近以漸入中國者也

且也論人類之始生者果爲一源說 Monogenesis 乎抑爲多源說 Polygenesis 乎夫謂天地開闢而忽有一人類之夫婦突然降生於其間由是繁殖其子孫而遂爲人類之始

祖此奇特怪誕之言殆不足取而取其言之平易而近理者則所謂由動物進化不知經若干年之改變而後漸成爲人類夫從前說固毋寧從其爲後說者雖然即謂人類之所以爲人類者由動物之進化而成而一源多源之說亦自橫一困難之問題於其間而未易遽定夫以今日人類之殊異學者立說不能立一定之區別如蒯伊唉爾分爲三種康德分爲四種普羅門巴分爲五種白富坡及賴舍普度又牛默里伊分爲六種彭德分爲七種卡西分爲八種巴禮分爲十五種台斯烏朗分爲十六種博克分爲六十三種又有分爲二十二種六十種者而渥持氏尙以諸說爲不滿足謂精查人類非分至數百之數不可盖研究愈細則區別屬類又不得不加一層之精密此凡爲學術皆然拔賽烏阿氏之探檢非洲謂吾人初見黑人幾若狀貌無不同一然身入其地得見幾部之黑人其差異點甚多而後知其種派之殊有不得不別其族類而始能研究者是豈獨黑人爲然於無論何等之人種中無一不當作如是觀而此林林總總殊態別狀之人類中學者探索其原因而立術語以剖明之遂有一源論派多源論派之分持一源論者謂人類之生理皆屬同一之組織機官之運用及性行之發動亦無一

不呈同一之致至其顏色骨格之若有不同者以分別既久各因其外界感遇之不同從而改變其狀態以至如是者也故赫胥黎氏謂氣候地味食物三者皆有分人類爲數種之功能云云夫以在絕海孤島不與他處通往來之禽獸數傳之後漸次改變其體格此夙爲動物學者所研究而信之理又若劣等動物之無血蟲者暴風連日不能使用其羽翼終至羽翼漸萎縮而變羽蟲爲匍蟲此又世人之所得而目見也又動物學者解剖哺乳獸能依其骨骼而斷其野生及家畜蓋野獸之骨緻而堅家畜之骨粗而脆各因其居處營養之異又若多食草者之爲長顱多食肉者之爲橫顱而人類之所以殊異者理亦猶是如美洲火國之人日日坐獨木舟中以漁撈爲生活其結果遂至手腕發達而脚部矮縮又人種顏色之所以差異者各因其地之氣候而爲免地方病之故蓋具與地方適應之膚色者其感受氣候上固有之病害少而子孫遂得以繁殖反之而皮膚與氣候不相合者多致滅亡如非洲若者西印度海岸之熱病及黃熱病流行。能斃新來之人。而黑人或白黑色人者。初無所害。白人中如英人以痲疹爲輕微之病。然流行于弗以島者。直斃數千人。又若虎列剌者。爲近時地球上最可恐之疫。

而於印度人無劇害。故夫氣候之宜於白人者則白色人生存氣候之宜於黑人者則黑色人生存黃人棕色人亦然若轉移其地能繁榮而不滅亡者則必改變其顏色而與其土地之氣候相應故若在美洲翁達利之英人者其子孫之毛髮變黑而法人之在加富耶者亦然又近年美國市俄古大學教授斯泰氏謂移住美國之白人其皮膚及其他諸點有次第化同土人之勢氏又查百餘年前移住彭雪甫尼亞之德國殖民於移住後之四代或五代之子孫其毛髮眼及皮膚之色均已類似土人遂斷定人種顏色謂悉由氣候及其周圍影響之故又若居恩特斯高山之人民以空氣稀薄其呼吸不得不急且繁而其住人之胸肺遂非常發達而全與居住山下之人異蓋不如是則不能適其生存也又若從鄉間來之人移住城市數世之後其格架必漸減其例略如是一源論者據是以解釋人類之始出一源而其後乃分為萬殊者也而多源論者反之以人種之永續不變 Permanence des Races 立論而謂今日幾多各別之人種即由當日幾多各別之原祖而成如可爾曼氏。謂從人類學上論之。不論何國。皆從多種之元素成立。數千年至今日。歐洲之人種。其存立決非一種。而此多種之成立。又決不由後年之分化派而生。蓋人種者自洪水期以後而初無變更者也。福庫多氏曰。人種之出於多源。而爲不變永續之事。蓋甚明白。吾人於歷史時代。瀕湖上居住（杙屋時代）及石器時代。又穴居時代。其所發掘之遺物。皆可得證明之。且觀埃及于西紀前一千七百年頃多獨美士第四世及西紀前一千三百年頃期捨士第三世所畫凱旋行列圖精寫黑奴之形狀與今日直無分毫之變異。又不僅黑人也。若弩比阿巴巴爾人及埃及人古代所圖之形亦與今日同。是又可取以爲證者也。又自 Hovelacque 氏之論出。而多源論者又得異常有力之强援。其立論即發見非洲之類人猿者。恰如黑奴及部頁門之人民而屬長頭種。東洋之類人猿者。恰如安達曼島及馬來半島之人民而屬廣頭種。又非洲之稱欽綳幾及戈利賴之類人猿者。與舊石器時代之猿類似。蓋爲非洲所古有之猿。而以非洲類人猿之爲長頭與非洲之人類爲近屬。東洋類人猿之爲廣頭與東洋之人爲近屬。則人類直無改變。而亦少移易之事。謂全地球幾多之人種。即由幾多之原祖所發生者。皆可以是例推之。又若學者謂歐洲德法奧瑞士諸處從古墓中發掘石器時代之頭骨。短顏長顱與現今之歐人無異。腦蓋骨之發育。亦不讓今人學者遂有謂歐洲種族非從中亞洲來而從古已住歐洲之東北方者此多源論派所據以立論而其解釋人類殊異之故與一源論派立於反對之地位者也夫二說分立。未能遽定一統之正。則姑從多源論之說爲衡。而謂中國人種與他人種殊異。即從古爲特別之種族。而學者又有亞細亞北方爲人類始生之處之說。則斷爲中國之種族。自古住於亞洲之北方。不過稍移其地位。而南入中國。而實無大遷移之事。此欲據以立說者也。 甲說。

甲說之言如是。夫人種學之一源論多源論兩派分峙。今暫止辨。而但據甲說之主點。以事實核之。其一、甲所據者。以亞細亞北方爲人類始生之處是也。夫人類始生之果爲何處。今學者固未能確斷。而亞細亞北方之說。則固有不能無疑者。蓋攷地球經歷之時序。約距今八萬年以前當屬氷原之時代。而人類之始生約距今二十四萬年已得認其踪跡。而此二十四萬年中。其前經之十六萬年皆在氷原之時期中。當其時北極之氷彊。其範圍廣大。不若今日所占地步之狹。而就其氷田之界線攷之。若歐洲之斯干的那維半島勿論。如英蘭達迷斯河以北。全爲氷田所沈沒。德國萊因河口之巴枝山與愛枝山蓋爲當日氷田之南界在北美加拿大全土勿論而至賀懷伊阿州爲界在亞洲堪察加半島勿論其氷田直掩至貝加爾湖（貝加爾湖中國古稱北海即所傳蘇武北海牧羊處也今湖畔傳有蘇武牧羊遺跡云）一帶其不適於當時人類之初生地可知且今學者攷歐洲古代人類之踪迹大都謂自北歐氷雪融解之後動物與人類始自大氷田之南界漸徙而北蓋自大氷田銷減而針葉樹灌木樹（空氣稀薄寒冷之處溫帶所有之植物不能發生故生針葉樹灌木樹地文學上謂之針葉樹帶灌木樹帶）等之植物漸次發生動物爲食植物而往人類又爲食動物而往（荒古人類最重食物餘事皆在其次遷移各處多爲尋食物而往）而遷徙之迹以成以此例推則太古亞洲人種之蹤迹亦必以由南向北爲近理約距今九十年以前於西伯利亞發見當日氷田中埋沒之象其種類與今日之象迥異生長毛而有巨牙當發見之日全不腐爛若僅經屠解數日之牲剖解其胃中所存儲之食物多唐檜之綠葉知此巨獸當日於食雜草之外兼食樹葉而以今日象所需之食量推算當日此等巨獸成羣棲息於西伯利亞其植物之已極繁茂可知而此植物之能繁茂當在氷田已漸次銷融故動物尋迹而至而偶被埋於氷田之中而當日人類之踪迹或與此

等動物可同時而至而初非原生於其地者近事理也其二、甲所據者以非洲之類人猿自古即生息於非洲。而與非洲今日之人類有類似之處。則人類住居古今當同屬一處是也。然是說則亦有可議者。今學者攷非洲之類人猿如歐洲所發見當中新世時代一種猿類無異遂有學者論其故謂當由歐洲冰原時代不堪氣候之激變徙而至非洲以謀生活者是則非洲之類人猿固亦非屬原始產於非洲者也故就甲說判之其論據殆難確定。而遂未敢奉為有力之說也。

（未完）

中國普通歷史大家 鄭樵傳

余華盛　俊

叙論

泰西科學以十數而爲中國歷史上彪炳幾千年者惟有史學泰西之史學又以十數而爲中國學術上師承幾千年者惟有政治史爲者且謂二十四史非史也。家譜而已。斯言也吾恥之。吾憤之。吾乃博搜羣書瀏覽舊史。馨香頂禮以迎之而得一歷史家於福建興化莆田縣之一夾漈山中其人維何即學者所稱爲夾漈先生鄭樵者是也。吾讀通志吾以讀西史之眼光讀通志吾滋愧愧鄭樵無泰西史家左右世界之能力也吾讀通志吾以讀舊史之眼光讀通志吾滋豪豪鄭樵際幼稚之史學界而能巍然放光明也吾何敢武斷鄭樵之歷史爲完全無缺之歷史。然吾人所習聞所慣讀之二百卷通志中。業已含有十餘種之雜史質以成一家言。吾於是不得不權衡泰西歷史

學之名稱三薰三沐敬謹上徽號於我夾漈先生曰中國普通歷史大家

歷史者。敘述生存之圖案也。而普通歷史者。敘述一國民一社會生存之圖案也。圖案不備。則歷史不完全。而普通之謚爲溢譽。今鄭樵歷史。凡一切種族上之生存。文學上之生存。天文地理上之生存。宗教風俗物產上之生存。以迄政治上人物上對於外界上之生存。燦然羅列。普通之號。當乎否乎。盍讀本傳。

第一節 鄭樵以前之歷史及其時代

尙書之後。春秋尙矣。秦漢以來。史記尤稱國史。班固末學。私心標異。而司馬氏之門戶失。而中國之歷史乃亡。夫班馬價値。在今日固有定論。不謂鄭樵業已審決之。

總序曰。春秋之後。惟史記擅制作之規模。不幸班固非其人。遂失會通之旨。(中略)遷之於固。如龍之於猪。奈何諸史之棄遷而用固。劉知幾之徒。尊班而抑馬。(中略)自班固以斷代爲史。無復相因之義。雖有仲尼之聖。亦莫知其損益。會通之道。自此失矣。

鄭樵當尊班抑馬之史學界。而嶄然拔趙幟立漢幟。不可謂非有歷史上之哲眼矣。惟其劇論蘭臺而效步之范陳諸史自從擯黜故其序又曰「范曄陳壽之徒率皆輕薄無行以速罪辜安在其爲信史也」

正史而外則有編年政書兩種編年之法溫公刱之政書之例君卿作之然質言之則皆詳於朝廷略於社會者也鄭樵既富有國史之思想傷心古昔歷史之慘淡無光於是專心致志聚精會神汲汲以從事於史界

有神權時代史焉有君權時代史民權時代史焉以讀君權史者讀神權時代史則謂誕以讀民權史者讀君權時代史則謂陋故讀史必以判別時代爲第一要義鄭樵之出現爲君權時代其歷史又爲神權君權兩時代其過去事實無足道其言論出版無自由故吾之敬之慕之尸祝之者以原諒其時代故世或有咒之罵之唾棄之者以不觀察其時代故

鄭樵之時代又黃族弱而外族强之時代也腥羶臭氣瀰漫神州江左偷安朝不謀夕時桀如宗趙張岳諸公方皇皇議恢復事而鄭樵顧屏心息志置身於史學界何居嗚呼吾知之吾知之鄭樵蓋將以歷史引起國民感情造成國民品格而以定中興之基

礎埋獨立之命根。

鄭樵之時代。又漢學衰而宋學盛之時代也。宋學者富思想上之理論。乏歷史上之觀察者也。秦漢諸子多空言著書。而歷史學界一絕紐。於是司馬遷作史記。宋儒以性理相尚。而歷史學界又一絕紐。於是鄭樵著通志。

第二節　鄭樵之家世及其研究歷史

一歷史家之出現。顧亦有天演哉。慨夫中原淪陷。半壁江山。使鄭樵適產大河以北。左其衽。虜其身。則欲著一中國史。能乎否耶。然而彼蒼若有意。抑若無意。以歆之哭之於開化最遲交通最便之閩江流域之福建省之興化軍之莆田縣中。

司馬氏世司典籍。談創於先。遷述於後。史記之作。用能完然成一家言。家世之影響學界不尟也。鄭樵之家世。既極其單微。乃祖乃父。未聞赫赫者名也。其間差有難兄難弟。學界之磨盪者。則鄭樵一從兄厚。偕學於薌林山。實離夾漈山西巖讀書處十五里云。

中國者有官史而無私史之人國也。左史記言。右史記事。即為官書濫觴。老彭為柱下史。而後能瀏覽史書。仲尼入周室。觀百二十國寶書。而後能制作春秋。司馬氏世為太史而後能作史記蓋著史者必身入秘書史館位列起居蘭臺中國之徒有一姓史亦勢使然也鄭樵以一布衣居數千年後欲會通歷史上之事實勒成一普通史以異於各家之簡單史其材料自不得不資之於舊史之紀錄紀錄所略者自不得不搜括於羣書羣書又所缺者自不得不資之於殘碑斷碣故老舊聞此鄭樵所以居夾漈山中謝絕人事者久之然後游名山大川搜奇訪古遇藏書中必留讀盡乃去者又久之且歸勵所學與林霆諸同志考訂者又久之迨書既成猶且汲汲求入秘書省以參觀互證之由是察之則鄭樵者富有道德心之歷史家也

第三節　鄭樵通志之命名及其內容

『百川異趨必會於海然後九州無浸淫之患萬國殊塗必通諸夏然後八荒無壅滯之憂』此鄭樵之有取於會通也『古者記事之史謂之志』此鄭樵之有取於志也大易曰『聖人有以見天下之會通以行其典禮』蓋即西人所謂大法公例鄭樵自命其書爲通志固欲臚列事物各著其實而會通其所以然之理判斷以大法公例矣然作通史者有二要素一典志以發明社會進化衰微之原理一紀傳以載記人物事狀之

實跡二者比較。則典志爲尤要焉。鄭樵之注意於典志。而簡略於紀傳。此物此志也。玆將其內容比例。以新史學。揭爲一表。

（通志所有）	（新史學所有）
年譜	年表
氏族略	種族史
六書略 七音略	文字史
天文略 災祥略	天文史
地理略 都邑略	地理史
禮略	宗教史 野史（即風俗史）
謚略	無
器服略	美術史
樂略 藝文略 校讎略	文學史

圖譜
金石
職官
選舉 略
刑法
食貨略
昆蟲草木略
本紀
世家
列傳
載記
四夷傳

憲法史
財政史
物產史
人物史
外交史

通志內容之豐富。讀者一覽右表。可概見矣。然歷史家之優劣。不在記述。而在議論。蓋記述者。歷史上之材料。材料所同也。議論者。歷史家之精神。精神所獨也。鄭樵之二十略。以議論爲主。以記述爲輔者也。吾欲觀察鄭樵。吾不得不觀察之於議論。其禮略、器服略、藝文略、職官略、選舉略、刑法略、食貨略、皆無序。殆以依傍前史。不復發例耶。抑別有旨耶。吾不敢知。吾傳鄭樵。傳其特色之點也。吾亦無容深論。玆篇所述。鄭樵所闕。吾亦闕之。年表不免隣貓生子之誚。則又闕之。四夷傳鮮所發明。亦闕之。讀者欲聞其詳乎。請讀下章。

第四節　鄭樵之種族史（原氏族略）

俄羅斯統一龐雜民族。而國勢驟動奧大利兼轄黃白人種。而雙立政府。種族之影響。國家大哉。嗟我中國。自典午東渡。五胡亂華。而種族一變。燕雲十六州。淪沈異種。而種族又一變。定都汴京。開路江左。而種族又一變。雖其姓氏化我文言習慣化我在今日民族主義膨脹時代。亦不得不視爲歷史上過去之事實。然種族者歷史之主腦也。苗猺太古民族。考古家猶或研究之。況彰明昭著關係歷史者乎。鄭樵者知有人種歸納範圍之史學家也。故撰氏族略。鄭樵者又知有人種直敘之史學家也。故二十略紀以氏族略。鄭樵者又知有民族主義之史學家也。故於氏族畧備載變夷之姓氏源流。一黃族之乏愛國心識者謂歷史上無人種學之害是也。然吾謂斯言也。以詬二十四史之舊史家則可（太史公實不在此例）以詬鄭樵則不可。蓋鄭樵固備列閻慶張周變于夷諸氏以爲崇拜外族者恥。以爲甘心奴隷者羞。以爲保種保國者倡。無如繼鄭樵之作者落落無人。而趙甌北所載元人仿蒙古名字。以爲榮龔定广所識小者喪其學大者喪其祖遂

影相接踵相錯後先奔走於歷史中

讀者欲否認氏族略爲有種族史之價値乎亦曰鄭樵於我民族未始大書特書曰黃帝民族也雖然種界者本難定者也而鄭樵尤甚本紀起伏羲則不能確斷爲黃帝民族氏族中有有巢氏無懷氏之後則不能確斷爲黃帝民族鄭樵缺之亦一道也夫覽卅二類源流讀十三篇總論今之秦越異處起祖若宗於九京而問之乃恍然曰吾儕固共同一家族也愛國合羣之心有不油然瀰湧者乎諡曰種族史誰曰不宜

第五節　鄭樵之文字史　原六書七音畧

言語上之人種數千文字上之人種數十文字者所以考人種上之源流也鄭樵首敘種族次及文字既具特識其六書圖說亦頗有發明然吾欽佩之而不膜拜之吾欽佩之而又膜拜之者在鄭樵明象形之不便識諧聲之無窮而有賚梵文以改良華文之願欲也

論華梵中曰華有二合之音無二合之字梵有二合三合四合之音亦有其字（中略）華音論讀必以一音爲一讀梵音論諷雖一音而一音之中亦有抑揚高下

（後略）論華梵下曰。梵人長於音。所得從聞入。華人長於文。所得從見入。

此鄭樵華梵文字之界說而以立其改良華文之基礎也

七音略序曰。（前畧）所以日月照處。甘傳梵書者。爲有七音之圖。以通百譯之義也、今宣尼之書。自中國而東則朝鮮。西則涼夏。南則交趾。北則朔漠。皆吾故封也。故封之外。其書不通。何瞿曇之書能入諸夏。而宣尼之書不能至跋提河。聲音之道。有障礙耳。此後學之罪也。舟車可通。則文義可及。今舟車所通。而文字不及者何哉。臣今取七音編而爲志。庶使學者盡傳其學。然後能周宣宣尼之書以及人面之域。所謂用夏變夷。當自此始。（中略）臣初得七音韻鑑。一唱而三嘆。胡僧有此妙義。而儒者未之聞。及乎研究制字考證諧聲。然後知皇頡史籀之書。已具有七音之作。先儒不得其傳耳。今作諧聲圖所以明古人制字。通七音之妙。又述内外轉圖。以明胡僧立韻得經緯之全。

此鄭樵從事改良之原因而欲實行効果以傳孔教於世界也據此以觀。則鄭樵者有世界心之歷史家而亦有宗教心之歷史家也以數千年遵之守之之國文而鄭樵思諸實事而不便反諸吾心而勿安即欲毅然改革之則鄭樵者又有破壞心之歷史家也有破壞必有建設鄭樵以梵文爲改良之資料基礎已定則鄭樵者又破壞而能建設之歷史家也令當日達其目的將歐亞交通之機關啓自黃族耶教東漸之勢力或變爲孔教西漸之勢力而今日之國際現象亦成一反比例矣無如茲事體大既非一小冊子所能成就（鄭樵又自謂有字書韻書一以母爲主一以子爲主蓋亦言改良之方法惜未見）亦非一人所能擔當所以卒無影響於文字界吾爲鄭樵惜之吾爲中國惜之

第六節　鄭樵之天文史　原天文災祥略（災祥係氣象茲以從簡幷入天文）

中國之天文史一黑闇之天文史也蓋談天文者有二派一在因天變而寓修省一在即物異而說災祥其弊濫觴於春秋而極盛於兩漢雖行於君權時代不無裨益而天文學之不發達職是之咎（學天文者有禁亦爲言災祥之謠惑也）吾人讀通志之天文災祥略影響之談詭誕之跡汗牛充棟不禁索然曰錚錚佼佼名譽之歷史大家遂徇紫色而和鼃聲哉否否

天文序曰堯命羲和揭星鳥星火星虛星昴之象以示人使人知二至二分以行四

時。不幸而占候之說起。持吉凶以惑人。紛紛然務爲妖妄。是以刑網禁之。(中略)臣之所作天文書。正欲學者識垂象以授民時之意。而杜絕其妖妄之源焉。(中略)隋有丹元子者。隱者之流也。不知名氏。作步天歌。(中略)漢晉志不可以得天文者。謂所載者名數災祥。叢雜難舉故也。步天歌句中有圖。言下見象。或約或豐。無餘無失。又不言休祥。是深知天者。

災祥略序曰。仲尼既沒。先儒駕以妖妄之說。而欺後世。後世相承。罔敢失墜者。有兩種學。一種妄學務以欺人。一種妖學務以欺天。凡說春秋者。皆謂孔子寓褒貶於一字之間。以陰中時人。使人不可曉解。三傳唱之於前。諸儒從之於後。盡推己意而誣以聖人之意。此之謂欺人之學。說洪範者。皆謂箕子本河圖洛書以明五行之旨。劉向創釋其傳於前。諸史因之而爲志於後。析天下災祥之變而推之於金木水火土之域。乃以時事之吉凶而曲爲之配。此之謂欺天之學。(中略)今作災祥略。專以記實迹。削去五行相應之說。所以絕其妖。(後略)

嗚呼。鄭樵之言。非有理科之學識。以實驗其誕妄。推測其原因也。盖臆說也。理論也。然臆說者眞知之朕理論者實事之母鄭樵者固中國之哥白尼也所可異者泰西一哥白尼出世而無數之哥白尼聯袂奮臂中國有一哥白尼而哥白尼第二第三竟絕種是以占驗望氣者流尙在社會占莫大之勢力而天文學乃沉沉酣睡於黑闇世界者四千年

雖然鄭樵之天文史中國天文學之革命史而泰西天文學史之芻狗也分野纏次最爲無謂而鄭樵載之占候之說旣闢之而不剷之是誠鄭樵之缺點矣况據泰西天文家所測星數自一等星至十等星共三十二萬四千有奇而鄭樵僅讀一卷步天歌遽云「長誦一句凝目一星不三數夜一天星宿盡在胸中」管窺之識其何能免而儀器之簡單亦一原因也

第七節　鄭樵之地理史　原地理都邑略

地理與歷史之關係大矣高原宜牧平原宜農河渠海濱宜商寒帶之人善競爭熱帶之人常懶惰溫帶之人多文弱凡此皆地理史之公例也中國包有溫寒熱三帶之版土又有高山大河平原海岸地理上之要點盡爲禹域之出產物而豫備作中國地理

史者之材料以如是莫大之公例濟以如是絕好之材料謂非世界地理歷史上之煌煌巨觀哉而鄭樵之地理史竟何如雖然鄭樵雖不足與於斯亦非無所見者

地理序曰州縣之設有時而更山川之形千古不易所以禹貢分州必以山川定經界使兗州可移而濟河之兗不能移使梁州可遷而華陽黑水之梁不能遷是故禹貢為萬世不易之書後之史家主於州縣州縣移易其書遂廢今之地理以水為主水者地之脈絡也郡縣棊布州道瓜分皆由水以別為中國之水則江河淮濟為四瀆諸水所歸苟明乎此則天下可運於掌

鄭樵之論如此夫亦中舊史家之病根明析疆之方法而稍知地理史之性質者矣故敍次首及江淮河濟次述歷代封畛殿以開元十道圖自謂「準禹貢之書而理川源本開元十道圖以續今古」編次善矣吾嘗曰二十四史之地理志非地理志也私產簿也吾讀地理略吾雖欲以茲三字周內之而不敢而不忍

鄭樵之都邑略亦一考据家之地理史也內敍中華外暨夷狄上溯三五下訖六朝後人誦其書而恍然於某地者某祖若宗所殖我民族也某土者某帝王所崛起以為根

據地也某郡邑者某豪桀所割據搶攘也某邊某地者某外族所長養所侵入劉以虔我國家蹂躪我人民也噫、是固考據家之所樂聞耶抑鄭樵甯僅爲考據家道耶

都邑序曰。江沱不足宴安也。無已其採唐人之議。取南陽爲中原新宅。且以繫人望云。

羲黃以來定都大河南北者多占優勢定都大江南北者多占劣勢蓋中國與北方人種之衝突。捍禦之道。利在逼近。雖依河南北地理之大勢而論。宛不如洛。洛不如鄴。而朱樸際唐覆敗之餘而獻遷都之議李綱當宋奔亡之日而爲駐蹕之謀無他、江左偷安彼善於此鄭樵之論此物此志也吾於是服鄭樵之明地勢吾於是信鄭樵之愛國家吾於是恍然於鄭樵作都邑略之宗旨

第八節　鄭樵之文學史

(一)音樂　原樂略

音樂者感情教育而振醒國魂淘刷末俗之要素也中國音樂發達甲全地球十二律分配之五聲八音歸納之秩然可按也乃一厄於卜夏。再厄於墨翟。三厄於崔吳之徒。

於是說詩者不以音而以義作詩者亦不以聲而以文而能消化焉有豈起感情之國樂闃然無聞而一切傷淫靡曼腐敗社會陷惑良民之亡國音乃盛而種以弱而國以衰然吾聞龔定广之言曰。『樂雖司樂掌之樂不可以口耳存。儒者得之史非得之司樂。』則是史家之大罪矣雖然吾益不得不代表鄭樵之大功矣夫鄭樵者慨然于史家失職音樂淪亡而亭亭然崛起於正統久絕之餘以爲孔子以後音樂改良之第二大家者也

樂略序曰。(前略)古之詩今之辭曲也。若不能歌之但能頌其文可乎。不幸腐儒之說起。齊魯韓毛四家各爲序訓。而以說相高。漢代又立之學官。以義理相授。遂使聲歌之道。默然無聞。(中略)繼三百篇之作者樂府也樂府之作。宛同風雅。(中略)今樂府之存於世者。章句雖存聲樂無用。崔豹之徒以義說名。吳兢之徒。以義解目蓋聲失則義起。其與齊魯韓毛之言詩。無以異也。樂府之道或幾乎熄矣臣今取而繫之千載之下。庶無絕紐。

夫三代以上國風雅頌國歌之現象也至春秋而大敝於是孔子起而敘刪之三代以

後樂府詞章國歌之一綫也至宋代而大敝於是鄭樵起而絕續之故吾欲謂鄭樵爲樂界革命家吾寧謂爲樂界改良家吾欲謂爲樂界改良之第一人吾寧謂爲樂界改良第二人嗚呼鄭樵於樂界有如是名譽之歷史鄭樵可以豪矣中國樂界有鄭樵其人中國亦稍可以豪矣若其敍次。又有可得而覽者。

(甲)軍歌　劉越石被困胡騎終夜奏胡笳而胡騎走遁斯巴達敗於麥西埒雅典遣一樂師諳軍歌而斯人奏凱故歐美鼓勵軍人恒以繪戰績圖製征伐詩爲兩大模範中國軍樂不盛尙武精神所由墜地然短簫鐃歌盛於漢晉鼓吹胡角始自北胡軍樂之一斑也鄭樵述樂以冠首篇蓋尙武精神爲軍人之要素實爲國粹本原續通志曰。「鐃歌雅也。而首及之則其立例與其議論不盡相符。」鄙哉腐儒。烏足以與於斯。

(乙)國歌　誦美利堅愛華盛頓之歌則知盎格魯撒遜人種有獨立之性質唱俄羅斯偉大彼得之頌則知斯拉夫民族有膨脹之精神國歌者樂師家採訪之天職羣學家研究之資料也詩經一書。於國風見分治於雅頌見一統儼然國歌也鄭樵生當絕紐之後。欲上繼而無由。不得已而取清商曲相和歌謳謠巷陌之歌以實之雖或失之偏

或失之淫或失之靡曼求一美盛圓滿獨立進取之音而無之此則材料之缺乏鄭樵所無可如何而亦孔子有取於鄭衛之旨歟

(丙)琴音　此門鄭樵無甚發明且琴音者獨樂而非眾樂也於社會無直接之關係姑不具論

(丁)頌歌　中國之頌歌非國運盛强之是頌民族發達之是歌也一姓有一姓之制作一代有一代之篇名揄揚聖德髣髴太平質言之寡人之私樂耳舊史家以歷史爲一姓家譜故以一姓私樂爲樂史一大部分風雅亡失此亦一端鄭樵知是紛紛者之不足汚吾史筆也故曰『積風而雅積雅而頌所積之序如此史家編次失古意矣』又曰『既無偉績之可陳又無題命之可紀故其詩不可得而採』論文武舞亦曰『紛然出於私意莫得而紀』故正聲惟採漢十九章梁唐十二和曲及班固東都五詩而止蓋編次力從簡約一反史家舊例矣

(二)圖書　原藝文校讎圖譜畧

圖書之館藏書之樓泰東尚矣第以名義求之則中國有藏書樓而無圖書館是固圖譜學不發達之原因而實史家著錄詳書缺圖之惡果七畧之目棄圖不錄漢藝文志

隋經籍志以下遂共以書爲正統圖爲附庸誠我祖國文學上一大缺點也鄭樵憂然劃爲專門藝文記書圖譜記圖特別例也故觀鄭樵者不在藝文而在圖譜索象篇曰圖經也書緯也。一經一緯相錯而成文圖植物也。書動物也。一動一植相須而成變化。（中畧）古之學者爲學有要置圖於左置書於右索象於圖索理於書。（中略）後之學者離圖即書尙辭務說故人亦難爲學學亦難爲功天下之事不務行而務說，不用圖譜可也若欲成天下之事業，未有無圖譜而可行於世者。原學篇曰後人學術難及大概有二一者義理之學一者辭章之學（中略）二者殊塗而同歸。是皆從事語言之末而非爲實學也所以學術不及三代又不及漢良有由也。以圖譜之學不傳則實學盡化爲虛文矣。

亞里士多德曰「繪畫者養其判別美醜之能力以習其日用必要之常識也」洛克曰「圖畫非爲美術乃實際之有利益者」蓋圖譜者專門學之普通學而爲學術上必不可缺之要點泰西科學之發達無他有圖譜故中國科學之歇息無他有圖譜而不重故今日有識之士方兢兢然憂焉而不知鄭樵已燭照其病根圖譜一略記有以

入典略記無以待來茲駸駸欲救正之雖所定圖譜之用。一十有六範圍卑簡。然當學術幼稚時代又安可以吾人今日之眼光例之哉

校讎一略。論藏書之方法編次之得失亦傑著也其尤痛快悲慨開前人未有之幕起後學進取之心則謂『秦人焚書而書存漢人窮經而經絕』、又曰『自漢以來書籍之於今日百不存一二非秦人亡之也學者自亾之耳』嗚呼吾有味乎其言。

（三）考古　原金石略　本略立例雖善而內容簡單實不過文字史之一分子姑不贅論

第九節　鄭樵之物產史　原昆蟲草木略

物產者社會上生活之要素也泰西地理學歷史學家罔不以為研究一大宗子而吾中國數千年無一物產史何以故

一曰。知有史學而不知史學之範圍動物學植物學也中國儒者以閉戶相高以書癡相尚。以研究物理調查出產為鄙俚行為。鄭樵曰。『大抵儒生家多不識田野之物農圃人又不識詩書之旨二者無由參合遂使鳥獸草木之學不傳』誠洞中史家之錮

病也此其弊坐不知一曰知有朝廷歷史而不知有社會歷史也賦稅者物產之出產也物產者賦稅之資本也然舊史家賦稅有史而物產乃無史非不明本末也賦稅爲朝廷歷史而物產爲社會歷史也此其弊坐知而不作

而於是鄭樵起矣。鄭樵之物產史非完全之物產史也何以故以其於物產盛衰之種種方面多未詳舉故鄭樵之物產史又非純然之物產史也何以故以其自謂祖述神農宏景則近醫學史序論多言詩則其書不過風史之支孽小宗、故雖然樵之自言曰。『結茅夾漈山中與田夫野老往來與夜鶴曉猿雜處不問飛潛動植皆欲究其情性』苦心耐性以視歐美格物學大家夫何多讓吾祖國無物產史者也爲問舊史家有物產史乎吾要不得不以通志昆蟲草木略實之

第十節　鄭樵之人物史　原本紀世家列傳載記

人物者時代之代表也未聞時代者人物之附庸也故箇人史勿尚焉然吾聞西儒之言曰。『歷史者非他英雄之大舞臺耳』是固布魯特奇之英雄傳所爲作也顧何以

讀布魯特奇之英雄傳。令讀者起舞膜拜頌禱謳歌。而讀鄭樵之傳記。襍呈吾前者。有無數墓誌銘之結晶體。令我嘔。令我恐臥。何哉。蓋鄭樵之人物史掇拾舊史倉卒成書非描寫的而記事的所謂全無意義如鈔胥吏所爲者是也

雖然。吾讀通志。吾讀至百七十九卷。計差全書之終卷。僅二十一耳吾乃嘆鄭樵之人物史。卒碌碌無以異人也。吾於是卒讀通志。吾手方展百八十卷之第一頁。而巍然鼎立游俠傳三字突接吾眼簾下注附刺客滑稽貨殖吾乃又狂喜鄭樵之人物史固非碌碌無以異人也夫茲四種人者滑稽或稍遜焉若俠客貨殖皆於人羣有直接之關係民賊者幾經殄之夷之獮之太史公以千古特識作傳以喚起之何物班固乃以退處士而進姦雄崇勢利而忘貧賤譏之削之范陳以下因襲之駸駸至一人羣共鄙而蠹之竟令游俠刺客家絕而人格卑滑稽家亡而諷諫澌貨殖家失而國勢貧弱鄭樵蓋慨然諸家熄跡由歷史無光曠觀魏晉以下雖無一二人足備四傳之價値固不敢以形似之流濫竊入傳而即仍史記諸人尤不敢以不立之列傳以鼓吹後世之游俠家刺客家滑稽家貨殖家流嗚呼、鄭樵之志竊在遷下哉竊在遷下哉

結論

傳者曰今之提倡新史學而詬病舊史學者曰、知有一姓而不知有一國鄭樵其知有一國者耶曰知有朝廷而不知有社會鄭樵其知有社會者耶曰知有沿襲而不知有剏作鄭樵其知有剏作者耶曰知有單純而不知有完全鄭樵其知有完全者耶曰知有客觀而不知有主觀鄭樵其知有主觀者耶吾欲識新史學者爲我判決之

鄭樵之在今日於舊史學界獨占一席固不待言然崇拜者有之譏誚者亦有之要之謂鄭樵爲富有史識缺乏史才之歷史家鄭樵之定評也

鄭樵有莫大之缺點一焉則其書無軍政史是也兵志兵書中國史家具有成例鄭樵胡爲乎闕之也噫史記八書無地理書通志廿略無兵制畧白璧微瑕抑何先後一轍耶吾又欲起史遷鄭樵於九京而詰之

今世與樵書鼎立而並傳者有杜君卿之通典馬端臨之通考亦舊史家之錚錚佼佼者也然括言之實不過一政治史蓋杜馬之史簡單而鄭樵之史完全也沿襲樵書者有嵇璜劉墉等之續通志皇朝通志八面彌縫亦形其奴隸性耳蓋嵇劉之史無精神

而鄭樵之史有精神也

抑吾聞之歷史者以過去之進化導未來之進化也爲問歐美民族主義胡發達曰惟歷史故列邦文明幸福胡促進曰惟歷史故乃何以我中國當西漢時出現一歷史之造物主曰司馬遷而歷史學界之不發達猶是迨南漢又出一歷史之大偉人曰鄭樵而歷史學界之不發達猶是鄭樵首倡種族而昌明者寂焉鄭樵欲改文字而述志者藐焉鄭樵力闢占驗邪說而守其旨者落落焉鄭樵大聲疾呼以改良音樂復興圖譜講格致實學而師承之者闃然無聞焉鄭樵尙俠客滑稽貨殖而後起者卒杳乎若冥遁乎無形焉殆鄭樵之說不完全耶抑一人羣之進化盛衰固非一二人所能鑄成耶吾爲鄭樵傳吾念至此吾不暇爲鄭樵悲爲歷史學悲而爲四千餘年之祖國悲矣

二十世紀之巨靈 托辣斯（續前號）

中國之新民

（五）托辣斯之利

生計學有最普偏最寶重之公例一焉曰、以最小率之勞費易最大率之利益是也。而托辣斯則達此目的之最善法門也。故論托辣斯之功德皆當於此焉求之。今條列得十二事。

（第一）托辣斯可以得廉價之原料品也　凡購買各物品。其同時多購。且定期常購者。則比諸常價必較廉。此盡人所能解也。而惟營業之規模愈大者。乃能享此獨優之資格。托辣斯之權利至易見矣。或曰此其利益專在求者（即托辣斯）而供者（即原料品生產家）不蒙其利。翻受其害。此又偏闇之論也。夫吾有物而售諸人。與其售十數次而價稍昂。毋甯售一次而價稍殺。何則其所費之勞力所費之時日。不足以相償也。故供者無絲毫之損。而求者有莫大之益。

生計　二

（第二）托辣斯可以善用機器而盡其所長也　考美國諸托辣斯之成立也。往往收縮舊有之工廠。減其機器之數。而所製產物品。比諸疇昔有增加而無減殺由此言之是前此舊工廠之用機器有未盡其力者存也而此力者前此則棄於地而今乃收其用也故棉油托辣斯之成。忽廢去十二座大機器。砂糖托辣斯之成忽減用機器四之一。威士忌酒托辣斯之成。前此諸公司共有工廠八十者。忽省其六十八而僅留十二而歲出之油糖酒。仍與前同額此其效之彰明較著者也。夫前此以八十分之資本所置器械而僅得此利益者今乃以十二分之資本可以獲之而所餘之六十八分則流通之於他處以爲別種生產之用其有裨於社會之總殖不亦大耶且機器日新月異。新者出則舊者殆廢。苟非結搆之大母財之雄則欲易新者而不能逐時而遷欲仍舊者而不能與外相競是兩困之道也欲免此困。非托辣斯末由。

（第三）托辣斯可以實行分業之學理日赴精密也　生計學上分業之理。自初民時代而已行。然其粗疏與精密之等級即文野所由分也自機器日出之後分業之細已遠優於前代。托辣斯行。以其鉅大之資本。夥多之工場。故得分之愈精而其利愈著。據美國鋼鐵雜用物製造公司（實托辣斯）所報告。謂彼所製婦女用之袴圈。凡八九十種。亦分數十工場。使各從事。以此之故。每噸之生產費能節省一元至一元半（美金）云云。是其例也。自餘各業。大率類是。

（第四）托辣斯可以製造附屬副產物。使無棄材也。　其例證之最著者。爲煤油托辣斯。曩之業斯業者。惟取其精以供燈火用。其餘所棄之渣滓。殆將過半。僅投諸瀛爐以代薪炭。自托辣斯成立後。乃更謀所以利用之。幾經研究。乃製出擦機器油及巴拉芬洋蠟之兩種副產物。於是全工場無棄材。而公司歲入之値。此兩種副產物。殆與正產之煤油同額。其餘次等之副產物。尚三百種。近年煤油之價日廉。其原因蓋在於是。又芝加高大屠場托辣斯總理某嘗語人曰。豕之全體。其不可利用者。惟屠殺之際所失之呼吸氣耳。（余嘗親游其地。親聞其言。據其營業目錄。一家之體。所製產物。凡三百二十餘種。）　其利用之盛。可以概見。若此者。非托辣斯不能。蓋孤立之公司。其資力實不足以兼及也。

（第五）托辣斯能節制生產。毋使有羨不足。且免物價之漲落無定也。　此實托辣斯之最大利益。而亦左右袒者劇爭之焦點也。斯密亞丹所謂供求相劑。任物自已。而二者常趨於平。此固生計學上不易之公例乎。雖然。社會者流動而不靜止者也。當其方平也。不轉瞬而旋復畸於一。畸固未有不返於平者矣。然或畸一年數月而返。或畸十數年而猶未返。或畸至小差而返。或畸至極敝而後返。則恒視其社會之狀態。國民之性質。與夫外界之刺激以爲差。夫使畸至極敝而後返焉。及其既返。則平固也。而將平未平之際。其慘狀有不可勝言者。如供過於求而欲返其平。則舍同業者之休歇倒閉。豈有他術哉。供過求者倍。則現時同業者必倒歇其半。然後平乃可得復。供過求者二倍。則現時同業者必倒歇其四之三。然後平可得復。及其平也。而一國之資本耗蝕者幾何。一國之勞傭失業者幾何矣。（資本家倒歇則勞傭必失業此相因而至者）故生計家名之曰恐慌時代。此現象者。各國皆往往不免。而在新興之國爲尤甚。何也。舊國常微帶靜止之形。新國益富於流動之性。愈流動則其民營業愈活潑。而供求之劑愈飄忽而數遷也。美國人消費力最强之國民也。然且以生產過度爲一大患。蓋美國現今生產力對於其人口之比例。實二倍有餘也。於此而不求節制之法以救治之。則生計界之騷亂。遂無已時。（救治之法。不徒在節制。即帝國主義。求市場於國外。其一妙法也。近時東亞問題。皆從此起。末節更詳言之。）托辣斯者以其供給本業消費額之過半故於人民之嗜好需用之多寡及市場之情狀皆能瞭然本公司之歲產幾何與本公司競爭者其歲產幾何皆可測知故能使社會之所求與我之所供隨時相劑而不至有過度之患托辣斯之對於生計界對於一般社會其功德莫鉅於是

或曰托辣斯既居本業供者之過半其勢力足以左右物價保無有壟斷而罔市利之弊乎曰是亦有然故監督之法律不可以已也其評論詳次節

(第六)托辣斯能光大其事業擴張其販路也　彼以資本之鉅故有長袖善舞之樂凡與本公司有密接關係之事業一切皆自營之因此而所生之利益不可思議最大之托辣斯常自儲殖其原料品自製造之自運送之自販賣之如煤礦托辣斯自製炸藥烟捲托辣斯自種烟葉煤油托辣斯自製罐箱是其例也據洛氏煤油托辣斯之報告當一八七四年其所用之鐵罐每箇購價三角(美金下同)一八八二年以後自製之僅費一角半每歲所用凡三千八百萬箇實節省五百四十萬元其所用木箱前此每箇二角今自製僅一角三分每歲節省百二十五萬元此外他種容

器。復節省三百五十萬元。近復自製船而自運輸之。其所節幾何。雖未深知。然以容器一端論。較前已坐贏千萬元矣。故現時煤油市價。比前低減數倍。而其托辣斯之贏。仍有增無損。百元股票。値至千餘。蓋有由也。夫價廉則消費者食其利。消多用節。則生產者仍食其利。計學公理。必出於兩利。誠至言哉。至其生產既鉅。必汲汲擴張販路。其勢乃侵略外國市場。此又必至之數也。千九百年美國出口貨總額五十萬萬元。屬於托辣斯之製品者四十萬萬。其勢力之偉大。可推知矣。此事於末節更詳論之。

（第七）托辣斯能淘汰冗員節減薪費也　生產費中。其最大之部分為原料品。次則監督費也。監督之人。固萬不可以已。而實則為不生產之人。歸於分利之種屬者也。自托辣斯起。而此費大節約。其裨於社會之公利者實多。試舉一例。紐約市中電車。昔為十八公司。自聯合以後。其總辦十七名。悉廢去。以威里蘭一人為事務全體之監督。鋼鐵托辣斯之總辦奇氏云。托辣斯成立以後。前此之事務員。汰其大半。皆其證也。加以托辣斯之製品。多直接販賣。故居間經紀之人。皆可不用。星克士博士之調查記事云。各托辣斯以廢經紀人之故。最少者歲增五千元。最多者歲增二十萬元（皆美金）之利益云。

（第八）托辣斯舉凡一切競爭之冗費可以節省也　競爭既劇。所恃以爭勝者不一其途。冗費自相緣而起。即如廣告者亦其一端也。西人商業最重廣告。其甚者或一年總支數中廣告費居十之一焉。此皆競爭所生之果也。此外尚有派員四處運動以求廣銷者。有添附無用之長物於售品內以引人入勝者。（如售紙烟者。內附一洋畫之類是也。）自餘類此者更僕難數。豈有他哉。皆為競耳。而此等耗費。勢亦必於物價內向購者而取償。托辣斯立則無謂之競爭悉已芟除。此等冗費半歸節省。是直接而為製造家之利。亦間接而為消費者之利也。

（第九）托辣斯可以節省運送費也　前者各家分立爭競。或公司在紐約而購客在舊金山。或公司在芝加高而購客在波士頓。其轉運之費莫大焉。甚或增原價三之一者有焉矣。托辣斯既合併全國之公司。故恆擇各要區分置工場。如煤油托辣斯。以紐約治省之製造所供東部諸省。以伊魯女士省之製造所供西部諸省。是其例也。鋼鐵托辣斯總理奇氏云。該公司以此之故。每歲運費節二百餘萬。他可推矣。不甯惟是。貨少則運費必昂。貨多則運費必省。亦交通機關之通例也。譬之一車容量二十噸。每噸每里之鐵路運費一角。兩噸則二角。苟滿二十噸而自專一車。則其費必不至每里二圓。至易明也。此亦省費之一端也。

（第十）托辣斯之供給確實。能堅購客之信用也　彼其擁巨額之資本。且各工場有無相通。故有求購者。可以隨時應付。夫尋常公司之與販賣小商交涉也。往往接定購清單之後。訂以一月或數月為期付貨。臨時或不能應。致人罹破產之慘者。往往有焉。故老於商者。謂與其取物價之廉。甯取供給之確。彼砂糖托辣斯。其價值常昂於對手競爭者之製品。蓋為此耳。

（第十一）托辣斯不畏外界市場之恐慌也　尋常小公司。往往恃借債以代資本。一遇市場凝滯。或金貨漲落。常生意外之虞。托辣斯資本既充。無俟外求。雖有風潮。可以當之而無恐。或遇物價驟落。小資本者。不能不忍折閱而急求售。以為通轉之資。托辣斯則安坐以待時機之復來。此即優勝之甲冑也。至其以信用之深。寄存之款項自多。即欲借債亦貸之甚易而取息甚微此又其餘事矣。

（第十二）托辣斯可以交換智識獎厲技術爲全社會之利益也　凡營一業者必各有其所閱歷所心得但當競爭之衝常自祕而不以示人此常情所不能免也既相合併爲托辣斯則利害關係彼我同之自相與比較研究棄短取長故一切新機器之發明新方法之利用直普及於全托辣斯其增進社會智識之功豈淺尠也不特此也。規模愈大則所憑藉以爲研究資料者愈多昔人云新發明每出自大公司中非無故矣近世電學强半自愛的森（即始造留聲機器者。現今電學第一人也。）之公司而來。豈徒恃愛氏之腦力而已亦以其公司之大能備各種之資料能吸集多數之高才故驚天動地之新製往往而見也托辣斯盛行吾知學界之突進更未有已矣

總括以上諸端而類分之。則有爲本公司之利益者。有爲消費者（即購買者）之利益者。有爲全國民之利益者。今更爲一表以明之。

（購買原料以多量而價廉
（利用大機器故製物多而良

托辣斯

托辣斯之利

- 本公司之利
  - 積極的
    - 分業精密故製物良而費省
    - 利用廢材以製副品
    - 兼營附屬事業
  - 消極的
    - 閉無用之工場廢多餘之機器
    - 淘汰監督事務冗員
    - 節省競爭浪費
    - 節省運費
    - 不憂恐慌借債利微
  - 節減生產費使物價低廉
- 消費者之利
  - 物價低廉
  - 供給確實
  - 運費節省
- 全國民之利
  - 節制生產維持物價
  - 交換智識獎厲發明
  - 蓄養內力與他國外競

（六）托辣斯之弊

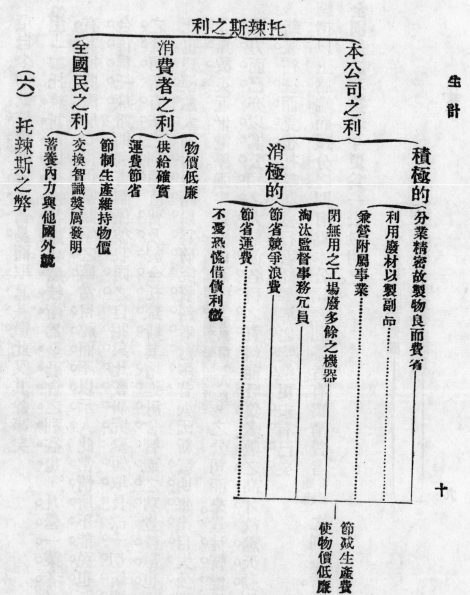

托辣斯之利既若是矣。而何以國之論客。猶囂囂然非難之。國之政府。復汲汲然禁制之曰。天下事。利之與弊。常相倚者也。吾今請更言其弊。

（第一）托辣斯者。以全權委諸當局之人。所謂托辣斯梯是也。其監督之方法未能如尋常公司之完備。苟不得其人。則全局將歸於失敗。

（第二）以規模太大。故統一之監督之大。非易易。苟以才具稍駑下之人當其局。雖品行端正。猶懼不任。

（第三）以其爲本業之獨占也。無競爭之刺激。故生產技術之改良進步。日益怠以此與自由競爭之國民相遇。不久而必至退步劣敗。誠如是也。則前此種種之利益。皆不足以相償矣。論者乃謂宜減縮中央督制權之範圍。使所屬之各支部各工場。爲適當之自治。而駁之者則謂廣大之支配權。與適當之自治。實不能相容。強並行焉終不免於衝突。即不衝突。則其所謂統一者。已無力。失托辣斯之所長。存此空名。何爲也。故此問題。實反對論之中堅也。雖然。據過去現在之托辣斯實情以審判之。此流弊似尚未見。

（第四）難托辣斯者。謂其淘汰多數之工場且採用最省勞力之機器使多數勞傭餬口路絕也雖然。此不足以爲難也。當汽力電力之初發明各國勞傭半失其職當時雖羣議嗷嗷至今日更未聞有謂汽電之不宜用者而彼等之失職亦不過暫時及局面一定其業反增而庸率轉昂此盡人所同知也今托辣斯之果病庸與否尙未能確言藉曰有之然使斯舉苟誠爲生計界進化之正軌爲國民社會之公益則雖使勞力者忍一時之苦痛亦豈得已

（第五）托辣斯以種種不正之手段摧滅競爭之敵使小資本之公司不能自存此反對者所常揚言也。蓋托辣斯之既立恃其資本之富務減其物價使他公司之未入托辣斯者不能與我競爭瞯其將不支也乃以廉價買收之如煤油托辣斯與路易埃米利公司競爭。卒以四萬五千元買其原價八萬五千元之工場是其例也而其所謂不正之手段則如與鐵路公司定密約。其運費特別減價之類。是矣此則宜有以坊之者也

（第六）托辣斯以獨占之故强以廉價買原料品而使生產家不利强以高價售其

製造品而使消費家不利此亦反對論者所最攻擊也。雖然以生計學公理論之此等現象斷非可永續蓋苟乘獨占之威而壟斷焉勢必將有新競爭者或起於國中或起於國外終不能達其獨占之目的而或反以自招倒閉。昔製粉托辣斯其前車矣故此弊似可慮而亦不必深慮也

（第七）或曰。托辣斯以獨占之故其所產物品雖曰雜粗窳以欺市衆而莫可誰何此又一弊也。雖然此亦可以前例解釋之。凡劣者未有不敗苟有是終不能久也況托辣斯盛大之後。其製品强半輸出外國雜粗窳者寧能戰勝於閫外耶此亦不待禁而自遏者也

（第八）或曰。托辣斯之製品其輸出於外國者其售價或反較內地爲較廉是病本國之消費者而利外人也。（千九百年美國工業調查會委員。嘗以四款質問於四十八家之托辣斯屬其回答。其第四款。即問出口貨之價何如。回答者凡二十九家。內十九家云。出口貨依本國原價加上運費及稅金。內八家答云。以擴張販路於海外故。出口貨價稍低廉。內兩家答云。出口貨價。恒取昂於本國。）雖然此不過對外競爭極劇烈時偶或爲之耳苟非萬不得已則托辣斯固不敢爾爾亦不欲爾爾

（第九）或曰。當托辣斯之初設立也。必省閉多數工場。向之受傭者。隨而失業。及乞

憐而再求傭則或減其庸率而延其勞期勢所不免其病多數之勞力家實甚夫因托辣斯而勞庸之一部分或致失業固也然社會之進步必須忍其苦痛不能以小數之不便不幸而爲全體障也況所謂不便不幸者又不過一時之現象過其時而食其利者或更進於前也且自托辣斯盛行以來美國之庸率日增而操作時刻亦更縮短此又統計家言歷歷可稽者若是固不足以相誣病也

（第十）其攻掊托辣斯最劇者謂彼如魔術然認空華爲實現如古代用兵者實十萬號稱二十萬即如鋼鐵托辣斯之成立也前此亞美利加鋼鐵公司之股東以百元之股票而易托辣斯證券三百元瞬息之間而前此之財產估價溢二千萬以上此等資本非實有也不過逆揣其將來之利益可以得此云爾故諸托辣斯大率號稱之母財數倍其實額當事者謀所以擴充維持之道勢不得不借社債於銀行而以本托辣斯之證劵爲之質劑其托辣斯而繁旺也而鞏固也不亦善乎脫有不測則全國之母財皆爲所牽遂舉其社會而爲幻泡瓗裂之象英國生計學大家理嘉圖丹治。謂此等魔病潛伏於美國生計界中而必將有敗露之一日苟無所以節制

之監督之其極微也可以舉七千餘萬之自由民悉奴隸於托辣斯專制團體之下。此則最痛切刻深之言而亦現今美國政治家生計家所最兢兢也

（七）托辣斯與庸率之關係

以上所舉諸利諸弊之中。其最爲當世所注視者。則托辣斯與庸率之關係是也。斯密亞丹曰。觀一國民生之舒蹙。亦於其庸率之高下而已。此生計學不滅之公例也。夫近世社會主義之盛行也。凡以爲多數勞力者之權利也。而托辣斯者則資本家權利之保障也。資本家與勞力者方爲兩軍對壘之形。作短兵相接之勢。宜若彼兩物者不能並容。而觀夫近今社會黨之生計學者。其論托辣斯也。不惟無貶詞。且以其有合於麥喀士（社會主義之鼻祖德國人著書甚多）之學理。實爲變私財以作公財之一階梯而頌揚之。故知天下事有相反而相成。並行而不悖者。此類是已。今得舉兩者之關係而刺論之。

自由競爭之過劇。而資本家病。資本家病。而勞力者隨之而病。前既屢言之矣。而反對論者。終汲汲焉憂托辣斯以強制手段而尅減勞庸。此實杞人之類。且不切於實情者也。嘗觀美國勞傭局一八九九年之調查報告。其表如下。

生計

(一)每年每人平均庸率表（十四家托辣斯之統計）

（附注）以美金一元爲單位

	事務員		高級職工		下級職工	
	聯合前	聯合後	聯合前	聯合後	聯合前	聯合後
一	679	672	609	653	428	433
二	827	759	661	627	435	413
三	—	—	—	—	—	—
四	—	—	—	—	—	—
五	640	817	623	713	350	402
六	1020	1020	881	876	471	496
七	744	746	703	766	497	534
八	894	1107	586	601	381	405
九	673	672	540	547	214	217
十	389	392	439	524	180	233
十一	384	350	355	409	170	183
十二	732	732	656	821	149	275
十三	369	333	159	162	203	203
十四	763	695	647	837	404	517

(二)百分率比較表（十者增率之符號也 一者減率之符號也）

十六

下級職工	高級職工	事務員
＋1.17	＋7.22	—1.03
—5.06	—5.14	—8.22
—	—	—
—	—	—
＋14.86	＋14.45	＋27.66
＋5.31	—.57	.00
＋7.44	＋8.96	＋.27
＋6.30	＋2.56	＋23.83
＋1.40	＋1.30	—.15
＋29.44	＋19.36	＋.77
＋7.65	＋15.21	—8.85
＋84.56	＋25.15	.00
.00	＋1.89	—9.76
＋27.97	＋29.37	—8.91

由此觀之。則自托辣斯成立以後。其高等職工之庸率。十四家之中。增者十家。下級職工之庸率亦然。其餘數家獨減少者。則以其所用運送物品之人太多。此等之庸。固宜特廉耳。此托辣斯有益於勞傭而無害。其證一也。

或又以爲托辣斯既立。其所雇勞傭之數。或將漸少。此尤不然。更觀博士佐治康頓所著之『托辣斯及社會』書中。有一統計表如下。

托辣斯

產業
靴
樹膠靴
捲煙
紙製箱類
木製箱
家具裝飾品
鐵器
製皮類
油類
印刷類
絹布

職工員數 一八八〇年	職工員數 一八九〇年	一年平均庸銀 一八八〇年	一年平均庸銀 一八九〇年	增率	增率比較
111.152	139.333	386 弗	476	90. 弗	22/3
4.662	9.264	315	428	113.	35/8
2.365	5.537	316	385	69.	21/8
9.678	19.954	245	344	99.	40/4
7.722	13.922	358	465	107.	29/8
52.087	78.667	417	547	130.	31/1
2.910	17.116	431	456	25.	5/8
1.036	3.074	443	476	33.	7/4
3.319	6.301	265	302	37.	13/9
58.478	165.227	522	685	113.	21/6
31.337	50.913	291	386	95.	32/6

由此觀之。則托辣斯成立以後。雇傭之人數與受庸之金率相緣而增。且其增加率甚大。至易見也。托辣斯有益於勞傭而無害。其證二也。美國工黨之副總理金巴氏嘗云。生計界資本之聯合。經營之統一。其所生之利益。決非資本家所獨享。而其大部分實

歸於勞力者之手云云。據彼黨報告之言。可以見其眞矣。故托辣斯者。亦調和資本家與勞力者之爭鬩一法門也

（八）國家對於托辣斯之政策

平心論之。則托辣斯之功績。固不可沒。其流弊亦不可不防。故美國當今政治家以此爲獨一無二之大問題。其爭論之劇烈。殆與前此禁奴非禁奴之問題相等。十年以來屢布禁令。而其成效力乃若彼。於是乃不得不思變計。求以適宜之方法。直接間接以監督之。以防壟斷之弊於未然。此近日輿論所最斷斷也。今紀其國家對於托辣斯政策之沿革。凡得五主義如下。

（一）禁托辣斯

（二）公認托辣斯聽其自由

（三）取托辣斯悉爲政府官業或爲公共事業

（四）國家實行監督權直接間接以干涉托辣斯事業

（五）關稅政策

第一第二兩主義之不可用。蓋無待言。至第三主義。歐美諸國於諸種事業。如鐵路電報等。往往用之。雖然以施之一切工商業。勢固不能也。此惟心醉社會主義者。喜持斯論。而現今社會之情勢。固不許爾爾矣。故今日所商榷采用者。惟第四第五兩主義。

第四主義。當今所最通行也。綜舉論者之意見。凡有七端。

（一）使托辣斯公布其營業之帳目。

（二）國家有嚴行監督之全權。若認為有妨公益。得以政府之命解散之。

（三）當托辣斯初設立時。其各舊公司之財產估價。由政府嚴行監督。

（四）凡有妨於通商交易之自由者。一切嚴禁。

（五）國家檢查托辣斯製出之品物。察其良窳而證明之。以保護公衆消費者。

（六）使托辣斯隨時設法增給傭率。

（七）對於托辣斯設特別之課稅。

千九百年。美國下議院之托辣斯調查委員會。提出救治法案於議會。乃改正憲法。授議會以監督托辣斯之全權。將前此禁例廢棄之。其條欵如下。

（一）托辣斯製出之物品由該省政府檢查加以烙印或他種標識

（二）其無烙印及標識者不得私相授受犯者政府沒收之

（三）凡公司之有資本金一百萬元以上者及所消貨物每年在一百萬元以上者皆須將其年結徵信錄呈於政府

（四）凡交通事業之公司（按）即輪船鐵路之類代托辣斯運送貨物者無論運諸國內運諸國外政府得以便宜行事節制之

（五）凡托辣斯及名爲公司實托辣斯者其職員不得用郵船。

第五之關稅政策者何。美國托辣斯發生之原因雖多端。而保護關稅。實其重要者也。據調查委員會之報告凡該業受保護稅之賜愈厚者則其托辣斯之發達愈速且大故欲防其流弊惟於此可以節制之即查托辣斯勢力最強之業略減其外國輸入稅使本國之業此者不能因壟斷而高索價毋致病國內之消費者是亦一良策也。至關稅之率當如何乃爲得宜。使農末兩無所病。則其理甚賾。亦非吾國民今日切要研究之問題。故不著於篇。

（九）托辣斯與帝國主義之關係

凡謀國者過貧固患而過富亦憂毋財歲進而業場不增此今日泰西諸國所同病也。托辣斯之起原以救生產過度之敝使資本家得安然享相當之利益。十年以來。其組織日巧密。其督理日適宜。遂使美國產業界增數倍活力。今也以高掌遠蹠之概。如長江大河。一瀉千里。使美國全國之總殖。進步復進步。斯固然矣。雖然昔之患生產過度者今轉而患資本之過度若卡匿奇若洛奇佛拉若摩爾根之徒歲積其所殖之利如岡如陵已無復用之之餘地此亦英雄髀肉之所由歎也故全美市場贏率日落一日曩者英人有事於南非募軍事公債五千萬美人爭饋若騖不旬日而全集之此皆滿而思溢之表徵也故美國人之欲推廣業場於海外如大旱之望雲霓其急切視歐洲諸國倍蓰焉由此以談則美國近來帝國主義之盛行其故可知矣天下事惟起於不得已者其勢力為最雄偉而莫之能禦美國之托辣斯由生產過度之結果也其帝國主義又托辣斯成立以來資本過度之結果也皆所謂不得已者也雖欲禦之烏從而禦之嗚呼。君子觀於此而知美國進取之方略必不徒以區區之古巴夏威夷菲律賓

自畫焉矣

(十) 結論

新民子曰讀者勿以此爲市儈之事業大雅所不道也更勿以爲對岸火災非我遠東國民所宜厝意也二十紀以後之天地鐵血競爭之時代將去而產業競爭之時代方來於生計上能占一地位與否非直一國强弱所由分即興亡亦繫此焉今者美國所產之巨靈已高掌遠蹠侵入於他界即前者惟有國內托辣斯今乃進而爲國際托辣斯彼摩爾根攫大西洋航路之全權其最著者也至如煤油托辣斯近亦西吞俄羅斯東襲日本矣以此趨勢不及十年將披靡於我中國苟如是也則吾民將欲自爭其權利於萬一惟有結勞働社會作同盟罷工丐餘瀝於彼等之馬前耳苟如是也吾不知吾民之復何以聊生也抑我國中天產之重要品若絲若茶若皮貨其製造之重要品若磁器若織物苟以托辣斯之法行之安見不可以使歐美產業界瞠然變色也而惜乎我國民之竟不足以語於是也吾介紹托辣斯於我國吾有餘痛焉耳（完）

叢談

科學

有機化學與物理學相關之事

所用化學名皆據製造局所定表其無者新造而注原文於下

光學的性質　折光　循環極性

折光　不同之液體有機雜質其折光各不同命i爲射角。e爲折角。但任一雜質。其折光指不變命折光指 Refraction index爲n。則得式

$$n=\frac{\text{正弦}\,i}{\text{正弦}\,r}$$

但雜質之特別折光力 Specific refractive energy 爲 $\frac{n-1}{d}$ d者。原質之密度也。Density of the Substance

據格蘭斯頓 Glagstone 白呂兒 Brule 能斗兒 Landolt 諸先生之所研究定「分子折光力」 Molecular refracture energy 之式爲

$$M\left(\frac{n-1}{d}\right)$$

用此式推算可見有機物每加炭養二則其分子折光力之相異為由7.6以至7.8。以酒醇明之。

酒醇類	成分	分子折光力	二者所差數
以脫里酒醇	炭二輕五養輕	20.70	
布路比里酒醇	炭三輕七養輕	28.30	7.60
布低酒醇	炭四輕九養輕	36.11	7.81
阿埋里酒醇	炭五輕　養輕	43.89	7.78

此在同份異性的飽和雜質 Isomeric saturated compound 亦同。由此可由各雜質的分子折光力之比較。以推算原子（即極微分子又名阿屯）折光力。得

每一炭原子之原子折光力＝4.86

〃〃輕〃〃〃〃〃＝1.29

〃〃養〃〃〃〃〃＝2.71

淡〃〃〃〃〃〃〃〃〃——5.35

飽和分子之折光力與其所含原子之折光力相等。但非飽和 Unsaturated 雜質之分子折光力。較諸由原子折光力所推得者更大。即每雙結 Each double bond 使其折光力加1.78。有如偏西尼 Benzene 之分子爲三雙結。Three double bonds 而其分子折光力——42.16。由原子折光力所推得者炭六輕六——36.90。其差數5.26。是其例也。

但雜質中含有之養氣雙結原子。其折光力較之理論推得者大。白呂兒推得——養之原子折光力爲3.29。

硫之折光力依其原子接合之式樣而變。

固體之折光力。可由其變爲液體之折光力以推得之。

循環極性 有機物之爲液體者。或固體之溶液。有轉「光線極面」The plane of Polarisation of ray of light 之力。或向左或向右。具此力之物質曰旋光質。Optically active 此物質常爲天生者。如植物酸 Vegetable acids 炭輕養類 Carbohydrates, 以脫油等是。但亦有人造者。

後經學者發見特平呑油 Turp ntine 及樟腦在爲氣體時。尙保有旋光力。由是旋光力賴原子配置參差之形狀而得。其故不僅在平面之構造。The constitution repres nt on plan: surface 此其理爲幾何構造之理。蓋多有旋光質其分子之成分不變而可變爲非旋光質。

一切旋光質必含有一個或多個之不齊炭原子。Asymmetric carbon atoms 是質苟變而其炭原子不齊如故。則旋光力猶存。不齊原子旣失。則旋光力亦息。

以例明之。

炭輕二——炭養二輕	炭輕二——炭養二輕	炭輕二——炭養二輕
輕淡——炭輕——炭養二輕	輕養——炭輕——炭養二輕	炭輕二——炭養輕
阿司巴拉低克酸 Aspartic acid	瑪里克酸卽蘋果酸 Malic acid	瑟格西尼克酸 Su cinic acid
旋光	旋光	不旋光

阿司叭拉低克酸加淡養三。即變瑪里克酸。再加墟强水。即變瑟格西尼克酸。失旋光性。

亦有非旋光質。經醱酵而變爲旋光質者。如拉格的克酸（即乳酸）是。

亦有雜質含不齊炭原子。而無旋光性者。因其質乃人造的而非天生的之故。

科學

大

批評門

香港商報告白

本報爲外患日亟國事危急不揣綿薄特創此報望以團合羣力通發商情商正風俗人心之疵濟商權政治學術之得失雖爲一木之支不嫌贅疣之累故于體裁務求精良紀載必期繁備其詳善而有特色者厥有五事用敢煩告閱報諸君鑒焉

一本報于南北美洲斐洲澳洲印度緬甸及南洋一帶將二百埠皆特置訪事人凡我國殖民地之工商物產人數及其地之政教風俗皆隨時報告以開商務吾國內地生計困窮非經營海外取之于他人不足以彌縫缺陷又非考察外人所好尚銷售不足以啓內地之耳目以振興農工商務故本報專意爲同胞作電燈作横水渡欲謀生計者其取諸

一本報于京師大省要地皆特置通才爲訪事人遇有緊要新聞別設專電欲知時事者採焉

一本報印刷電版機器將中外各國名勝山川人物圖畫印出附派以爲同胞拓眼界開胸襟圖樂趣

一本報每日附印一消閒錄刊印歌謠雜俎以啓民智益婦孺其所發明專談國事或豪傑行事務以啓發同胞愛國之心合羣發憤之意若誕妄不經無關民智又或發揮一人之私事攻訐仇怨之陰私皆于盛德有傷尤於風俗無益此則本報以爲大恥而不願汚我筆墨者也

一本報凡分論說時事商務雜錄詞苑五門而論說門則更分政法理財治兵學術哲理敎宗之類時事門則分電諭電報京師各省廣東香港各埠萬國各目商務則分中外土產稅則銀行商法商史諸類而農工礦爲商務之本亦附焉詞苑雜錄則無所不錄子目太多不及詳布

一再本報正月初五日出報發行局設香港上環新海傍十三號門牌省城總代派處雙門底開明書局

香港商報局謹啓

(外國之部)

▲日俄交涉之往復文書

此篇全屬外交文件。細微曲折。每下一字。皆有斟酌。譯者恐失其眞。務依原文譯出。不敢復論文筆。武斷刪節。故或不免過于拘牽。失之贅累。讀者諒焉。 譯者識

日本政府。既將日俄交涉之顚末一篇。發交各報館登之。今更將其往復文書。提出于議院。

第一 關於滿韓兩地。欲開日俄協商之議。因訓令駐俄公使。覘俄國政府之意向。

明治三十六年七月二十八日由小村外務大臣致電駐俄公使栗野

滿洲事件之發展。實帝國政府所最留意。而今睹其現狀。尤令帝國政府不勝其關心。蓋俄國於退還滿洲之件。若能踐其與清國所立之明約。及不食其對于各國所發之証言。則事勢猶有可望。帝國政府自當恪守緘默注視之態度。然觀俄國近來之行動。其在北京。則從新提出要求。其在滿洲。更爲竭力經營。遂使帝國政府。不得不疑其有不肯退還滿洲之意。而彼又於韓國國境。不時爲活潑之行動。然則俄國之慾望。豈不令人不能測其所底止乎。若使俄國以無限制永占滿洲。則其結果。必至使帝國之安固與利益大蒙其害。而所謂機會均等之主義。必因此而破壞。且清國之領土保全。亦必因此而毀損矣。不寧惟是。在我日本政府。更有比此重大者。無他。使俄國駐據韓國之方面。則韓國之獨立。必爲之頻被侵迫。

即不然。亦必至使俄國在韓半島占最優之勢矣。夫韓國原爲我國防禦線最緊要之前哨。故于其獨立。爲帝國之康寗及安全計。實爲最必要者。且帝國在韓國所有政治上及商工業上之利益與勢力實卓絕於他國。而此利益與勢力帝國爲自已安固起見。斷不肯交付于他國或分與于他國者也。帝國政府幾經深思熟慮之後。欲與俄國締結一協商。以解決我所憂患之問題。今欲和衷坦懷以謀於俄國政府。蓋以帝國政府所見。深信今日爲謀此協定最恰好之時機。若失此機會。恐再無協商之餘地矣。故帝國政府信賴貴官之判識與裁量。決以此機徵之折衝。委任於貴官也。帝國政府以本件提議于俄國政府。欲全用公然形式。因此着貴官照下文之意。作一書（即見下所謂「口上書」口上書三字未得確譯名詞故仍原文）提出于俄國外務大臣藍斯都夫伯閣下。以啓本件之端焉。其文意曰。「日本政府。甚望將日俄兩國關係上凡可爲將來誤解之原由者。一掃而空之。且信俄國政府。亦必與我同心。於是欲將兩國在極東特殊利益。各爲劃定。若能與俄國政府共查覈兩者利益接觸之方面之事態。是日本政府之所喜也。若此發案。幸得俄國政府之贊同。則日本政府。當以關於該協商之性質及其範圍。開陳意見。以有所提出於俄國政府」當提出此書之時。貴官當勉力使俄國外務大臣。解得我目的之全然出於友誼。又使知本件爲我所視爲重要者。貴官務將此書早提出于藍斯都夫伯。又遵本訓電所執之措置。當一一詳報。若得俄國政府應諾之回答。當將我提議之要領。電達貴官也。

二

第二　回報外務大臣。言以一已之意見。雖無異議。但須得皇帝之允可。然後確答。

七月三十一日栗野致電小村

本官以七月三十一日見藍斯都夫伯。以書呈之。且口述大意曰「極東之事態。倍加糾紛。於今爲欲除去日俄間一切之誤解。苟非有所措施。則兩國之關係。當愈陷于困難。而苟如此。兩國皆爲不利。故日本政府。勵其坦懷和衷之精神。決意與俄國政府。相謀而成一協定。因此訓令本使。命親交此書於閣下。」本官待藍斯都夫伯閱書畢。即言吾望俄國政府。亦以同樣之精神。與帝國政府同其所見。伯曰。某向來與貴公使屢次言之矣。日俄兩國之協商。正所甚願。又實爲最良之政策。且使兩國能成一完全之協商。則將來必再無對于兩國施其離間之策者。然則對于貴政府今回之決定。就某私見。固甚滿足。但當如何確答。欲先謁見我皇帝。而後定之。伯本定於禮拜三日(八月四日)謁見皇帝。因約以禮拜四日回答。伯又言皇帝陛下。想亦贊成本件云云。

第三　寄示帝國政府所可提出之協商案。

八月三日小村致電栗野

七月二十八日發電後。帝國政府。就日俄兩國利害接觸之部面之事態。細加審慮。乃決以下列各項。爲兩國協商之基礎。

第一條　相約尊重清韓兩帝國之獨立及領土保全。幷爲各國在該兩國之商工業。當保持機會均等之主義。

第二條　俄國當承認日本在韓國之優勢利益。日本則承認俄國在滿洲經營鐵道之特殊利益。又於本協約第一條規定之下。若爲保護既經劃定國所有之利益。則日本在韓國。俄國在滿洲。各有可採。必要措置之權利。彼此承認之。

第三條　日俄兩國。以不背本協約第一條之條項爲限。日本在韓國俄國在滿洲之商業的及工業的活動之發達相約不爲阻礙。又今後或將韓國鐵道延長於滿洲南部。以接東淸鐵道及山海關與牛莊線俄國當約明不阻礙之。

第四條　爲保護本協約第二條所揭之利益。又爲鎭定可以惹起國際紛爭之叛亂若騷擾。日本之于韓國俄之于滿洲。或見有必要派遣軍隊者。但派遣軍隊。無論如何。不得超過實際必要之員數。且該軍隊待其任務既畢。當即召還。

第五條　爲韓國改革或行善政而與以助言及援助（應于必要且得爲軍事上之援助）者。屬于日本之專權。俄國當承認之。

第六條　本協約可替代從前日俄兩國間所結關于韓國之一切協定。

以前記案文交藍斯都夫伯之際。貴官當言。以能確信本案可爲日俄兩國所議滿足協定之基礎。故提出之。又當向藍伯言。若藍伯對于本案有提出之修正若意見。帝國政府當念友誼。再加核商云云。本案之條項。意自明瞭。更不待與貴官多爲說明。但本案各大體。不外將兩國政府業經承認之主義。及從前協定所記之條件。推理敷衍。此則由貴官指明之亦可也。本訓令乃見俄國對于貴官上書之回答。豫想其能爲應諾。故送之于貴官者。然貴官須先將俄國之回答電報本大臣。俟本大臣再下訓令。然後遵行之。

第四　報藍斯都夫伯已得開始談判之允可。

八月五日栗野致電小村

藍斯都夫伯來述。就前書之件。已自皇帝陛下得與本官開始談判之允可。

第五　訓令對于俄國政府。提出協商案。

八月六日小村致栗野

接八月一日及五日電。貴官當對藍伯言。帝國政府爲關于日俄兩國間協商之件。欲開始談判。因提議之。而俄國政府能以友好之精神接受之。是所不勝感諒也云云。當遵照本月一日自此發寄之訓令。速以我提案提出于俄國政府。

第六　報已將協商案手交藍斯都夫伯。

八月十二日栗野致小村

藍斯都夫伯近來忙煞。直至今十二日。始得接見本官。本官將我提案。以英文寫出。手交藍伯。訓令云云已悉照述。又言極東事態。現下益加紛糾。若締約延遲一日。當更增困難。因此務望本件之解决可速則速。伯答言。當細心查閱我提案。

第七　報藍斯都夫伯發議。請以本件商議移于東京。

八月二十四日栗野致小村

藍斯都夫伯特以昨日二十三日接見本官。本官極言帝國政府。切盼俄國之回答。且質問藍伯對于我提案之意向及俄國政府之態度。伯言該提案雖曾細爲研究。然因皇帝陛下。爲大閱之故。不在此者一禮拜餘。故不能爲何等之措置。又言以有許多細目須通牒於亞歷斯夫大將。爲此欲將本件商議移於東京。問本官意下如何。本官答言。日本政府。既以商議委任于本官。本官自願在此地爲之。然伯之意見。自當通報于閣下。不能辞也。伯又言。爲欲徵亞歷斯夫大將之意見。已將我提案寫一副本。寄往旅順矣。爲此談話之後。伯又言俄國在滿洲經營鐵道之件。雖難承諾。然此外各件。或於俄國政府。亦得妥協也。本官對曰。爲欲成一滿足之協商。不可無交讓與和協之精神。若自藍伯有所提言。帝國政府。自當以好意商量之也。

第八　訓令反對商議地變更之議。

八月二十六日小村致栗野

接八月二十四日電。帝國政府信在俄京商議。於事較便。因此欲在該地繼續之。望貴官以此意告藍伯。且言本件商議本無細目事項。須得地方的智識者。且帝國政府。業已以本件商議委于貴官。今變更之。非其所好云云可也。帝國政府。切望得俄國政府對于提案之確答。貴官當以此情告知俄國外務大臣。幸常勉力務必速得確答爲望。

第九　報俄國外務大臣堅持其所主張。

八月二十七日栗野致小村

接八月二十六日訓電。本官以今二十七日會藍斯都夫伯。伯言禮拜二日。會謁皇帝。皇帝謂樂見日俄兩國締結滿足之協商。而爲速本件之進行。故欲使在東京商議之。又言俄國皇帝以禮拜一日（八月三十一日）自本府發輦。出遊地方。自此以若干期間。旅行外國。其時關係諸大臣。皆不在俄京。故在東京商議。於完結本件較爲便捷。本官於前二十三日與伯所會談。謂今回協商之目的。在于政綱主義。不涉細目。故以在俄京商議爲適當。且爲得滿足成効之最捷徑。而伯反覆前言。堅持其所主張。以事情如此。伯之提言。乃既經皇帝之允准者。今欲使其更變方針。料必甚難。然若移商議于東京。則其結果。必至有不利益者甚多。然則本官此後當執如何措置。謹俟訓令。

第十　訓令再反對商議地變更。并使以日本之提案爲商議之基礎。

八月二十九日小村致栗野

接八月二十七日電。元來今回之商議。關于主義而不涉于細目。故以在俄京繼續之爲便者。乃帝國政府所依然確信。貴官當以此旨告藍斯都夫伯言貴官與藍伯。既于本件各受相當之委任。又我提議既提出于藍伯。故帝國政府以爲商議之地既歸于協定矣。因此望貴官以在俄京繼續商議。爲帝國政府所希望之旨。切陳于藍伯而求俄國政府之再思可也。抑據藍伯提議以本件商議移于東京之事實。是可推測俄國政府願以我提案爲商議之基礎。大抵當無異議。貴官當向藍伯言帝國政府之爲此推測。當非不當也。

第十一　報俄國外務大臣對于商議地移轉之異議。

八月三十一日栗野致小村

本官以八月三十日會藍斯都夫伯。照八月二十九日訓電。詳細陳說。伯之所答要領如左。

本件雖非主義之問題。而主義者必審按地方的及實際的問題而後能決。俄國政府決欲移商議于東京者。實因此理由。爲有必要與亞歷斯夫大將協議者也。又以本件自日本提議。故出於表敬意于日本之意。在俄京受此提議耳。非即示願以此地爲商議地之意也。又提言移商議于東京者。非即示俄國政府對于日本之提議更無異議也。商議之基礎。須俟細考實際問題而後能決定之。而關于實際問題。駐劄日本我公使及亞歷斯夫大將實比伯有優長之知識云云。本官對曰。以私見論之。本件實爲最重大至高政策之所關。則其決定。必有俟于皇帝陛下之親裁者甚多。故當以在俄京商議爲便。故於變更商議地一事。深望藍伯再三熟思。是帝國政府之所切望也。且謂本件爲關于主義之問題。及關于國際政略問題之處理。不屬于亞歷斯夫所受權力之範圍。

以此理由駁其移轉商議地之議。且言本官所記若不誤。則亞歷斯夫大將之職權。往日竊聞之于伯。特以地方行政等事項爲限耳云云。伯言於今回問題。亞歷斯夫大將。不過受諮詢而已。何事皆非由其決定也。且欲將本件從速決着者。伯亦甚爲切望。此所以提言移轉商議地也。且調製對案。非由有地方智識之人不可。故決以商議移于東京者。乃欲速本件之進行。非有他意。若於此地商議。則除伯之外。無人當之。然伯爲扈從陛下。今秋大抵不在于此地。旅行維也納及羅馬之後。或更赴某國。因此恐致延遲商議。然若移之于東京。則伯得以電信訓令于東京。自東京來電。亦可達于伯之所在。且於此地辦事。向非迅速。豈非貴公使等之所熟知乎云云。臨末伯又言。今日本當謁見皇帝。以本官却望協商速成之理由。陳奏陛下。且當以顧在俄京商議。爲日本政府所希望情節。再行陳奏。然於此點。恐於從來所屢述之外。未必可得他結果也。

第十二 訓令再請在俄京繼續商議。且以日本提案爲商議之基礎。

九月二日小村致栗野

接八月三十一日電。務欲速遂協商者。既明爲兩國之所希望。然商議之基礎。尚未允諾。而欲移商議于東京。帝國政府深恐因此大延議事。故望貴官以此告藍伯。且謂帝國政府。業已將其提議具體的提出于俄國政府。無論在何地商議。俄國政府必當聲明能允以我提案爲主義上商議之基礎與否。然後使于事之進行也。且即允以我提案爲商議之基礎。而於必要修正之提議。實非因此有碍。蓋此允諾。不過爲確定此事之起點。蓋無論如何商議。皆以確定起點爲便益。而在于本件。尤爲極緊要者也。甚望十分盡力務得俄國政府之聲明爲要。

第十三　報俄國外務大臣主張以日本提案及俄國對案爲基礎且欲在東京商議。

九月五日栗野致小村

本官以九月四日見藍伯。爲恐九月二日電訓。彼或誤解其意又欲使彼知帝國政府措重本件乃特作一書親交藍伯。然後與之久談。藍伯之答辨如下。

藍伯在俄國外務省已四十年。其閱歷甚多。然於國際商議例。必待甲國提議乙國回答之後。而後爲之。其願以一國之提議爲商議之基礎者。向無此例。今駐劄東京俄公使已奉俄國皇帝之勅令。審查日本政府之提議。再與亞歷斯夫大將協議。作一對案。若日本政府欲開始商議。則當以其提案及我對案爲商議基礎。而與之共爲商議也。本官對曰。若俄國政府果願與日本爲滿足之協定。則當訓令商議委員。使以日本之提議爲基礎。即不然亦當採其實質之主義以爲基礎。然後於達本件之目的較爲便易。蓋据本官所揣測。未知亞歷斯夫大將果有以此和協精神與日本商議之意否也。藍伯曰。俄國政府當接日本之提議時。只有兩途。其一即拒絕之。其一即與之商議是也。然俄國政府雖卒採後者。而非有盡允日本提議之意。又非有允從其主義之意也。特以旣允其欲爲協商之提議。故俄國政府決意審查日本之提議案。別作一對案。而後以此兩案爲商議之基礎耳。且日本提案之條項有與俄國利益不能調和者。又有倘須修正者。故俄國政府若非得以其對案共入商議。則幷日本提案之主義亦不能認爲商議之基礎而允諾之也。由上之談。本官曾爲達帝國政府之希望。十分盡力。而今已確認不能使藍伯變其提言之針路矣。然則帝國政府除强從藍伯之發議。

更無他術矣。藍伯又定以本月十日發本府赴達倫斯塔陪侍俄國皇帝陛下。

第十四　訓令答應移轉商議地。幷求俄國速行提出對案。

九月七日小村致栗野

接九月五日電。貴官當見藍伯告以帝國政府允移商議于東京。又言帝國政府深信俄國政府所與羅善公使之訓令。必能使該公使速行提出對案以進行商議者也。

第十五　報羅善公使及極東總督既受必要之訓令。

九月九日栗野致小村

本官以九月九日會藍伯。伯曰。駐劄東京羅善公使及亞歷斯夫大將。已奉皇帝之命。令其務必從速作成對案。以便早開商議矣。今更不必再發訓電也。云云。

第十六　通報羅善公使及亞歷斯夫大將已爲協議同赴旅順。

九月二十四日小村致栗野

羅善公使以本月二十二日向旅順進發。該公使曾來訪本大臣。据稱該公使方接一宜傳勅命之訓令。云爲欲使亞歷斯夫總督及該公使所作俄國對案。速得完全。或有不能不赴旅順者。當預爲準備。以便臨時出發。忽又奉到亞歷斯夫總督來函。謂欲將此件速爲協議。望即來旅順云云。公使又言預計十一日內。當能歸京。

第十七　寄示羅善公使自旅順歸來所提出之俄國對案。

十月五日小村致栗野

俄國公使本月三日自旅順歸來。即日來訪本大臣。

以俄國對案交來。稱說此爲亞歷斯夫總督及該公使所提出。曾經俄國皇帝之允裁者。其對案如下。

第一條　相約尊重韓帝國之獨立及其領土保全。

第二條　俄國承認日本在韓國之優越利益。幷承認不背第一條之規定。而與可爲改良韓國民政之助言及援助于該國者。爲日本之權利。

第三條　俄國約明不阻碍日本在韓國商業的及工業的企業。又以不背第一條之規定爲限。爲保護該企業所採之一切措置。不反對之。

第四條　照會俄國。而以上條之目的。送遣軍隊于韓國者。爲日本之權利。此由俄國承認之。但其軍隊之員數。不得超過實際必要者。且其軍隊於任務既畢。當即召還。此由日本約明之。

第五條　相約於韓國領土。即令一部亦不得以軍略上之目的而使用之。又不得于韓國沿岸。設兵要工事。可得迫害朝鮮海峽之自由航海者。

第六條　相約以韓國領土在于北緯三十九度以北之部分。爲中立地帶。兩締約國皆不得使軍隊入之。

第七條　日本當承認滿洲及其沿岸。爲全然在于日本利益範圍之外。

第八條　本協約可替代從前關于韓國日俄兩國間所結之一切協定。

第十八　通報既與羅善公使開始會商。

十月八日小村致栗野

本大臣以我提案及俄國對案爲基礎。且以務使俄國承認我提案之根本主義之意。既與俄國公使開始會商矣。

第十九 寄示對于俄國對案所提出之修正條項。

十月十六日小村致栗野

本大臣對于俄國之對案。有所修正。因以左方各項提出之。與俄公使進行商議。

(一) 俄國對案第二條中。「可爲改良韓國民政之助言及援助。」改爲「可爲改良韓國內政之助言及援助。」(但包軍事上之援助在內)

(一) 俄國對案第三條中。「商業的及工業的企業」改爲「商業的及工業的活動之發達。」又「爲保護該企業所採。」改爲「爲保護此等利益所當採。」

(一) 俄國對案第四條。改之如左。

以前條所揭之目的。又以鎮定可以惹起國際紛爭之叛亂若騷擾之目的而送遣軍隊于韓國者。爲日本之權利。此由俄國承認之。

(一) 俄國對案第六條。改之如左。

於韓國滿洲之境界。設定一中立地帶。其兩側各亘五十啓羅米突。於此地帶內。兩締約國相約。非得互相承諾。不能使軍隊入之。

(一) 削去俄國對案第七條。換之以下之三條。

一第七條 俄國當約明尊重清國在滿洲之主權。及其領土保全。并不妨害日本在滿洲商業之自由。

一第八條 日本承認俄國在滿洲之特殊利益。且以不背前條之規定爲限。俄國得爲保護該利益。有可採必要措置之權。

一第九條 相約今後韓國鐵道及東清鐵道延長至于鴨綠江。當不阻碍兩鐵道之連結。

(一) 俄國對案第八條。改爲第十條。

第二十 寄示與羅善公使會商之經過。

十月二十二日小村致栗野

以對于俄國對案之修正。與羅善公使會商之結果如左。

俄公使於我對于第二條及第六條之修正。暫行承諾。而仰請本國政府之認可。於第三條則同意。於第四條則尚須商議。於對于俄國對案第七條之我修正中第七條。兩者相與固持。不能受諾他人之提議。意不能合俄公使之主張如左。

(一) 俄國對案第七條。乃因俄國有關于韓國之讓步以此為唯一之補償也。

(一) 於此點若容日本之修正。則與俄國向來所固持之主義。即滿洲問題為清俄間專屬案件。不許第三國干涉之主義。不能相容。

我國之主張如左。

(一) 日本關于滿洲。非向俄國求其有所讓與。日本之提案。不過於俄國任意。且屢次聲明之主義。欲以條約確認之。

(一) 日本於滿洲。有條約上之權利。及商業上之利益。且又俄國若確然占領滿洲。則不絕侵迫韓國之獨立。是故日本不可不向俄國。求得前途之權利及利益之安固及韓國獨立之保障。

第二十一 寄示與羅善公使會商之經過。

十月廿九日小村致栗野

十月二十二日曾致一電。其後與羅善公使會商。其結果對於俄國對案第四條之修正。該公使以本國政府之承認為條件。而與同意。於第六條。於中立地帶定以滿韓境界各五十啓羅米突之本大臣之提議。該公使亦與以第四條同樣之同意。惟於第七條。彼此意見未能一致。

第二十二 寄示對于俄國對案所提出之日本確

批評門

定修正案。

十月三十日小村致栗野

本大臣本日以帝國政府對于俄國對案之確定修正案。提出于俄公使。其條項如左。

第一條　相約尊重清韓兩帝國之獨立及領土保全。

第二條　俄國承認日本在韓國之優越利益。又以可爲改良韓帝國行政之助言及援助（但含軍事上之援助在內）與于韓國者屬于日本之權利。

第三條　俄國約明不阻碍日本在韓國之商業的及工業的活動之發達。及爲保護此等利益所當採之一切措置。不反對之。

第四條　俄國承認以前條所揭之目的。及以鎭定可以惹起國際紛爭之叛亂若騷擾之目的。

十四

而送遣軍隊于韓國者。爲日本之權利。

第五條　日本約明不在韓國沿岸設兵要工事。可得迫害朝鮮海峽之自由航海者。

第六條　於滿洲韓國之境界設一中立地帶。其兩側各亘五十啓羅米突。於此地帶內兩締約國非得互相承諾。不能使軍隊入之。

第七條　滿洲在日本特殊利益範圍之外。日本承認之。韓國在俄國特殊利益範圍之外。俄國承認之。

第八條　日本承認俄國在滿洲之特殊利益。若爲保護此等利益而採必要之措置是屬俄國之權利。

第九條　因與韓國立條約。凡屬于俄國商業上及住居上之權利及免除。日本約明不妨碍之。因與清國立條約。凡屬于日本商業上及居住上之權利及免除俄國約明不妨碍之。

第十條　相約今後韓國鐵道及東清鐵道延長至於鴨綠江。不阻碍該兩鐵道之連結。

第十一條　本協約可替代從前關于韓國日俄兩國間所結之一切協定。

第二十三　訓令該確定修正案以屬于羅善公使所帶有訓令範圍之外。該公使須求本國政府之訓令。因此宜往見俄國外務大臣。說明帝國政府之主張。

十一月一日小村致栗野

羅善公使以十月三十一日來訪本大臣。言本大臣所提出對于俄國對案之確定修正案。屬于該公使訓令範圍之外。當以十一月一日。將該案全文電報本國政府。以請訓令。因此貴官宜速見代理外務大臣。照下文陳述之。

帝國政府當作修正案時。於俄國政府之希望。十分酌量。不敢或怠。帝國政府提議相約於清國之獨立及領土保全。亦當與韓國一樣尊重者。不過欲得俄國政府確認其所業經任意聲明耳。而念俄國關于韓國。既有爲如此約定之意。而偏欲除外清國。其理由實不可解。抑滿洲問題。以不關涉帝國之權利與利益爲限。帝國政府以之爲純乎清俄兩國之案件。可無異議。雖然。奈何帝國於該地方。有廣大且重要之權利及利益。故當宣言以滿洲爲在其特殊利益範圍之外。而當以不妨碍對清條約上凡屬于帝國通商及居住上之權利與免除之保證。求之俄國者。乃帝國政府所信爲至當者也。

貴官又當繼言。爲今回商議之基。因帝國政府提議之主意在于劃定日俄在極東之利益相接觸地方之兩國之特殊利益。俄國政府當應此提議。欲以該劃定爲止。限于日本有特殊利益之地方。觀於俄國對案第七條。可推而知而此則非帝國政府之所豫期也。

第二十四　報告進訓令與俄國代理外務大臣會見之要領。

十一月三日栗野致小村

本官以十一月二日見代理外務大臣。該代理大臣以一已之私意。謂日本之要求前後一樣。唯異其形體。且謂所求過多。於是本官乃言日本之所求。不過求承認在滿洲所現有條約上之權利及免除而問其以何點爲過多之要求。代理大臣言。於此事羅善公使絕無所述。唯有一難事。則滿韓鐵道之接續是也。又問其他則無故障乎。答以鐵道問題。羅善公使雖以本國政府之承認爲條件。一時肯諾。是實亦一難處也。臨末本官言帝國政府。以懷抱十分交讓之精神。願代理外務大臣爲欲將這般問題滿足解決。而有所盡力。更望以此意進言於藍斯都夫伯。若能陳奏于皇帝陛下尤善。該代理大臣答樂得如是。且謂藍斯都夫伯亦當以此禮拜之末歸府矣。

第二十五　報告以確定修正案與藍斯都夫伯會談之要領。

十一月十二日見藍斯都夫伯。所談之要領如左。

本官　先日親交代理外務大臣柯波連士奇公爵之電文鈔本。諒已入覽。請問貴意如何。

伯　該件已進呈御覽。又於達倫斯塔出發之前。曾奉勅令發訓令于羅善公使。着其與日本政府繼續商議。

本官　是命羅善公使以日本之確定修正案爲基礎而進行商議乎。

伯　羅善公使與亞歷斯夫大將共審查日本之提

案若有必要。可加修正。此出自皇帝所命者。月下該官等想正從事調製對案也。

本官　据柯坡連士奇公爵言。彼此所見。不能至于歸一者。正爲滿韓鐵道連結之件也。雖然日本政府其後於此條項有所變更。故以該問題爲妨彼此意見妥協之主因。實自已之所不能信也。

伯　以予所見。妨協商之成立者。滿洲問題也。予自當初已言之矣。俄國政府常以此問題爲全屬清俄兩國間之案件。因此與清國遂協商。以擁護在滿洲之優越利益。而可得爲一切適當之措施者。其權不得不存之于俄國政府也。

本官　於我國亦常顯承認俄國在滿洲之特殊且莫大之利益。又決無侵此等利益之意思。然於尊重清國之獨立及領土保全。及對于我在滿洲之權利及利益。得要求正式之保障者。亦我至當之權利也。

伯　關于本件。俄國之異議。非對于實質。而關于形式者也。於滿洲他國亦有權利及利益。雖然因此而與此等各國一一爲關于滿洲特別之協定。是非俄國所能也。

本官　俄國於實質之點。與我所見同一。惟關于形式。彼此之意見不能一致。故因此不能見協商之成立。是誠遺憾也。願伯盡力使俄國因其所已容認之主義。而得見滿足之解決者。乃本官之熱望也。

第二十六　求速發訓令於羅善公使繼續談判。

十一月二十一日小村致栗野

羅善公使以十一月二十日告本大臣曰。亞歷斯夫總督既呈對案於俄國政府。得十四日該總督來電而知之。然於該對案尙未得接訓令也云云。爲此着貴官宜速見藍斯都夫伯。敍述羅善男之所言。幷述帝國政府。切望迅速進行談判。且言望伯盡力務以無遲滯繼續談判使早得了結之訓令。速能發送於於維善男。

第二十七　報告奉訓令與藍伯會談之結果。

十一月二十二日栗野致小村

今二十二日會藍伯。伯言對于日本確定案之修正。已呈進皇帝陛下。而目下爲皇后陛下不豫。一切事務。皆不親御。以此自然不免延遲。本官請伯務必盡力使於此問題。須速得勅裁。伯答以若有電訓。以公文寫之。由本官照會於伯。則伯當直奏之皇帝。於是本官問亞歷斯夫大將所提出修正條項。伯似以直接作答爲困。乃答言如下。

關于韓國。俄國與日本爲直接之協定。雖爲多大之讓步。亦所不辭。然至關于滿洲。則俄國雖一旦以征服之權利。占領滿洲。而猶欲還附于清國者也。但於滿洲爲我莫大利益之安固其必要取得保障者。固其宜耳。而今清國尚拒而不肯與此保障。則滿洲當爲清俄間專屬之案件。而欲與第三國何等之協定。是則祇俄國之所不能也。本官對曰。就日本提案。据本官之所解。則我政府之意思。非干預清俄兩政府間之直接交涉。是觀於我確定案第七條之前部。可明白矣。我之所欲者。是在于俄國所屢次聲明之清國獨立及領土保全。及爲我在滿洲重要利益之安固耳。是非干預清俄兩國間之事件。而爲日俄兩國在滿洲各有多少利益。爲豫防兩國之誤解者耳。又述無論由何等形式之交涉。得如上之調協成立。則清俄間之交涉。其進行當更見一段之便易。伯尚反覆前言。謂本官以公文將本國政府之來訓及本官之意見致之於伯。則當以該公文轉呈皇帝。又伯準於來二十五日在斯屹爾寧威士謁見皇帝。該公文大抵今夕可送于伯矣。由此會談察之。自亞歷斯夫大將提出之修正。其關於滿洲之我提議。當有不甚妥協者焉。

第二十八　訓令問藍伯曾發訓於羅善公使否

十一月二十八日小村致栗野

據十一月二十二日電。稱藍伯以本月二十五日謁見帝皇。貴官宜速見伯。問其發訓于羅善公使之件。曾否作何措置。

第二十九　報因皇后不豫藍伯謁見皇帝因此延遲。

十一月二十九日栗野致小村

藍伯對本官言。爲謁見皇帝。原定十一月二十五日赴行在所。爲因皇后陛下有疾。因此延期。皇后陛下之疾。乃右耳內部焮衝。須施手術云。又聞伯言。本官照二十二日電稟。以公文寫之而送于伯。伯即已轉呈皇帝矣。

第三十　訓令說示俄國政府以交涉問題速決之緊要。

十二月一日小村致栗野

日俄交涉問題之速决。帝國政府自始已重視之。蓋於此重大案件。因要解决之滿足。而使得迅速了結者。亦極緊要也。是故帝國政府前此之交涉。凡對于俄國之提言。皆特注意速答。然日俄交涉懸案已亘四月之久。而其終局之如何。今尚未得確然豫見。事情如此。帝國政府對于因交涉延遲而致成現下之形勢。所以不勝憂懼也。是故令貴官速見藍伯。痛切詳陳此旨。抑我政府所以披胸襟以現下之時勢。說明于俄國者。信其有裨補于大局也。望亦言之。

第三十一　報俄國政府之舉動。

十二月二日栗野致小村

批評門

据本官所聞。俄國政府今猶與亞歷斯夫總督頻頻通信云。

第三十二　報藍伯言當以交涉問題速決之必要。陳奏皇帝而通報其結果。

十二月四日栗野致小村

藍伯以十二月三日夜接見本官。本官將十二月一日所發電訓以法文譯出。再將帝國政府以懸案問題速決爲緊要之事態。作一長書。十分說明。統交該伯。伯言此問題尙有須再商量者。現正與亞歷斯夫總督交涉。又言皇帝陛下。將十一月五日廻鑾於下禮拜二日(十二月八日)謁見之時。當詳奏本件須要緊急。如此則當得發訓令于駐日本俄國公使矣。本官又問於此指定日期之前。不得拜謁陛下乎。伯答此禮拜六爲本國皇嗣祝祭日。禮拜日爲休息日。禮拜二日又有他事云。伯又約以來禮拜三日。(十二月九日)以謁見之結果告本官。

第三十三　報告藍伯之談話。

十二月九日栗野致小村

藍伯以十二月九日語本官曰。以亞歷斯夫總督之提案爲基礎。以繼續談判之勅命。已以昨八日送於該總督及羅善公使。而於日本之提案。實曾十分酌量也。本官問俄國提言之性質。可得聞否。伯答二三日中。當由羅善公使公然提出于日本政府。

第三十四　報俄國修正對案已由羅善公使提出。

十二月十二日小村致栗野

俄國公使昨十一日來訪本大臣。謂遵本國政府之訓令。復答我確定修正案。(即十月三十日由此發電所報)乃將左記俄國政府之對案。公然提出。

第一條　相約尊重韓帝國之獨立及領土保全。

第二條　俄國承認日本在韓國之優越利益。及以可爲改良民政之助言及援助與于韓國者。爲日本之權利。

第三條　俄國約明不反對日本在韓國工業的及商業的活動之發達。及爲保護此等利益而採措置。不反對之。

第四條　俄國承認以前條所揭之目的。又以鎭定可以惹起國際紛爭之叛亂若騷擾之目的。而送遣軍隊于韓國者。爲日本之權利。

第五條　相約於韓國領土。即令一部。亦不得以軍事上之目的而使用之。又不得在韓國沿岸。設兵要工事可得迫害朝鮮海峽之自由航行者。

第六條　相約以韓國領土之在北韓三十九度以北之部分爲中立地帶。兩締約國俱不可使軍隊入之。

第二十五　訓令爲提示于藍伯。當以書提出。

十二月二十一日小村致栗野

十二月二十一日與俄國公使相會。本大臣摘示我原提案與俄國新提案之間。其關于協商之地理範圍。有根本之差異。幷十分說明帝國政府甚以日俄兩帝國在極東之利益相接觸之地方。俱入于今回之協商。爲一般利益。本大臣又言希望俄國政府關于此點。當再商量其態度。本大臣復以帝國政府當有必要加于俄國新對案之修正條件。詳述于該公使。今欲使俄國政府於帝國政府之態度不生誤解。宜由貴官將下文之意作一書以提出于藍伯。

本月十一日所提出之俄國新對案。帝國政府曾愼重考查之。而俄國政府以本案協商之範圍。不能及於日本所視爲必要不可缺之地域而不同意之。是帝國政府之所遺憾也。當初帝國政府以八月提言于俄國政府。帝國政府之希望在於以日俄兩帝國在極東利益相接觸之地域。悉入于本案協商之範圍。以欲除去日俄兩國關係上可爲將來誤解之一切原因。然若將此地域之一要部。全然除去。而尙謂該協商能得就者。帝國政府之所不能信也。是帝國政府所以不得促俄國政府之再思也。而帝國政府甚希望俄國政府能想出方法。使本問題得至見滿足之解決也。帝國政府對于俄國新對案。以爲當修正之如左。

(一)第二條當云俄國承認日本在韓國之優越利益。且與可爲改良韓帝國行政之助言及援助于韓國者。爲日本之權利。

(二)第五條當云相約在韓國沿岸不設兵要工事。可得迫害朝鮮海峽之自由航行者。

(三)削去第六條。

右修正中之重點。非比于在東京。一旦會經協議妥當之修正之程度。有所踰越。故此等變更。乃帝國政府所認爲必要不可缺者。是故信俄國政府亦必無異議。而能與之以同意也。

當以此書提出于藍伯。貴官當向伯言本大臣亦曾以此旨述于羅善公使。且言於本件甚望速行回答可也。

第三十六 報已提出口上書

十二月二十三日栗野致小村

奉訓電。以今二十三日午後二時見藍伯。伯曰。据羅善公使來電。稱該公使會見小村男爵。其委細詳後電。今其後電尙未到。機而本官以該書交伯。伯受之。且曰。當盡力使俄國之回答。務必從速發送。又云。但尙有須問亞歷斯夫總督者。臨末本官復言。現下之形勢。若此協商不遂。恐未必不生重大因難。或致葛藤。然則伯爲達其希望之目的。亦當十分盡力。是所厚望也。

第三十七　報以關于口上書問俄國政府之處置之結果

明治三十七年一月一日栗野致小村

本官以一月一日見藍伯問其對于我最近之提案。有何所措置否伯答俄國政府現正將該提案十分審議且謂當速發訓令於羅善公使使以友好和協之精神進行商議求本官以此確保于閣下伯又言日俄兩國不得至于妥協之理由絕無之。

第三十八　寄示羅善公使所新提出俄國之復答。

一月七日小村致栗野

羅善公使於對我十二月二十日之提案之俄國政府之回答以一月六日手交本大臣下文所記即是也。

對于俄國對案第二條日本帝國政府之修正雖無異議而俄國政府以維持左之二個條爲必要也。

一即第五條原案也此爲日本帝國政府之業已同意者其條文如下。

相約於韓國領土即令一部亦不得以軍事上之目的而使用之且不得在韓國沿岸設兵要工事。可得迫害朝鮮海峽之自由航行者。

二爲關于中立地帶之第六條也。（本條與日本帝國政府同出一目的即「除去可起將來誤解者之目的」也嘗在中央亞細亞英俄領地間亦有同樣之地帶）

若于上記條件肯爲同意則俄國政府當承諾以左之趣意插入一條于本案協約中即滿洲及其沿岸爲在日本利益範圍之外日本承認之則俄國於滿洲區域內不阻碍日本若他國享有與清

國現行條約所獲得之權利及特權。(但除居留地設定)。

第三十九 訓令關于俄國之復答。爲欲確知自外務大臣開陳於俄國公使之次第可將書交於藍伯。

一月十三日小村致栗野

貴官確爲本大臣本月十三日開陳于羅善公使之意見。可以左之口上書交付藍伯。

帝國政府以平和解决時局。永久確立兩國親交之基礎。并保護帝國之權利及利益爲目的。因此對于本月六日自羅善男閣下交來之俄國政府之回答。極愼重周密以考量之。其結果覺其有必要修正者如左。

一俄國對案第五條當削除其前半。卽於韓國領土卽使一部。亦不得以軍略上之目的而使用之之句。

二俄國對案第六條。關于中立地帶設定之條項。當時全文削除。

三俄國政府關於滿洲之提議。若修正之如左。則同意之。

在滿洲及其沿岸。爲日本利益範圍之外。日本承認之。但俄國當約明尊重滿洲之領土保全。俄國不阻於滿洲區域內。不阻碍日本若他國。享有與清國現行條約所獲得之權利及特權。韓國及沿岸。爲俄國利益範圍之外。俄國當承認之。

四於俄國對案。加以左之一條。

日本承認俄國在滿洲之特殊利益。又爲保護此等利益而採措置者。爲俄國之權利。

以上修正之理由。帝國政府從來已說明之。更無餘蘊。故除切望俄國政府再思之外。無可陳辯。唯其中削除關于居留地之限制者。為其與日清追加通商航海條約抵觸也。蓋於居留地設定。即他國亦有此權利。故日本得與他國為均一之處置。即可滿足。又俄國政府回答中。記明帝國政府對于俄國對案第五條。已與同意。此乃俄國政府之誤解。帝國政府實未嘗與以同意也。臨末當言帝國政府以全然和協之精神。提出前記之修正。望俄國政府亦當以同一之精神歡迎之。若猶遷延時局之解決。恐於兩國俱為不利。望速與復答云云可也。

第四十　訓令問俄國政府對于口上書之回答如何。

　一月二十三日小村致栗野

貴官當見藍伯。問俄國對于我最近之書。其回答之性質如何。且問其回答可以何日交來。以審伯之意見。

第四十一　報告奉訓與藍伯會見之結果。

　一月廿五日栗野致小村

奉一月二十三日電。本官以一月二十四日見藍伯。問伯對于我之最近提案意見如何。又問俄國欲以何時回答。伯故裝不好涉及于巨細之問題。只答以或於某點有難同意。伯又言以禮拜二日（一月一十六日）見皇帝。陳奏其意見。想不日便可得回答。本官復以今日午後見哈脫域克（政務局長）。據稱俄國外務省。今尚與亞歷斯夫總督協議中。對于日本之回答。果能以何日發出。今不能豫言云。

第四十二　訓令促俄國政府之回答。

　一月二十六日小村致栗野

懸案問題之解決。以無際限延遲之者。於目下時局所不能容。以此貴官宜速見藍伯。謂奉政府訓令。闡陳如左。

據帝國政府之所見。使現下之時局。更為延遲。則不過使其更加重大而已。故帝國政府切望速得俄國之回答。幸使得知此回答能以何日送致于帝國政府。

第四十三　報藍伯之返答及其有所質問。

一月二十六日栗野致小村

於一月二十六日電俄國外務大臣曰。海陸兩相及其他關係官爲討議時局問題。約以一月二十八日聚會。以其決議上奏皇帝。請其裁可。亞歷斯夫大將亦本約來會。今忽不果。該大將之意見不久當有電信來。因此回答日本之期。不日可得而確定。而即謂其必不至延遲。亦可無碍。

該大臣又問。据當局之報告。謂日本已派遣多數之軍隊軍器及軍需品于韓國。於此事可由本官爲之說明乎。本官答以恨於此等事實絕無所知。不能有所說明。該大臣又言兩國政府方誠實進行商議之間。而日本遽爲此樣行動。不免令人生大惡感云云。右之報告果爲事實與否。望以電報示知。若果爲事實。尤望詳報。

第四十四　訓令不認送遣軍隊軍器于韓國之報。且以韓國國境有俄軍集中之報當質問之。仍問俄國回答之性質及時日。

一月二十八日小村致栗野

接一月二十六日電。貴官宜速見藍伯。謂奉本國政府訓令。日本送多數軍隊軍器及軍需品于韓國之報。斷然否認。實則日本近頃更無派遣軍隊于韓國之事。又於現在駐屯韓國日本兵隊普通所用必要額數以外。更無送彈藥之事。貴官又當向伯問俄國軍隊集中於韓國國境之報。果眞實否。若果爲事實。則此種軍事的運動。大不可也。臨末貴官當以貴官一人之見問伯。一月二十八日俄國大臣會議決議之性質。可得聞否。又問俄國回答當以何時交來。不能大約指示日期乎可也。

第四十五　報與藍伯會見之結果。

一月二十八日栗野致小村

藍伯滿足於我說明也。於鴨綠江附近俄軍集中之說。伯亦不信之。謂此種之新聞報道甚爲遺憾。本官欲就今廿八日大臣會議之議決、欲有所聞。伯云會議之結果。非議決而上奏之于皇帝者。因關係大臣各自就本件引見于皇帝。今何事皆不得確言。伯又謂亞歷奇西斯大公及海軍大臣以下禮拜一日。(即二月一日)陸軍大臣及伯自已以禮拜二日(二月二日)謁見陛下。料禮拜三日俄國之回答必得送致于亞歷斯夫總督矣。本官言現狀之遲延。不特非所期望。且屬危險。且其間世上已始終喧傳各種之風說。故若可能。務以速發回答爲緊要。且請於上述之時日以前。務請特別運籌。使得見送付回答之運。伯反覆言雖知悉現下之狀勢。而謁見之期日。旣指定如上。今更不能變更。又屢言當盡力而爲務於來禮拜三日。能發付回答云云。

第四十六　訓令再問俄國回答之確實日期。

一月三十日小村致栗野

貴官可速求見藍伯。稱奉本國政政訓令照下陳述。使現今之時局更爲遲延、則必於日俄兩國爲重大不利益。以此帝國政府。希望於俄國外務大臣閣下所指定日期。即下禮拜二日以前得受領俄國之回答。雖然此事似到底不能。爲此帝國政府果能以藍伯所指定之日期即下禮拜二日得接回答否。若不能。則俄國政府果當以何日回答乎。甚欲知其確定之日期也。若藍伯旣明示回答之日期。貴官當再見伯。求其示知該回答之性質如何。

批評門

第四十七　具報藍伯之返答。

二月一日栗野致小村

接一月三十日貴電本官以三十一日見藍伯。伯言。自己於現下時局。知其十分重大。確望速發回答。然以問題關于重大案件。非可輕易處之。且以關係各大臣及亞歷斯夫總督之意見之有須調和者。故不免遲延。今於發送回答之期。不能確告貴官。以此事全出自皇帝聖斷者也。而自己則爲進行本件。常盡力不敢怠也云云。

第四十八　訓令斷絕日俄協商之談判。且以帝國政府有可採自由行動之權利之意。通牒於俄國政府。

二月五日午後二時小村致栗野

以現下時局。不容更爲遷延。故帝國政府斷絕懸案之談判。爲防禦我地位之被俄國侵迫。并爲保護我權利及利益。已決採必要之獨立行動。貴官得接此電。即以左之公文。送于俄國外務大臣藍伯可也。

日本國皇帝陛下之特命全權公使某。遵本國政府訓令。對于俄國皇帝陛下之外務大臣閣下。通牒如左。

日本國皇帝陛下之政府。以保全韓國之獨立及領土。爲自衛本國之康寧與安全所必要不可缺者。故不問如何行爲。苟有使韓國他位不安者。帝國政府必不能默視之。而俄國政府對于日本關于韓國之提案。(即帝國政府所用以確實韓國之存立。并恃以擁護帝國在該半島之優越利益之提案。)乃提出其到底無望妥協之修正。執拗以拒絕我。又俄國之於滿洲。雖曾與淸國訂立條約。及嘗對于各國有利益於滿洲地方者。屢次與以保障。然今爲欲長占該地方。乃至執拗以拒我相約保全滿洲領土之議。

是使帝國政府爲自衛計。不得不愼重考量其可採之手段也。夫俄國既以無故屢延回答。又不愛念平和。妄爲軍事之活動。而帝國政府尙容忍之以至于今日。由是察之。帝國政府欲與俄國政府。共除去關係上可爲將來一切誤解之眞意。昭然若揭矣。然其結果。不過使帝國政府自悟其穩當無私。及凡關于絕東平和之提案。皆不得見容于俄國政府而已。事至今日。縱開談判。亦屬徒勞。故決意斷絕之。然則自此之後。帝國政府爲鞏固防衛其受人迫害之地位。及爲保護帝國之既得權及正當利益。當有可採獨立行動之權利。於此特爲聲明。

第四十九　訓令通牒俄國政府。告以斷絕外交之關係。幷令率公使館人員退出俄京。

二月五日午後二時小村致栗野

貴官以別電之公文。與左之趣意之公文。送于藍伯

可也。

日本國皇帝陛下特命全權公使某。遵奉本國政府訓令。對于俄羅斯皇帝陛下之外務大臣閣下。通告如左。

日本帝國政府原欲與俄羅斯帝國共將關係上可致將來紛糾之各種原因。設法除去。然雖盡其和協之手段。而不睹其效。今帝國政府爲極東平和曾爲正當之提言及穩當無私之提案。而俄國對之應從而不肯從。是我國政府與俄國政府之外交關係。至今再無價値。爲此日本帝國政府決意斷絕之也。某更依本國政府之命。將以某日率帝國公使館員退出俄京。今幷將此意通告于藍伯閣下。

第五十　報俄國回答之要旨。既電報于亞歷斯夫總督。及報俄國外務大臣曾略述其內容。

二月五日午前五時五分栗野致小村

因藍伯來請本官以二月四日午后八時見藍伯。伯曰。俄國回答之要旨今已發電于亞歷斯夫總督。欲由該總督轉送于羅善公使。該總督斟酌地方之情況。不保無所修正。然大抵當無甚變更者也。伯更述其私見曰。

俄國於保全韓國獨立及領土之原則。甚望維持之。而尤以為朝鮮海峽之自由航行為必要。故俄國雖于可為讓步者無不讓步。而亦不肯使人得以對俄戰略之目的。利用韓國也。且為確立日俄間良好之關係。則以兩國合意而於兩國在極東直接勢力及行動範圍之間。設立一緩衝地帶。是我所信為有利者也。

此乃藍伯自述其私見。雖不得視為斷言。而俄國回答之要旨。大概不外如是。

第五十一 報已提出斷絕外交關係之公文。

二月六日午後五時五十七分栗野致小村

奉二月五日所發兩電。其公文以今六日午後四時提出于藍伯本官。當以來十日率館員及留學生退出俄京。

記者曰。自甲午以後。日俄兩國屢以彼此之利害不能相容。而日俄開戰之報。遂幾於無歲不聞。乃不堅忍相持。直至今年而始見開戰之實事。今戰事方始。勝敗之數。未可預決。而於此役之孰為是。孰為非。孰為曲。孰為直。則稍有智識者。皆能不惑矣。然俄國政府自開戰以來。屢欲以開戰之責任。委於日本。日本之不當負此責任。各國有力之新聞。皆為之力辯矣。而至日本之自為表白。則觀其三月二十三日所發表之日俄交涉往復文書。實足證此戰爭之責任不在于日本矣。

何以之。日本以滿韓問題為與自已獨立進步有。

直接間接之關係。而以俄國一意破壞東方之平和步步爲營日甚一日。則以清韓兩國皆有不能自顧之勢故不復與之相謀而直有所交涉于俄國。然則日本雖曰自爲己計而以與俄國相比而反觀之則其所爲私而近于公者也利而近于義者也。

夫日本當與俄國交涉之始即以滿韓問題相提並論。而俄國偏不欲以滿洲問題歸入于日俄協商之中。其視滿洲爲囊中物不許他人容喙之心昭然若揭矣夫使滿洲入于俄國。則韓國之獨立不可得而保也此則覩于去年四五月以來俄國一面不撤滿洲之兵一面謀畧鴨綠江畔之地足以窺其得隴望蜀之野心矣。然惟使韓國不能保其獨立則俄國雖認日本在此國有特殊利益。而皮之不存毛安所附。況喩以屏藩脣齒之勢。日本既使猛虎鼾睡于其臥榻之側。則尤不得爲一夕之安枕也。此日本所爲始終爭韓國之獨立。而尤以保全滿洲之領土爲必要者固其宜也今繙此往復文書日本之與俄國交涉往往有以韓國問題爲先。而反以滿洲問題爲後其故雖由日本政府甘于退讓不欲全拒俄國之所主張。以致協約之不成而於此點在日本實不免於失策延緩交涉。蓋由此故然即此亦足見日本之能容忍矣。

且查日本十月三十日所提出之確定修正案。已比之原提案大有所讓于俄國而俄國猶深閉固拒。不肯稍自裁抑以允從之俄國之橫悍已達於極點且又故意遷延不肯回答其爲自己完修戰備計固甚得也而奈日本受辱何

要而論之。日本國民之視俄國。爲不共戴天之大敵。日日望與之一決勝負者久矣而惟日本政府常若有所顧慮不敢輕於發難。今察其交涉始末已足見

其屈辱負重之苦心而卒不免於決裂以終此則世界各國所爲表同情于日本而不能以戰爭之責任歸之也。

嗚呼、吾察時勢。吾念東方大局吾讀日俄交涉往復文書吾亦不能不表同情于日本也日本對于此戰爭之目的別爲一問題今不具論而就其所公然號示于天下者。則日本之所爲吾信其必無愧于吾人之表同情以歡迎之也近接日本海軍連戰連捷之報。吾人輒不禁爲之狂喜此豈非吾人公平心之所發見而不能有所矯飾者哉

抑此戰爭之近因實在于滿洲撤兵問題而滿洲撤兵問題。實以我國爲主人然則日俄之戰局蓋由我國有以釀成之噫、吾人本立于可與俄國開戰之地位而今反置身局外以評論人之短長稍有知識者吾不知感慨爲如何也。

吾譯此稿。更有所感焉。蓋朝鮮於甲午以前。猶爲吾名分上之保護國也而今則吾國地位降而與之相等吾每譯保全滿洲之獨立及領土之句未嘗不動。山河今昔之感幾不忍爲之下筆吾不知此篇一出。果能換吾四百兆同胞幾許愛國憂國之淚也。嗟夫。

俄國革命黨之乘機竊發

俄國以專制政體統治其民而其民不服故隱于草野之間而潛謀革命者。幾於遍俄國皆有之。此俄國政府所最深患而各國有識之士。亦常以此爲俄國憂。而此等革命黨。屢起屢仆。至今未得一逞。蓋俄國政府常舉其全力以制之。故能爾也。而今以有戰事。革命黨知有機會之可乘。乃復奮起而舉事。

聞者俄國巴克市有僧若干人。爲祈禱俄國戰捷在該市公會舉行恭祝之典。方在歡呼萬歲忽聞轟然一聲。有一炸彈自空中飛來。於是藥力橫迸。毒煙彌

漲爆死三人。負傷者不計其數。此報一傳于外。全國之革命黨。莫不拍手稱快焉。俄國之革命。或者以此爲導火線。未可知也。

夫當國家有戰事之時。正國民執干戈以衛社稷之時也。今觀日本召集令一下。民爭自奮。往往以不得從軍爲恨。居者則獻納軍資。公債應募。至踰額數倍。何其國民之一心一德。奮其敵愾之氣也。而反之俄國。則其國民之舉動。與日本殆立于正反對之地位。此固由兩國平日待其國民之不同。而吾聞俄國中之懷抱不平者。以芬蘭人波蘭阿爾美尼亞人及猶太人居多。此等人大抵被俄國滅其祖國。常懷報復之志者也。然則今日此等革命黨之乘機竊發。不得謂其無愛國心也。蓋正爲其有愛國心。故不敢愛其滅其祖國之國也。苟不然。使俄國無此內患。則俄國早已出苦寒之地。而雄飛于地球上久矣。即此亦可爲滅人國者之戒。

▲日韓同盟協約

日本在朝鮮之勢力。其消長進退。常與俄國立于反對之地位。自開戰以來。日本海軍連戰連捷。於是朝鮮政府乃歸心日本。而甘受其保護。西歷二月二十三日之日韓議定書。其明証也。

其議定書之大意。

(一) 日韓兩國。爲保永遠之邦交。以立東洋之平和。韓國政府當確信日本政府。聽其忠告。以改良內政。

(二) 日本政府以確實親誼。使韓國之皇室得保其安全康寧。

(三) 日本政府於韓國之獨立及領土。保全確實保障之。

(四) 韓國若因第三國侵害。或因內亂。致其皇室不能安寧領土或有不能保全之險。則日本政府當速有所措置以救之。而於此時韓國政府當與便宜于日本政府。使其容易行動。日本政府爲達前項之目的。可得臨時收用軍略上必要之地點。

（五）兩國政府非經互相承認。不得與第三國訂立協約之有背于本協約之主意者。

（六）與本協約相聯之細目。由日本帝國代表者與韓帝國外務大臣臨時協定之。

（內國之部）

▲祝壽奇聞

傷哉貧也。太后之七十萬壽。太后以甲年不利。嘗議今年停止慶典矣。今乃復議舉行。而以國庫空虛。浮費無所從出。於是怏怏不樂者久之。乃忽想出一妙計。其妙計維何。曰今吾每年應交外國之賠欵。共有若干。若得挪此以爲吾舉行慶典之用。豈不甚善。嗚呼。此誠妙策也。吾不知其爲太后之想入非非耶。抑出于逢君者之所請耶。

今據十八日北京特電。稱太后已授意軍機大臣使外務大臣即電諭駐劄各國公使。使與各國政府婉商。請其於本年分所應收之賠欵諒情延期。以得供今年舉行慶典之用。吁咄咄怪事。

太后之意將毋曰各國向來以媚我爲外交上策。今我以此要求之於彼。彼日下之所損爲有限。而利我他日必以報之。其或能慨然許我乎。蓋太后以爲以中國之地割與外人。於我無損也。以中國鑛山鐵路與及一切利權授諸外人。於我仍無損也。惟我爲中國最濶之人。今欲舉行萬壽慶典。以爲晚年之一樂。而竟爲財困不得如意豈非一大恥事故吾寧以本非我有之利權飽外人之慾而仍欲其一應我之所請求也吾料太后或曾以此意示軍機使授意於各公使以與各國交涉未可知也

不然各國何愛於太后更何愛於太后之萬壽慶典其必不肯以編入歲入豫算之賠欵爲太后一私事而遽應其要求延期繳收以亂其已定之歲計者不待五尺童子而能知之豈有聰明如太后及其左右一班之能人而不能見及此而敢以此必不見從之要求提出於各國以自取辱乎故吾料其必有此一番彼此兩利之說辭以與各國交涉也

使太后舉行萬壽慶典則中國强而存太后不舉行萬壽慶典則中國弱而亡如是則太后今日以此要求提出於債主其在一二以扶植中國爲心之國或尙能激于一時之公義而慨然許之然太后之萬壽其結果不過使中國國民多一老而不死之咀語於外國望中國發奮自强之良意尤更絕無影響然則外國之從此要求與否以太后聰明過人或能決其必從亦未可知而各國其果從之乎

吾今試爲各公使計其得外務部電寄之後吾不知其如何措詞以與各國政府商也吾恐各國政府未畢聽其說而已哄堂矣吾信將來外交史上必多此外交奇談一則

今此事之眞否雖未可知而事出有因姑存之以俟後報

▲中國局外中立條規

中國政府聲明局外特別事宜如後開各項

一由北京至山海關各國留駐兵隊以保海道之通暢係按光緒二十七年七月二十五日即西歷千九百零一年九月初七日各國和約辦理現仍

批評門

應遵守此約原有宗旨。不得干涉此次變局之事。

一凡寄居本國局外境內之他國人。如私行接濟兩戰國禁貨。有礙本國局外之責者。應由地方官設法禁止。或知照該管領事等官分別究辦。

中國官民應一律禁止有礙局外情事如後開各項。

一本國人民不得干預戰事。暨往充兵役。

一民間船隻不得往投戰國。或應招前往辦理緝捕運轉各事。

一不得將船隻租賣於戰國。或代爲裝載軍火。或代爲布置一切及幫助以上各事。以供其交戰及緝捕之用。

一不得代戰國購辦禁貨。或在境內製造禁貨運銷於戰國之陸海軍。所有禁貨如後列各項。

一礮彈鉛丸火藥及各項軍械。

二硝礦及製造火藥各種材料。

三可充戰用之船隻及其材料。

四關涉戰事之公文。

一不得代戰國載運將弁兵卒。

一不得以欵項借與戰國。

一船隻非避風患。不得擅入戰國所封堵之口岸。

一船隻駛入戰疆。不得抗戰國兵船之搜查。

一不得爲戰國探報軍情。

一除戰國各項船隻在中國口岸買辦行船必需之物。應遵守後列各事條外。不得售糧食煤炭於戰國。

中國應享局外之權利各項如後。

一中國仍得與兩戰國通使往來如常。

一中國得設兵防堵本國疆界。

一戰國不得稍犯中國作爲局外之疆界。

一戰國不得封堵中國口岸。

一中國所發給之護照文憑。兩戰國均當承認。
一中國人民仍得與戰國通商如常。苟非用兵處所。皆可前往貿易。
一中國人民寄居戰國境內者。其身家財產均由該國保護。不得奪其資財或勒充兵役。
一中國人民如有僑居戰國封堵口岸者。本國得派兵船前往保護。或接載出口。
一中國船隻得運載戰國公使及其平民。
一中國船隻所載戰國之貨物。及戰國船隻所載中國之貨物。苟非軍例所禁者。可以往來無阻。
一中國船隻所載軍器。若係專爲自護之用者。不得以禁貨論。
一中國船隻雖載有禁貨。若係運往局外之國。或運自局外之國者。戰國不得截留。
一中國船隻。倘經戰國拿獲。不得逕行入公。應先經戰國法衙審訊。如果犯禁。方可按例懲治。如係誤拿。應由戰國賠償損害。其賠款由該戰國法衙判定。
一中國得派官員前往觀戰。惟不得有所干預。
戰國陸海軍如有在中國局外境內者。應遵守各項如後。
一戰國陸軍。如因敗逃入中國境內。應收其軍器。聽中國官員約束。不得擅自行動。
一戰國逃兵在中國境內者。如乏衣食。中國政府當量力供給。俟戰事畢後。應由戰國如數償還。
一戰國之緝捕船隻。不得駛入中國海口地方。惟其因暫避風患。或修補損傷。或購求行船必需之物。實出於萬不得已者。不在此例。一俟事畢。即當開出該地方。
一戰國兵船。不得於中國各海口地方交戰。緝捕商船。或屯留該處。爲海軍根據之地。

一戰國兵船及軍需船。欲駛入中國海口地方者。如係尋常經過。並無他意。方准其駛入平時所准進出之口岸。限二十四點鐘內退出。若遇風浪危險。難以出洋。或修補損傷。未及完竣。或購辦行船必需之糧食煤炭。尚不足駛至最近口岸之數。則應聽中國水師統將。或地方官。酌展期限。一俟事畢。當即退出。

一戰國兵船及軍需運船。不得帶領所捕獲之船隻。駛入中國口岸。惟或因避風患。或修補損傷。或購求行船必需之物件。實出於萬不得已者。不在此例。一俟事畢。當即退出。惟停泊之際。不得使俘虜登岸。及銷售所虜船舶物件。

一戰國不得在中國海口暨陸地局外彊界招募兵隊。及購辦兵器彈藥。及他種戰具。如遇有戰國

兵船在中國海口修補損傷。其工程以能達最近之口岸爲度。

一兩戰國兵船及軍需運船。如同在中國之一口岸內。其後到之船。應俟前船出口。經一晝夜。奉有中國水師統將。或地方官之命令。方准前往。

一所有未盡事宜。由各直省將軍督撫等隨時查看情形。參酌公法。分飭遵行。

以上各條。俟行文出示之日施行。應即一體遵照辦理毋違。

記者曰。日俄之戰。非日俄之自爲戰也。爲中國而戰也。其戰爭因中國而起。則中國本處于原動力之地位。有無可中立之理。有不能中立之勢者也。而今乃居然中立耶。居然發佈中立條規耶。抑吾聞之。能戰而後能守。曩中國之宣布中立。劃定戰彊也。而俄國屢次反對矣。屢次違反矣。爲問他日者。兩交戰國之。

有背此條規而中國能據理以爭耶爭之不得能與師而與之對拒耶此不可知之數也在日本則不可知而俄國則固視中國如無物者也其犯此條規固在意計中蓋兩立于平等之地位而後有公法今中國既不能與之開戰于始又豈能決戰于後耶噫

▲擬用美人爲財政顧問

中國患貧非整頓財政無以救之然中國官場中殆乏理財之才然則欲整頓財政其勢不可不聘外國人以爲顧問

財權不可授于外人者也財政顧問雖非直接握財權而舉一國財政上之關係付于其手其地位不可謂不重其權力不可謂不大苟一旦用人不當則貽患于將來者必大且無可救故當聘用之先不可不再三審慎也

今欲聘用外國人不特論其本人之才能尤當論其本國之關係蓋聘用一外國人其事雖似甚小而實則於外交上有絕大之影響往年俄國謀握朝鮮之財權欲使韓廷聘用俄國人爲財政顧問而當時任韓國之財政顧問者爲英人普拉翁於是俄國强韓廷未及滿任而開辭之而英國聞而大憤乃大集其東洋艦隊于仁川以示威然後普拉翁得以安于其位然則吾國今日立于各國所共垂涎之地位苟欲聘用財政顧問當以何國人爲最適乎是最不可輕忽之問題也

今据北京電報聞吾國有欲用美人貞克斯博士爲財政顧問之說事雖未確而政府實有此意矣若果然則將來美國在中國必多占經濟界之勢力無可疑焉

夫美國在中國其政治上之野心比之各國爲較淡薄故中國不聘用外國人則已苟欲聘用外國人似

批評門

莫更有宜于美國者。然則今日之欲用貞克斯博士。其或亦以此原因乎。

▲滿洲土民之無辜

嗚呼滿洲人與俄國何恩。嗚呼俄國與滿洲人何仇。數年以來。俄國之橫殺滿洲人。不止一次矣。不知若干人矣。今俄國因欲強占滿洲。至于與日本開戰。而滿洲不能為中立之地。則將來滿洲人之有死于此戰爭者。俄國死之也。嗚呼俄國何故必欲致滿洲于死地。

不寧惟是。今据奉天來報。稱俄國極東總督亞力斯夫近下一嚴命。使鐵道沿線之人民各任保護該鐵道之責。若不遵行。則當蹂躪之以哥薩克之馬蹄云云。滿洲土民奉命股栗。爭先趨避。今東清鐵道沿線。歲至變為無人之境。其有不能行者則為無盤費耳。非樂為俄國効死也。

由斯以談。滿洲人以畏亞力斯夫猛虎之苛令。不免於流離轉徙。然則不待見此戰爭之終局。而滿洲人之不死于彼而先死于此者。恐已滿溝壑矣。嗚呼滿洲人何辜而偏為俄國豺狼之食。

俄國何其不念前恩義也。吾尚記憶之。主張聯俄者非滿洲人乎。與俄國訂立密約者。非滿洲人乎。欲倚賴俄國以保發祥之地者。又非滿洲人乎。滿洲人之於俄國。可謂愛之極矣。敬之至矣。而俄國反恩將仇報。必欲盡致滿洲人于死地而後快也。吾不解其因緣。吾願質之滿洲人。吾願質之代表滿洲人之一婦人。

（國際之部）

▲西藏與英國

英之頻遣兵隊於西藏。各報既屢言之矣。西藏亦英之滿洲也但吾儕多讀英報多讀日本報英報於本國之政策固自秘密日本與西藏甚緣遠故亦少及之故吾國人之視線咸集於滿洲而西藏則若覺若夢固無足怪

西藏者印度之保障也故英人非有西藏將不能長有印度俄在滿洲爲侵略政策英在西藏爲防禦政策其汲汲也亦宜

俄日戰爭之結局各國於中國本部其即實行瓜分政策與否今不敢斷言至本部以外之地若滿洲若西藏若蒙古其必不復有中國政府一毫之勢力則不待蓍蔡矣

北京政府向猶恃入晉入秦入蜀爲退嬰之計若蒙古西藏去則並此而無之中國民間亦時或希望蜀滇桂諸地爲獨立萬一之計若西藏去則並此而無之嗚呼一哭

▲西藏與廓爾喀

制印度死命者不徒一英國也又有一廓爾喀以爲之倀危哉西藏

据康南海所調查謂廓爾喀一西方之日本也其國王閱兵之照像曾印本報中彼其有常備兵十餘萬而復以雄武之君主材畧之將相統率之運動之以廓爾喀入西藏是虎入羊羣之類也痛哉西藏痛哉中國之西藏

▲美國駐剳滿洲領事之赴任

數年以來美國屢以開放門戶之主義勸告我國政府其意豈不爲保全中國之領土哉今美國因與中國新換條約而得先派領事駐剳奉天及安東縣以爲各國倡首開放滿洲之實於是乎在

開放滿洲最爲俄國之所反對者也何以故以俄國欲占領滿洲故然使俄國占領滿洲而封鎖之則於

批評門

各國商務有碍故一滿洲也各國以開放之爲利惟俄國則以不開放之爲利彼此立于不能相容之地位者也今美國得因實施條約而有此舉然則滿洲爲中國之領土可因此而証明之宜俄國之官民皆以此條約爲出于日英兩國之政策欲借此以驅逐俄國于滿洲外者也故俄國某新聞甚至以美國此舉爲表惡意于俄國其在倫敦之通信員則謂中美條約乃爲顚覆俄國之立脚地者嗚呼俄國獨占滿洲之意於是公然表暴于天下矣

反之美國則以今日之派出領事爲外交上之成功者也美國大統領宣告實施條約之時外務省曾發表一文書謂「此回先各國而派領事于滿洲實足恢復滿洲地方之秩序且合於美國向來所提倡之開放門戶主義又能確保中國統治滿洲之權以擧保全中國領土之實」由是觀之此爲美國外交之成功亦中國或得因此而保全滿洲之一轉機也

學界時評

◉日報缺點之大問題

長沙孤憤子寄

（所望于上海日報大主筆諸君）

我國報界庚子以後自「新民叢報」首出「外交報」「新世界學報」「大陸」「游學譯編」（今更欲更換名目改良內容）「浙江潮」「湖北學生界」（今改名漢聲）「直隸」「江蘇」「政法學報」相繼替興叢報固進步矣叢報固發達矣若日報則吾恐猶未也吾不禁為叢報賀吾不禁為日報憂

日報果退步乎果未發達乎曰是又不然若天津之「大公報」記事簡括議論頗佳無外行語無閒雜事固有名詞皆注出西文原字又為日報中之創格餘若「天津日日新聞」北京「時事日報」等類亦間有足多者至于上海一隅本為吾國書報出入麕集之藪也有善者有不善者其中議論新奇思想高尚有益于社會影響于國家于精神上獨具特色放一大光輝于我國報界而為日報中之最優者則推「蘇報」及「國民日日報」吾甚欲歡迎之吾又歎息其中廢也若「中外日報」若「同文滬報」雖不若大公報之簡括國民日日報之精神猶能以無數新名詞敷衍長篇論說無數新書目敷衍滿紙廣告膾炙于仕商偽學者之口外面形式之進步亦差強人意之一現象也

由是觀之日報果進步矣果發達矣雖然善者少不善者居多若近來上海所出之「消閒錄」（同文滬報附張）「笑報」「游戲報」「繁華報」等類我國無知之少年（女子亦在內）皆歡迎之考核其內容滿紙

無非是記誨盜誨淫之瑣事。不徒爲外人見之恥笑且無益國家有害社會日報之缺點其在玆乎。其在玆乎。若任流行內地。將此種腐敗之物質注入全國人之腦筋內。多則十年。少則五年。必化我全國爲一賣淫國而後已也。嗚呼賣淫國。嗚呼賣淫國。天下最下等之名詞也。先我者有日本。繼日本者其支那乎。吾爲此哀。哀我支那不幸得此劣名也。吾又爲此悲。悲我國當今文人之無學。而又不愛其羽毛。若是吾國士流智識之程度。眞可爲之太息痛恨而不知淚之何所從也。始作俑者。其無後乎。諸君諸君聽者聽者。

雖然。我國日報猶有一大缺點在。缺點維何。無有一種專爲社會改良之日報。如日本東京之「萬朝報」「二六新報」等。即其類也。此種報之訪事人專係本地之墮落學生（學堂逐出者不及次第之生徒如我國所謂無賴子反複相似）所擔任。故能調查社會上各種腐敗之現狀。即如去年二六新報會題有「女學生之淫風」一篇。述各女學校腐敗生徒之狀態及女生與其情夫之私密信件。靡不具錄。登至四十餘日之久。言之甚詳。吾書至此。吾又嘆息我國。已達于腐敗之極點。安得有此種嘲世罵俗之快文。以針砭社會之惡習。以振起國民之精神。而使我國出離黑暗社會。同昇于二十世紀莊嚴之世界哉。若我國能創此種報。則與其作游戲消閒文章數篇較勝萬倍。同業諸君。果能實行。則吾執鞭以祝之。祝我國猶有一希望也。同業諸君。果以吾言爲信乎否乎。

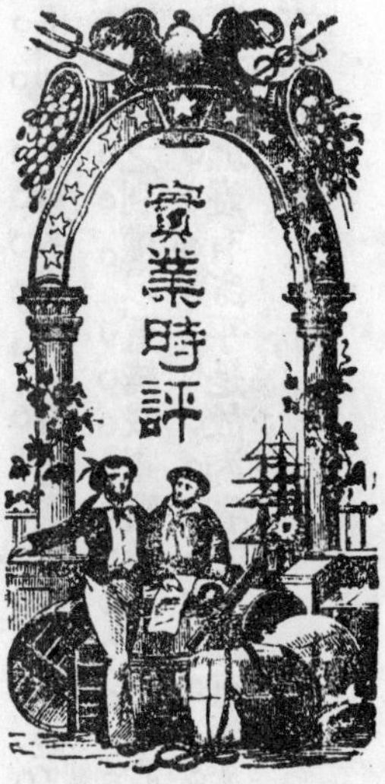

◎我國最近實業上之汚點

長沙孤憤子寄

嗚呼我國實業上最近之二大汚點其湘紳售商船之事件乎其皖吏賣礦產之事件乎湘紳皖吏誠吾國實業界破壞之巨子也

開濟輪船公司原係湖南人所設立航行漢口長沙岳州湘潭一帶地方即兩湖輪船公司是也近頃日本人舉國歡迎欲以四萬金攫得之爲已之囊中物湘紳張祖同平生好金錢又因其價較元價（二萬金）已多一倍故不商諸全省市民遂獨斷私與日人三好氏立約並與以長沙小西門城外之停泊場及其附近之地張氏之志雖微而其謀不可謂不狡矣。雖然。湘水有靈必不落于島夷之手張氏不幸恐未能得四萬之金後卒因在日本之湖南游學生作「嗚呼湖南之實業界」登諸游學譯編痛駡張氏又有電阻止此事且因違期三日市民遂執爲翻案之具。返其金而拒之吾聞之轉憂爲喜喜收回洞庭湖數千里之航路權也轉樂爲悲悲奪去張祖同四萬金之利權也。

一波稍平。一波又起。誰知皖撫聶緝椝等好金之徒。亦仿張氏之標本于是賣皖省十五州縣礦產之事。出現將績溪銅陵廣德寗國歙縣與英華倫公司定約勘驗。以本年（光緒二十九年）十一月爲限。過期則合同作爲廢紙。潛山宿松懷寗涇縣繁昌太湖與英安裕公司定約以明年（三十年）四月爲限。廬江定遠鳳陽壽州與巴西義利公司定約以明年六月為限。而華倫公司之約。係武備學堂提調唐某所訂定。有云無論洞口若干大內中開採礦路無有定界。雖千百里若無不可者。尤為荒唐可恨。旋以日本之安徽留學生聞之。遂作一篇文字。分送于京外內之皖吏力抵其非。故聶撫終被安徽御史所劾。新撫誠公頗願挽回利權。加之以該省留學生文字之力。于是礦產奪回。聶某逐去。嗚呼。果爾則聶某洵可憐人也。

湖南洞庭湖之航路權。安徽十三縣之礦產權。雖皆已收回。然吾國實業之史上。已成二大汚點。雖傾洞庭太湖之水。不能去其汚跡矣。無已則莫若研究實業學問。設立實業學校。以發達我國之實業。以收回我國實業之利權。以蓋掩我國實業之前愆。則我國之實業。其庶幾有豸乎。是故湘省之所以有實業學校之設也。

叢錄門

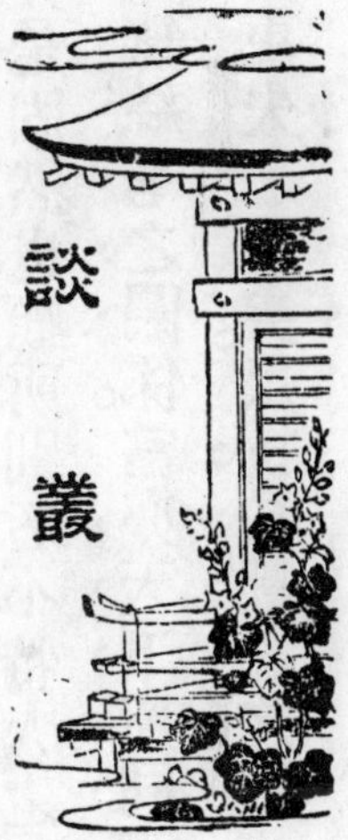

談叢

飲氷室自由書

答和事人

頃有自署和事人者。頗以近日新民叢報主義相詰責。茲錄而答之。

閱新民叢報卅八九號得讀大作。知從美洲回來。宗旨頓改。標明保王力闢革命。且屢言當與異已者宣戰。吾知足下素來强辯。未易與言。但不言而仍不能止者。正以於心有所不安耳。(中畧)足下力闢革命。亦自成其說。吾不能與之深辨。但試問命則不能革而王則可以保乎。大抵保王與革命。兩黨之手段不同。其目的未嘗有異也。今日新學中人由革命而生出排滿。蓬蓬勃勃。一發而不可制。推原其始。亦由救國來也。痛宗國之淪衰。而在上者仍不振。於是思所以革命。革命之說一起。而思滿人平日待我之寡恩。而排滿之念又起焉。事本相因而又相成。何者。一朝起事。勢必有謂爲無父無君之邪說。以搖惑人心。中立者必將解體。蓋排滿所以補革命之不足也。故排滿有二義。以民族主義感動上流社會。以復仇主義感動下流社會。庶使舊政府解散。而新政府易於建立也。而足下力闢其非。天下之人。將盡信其非矣。於足下有濟乎。抑無濟乎。古來英雄辦事。未有强人使與己意相同。更無有剔人之非而成已之名也。況兩黨之人互相水火。互相唾罵。互相攻訐。則舊人得所藉口。而天下大事何日能成乎。今日者禍機愈迫矣。瓜分荐至矣。命固不能革而王亦不能保矣。他日白人主我中原。制我死命。兩黨人合力而思挽回之術。亦不可得矣。必有彷徨瞻顧。痛哭流涕。歸咎於今日興訟者。悔之無及矣。子其思之。忍以天下爲兒戲耶。

答曰。和事人不知其爲何許人。讀其言則必爲一熱誠愛國之士。無可疑也。其所謂命則不能革。而王亦非易保。此誠今日我四萬萬人最盤根錯節之大問題也。此問題甚長。非此短篇所能畢其詞。願以異日。至其末節所云云。謂强人使與己意相同。謂剔人之非以成己之名。此實非鄙人之所敢受也。凡言論者。發表一己之意見者也。言者與聽者。各有其自由斷。未有能强之使與己同者。吾嘗論中國人之性質。最易爲一議論所轉移。有百犬吠聲之觀。有水母目蝦之性。雖其所論如何高尚如何磅礴。而所謂奴隸之本質。終不免。吾方以是爲一大缺點。而深疢之。而豈有强人使與己意相同之理。至其謂剔人之非。是固然也。顧所剔者不特人之非也。即我之非。亦豈敢隱。夫鄙人之與破壞主義。其非無絲毫之關係。當亦天下所同認矣。然則吾豈與異己者爲敵哉。至謂以成己之名。則更失之遠矣。反抗於輿論之最高潮。其必受多數之唾罵。此眞意中事使鄙人而好名也。則更安肯出此。吾向年鼓吹破壞主義。而師友多謂爲好名。今者反對破壞主義。而論者或又謂爲好名。顧吾行吾心之所安而已。吾生性之長短。吾最自知之。吾亦與天下人共見之。要之鄙人之言。其心中之所懷抱。而不能一毫有所自隱蔽（非直不欲實不能也）此則其一貫者也。辛壬之間。師友所以督責之者甚至。而吾終不能改。及一旦霍然自見其非。雖欲自無言焉。亦不可得。吾亦不知其何以如是也。故自認爲眞理者。則舍己以從。自認爲謬誤者。則不遠而復。如惡惡臭。如好好色。此吾生之所長也。若其見理不定。屢變屢遷。此吾生之所最短也。南海先生十年前即以流質相戒。諸畏友中亦頻以爲規焉。此性質實爲吾生進德修業之大魔障。吾之所以不能抗希古人弊皆坐是。此決不敢自諱。且日思自克。而竟無一進者。生平遺憾。莫此爲甚。若云好名。則鄙人自信。此關尚看得破也。至立言者必思以其言易天下。不然則言之奚爲者。故鄙人每一意見。輒欲淋漓盡致以發揮之。使無餘蘊。則亦受性然也。以是爲對於社會之一責任而已。至云兩黨之人。互相水火。互相唾罵。互相攻訐云云。此誠最可痛心之事。若鄙人之尙知自重。而不肯蹈此惡習。此亦當爲一國所共諒者。試觀去年春夏間。

報界之所以相誣攻者若何。吾黨曾一置辯否。又如香港某報每三日照例必有相攻之文一篇。認列強爲第三敵。認滿洲政府爲第二敵。認民間異己之黨派爲第一敵其所以相唾罵相攻訐者亦云至矣。夫使以筆墨挑戰也則吾輩亦何患無辭試觀鄙人及我親友曾爲一應敵之師否。非直不屑爲亦以義固不可也且如頃者章鄒最後之供詞。各報館之嘖有言者亦衆矣而本報並其原語。亦不肯錄入。誠以敬其初志也吾謂「和事人」。以此相慮則可慮者其必不在吾輩矣若夫吾發表吾現在之所信而不能自已。則吾既言之矣吾今後更將大有所發表焉然此非唾罵之謂也非攻訐之謂也吾所謂與輿論挑戰者自今以往有以主義相辨難者苟持之有故言之成理。吾樂相與賞之析之。若夫軋轢嫚罵之言。吾固斷不以加諸人其有加諸我者亦直受之而已。寄語和事人。可無慮此。抑吾亦欲徧國中志士皆率和事人之教也至吾之所以不能已於言者則本報前號中鄙著「論俄羅斯虛無黨」「答飛生」兩篇亦可略見其用意之所存毋亦如和事人所謂欲兩黨合力以思挽回之術云爾願和事人平心靜氣一省覽焉。而更有以辱教固所望也匆匆不具。

記斯賓塞論日本憲法語

日本近出之雜誌「太陽」有一文。題曰「故斯賓塞氏與日本憲法」者。博士金子堅太郎所撰。自述其十五年前與斯氏對話之語。斯氏曾與彼約。謂當生前不許宣布。故金子氏之筆記。藏之篋中者十五年。今斯氏既逝。乃發表云。此亦有一讀之價值也。

金子氏記初見斯氏時。以伊藤博文所撰日本憲法義解贈彼。乞其批評。

斯氏未讀其書。先發問曰。余有所最疑者一事。憲法之爲物。始自英國。美國繼之。其後各國又繼之。大率皆由國民要求逼迫。或購之以血而始得制定。獨日本者。建國以來。一系相承。爲專制獨裁之國體。民樂其化。未聞有要挾强逼之事。今乃平地湧現生出此憲法。其故何由。金子氏乃詳告以日本建國以來之歷史。更及明治維新以後之事。若何而廢積年沿習之封建制。若何而採輿論爲改制之方針。以定開國之國是。若何而於太政官之下置三職八局。若何而設待詔院諸機關。若何而置元老院大審院。以劃行政司法之範圍。若何而開地方官會議。以爲自治之端緒。如是者既二十年。而乃有憲法之成立。決非突然而生者云云。斯氏乃曰。得之矣。得之矣。吾向以此問題質諸貴國多人莫能答也。今聞吾子言。吾知其與進化公例不謬矣。

越數日。斯氏讀憲法義解卒業。乃函招金子氏於其家有所語。其言如下。

余以爲一國之憲法及其附屬法律必須與本國之歷史及國體有同一之精神同一之性質苟不爾者則當其憲法法律實施之時其困難必不可思議終不能達立憲之目的而已余懷此意見既久。故曩者曾與駐英之日本公使森有禮氏有所語。謂日本若欲制定憲法必當採漸進保守主義以本國之歷史習慣爲基礎而旁採歐美各國之所長使日本遺傳之政體與歐美立憲主義相調和此其最要也若破壞舊體而創設新制則殊非我之所望何則。以物質界論之凡齎外國之草木以移殖於本國者勢不能與外國結同一之花實此植物學之原理也惟憲法亦然歐美諸國之憲法各各因其國體歷史及習慣而成立決非取他國之法文翻譯之而執行之也余當時所以語森氏者若此。今見足下所示之日本憲法。讀其註解。知一本於日本古來之歷史習慣。以漸進保守主義爲宗。此余之所最賛成也。顧吾更有一言。欲爲日本政府告者。則將來實行此憲法比於制定憲法時尤爲困難此不可不深察也制定憲法者。不過以少數人士之精勤。而可以成就。若實行憲法則國民全體之大事業其難有什伯倍於其初者試以美國之實例證明之美國憲法之精神。在人民平等上下皆有同一之權利。乃行之數十年。而美之憲法政治漸集於政黨之掌握中。其政黨亦多由政治家之利己主義。良民不勝其苦質而言之美國人於憲法之空文上得有平等之權利。其在實事上。乃不得享之也。

以政治學之原理論之。政府之事業。當漸次輕減。使人民各以箇人自營之。故政府最終之目的。則放任主義也。此論爲余生平所最主張。君之所知也。雖然。以今日社會之實際未足語於是放任主義者不過立乎今日以指將來謂具足圓滿之世界當如是耳故論政府權力範圍之廣狹必使國民人人皆養成自立自働之精神無需政府之誘導而自能各守其義務又無須政府之禁遏而自能不侵他人之權利不害社會之安甯夫如是則政府之事業可以縮至極狹隘之區域於是乎政治學之原理乃可實行試以埃及金字塔譬之則未開化國之政府猶塔之初階也余所主張放任主義之政府猶塔之絕頂也政治之進路由初階漸次以達絕頂其進步之程度一依其國民智德力之程度以爲定欲不經初級二級三級之順序一躍而達於絕頂勢固不可得達即達矣亦隨而蹶耳故吾所望於貴國政府者依此學理而熟察日本國現時之地位在金字塔之第幾級据現在所立之地而漸升焉苟欲爲躐等之進步不特於憲法之實行諸多窒礙而其不利於國家及國民者更遠且大也（下略）見雜誌太陽第十卷第四號第七十八九頁

案斯氏所論。可謂博深切明。昔天演學者通用語皆曰物競天擇優勝劣敗而斯氏則好用「適者生存」一語誠以天下事無所爲優無所爲劣其不適於我也雖優亦劣其適於我也雖劣亦優夏之裘冬之葛美非不美而服之皆足以生病則不適之爲害也不解此義而以之掌持議論國家事其危亦甚矣斯氏所忠告於日本政府者。曰、自審其國民地位在第幾級。吾以爲凡自愛其國者皆不可不三復斯言矣斯氏又斷斷然以本國之歷史習慣爲言。毋亦以進化之公例從無突然發生之物皆循其遺傳而遞變焉經若干年而其狀態乃大異耶然則吾國民之所以愛吾國者其亦有道矣苟不審吾之歷史若何習慣若何而曰是物者現時各國行之而最優者也吾擇而取之夫知是則吾亦可以自厠於優勝之林豈知一切事物固有在彼爲優而在我反爲劣者耶乃知不健全之理想非徒無益而又害之吾願我政論家平心靜氣以一聽前賢之遺訓也

美人手

香葉閣鳳仙女史譯述

第九回　恃聰明强作老吏語　趁熱鬧暗訪美人蹤

却說銀行失竊那一天。夜裡十打鐘的時候。某街上有兩個少年。非常的親密。並着肩在街上行走。看官你道這兩個是誰。原來一個是銀行頭腦的外甥瑪琪拖亞。一個是銀行的管賬伊古那。他兩人正行着。伊古那帶着幾分疑怪的聲口問道。這樣大冷的天氣。你拉我到那裡去。瑪琪拖亞答道。你這樣沒心肝的人。那就煩了。現在所去的地方。不是剛纔同你約定了麼。伊古那道。到戲院裡聽戲嗎。瑪琪拖亞道。不是。如今且到淩氷池去。伊古那道。到淩氷池做甚麼。瑪琪拖亞道。現在池上的氷結得很厚呢。伊古那道。這麼冷氷氷的。有甚麼好頑意兒。瑪琪拖亞道。同你這樣的人遊耍。眞是沒高興。今夜風也定了。算甚麼冷。此刻的時候。各處的美人。都往池上趕氷。那些衣香人影。

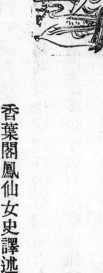

好似銀世界裡放出萬樹梅花來。實在爽心悅目。少年的男子。沒有一個不愛趁這熱鬧的。冬令的頑意兒此事算作第一的樂境了。伊古那道。雖是這樣。但我心裡有事記掛着。不論甚麼樂境也沒閒心理會的了。瑪琪拖亞道。你記掛着的事。我已經知道了。不過爲那鐵箱子失竊及那美人手的事情。這也何必白操心。諒來舅父斷不疑到你身上。你請放心罷。伊古那道。雖然不疑到我身上。但美治阿士與我是個交好。如今無辜受人疑議。我不能替他辨白。怎麼得安心呢。瑪琪拖亞道。我與美治阿士亦是個好朋友。但今回這件事。要我決實定他無罪。我也不敢承擔。是必要認眞查個水落石出。如果這事與他是有干連。我以後便不認他是我的朋友。如果這事確實與他沒有干連。我當設法幇助他替他解脫此寃罪。我們今夜要到滾冰池去。你曉得我的意思嗎。我亦是爲查探這個事情呢。伊古那道。然則未經查過。你就不敢信美治阿士是無罪的了。瑪琪拖亞道。那也難說。他若是沒有意思。爲甚麼半夜裡靜悄悄的瞞着人到行裡拿皮包子。都不避嫌疑。況且大例的做賊。放着這麼多金子。豈有不拿。僅僅拿得五千圓便了事。諒世間沒有這麼厭足的賊。美治阿士本來是個囊裡空空的人。旅費一切。斷沒能彀打算。古語說道。人窮起盜心。所以姑且試一次的手段。做個權宜之計。或者他心裡立意日後發迹。然後加一倍二倍償還。如此立心也未可定。至於這個鐵箱子他何故也偷了呢。這事很難推測。大約這箱子內必是那婦人有甚麼的秘密事件在裡頭。這個婦人定然是美治阿士甚麼老相好。因爲被人拿着甚麼秘密的事件。自已不能安心想設法盜回來。不料事不就手。被鐵櫃的機械拿住。無計脫身。不得已把手割斷了。今回再托美治阿士代他設法。美治阿士於鐵櫃的暗號機關。都是見慣記熟的。如今已立定主意。不雇行內的工。是以大着胆子。把鐵箱子代他偷了。自已另外又偷些金錢。預備逃走的旅費。此事想來總有七八成像。你說與他絕無干連。我就不敢附和。大凡推量一事。必要將始終首尾勘透。人家的議論。我是不輕易信的。伊古那道。美治阿士與霞那小姐。愛情這麼專摯。那更有甚麼情婦呢。瑪琪拖亞道。你不是美治阿士。你怎能知得他透。既然知他不透。怎能保得他過少年心性。鍾情不止一人。世間不知見盡許多。他到如今方始屬意霞那。以前未來這裡雇工之時。翩翩然一個貴族佳公子。正是紅粉塲中的活寶兒。你說那個不愛想他。他暗中有個投契的私人。也不算特別的事。以溺愛開不得交的人。爲一點心願。至殘斷了肢體。都不得遂。豈能不代他心痛。既動了憐念的意思。他把事情求托到來。你說怎能推諉呢。伊古那道任你怎麽說。我的意思。總是信得過美治阿士斷沒有這些事的。瑪琪拖亞道有也好。沒有也好。我不是硬賴他。總之要查探明白。如果美治阿士確實沒有這等事。我是必幫助他。放强來也要舅父把霞那嫁過他。雖然是令你難過。我也顧不得了。若是查得美治阿士於這件事果是有罪。我一定對舅父說明。就把你招做霞那的夫壻便是了。伊古那道。也能了。瑪琪拖亞君。那隻鑽石手釧。怎麽樣呀。瑪琪拖亞笑道。就是這麽樣。那隻手丢了。那隻手釧。說着把袖子摟起。給與伊古那一看。說道。套在我腕上呢。伊古那道。這樣的東西。虧你帶在手上。你不怕人家笑話。瑪琪拖亞道。怕甚麽。只管任人家笑話。也沒要緊。要之我也并不是亂給人看。必定見這個人有點子意思。我然後露出這隻手釧做引子來兜搭他。說也湊巧。近來漸漸已試出些眉目來了。今兒早上我到某間首飾鋪子裡。把這手釧給他看。問他說道。這隻手釧。前十來天有個貴婦人拿過來見過一次。因爲脫了一顆鑽石。叫我代他嵌鑲。前幾天纔鑲好交回他。這貴婦人是初交易的客人。所以不曾知他的姓名。想必是近來纔搬到巴黎住的甚麼大戶人家呢。此話看來。就顯然是個大大的影子。若是很命的探聽着。諒來沒有跟究不出來的。伊古那道。你又不知他的名姓。從那裡跟究起來。瑪琪拖亞道。這東西總是從首飾店裡打來的。我就從各處的首飾店打聽去。到了晚上。或在戲院子裡。或在溜氷池上。凡鬧熱的所在。多婦人家會集之處。我就把這隻手釧。向那釵裙隊裏誇示誇示。說此物是我一個知交愛悅的美人送給我做紀念的。引他們猜一猜。看有那個怎麼說。伊古那道。你這句不是傻話麼。該物的原主。前晚纔斷了手。此時傷口正不知怎樣痛苦。想必像個大病的人。倒在牀上。動也動不得。非經過三四個月。不輕易能殼平復。那裡還到頑意兒的地方。瑪琪拖亞道。本人雖是走動不得。但婦人的事情。總要婦人家纔知得透澈。不論那個。如果有認得這個婦人的。一見了這手釧。定然問道。瑪琪拖亞君。你在那裡得這東西。哦、我曉得了。這不是某某姑娘的手釧麼。他不是同某某君最相好的麼。如今又看中了你了。這個人眞是多情的很呢。那愛講說話的婦人。定然是忍不住口的。必定一五一十的數將出來。就是碰不倒這等的人。今晚碰不倒。我又明晚。明晚碰不倒。我又後晚。總要忍耐些性子。多就擱幾天。多把幾個人見見。縱然碰不着。漸漸那婦人家也會傳說起來。那時傳到他本人的耳朵裡。少不得觸動他的忌諱。必定找人來向我討情。豈不是拿着針子。從眼孔裡就引出線來了。麼伊古那道。這麼曲折的法子。我聽還聽不清楚。那裡稱得你手。我是個沒中用的笨東西。同去也做不得材料。不如讓我先回去。恕不奉陪罷。瑪琪拖亞道。你不願去。也不能勉强。隨你的意罷。倘若訪到了消息。我然後再告訴你。便了。伊古那聽說。握了握手。說了兩聲對不住。便分頭作別。向自己的寓所回去了。這邊瑪琪拖亞獨自一個向凌冰池的運動場上來。欲知後事如何。且聽下回分解。

第十回　凌冰池評看金條脫　更衣所結識美婦人

却說凌冰池上有一個大運動場。乃是巴黎市上那殷富人家合貲建造。以備冬天大家到此趙冰頑耍的。當下瑪琪拖亞到了場外。進了一座大門。見丹墀上停着許多來客的馬車。也有雙馬四輪的。也有單馬雙輪的。兩行一字兒的排列着。再進了儀門內便種着許多花木。是個極大的公園。中間一個白石砌成的水池。廣濶約有數十畝。水面上的冰。結成一個琉璃世界。加以四面的電燈映着。就如在水晶宮裏一般。池旁一路環拱着迴廊。接連好幾所樓閣廳堂。是遊玩人更衣駐足品茶呼酒之所。是時正是最熱鬧的時候。有的趟完了冰回來休息的。有的結束停當正往池上施展手段的。一來一往。好像是穿梭一般。瑪琪拖亞一頭走。一頭瞧看那閨閣嬌娃。可有認識的沒有。正走着。忽覺得背後有一個人在他肩上一拍。便閃身縮向人叢中去了。瑪琪拖亞掉轉頭看時。已不見了那人的影兒。獨自沈吟道。是那個刁攢的東西。在此搗甚麼鬼。把我嚇了一跳。說着便走進一所休息的地方。欲找個座兒駐足。只見偏廳上已先有幾個婦人坐着。定睛看時。原來是嘉喜夫人同着幾位富貴人家眷屬。都是認得的。在此雜坐着說笑話兒。一見了瑪琪拖亞進來。大家齊聲招呼道。噯喲。瑪琪拖亞君。許久沒見了。你往那裡來呀。請來我們這裡坐罷。瑪琪拖亞走近跟前。彼此見了禮。旁邊那個婦人。一眼瞧見了瑪琪拖亞手上光閃閃的露出一隻手釧。笑說道。瑪琪拖亞君。怪不得近來總會不着你的面了。原來你又得了甚麼新鮮的寶貝兒。你們瞧瞧。他腕裡帶着一件東西呢。各人聞說。爭要借來看看。瑪琪拖亞并不推攩。向腕上脫了。遞給嘉喜夫人。嘉喜夫人接着一看。說道。原來是手釧麼。果然好精巧的手釧。但欵式未免太舊了。我還記得我的母親年少之時。這樣欵式。是趨時的。這個手釧倒像是我母親帶過的呢。瑪琪拖亞微笑着答道。這是一個富貴家的姑娘。他說是他祖代家傳的寶物。十分珍重。特地送給我做個紀念的。嘉喜夫人笑道。嗳喲。原來是美人的表記麼。是那一位姑娘呀。我試猜猜。說着拿在手上把玩了一回道。哦。我記起了。這手釧好像在那裡見過了。這位姑娘我諒來是認得的。但如今在口頭裡一時總說不出呢。說着又側了頭儘地想着。那傍座的婦人也說道。是的。我也像見過的呢。但總想不起來。要之這個欵式。是沒有人同的東西。慢慢想過。總是記得的。嘉喜夫人道。也罷。現時越急越觸不起。且待下次會你的面。我定然是想得出來的。大家正評論間。忽然見一個長大的漢子。滿臉的鬍鬚。年幾約在四十歲左右。從外便走將進來。此人是誰。原來是與瑪琪拖亞同俱樂部的館友。是一個有名的大醫生。名字叫做烏拉迓華。原籍是奥國人。因爲愛法國民權的自由。故此搬到巴黎居住。家財很是豐富。他的醫學。是從德奥兩國的大學院出身。已經考得最上等的文憑。是個醫學博士的銜頭。如今在法國居住。就以他的醫學濟世。凡有貧難的人到診。他不特不要醫金。連藥也要贈送。因此個個都當他是個活佛。惟是他的容貌生得甚是古怪。好像亂草堆裡埋着個饅頭一般。又高又大。又昂藏。儼然是南山進士鍾馗化身似的。但他的脾氣是極之和順。於應酬上的工夫。又十分周到。所以富貴家的眷屬。都不大厭他。反喜歡同他往來。凡有甚麼的大宴會。少不得都要招請他來周旋周旋。所以他識人最多。況且又是個醫生。家家都可以到的。如今閒話且按下不表。卻說是時烏拉涅華走了進來。與各位婦人握手見過禮、然後向着瑪琪拖亞道。你幾時候來了。剛纔池上有一個非常艷麗的美人。到來趠冰。我正在想找你去看看。今晚來了這個美人。引得滿池上的人都看得獃了呢。瑪琪拖亞道。你不要說謊。到這裡池上趠冰的人物。我差不多都見過了。烏拉涅華道。此地我也是常到的。惟有今夜所來的美人。我是頭一次見着。你試去看看。瑪琪拖亞道。照你所說。想必是天仙下凡了。說着便站起身別了各人。同着烏拉涅華一齊走到池邊上。果然遠遠見着一個美人。猶如離弦的箭一般。一直向冰上溜去。及至將到盡頭的所在。忽然作一個燕子翻身。學楊妃醉酒。扭着腰。轉了一套大連環。又曲曲折折。演出一段逆勢風帆。這一種巧妙純熟之處。兩旁人山人海。不住的拍掌喝采。瑪琪拖亞也看到出了神。心裡不迭的讚賞。惟是時尚隔得遠些。臉龐尚不大看得清楚。忽聽得烏拉迸華說道。你看他如今就要回身向這裡趕來了。話猶未了。果然見那美人一翻身朝着瑪琪拖亞這邊趕來。正正對着瑪琪拖亞打了一個晃兒。這種光艷之色。比那電燈光還利害。幾乎不曾把瑪琪拖亞的神魂都晃眩了。琪瑪拖亞禁不住的讚歎道。果然是絕世仙姿。西施王嬙。見此也要失色了。說猶未了。只見那美人又向左便迴環趕將過去。是時適値池上有人跌傷。事務所急來把烏拉醫生請了去。單單剩下瑪琪拖亞一人站在池邊。好像被釘子釘住了脚跟。動也不動。平水線的眼睛。轉也不轉。不住的望着那個美人。不意忽然後頭有人喚了他一聲。回頭看時。原來是銀行的小廝助麼祖。瑪琪拖亞拿出主人的派頭。正色問道。你跑來這裡做甚麼。方纔在廊下把我的肩膊拍了一下。就是你嗎。你這討厭的東西。深夜裡滿到處跑。混甚麼呀。還不快些回去看守門戶嗎。助摩祖像着要哭的樣子答道。我幷不是到這裡貪頑。我每夜到這裡服侍客人叨點子賞錢回去買些牛奶待奉老祖母。因爲老祖母害了病。過不得活。我不出來找些外路錢。那家裡就沒得吃呢。瑪琪拖亞聽了這番說話。未免動了點憐憫的心。說道。原來是這樣嗎。沒要緊。我明天對東主說。加給你些工錢就是。如今我先賞你一點子錢。你快些回去罷。便從袋裡掏出幾個小洋錢。給了過他。助摩祖歡天喜地的跑去了。瑪琪拖亞再看那個美人。依然尙在池上頑出許多的新花樣。趕來趕去。向着瑪琪拖亞打了十餘個照面。這一雙俏麗的媚眼。不住的注在瑪琪拖亞臉上。瑪琪拖亞暗想道。今夜碰得這個好機緣。用甚麼法子可以親近他。想幾句甚麼開端的說話。纔可以入手引他扳談呢。正躊躇着。只見那美人已經歇了。從氷上走了上來。到更衣所。把氷靴換過。停了一會兒。便走將出來。是時遊人已漸次散去。那美人也是要回去的光景了。瑪琪拖亞不覺着了急。老着臉在那美人後頭跟上幾步。堆着滿臉笑容。對那美人下了一個禮。不知瑪琪拖亞要用甚麼法兒兜搭他。且聽下回分解。

文苑

飲冰室詩話

湘潭楊哲子度王壬秋先生大弟子也昔盧斯福演說謂欲見純粹之亞美利加人請視格蘭德吾謂欲見純粹之湖南人請視楊哲子頃哲子以新作「湖南少年歌」見示亟錄之以證余言之當否也……我本湖南人唱作湖南歌湖南少年好身手時危却奈湖南何湖南自古稱山國連山積翠何重疊五嶺橫雲一片青衡山積雪終年白沅湘兩水清且淺林花夾岸灘聲激洞庭浩渺通長江春來水漲連天碧天生水戰昆明沼惜無軍艦相衝擊北渚傷心二女啼湖邊斑竹淚痕滋不悲當日蒼梧死爲哭將來民主稀空將一片君山石留作千年紀念碑後有靈均遭放逐曾向江潭葬魚腹世界相爭國已危國民長醉人空哭宋玉招魂空已矣賈生作弔還相瀆亡國游魂何處歸故都捐去將誰屬愛國心長身已死汨羅流水長嗚咽當時猿鳥學哀吟至今夜半啼空谷

此後悠悠秋復春湖南歷史遂無人中間濂溪倡哲學印度文明相接觸心性徒開道學門空談未救金元辱惟有船山一片心哀號匍匐向空林林中痛哭悲遺族林外殺人聞血腥留玆萬古傷心事說與湖南子弟聽於今世事翻前案湘軍將相遭訶訕謂彼當年起義師不助同胞助胡滿奪地攻城十餘載竟看結局何奇幻長毛死盡辮髮留滿洲翎頂遍湘州捧玆百萬同胞血獻與今時印度酋英獅俄鷲方爭躍滿漢問題又挑撥外憂內患無已時禍根推是湘人作我聞此事心慘焦赧顏無語謝同胞還將一段同鄉話說與湘人一解嘲洪楊當日聚羣少天父天兄假西號湖南排外性最强曾侯以此相呼召盡募民間俠少年誓翦妖民屏西教蚌鷸相持漁子利湘粵紛爭滿人笑粵誤耶穌湘誤孔此中曲直誰能校一自西船向東駛民教相仇從此起此後紛紜數十春割土賠金常坐此北地終招八國兵金城坐被聯軍燬拳民思想一朝熄又換奴顏事洋鬼國事傷心不可知曾洪曲直誰當理莫道當年起事時竟無一二可爲師羅山鄉塾教兵法數十門生皆壯兒朝來跨馬衝堅陣日暮談經下講帷今時教育貴武勇羅公此意從何知江彭游俠時惟耦不解忠君惟救友意氣常看匣裏刀肝腸

共矢杯中酒江公爲護死友骨。道路三千自奔走。曾侯昔困南昌城。敵壘如雲繞前後。彭公千里往救之。乞食孤行無伴偶。芒鞋踏入十重圍大笑羣兒復何有桂陽陳公墓翳述湘鄉王公兵反側。大勢難將隻手回英雄卒令呑聲沒。更有湘潭王先生。少年擊劍學縱橫。游說諸侯成割據東南帶甲爲連衡曾胡卻顧咸相謝。先生笑起披衣下北入燕京肅順家。自請輪船探歐亞事變謀空返湘渚。專注春秋說民主廖康諸氏更推波。學界張皇樹旗鼓。嗚呼吾師志不平强收豪傑作才人常言湘將皆傖父使我聞之重撫膺吁嗟往事那堪說。但言當日田間傑。父兄子弟爭荷戈義氣相扶團體結誰肯孤生匹馬還誓將共死沙場穴一奏軍歌出湖外推鋒直進無人敵水師噴起長江波陸軍踏過陰山雪東西南北十餘省何方不覩湘軍幟一自前人血戰歸後人不歎無家別城中一下招兵令鄉間共道從軍樂萬幕連屯數日齊一村傳喚千夫諾農夫釋耒只操戈獨子辭親去流血父死無尸兒更往弟魂未返兄逾烈但聞嫁女向母啼不見當兵與妻訣十年斷信無人弔一日還家誰與詰今日初歸明日行今年未計明年活軍官歸爲竈下養秀才出作談兵客只今海內水陸軍無營無隊無湘人獨從中國四民外結此軍人社會羣茫茫回部幾千里十人九是湘人子左公戰勝祁連山得此湖南殖民地欲返將來祖國魂憑玆敢戰英雄氣人生壯略當一揮崑崙策馬瞻東西東看浩浩太平海西望諸洲光陸離欲傾亞陸江河水一洗西方碧眼兒於今世界無公理口說愛人心利己天演開成大競爭强權壓倒諸洋水公法何如一門礮工商盡是圖中匕外交斷在軍人口內政修成武裝體民族精神何自生人身血肉拚將死畢相拏翁盡野蠻腐儒誤解文明字歐洲古國斯巴達强者充兵弱者殺雅典文柔不足稱。希臘諸邦誰與敵。區區小國普魯士。倏忽成爲德意志。兒童女子盡知兵。一戰巴黎遂稱帝。內合諸省成聯邦。外與羣雄爭領地。中國於今是希臘。湖南當作斯巴達。中國將爲德意志。湖南當作普魯士。諸君諸君愼於此。莫言事急空流涕。若道中華國果亡除是湖南人盡死。盡擲頭顱不足痛。絲毫權利人休取。莫問家邦運短長。但觀意氣能終始。埃及波蘭豈足論。慈悲印度非吾比。我家數世皆武夫。只知霸道不知儒。家人仗劍東西去。或死或生無一居。我年十八遊京甸。上書請與倭奴戰。歸來師事王先生。學劍學書相雜半。十載優游湘水濱。射堂西畔事躬耕。隴頭日午停鋤歎。大澤中宵帶劍行矣從三五少年說今日中原無主人每思天下戰爭事當風一嘯心縱橫地球道里憑空縮。鐵道輪船競相逐。五洲四入白人囊。復執長鞭趨亞陸。探馬惟搖教士鐘先鋒只著商人服郵航電綫工兵隊工廠鑛山輜重續執此東方一病夫任教數十軍人辱人心已死國魂亡士氣先摧軍勢蹙救世誰爲華盛翁每憂同種一書空羣雄此日爭追鹿大地何年起臥龍天風海潮昏白日楚歌猶與笳聲疾惟恃同胞赤血鮮染將十丈龍旗色濃玆白戰英雄氣先救湖南後全國破釜沈舟期一戰求生死地成孤擲諸君盡作國民兵小子當爲旗下卒

晳子復贈余一詩云。志遠學不逮名高實難副古來學者心慄慄惟玆懼噫吾新會子夙昔傳嘉譽。德義期往賢。流風起頑錮。曩余初邂逅講學微相忤希聖雖一途稱師乃殊趣（原註）戊戌春在長沙論春秋公羊傳各主師說有異同楊朱重權利墨子尊義務大道無異同紛爭實俱誤（原註）余嘗謂湘潭王先生援莊入孔南海康先生援墨入孔實爲今世之楊墨而皆託於孔者也茫茫國事急惻惻憂情著當憑衛道心用覺斯民竊古人濟物情反身先自訴功名豈足寶貴克全予素君子但求己小人常外騖願以宣聖訓長與相攻錯詩末復縢以小札云「近以國中青年子弟。道德墮落。非有國粹

保存之教育。不足以挽狂流。如前數次所面論者。因時取舊書溫閱。思欲有所編述。乃每一開卷則責人之心頓減責己之念頓增時一反省常覺天地之大竟無可以立足之地自治之道其難如此因思古今社會風俗其能致一時之醇美者必由於二三君子以道相規以學相厲流風所及天下效之以躬行爲之倡而因以挽一世之積俗此必非口舌論說之功所能比較者古聖賢之爲學必求其返躬自省而無絲毫不歉於心乃爲有得若夫名滿天下功滿天下曾於吾身無一毫之增損者常人道之君子不計焉以其無關於求己之道也今同處異國於衆人之中而求可以匡吾過而救吾失者。無如足下。輙以其意成詩一首。知足下亦無取乎便佞。故自附於直諒之末。亦以託於先施而求誨迪。特錄以奉呈。詩中追述往事者欲以紀實著其離合之迹君子之道不貴苟同也而又必稱師者薄俗忘本非度等所當出足下擔任一世之教化者。倘以予言爲信乎。若能俯賜酬答。而無辜我嚶鳴。是所幸也。』嗚呼。自萬木草堂離羣以來復生鐵樵宿草之後久矣夫吾之不聞斯言也吾之疚日積而德日荒也十年於茲矣風塵混混中獲此良友吾一日摩挲十二回不自覺其性之移也

鄧君何負。吳摯甫先生門下佳士也。頃見示由東京寄河北同人一律。其言沈痛。令我生感。亟錄如下……異日彎弓未報胡祇今不臘見亡虞八千子弟猶堪死十六燕雲忍再輸豎不足謀空幕燕侯能竊國亦城狐艱難惟倚諸君在莫負湘纍萬里書

同學歐伊广榘甲。自署太平洋客者也。自言不能詩。然吾在美洲見其爲人題箑一絕句。乃大佳。錄之……乾坤何茫茫一鳥孤飛往大江自横流紅淚隨江漲

公度之詩。見余詩話中者最夥。然聞韶三月不以爲饜也。頃復錄其詩史兩章。

流求歌 庚辰

白頭老臣倚牆哭頽髻斜簪衣慘綠自嗟流蕩作波臣細訴興亡淚天歠天孫傳世到舜天。海上蜿蜒一脉延。彈丸雖號蕞爾國。問鼎猶傳七百年。大明天子雲端裏自天草詔飛黃紙印綬遙從赤土頒衣冠幸不殊崖棄使星如月照九州王號中山國小球英簜雙持龍虎節繡衣直指鳳麟洲從此包茅勤入貢。豔說扶桑繭如甕酋豪入學還請經。天王賜襲仍歸朝。爾時國勢正稱强日本猶封異姓王只戴上枝歸一日更無尺詔問東皇黑面小猴投袂起謂是區區應余畀數典横徵貢百牢秉弱忽然加一。矢鯨鯢

橫肆氣吞舟早見降幡出石頭大夫拔舍君銜璧昨日蠻王今楚囚畏首畏尾身有幾籠鳥惟求寬一死但乞頭顱萬里歸妾將口血羣臣誓歸來割地獻商於索米仍輸歲歲租歸化雖編歸漢里畏威終奉嚇蠻書一國從茲臣二主兩姑未覺難爲婦稱臣稱姪日爲兄依漢依天使如父一旦維新時事異。二百餘藩齊改制。覆巢豈有完卵。心顧器畧存投鼠忌，公堂纔錫藩臣宴鋒車竟走降王傳。剛聞守約比交隣忽爾廢藩夷九縣吁嗟君長檻車去舉族北轅誰控訴鬼界明知不若人虎性而今化爲鼠御溝一帶水溶溶流出花枝蝴蝶紅尚有丹書珠殿挂空將金印紫泥封迎恩亭下蕉陰覆相逢野老吞聲哭旌麾莫覩漢官儀簪纓未改秦衣服東川西川弔杜鵑稠父宋父泣鸜鵒興滅曾無翼九宗賜姓空存殷七族幾人脫險作逋逃幾次流離呼伯叔北辰太遠天不聞東海雖枯國難復氈裘大長來調處空言無施究何補只有流球䘏難民年年上疏勞彊臣

越南篇 甲申

於戲我大清。堂堂海外截。封貢三屬藩。有若古三襲。流求忽改縣。句驪不成國。右臂旣

恐斷。兩足復悲刖。今日南越南。戎夏又交捽。芒芒弔禹迹。眼見日乖刺。溯當始禍萌。事由一身齕。無端犯王師。妄持虎須捋。天威震疊久。又恐張撻伐。當有袄教僧。教以求佛法。鋋鹿急難擇。飲鴆姑止渴。爾時路易王。挾强逞饕餮。假威許蒙馬。染指思食鼈。雖逢國步艱。鞭長遠莫及。南北萬里海。從此生交涉。道咸通商來。來往寄蕃舶。偶思許田假。遂挾秦權喝。搏兎逞獅威。含鼠縱鴟嚇。可憐雒雄王。蠢蠢正似鴨。豐岐初王地。手捧士一撮。弱肉供強食。一任鸞刀割。神弩不能飛。天柱亦隨折。尾擊須彌翻。掌鳴太華擘。山河寸寸金。攫取到手滑。新附裸狼[illegible]。今復化鬼蜮。海口扼爾吭。定知國難活。同治中興初。滇南擾回鶻。購運佛郎機。苦嫌鳥里闊。時有西域賈。請從間道達。直溯富良江。萬里若庭闥。一符挾萬鎗。絕無吏糾察。歸言取九眞。無復煩兵卒。但鳴一聲礮。全國歸鈐轄。豕蛇薦食心。聞此益堅決。遂以法王法。運彼廣長舌。到今割地約。終畫花名押。緬稽白雉來。初見於越納。眉珠竊弩歸。每每附南粵。顓臾等附庸。思摩當一設。或隨降王挺。或拜大人節。中間賢太守。龍度推士燮。遠地日歸化。常朝非荒忽。唐初設都護。窮海益震慴。安南僅道屬。何嘗稱國別。陵夷五季亂。漸見蠻夷猾。曲矯與吳丁。擁兵日猖獗。方嘆黎侯微。又歌李華發。陳氏甫代齊。虞公復不臘。中朝節度名。初未敢抹摋。帝號聊自娛。後乃縱僭竊。壯哉英國公桓桓仗黃鉞三擒名王歸懸首在觀闕龍編入鱗冊得地十七八復古郡縣治南人咸大悅狠子多野心。豨勇復冒突。彊場互彼此。王命迭予奪。逮明中葉後。中乾國力竭。置君無定棋。遣將多覆轍。遂議珠崖棄坐視金甌缺巍峨鬼門關從此淪異域夜郎妄比漢更有吠堯桀黎莫新舊阮此亡彼興勃版圖二千年傳國數十葉雁去復雁來狐埋更狐搰蠻觸雖屢爭同種出駱越得失共一弓磨礱非兩鉞而今入法界盡將漢幟拔吁嗟銅柱銘眞成交趾滅乾隆全盛時。四海服鞭撻。忽有黎大夫。求救旄邱葛。興滅字小邦。皇皇大義揭。出關萬熊羆。一月奏三捷。元夜失崑崙。忽爾全師蹶。猿鶴與沙蟲。萬骨堆一穴。爾時金川平國威震窮髮方統羽林軍大會長楊獵西北五單于渭橋伏上謁當此我武揚何難國恥雪鵰勦索倫兵人人熊慓罕倫命將軍行徑取此獠殺廢藩夷九縣明正蹊田罰赤土與朱波左提復右挈凱樂奏兜離文化拓蒼頡或者南天南盡將海囊括胡爲奸虜謀轉信中行說金人作代身非人空是物桃根將李代壹意防蝨嚙是何黎邱鬼變態極詭譎謂秦豈無人爾蠻何太黠妄稱佛詔日親拜大菩薩化身魔波旬竟許日三接直從仇虜中躋之親王列哀哀馬革尸棄置情太恝賈鼎納神姦於史更汚蠛明明無敵兵忽當小敵怯豈具十全功勢成强弩末抑當倦勤年樂聞有苗格每論武皇功怪事呼咄咄噫嘻大錯鑄奚啻九州鐵邇來白年事言之更蹙頞國小亦一王乃作無賴賊烏艚十總兵豢盜縱出沒國餉藉盜糧公與海寇結嗣後紅巾亂更作狠鼠竄外人詰庇盜遇事肘屢掣王師迭出關徙作鱷魚獺聞今越南王自視猶滕薛君臣共鼾睡忘是他人榻無民即無地地維早斷絕黃圖轉綠圖舊色盡塗抹譬如黑風船永墮鬼羅刹何時楚南士復編史檮杌滇粵交犬牙無地畫甌脫舐糠倘及米剝膚恐到骨不見彼波蘭四分更五裂立國[illegible]民强自棄寶天孽不見美利堅終能脫羈紲我來浪泊遊仰視鳶站站神祠銅鼓聲海濤共嗚咽精衛志塡海荆卿氣成蜺安得整乾坤二三救時傑共傾中國海灑作黃戰血地編歸漢里天紀亡胡月

去年六月間。琉球故王尙泰卒於日本東京。余在新聞紙上見其訃告。書侯爵尙泰家扶字樣。盖王降後。侯於日本。家扶者府中長史之稱也。余感慨不能自禁口占一絕云。

千年噩夢漢珠崖一夜降王走傳車哀絕伊川披髮者忍更俟邸問家扶公度見此詩。其感又當何如。

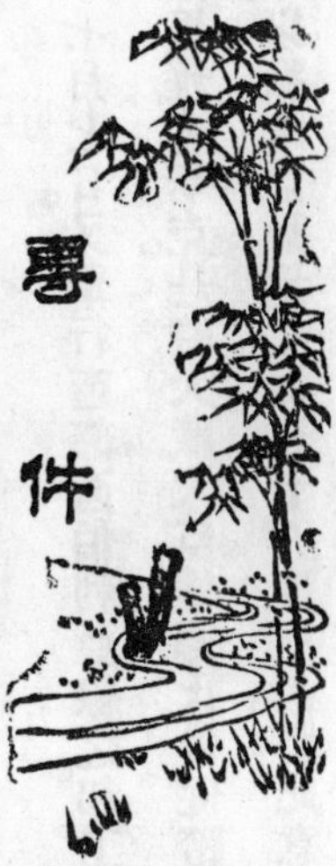

西伯利亞鐵道說略（續前號）

第四 規畫

鐵路未建設以前。西伯利亞之運輸。頗為遲鈍。夏則乘車。冬則乘橇。然自歐俄之喀機而至海參崴。凡六千里。莫不由此。

其所乘之車。長約六呎。幅甚下。後蓋篷前以蔽風雨。一車或兩馬三馬不等。每行一俄里。（英里三分之二）價約一角內外。約行十六英里而至驛。每驛輙易人馬。（外要馬稅金二角內外）道路平坦。則一晝夜可行九十里。火車輪船未交通以前。西伯利亞之大道。來往皆由之。

以萬里縹渺之曠野。固難施以治。亦難使之富。此俄政府之所夙慮也。故烏拉爾鐵道未布設以前。亦未如之何。

當一八六〇年（即咸豐十年）模拉威甫據北京條約。割中國烏蘇里東部沿岸之地。斯時世界各國皆注目西伯利亞之命運。而認其與歐俄有交通之便。是年之末。俄國因軍事上經濟上。欲圖西伯利亞各地與本土連絡。乃擬自莫斯科及烏爾戛之上流以達太平洋。布設一鐵路。

俄政府因欲布設西伯利亞鐵路。乃開委員會于烏拉爾。以討論烏拉爾之鑛業。及西伯利亞交通上最利便之線路之兩問題。該委員會曰。『此兩目的到底不能並行。』其結論究主張布設烏拉爾鑛業鐵路。至西伯利亞線。則付之等閑。如是者約經三十年。其後雖常常調查。然以當時外政錯綜。實無餘裕以

專件

經營此事焉。
再經數十年俄國見世界大勢漸移于太平洋以東。于是復惹起其野心西伯利亞鐵路之布設。乃有刻不容緩之勢。
一八九一年二月俄帝亞力山大第三乃採大臣會議之奏請決定敷設西伯利亞及烏蘇里之鐵路由是而宇內之一宿問題。遂告厥終。
時適皇太子(即今皇)巡游東方諸國旣畢歸途而至海參崴。父帝特下詔飭其親臨西伯利亞舉行鐵路起工式。乃是年三月十七日也。皇太子乃以五月三十一日舉行起工式于海參崴親置其第一礎石焉。
翌年七月七日又舉行西部西伯利亞線之起工式于浙里雅賓斯克。是時大藏大臣維德氏督促踏查線路。以線路當築于北緯五十五度前後。將此意見提出特別委員會。該會採用之即着手從事。
俄帝室以西伯利亞鐵路工事。爲特別之事務。一八九三年一月。詔以皇太子任鐵道會議長。(定例踐祚後仍有支配權)以布堅氏爲副議長。議員則以內務大藏陸軍海軍農務遞信六大臣及會計檢查院長七員爲之。其事務由大臣會議事務官長司之。其事務如敷設鐵路及補助事業。歸總轄監督任之。行政事務則由各該大臣任之。工事初委任于官有鐵道事務局。後另設有西伯利亞鐵道事務所。一切工事皆屬之焉。
一八九六年。刱設華俄道勝銀行。後不知如何。該銀行於中國獲得建築東三省鐵道之權。遂設立有限公司。即所稱東清鐵道公司是也。于是停止西伯利亞預定之黑龍線。(斯脫列丁斯克、哈巴洛夫斯克間)代之以東清鐵道而與西伯利亞鐵道聯絡。以達太平洋沿岸。此絕大之偉業。今已告厥成功。其間只貝加爾湖沿岸線路二百三十四里。現在建築未成耳。

其次之與起者。則蒙古大鐵道是也。据伊庫爾次克牛官報之所報。自恰克圖經張家口而至北京之蒙古鐵道測量既畢。經許其布設云。此線路延長一千五百俄里。完成之後。經既成之線路自本國來。可縮短一千二百俄里云。（原案此事眞僞現不敢決然俄國不久必出此舉也。）

第五　營築

亞力山大第三命皇太子親臨起工式。于是三十餘年間俄國官民所論議之宿題乃決定。十九世紀史上嘗添一特筆。而定其爲一大鴻業也。今記其現在所成之里數如左。

一九〇二年（即光緒二十八年）之末。西伯利亞所成之鐵道分四大線路。其全延長線合計

七千七百九十二俄里（通過俄領　五三七二俄里／通過清領　二四二〇俄里）

（一俄里當英里三分之二）

第一　西伯利亞本線……計三千百四十俄里

西伯利亞本線（自淅里雅賓斯克至伊爾庫次克）……三、〇四八俄里

托穆斯克線（自太戛至托穆斯克）……八九俄里

鄂穆斯克線（自本線至鄂穆斯克）……三俄里

西伯利亞鐵道之起點。在歐俄之淅里雅賓斯克。自此處東漸二百四十一俄里而至庫爾甘。涉托波里河四百九十俄里而至彼得保羅斯克。更越伊什木河七百四十六俄里而至鄂穆斯克。越伊爾齊什河一千三百三十二俄里而至俄比河。是爲西伯利亞鐵道西部線。與中央線。（即後貝喀爾線）境界相接。

自俄比河畔太戞車站稍稍向北通托穆斯克枝線。八十九俄里。又西部西伯利亞線之事務所在托穆斯克。

第二　後貝加爾線……計一千四百二十俄里

後貝喀爾本線（自伊爾庫次克至斯篤里丁斯克）……一、〇九六俄里

俄清國彊線（自開大洛夫斯克至滿洲里驛）……………三二四俄里

本線路一稱中央線自伊爾庫次克以東之線路六十二俄里。達貝加爾湖本線路事務所在伊庫爾次克。貝喀爾湖湖上航程六十俄里。而達東岸摸伊索夫斯克。

俄人嘗謂在湖上造鑿冰船。既可供冬日之用。復可供夏日渡船之用。于是造鑿冰船二隻。一稱拜喀爾。一稱安袱蘭。

拜喀爾號長二百九十呎。總噸數四千二百噸速力一點鐘行二十二海里半。可鑿五英呎之厚冰。冬天雖遇五尺以下之結冰。一點鐘可行七海里。船上設軌道六條車輛三駕。

安袱蘭號比拜喀爾號略小。只供漕運之用。不過爲拜喀爾號之補助船而已。（兩船之材質用鋼材料由英國運到貝喀爾湖畔建造者云）

自貝喀爾東岸摸伊索夫斯克。東至開大洛夫斯克驛。與後貝加爾線分歧。東線經涅爾臣斯克至斯脫列嶺斯克。以瑟爾喀河畔爲終點。自伊爾庫次克至此。凡一千〇九十俄里。

東南之一線。自開大洛夫斯克而分。凡三百二十四俄里。而達支那國彊。在俄領者爲瑟皮克驛。在支那領者爲滿洲里驛。（即甯古塔驛）自此驛起爲東清鐵道。

第三　烏蘇里線……計八百三十三俄里

烏蘇里本線（自海參崴至哈巴洛夫斯克）……七二一俄里

俄清國疆驛（自尼格里斯克至波古剌尼支耶驛）……一一二俄里

烏蘇里線者。自海參崴下烏蘇里江沿土而至哈巴洛夫斯克。是爲烏蘇里本線。

俄清國疆線者。自尼格里斯克而達波古剌尼支耶驛（一名克羅笛哥阿驛）也。

第四　東清鐵道線……計二千四百三十俄里

東清鐵道本線（自滿洲里驛至波古剌尼支耶驛）……一、四〇四俄里

南部滿洲線（自哈爾賓至旅順）……九八〇俄里

東清鐵道本線者。自滿洲里驛經海拉爾、齊齊哈爾、哈爾賓橫斷滿洲東而至俄清國疆驛。又由烏蘇里支線經尼格里斯克而至海參崴。

南部滿洲線者。自哈爾賓而至旅順口。

西伯利亞之鐵道。以一八九一年五月東部線起工。翌年七月西部起工。其後凡經九年間。共建築七千七百九十二俄里。即平均每年築八百六十六俄里。一日二俄里以上。其工事之急速如此。

其鐵路之沿道。概係平坦之曠野。最困難者開鑿隧道架設橋梁耳。全線路之橋梁。延長殆五十俄里。其中以葉尼賽河之橋爲最大。長二千九百四十尺云。

鐵路建築費。一九〇一年止共支出

八億五千五百十二萬千餘留

西伯利亞線　五四七、一二一、六五留

東清線　三〇八、〇〇〇、〇〇留

（按一留即俄國一圓之貨幣名）

此款實包括布設貝咯爾沿岸線二百四十二俄里

之預算費。及改良鐵軌。改良水路。測量陸地。一切殖民事業等費。蓋當初本鐵道布設之際。務求速成。車站及其他之建築皆主節約簡便。以俟將來乘客及貨物通行之後。其程度如何。乃逐漸改良使其適宜焉。

工事既求速成。經費亦主節制。故其技術上比之歐俄之鐵道自然輕便。如線路則全屬單線。其巾則五英呎。鐵軌之輕。一呎不過十八「布頓」（一布頓重約十兩〇九錢）

直路所經之處。遇有大河為冰塊所凝結者。則築以橋梁。橋梁多用木材所造。概無用鐵與石者。各車站之距離。平地五十俄里。平地三十二俄里。

每一晝夜定期開車三次。（其一為搭客及載貨之車。速力一時間平均行二十俄里。其二為載貨之車。速力一時間平均行十二俄里）

鐵路開通後。貨物之通行甚多。而輸送之力。如此其弱。終形不便。適一八九八年。遞信大臣前往巡視。次復派委員調查。其結果乃將西伯利亞鐵路。使與歐亞大陸連絡。俾全宇內通路之天職。遂定議一九〇一年以後。以五年間改築之。即

（一）浙里雅賓斯克與彼得保羅斯克間。一晝夜開車十四次。自該地至俄比十次。俄比以東八次或七次。

（二）客車速力一時行三十五俄里。貨車廿俄里以上。每一體拜開急行車三次。速力五十俄里。

（三）今後八年間（一九〇八年）改換二十四「布頓」之鐵軌。

（四）今後六年間（一九〇六年）木橋改為石造或鐵造。

（五）增加客車貨車。

依此方針以改築之。將來之必能成功無疑。（未完）

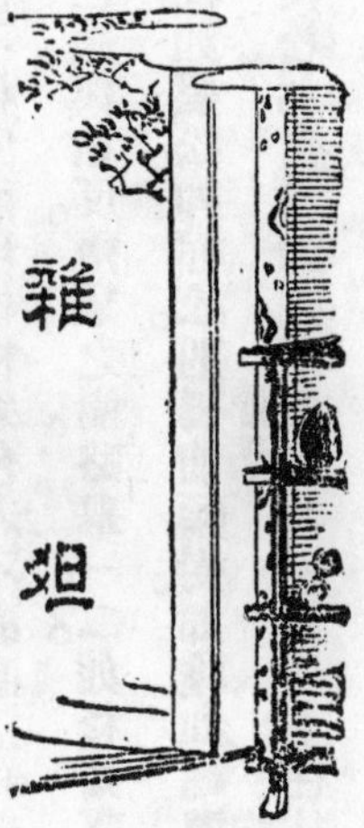

華年閣雜錄

△大英雄鄭成功之詩

江山如畫總堪哀。一代英雄去不回。寂寞驀秋泣黃葉。荒祠曾誦古詩來。誦鄭成功詩有感書此。鄭成功初名森材。年十五。入南京大學補弟子。試高等。聞錢謙益名。執贄為弟子。謙益字之曰大木。隆武帝賜姓朱。名曰成功。嗣後遂以賜名傳。成功本長文學。遭國難。焚儒服而起義師。然餘事風流。於倉皇戎馬間。尙時有流露者。南京之役。為成功最大之軍務。七月。登峴石山。(成功南京之喪師在七月二十四日時正圖攻南京時也)山深而寂。有一祠雲鎖烟斂。成功悵然賦曰。

黃葉古祠裏。秋風寒殿開。
沈沈松蔭老。暝暝鳥飛迴。
碑碣空埋地。階坳盡雜苔。
此地到人少。塵世轉堪哀。

嗟乎英雄所留剩之遺蹟。一鱗一爪。無不可珍。況其發自性靈而形之聲律見於文字者乎。當軍書旁午。羽檄倥偬之交。猶能觸景揮翰。若是固不必以詞藻見長。而餘韻流風。固為譚英雄軼事者所必徵也。

△生番之歌

世界太古淳朴之風。多留於野蠻未開之人種中。蓋其谿異谷別。鮮與世界往來。故性天純。而以幽閒之長歲月。對此寂靜之河山。其感情亦富。而詩歌之作。往往流露於不自知。有人抄譯臺灣番社之歌詞。簡情遠。固純然古時代之歌詩體也。茲揭於左。

我所思兮貌何美。夢寐輾轉不可忘。我今深山去。捕鹿心旌飄搖。獨彷徨只好捕鹿歸來日爲卿相餽。共饗觴。

首尾寫情自在流出。一無虛飾。而生蕃之風俗。亦可以想見一斑矣。

▲陰陽樹

凡植物之中有須直接日光。而其葉始能發綠色者。有少接日光。而其葉亦能發綠色者。須直接日光之樹。若有他木之庇蔭。則不能暢茂。若少接日光亦發綠色之樹。雖在他木庇蔭之下。仍能發達繁榮。須直接日光之樹。往往喜高燥地。若移而植於卑濕之地。多以性不相宜。而現枯槁之色。若不必直接日光之樹。其性適與相反。兩類之樹。略舉一二。如杉如落葉松如樺如黑松如赤松。則屬前類樹。如檜如羅漢柏如羅漢松如白檜如樅。則屬後類樹。林學上往往因兩類樹性之宜栽爲混成林。而名其前者一類爲陽樹。後者一類爲陰樹云。

▲新發明之水雷與潛水艇飛行船

從來水雷之用。以有限之動力。又依海面下一定之距離。從其方向而進。其命中敵艦。不能無僥倖萬一之思。遂有以絕等之利器。或全歸於無用。茲有人發明改新製造法。補舊製不完全之缺點。能以無限之動力。進退浮沈。皆得自由。假令爲敵艦所發見。其進行之猛。亦不能防。於學術上爲模形之試驗。已奏効果。現與英國之某會社交涉。不日可着手製造云。

又德國海軍省有西班牙之青年技師。發明新法之潛水艇。用電氣爲運轉。有發射管兩個。乘入之人。不須用新鮮空氣。能在水底動作二十四時之久云。

又潛水艇之目的。向祇供戰爭之用。近有法人在沙國領地求尼斯地方。造新式之小形潛水艇。能乘三人可採海綿及眞珠。雖深至四十一碼。仍能運動自由。以戰爭之器。一易而爲工業之器。於世界又開一生面。而水底旅行之事。亦日有進步矣。

又意大利步兵大尉孚雷西吉氏。現發明新式空中飛行船。其推進器氣板。悉與舊式不同。一時間有三十哩之速力。能于四十時間進行不絕云。

又近日美人開利幾氏。亦有自發明之空中飛行船。其新器已以二時間試驗運動。於空中悉能自在飛行。向風而行。亦無阻礙云。

▲人生之壽

有人調查人生之壽命。于歐洲各國。其例如左。

生出千人之內	得達十五歲者	得達六十歲者
瑞典	七百二十七人	四百四十人
法國	六百八十人	三百八十三人
英國	六百九十五人	三百六十五人
瑞士	六百九十四人	三百六十二人
意大利	五百七十六人	三百二十八人
德國	六百〇九人	三百十一人
俄國	四百五十二人	二百十三人

據以上之調查。生人之最多夭折者爲俄國。而最壽者爲瑞典。又有人統計生人中死亡之數。以未滿一歲者爲最多。自二歲以至五歲。次第遞減。自六歲以後。死亡之數更少。至六十九歲以上又增。六十九至七十歲。與四歲五歲人之死亡數畧相等。又女子之長壽。比男子爲多。有人調查每百萬人中。得達百歲者。女子二百二十五人。男子不過八十二人。又致長壽之法。在少苦惱。多運動。節食而多咀嚼。長眠。少言而多實行。常爲空氣之呼吸。此數者均能致長壽云。

▲火災之損額

雜俎　四

有人調查歐美各國火災損害其例如左。

(國名)	(一年間每百人之損失額)	
法國	七磅十志	(五十盧布)
比利時	八磅五志	(五十五盧布)
俄國	九磅六志	(六十二盧布)
荷蘭	九磅九志	(六十三盧布)
奧國	九磅九志	(六十三盧布)
德國	十二磅三志	(八十一盧布)
瑞典、挪威	十四磅十七志	(九十九盧布)
英國	二十四磅	(百六十盧布)
合衆國	三十三磅	(二百廿盧布)
加拿大	四十三磅四志	(二百八十八盧布)

又查各國火災損失總額。其中被保險者以百分爲例。而差其多寡如左。

法國　百分之七五　德國　百分之七四
合衆國　百分之五五　英國　百分之四六
加拿大　百分之四四　比利時　百分之四三
俄國　百分之九

▲猶太之紀元

西歷去年九月二十五日。爲猶太紀元五千六百六十四年之元旦。猶太人據其經典所記載。以爲自創造天地始生人類以至于今。蓋有若是之歲月云。(按猶太人所信世界之年齡。與今日科學家所致究者不合)

按古代後巴比崙以拿卜拿涉王之時期爲紀元。當西紀前七百四十七年。希臘以第一之阿利比亞大祭爲紀元。當西紀前七百七十六年。羅馬人以建設羅馬府之年爲紀元。當西紀前七百五十三年。回教國以其教祖穆罕默特避地麥地奈之年爲紀元。當西紀後六百二十二年。猶太人以世界開闢爲紀元。當西紀前三千七百六十一年。（去年西紀千九百叄年合紀前三千七百六十一年共爲五千六百六十四年）今西洋諸國所用之太陽歷。爲西紀前四十六年羅馬大英雄該撒所建設。以一月一日爲年始。蓋始于是。地中海諸國。皆用太陰歷。埃及、波斯、加爾達額、敍利亞等。以秋分爲年始。法德二國。本以三月一日爲年始。後以三月廿五日爲年始。北歐諸國。古代以冬至爲年始。定一月一日爲年始者。法國始于一五六三年。蘇格蘭始于一六〇〇年。英國始于一七五二年云。

▲喜馬拉山備寒溫熱三帶之植物

亞洲最高之喜馬拉山者。其一山之間。從下部至上部。所有植物。分爲三帶。其下部者。熱帶植物。中部者溫帶植物。松、杉、檜、柏、櫻、楓、柳、桃、梨、橙、柚、蜜柑、米、麥、小麥、豆、粟、稗、胡麻、蕎麥、玉蜀黍等。皆有。高至一萬二千尺以上。尙有柳、麥、小麥、豌豆、蕎麥等。至上部有積雪之間開花者。盡屬寒帶植物。西藏亦然。西藏之中央部。有野葱、野生芋、藷、桃、柳、胡桃、楡、菊等。移植之物。有檜、櫻、小竹、生羌等。約擧西藏全部所有植物。其南部與雪山之中部同。北原與雪山之上部同。中央部與雪山上部中部之間同云。

▲歐美之文運

觀一國之文運。觀其一年出版之書之數。與新聞紙之數。而其人民之文野。畧可見矣。據最近之統計。一八九三年。德國出版之書。達二萬三千六百七種。俄國僅八千八十二種。又新聞紙之數。美國人民購讀者。達二萬二千種。俄國人口一億三千萬。其新聞紙之數。僅八百種。即在歐美今日之世界。其文運以德國為最。而俄國為下。德國衣食於筆墨者。其數一萬二千人。其中四百人者。詩人也。（按泰西各國極尊重詩家多有供給詩人之用者非若今日之中國大半皆窮詩人也）又法國出版之書。其小說半輸出於外國。至關于歷史科學諸書。輸出者居其全數三分之二云。按以歐美各國一年出版書與新聞紙統計之數。對校中國。其文化之發達塞滯。為何如矣。

▲臺灣之番社

臺灣南北番社。以其地相隔離。故自衣服飲食。以至婚姻喪祭之事。亦不無多少之異同。於北山有一番社。名雞距番。其足指深裂。如雞足。善攀木穿林。常在樹間寢食。非值耕作之時。多不下平地。平日與他番社亦不相往來。夜間竊出至海邊汲水。遇他番社之人。馘其首而去。誠番社中之最野蠻者。又南山番社。有酒二種。其一。舂擢秫米。又嚼碎米為麴。置於地上一夜。俟其發氣。入甕中。數日後醱酵。味帶甘酸。和水飲之。其一。蒸糯米為麴。入筬籃中。置於甕口。取其津液所滴。長藏之。俟其色香味皆美而後飲之。前類之酒。婚姻捕鹿及家屋落成等。招待同社番人之時。出而饗之。後類之酒。視為珍物。表敬意於貴客。或進此酒。平時非容易得飲。北山番社。釀酒之法。無大差異。惟嚼碎米。必選妙齡女子之尚未結婚者。又台灣於數年前。以芭蕉實製酒。號蕉實酒。近時又以鳳梨製酒。號鳳梨酒。鳳梨蕉實。皆臺灣之名產。又用蕉實所製者。有蕉實煎餅。蕉實餡。數內地土產者。以此為佳品。然不遠可製造鳳梨煎餅。鳳梨餡。鳳梨羊羹之類云。

▲酒之害

有人調查千八百八十八年。歐洲各國人口百萬中。為酗酒死亡之數。計法國九十五人。比利時七十六人。俄國五十人。意大利四十七人。英國四十六人。德國四十人。奧國三十六人。又昨年英國死亡之人數中。其中爲飲酒而死者三千餘人。德國百二十所監獄中。拘置囚徒三萬二千八百三十七人。內一萬三千七百零六人。爲酒徒。卽當總數百分之四十二。英國法國丁抹及合衆國調查發狂之原因。其百分之十四爲飲酒過度之故。近日其數益見增加。法國千八三六年。當百分之七。至近時占百分之二十一。合衆國近時占百分之二十六。荷蘭占百分之十二。又合衆國之醫院內。調查患肺病者。四成四分爲大酒家。四成三分爲普通飲酒家。一成一分爲時時飲酒之人。惟二分爲不飲酒之人。又據德國學者可臺氏推算。德國全國。爲飲用酒類之損失額。計爲麥酒葡萄酒及酒精等之材料產地。其面積約當耕地十五分之一。若以之播種裸麥。可產十六億三千七百萬啓羅格蘭得製三十二億七千二百萬斤之麪麭。若當收穫全豐之時。對全國人口五千萬。一人可得六十五斤半。以八人爲一家族。每戶可得五百二十四斤。得充七週間之食料有餘。又爲酒類製造耕作販賣者。約百五十萬人。消費全國生產力十四分之一。酒之害誠大矣哉。

X光線之利用

自X光線發明以來。多得不可思議之作用。近美國芝加哥之X光線試驗所。考出光線之作用。能變金剛石之顏色。凡金剛石以一種白色玲瓏如冰塊者。其價値爲最貴。然用X光線。能使帶黃色之金剛石。變爲純白寶石。商多欲傳授其秘法。又近頃德國所發明有依X光線於人體內之諸機關可攝影者。凡臟腑筋絡骨髓中。有何病狀。及有何物存在。皆能明細照澈。醫學家依此作用。得大有進步云。

▲示方位之植物

美國平原所生有名貢排斯樹者。於其近根之葉。能指示南方。行者可藉此以驗方位云。

▲禁新聞紙之故事

今日中國政府。時時有禁阻新聞紙之事。然此等舉動。非獨中國有之。昔日各國。亦多有類此者。而從今日文化發達之後。追思當日政府之狀態。實多有可笑者。雖然。文明高下之程度。則固可由此而見也。近時於英國倫敦之博物館。因增築新屋。遷移昔日之新聞紙。於從今九十年前。發見泰唔士新聞之記事一條。其時有人徵一片士之金。貸泰唔士新聞。使人閱覽。發覺。課罰金五十圓。當日政府。不欲人民縱覽新聞。每新聞一枚。課四片士之重稅。若貸覽新聞。當日益認為違法之事。故重罰之。噫世界之政府。何初心若是其相背也。特在英國。則已成為笑譚。既往之佚事。而在中國。則猶視為正當不易之政策。何其酣英國九十年前之夢。而未醒也。

▲世界未來記

德國之某新聞。有作世界未來記者。如下。

千九百零五年。大西洋設海底電話（即德律風）線。

千九百二十五年。鐵道運轉力用爆發煤氣。舉行爆發鐵道之創設紀念祭。

千九百三十七年。氣球飛行用爆發煤氣之助力。從漢堡紐約間。定期飛行開始。

二千年。X光線之發明。肺結核病全治。

二千零十年。名恩吉沛與名恩幾勸之二種血精發明。以三回注射人體。能銷除盜心及殺害心。行此深法。盜賊殺人之事絕迹。

第三十世紀之半。所有全地球之產煤。發掘已盡。運轉器械。皆用水力。或利用潮滿之時。因此地球回轉之速力。遂大遲緩。一晝夜間之時辰增長。

三十世紀之後期。黃白兩人種間。屢起大戰。支那之人口繁殖。從五億達二十億。其中三分之一。即約七億之人。爲戰士。携最新式之武器。從支那之國境侵入歐洲。歐洲人驚怖狼狽。過於成吉思汗闖入歐洲之時百倍。羣謂白人滅絕之日至矣。然白人之運命。強局面而轉換。終擊退黃人。（德人爲此言。殆尚帶有義和團時之影響乎。）

二千七百三十五年。支那人大入歐洲。

二千七百三十六年。名支那沙西勤之血精發明。當支那大軍之侵入歐洲。白人滅亡之將近也。一或人之血精發明。其血精無害於白人。而對黃人爲致命之毒藥。接種於被捕虜之支那人。而放還黃軍陣中。遂起一種猛烈之流行病。至黃人大軍無遺孽。（白人之欲害我黃人。不必待之三十世紀。一種血精之發明也。今日之鴉片煙。已足制支那人之命矣。）

當此時代。用銃砲兇器以決勝負之鬬戰者。早絕迹於世界。或以血精爲戰之武器。或以商工業敗敵人。全地球爲一血精戰與經濟戰之修羅場。人人務爲珍奇之發明。又圖商工業之發達。過勞心神。陷神經衰弱症者。人日益多。

噫。是雖戲言。然而世界之變遷。與夫黃白人種生存競爭之心。而預推未來世界之禍福成敗者。亦可以動我國人之思矣。

△臺灣之大森林

中國古來材木之產所。稱漢中。秦時造阿房宮。下可。以建五丈旗。蓋恃有此材木也。其後傾盡。前明時有。大建築。皆運川木。近則中原十八省中。無大林木。巨材多運自外洋。稱洋木。然東三省有窩集。（即老林之意。沃沮勿吉靺鞨拂涅屋惹渥集音同。天聰年間

雜俎 十

慶征東海渥集部見滿洲開國方略）蔽天鎖日蕭森終古而滿人以爲發祥之地禁人採伐又以爲可限戎馬之足（何秋濤云黑龍江以西皆設喀倫以爲界獨吉林不設喀倫唯恃窩集之險足以限戎馬之足○魏毋邱儉討高麗絕沃沮千餘里沃沮蓋指窩集○按黑龍江外記林木蓊鬱水澤沮洳之區號窩集盖叢林密接落葉常積數尺雨水不能盡流陷爲泥淖幾無道路絕沃沮者殆指此）乾隆帝所作之窩集行有大匠詎敢斤斧斯句可見今後當與土地俱贈諸俄人而爲俄人添一大宗國欵矣夫東三省之大森林旣予俄人而臺灣亦有極大之森林自割與日本之後經林學博士踏查於新高山之麓阿里山有大森林其地距嘉義之東約十五里一望無際從太古以來未經斬伐多十數丈之老木直徑及二三丈材質良好從事採取其價值直難算計惟占地之面積廣大由各處從入之道路無不險惡運送甚難近擬築阿里與嘉義間之鐵道估計經費二百萬圓然投此二百萬圓之費而比之所得木材之價值僅如九牛之一毛誠非難事云云盖自人類文明世界日益開闢伴地面開始以來之大森林日益減少而巨大材木之價格當日益昂貴嗚呼昔日之台灣固我有也而實藏在山孰視無覩且日憂費用之不足一旦爲他人有而坤媼顯富同此山嶺遂若別出生面焉雖然中國之藏富而不能取而在他人視之有若黃金遍地者又豈獨此森林之事乎哉

紀事

（內國之部）

◎中立與戰地　中國劃定中立界限。係以遼河為界。日本雖已認許。而俄國實欲并遼西一帶。亦為戰地。只許中國屯兵于直隸邊境。并以關外鐵路沿路二邁當之地。作為局外中立地點。故現在中國所派之常備軍。係駐九門保守榆林一帶。而以馬軍分駐朝陽建昌平泉石匣古北口等處。皆屬直隸境也。又聞增祺與俄人議定之戰地。西以遼河為界。東南則離奉天四十里。已將圖說咨呈外務部查核。外務部即電咨增祺。謂所議戰地界限。亦屬無可如何之事。惟福陵相離甚近。雖在界外。尚須切實商訂。務使不致震驚為要等語。

袁世凱馬玉崑以滿洲為中國發祥之地。日本因此與俄戰爭。中國本無退處局外之理。今中國既已聲明中立。俄人又復屢次破壞中立之局。故擬奏請撤去局外中立之例。與俄決戰。或可保持將來大局。日前已將此意電請慶王代奏云。

◎俄使恫嚇　俄使奉遠東總督電諭。當即往訪慶王。肆其恫嚇。畧謂中國外雖聲明謹守中立。陰則援助日本。中國既違公法。俄國自不能默爾而息。俄國將以中國為自破嚴正中立矣。至援助日本之事。證跡顯然。歷歷可數。如日本兵隊日前還由某處登岸。中國並不阻止。日船出入某處。該處中國稅關佯為不知。隱而不報。該關每夜且與日本之船信號往還。又任日本之船碇泊某灣。是皆中國自破中立之證鑿可據。不能諉卸也云云。翌日外部即遣聯芳回謁俄使。告以政府現已電飭該稅關查察有無此事。並言中國斷無私行援日之事。貴國以後幸勿滋疑云云。

◎將軍奉諭　政府近電飭奉天吉林黑龍江各省將軍。略謂俄人之在東三省所有交涉事件。如仍藉口刁難。以及肆意挾制中國官吏商民等事。著即從速就近知會馬玉崑商議酌辦云。

◎指明戰時禁貨　外務部曾接俄使照會。將俄政府認為戰時禁貨。分件指明。當經外部電致各省一體遵照。茲將各禁貨分列如下。一、手執及砲隊各軍器。二、鐵甲。三、火器。四、炸爆各料及器具。五、砲與工程隊及軍隊中輜重之應用各物。六、帶刺鐵綫。七、扁艇及浮橋。八、軍隊備用之物及號衣。九、駛海船隻若遇掛帶局外商旗前往敵國海口有軍務之意者。十、船隻各式滊機。十一、各式鍋爐。十二、石煤。十三、石腦油。十四、酒精。十五、電信德律風及鐵路各物料。十六、糧食飲料。十七、米石。十八、馬匹及他項牲口。十九、海陸各戰應用各物。

◎籌畫邊防　某日兩宮召見某軍機大臣議商。方今遠東大局阽危。干戈正熾。宜速委某大臣前往熱河一帶。認眞考察該處旗綠各營官弁。年力是否強壯。兵數是否足額。並令會同該都統將該處綠營官兵嚴加整頓。汰弱留強。迅速改練新操。編成勁旅。護固封守。以防邊患云。

◎練兵處設司章程　北京奏設練兵處。其詳細章程業已入奏。由政務處議妥。茲將其分設司科章程探錄如下。總理會辦襄辦提調各一員。軍政司正使副使各一員。考功科監督一員。蒐討科監督一員。制度股管理一員。步隊股管理一員。他隊股管理一員。馬隊股管理一員。工隊股管理一員。糧餉科監督一

二

員支發股管理一員軍需股管理一員建造股管理一員醫務科監督一員法律科監督一員器械科監督一員軍令司正使副使各一員運籌科監督一員嚮導科監督一員測繪科監督一員储材科監督一員軍學司正使副使各一員編譯科監督一員訓練科步隊馬隊砲隊工程隊輜重隊監督各一員教育科監督一員水師科監督一員

◎報効練兵　練兵處籌餉維艱京外各官紛紛報劾京城各衙門以戶部報効爲最多計銀五萬外務部二萬商部一萬餘部院等尚未議定大約吏部二千兵部工部各三千禮部刑部各一千以內

◎議商藏事　日前某邸與某政府會商云刻下英人於西藏蓄形逼迫而俄人尤恐奪其利權亦有意阻其覬覦之志若迨釀成巨患爲害不淺亟宜速派某大臣赴往西藏協佐裕有二大臣襄辦一切並令其將藏省地勢察勘妥協詳細測繪進呈御覽云云

◎星使電奏　中國派駐歐美日本八國公使日前聯銜電奏兩宮略云臣等探聞各國政府之意日俄戰事不久可有平和之望中國如不發奮爲雄則恐一波方平一波又起難免滅亡之禍臣等以爲我國若乘此時變法以圖自强或可以與列强幷立於世不然來日大難方興未艾云云軍機即將此電呈覽太后閱之大怒謂如何方爲變法言已即將電奏擲棄於地

◎咨詢戎政　日前兩宮召見某大臣詢及直省訓練之常備預備各軍可否能臨陣對壘並曾否調往通州駐紮起程云某大臣奏對云駐紮通州馬軍門之精銳軍卒業經開往榆關一帶防堵其省城常備各軍已開往通州駐紮接替更換然常備各軍雖係週年新募之兵勇惟教演甚純操練頗勤尚稱得力

如遇有緊急軍務。頗足以使之折衝禦侮云。兩宮復囑云。現在防守邊隘。用兵之際。遇有練兵事宜。務須會同袁制軍和衷商辦。勿負重責云云。

◎議設軍械局　練兵處王大臣近因中國軍營所需軍火。仰給外人。終非持久之道。故擬添設五省總軍械局一區。由直隸山陝齊豫五省督撫合力舉辦。以儲軍實。惟地界尚未指定云。

◎議抽畝捐　軍機大臣日前字寄直隸兩廣四川閩浙湖廣各省總督云。光緒三十年正月二十一日奉上諭。外務部代遞總稅務司赫德條陳一摺。據該總稅務司稱練兵籌餉。以地丁錢粮爲大宗。若竭力整頓。即用此欵練兵。並可舉辦各項要政。按里計畝。按畝計賦。令每畝完錢二百文。確可經久。百姓亦不受絲毫擾累。現在財用匱乏。幾於羅掘俱窮。一切應行要政。如練兵等事。尤爲萬不容緩之舉。需欵更殷。亟應切實通籌。期有實法。著該督等按照所陳各節。體察情形。悉心會商。逐條核復。妥速具奏。原摺著抄給閱看。將此諭令知之。欽此。

◎奏設銀行　戶部議辦銀行。議論多日。已於十三日具奏。計擬試辦章程三十二條。即名之曰試辦銀行。戶部籌欵二百萬兩。另招商股二百萬兩。每庫平足銀百兩爲一股。常年六厘官息。並行使紙幣。凡交納官欵。一律使用。亦可兌取現銀。總行設於北京。餘如天津上海漢口四川廣東等處。皆設分行。無分行之處。暫與殷實商號訂章代辦。現已奏派戶部郎中張允言爲總辦。員外郎瑞豐爲副總辦。又請飭候補內閣學士徐世昌商部右丞紹英考察該銀行一切事宜。皆奉旨依議。

又聞試辦銀行。將來即專管發行銀銅各幣。惟銀圓一項。尚未定准分量。從前堂官中多主鑄庫平一兩者現均知七錢二分之便。獨袁慰帥力主一兩之說。至此項鑄幣機器原係訂明鑄造一兩重之銀圓。將來若鑄七錢二分重者亦屬可用。據那琴軒尚書之意。以爲可兼鑄兩式。他日某式暢行。即以某式爲定。五六月間機器運到後。此事當可揭曉。

◎練兵捐務　練兵處奏開捐務已經政務處議奏。奉旨依議。聞其章程每千金以八百金上兌實交現銀四百兩其餘四百兩按三十二換折金交庫。聞日前已有上捐者一員云。

◎遊學年費　聞大學堂此次所派英法俄德四國出洋各學生之旅費及每一年之學費衣食等費。英國一千八百兩。法國一千兩。德國八百兩。俄國六百兩云。

◎學生升階　張之洞奏准學生升階章程。大約本月即可出版。探悉譯學館學生五年畢業後。品學皆優者。一律獎用。獎法共分五等。第一等作爲舉人。以員外郎即補。派充外部章京。第二等作爲舉人。以主事即補。派充出洋參贊。第三等作爲舉人。以主事即補。第四等作爲舉人。第五等作爲附貢。派充各省學堂教習。此皆指俊秀而言。若原有官職者。即照原官升獎云。

◎進士開館先聲　京師大學堂進士館。已定四月初間開館。所有上科新中進士。均須入館學習。其有年在三十五以外。願改外官者。始可自便。館中每日正課四點鐘。惟算學洋文體操爲隨意科。不願學者聽。其各項教習。半係大學堂仕學館舊日教習。館中諸務均由監督支講學恒榮總理。館中共設提調三員。齋務提調已延達侍講壽。庶務提調已延汪侍御鳳池。學務提調擬延汪太史鳳藻。尚未到館。其文案雜務支應檢察各委員。亦已延定六員云。又聞學務處刻因進士館開課在邇。擬將學務處移至東鐵匠胡同。

◎催辦學堂　日前政府議商催令各省督撫轉飭所屬州縣協商紳董從速在各處設立學堂。以廣教育。並令將現在已立成者各學堂之數目多寡。詳細造冊咨送政府立案。以備綜核云云。

◎侍衛入學　領侍衛內大臣禮王等奏明三旗各侍衛。准其入將弁等學堂學習。以期國家得用人之實効。而每旗入學者不得過十人之數。迄今各侍衛之入學者尚屬無幾云。

◎請撤版權　某督臣電致商部及大學堂云。中國編印書籍。原爲開通風氣。豈可給其版權。以隘銷路。近來書賈屢有禀請者。迹近壟斷。有關開化。請貴部嗣後遇有此等事宜。一概批駁。以杜奸商把持云云。

◎大學轇轕　京師大學堂前欲另覓地方動造房舍。業已聘定某國工程師至京打樣繪圖。聞所存某國銀行之欵。現在日俄開仗。一時難於提撥。故擬暫作罷論。聞該工程師前立合同時。言明予以百分之七工程費。彼時估價百萬。今該工程師因現在不造。要索七萬之經費。學務大臣業已照會該國公使。未知如何了結。

◎預備祝壽　今年皇太后七旬萬壽。尚無停辦明文。現在京中各衙門紛紛預備報効。戶部擬籌三四萬金。外部尚有增加。至此項報効之欵。皆於各官廉俸內扣繳。

◎定議招練新軍　練兵處定議在某某等處招練新軍兩鎮。即派某統制統轄。其餉項由屯糧木稅烟酒及鑄銀盈餘撥用。如有不敷。由戶部支領。限二月內一律成軍。

◎捐納須知　財政處議因銀根日窘。不敢流布。擬參用金以濟其窮。奏請自本年開纂日始。凡捐納職官者。須金銀搭交。每十成內以四成核交足金云。

〔外國之部〕

西十一月大事記

▲一日路透電。英皇宴請意皇及其皇后。當在席間宣言。謂回憶四十八年前。意皇之祖遊幸英京。渾如昨日。惟其時我英尚從事干戈。今已享昇平之樂。深感蒼天。從玆以往。英意兩國自以保全和局日進文明爲主義也。二日前意外部大臣。詣路透局向代表人聲言。意大利自前年三國聯盟以後。意國政策專在保守太平。至意國在地中海並南非洲所行政策。均與英國和衷共濟云云。

▲二日路透電。此次英國商務專員往巴黎所辦一切之事。大有明效。使英法兩國民益加親睦。

同日電。羅馬敎皇之宮中于昨晚失火。藏書樓之上有屋三間。全行焚燬。

同日柏林電。德國著名之史學家芭森現已辭世。各國報中均記其生平之行事。德皇致電其家以伸吊唁。其詞云。芭森君之古文學于十九世紀中爲最著名。彼又爲歐洲諸名人之一。故特命將其像裝于薩爾保之石堡內。

▲三日路透電。保爾戛利亞駐倫敦公使向路透訪事言。現在馬基頓之事。甚無進步。土耳其殺害馬基頓人之事。近日復有加增。恐土保之戰。終不能免也。

同日電。意大利巡船倫巴多已由亞丁開往索瑪勒之俄比亞。又有意大利之魚雷巡船科劌忒及郵政送緊要公文船加利利幷英巡船抛撲司。均于明日開往俄比亞。

▲四日路透電。美國總統因哥侖比亞國於開巴拿馬河一事。常行阻止。美國人心甚不悅。即發電命駐哥都之美公使歸國。哥侖地方又有電報謂現在巴拿馬省甚不安靜。彼等之意在於自立。哥侖比亞政府已遣炮船載有多兵往哥侖地方矣。聞美國炮船那西威爾又將駛至云。

同日電。昨日將晚。巴拿馬已聲明獨立。故有許多人民咸往哥侖比亞駐兵地方。將在彼處哥侖比亞所派之將軍二人。一名拖伐。一名哀米亞者。悉行監禁。又在華盛頓得有消息。謂美國炮船那西威爾已經派往哥侖地方。其故因南北美洲中間之數國不靖。又因近日接到巴拿馬省獨立之消息也。

同日電。德國郵船名科尼阿爾伯忒者。已過蘇彝士河。船上載有德太子阿戴爾伯啓行而至東方。

同日電。土耳其政府已將俄奧兩國所定新政之各欵。與以復音。允從其中之數條。彼又言及土耳其政府現亦施行新政。所辦各事。極其得手。

同日電。巴拿馬之叛逆政府黨。于哥侖比亞前者不允簽美國開巴拿馬河之約。衆心大不爲然。故現在將哥侖比亞之兵船拘住。又將海陸軍之官員監禁。而欲自行組織一政府。此政府有三統領官治理各事。

同日電。美政府已派兵船數艘往巴拿馬及哥侖地方。以使日後巴拿馬河之商務不遇阻碍。

同日電。哥侖比亞兵船婆哥塔現用炮火攻擊巴拿馬地方。駐巴拿馬之美副領事。已向哥侖比亞政府詰問。

同日柏林電。土耳其政府不遵俄奧兩政府所定新政各欵。惟歐洲各國仍望土國政府改變其意見也。

同日電。德國之報章。以爲德皇與俄皇此次在威斯白旦會議。能使兩國之交誼益加親密。又能使以後力保世界之太平。俄外部大臣藍姆斯道夫及德首相波羅所商一切。德國各報以爲大有關係。藍姆斯道夫及波羅之意。均欲使世界各國不致有失和之事。倘有失和之端。即可兩面互相調停也。

▲五日路透電。有美國水師兵五十人。已在哥侖地方登岸。因哥侖比亞政府不認巴拿馬新立之政府。彼地居民驚恐異常也。

同日電。華盛頓官場傳有消息。謂美國首相海君言。倘使巴拿馬人能自立一政府。而使美國承認之。則爲最妙。因如是則巴拿馬河開通之約。即可商酌簽允矣。

同日電。俄皇已在威斯白旦地方會晤德皇。

同日電。俄皇已返至旦姆斯他篤地方。此次俄皇至威斯白旦地方時。四處均用兵防護。凡街道近於兩帝聚議之所者。均行阻斷。不許行人來往。各街屋內之人。亦不許立於門前。各處街上均有兵丁偵探保護。

同日電。英德法意及君士但丁之各公使。均受政府之訓令。使其設法助俄與兩國所定在馬基頓行新政之各款。

▲六日路透電。美政府已承認巴拿馬新立之政府。其意在於巴拿馬國歸美國保護也。

同日電。哥侖比亞政府致電於美政府。以爲美政府之助叛哥侖比亞政府之人。此舉在哥侖比亞政府深不以爲然。

同日電。哥侖比亞之官兵。已離去巴拿馬。而讓巴拿馬之叛黨占踞巴拿馬沿河之各地。

同日電。紐約城中有數種新聞責美總統不應助哥倫比亞之叛黨。

同日柏林電。近日巴拿馬新立之政府。許將中亞美利加之地與各國通商。德國得此消息。異常欣悅。巴拿馬雖有新立政府之事。然於居留該地之德人。殊無所損。故德國未必派兵船至該處也。

同日電。德皇及其首相已返至柏林。

同日電。德國著名之史學家芒森現已舉殯。德皇特派太子為之代表。前往送葬。太子親將花圈加於芒氏之柩上。

同日電。美國政府從巴拿馬得有電報。謂現在巴拿馬地方已立一新政府。那西威爾船上之兵。又在哥倫地方登岸。因叛政府黨欲踞此城也。倘叛政府黨果能占據此城。則美國以後必認巴拿馬為自主之國。在華盛頓官場之意。以為英法各國亦必承認云。

同日電。張伯倫在伯明罕地方演說。往聽者有一萬一千人。聞其言者衆心甚為踴躍。

▲九日路透電。巴拿馬新政府現已舉定開巴拿馬河之理財員為駐華盛頓公使。

同日電。俄奧兩國現尚未擬有定法以迫土耳基行馬基頓之新政。

▲十日路透電。巴拿馬政府現已派專員至美國商議開河條約。

▲十一日透路電。在俄國之阿爾美尼亞省地方。人心大為震動。因俄國政府近日將阿爾美尼亞教人之產業悉行充公故也。俄國之兵圍總教之居宅。毀門而入。將其所藏之財物。全行刼去。所失之數。共計值五十萬盧布。故阿爾美尼人心中大為威

憤也。

同日電。俄與兩國駐君士但丁之公使。於昨日答復土耳其政府。於復文之中。聲明近日兩國議定新政之新章。

同日電。美總統盧斯福近日致函於議院。於該函中言及美政府應與古巴訂定商約。

▲十二日路透電。君士但丁來電。以爲俄與兩國現在定欲土耳其照所定新政章程辦理。現土國之電信甚爲秘密。故此電非逕由土國傳來也。

同日電。沙羅湼給地方。現有兵丁七百八十名。受國家審判。因在近哀丁諾坡處。土耳其兵所行之殺戮。甚爲兇惡故也。共釋放七十五人。餘皆充軍至亞拉比亞之亞們。

▲十三日路透電。法首相孔士在議院宣言。此次議院議事。須上一條陳。請不准敎士與聞敎育之事。

法國政府須將宗敎與政治分爲兩事。此事想在明年法議院可以議定。在未定以前。國家暫不禁止尋常之敎士與聞敎育之舉。政府以爲現在宗敎與政治互相連合。則使國內不靖。而民間亦不能得宗敎之益。故政府決計欲將政敎分而爲二。法首相之演說。大使各處之人心爲之震動。

同日電。敎皇近來之演說。言及宗敎與政治分而爲二。余意甚不爲然。余必依前次諸敎皇之規例行之。敎皇之權。不能受他國之制限。彼又謂前次敎皇將治國之權。讓於各國政府。甚爲可惜。

同日電。美國明冬將舉行選總統之事。明夏即將舉人。雖舉定總統尚有一年之隔。而美國各處已有演說。使美國人民知各員之意見。依現在情形而論。則現任總統盧斯福仍可舉爲總統。

▲十四日路透電。美總統近於接待巴拿馬新公使

時宣言云。余望此新造之國。能以後與美國協力辦事。將巴拿馬河開通。有益於世界。

▲十五日路透電。意皇及其后於昨日啓程至倫敦。警察在邱樸地方拘獲無政府黨一名。其人於上禮拜四至邱樸即被拘而監禁。因謂其有行刺之事也。

同日電。有阿毗辛尼人四千名。其中又有阿王馬尼拉克之御林軍。現將會同英將意格登攻擊素瑪勒。

▲十六日路透電。哥倫比亞政府現在決意欲往攻巴拿馬之新政府。哥倫比亞之將軍名雷司者。現率大兵一隊往攻巴拿馬。美國官員現在決計不許兩面之兵在近鐵路之地互相戰鬥。又不准在巴拿馬之南北境行其戰事。

同日電。哥倫比亞總統已照會南美洲各民主國。請彼等悉行助戰。哥倫比亞政府之意。決欲克復巴拿馬。美國政府已定意派兵船一艘往巴拿馬。隨哥倫比亞將軍之後。以免有過分之舉。美政府又派兵船一艘。其意在巴拿馬如與哥倫比亞將軍有商議之事。則兵船上之兵官可以居中調處。

同日電。保爾戛利之議院。已經開議。保王匪地難亦到院中。議院中人咸往迎之。彼又行演說。從中言及保爾戛利應分外與俄親睦。以前者全賴俄人出力。保國方免於危難。保爾戛利亦應與各國互相和好。

同日電。馬基頓亂魁之一名沙里法甫者。現已歸至保爾戛利之凤腓亞。此人乃諸亂首餘存之一。彼係保人。故彼至凤腓亞之時。迎彼者至數千人之多。彼亦向人民等言云。目下亂勢並未平定。不過甫行瘢始耳。

▲十七日路透電。巴拿馬共和國之專員。已抵華盛頓。即與華盛頓政府商訂開巴拿馬河之約。
同日電。法國已承認巴拿馬之新共和國。
同日電。意王與后已抵英國。在溫騷地方居住。
同日柏林電。巴拿馬政府已向歐洲各國乞承認其新立之共和政府。前有謠言謂哥倫比亞欲用兵力阻巴拿馬之自主。其信實屬不確。
▲十八日路透電。巴拿馬政府所派之代表員。與哥倫比亞所派之議和專員集議于美國兵艦之中。巴拿馬專員之意。謂今已分立。不願再與哥倫比亞政府合併。雖現在哥倫比亞政府已允將開河之事再行商議。惜今則已晚。故哥倫比亞議和之專員現已歸沙伐浧拉矣。
▲十九日柏林電。法國新聞。此次駁法國政府外交之報告。與及豫算表。又謂法國在摩洛哥及暹羅所行之政策。過于軟弱。前任海軍大臣樂格勞爾亦有此意。彼盛贊德國在中國及非洲西南所行之政策云云。
▲二十日路透電。新錫蘭首相所擬定之加稅章程。已由新錫蘭議院批准。
同日電。在溪輕納夫地方有基督敎徒三十六名。及波斯人一名。爲俄政府所拘禁。其拘禁之故。爲彼等于西四月間在溪輕納夫與閧俄人殺戮猶太人之事也。現在爲見證之人。計有五百六十九名。惟其裁判之事。則甚爲秘密。
▲二十一日路透電。照巴拿馬河之約。此河既開以後。作爲中立之地。各國至此均一律看待。
同日電。巴拿馬開河之約已經印成。照此約則美國有保護巴拿馬自主之權。自千九百十二年起。美國應按年以金圓二十五萬給巴拿馬政府。

同日電。俄奥公使照會土耳其政府云。倘使此數日內土政府不答覆各國。以後必迫令土皇親行答復以聲明其意。

同日電。新錫蘭加稅章程。已由行政部批准。故即可以照此章程辦理。凡由他處來之茶葉每百分抽二十五分。而自英國屬地來者。則不在此例。

▲二十三日路透電。哥侖比亞總統此次有布告文與南美洲各國。布告文中言美總統之助巴拿馬自立。大爲違約云云。想各國當均不以爲然也。彼又欲向委內瑞拉國求其助力。

同日電。法國海軍省已製出一九〇四年之豫算表。照此豫算表。一九〇四年海軍所用之費。共有千二百五十萬磅。豫算表中又言及以英法之水師互較。當一八九八年時。英法兩國之水師比較之數。共計法國兵船二。英國兵船三。若以現在英法之水師互較。則法國兵船二。英國兵船四。惟據造豫算表者之言。則一九〇七年之時。英法速駛之巡船彼此相較。英當倍之也。

同日電。羅馬有一報名脫利婆那者。論意王至英之事。謂此事能聯英意兩國之交。日後必有大效。

同日柏林電。意皇及皇后已由英歸國。意國所有各報均言意皇在英之時。並未有事商定。

同日電。現在馬基頓之時局較前稍有進步。國土耳其政府將有應允新政章程之意也。

▲二十四日路透電。瑞士於一九〇一年秋間派往南氷洋探極之人。現由阿琴汀巡船於路易斐利濱遇而救起。此船乃特派往尋覓彼等者。彼等所乘之船于一九〇二年十一月爲流水所碰壞。盡行沈沒矣。

同日電。法國議院中近于議論外務部豫算表。互有爭辯。外務大臣達爾喀塞君云。法國現在亟宜設法使摩洛哥地方早爲平靖。惟該地方亦宜使其自主爲妙也。至于暹羅。則彼不肯照一九〇二年所立之約辦理。故法國政府必須再向暹羅政府商訂新約。

▲二十五日路透電。此次瑞士人名那檀司國覺者。前往南極。直至南緯六十六度。

同日電。英將伊格登現已想得一定之法。往攻素瑪勒。彼意係欲會同阿毗辛尼人前往攻之。而踞素瑪勒中樞之地。以便可迫令素酋不能逃避。或使其流轉至阿毗辛尼之地。則阿毗辛尼即可乘攻之。

同日電。法國議院中議減去其兵額。然議員之大半均不以爲然。謂前此失去爾爾塞斯羅蘭兩地。仍當期其恢復也。

▲二十六日路透電。土耳其內閣大臣集議行馬基頓新政之章程。商議良久。仍允各國之所請。惟有失土耳其國體之處。則須免去。(馬基頓新政章程。言馬基頓一地。以後須用基督教人治理。現在土政府雖已允從。然猶有失國體之處。仍不肯允。則與不允無異。)

同日電。英國前任理藩院大臣張伯倫所欲行之加稅政策。無論成功與否。然較前則爲有望也。

同日電。法國新聞所載。謂英政府已向波政府索由印度至阿白思建立電線之利權。俄報聞此消息。心中大爲憤激。責備俄國政府。謂其失策。致居英國之後。而讓英人擅在各處建立電線也。

同日電。柏林得有消息。謂俄政府已在阿富汗國索得通商之利權。

同日電。土耳其政府現已應允俄奧兩國所定馬基頓行新政之章程。此事甚關緊要。若此事一成以後。歐洲各國可免彼此猜忌。而英法意三國聯盟之舉。亦未必能成矣。

同日電。英國下議院之商務專員。派人至巴黎。計下議院議員九十名。又有世爵及屬地之商員等。並有世爵議員等眷屬八十人。而由法國之議員設筵欵待。既抵巴黎以後。甚蒙優待。男爵康斯頓亦優待之。旋即去巴黎而至抱度、馬塞爾、里昂、尼斯、芘梯喀羅等處。

同日電。杜蘭斯哇勞工會之領袖潘雷。已抵倫敦。下禮拜須啓行至香港。商量招中國工人前往南非洲之事。因杜國之新定法律。或許雇用他國之工人也。

▲二十七日路透電。俄奧兩國將馬基頓施行新政之章程。交于土耳其政府。以後。土政府向俄奧兩國請其稍改定章。而兩國公使不允之。昨日俄公使又行文于土政府。謂俄奧兩國于改章之事。必不允從。土政府接此信後。即變其初意而允從之。

同日電。英世爵羅士勃雷曾于演說之時。言及張伯倫加稅之政策。在張伯倫自謂彼已將英政府中之大弊。全行查明。實則英政府並無此弊。現在張伯倫欲設法整頓此弊。恐其法較彼所言之弊。更爲有損耳。

▲二十八日路透電。現在土耳其政府允從新政章程。馬基頓之事。現下可以暫安。惟以後照章辦事。有許多爲難之處。故支吾曠日。流弊百出。在所不免也。

▲三十日路透電。一九〇四年大西洋有賽船之事。德皇曾允送杯一枚。以爲賽贏者贈釆之用。惟現聞德皇託辭于體中不快。不能預備一切。須俟一

九〇五年再行頒賜也。

同日電。英首相巴科近于演說之時。言及以彼之意揣之。將來英國不免有戰事。其時英國成丁之人。均應出而捍禦患難。以保全其國在英國地方無甚危險。故常備兵額不必增多。惟在印度邊界。則英國以後當益加戒備。以防北方之一大國。惟今者此大國與英交誼尚爲親睦耳。保全印度之事。亦爲武備中一大問題。故我等宜派一最精兵事之武將前往印度也。國中人民多謂世爵克溕納爾可勝其任。惟現在泒克氏至希米雷爾。則諳人之心未免不服。而余謂希米雷爾地居要衝。故克將軍實應泒至此處也。

同日電。土耳其政府現下令于步兵隊。謂向例每人充兵之期。不過六年。今則當增至九年。庶可期兵益精練。增至精兵二萬五千人也。

西十二月大事記

▲一日路透電。倫敦早報言中國政府已決計不准南非洲人在中國招集華工至南非洲作礦工之用。因英屬加拿大新設律法。禁止華人前往加拿大。故中政府於非洲招工亦不允往也。

▲二日路透電。德國一九〇四年之豫算表。若竟照辦。則其中缺欵甚多。因水陸師之用費。較往年爲鉅故也。又泒兵至東亞細亞之費。亦在其內。故德政府欲借金磅十兆零四分之三。以補不足焉。

同日電。意大利首相於此次開議院時。曾演說謂以奥國德國瑞士及意大利交涉而論。竟可互立商約。以期彼此推廣其商務。意大利政府欲減少稅額。以期可保護其工業。

▲三日路透電。巴拿馬政府現已將開巴拿馬河之約簽字。故現在開河之事。在巴拿馬一面已屬定

妥矣。

▲四日路透電。德國開議院時。德皇有開院文一通。讀與議員等聽之。此文中言及財政之事。謂較前爲遜。其故因商務氣象不佳所致。照現在之商情。莫妙於德國之商政。與英國之商政。皆無更改也。有議員亦上條陳於議院中。謂以後之政策。宜仍照前例。優待英國云云。

▲六日路透電。非洲公果國之英領事。近代英政府往公果各地調查政治。本期六個月畢事。現則甫閱兩月。即已告竣。因在此兩月內彼所查得各節。已足証公果之政治腐敗。故不必再行深究也。該處之人不特有販奴之惡習。且有許多野蠻之行爲。故知此等情形之英人。咸以彼處之政治實爲兇殘無比也。故英政府應亟行干與加以阻止耳。

▲七日柏林電。英國新聞咎德國新聞近爲東方之事。於中唆弄。使俄日兩國激成戰事。實則英報自爲此事。因英國報中每日有謠傳開戰之信也。德國則向不信此謠言。

▲八日路透電。意大利將軍帶兵自撒毛利連之豆婆地方登岸。登岸以後。屬立意大利國旗於炮台之上。守炮台之官不允。因未得土皇之命。不能允行。意大利將軍迫令兩點鐘答復。兩點鐘以後。未見答復。即行開炮攻擊。炮台上亦行還擊。遂將意將擊斃。

同日電。美總統此次發往美議院之函一件。函中言及美國與聞巴拿馬之事。云巴拿馬叛哥侖比亞政府之事。乃忽然而起。此次之變。美國不能不與聞之。如不與聞。則其過必歸美國。又言及美國設立公司之事。謂以後當另行設法以限制公司。並言及勞工暴動之事。總統意欲別行籌欵半兆。

以便爲懲辦違犯公司章程者之用。又言及阿拉思加劃界之事。其後商議判斷。甚能公允。以後可使英美兩國益相親睦，倘以後有關係兩國利權之事。兩國仍可互相商定也。

同日電。英內務省書記官達勒爾恩在蕭笛茨地方演說。謂英皇開議院演說之大意。予尙不便明言。惟予現在欲令聽演說者咸知英政府之意。係欲阻止他國之下等人前來英國。故現在商議宜用何法俾得施行也。

▲十二日路透電。據自聖彼得堡傳來消息。言俄國帝室顧問會議。以俄國皇帝爲會長。定於本月二十日開會議。決日俄協商問題。其回覆日本之案文。目下業已擬稿。

▲十四日路透電。俄國答復日本所開各款一事。俄人竭力指明俄國之答復日本必能滿意。聖彼得堡又有消息云。俄皇與皇族於廿號會議。傳聞答復日本之草稿業已擬妥。

▲十五日路透電。有俄國之著作家西朗日尼哥夫。曾著一論。登於諾伏佛羅米亞報云。俄國不能將東三省全部或一隅交還中國。滿洲政府已明認此事爲往古之事矣。

同日電。前經共和黨欲舉爲美總統之柏來安氏。今日覲見羅馬敎皇。其覲見之禮係美公使所儗。敎皇與柏來安彼此談論有數分鐘之久。

同日華盛頓電。哥倫比亞屯其兵于大利淹灣。意在恫喝而侵伐巴拿馬也。美國水師在該處登岸者以千數計。巴拿馬亦徵兵備戰。恐巴拿馬之戰事。當累及南美洲一半也。戰事已不日將開矣。哥倫比亞新舉總統佛里也司將軍。已申明決計開戰。美總統羅斯福與將軍佛蘭克令卑爾在華盛頓商議在巴拿馬戰務之法。

▲十七日路透電。近來英國選擧之事。衆人以爲張伯倫之政策能得戰勝。張伯倫在利茨城內末次之演說。衆人聞之俱甚歡躍，

同日電。張伯倫在利茨地方已將其中之征稅會以後辦法全行講明。其意係欲禁英國印度英國家屬地英國自治屬地之各工業會社公擧專門家調查各處商業之事。以後乃定一征稅之政策。

同日華盛頓電。波斯人在其邊界大敗土耳其人。

▲十八日倫敦電。古巴商約經美國議院批准。美總統已於昨日簽約。英國即速照會美外部。援有利益均沾之約。求允英屬西印度所產之糖可與古巴所產之糖輸入美國。一律看待。德國與凡產糖之國。想亦仿英之所請也。

同日電。保爾戛利之議院閉門密議良久。議定籌

出額外兵費一兆磅英金。土皇遂告俄奧兩國云。保國不應如是備兵。土皇又請保國令彼宣言其故。保國答云。本國如是籌欵。係合衆意而爲之也。

▲十九日路透電。華盛頓議院已批准中美商約。

同日電。日本之代表人與紐約銀行業中人商議借欵。彼等明認此欵或可致助軍費之用。彼此所議遂不能成。俄國亦照樣辦理。不能成功。

同日電。奧大利亞自治地公擧一事。已經工黨占勝。故上下兩院彼此權力平均。其或勝之故。因有女子得被公擧之故也。

同日電。美國水師遵令由大利淹灣及三米圭耳灣登岸。以阻哥崙比亞侵伐巴拿馬。

同日電。斯丹達報指明張伯倫進步之法。與英皇內閣立法院之權。實有阻碍。無怪首相巴科不願助其獨斷之事也。

同日電。法內閣大臣孔姆司請法國議院禁止各教會之僧侶爲學校之教員。施行禁止之例。後五年亦在其內。

▲二十日路透電。駐倫敦之日使得英國國人許其日本一有戰事。英人願爲日本執役。林董公使答之云。余深感此意。但日本國法不許外國人充軍事之役也。

▲廿一日羅馬電。數月以前。報館有云。今覓得金六兆元。係存於教皇勒珂第十三邸宅之內。傳說此欵係彼所得之欵。乃世界各國每年貢於教皇以給其用者。現在教皇諱辦其事。謂爲不確。

同日路透電。有在英國議院上條陳者。請英國各人均須有常兵之義務。仿照德國法律辦理。

同日華盛頓電。守備麥阿達君曾上在檀香山建築砲臺之議。謂因德人有言。恐日後與美將有戰事云云。現在美總統與內閣並未將其所議詳行查察也。

▲二十二日倫敦電。聖彼得堡波斯報謂俄國不許日本政府干與俄國在東三省高麗所作之事。

同日電。倫敦環球報謂日本如果需欵。則英國應以財幣之事。助日本之力。倘有英國報館請英國政府行其猛烈之政策。以保聯盟之國之權利。

▲二十三日倫敦電。日本政府決意將漢釜鐵路之工程從速竣工。不許鐵路公司接辦此事之消息。

同日電。有一張伯倫之聯合黨。已被公舉爲代表。倫敦各人均以爲然。

同日電。法國與意國所訂公斷之約。今已告竣。與英法前約大致相同。

▲廿四日倫敦電。羅物蘭頓不來報以爲高麗定行阻止不願受日本保護。有人以爲該報館係與維

也納外部有交通之誼也。

又維也納官場中人料俄外部大臣藍姆斯道夫得復其權力可與日本和平議結。

同日電英國報館續請英政府須用英國權力照日本索其所應索之權利。

同日電派往西藏之英國專員所辦之事甚爲滿意西藏中人以禮接待。

△二十九日倫敦電俄國由美國之南俄馬哈地方之喀達海公司定購肉食一兆磅又在干薩斯城阿母公司定購肉食一百五十萬磅定於正月杪在新金山交割。

同日電駐北京路透訪事言云俄公使拉薩告於中國外務部謂俄國退出東三省之事目下不能再議現在情形甚重故各人甚注意查察各國之意見如何。

△三十日柏林電數日前遠東情形各人均以爲甚重但並非無望者也然日本政府與德國政府公文內言日本並未致哀的美敦書於俄亦並無如此危險所以令各人之心稍安矣。

彼得堡傳言云俄國政府於末次日本所開之議大爲滿意俄國報館較前平靜甚多歐洲各政府以前已彼此各言其意故未有一人以爲戰務必不能免也。

新民叢報

光緒二十九年十一月十四日發行
明治三十七年一月一日

第肆拾肆伍號

新民叢報第四拾六七八號合本要目豫告

- 論私德（新民說廿三、續稿完）　中國之新民
- 中國社會之原（續）　別士
- 日俄戰爭之感　觀雲
- 康德學說（續）　中國之新民
- 極東問題之滿洲問題（續）　觀雲
- 官制議（續）　明夷
- 中國人種考（續）　觀雲
- 中國歷史上革命之研究　中國之新民
- 明季第一重要人物袁崇煥傳　中國之新民
- 論教育學之意義　河北愚公
- 中國貨幣問題　中國之新民

- 進化論大略（宏文學院特別講義）
- 易哲學之原理及其影響　耐广
- 論法　定一
- 心理學綱要（續）　內明
- 軍艦學大畧（宏文學院特別講義）
- 中國史上人口之統計　中國之新民
- 中國之社會主義　中國之新民
- 學海潮傳奇　春夢生
- 美人手　鳳仙女史
- 飲冰室詩話　飲冰子
- 詩界潮音集

其他批評叢錄等材料豐富論斷精確

新民叢報第肆拾肆伍號目錄

目錄

全年廿四冊	半年十二冊	每冊
六元	三元三角	三角

日本各地全年五元半年二元六角每冊二角五分日本及日郵已通之地每冊加郵費一分全年二角四分其餘各外埠每冊加郵費六分全年一元四角四分

編輯兼發行者　馮紫珊
印刷者　陳侶笙
發行所　橫濱山下町百六十番　新民叢報社
上海發行所　四馬路老巡捕房對面　新民叢報支店
印刷所　橫濱山下町百六十番　新民叢報活版部

日俄兩國主權者

日本天皇陛下

俄皇尼哥拉士二世

日俄之軍國人物（其一）

日本參謀總長大山巖侯

日本海軍軍令部長伊東祐亨子

日本首相桂太郎伯

日本參謀次長兒玉源太郎男

日本海軍軍令部次長伊集院五郎

日俄之軍國人物（其二）

日本海軍大臣山本權兵衛男

俄國海軍大臣亞烏耶蘭

日本陸軍大臣寺內正毅

俄國陸軍大臣格魯伯圖堅
（現任滿洲俄軍總指揮官）

日俄之軍國人物（其三）

日本聯合艦隊司令長官
海軍中將東鄉平八郎

俄國東洋艦隊司令長官
海軍中將馬加羅夫（戰死）

日本海軍中佐廣瀨武夫（戰死）

俄國極東總督海軍大將
亞力斯夫

日俄之軍國人物（其四）

日本外務大臣小村壽太郎男

俄國外務大臣藍斯都夫伯

日本前駐俄公使栗野愼太郎

俄國前駐日公使羅善

論說

日俄戰爭之將來

主父

平和破。風雲急。鐵騎馳。朔虜來。滿韓之野。乃爲日俄之戰塲。東亞之陸。乃爲黃白之舞臺。吁、自十九世紀大西洋風燐雨血之結果。飛渡於太平洋。黃白之衝突。愈接愈厲。愈進愈烈。將來戰史中大書特書。添一大特色者。則以我國庚子義和義民與世界宣戰及今日日本與野蠻強暴之俄國宣戰是也。而今而後。東亞主客之勢力若何。日俄之勝敗若何。我國之存亡若何。皆將於是解決。而消長之。是問題也。世界視線之中心。我國全部之關鍵也。彼野蠻俄國。承彼得大帝軍事膨脹主義之遺圖。久爲世界之賊。初欲伸其勢力於歐洲。破瑞典。建帝都於潘基曲海。更進向南方。占君士但丁堡之形勝。毋如事多齟齬。中途破壞。乃一轉東向。闢西伯利亞之地。布置鐵道。貫入東亞大陸。逞其陰鷙侵畧土地慾望。浸而軍港租借。浸而土地攫取。浸而僞太守立。浸而海陸軍派。跋扈跳梁。儼然以滿洲之主人自命。噫、無滿洲是無中國也無滿無韓是無東亞也俄國之爲文明公敵也久矣。東亞男子。凡有國家之責任東亞和平維持之天職者當如何抖擻精神犧牲手足傾十萬斛熱血以與野蠻俄國相見於彊埸毋如有地主之權者既頑且陋既弱且愚始則受其舞弄繼則震其武力優柔苟安以有今日而第三國之戰乃以之起。

夫日本之所以戰者何曰尊重我國之主權。保護韓國之獨立也其然豈其然哉。吾爲之下一斷語曰。日本何能戰。其戰者萬不得已而已矣。何以言之。日本國小民貧財政艱難以之當强大虎狼之俄國其不格之自明。即不然戰矣勝矣吾知俄國以數十年之經營。數十年之慾望。數千百萬之經濟。數千百萬人好大喜功之野心。勢必戰爭永續賭一旦之存亡則日本必困。即不然敗矣北矣。不過舉滿韓領土委而去之可也於本國獨立之位置罔無所芥蔕於其間而是時日本軍事所損其量必大則日本亦必困彼日本主戰派者之言曰。戰爭經費。雖不可支。然戰勝之後。直可償兵費於俄。爲是言者。蓋鑒于中東戰役之前例也。庸知地勢之異。主客之殊。豈能概論。若取償兵費於俄國。必俄國政府如我國滿洲政府之愚劣而後可。否則必乘勝直進直入俄都而後可。吾知日本兵力必不及此。而俄國之摧折亦不若是之易易也。況勝敗之數未能預決。若不幸一旦而敗。則無中國無日本。相牽於亡而已矣。吾故斷之曰。俄國可勝可敗日本立於不可敗。今日日本之戰。是賭全國之存亡也。賭全國之存亡者。以有莫大之利。莫大之害。莫大之憤懣。爛熳于眼簾。橫竪於胸中。不可不戰。不能不戰者耳。何以言之。滿韓者。東亞之藩屏。滿韓亡則我國必亡。我國亡則日本亦斷難獨存。是一役也。東亞和平維持之公戰。亦日本獨立自衛之私戰也。果如是。則吾人宜如何馨香而拜祝之。頂戴而尊仰之。然考其所以戰之實。有大異者。吾亦安敢緘然。吾亦安敢緘然。

吾謹掬其隱衷以告於我國人曰。日俄之戰。始終一滿韓競取之心而已。無俄國則日本亦俄國。無俄國則今日滿韓之野。電瀛絡繹。兵馬蹂躪者。亦將於日本而不於俄國毋如遼東方割。遂有俄法同盟之干涉。滿洲主人之資格墮矣。甲午之役。韓國已歸勢力之範圍。乃復有俄國爲之南北對抗。且並將其朝鮮勢力蹂躪無遺。而韓國主人之資格亦墮矣夫以日本之人口每歲增殖至五十餘萬復困于島國之悲觀其不能不求一殖民之地者勢也至於歐美爲勢力所不能且爲他人之們羅主義所排斥不能不注視於天然附近之滿韓者亦勢也至此乃全國希望全國經營於韓國之利權享有滿洲之移殖事業進步發達蒸蒸而起如先時日人之至北清者爲數甚少今朝一躍而至五千餘人特攫取之心制於各國抑而不敢發耳使老大帝國於滿洲管轄之虛權億萬年有道之長則一切自由經營特別權利皆可取而有之若一旦歸於俄人之掌彼於商業甚屬幼稚將來之保護關稅排擠輸入利害衝突豈惟淺鮮不特此也滿與韓相爲表裏滿存則韓存滿亡則韓亡今俄國勢力已奄有韓國之半矣滿洲旣爲囊中物則韓國亦何不可爲几上肉况根據滿洲以取韓萬非日本越海所能防制也日本至此其何爲情其何爲情殆出于戰乎曰否尙可望與俄國平均分宰之於是滿韓交換之論起

俄國自古以善外交名不其信哉何其御我國政府如傀儡而玩日本如小兒也吾爲之一溯日俄交涉之歷史日本之失敗者屢矣何以言之甲午之役旣終韓國名雖獨

立。實則無異日本之領屬。凡財政兵權。行政用人。皆日本腕腋進退之。毋如手腕太激威壓過甚。與俄國以進取之間。而朝鮮勢力。遂非已所獨有。一也。我國庚子義和之變。日本乃以歐人之蠱言。獨派大兵。助外族以攻同種。與俄兵以東下之間。二也。滿洲撤兵問題之起。已非旦夕。既以我國政府之腐敗。不足以折强俄。自起而爲第三國直接之交涉。交涉交涉不成戰之可也。乃復爲俄國所欺。遷延時日。與俄國以增置軍備之間。遂至今日之勢。俄國已爲主人。而日本反居客勢。三也。爲之解說者曰。日本初意。亦何欲戰。故七博士之意見書。方議懲罰。而民黨主戰之派。皆遭排斥。苟一旦滿韓交換之議成。則亦屏息已矣。毋如虎狠之俄。得隴望蜀。不但交換之議。匪如所願。且幷欲韓國一舉而鯨呑之。人之不堪。孰甚於是。至此而日本始不得不戰。至此而俄國始不得不戰。吁。今日戰爭之原力。豈日本能爲之哉。彼俄國君臣。好大喜功。久欲創設亞細亞一大帝國。今則已明目張膽。自署以俄清帝國之徽號。此其志豈惟小勢。必席捲東亞。盡入一已之領土而後已。其與日本挑戰之決心。則隨此膨脹之夢想而益堅也。

吾人今日關於日俄戰爭之置論何如。不得不以二者之實力比較之。若以兩國之內容而論。則俄國爲專制。日本爲立憲。俄國民黨皆非戰。日本民黨皆主戰。俄國平民社會悉以革命爆發之心。齊向君主。日本平民社會皆以犧牲國家之心。齊向外敵。俄國土地人種甚雜。時有反抗衝突之事。日本土地雖小。而人心固結。倫理尙忠。國民皆以犧牲國家自命。故戰爭伊始。從軍獻金之徒。絡繹不絕。二者相較。日本似爲優之。然日本之戰。利於速。不利于遲。今稍一落後。而戰術上之優劣。遂至互相上下。今以兩國海陸軍優劣之點。及其作戰地勢。推測比較。以逆度其將來焉。

戰勝則一致。戰死亦一致。戰勝是榮譽。戰死是運命。是四語也。巍巍高峙於馬納口丘敗壘之下者。非俄人之紀念碑哉。迄今讀之。何其懍懍然猶有咄强氣也。至於日人武事上之性質。吾雖不敢妄爲批評。然其勇死敢戰之風。亦不可謂非當世之傑出。今滿韓之野。雖尙未知鹿死誰手。但自今以降。舞臺驍將。一出一入。陸離光彩。燿人耳目。吾人自其旁而觀之。其如何喝采。如何拍掌。皆思想中事也。美哉是戰。殆勁敵乎。吾更從旁而爲之說曰。戰爭之勢。莫大於海陸計畫之聯合。至於軍事根據地之若何。海面制禦之若何。尤爲戰術家制勝之點。今以日本之地勢而論。難守易攻之國也。沿岸防禦之線甚爲延長保無疏漏之虞倘俄國以一旅艦隊沿岸出沒用野蠻轟擊之法則日本所損必鉅是等重大問題關於英國歷時之研究而亦無可如何耳若陸地作戰勢不得不由本國輸送軍隊由朝鮮南岸上陸倘俄國之遼東艦隊遊弋牽制則日本障碍甚多萬難行動自由且軍後聯絡之線亦在在足危故日本陸戰必俟海戰既勝海權收復而後可其可喜者俄國黑龍艦隊皆立於不利之地由日本西岸易於制禦也今聞日本於仁川旅順之戰皆獲勝捷則海面之勢力似必增大而陸戰之障碍亦必減少但旅順攻擊之結局勝敗如何亦不得不爲陸戰全部之關係耳今更以兩國軍港比較之日本西岸良港甚多輸送大兵亦便反之俄國軍港皆凍其不凍如大連灣者。一至築造防堤凍即隨之外此如浦港雖足控制日本海之東北端而亦結氷六閱月。且黑龍艦與遼東艦隊之策應易爲日本所斷一旦扼對馬峽津輕峽往來斷絕則浦港直成孤立而旅順之聲援亦絕二者相較日本似覺優之至於兩國艦隊與兵士之比較日本約百五十艘俄國約九十艘日本士官千水兵二萬二千俄國士官三千水兵五萬俄人堅忍熱誠早爲世人所知悉日人國民自負之心亦盛名譽戰死之心以是因之今數戰之後俄艦之戰鬥力已減此後全勝之結局吾人不得不矚望于日本耳。

若以陸戰而論日本最缺憾者莫如退線之窘逼俄軍作戰地展開甚爲優裕即不幸一日而敗猶得根據滿洲退入本國但滿洲馬賊出沒各處騷擾種族上之敵愾心頗盛俄國軍事保無牽制內顧之憂或竟軍隊之秩序因之紊亂破壞亦意中事耳前據各報所載俄國由西伯利亞輸入滿洲之兵已有十八萬或曰虛聲也前次旅順口之陸軍演習號稱十萬實僅二萬一千滿洲之鐵道守護兵及國境守備隊特二萬二千五百人東部西伯利亞施條隊共二十八各租借地守護之兵合三萬二千人不足總之六七萬人云然近日軍隊陸續增加兵力不可謂不厚特困於馬賊鐵道電線皆被折斷不得不以重兵守之今俄人鐵道守護兵每我一中里殆三十餘人軍事牽制之勢可知復據最近之調查俄國作戰之兵約步兵七萬五千騎兵六千技術隊七千野砲二百門皆爲遼東半島及浦港戰備之用外此則國境衛兵及鐵道配置兵皆備有山砲殆一萬五千今浦港周圍集合之兵已侵入朝鮮平壤一帶而旅順第一軍團亦

得陸續增送。惟前進之線。日本似覺爲優。彼於釜山鐵道大部既已竣工。而西南之地復甚豐腴。將來兩國之兵皆將于朝鮮西岸延長展開。互相血戰可預卜也。自玆以後俄國由歐洲增送之兵。如何編集。如何輸送。不問可知。聞之近復以二軍團各撤兵一旅團屬之旅順浦港兩要塞。亦鉅矣。但俄國陸軍腐敗正多。上官威壓虐使。俸給復薄。每月僅給銀二錢五厘。多聽之自爲生活。故兵士所至。淫擄刦殺。幾如亂賊。外如滿期之兵。與以商業資本金。使之居留滿洲。或爲馬丁。或爲小賈。初見似驚其兵之多。實則烏合之衆。士氣頹敗。皆不能戰者也。若日本之兵。皆由學校訓練而成。號令齊一。節制整齊。斷非俄兵所能敵。況俄國將校之腐敗。與我國不相上下耶。

日俄戰爭關於列國之態度何如。吾人所不能不研究者也。自滿洲爲俄虜所侵據。影響於我國之主權及列國均勢之地位。皆受莫大之震慴。徒以我國政府優柔苟安。恬不知耻。不自解釋。而必俟人解釋之。於是土耳其繼續之處置起。於是各國最後之決心起。其結局乃有開放派攫取派。二者之間。衝突齟齬。相持不解。主此二者何。英美法三國是也。是三國者。雖於日俄之戰宣言中立。實則皆有莫大之關係。莫大之袒徇。英日聯盟固無論矣若美國者則又與日本利害表同情者也以彼自美西戰爭以後嶄然露其頭角併布哇略菲律賓更進於太平洋之南伸其猿臂握東亞商務之覇權今于我國輸出之品殆三分之一以上北清者洵合衆國之天然市場耳今滿洲一旦爲强俄所攫其不利孰大於是於是猛然蹶起挺然對抗一則以滿洲開放而迫俄國再則以俄國占領牛莊拒我國全權委員奉天大東溝開放之命怫然奮怒即派軍艦於極東爲示兵之擧其排俄之心可想見矣今日俄戰爭方爲開始固無第三國之助援苟一旦袒俄之國崛然而出則英國固不難踐其盟約而美國亦斷難默爾而息迴憶英日之盟初成俄法亦爲之宣言曰俄法兩國苟受第三國之迫害亦必互相協助以抵抗之是以俄法對於東亞常互表同情聯合運動覩于俄國滿洲經濟之資本皆仰給於法二國之情於此可見然法國本國所負之債實三百餘億法每歲利金十二三億法國民每人分任殆元金七百餘法利金三十法已屬困不可支今戰端一開日費百萬吾未見其能竭國以應也吾人更自其旁冷眼觀之覺舞臺之中兩雄相持戰雲磅礴復有數道異彩遶臺飛舞者如俄國人民則法國爲之保護日本人民則美國爲

之保護俄國軍事應用則法國爲之周旋日本戰爭材料則英國爲之陰助今特彼此相持無局中之宣言耳苟一旦熱心奮發勃不可遏或切己利害刺激太甚保無逸出中立範圍之舉聞之英國有借威海衛爲日本海軍根據地之說矣由是以思其結局或至於數國混戰則滿天慘憺黃海鼎沸亦意中事耳即不幸日本而敗英美二國亦必聯合運動謀所以控制俄國強暴之舉以復於均勢之面目雖英國軍事思想已入老大然勢之所至毋可如何也外此如德意志對於日俄之感情何如果能終立局外否雖不可知但以其性質而論向強力喜破壞頗與俄國近或竟出其最後之手段委棄秩序演出瓜分之慘禍亦未爲過吁我政府其知焉否耶

夫以一己之土地爲人所奪一己之財產爲人所掠一己之身命婉轉匍匐於強權勢力之下一己之人民屠殺糜爛於野蠻暴虜之手腕更進而宣戰於臥榻陳師於城下尚靦然自號于衆曰中立中立古今有如是之國抑有如是之法理乎曰無有有之自我國與韓國始韓國地小民貧猶可原也如我國者奄有世界多數之人民據有天然豐腴之膏壤更傳以闢邊攘夷偉大之思想宜如何席捲世界囊括八荒握霸權於列

國乃忽奄奄一息寖將就斃一聽外敵之烹宰吁、我祖國何狀我秦漢唐明之武功何狀而忍一敝至此也彼奴隸大宰相快活老佛爺號稱親俄派者在昔不過以黃金甘言圖一時之歡娛庸知禍之所中全局皆動並彼所謂列祖列宗發祥地者今亦翻然委去如棄敝屣吁、彼婦孺何知彼病夫何知今行已衰頹寖將就木謬所謂及時行樂得過且過者耳獨惜我國民有保衛國祚獨立自尊之責者至此其如之何至此其如之何吾更大聲疾呼以告於我國人曰我國今日死生之關頭存亡之斷決也而其死生存亡之數復不得不視滿洲最後之處決滿洲最後之處決復不得不視日俄戰爭之勝負今姑就思想所及為他日勢所必至者條舉於左為我國人告之

(甲)俄國戰勝不獨滿洲為俄所有且并將吞併北清實行其東亞帝國之夢想終必至各國互起演出瓜分之慘劇

(乙)日本戰勝亦必據滿洲要索兵費于我國實行開放主義

(丙)各國互起以滿洲為緩衝地如比利時之例

(丁)我國乘俄之敗自行出兵收復滿洲與日本交涉

以上四者。第一第二。勢所必至者也。第三則可至而不可至。若夫第四。則全屬夢想矣。夫以我國政府自庚子一役而後。幾於心死氣喪。雌伏蟄藏。惟恐一犯强國之怒。則滿人衣鉢虀粉不得爲印度之土王。官場頂翎攏失不得爲小朝廷之大臣。天下之寡廉喪恥。孰甚於此者。吁、以我四萬萬漢族。投石成山。揮汗成雨。獨不能以百萬橫磨劍加俄虜之頸乎。吾知以此人民。以此財力。何國不破。何强不屈。否則以我同胞之半。泛黃海。貫泰西。橫渡歐陸。縱橫美域。亦可以蹴世界爲平原。剗此區區小醜。跋扈跳梁。即使徒手搏戰。猶足盡之。而忍此寂寂也。或曰。我國袁世凱馬玉崑之兵。何嘗不可一戰。特恐南滿革命之徒。乘勢蜂起耳。愚曰否否。聞之昔日君主有以民氣不平。而藉外敵以洩之者。故各國黨派林立。平時互相攻擊。一遇戰事。則意志聯合。惟外敵對抗是視。我國人士。亦何獨不然。特滿人頑愚太甚。無君主之手段。自以滿漢之界。羅列心目。乃以廣西土匪。重於俄人。東京學生。甚於外寇。尊王者亦指爲謀逆。排俄者亦謂爲革命。是自奪其魄。而啓漢人之反動也。

吾更進忠言于滿人之前曰。今日之勢。戰而已矣。戰而亡。不戰豈必不亡。況以戰亡國猶名譽之亡國也猶得漢人之同情齊心奉戴猶或可以不亡即不然。一戰而敗。再戰而衂漢家山河萬里隨處皆立足之所爲遷播爲偏安猶勝於徽欽北遷時若復執迷不悟長此終古是自促其祚以蹈於滅亡之災也異日者青衣行酒皓首悲歌如西蜀故事如南宋故事求如宋高宗之擁立而不可得矣甚或外寇內亂同時並作幸災樂禍舉目皆然歐人稱干於外漢人反戈於內是時是景有難想像者吾故爲滿人計及今一戰之爲愈也

傍觀者曰。日俄戰爭之役也。影響於東亞者有二焉。一啓黃人易視白人之心也一喚起中日人民之同情也世以俄國爲最大武力國而以我國爲最大勞力國。愚則殊不謂然。夫世界用武之資格孰甚於黃人者以我國民自尊自大統一偉壯之思想活潑矯健天然軍人之資格更傳以絕好山河絕大財產將來黃白强弱之勢不待智者而知今方幼穉時代頭角未宣倘以庚子一役婦女童子無紀律不訓練烏合亂衆揭竿而起以與世界聯軍血戰各國始知我國之兵非弱而强矣特器械不精訓練不良有世界獨一無二伯主之資格而不知用耳今者民族主義之起。中日人民。利害同情

團結之勢益堅如日俄之戰實爲東亞民族主義發表之漸況我國留學之士多來日本而日本學者亦多至我國漫遊將來思想聯合發達無已並駕齊驅於歐洲之大陸者則又以日俄之戰爲之嚆矢也吾謹拔劍起祝曰我國之武運萬歲吾更拔劍起祝曰東亞之武運萬歲

日俄戰爭之起因

日俄戰紀

第一章 總論

日俄交戰之說。自甲午以來。幾於無歲不聞。而彼此皆以有所顧慮。不敢輕發。直隱忍至于今年。而始決裂。然則此戰爭之責任。果誰屬乎。吾嘗考其原因。而知日本爲俄國所欺負侮辱。殆迫於不得已而後戰也。

俄之建國。在於窮北之野。爲氷雪所封。風霜所曝。氣候嚴寒。土地薄瘠。人民謀活。極其困難。則其必須南下。爭一溫暖之地。肥沃之土。且欲達於四季不冰之海。以得出入自由者。乃俄國之所深望大願也。昔彼得大帝貽侵略南方之孫。謀使俄國永遠奉爲國是而不敢變者。豈不由此願望而發哉。然則俄國苟未得溫暖之地。肥沃之土。使其人民易於謀生則其願望必不能少減是故俄國之南下乃迫於地勢之所使然者也唯其挾此願望故嘗略地而陷巴爾幹半島以欲突出於地中海蓋巴爾幹爲俄國出海最捷之路而又最有利益者也然歐洲列國恐因此而破勢力平均之局不免於攪亂平和故共出而阻遏之此俄國之所不能奈何者也又嘗略地而下中央亞細亞以欲突出於印度洋蓋印度洋雖不及巴爾幹之直捷而亦可爲俄國出海之路其利益亦不少者也然英國恐其犯印度而奪其天府之利故又出而阻遏之此又俄國之所不能奈何者也既不得出地中海又不能出印度洋於是乎不得已涉萬里不毛之地奪有西伯利以欲突出於太平洋西伯利爲俄國出海之路之最遠者而其利益又與前二者有天淵之別而俄國猶以慰情聊勝無之故不得不取道於此而既取道於此則不能不使之十分便利以遂其欲者勢也此俄國所爲欲在極東立一新俄羅斯國而必竭其全力以傾注於此大經營也

所謂大經營者何先設一最長鐵路橫貫西伯利使其本國與太平洋之距離因之短縮以便首尾相應且爲欲於大鐵路之近海處得一不凍良港於是不顧公義橫占滿洲

直欲封鎖其地以獨占利益且欲在黃海設一大海軍制極東之海權以壓朝鮮半島而又嚴旅順口之軍備置大陸軍於關東半島以欲制中國之死命此俄國經營極東之大略也觀其以六百兆盧布之資本注入于滿洲且移其民十五萬而占居焉則其志之不小可知矣且吾察俄國之心事不止欲以滿洲爲新俄羅斯而已乃欲以滿洲爲根據地一面下朝鮮半島而一面又向中國之沃土肆其蠶食也此等經營在於俄國固甚愉快也便宜也然除俄國以外世界各國之對于此經營不但不如俄國之覺其愉快覺其便宜而已乃却與俄國爲正反對俄國之愈覺其愉快者各國愈覺其不愉快俄國愈覺其便宜者各國愈覺其不便宜者也而各國之中以日本爲尤甚蓋以俄國之出于此途則日本國家之進運立國之基礎不免爲所壓迫搖動而常立于危險之地位也

日本合海島以成國非藉握海上之權無以保其獨立今俄國欲在極東爲一大海軍國是豈非危日本獨立之基礎乎自韓半島以至滿洲一帶不特爲日本民族之故鄉而已朝鮮自開國前以至天智時代之分裂原與日本同爲一國未嘗分離其後雖已

分立而自兵略上察之實日本之外廓也又自政治上言之實脣齒相依之地也且自韓半島以至滿洲地廣人稀天然之利含蓄未發而日本人口每年約增五十餘萬不久將有人滿之患然則日本迫於不得已而求殖民地殆舍此一帶地方而莫有適當者今俄國奪滿洲以偪朝鮮豈非阻害日本國民之進運乎且也自滿洲以至中國一帶爲日本工商業上必爭之地故日本欲于近隣得一好市塲非藉滿洲中國之開發其勢不可若俄國閉鎖滿洲又强制中國以擾極東之平和則於日本之發達豈非大有妨碍乎

夫俄國南下迫於不得已其渴望出海之路亦出于自然之必要故若使俄國止欲得一不凍港於極東海口以營平和之事業謀商務之發達則日本斷不反對之且欲歡迎之唯彼在日本對岸爲政治上及軍畧上之大經營欲置大海軍于黃海及日本海制極東之海權害極東之平和以壓迫日本國民所認爲故鄉所恃以移殖民族之朝鮮又欲閉鎖日本所視爲最好市塲之滿洲以迫中國是則日本之所最不能忍者也盖在俄國以此等經營爲必要得之足以自豪而日本則以此爲搖其立國之基礎阻

其國民之進運實國家安危存亡之所繫也由是以談日本今日之反對于俄比之昔日歐洲列國之阻遏其出巴爾幹及英國之阻遏其出于中央亞細亞尤爲迫切也故俄國之侵略與日本之勃興自其根本而言兩者實有不能並立之勢俄國某新聞嘗登一文。切論日本勃興其結局必於俄國之經營極東大有妨碍當及日本尙未大盛一大擊之使其永遠不能復振由是觀之兩國之利害衝突可窺一斑矣

然則日俄之戰實由此利害衝突而來蓋俄國欲乘日本羽毛未豐一大挫之使不能復振則其經營極東必無人復出而阻害之而得以遂行其設立新俄國之政策矣此在俄國固爲得計而日本實不能容忍而默視之故不得已而出於破裂也然則今日國交破裂之責不得不委之於俄國者不待辨而明矣如欲知此破裂之遠因近因則請觀最近十年間之日俄交涉史可知俄國挑激日本必欲迫之使戰者其證迹歷然蓋莫能掩也

第二章　日俄衝突之發端

日俄交惡之原始。今一回首。忽忽已閱十年矣。明治二十八年（光緒二十一年）五月十日。日本

臣民不曾飲泣而捧讀聖詔乎。今不能忘。尚能憶誦也。詔曰。

朕嚮因中國皇帝之請。命全權辦理大臣。與其所派使臣會商而訂立兩國媾和條約。然俄羅斯德意志兩帝國及法蘭西共和國之政府。以日本帝國永遠占領遼東半島。爲不利于東洋之平和。頻以勿占此地。勸朕政府。顧朕素眷眷於平和。即與中國至於交兵。亦出于欲使東洋平和永遠鞏固之意。而今三國政府顧念友誼。有所忠告。其意當亦在此。朕爲平和計。固不能不容納其言。且也滋事端。擾時局。使治平之回復。過於遲滯。以釀民生之疾苦。阻國運之伸張。眞非朕意。又中國既因訂結媾和條約。以致其深悔渝盟之誠。使我交戰之理由及其目的。炳然昭示於天下。於今爲大局計。即稍以寬洪處事。亦於日本帝國之光榮及其威嚴。不見有所毀損。朕乃容友邦之忠言。命朕政府以此意回覆三國。若至關于還附半島壤地之一切處置朕特命政府。欲與中國政府有所商定。今媾和條約既經批準交換。兩國之和親復舊。局外之列國。亦於斯交誼加厚。汝百僚臣庶。其善體朕意。深察時勢之大局。愼微戒漸。勿誤邦家之大計。是朕所厚望也。

嗚呼。是豈非日本臣民當年所飲泣而捧誦之聖詔乎。今將語其原因。猶嗚咽而幾不能成聲也。昔者中日之役。擾及兩年。其戰捷之結果。則明治二十八年四月二十日在廣島行在所批准之馬關條約也。此條約殆出自聖裁。以爲無所間然者。今揭其條約中之第二條于下。

中國將左記土地之主權。及該地方之城壘兵器製造所及官有物。永遠割與日本。

(一) 在於左之經界內奉天省南部之地。

自鴨綠江起溯該江至安平河口。自該河口亘鳳凰城海城營口至遼河口折線以南之地。及其各城市。包含在內。而以遼河爲界之處。以該河之中央爲經界可知。

(二) 臺灣全島及其附屬諸島嶼。

(三) 澎湖列島。(即英國格林威治東經百十九度乃至二十度及北緯二十三度乃至二十四度之間之諸島嶼)。

此條約第二條所列土地。乃日本藉戰勝之威。強中國割之以求和者也。乃於第一項所開土地。俄國及德法公使。以四月廿三日來告日本政府。勸勿索取。時伊藤博文首相松方正義藏相以廿四日訪陸奥宗光外相於舞子在其旅館。有所會議。伊藤即日急行至廣島行在所。有所啓奏。翌日伊藤及山縣有朋陸相西鄉從道海相開御前會議。廿六日山縣急航至旅順。五月六日歸于京都。即以是日回答三國政府。允從其勸。以遼東半島還附中國。德法兩國政府以翌七日。俄國政府以八日覆電日本政府。謂日本政府能允從其勸。十分滿意。嗚呼。此日本四千萬同胞所爲以五月十日得讀此深謀遠慮之聖詔也。今一追憶。猶且不勝感慨。而況於當日乎。考當時彼此在極東之海軍勢力。日本共有戰艦二十八隻。五萬八千餘噸。（從中國捕來者未算入內）而俄國有二十三隻。五萬二千二百二噸。法國有十四隻。三萬噸。德國有八隻。一萬五千九百餘噸。三國合計共四十五艘。九萬八千四百餘噸。其勢力實優於日本。故彼遂得無所忌憚。提出此勸告書。迫日本以新領地歸還原主也。是時日本度德量力。雖無如何。而臥薪嘗胆之心事。豈能一息忘哉。世傳日本天皇初聞三國干涉。不勝憂憤。直至下淚。此雖爲齊東野人之語。未必果有是事。然因此事而怏怏不樂。則問在人意中耳。然日本天皇念東洋永遠之平和。即容三國之勸告。此所由發此哀痛之詔。而使日本國民恭讀之下。又未嘗不深感天皇之洪度。而誓於他日必有以圖報也。

夫日本費無限之金錢。竭許多之汗血。經二年之艱難辛苦。而始獲得遼東新領地。以爲報。今乃以不欲拒友邦之忠告。竟肯以此大戰利品歸還于敵國。然則所歸還之遼東。即滿洲全土。俄國當如何敬重之。使常爲中國之所有乎。又其對于極東之平和。果當如何敬重乎。且乘日本疲于戰事。與德法兩國相合。藉口于極東平和。以勸日本歸還遼東者。果當如何自行敬重其所發言乎。而奈何俄國覆雨翻雲。竟不顧其言行之自相矛盾也。今試叙錄其橫暴無理之事實。

第三章　擾亂朝鮮之平和

中日戰爭之結果。使朝鮮脫中國之羈絆。而爲獨立自主之國。於是日本自進而當誘導扶持之任。乃特派伯爵井上馨駐劄其國。且貸以三百萬之改革費用。使彼得以改革內政。雖然。改革內政。其事極難。即今改革得宜。國民之中。猶有不以改革爲然而反對之者。此在各國改革之初期。皆有此弊。而況朝鮮人向來因循成性。凡事以守舊爲得計者乎。然則井上伯之改革朝鮮。既不免於急激。而且干涉過度。其不能得朝鮮人之心。甚者至於嫌惡之。憎怨之。固其宜也。夫見機而作不俟終日。俄國之所長也。況彼知日本疲於戰役。不能猝然恢復元氣。而又以勸告歸還遼東一事。曾得德法兩國之竭力相助。然則其素所不能忘情南下之策。正當於此下手。所謂千載一時機不可失。故日本在朝鮮失勢。正俄國得意揚揚之會也。於是駐韓之俄國公使威拔專向朝鮮宮中竭力運動。以種種方法煽動朝鮮人。使其以惡感情對日本人。而反與己聯爲一氣。夫日本之改革朝鮮。雖不能謂其全然無過。而其竟至於一敗塗地者。實由俄國從中排擠。有以致之。其罪誠莫可掩。所謂俄國着手朝鮮。以擾亂極東之平和者。即此之謂也。試觀發出還遼之詔。不過五十餘日。而井上伯以七月七日有事歸國。朝鮮人乃乘此機逐日本黨之首領朴泳孝。朴泳孝當時在朝鮮實隱握首相之勢力者。由此觀之。俄國排斥日本之勢力。其成効迅速。眞出人之意外者哉。既而井上伯復如韓。其時日本黨金宏集尙立于內閣。尋而三浦梧棲奉命駐韓。故自表面觀之。日本在朝鮮之勢力雖似尚能維持。而俄國之陰謀着着進步。朝鮮兵權。乃忽入于俄人之掌握。當是時日本之勢力將蒙俄國之一大打擊而遽然墜地。正當危機一髮之時。而忽然生出十月八日之事變。十月八日之事變者。日本黨擁大院君以清君側爲名而殺死俄國黨魁王妃閔氏是也。夫得讀還遼之詔未及兩月。而非用此非常手段。已不能保持日本黨之勢力。然則俄國在朝鮮以排斥日本人爲事。其收效之速可勿驚乎。因有此舉。日本黨之朝鮮內閣。雖得依然繼續。而以其手段過於詭激。不獨不能得半島人之同情而已。即各外國亦不以日本爲然焉。繼因三浦公使等俱被嫌疑。召還本國。於是日本之對韓政策。因此大敗。而俄國之勢力反有蒸蒸日上之勢矣

俄人之欲顛覆日本人之勢力。每飯不忘。乃還遼未及半歲。而其陰謀乃假朝鮮人之手而爆發。則十一月二十八日侍衛隊之變是也。侍衛隊之變者。俄國黨首領李範臣實爲主謀。在俄國公使館內屢次策畫。事濟則倒日本黨內閣。而代以俄國黨。不濟則借俄人之手奪國王而去者也。其後風聲洩漏。事敗不成。亦云幸矣。蓋日本政府懲於十月八日之變。翻然改計。事事以忍縮爲主。故遂使俄國愈以日本爲易與而日益逞

其野心以欲使朝鮮盡入其手此所以有此隱謀也及事敗不成俄國仍無悔禍之心其欲顛覆日本勢力之謀仍層出不竭乃公然招集韓人之屬于俄國黨者。在其公使館日夜運籌。欲先使京城之韓兵。散處各地方乃使李範臣以下分道至各地方煽惑人心。使起叛亂。以窺京城之空虛。又於明治二十九年（光緒廿二年）二月十日。俄國使其武裝水兵入于京城。以其翌日奪國王及其世子以下。幽之於公使館以日本黨之首相金宏集。農商工部大臣鄭秉夏等棄市。殺度支大臣魚允中於龍仁。逐其餘各大臣。使逃而之日本。於是韓廷之勢力爲俄國所獨占而日本之勢力蕩然無存矣

嗚呼、明治二十七八年之大戰役原爲扶朝鮮之獨立欲待戰勝而得以全力扶助之者也乃俄國假東洋平和之名義使日本將其戰勝所得之遼東歸還中國猶以爲未足乃更欲將日本在朝鮮之勢力排斥淨盡故不憚以陰險卑劣之手段擾亂朝鮮之平和卒之達其目的使國王不得已在其公使館內爲寓公而半島之政權遂全歸其手此正日本以遼東交還中國方在撤戍之時也於斯時也俄人又復無所忌憚以漸侵入于滿洲及朝鮮北部而日本祇有忍氣吞聲自受其淩侮而末如之何

日本既不能以獨力占扶導朝鮮之權利於是不得已而公然有所讓於俄國所謂日俄協商即以扶導權讓于俄國之證也去二月十一日之變九十餘日即五月十四日。日本駐韓公使小村壽太郎乃與俄公使威拔立約如下。

(一)朝鮮國王陛下之還宮當任從陛下自行裁斷惟俄國代表者。於國王即使還宮。亦必可保無事之時。當勸其還宮又日本代表者當保證其查辦日本俠客以嚴密從事。不可寬縱。

(二)現任內閣大臣皆爲國王陛下所簡任。多於過去二年間。曾任國務大臣若其他顯職。以寬大溫和主義爲世所知之人也日俄兩國代表者。當以寬大以對于臣民之意。忠告于陛下。常不可離此目的。

(三)俄國代表者於左列各件。當與日本代表者同其意見即在釜山京城之間爲保護日本電線。日本可應其必要置衛兵於某所。又現時以三中隊所組織之衛兵當速行撤去而代之以憲兵。其配置之法大邱五十人可興五十人釜山京城之間凡十處各十人。於此配置。雖得變更而憲兵隊之總數。決不得超過二百人。

此等憲兵。俟將來朝鮮恢復安寧秩序之後。自各地漸次撤回之。

(四)萬一遇朝鮮人前來襲擊之時。日本爲保護其在京城及各通商口岸之居留地。可在京城置二中隊。元山一中隊。元山一中隊之日本兵。但一中隊之人員。不得超過二百名。該兵可屯營于各居留地附近。待無虞襲擊之時。次第撤去。又俄國爲保護公使館及領事館。俄國政府亦得在各地布置衛兵。惟不得超過日本兵之人數。亦俟內地漸歸平靜時撤去之。

此日俄兩駐韓公使所訂之約也。而山縣有朋以賀俄皇加冕出使于俄。乃與俄國外務大臣羅巴諾夫公更立一議定書焉。

第一條 日俄兩國政府。以救濟朝鮮財政困難之目的。當勸告朝鮮政府。省一切冗費。且保其歲出入之平衡。若因萬不得已而改革。其結果至於必須募外債之時。兩國政府當以合意而救助之。

第二條 朝鮮若不爲財政上及經濟上所困。得以本國人組織軍隊及警察而維持之。使至於不藉外援而能保內國之秩序。日俄兩國政府當勿干涉之。

第三條　爲欲與朝鮮通信容易。日本政府於其所占有之電線。可繼續管理之。俄國可有架設自京城達其國境之電線之權利。於各電線。許朝鮮自行設法買還之。

第四條　在前記各欵之中更要訂立精細定欵之時。又至後日有他事須要商議之時。兩國代表者。當以友誼妥商。

由是觀之。所謂日俄協商者。於軍事於財政於電線及於其他各事。凡日本在朝鮮之位置。皆與俄國相約立於平等。而以扶導權之一半讓與之者也。而日本以厲行此協商之故。乃至設渡韓限制法以嚴治俠客。日本可謂不負約矣。而至於俄國。其果能敬重此新協商乎。不能也。彼既以平和爲名。使日本歸還遼東。而已則於其時直伸其攪擾平和之手段。於朝鮮略取日本在朝鮮之權利之大半矣。然則彼雖與日本協商。而豈能望其守國際之信義。依約而行乎。

俄國自強日本交還遼東以來。極力擴張極東之軍備。不特於極東海軍增加若干堅艦而已。又陸續運陸軍至西伯利。絡繹不絕。明治廿九年（光緒廿二年）三月之頃。傳說西伯利駐兵。已忽然增至九萬人。俄皇又批准七年相繼支出八萬盧布以爲擴張海軍經費夫俄國既以其兵備爲足恃宜其於日俄協商毫不爲意故當日本以此協商着着見諸實行之時俄國乃仍留朝鮮國王於其公使館內而不之還且强國王必從其無厭之要求不遂其欲則不已焉其中如兵權及財權之奪取是其所最致力者從前由日本士官所訓練之朝鮮兵乃以二月十一日之變後即忽辭日本士官而勿用至五月并其軍制而亦廢之六月更爲組織俄國式之朝鮮軍隊至十月俄國之士官三人下士十人軍醫一人皆就聘來朝鮮而爲教習至明治卅年（光緒廿三年）四月。俄國迫朝鮮政府聘用其士官下士官以下凡百六十人欲舉朝鮮全國之軍隊全屬於俄國士官之指揮朝鮮政府未遽許聘用而俄國之士官三人下士官十人直不待朝鮮政府之命以七月擅入京城九月遂許用之而以三千韓兵歸其部勒俄國又於此時握朝鮮財政之全權强使用俄人爲財政顧問以監督指揮其租稅關稅先是當此任者爲英人普拉翁。俄人既欲奪其職。乃於任期未滿。竟迫朝鮮國發一勅開辭之。其强暴有如此者。又一面謀設一俄韓銀行以期使半島財政經濟之權全入于俄國之手然因財政顧問之問題以曾拉翁爲英人故英政府不忍坐視其無端被斥乃以十二月遣其東洋艦隊大集於仁川使水兵上陸直入京城於是曾拉翁始得安于其位不至使俄國之奸謀得以成功耳

然而此等聘用敎習聘用顧問之問題當山縣侯與俄國爲日俄協商之時彼實與朝鮮特使閔泳煥曾有密約然則彼明欺我以日俄協商以約平分在於朝鮮之兵權財權而又暗與韓廷相約欲獨占其兵權財權也其狡詐萬狀深爲可恨然則俄國爲無信義之國即此一事可以見之矣

且俄國欲乘此機會將日本人所扼朝鮮海峽之關門決然打破使海參崴之門戶得以開放又借絕影島以爲貯炭之地使俄國海軍得於海峽有根據其橫恣如此天下之人早已側目而視矣往日美國曾黨於俄國以割日本之扶導朝鮮權而今漸惡其無狀不肯與之共謀矣即韓人之中亦有所謂獨立協會者紛然設立是亦因俄國之侵略政策貪得無厭故共起而反對之也

蓋俄國當中日戰局已結知其南下之夙志可以行之於極東其一因見中國弱昧大

出意外以爲有隙可乘其二因見日本疲於戰事不堪再擧惟其以日本爲元氣未復不能與之爭衡若先下手於半島則北淸自然在其勢力之下此其所爲首爭朝鮮也然今因半島之經營未免過分因之惹起各種之反動加以英國屢欲反對其所爲於是俄國決計乘此時局築長圍於朝鮮方面又向於北淸方面注其全力乃以明治卅一年（光緒廿四年）四月廿五日。使其公使羅善與日本外務大臣締結第二回之日俄協商焉。

第一條　日俄兩帝國政府確認韓國之主權及其完全獨立。且相約於其內政。不爲直接之干涉。

第二條　爲恐將來有誤解之處。日俄兩帝國政府。若於韓國有向日本若俄國求其助言或助力之時。其於練兵敎官及財務顧問官之任命。非先互相商妥。不可擅爲處置。

第三條　俄國帝國政府。不得因日本在韓國之商工業之大發達。及因居留韓國之日本臣民。漸達多數。而於日韓兩國間商工業之發達。有所妨碍。

由是觀之。俄國之爲此第二協商。所以申明其第一協商之意義也。而彼似稍爲退讓者則惟認日本在韓國商工業之發達耳而俄國擾亂半島平和之手乃因此協商稍爲收束其往日迫韓國聘用之財政顧問官及所有練兵教官俱以此時辭職而去

第四章　擾亂中國之平和

俄國之欲乘虛侵略以擾極東之平和者不獨在於朝鮮而已其於中國亦然且比之在朝鮮爲尤甚中國因此幾爲列國之所分割而首先發難者實由俄國啓其端也知與之爲取乃爲政之要是古來政治家之所稱道也而實行此妙訣者蓋莫俄國之外交家若俄國殆常用此妙訣以恣其吞噬之慾者也昔當英法聯軍之入北京也。暗助中國。使和議得成而乃使割黑龍江下流之地以爲報酬者非俄國乎當美將彼理來日本浦賀之時。知日本與美國開戰。必至敗北。乃助日本使得議和而爲欲向日本求得一大報酬乃特派一使臣至長崎者非俄國乎現以韓國大受日本干涉當使解脫之名義。拘其國王。遂欲奪其兵權財政者非俄國乎而其對于中國亦全以此等手段施之者也

日本既勝中國。即於馬關條約。割取中國東三省。而俄國乃迫日本使歸還之。又因中

國爲賠大欵於日本。不得不募公債。而俄國乃爲其担保一千六百萬磅。皆所以市恩於中國也。而中國又最健忘。遂不復憶其往日之割黑龍江。欣然受其所愚。於是始謀設一華俄銀行。以爲平和侵略之機關。而遂以明治二十九年（光緒廿二年）二月舉行開業之典。又以是年三月。盛傳中俄兩國已立密約。且李鴻章之奉命賀俄皇加冕禮而抵俄京也。俄國乃復用要閔泳煥强使訂立俄韓密約之手段。再施之于李鴻章焉。盖俄國既定經營滿洲之策。欲使其橫貫西伯利之鐵路。以關東半島爲出口也。是年八月二十七日。中國與華俄銀行訂立東清鐵路條約。是足証俄國之經營滿洲。既已占實地步矣。此及九月。世人又盛傳駐中國俄使加西尼伯。既與中國締結密約。其密約於滿洲之俄國鐵路。守衛鐵路兵。借用膠州灣。及迫於必要。或一時借用旅順口各欵。俱已訂定。此雖出于一時傳聞。乃無何而果見諸事實。則其斷非無根之談可知。而且中國鐵路公司（即東清鐵路會社）亦以十一月設立。由是觀之。俄國攪擾平和之手。既一伸於朝鮮。今又再伸於中國矣。

是年十二月。俄國果向中國借山東膠州灣。以爲冬季停船之地。是實中國他日租借

要港之伏線而啓瓜分中國之端者也

及明治三十年（光緒廿三年）俄國又專意經營朝鮮或借傭兵問題或借財務顧問問題皆有意於攪擾東洋之平和者也至十一月十四日彼又忽想得一妙策暗使德國占領膠州盖俄國雖極欲使東清鐵路之得出海口然若因此遽占滿洲恐各國必出而干預故嗾德國使先發難而以已所借爲冬季停船之膠州灣讓與之然則列國之相率而向中國租借土地雖德國占膠州爲之嚆矢而其實則以俄國爲張本人是使中國不能保其平和者俄國實無以逃其咎也俄國見德國既占膠州乃援爲先例竟以十二月十八日使其軍艦悠然入旅順港嗚呼以他國占領遼東爲脅制中國之北京延而有害東洋之平和者豈非俄國之所主唱乎乃相去未及兩年竟自占領旅順以扼渤海灣之咽喉以害中國之平和壞東洋之局面記曰出乎爾反乎爾在俄國豈非得計哉昔伊蘇婆有一妙喩有一牝鹿爲獵夫所逐逃入獅子所居之穴自以爲可保無事乃忽爲獅子所噬然則當時之中國豈非與此牝鹿同一不幸哉

今之世無所謂是非無所謂曲直只有强者之權利而已俄德兩國既已着手於分割

中國。世界列强。早無法可以拒之。不得不彼此效尤。以保勢力之平均。於是英國以明治三十一年（光緒廿四年）二月十一日。與中國約不以揚子江地方讓與他國。又以四月二日租借威海衛。法國則以是月六日借入廣州灣。日本則以二十三日訂福建不讓與他人之約。而俄國又於三月廿七日借旅順及大連灣兩地。其名雖曰租借。而其實則割取也。今揭其條約如下。

(一)俄國以二十五年之期限從中國租借旅順口及大連灣借地區域自遼東岬角以北約中里百五十里東西八十里

(二)大連灣當為通商口岸旅順口則但許中俄兩國船隻出入

(三)自伯都訥經奉天府至旅順口之鐵路當照俄國式築之

(四)俄國得自其新得土地區域布設鐵路支線至遼東西方海岸而此支線竣工後其所止境之海岸當與旅順大連俱借與俄國

此租借旅順大連之條約也。五月二十八日。俄國軍隊。乃公然騎入旅順城。往年日章旗（日本旗）飛揚之處。今忽見鷲旗（俄國旗）高插。迎風而舞。枯骨於黃金山下之日本戰士。九原有知。其何能暝目哉。

中國之港口。既盡爲各國之所租借。而其敷設鐵路之權。亦爲列國之所爭求。今細核之。俄國於西伯利鐵路千哩。東清鐵路四百里。山西鐵路百三十里之外。更以比利時人之名。使蘆漢鐵路七百里之敷設權。歸于其手。德國則得山東鐵路四百二十里。又與英國共占津鎭鐵路六百三十五里之權。法國則得東京鐵路延長線四百二十里之敷設權。英國則得牛莊鐵路二百六十里。上海南京百八十里。蘇杭寗波二百里。廣東九龍百里。淞滬十四里。廣東成都一千二百里。緬甸延長線七百里。及於英意共同事業。得礦山鐵路二百五十里之敷設權。美國則得粵漢鐵路六百里之敷設權。此皆自明治三十一年之秋。各國所競爭而得之權利也。

既而各國以其租借地鐵路敷設權所屬之地。及訂約不准讓與他國之地。皆認爲自已勢力範圍。其中如英俄兩國。乃相與協商。以長城以北爲俄國之勢力範圍。以揚子江流域爲英國之勢力範圍。相約此彊彼界。各不相侵。於是中國之運命。已如風前之燭。甚爲可危矣。而其實皆由俄國南下之策。有以開其禍端。然則俄國之攪擾中國之

平和以攪擾東洋之平和者不已太甚乎

當中國運命十分危險之時而忽有防止分割之一動機則明治三十二年光緒廿五年九月廿二日美國所提議中國門戶開放者是也門戶開放即劃去勢力範圍線之一法劃去勢力範圍線即能保全所共有之中國者也

(一)開放支那使爲萬國通商公市場以排除國際紛爭之危謀支那帝國之强固且以講求保全支那之道爲原則列國以此目的一致協同勸誘北京政府

(二)列國在支那所有之利益範圍及在讓取地內所有開港塲及既有特權當彼此不相干涉

(三)在利益範圍內之開港塲所有一切出入口貨當適用現行條約之關稅其關稅使支那政府徵收之

(四)他國船隻入利益範圍內之港口其所課入港稅不得比本國船加多其於鐵路亦不得比本國貨物多收運費

美國之所提議。實此數欵。而聞其風而悅之願意贊成者。日本之外。英俄德法意殆無有敢倡異議者。

第五章　俄國之横奪滿洲

俄國之租借旅順大連。雖以二十五年為期。而其主意實欲久假不歸。據為已有。乃藉此為根據以建一新俄羅斯於滿洲。且遂欲併吞朝鮮半島及支那之半壁。使盡入其版圖。今觀其設施之初。規模遠大。可知其用心矣。俄國租借旅順大連。未及百日。即遽定旅順為二等軍港。以翌年二月九日。忽置關東省於遼東半島。命亞歷斯夫中將為關東省總督。兼太平洋海軍總司令官。則俄國之心目中。豈尚知滿洲為中國之領土乎。其不久即自造進占滿洲之機會。固其宜也。

當明治三十三年。（光緒廿六年）中國有義和團之變。遂釀成聯軍入北京之禍。考此事之起因。倫敦泰晤士之巴黎通信員。嘗據俄國博士烏拉爾所搜得之材料。極論此事。乃起原於俄國與李鴻章所立密約。其言雖不盡不實。未能遽信。然團匪肇事在三月中。而俄國乃於二月既下令派戰鬥艦三艘。巡洋艦三艘。砲艦一艘。驅逐艦十艘。運送船二艘。使赴遠東。而其陸續出發。則自四月十八日始也。夫團匪之猖獗。本在五月下旬。而於四月已派此有力之艦隊於極東則彼雖或非爲義和團之主使而其欲乘此機會襲取滿洲則司馬昭之心路人皆見矣俄國以豺狼無厭之心無日能忘其侵略之計畫者如此而彼却於此時貿貿然以平和會議之發起者自任嗚呼俄國亦狡矣其如爲識者所嗤何

於是年三月。俄國既於朝鮮方面提出馬山浦問題欲達其絕影島事件以來之素志以使旅順海參崴得與朝鮮海峽相聯絡又其於北清也因團匪擾亂主使義和團之端王以六月占總理衙門大臣之首席各國率水兵入北京保護居留民。於時西摩被困于途。日本書記杉山德國公使皆遭慘殺。北清之天地全然變爲黑暗。俄國乃出兵與列國共同運動。卒恃日本派兵之力。以二十三日占領天津。以八月十四日解北京之圍。戰亂之禍。於是稍得鎭定。而俄國則自七月十四日已在滿洲自爲特別之運動矣。特別運動者是俄國占領滿洲之機會往日所渴望而不能得而今始有時勢之可乘者也

若問俄國如何能達其占領滿洲之目的則無道也殘虐也野蠻也然則俄國者實以

不法之行為強奪滿洲者也今試舉其一斑焉。是時俄國使步兵數個聯隊哥薩克兵若干大隊及砲隊若干。陸續出發。分海參崴砲台之砲兵一中隊為二中隊。於烏蘇利黑龍江之民兵。亦稍為變更。又於黑龍江西伯利兩軍區有所調遣。又自本國派出十二個野戰病院。及各事既準備妥當。乃分為數隊。自七月十四日公然攻入滿洲。其第一部隊自西伯利哈伊拉而進。七月三十日畧愛琿駐兵所。八月二日下哈伊拉三十日與諸軍隊通聯絡。其第二部隊自西伯利之坡夫亞進發。八月二日取薩哈連及耶拉謨坡。四日取愛琿。十五日取新雁林。十八日取墨爾根城。二十一日取伊拉哇駐屯所。廿七日取齊齊哈爾。三十日與第一部隊通聯絡。其第三部隊自哈巴及尼哥拉埃夫斯進發。七月廿七日取哈爾賓。八月三日取三姓。十日與第一第二第三部隊合而拔呼蘭城。九月廿九日以第三部隊之一部陷拉林。其第四部隊自海參崴及巴士息灣進發。七月三十日拔琿春城。八月廿八日取寗古塔。其間第一第二第三第四部隊通聯絡後。以八月廿三日圍吉林略取之。其第五部隊自旅順進發。七月廿四日取嵩天貞。廿七日拔勳初貞。八月四日取牛莊。九月廿六日陷牛莊城。廿七日取安生江。廿八日占領遼陽十月一日略奉天府三日取鐵嶺九日進至新民十五日取安東廿七日自旅順進發之第六部隊占領甯河三十一日取錦州於是滿洲全部遂爲俄國所占領而試問其以如何濫利手段慈仁方法行此占領則其於琿春城屠中國人民二千三姓城三千愛琿城一千五百薩哈連五百達西尼加阿四百漠河六百斯磚二百哈伊拉及其附近共三千耶荷磚六千劉斯磚五百伊爾厥及其附近共四百巴巴羅富加及其附近共五百合計共殺華人一萬五千九百人有奇其他商工業者及被僱人之枉被虐殺者不可勝計兩者合算殆不下二萬五千人嗚呼俄之無道如此豈非文明之敵耶人道之蟊賊耶

俄國既以慘酷手段。施於滿洲無辜之民。而復於八月廿五日宣言曰。俄國爲確立滿洲之秩序及保護鐵路或當採必要之手段若各國於此不爲障害則俄國可自中國版圖內撤退軍隊無所躊躇云而當此宣言之時。又自黑龍江軍務總督發一告示。

一黑龍江之知事當布告大衆聲明遮阿河及黑龍右岸之滿洲地方自今屬於俄國

二中國臣民不許歸還黑龍江南方俄國所領之地此等地方自當留爲俄國移民所居

三在愛琿薩哈連耶蘭苛其以前屬於中國領地之宅地暫時由俄國軍隊徵收之雖有的確權利及占有權者不得於此地方居住

四在愛琿薩哈連之宅地不交還于前所有者又華人房舍之未經破壞者當充俄國軍隊營所及倉庫之用

五俄國軍隊所占領黑龍江右岸之行政事務及在遮阿河南方之行政事務俱由俄國境界委員經理該委員之本部設于愛琿該委員得以土地發給俄國臣民

由此告示觀之則其宣言之爲空言可知彼盖欲以空言掩飾各國之耳目而自向于滿洲日日有所設施以作久遠之計觀俄國在旅順及各處所經營之工事俱極壯大務能垂久又在大連灣開一青泥窪市其規模極完備決非求足供一時之用而已俄國又於東清鐵路中央停車站哈爾賓建一大都會約可容十萬人以上又於遼陽奉天之間在隔齊齊哈爾六十華里之呵拉路治及隔甯古塔六十華里之埃苛俱築造

大都焉又觀俄國於黑龍江沿岸千五百里之地不准一華人居住而移哥薩克兵以實之且俄國於中國土地擅爲改易名稱由此觀之俄國之欲在滿洲別立一新俄羅斯昭然若揭矣

列國鑒於北清事變皆亟亟於講求善後之策。於是英德兩國。先協定章程四條。以爲善後處分之基礎。而其章程四條。一言以蔽之曰。協定中國之保全領土及開放門戶而已列國與中國所立之媾和條約即不出此兩義之外者也然於此保全領土及開放門戶兩者不免有一難問題橫於其間此無他即處置滿洲之問題是也英國自以英德協商中所謂保全中國領土。乃包滿洲在內而言。而德國以有所畏憚於俄。乃謂滿洲當在協商之外。於是議和之事雖漸就緒而列國皆置滿洲於不問莫肯爲之決定以欲將其解釋委之於欲以獨力解釋此問題者

於是俄國欲令中國政府明定俄國在滿洲之位置。乃於明治三十四年（光緒廿七年）二月。强迫中國使共結一種特約。今据世上所傳。其草案大略。一俄國雖以滿洲歸還中國而保護鐵路之兵仍復留駐若有事變即以此兵助中國鎮撫之又使中國當鐵路未

通之時不得設兵於滿洲至後日若果設兵其員數多少當與俄國共定之又禁兵器入於滿洲地方官若有處置失宜當從俄國之要請而革其職又滿洲之警察兵當與俄國會商而後定其人數又不許用外國人於滿洲蒙古之海陸軍亦不許用外國人訓練之又使中國放棄金州之自主權滿洲蒙古新疆伊犂之礦山及其他利益除俄國之外不許給與別國人即中國自欲爲之亦不可得又於牛莊之外無論何地皆不得借與外國人滿洲之軍費當自中國賠補東淸鐵路之所損失亦然於現時損失之全部若一部當以他種利益擔保之又要中國許其滿洲鐵路之支線可得延長於北京云云。觀此特約之條件然則俄國雖謂以滿洲歸還中國豈非名至而實不至乎且不止無歸還滿洲之實而已實欲獨占滿洲而封鎖之又復使蒙古新疆伊犂之利益皆盡入其囊括是俄國欲破極東之均勢而於滿洲土地有最大利害之邦國豈復能忍乎當時英美意奧諸國皆倡異議反對之其中以日本尤爲關切於利害故急有所警告於中俄兩政府且極嚴重焉

夫日本還遼以來。無日敢忘此仇此恨。而必欲有以報之。乃於明治廿九三十年第九

第十兩議會可決第一期第二期軍備擴張案。而所謂軍備擴張。至明治三十四年已達完成之運。又於北京事變。日本兵之本領頗爲列國所畏憚。然當時日本對于極東問題之發言其力量頗大。雖在俄國亦不能附之於不聞不問。乃至以是年四月五日。聲明願將此中俄特約撤銷焉。當時淸帝尚未回鑾。俄國乃揚言曰。「當俟中國物情既復常態。且有中央政府建設於首都。其威力足以獨立而防擾亂之再發。然後可將滿洲地方歸還故主」因言俄國政府爲保俄國沿境之秩序。當繼續現時在滿洲所假設之制度。且確守屢次所聲明俄國政府當初之政綱（即前年八月廿五日之宣言）以靜俟時局之來勢云云。是俄國於滿洲處分。不過暫行延期。而其在滿洲依然汲汲于永久的經營未或輟也。其於宣言撤銷中俄特約後數日。爲經營鐵路募四百兆二千四百佛郎之公債。又於八月欲加甲鐵艦一艘驅逐艦二艘於極東艦隊。加甲鐵艦一艘於地中海艦隊。又聞其移民二萬人使居於黑龍江省。又以九月十八日設置東亞通商貿易通報局。其尤可注意者。則當日本軍備擴張完成之歲之十一月三日。已見東淸鐵路之成功。從此自歐洲俄羅斯至極東旅順口大連灣之海口。除貝加爾湖

畔一部皆可由一條鐵路而聯接之是也嗚呼、是俄人所渴望之時日已至矣

於斯時也。俄國曾以九十月之交再提起中俄特約。幸其事不成。又於十一月五日。聯俄黨魁李鴻章。忽然逝去。於是俄國之運動似爲此稍覺有不便之處焉

第六章　滿洲撤兵問題

俄國之橫占滿洲也極東之均勢爲此而破滿洲之利源爲此而閉者不獨日本一國而已故列國使臣之會議于北京也。除法國與俄國有特別之關係不在計內。其餘各國無不欲反對俄國之所爲者。然列國對中國媾和議定書。既以明治三十四年（光緒廿七年）九月畫押。使臣會議。即於此解散。各國聯軍。亦於此撤退。總指揮官華德西將軍。亦於此解任歸國。於是乎滿洲問題獨未經解決而遺之以委於日本而當時暗爲日本之援助則英美兩國也

蓋日本恐俄國占領滿洲而閉鎖之別建一新俄羅斯以壓迫朝鮮支那又控制黃海日本海則立國之基礎必爲之搖動國家之進運必爲之阻遏故視爲國家存亡之大問題不得不竭力而爭之者勢也是故日本比諸列國尤爲極力反對俄國之占領滿

洲其始雖止有所警告於中國。至明治三十四年四月。遂直接與俄國交涉此四月五日撤銷中俄特約之宣言所由來也自是而後滿洲問題非復爲中俄間之問題實已。變爲日俄間之問題矣日本旣以此問題之解釋自任而欲其資格完備無所遺憾乃苦心經營卒至與英國結攻守同盟焉。日英同盟之約乃以明治三十五年（光緒廿八年）一月三十日。日本駐英公使林董與英國外相蘭士達文所議定者。今錄其約文如左。

日本政府及大不列顚政府。因欲維持極東之現狀及全局之平和且欲維持清帝國及韓帝國之獨立及領土保全又欲於此兩國使各國之商工業得均等之機會乃因有利益關係。特爲立約如左。

第一條。　兩締約國旣互相承認中國及韓國之獨立當聲明於此兩國全然不爲侵畧的趨向所制然據兩締約國之特別利益在英國則以中國爲主在日本則於中國旣有利益之外又於韓國有政治上及商業工業上之特別利益若此等利益因別國之侵略的行動若在韓國因有騷擾之事兩締約國爲保護其臣民之生命財產不得不干涉之時兩締約國皆得爲擁護該利益執必要不可缺之處置於此預爲承認之。

第二條 日本國及大不列顛國若爲防護上記各自之利益至與別國開戰之時。其一締約國須守嚴正中立又當竭力使他國不至合攻其同盟國。

第三條 於上條所記若他之一國或數國對于其同盟國加戰之時其一締約國。當來援助協同戰鬥。至於講和亦當與該同盟國合意然後爲之。

第四條 兩締約國無論何國苟未經與一締約國協議不得與他國另立條約有害于上記之利益者。

第五條 日本國及大不列顛若見上記利益迫於危殆之時當互相通告無所疑忌。

第六條 本協約自畫押之日即實施之自該日起計以五年間爲有効之期。若至五年滿期之十二個月前兩締約國俱未通告有意廢此協約之時本條約自締約國之一國表示廢約之意思之日起算仍待滿十二個月之後方算無効。

若至滿期之時。同盟國之一國。方在交戰中。則本條約自當待至議和妥後。方能注銷。

爲欲有據。乃各受政府之正當之委任。記名畫押於下。

一千九百二年一月三十日在倫敦作本書二通。

駐劄大不列顛日本皇帝陛下之特命全權公使　林董

大不列顛國皇帝陛下之外務大臣　蘭士達文

當時日本軍備既已完成。而又加以有此同盟。日本解決滿洲問題之資格。至是始具矣。

日本既與英國同盟。俄國不能默視。乃即與法國協商。宣言俄法同盟。其範圍兼及於遠東。遂以三月二十日通告於日本。今譯其宣言如左。

俄法兩國同盟政府。因英日兩國爲欲維持極東之現狀及全局之平和。以中韓兩國之領土保全及商業上之門戶開放爲基礎。既於一千九百二年一月三十日締結日英協約。通牒前來。俄法兩國政府從來屢次所發表之諸原則。既可恃該協約爲之確保。故甚爲喜之。雖然。俄法兩國政府既尊重其從前所發表之諸原則而於極東之特別利益。甚信其有所保障。若有第三國侵入之。若於中國內亂新起。足以危其保全及自由發達。且使俄法兩國之利益有不安穩之時。則兩國政府當得保護此等利益。今特爲聲明。

當時俄國以清帝既迴鑾北京。滿洲處分之問題。既在不可不決之期。加以受日英同盟之刺激。不能再忍。乃以是年四月八日。即日英聯盟後六十七日。乃與中國議定滿洲撤兵條約而畫押焉。

第一條　俄國照占領以前之原狀。將滿洲主權。交還中國。

第二條　中國政府當任保護俄國在滿洲人民及事業之責。爲此俄國以十八個月爲期。自滿洲撤退兵隊。其期限分爲三期。其先六個月。自盛京省其次六個月自吉林省。其最後六個月以內自黑龍江省。依期撤退。

第三條　俄國未撤退兵隊之間。配置中國軍隊之地點及其兵數。由中俄兩國將軍協定。至俄國兵隊。悉行撤退後。中國軍隊之駐屯地點及其兵數當由中國政府自由撰定。但當將其兵數通知俄國。

第四條　山海關營口及新民廳之鐵路。歸還其所有主。保護該鐵道線路。乃中國政府之責任。不得誘引他國使保護之。或使修整線路。又俄國所交還之土地。不許使他國占領之。

修理此線路之費用。當由中國政府償還若干於俄國。但其金額。當在百萬盧布以內。

此條約限三個月內批准交換之。然自畫押之日。即有効力。

此條約若非紙上空談。則滿洲問題。亦當以此而有着落矣。然彼俄國果能實行此條約乎。至六月一日。英國之南非事件。既已結局。英國更不必於此方面費多大之精神。注莫大之勢力。比及十月八日第一撤兵期已至。俄國雖揚言依約撤兵。然其撤兵之事實果至於如何程度。今姑勿論。而與俄國結約。雖費盡多少心力。而亦不過贏得一片故紙者。蓋非自今日始矣。其在朝鮮之所謂日俄協商。固是一故紙也。其於滿洲三十三年八月廿五日之宣言。亦故紙也。其於三十四年四月五日反覆八月廿五日之宣言亦故紙也而今於其所謂撤兵條約俄國亦視之如故紙耳及明治三十六年（光緒廿九年）八月八日第二撤兵期已至而俄國不但未曾撤兵。且絕無撤兵之意。且不但絕無撤兵之意。乃反於滿洲。汲汲焉欲舉其經營之實。於是關東軍及太平洋艦隊司令長官亞歷斯夫中將。以四月十九日即第二撤兵期後十一日。升爲海軍大將。俄國陸軍大臣格魯巴圖堅將軍。以四月二十八日即第二撤兵期後二十日起程東來。視察情形。其視察極東者。乃欲乘日本之勃興。尚未十分發達。猝然擊破之。使其不易恢復元氣。而於俄國之欲以滿洲爲新俄羅斯者。不能復出而阻碍之。是其視察之目的也。而俄國又以四月提出新要求七條足證其視撤兵條約爲故紙而毫不以爲意矣其所提出七條新要求者何。所謂中國不可以東三省之地讓與他國或租借他國一也中國當許俄國自營口至北京得沿電線架設別線之權二也無論以何等名義在北京不得傭聘外國人三也。營口海關稅使華俄銀行管理之秉掌撿疫事務其稅關長限用俄國人四也。在于東三省除營口外不許另開通商口岸五也蒙古之行政組織不許變更六也。在團匪事件以前俄國所得之權利一切不許搖動七也。約而言之則俄國之所主張者獨占也閉關也。

俄國既蔑視撤兵條約毫不肯踐。於時日本固不能忍。直向中國有所警告。而英美兩國亦向中國有所警告。而美國更直接抗議於俄國。俄國乃答言「俄國政府非有意奪外國人民在滿洲所享有之利益。而使俄國得占特別之權利。又斷不用各種方法。阻害滿洲之開放。俄國卻甚望與美國通商。而誘引其資本者也」。此爲俄國當時對於美國之證言。然俄國向來之信義如彼。果能望其敬重此證言乎。不能也。彼所自發之證言。決非守信義而實行之。不自今始矣。故駐中國俄使當俄國外相發此證言。猶在耳。而竟以六月十日又以密約之事。要請於清廷矣。七月上旬格魯巴圖堅將軍視察日本既畢。去而之旅順。即與亞歷斯夫總督、駐清公使列士沙爾、駐韓公使巴羅夫等相會。共議極東政策之大方針。更以強硬態度。困迫清廷。遂以七月二十日強清廷與之訂立密約。一曰。滿洲將軍都統道台知府各官之任免黜陟須由俄公使與清政府協議而定。二曰。駐劄滿洲之華兵須歸俄公使節制。三曰。在滿洲中俄通商之地禁他國之通商鑛山則禁他國之管用開掘。四曰。滿洲稅關歸中俄兩國協辦鐵路於二十年後雖歸其權於中國而於此時當再與俄國協定而不許他國管用五曰滿洲之郵政電線亦歸中俄兩國協辦賞罰之權則在俄公使六曰中俄締約中若與他國交戰兩國當互相急難若中國不肯俄國當代而獨當之戰勝之後當以滿洲全部歸俄國管轄此皆當時所傳密約之條件也。其後九月又與清廷約明於牛莊鳳凰城砂窩子遼陽。即時撤兵。於吉林伊通州寬城子沒沙子陀賴昭則俟四個月後。於寗古塔阿什喀齊齊哈爾海拉爾則俟一年後。陸續撤兵。而俄國則得在松花江沿岸開設碼頭。架設俄國專用電線。以俄兵守護之。自齊齊哈爾至普拉哥埃貞士之街道。亦同用俄兵守護。滿洲地方無論用何種名義。俱不得割讓他國。或租借之。華俄銀行支店。使華兵守護。滿洲之俄國貨物。不課現行以上之輸入稅。滿洲各河岸之檢疫。全歸俄人監理。當時盛傳俄國以此密約迫中國政府。其果爲事實與否。雖不可知。而其對於美國之證言。全化爲烏有。則自瞭然明白者也。

當斯時也。日英美三國固頻頻警告中國。勸勿容俄國之要求。其中尤以日本爲最出力。嘗使駐中國公使內田康哉以奉天府及大東溝之開市。要求於中國政府。以欲舉開放滿洲之實。而中國竟不見從焉。

第七章　日俄交涉

在於極東。俄國對日英美之問題者。非他滿洲問題也。蓋俄國既不實行滿洲撤兵之條約。反迫清廷使確實其滿洲之强占。以欲壟斷其利益。然日英美必欲置滿洲於中國領土之下而保全之。且欲開放其地以與世界共得爲平和之經營。此三國與俄國所爭之要點也。然俄國於此。乃以其所慣用之兩天秤主義。再伸手於韓國方面以擾亂韓國。夫昔日俄國方擾亂中韓兩國之平和。及後忽從朝鮮縮手而獨向中國租借旅順大連灣。今又欲再用此手段。顚倒以出之。自此俄國屢欲以朝鮮之一部與日本而獨取滿洲。是即此手段也。

是故當時問題。忽然不得不分而爲二。其一即承上之滿洲問題。其一即新提起之半島問題也。滿洲問題。乃關於阻遏日本勃興之問題。而半島問題。則爲日本死生存亡所係之問題。故日本再難隱忍。乃欲進而將極東問題。從根本處解決之。以謀東亞永遠之平和。於是乎以明治三十六年（光緒廿九年）六月廿三日。開第一次元老會議。又開第一次御前會議。決定對俄交涉之大方針。其所主張。則欲使朝鮮置日本保護之下。且認滿洲爲中國之主權。而欲使開放之。以與世界共之者也。

日本既以此方針。警告中韓。又嘗交涉於俄國公使。至七月下旬。乃竟公然提出於俄國政府。使駐俄公使栗野愼一郎與俄國外相藍斯都夫伯屢次商議。當時俄國非遽絕日本不肯商議。而其行事則未嘗因商議而有所改。故其一面與日本商議。而一面則以全速力整齊軍備者也。

先是自五月以來。俄國在朝鮮。漸着手于鴨綠江森林之採伐。又以保護爲名。在江東要地。盛爲軍事設備。以欲扼韓國西北門之死命。此月七日。又有俄人六十馬賊四十韓人八。現於鴨綠江之龍岩浦。而以買入土地房舍爲事。至六月。俄人使華人數百在龍岩浦當工。以爲建築之準備。十三日。傳聞有俄國砲兵百七十餘人。携大砲一尊至安東縣。七月六日。在鴨綠江底設電線。自安東縣通至龍岩浦。二十日。俄國以六欵條約。促韓國租借龍岩浦之議成。以八月十日發露之。十一日。日本駐韓公使林權助警告韓廷。十六日。復行抗議。二十日。韓廷來報已廢租借龍岩浦之議。廿四日。再行警告。

廿六日駐韓俄公使再提出新協定十二條。林公使大抗議之。如是交涉。反覆數次至十月一日。已見俄人在龍岩浦山頭築造砲臺矣。日本公使爲此抗議。俄公使反對之。十日謠傳俄兵已壓韓境。十五日又報俄人在安東縣築造砲臺。十六日日本書記荻原將在龍岩浦上陸。爲所拒絕。廿八日傳龍岩浦砲臺有大砲二門。有兵百五十人。已裝用武之勢。十一月十日美國代理公使勸告開放龍岩浦。十七日美公使再行督促。十二月五日美公使竟謁韓帝。直奏其事。此在朝鮮之大略情形也。至於滿洲問題。則於六月廿五日。內田公使警告清廷。七月一日再爲警告。慶親王雖答以必不從俄之所要求。而在俄國則少將西陀契利堡所率太平洋增派艦隊。戰鬥艦一隻。巡洋艦兩隻。驅逐艦五隻。既抵旅順。又自本國發派之戰鬥艦一隻。巡洋艦三隻。驅逐艦兩隻。亦以六月廿五日到旅順。於是俄國之東洋艦隊。已有十七萬噸。更合其回航中之裝甲巡洋艦二隻。巡洋艦一隻而計。則幾於二十萬噸矣。彼又以七月一日使其義勇艦隊之新造巡洋艦三隻。揭商船旗通過達達尼爾。以向于東。又以此時使土耳其斯坦之工兵地雷兵。新組織一大隊。向于極東。三日又使其以步兵騎兵編成之兩混成旅團。自西部俄境向東出發。其步兵聯隊。自亞爾哥夫乘火車起程。自七日至九日。在旅順會議。倭兀格少將所主張之極東戰備整頓說。爲政府所採用。十二日決計增兵至足與日本對抗。旅順亦增五千軍隊。十三日自俄國本國有二師團兵到支陀。又傳吉林之兵。已向南進發。十七日下一命令使在旅順築兵營約可容軍隊二萬人。十八日傳說兩禮拜內當有二萬五千兵到大連灣。其兩大砲臺晝夜兼築。欲集六師團大兵於遼東半島。十九日爲增兵滿洲之故。東淸鐵路禁淸人乘車。廿二日傳說有十一隻水雷艇。以廿六日自格魯斯達拔錨。中部及北部地方之守備隊。十二萬八千人。爲須東行。已在調撥中。廿五日傳說有兩大汽船滿載軍需品。已自柯的沙出發。廿八日視察極東情形之格魯巴圖堅將軍歸于俄京。八月三日爲建築大連灣砲臺支出一千三百萬盧布。又以十三日新設極東總督府。極東總督府者合滿洲及黑龍江領。以爲設立新俄羅斯之基礎者也。其總督離內閣大臣而獨立。有指揮太平洋海軍及滿洲黑龍江領陸軍之權。命亞歷斯夫大將任之。又俄廷之平和論者藏相域堤。轉任國務大臣會議議長。命俄羅斯銀行總裁普列士基代爲藏相。九月七日使駐中國俄公使迫清廷與立密約。八日駐中國美公使以開放安東縣要求清廷。十八日再大警告於清廷。而俄國之於極東依然經營兵備未嘗稍輟。十一日報言五月初旬以來自歐洲俄羅斯送往滿洲黑龍江領之軍隊。已達三萬二千。砲六十四門。十四日查得俄國軍艦之在極東者。已有廿萬噸。巡洋艦與士拉巴亞巴揚、亦已從本國出發、戰鬥艦亞歷山大三世亦已受發航之命。廿八日有以俄都步兵兩旅團派往東方之報。三十日任命極東諸州行政規則草案編成委員。十月一日發勅令。使在杜蘭斯哇加爾之哥薩克聯隊及砲兵大隊。移於關東省爲組織東西伯利哥薩克旅團故也。又聞支陀之俄兵南下。十月八日雖屆第三撤兵期。而仍不撤兵。十三日在大連灣敷設水雷。十四日爲擴張太平洋水雷艇隊。命破壞艦若干。水雷艇十一隻。水夫海兵千五百人。自波羅的海起程來東。十五日在安東縣興工築砲臺。十九日新設一極東特別委員會。俄帝自爲議長。極東總督亞歷斯夫、內務大臣普列埃布、外務大臣藍斯都夫、海軍大臣智路脫夫、陸軍大臣格魯巴圖堅、大藏大臣普列士基、侍從武官平普拉遮、管理商船商港廳次官加巴沙、等。皆爲委員。二十日爲修整東清鐵路。請支出五百五十萬磅。

廿六日報有俄兵五聯隊約一萬人。過大石橋而南下。至二十九日。俄兵突然占奉天府。監禁守將增祺。十一月十三日報旅順防備經已竣工。十二月二日俄國增派軍艦已到旅順。四日傳說十一月中有俄兵一萬七千通過奉天。今其一部已下遼陽。廿九日報有義勇艦兩隻。搭載武器自柯的沙出發。由是觀之。俄國全不以日俄交涉置於眼中。其於極東經營。大有旁若無人之概。其汲汲於修戰備有如此者。

當俄國汲汲經營戰備之時。日本一面對于中韓兩國。不絕有所警告。一面則從根本解決問題。乃使駐俄栗野公使直接與俄廷交涉。而與俄廷交涉。自七月下旬開始以來。直至九月。仍無着落。九月廿三日駐日俄公使羅善至旅順與亞歷斯夫總督有所協議。是時日本因俄國之請。移交涉之局於東京。十月三日羅善自旅順歸任。即與日本外相小村壽太郎爲第一次之會見。俄國之對案亦以是日交來。六日第二次會見。八日第三次會見。先是日本自六月上旬有七博士建言後。七月九日復有對俄同志會之組織。以十月十日開大會。極迫政府之勇斷。至十三日開第二次元老會議。於對俄交涉之方法。有所決議。翌日小村與羅善復爲第四次會見。十八日俄國之極東特別委員會既成。日本政府以廿五日再開第三次元老會議。而提出於俄國之案。即於是日大備以廿六日小村與羅善復爲第五次會見。三十日第六次會見。遂以提案交出於俄國。然俄國得此提案。至卅一日小村與羅善第七次會見。仍不見其回答。而至十一月四日在於歐洲。則俄帝與德帝相見。十一日小村與羅善第八次會見。而亦未見回答。荏苒至於十二月十一日。第十九議會之衆議院。因議決彈劾內閣之奉答文而被解散。而於此日俄國之回答方來。其回答既經四十三日之熟慮。皆以爲彼當爲大局計。而能容日本之美意也。不料俄國於此回答直以滿洲問題置諸交涉範圍之外。卻提議欲以北緯三十九度以北之韓境爲中立地帶以欲主張一種之韓國分轄蓋俄國自始已無平和之眞意止欲遷延時日以得充實其戰備而已及至十一月十三日。見旅順之防備既已竣工十二月二日極東之增派艦隊亦已到旅順故有恃無恐而竟敢提出此不道之答案也

第八章　開戰之準備

日本之好意既爲俄國所不容日本之外交亦爲俄國所愚弄然則日本至此豈尚能

再忍乎乃以十二月十六日開第四次元老會議。於是商定大計。決以最後之提案送於俄國。廿一日小村外相復與羅善公使爲第十次會見。遂以最後之提案交之。而以廿八日開臨時閣議及臨時樞密院會議。又以此時公布緊急支出勅令。及戰時大本營條例。軍事參議院條例。京釜鐵道速成令。臺灣居住軍人戰時召集令。日本政府之戰意至是始公然表白於天下矣

戰意既定之後。則惟當預備開戰。乃以十二月廿九日在桂首相官邸開軍事會議。三十日購入軍艦二隻。一曰日進。一曰春日。五日始諭各新聞紙館。不得揭載軍機軍略」日本且如此。則俄國之汲汲于修戰備。可知矣。一月二日俄國汽船載砲兵之拔萃者千名以上。通過蘇彝士河。三日俄帝特發勅令。授亞歷斯夫以特定之將。且與以受十二發禮砲之權。至是亞歷斯夫儼然爲極東新俄羅斯王。其殆一種變則之皇帝乎。對于日本第一次之最後提案。俄國以一月六日回答。依然不改其所主張。特於滿洲不過爲全然無効之讓步耳。於是日本以十一日開第五次元老會議。翌日開第二次御前會議。遂決議以第二次之最後提案。送於俄國。翌日小村外相即以所謂第二次

之最後提案送于俄國。蓋此通牒。要求俄國以正式承認在滿洲之中國主權。且明示以日本在韓國將欲用軍略上之手段。俄國如欲加以制限。斷不肯受。又於其設定中立地帶之議。斷然拒絕之者也。

國際之交涉雖如此緩慢。而戰備日急一日。一月十四日。命陸軍大將野津道貫、海軍大將井上良馨、陸軍大將黒木爲楨、與保鞏、俱爲軍事參議官。命山縣有朋大山巖二元帥、及海軍大臣山本權兵衛、陸軍大臣寺內正毅、軍令部長伊東祐亨、共組織一軍事參議院。又命郵船會社及東洋汽船會社。自下次船期起。停止歐洲孟買澳洲美國各航路。不復開行。十八日藏相曾根荒助招京濱間之銀行家於官邸。廿五日松方开上二伯與曾根藏相俱入覲。廿六日開第六次元老會議。定戰時之財政計畫。廿八日桂首相招銀行家于官邸。廿九日再招實業家于官邸。而一面以一月廿二日公布海面防禦令。廿三日公布鐵道軍事供用令。三十日在英國定造戰鬥艦兩隻。二月五日發軍事郵便之緊急勅令、軍事郵便規則、軍事郵便兌匯規則等。俱以是日公布焉。

至於俄國。則自一月廿一日。已報其畢整戰備。廿六日報俄國義勇艦隊兩隻搭載軍隊。以廿五日通過坡士科拉士海峽。又報增派兵隊一千。自旅順向于朝鮮境界之海岸線。又報關外鐵路之溝幇子。有俄國騎兵八十名。又報有哥薩克兵七十騎已到錦州。三十日報旅順大連之俄兵六千。向鴨綠江進發。卅一日報俄國陸相格魯巴圖堅自當指揮陸軍之任。二月三日報停泊海參崴之俄國艦隊。已準備拔錨。艦上之材木部俱經撤去。又報旅順之大艦隊。已經出口。四日又報該艦隊已復歸來。諸如此類。不勝臚舉。要而言之。彼此之戰備既已整然。所待者惟外交關係之一斷耳。

日本政府既以一月十三日送最後之提案于俄國。而俄國不遽覆答。蓋以其所慣用之遷延時日策。而欲整其戰備也。於時德法有欲出而調停之意。日本政府乃向英美德法四國。聲明不受調停以防之。俄國爲商議回答日本。乃以廿七日在俄京開一特別大會。以議其事。亞歷山大羅逸智大公爲議長。外務大臣、陸軍大臣、海軍大臣、參謀總長、及其他數人皆來會議。而仍未回答日本也。於是日本政府致電駐俄栗野公使。着其催促俄國回答。前後凡六電。至二月二日。俄國外相告栗野公使謂俟謁皇帝即行回答。二月四日實外相入見俄帝之日也。而竟無回答。噫。俄國竟不回答。然則俄國絕無平和了事之意特欲弄其狡獪欺詐手段遷延時日以得充實戰備其侮辱日本實甚彼直欲於戰備既成之後一舉以擊日本耳其用意之所在至是益無可蔽矣

日本雖自始以隱忍為主而至是已忍無可忍。乃以二月三日開第六次元老會議。四日復開第三次御前會議其結果則為軍事的自由行動之大決議也當時傳說俄國已將布告宣戰開始對敵之權給與亞歷斯夫總督。六日小村外相乃招羅善公使於官邸。而為最後之會見告之曰。「我政府於中韓問題。雖欲與俄國政府得遂平和之協商。而以貴國政府終無容納之誠心。今既不能繼續外交之關係。至使我迫於不得已為擁護我之權利。不得不執自由之行動。是誠憾事。而其結果或至遭遇不測之事變。我政府不任其責也」日俄之國交於是破裂矣嗚呼自去年四月以來不知經過幾次之交涉以俄國始終無平和了事之意卒至以破裂結局而交還遼東以來十年間所容忍之滿韓問題至是始得以兵力解決之焉

日本政府以二月六日致電栗野公使。使其致語俄政府。其語意與告羅善公使無異。又命栗野公使下旗歸國。於是兩國之邦交已破。惟待相見于硝煙彈雨以決雌雄耳。

日俄交涉本末

日俄兩國之外交既大決裂。於是日本政府以西歷二月八日作成此書頒發於各新聞紙館使登諸報上。以動國民敵愾之心焉其詞曰

維持韓國之獨立及保全領土且擁護帝國在於該半島所有之優等利益者。爲帝國安全計最爲握要者也故不問如何行爲苟有使韓國地位不免於危險者。則帝國政府斷不能旁觀默視之。然俄國雖曾與中國訂有公約且屢向各國提出保障而竟爽約失信依然占領滿洲。且進入韓國疆域。敢爲侵略之舉動。若使滿洲果爲俄所吞則韓之獨立必不可支。故帝國政府速與俄國交涉以滿韓兩地爲兩國利害之接觸點。今願各念邦交以溫和方法。調處彼此之利益。以使東亞和平之局得以永遠維持乃以去年七月下旬以此主見。披肝瀝胆以告於俄國政府求其贊同。當是時俄國政府。欣然來荅。謂其正合我意。於是帝國政府以八月十二日使駐俄公使栗野以下文所列之條件。提出於俄國政府。以開協商之始。

(一)相約尊重中韓兩國之獨立及其領土保全。

(二)相約于中韓兩國當爲各國商工業維持機會均等之主義。

(三)俄國承認日本在韓國所得之優等利益日本承認俄國在滿洲經營鉄路所得之特別利益。又互相承認以不背第一條之主義爲限若爲保護以上之利益得爲必要之處置。

(四)爲改革韓國若使施行善政。或助之以言或助之以力。全屬日本之專權。俄國當承認之。

(五)今後如欲延長韓國鉄路達于滿洲南部以與東淸鉄路及山海關牛莊綫相接。俄國當約明勿阻害之。

當時日本政府欲此交涉早有着落。俾時局得以速定。願在俄京與俄國當局者直接商議。而俄國政府乃以皇帝外遊及其他種種之口實。不從其請。乃不得已決議在東京協商。而俄國政府之回荅案。則以十月三日提出之。其回荅案不肯約明尊重中國之獨立領土保全。又不肯約明在該國爲各國工商業。維持機會均等之主義。乃反以滿洲及沿岸爲全在日本利益範圍之外一條。求日本之承認。而於韓國。又於日本之自由行動權。附以種種之制限。如日本爲保護在韓國之利益。至萬不得已。可有出兵之權。此條雖肯承認。而於韓國領土。即止一部。亦不許以軍略上之目的而使用之。甚至提議欲以北緯三十九度以北之韓國領域爲中立地帶焉。夫尊重中國之主權及保全領土者。俄國自曾屢次聲言者也。今日本之所提議。正與此主義相同。若使俄國無併呑滿洲之意。何故不肯以此約欵插入於協商中乎。是最無理之可言者。故俄國政府愈爲拒絕。益令日本愈覺其必要插入。且日本之於滿洲。現在既有商業上重大之利益。且於將來更有發達之望。即就政治上而言。因其與韓國有關係。更有密切之利益。然則日本安能認其在於利益範圍之外乎。宜其斷然拒絕之也。於是日本政府以此意見。及其對于俄國提案之修正意見。再行提出。且提議若果要設立中立地帶。當於中韓兩國交界。劃一定之距離。各以亘五十啓羅米突之地域充之。在東京交涉數次。卒以十月三十日。以我確定修正案提出于俄國政府。其後催其回答者數次。而彼姑爲遷延。直至十二月十一日。始行回答。而其回答將凡關于滿洲之條項。盡行削除。以本協商爲全然關于韓國者。而其於不肯以韓國領土供軍畧上之用。又其於中立地帶一項。全照初案。不肯少讓。夫置滿洲於協商之外。是與帝國開始交涉之意。即欲將兩國在滿韓之利益。平和調理。以防彼此衝突之意。正大違背。因此日本政府以十二月二十一日。再向俄國政府。求其再行從長計議。又以使用韓國領土不加制限一事。再要求之。且以俄國既不肯使中立地帶跨於滿洲。則在韓國亦不當設。乃提議謂當全然廢之。及一月六日俄國回答。其於韓國。仍主張俄國之原議。但增一條件曰。日本及各國之於滿洲。據與中國現行條約所獲得之權利及其特權。（除設定居留地外）當使享有之。不加阻害。然俄國雖肯以此一欵挿入於協商中。而其於保全滿洲。絕不言及。夫非立領土保全之確約。則如此保證。實無何等之價値。盖條約上之權利。視主權爲存亡。若俄國併吞滿洲。則各國與中國立約所得享有之權利及特權。亦不得不同歸于消滅。故日本政府。必欲使俄國答應保全滿洲。其關于設定居留地之限制。則以其與中日間所立追加通商航海條約有所抵觸。不可不削除之。又關於韓國。以更無可讓之餘地。決議堅持我修正案而不肯動。乃以一月十三日再求俄國之熟思。自是以來。屢次促其回答。而俄國不惟不回答而已。至并回答之期亦不指定。要而言之。帝國政府始終以溫和與公平爲政綱。向於俄國。絕不責以所難。不過欲其承認屢次所自聲明之主義耳。而俄國悍然峻拒。且屢次姑爲遷延回答。以自便其充實海陸軍備。今其大兵既壓韓境矣。然則帝國政府雖始終以平和爲心。隱忍以至今日。而俄國之舉動。實令帝國政府遂斷妥協之望。而至出於外交決裂之不得已者也。

日俄之外交既破裂。于是軍事之行動開始矣。二月八九日。一開戰于仁川。一開戰于旅順。日本遂以十日宣戰。其詔書云。

保有天佑踐萬世一系之皇祚。大日本國皇帝。告汝忠實勇武之有衆。

今者朕與俄國宣戰。朕之海陸軍宜竭全力以從事於戰役。朕之百僚有司。宜各率其職務。應其權能努力以達國家之目的。期於國際條規之範圍內。盡一切之手段。毋使遺算。

夫求文明於平和。與列國篤友誼。以維持東洋治安於永久。無損傷各國之權利利益。永保障帝國之安全於將來。若此者朕所夙持。以爲國交之要義。而旦暮不敢違者也。朕之有司亦能體朕意以從事。與列國之交涉日以親厚。今不幸而至於與俄開戰。此豈朕之志哉。

我帝國之以保全韓國爲重也。非一日之故矣。此不徒因兩國累世之關係而已。韓國之存亡。實帝國安危所攸關也。然彼俄國者。雖嘗與淸國有明約。且對於列國爲累次之宣言。然猶占據滿洲。益鞏固其地步。終欲併呑之。若滿洲歸俄國之領有。則韓國之保全無由支持。極東之平和亦自素不可望。故朕當此之時。深望由於協商以解决時局。以維持平和於恒久。乃使有司提議於俄國。亘半歲之久。屢次重折衝。雖然彼俄國曾不以一毫交讓之精神相迎。曠日彌久。徒遷延時局之解决。陽倡導平和。陰增大海陸之軍備。以欲使我屈從。蓋俄國自始未嘗有好愛平和之誠意者也。俄國既不容帝國之提議。韓國之安全方瀕於危急。帝國之國利將被侵迫。事已至此。則帝國欲求依於平和交涉的將來之保障。今日舍旗鼓之外。無從求之。朕倚賴汝有衆之忠實勇武。速克復平和於永遠。保全帝國之光榮。朕有厚望焉。（按此詔依文直譯期不失其本相）

俄國亦以同日宣戰。其詔書云。

朕宣告左之事項於忠實之臣民。

朕本以維持平和爲目的。故盡力以鞏固東洋之靜謐者。於長有年。以此目的。故朕於日本政府所提議。謂關於韓國之事體。欲改訂兩帝國間之現行條約。朕亦有同心焉。然該問題之商議。尙未了結。日本不待我政府最近之回答。遂發照會。謂與俄國之商議及外交關係全斷絕。夫外交關係之斷絕。非必有軍事行動開始之意義也。而日本政府遽使其水雷船襲擊朕之艦隊於旅順口砲臺之旁。朕既得極東總督之報告。乃直下令使以干戈而應日本之挑戰。

朕之爲此决意也。深祈上帝之救護。凡朕臣民。悉當奮起赴朕之命。以防護其祖國勿疑。

朕更望上帝加佑於朕之有名譽的海陸軍。

十年間日俄交惡大事表

一千八百九十五年（光緒二十一年）

四月十七日　中日兩國在馬關訂立和約。

廿三日　俄德法三國勸日本以遼東交還中國

五月　五日　日本允以遼東交還中國通知俄德法。

十日　日本下交還遼東之詔

七月　七日　韓國逐其大臣朴泳孝朴泳孝者日本黨之首領也

十月　八日　朝鮮之日本黨奉大院君入王城殺王妃閔氏

十一月八日　日本與中國訂立交還遼東條約

廿八日　朝鮮有侍衛隊之變

一千八百九十六年（光緒二十二年）

二月　俄帝批准七年相繼支出八百兆盧布之海軍擴張費

十一日　朝鮮之聯俄黨强占韓廷。朝鮮王走入俄國公使館。

十八日　華俄銀行開業。

三月　日本議會通過第一期軍備擴張案以實復仇之。

盛傳中俄兩國訂有密約。

五月十四日　小村與威拔作韓京議定書

韓廷廢日本軍制

六月　韓廷以俄國式訓練軍隊

九日　山縣與羅巴諾夫協商朝鮮事宜。

八月廿七日　華俄銀行與中國訂立東清鐵路契約。

九月三十日　駐中國俄使加西尼與清廷訂立密約

十一月　中國鐵路公司立。

十二月　俄國借膠州灣爲冬季停船地

一千八百九十七年（光緒二十三年）

三月　十六日　日本議會通過第二期軍備擴張案

四月　俄國迫朝鮮聘用其武官百六十名。

七月　俄國士官三名下士十名到韓國京城。

九月　六日　朝鮮聘用俄國士官三名下士十名自是韓兵全歸俄人訓練。

十月　六日　俄國要韓廷聘用俄人爲財政顧問官。

十一月十四日　德國占膠州灣。

十二月十八日　俄國軍艦入于旅順

廿八日　英國艦隊大集仁川。

一千八百九十八年（光緒二十四年）

三月二十七日　俄國租借旅順大連灣

四月二十五日　爲韓國事爲第二次日俄協商。韓國問題。以此告一收落。

七月　俄國以旅順爲二等軍港

九月　俄國黑海艦隊告成。盖經營十二年矣。

一千八百九十九年（光緒二十五年）

四月二十八日　英俄協商。爲定其在中國之勢力範圍也。

九月一日　俄國置關東省。命亞歷斯夫中將爲關東省總督。兼太平洋海軍總司令官。

一千九百年（光緒二十六年）

二月　俄國增派戰鬥艦三隻。巡洋艦三隻。砲艦一隻。驅逐艦十隻。運送船二隻。使屬東方艦隊。

三月三十日　俄國與韓國訂立馬山浦條約

七月十七日　俄國在滿洲始行特別運動

八月二十五日　俄國宣言。

八月　俄國軍艦通過土耳其海峽。

一千九百〇一年（光緒二十七年）

二月　傳說中俄訂立特約。

四月五日 撤消中俄特約之宣言。

五月十二日 俄國爲經營鐵路。起四百兆二千四百萬佛郎公債。

八月 俄國將以甲鐵艦一隻驅逐艦二隻加于東方艦隊。又將以甲鐵艦一隻。加于地中海艦隊。

四日 傳說俄國將移民二萬人以實黑龍江省。

九月十八日 俄國設東亞通商貿易通報局。

九月 再提中俄特約。

十一月三日 東清鐵路告成

日本海軍擴張以是年告成。

一千九百〇二年（光緒二十八年）

一月三十日 日英聯盟

三月二十日 俄法兩國對于日英聯盟之宣言。

四月八日 俄國與中國訂立滿洲撤兵條約。

十月　八日　滿洲第一撤兵期。

一千九百〇三年（光緒二十九年）

四月　八日　滿洲第二撤兵期俄國違約不撤兵。

　　　　　　俄國駐中國代理公使普拉嵩以七事要求中國。

　　十九日　俄國關東軍及太平洋艦隊司令長官亞歷斯夫中將升爲海軍大將。

　　廿一日　日本駐中國公使內田康哉警告清廷。

　　廿三日　日俄交涉之始

　　廿八日　俄國陸軍大臣格魯巴圖坚將軍起程東來視察情形。

　　　　　　中國拒絕俄國之要求。俄國代理公使再再出之。

　　三十日　俄國外相與美國以開放滿洲之證言。

　　　　　　英國駐中國公使警告清廷。

五月　二日　韓國鴨綠江森林採伐問題起於此際。

七日 俄人六十。華人四十。韓人八十。來至鴨綠江、口、龍岩浦。買入土、地、房、舍。

六月

十日 日本七博士上條陳于首相桂太郎。

十二日 俄公使强迫中國政府。

十六日 格魯巴圖堅將軍到東京。

十八日 中國慶親王與俄公使相會而避日英公使。

日本內田公使催開放奉天及大東溝又勸拒絕俄國之要求。

二十日 英國駐中國公使亦警告清廷。

傳說中俄密約已成。

韓廷與俄國協定租借龍岩浦。

六月廿三日 日本開第一次御前元老會議。

廿五日 內田公使警告清廷。

俄國所增派艦隊已到旅順合計有海軍十七萬噸。

日俄戰紀

七月 一日 始設青泥窪稅關。

六日 俄國自安東縣設海底電線至龍岩浦。

太平洋海底電線全通。

十一日 俄國在極東之文武官大會于旅順。

慶親王對內田公使言必拒絕俄國之要求。

十二日 俄國滿洲軍備成。

十八日 俄國駐韓公使反對義州開市。

廿八日 格魯巴圖堅將軍歸于俄京。

傳說日本駐俄公使栗野與俄國外相。始爲滿洲之協議。

八月 五日 日本開御前會議。

九日 日本對俄同志會成。

十一日 日本駐韓公使林權助警告韓廷。

十三日 俄國開極東總督府。命亞歷斯夫爲總督。

十六日 林公使抗議韓廷之龍岩浦租借。
十八日 中國請于日美兩國。願置通商條約至第三期撤兵後。然後畫押。
二十日 韓廷以破棄龍岩浦租借之協定。通知日本。
廿六日 俄公使再提出龍岩浦新協定案十二條。
林公使執强硬之抗議。
俄國藏相域提任國務大臣會議議長。俄羅斯銀行總裁曾列斯基代爲藏相。

九月 六日 日本外相小村與駐日俄使羅善相會。
俄國再提出要求於中國。
八日 美公使要求中國開放安東縣。
十日 內田公使警告清廷。
十四日 報俄國東洋艦隊已達二十萬噸。
廿三日 駐日俄使羅善赴旅順

日俄戰紀

三十日　俄國極東總督亞歷斯夫大將。爲編制極東諸州行政規則草案。指定軍政民政兩部委員。

中日通商條約議妥中國許開放奉天大東溝。北京則俟撤兵後開放之。

十月

一日　報俄國在龍岩浦築砲台。

三日　駐日俄使自旅順歸。與小村外相爲第一次會見。初示以俄國之對案。自是以日俄交涉之局移於東京。

四日　日本勸韓國開放龍岩浦。不聽。

日本政府開閣議。

五日　日本開閣議。對俄同志會大會。

俄國在龍岩浦築砲臺

六日　日本開閣議。小村與羅善第二次會見。

八日　滿洲第三撤兵期。俄國不撤兵。因俄國在龍岩浦築砲臺。日本極力抗議。

九日　小村與羅善第三次會見

旅順船渠所用日本人悉被開辭。

十二日　兒玉源太郎任參謀次長。

十三日　日本開第二次元老會議。

小村與羅善第四次會見

傳說俄德訂立條約。

十八日　俄皇下勅令組織極東特別委員會。

十九日　日本命東鄉平八郎中將爲常備艦隊司令長官。

廿五日　日本開第三次元老會議

廿六日　小村與羅善第五次會見

廿八日　俄國再占奉天府

三十日　小村與羅善第六次會見以提案交俄國

卅一日 小村與羅善第七次會見

十一月四日 俄德兩帝相見。

十日 美國駐韓代理公使警告龍岩浦開放。

十一日 小村與羅善第七次會見

十二日 俄國於極東總督府內置黑龍江管區。關東省管區。

十三日 旅順防備竣工

十七日 美國駐韓公使警告龍岩浦開放。

十二月二日 俄國所增派艦隊到旅順

五日 日本召集第十九議會。

美公使以龍岩浦開放事面奏韓帝。

十一日 日本解散衆議院。

小村與羅善第九次會見俄國以答案交日本

十三日 日本開會議於首相官邸。

十六日　日本開第四次元老會議決以最後之提案送於俄國。

十八日　傳說俄國欲獨與中國解決滿洲問題。

廿一日　小村與羅善第十次會見以第一次之最後通牒送於俄國。

廿三日　催俄國回答。

廿八日　開臨時閣議及臨時樞密院會議以示決意。公布緊急支出勅令、戰時大本營條例。軍事參議院條例、京釜鐵道速成令、臺灣居住軍人戰時召集令。

廿九日　日本開軍事會議於桂首相官邸。

三十日　日本購入南美亞爾然丁國軍艦兩隻。

一千九百〇四年（光緒廿九年至三十年）

正月

一日　命名新購艦一曰日進一曰春日。

二日　俄國瀛船載砲兵之拔萃者千人以上通過蘇彝士河。

三日　俄帝發勅令授極東總督亞歷斯夫大將以特定之將旗又與以

十二、發禮砲之權。

五日 日本禁各報館揭載軍事機密。

六日 俄國回答日本。

俄國所增派艦隊尼哥拉一世戰鬥艦阿卑驅逐艦向極東進發。

俄國水兵二十名士官一名入于韓國京城。

八日 俄國水兵四十七名入于韓國京城。

九日 日本新購軍艦自意國遮諾亞拔錨回國。

十日 中國決議於日俄開戰之時當守中立。

十一日 日本開第五次元老會議。

批准中日條約。

俄國水兵二十六名士官二名入于韓國京城又有士官一名水兵二十二名自京城下仁川。

十二日 日本開第二次御前會議議送于俄國最後之提案

傳說德意奧三國決意於日俄開戰之時。當守中立。

十三日　俄國水兵廿四名士官六名入于京城。

日本送第二之最後提案于俄國。

日本命各元老留京。

十四日　日本命野津陸軍大將井上海軍大將黑木陸軍大將奧陸軍大將俱爲軍事參議官。

命郵船會社東洋汽船會社自下次船期起停止歐洲孟買澳洲美國各航路。暫不開行。

十五日　美國政府派出駐劄滿洲領事。

日本駐中國公使警告淸廷。

十八日　日本曾根藏相招京濱銀行家於官邸。

十九日　日本開内閣會議。

二十日　日本開樞密院會議。

十六　日本政府向英美德法四國聲明謝絕居間調停。

廿一日　報俄國已預備開戰。

韓國宣言日俄開戰之時。當守嚴正中立。

廿二日　日本公布海面防禦令。

廿三日　日本公布鐵道軍事供用令。

廿四日　日本致電栗野公使着催俄國回答。

廿五日　松方井上二伯及曾根藏相入覲日皇。

廿六日　日本開第六次元老會議爲籌畫戰時財政也。

俄國開特別大會議議日本送來最後之通牒。

廿八日　伊藤山縣松方三元老入覲日皇。

桂首相招銀行家于其官邸。

廿九日　桂首相招實業家于其官邸。

三十日　在桂首相官邸開第七次元老會議。

二月

一日 日本在英國定造戰鬥艦兩隻。

日本開閣議。

二日 傳說開戰之時。格魯巴圖堅將軍指揮俄國陸軍。

西伯利鐵路爲輸送軍隊及軍需品禁載貨物。

三日 開第八次元老會議

旅順之俄國艦隊出口他行。

海參崴下戒嚴令。

日本開第三次御前會議決執軍事的自由行動

日本開臨時閣議。

桂首相招待貴族院議員。

俄國以布告宣戰及始行對敵之權予亞歷斯夫總督

傳說有俄兵三萬聚於韓北義州之對岸。

以三日出口之俄國艦隊復歸旅順。

五日 日本發布軍事郵便之緊急勅令。軍事郵便規則。軍事郵便匯票規則。

六日 小村與羅善爲最後之會見告以邦交自此斷絕

日本政府使栗野公使公然告俄廷以邦交自此斷絕。

七日 日本開臨時閣議。

八日 日俄海軍以十一點鐘大戰于旅順港外俄艦敗績於是日俄之戰局以成。

日本國情

第一　國勢

日本雖蕞爾三島，而自開國以來，未嘗爲外敵所征服。雖以元代之强勢，尚不能波及之，固因其地勢孤懸海外，不與大陸相通，而亦賴其國民歷來有尚武之風，故常能自固吾圉，而保其島國之獨立也。至今吸泰西之文明，其粗暴尚武之風，雖遠弗逮維新以前，而其所謂武士道者，猶足以鼓勵國民之精神，而不至使流於文弱。故今日數世界之武國，尚不能不讓日本占一席也。

第二　面積及人口

日本之位置，自東經百五十六度三十二分，至百十九度二十分，自北緯二十一度四十五分，至五十五度五十六分。分全國爲五畿八道。畿內有山城、大和、河內、和泉、攝津五國。東海道有伊賀、伊勢、志摩、尾張、三河、遠江、駿河、甲斐、伊豆、相摸、武藏、安房、上總、下總、常陸十五國。東山道有近江、美濃、飛驒、信濃、上野、下野、岩代、磐城、陸奥、羽前、羽後、十三國。北陸道有若狹、越前、加賀、能登、越中、越後、佐渡七國。山陽道有播磨、美作、備前、備中、備後、安藝、周防、長門八國。山陰道有丹波、丹後、但馬、因幡、伯耆、出雲、石見、隱岐八國。南海道有紀伊、淡路、阿波、讚岐、伊豫、土佐六國。西海道有筑前、筑後、豐前、豐後、肥前、肥後、日向、大隅、薩摩、壹岐、對馬十一國。北海道有渡島、後志、石狩、天鹽、北見、膽振、日高、十勝、釧路、根室、千島十一國。此外尙有琉球及臺灣。又因行政之便。分全國爲三府四十一縣。卽東京府、京都府、大阪府。神奈川縣、兵庫縣、長崎縣、新瀉縣、千葉縣、茨城縣、群馬縣、栃木縣、奈良縣、三重縣、靜岡縣、山梨縣、滋賀縣、岐阜縣、長野縣、宮城縣、福島縣、岩手縣、青森縣、山形縣、秋田縣、福井縣、石川縣、富山縣、鳥取縣、島根縣、岡山縣、廣島縣、山口縣、和歌山縣、德島縣、香川縣、愛媛縣、高知縣、福岡縣、大分縣、佐賀縣、熊本縣、宮崎縣、鹿兒島縣、冲繩縣是也。別於北海道置道廳。又於臺灣置臺北臺中臺南三縣。其本國人口四千三百七十六萬。另臺灣人口二百七十九萬。

第三　政體

日本自明治二十三年改爲立憲君主國。其統治者爲萬世一系之天皇。其政治以國務各大臣組織內閣內閣總理大臣爲各大臣之首啓奏軍國大事承旨統一行政各部。又不時開閣議以決重要事務。有書記官長承總理大臣之命。掌管機密文書統理庶務。又有賞勳局、法制局、恩給局、統計印刷局俱隸內閣。此外有樞密院。乃天皇親臨諮詢重大國務之所。以議長一人、副議長一人、顧問官二十五人、書記官長一人、書記官三人組織之。其立法之權。在于帝國議會。議會以貴族院及衆議院兩院而成。貴族院無定員。衆議院議員三百六十九人。

第四　宗教

日本無一定之國教。自古以來。儒佛並行。又有所謂神道教者。而向來無回回教。儒佛兩教。互爲盛衰。迭爲消長。今其於日用倫常。多從儒教。至於形式迷信。則殆舉國皆從佛教。至近世耶穌教復入而流布。而未能大盛也。其政體主政教分離。故其宗教於政治上。絕無關係。今其佛教中之最盛行者爲眞宗。眞宗者以日本親鸞上人爲初祖。本願寺卽其山門。今方苦心經營。欲傳其教於中國。

第五　教育

今欲知日本教育之程度何如。請舉最近之二三統計以證明之。明治三十五年末下令徵兵。其壯丁之受檢查者今只舉東京一府而計。以千分爲比例。其有高等學校以上之學力者一〇八。卒業于中學者七七三。卒業于高等小學校者一一八、九二。卒業于尋常小學校者二七二〇四。不識書算者一四九〇、七也。又据三十六年最近之調查。日本全國就學兒童之數。在尋常小學校者四百三萬八千二百五十三人。在高等小學校者。百五萬四千七百九十三人。共計五百九萬五千四十八人也。又全國凡有藏書樓五十所。其內官立者一。即帝國圖書館是也。藏書總計四十一萬八千五百九十二冊。其中可供衆覽者。和漢書十七萬一千八十四冊。洋書四萬五百七十八冊也。公立者宮城秋田德島之三縣各二。京都千葉兵庫奈良愛知廣島山口熊本之一府七縣各一。私立者則新瀉縣五。千葉兵庫島根之三縣各三。羣馬福島宮崎之三縣各二。茨城山梨長野宮城青森奈艮三重滋賀廣島高知福岡鹿兒島之十二縣及北海道東京西京各一。共藏書四十萬七千五百七十冊。

第六　財政

日本自甲午戰勝以後。歲計大加特加。其結果不免使國民之負擔過重。而爲維持國家之體統勢力。殆亦有迫於不得已者。今舉其最近二年間之豫算于下。

明治三十五年度

	圓
經常歲入	二二四、七五五、八二六
臨時歲入	五三、五九六、六一六
合計	二七八、三五二、四四二
經常歲出	一七七、六四一、四一二
臨時歲出	九八、一〇九、七八二
合計	二七五、七五一、一九四

是兩者比較。歲入餘于歲出。凡二百六十萬一千二百四十七圓也。

明治三十六年度

經常歲入	二三二、五八〇、〇〇〇
臨時歲入	二七、二〇、〇〇〇
合計	二五三、三〇〇、〇〇〇

經常歲出　一八〇、九六〇、〇〇〇

臨時歲出　六二、二七〇、〇〇〇

合計　二四三、二三〇、〇〇〇

是歲入餘于歲出。凡千六百萬圓有奇也。至于三十七年度。今舉其戰時財政之概算于下。

（臨時事件費）

一　勅裁支出額　一百兆五千六百萬圓

一　臨時軍事費　三百兆八千萬圓

一　臨時事件預備費　四千萬圓

合計五百兆七千六百萬圓。（此外有以預備金及國庫剩餘金已經支出之臨時事件費約百四十萬圓）。

（臨時事件費之財源）

一　增稅收入　六千八百萬圓

一　歲計剩餘金　四千七百萬圓

一　特別會計資金挪移　五千萬圓

一　公債及一切借入金　四百兆一千一百萬圓

合計五百兆七千六百萬圓

第七　軍備

日本男子自滿十七歲至滿四十歲。俱有服兵役之義務。其兵役分爲四級。一常備兵役。二後備兵役。三補充兵役。四國民兵役。常備兵役復分現役與豫備役。現役陸軍三年。海軍四年。以滿二十歲者爲之。豫備兵役陸軍四年零四月。海軍三年。以服現役既畢者爲之。服常備兵役既畢。又服五年後備兵役。

軍事上之最高顧問爲元帥府。以海陸軍大將補之。

(一)陸軍

陸軍大臣管理軍政。統轄軍人軍屬。又有參謀部。參謀總長以陸軍大將或中將任之。直隷天皇。運籌帷幄。凡關於國防及用兵之計畫。皆歸其掌理。又有教育總監部。教育總監以陸軍大將或中將任之。統管各兵監。管轄陸軍各學校。又于東京有東部中部西部之三都督部。都督以陸軍大將或中將任之。直隷天皇。任所管區內之防禦。及參與國防之事。但關于防禦計畫而特行規定者。不在此限。

都督部之所管區分如左。

東部都督部　第一第二第七及第八師管

中部都督部　第三第四第九及第十師管

西部都督部　第五第六第十第十二師管

現任參謀總長教育總監及都督如左

參謀總長　陸軍大將侯爵大山巖

教育總監　陸軍大將伯爵野津道貫

東部都督　陸軍中將男爵奧保鞏

中部都督　陸軍大將子爵佐久間左馬太

西部都督　陸軍中將男爵黑木爲楨

日本陸軍分爲十二師團。師團長以中將任之。直隸天皇。統率部下軍隊。又管轄師管內之聯隊區司令部。總轄係于軍事諸件。又全國有二十九旅團。旅團長以少將任之。統率部下之聯隊。茲將各師旅團之所在地。及師團長旅團長列如左。附各要塞司令部

（各師旅團及其他）　（所在地）　（師旅團長司令長官）

近衛師團	東京	陸軍中將男爵	長谷川好道
第一旅團	同	同	土屋光春
第二旅團	同	同	阪井重孝
騎兵第一旅團	習志野	同	澁谷在明
野戰砲兵第一旅團	同	同	內山小次郎
第一師團	東京	陸軍中將大勳位	貞親愛王
東京灣要塞司令部	同	陸軍中將	鹽屋方國
步兵第一旅團	同	陸軍少將	松村務本
步兵第二旅團	同	同	中村覺
騎兵第二旅團	習志野	同	載仁親王
野戰砲兵第二旅團	國府臺	同	大迫尙道
第二師團	仙臺	陸軍中將男爵	西寬二郎
步兵第三旅團	同	陸軍少將	松永正敏
步兵第十五旅團	新發田	同	岡崎生三
第三師團	名古屋	陸軍中將男爵	大島義昌

步兵第五旅團	同	陸軍少將	淺田信與
步兵第十七旅團	豐橋	同	原口兼濟
第四師團	大坂	陸軍中將男爵	小川又次
由良要塞司令部	由良	陸軍少將	鮫島重雄
鳴門要塞司令部	鳴門	……	……
步兵第七旅團	大坂	同	西村助義
步兵第十九旅團	伏見	同	安東貞美
第五師團	廣島	陸軍中將男爵	山口素臣
吳要塞司令部	吳	陸軍少將	伊地知季清
藝豫要塞司令部	豐田	……	……
步兵第九旅團	廣島	同	眞鍋斌
步兵第二十一旅團	山口	同	塚本勝嘉
第六師團	熊本	陸軍中將	伊瀨地好成
佐世保要塞司令部	佐世保	陸軍少將	山根武亮
步兵第十一旅團	熊本	同	飯田俊助

步兵第二十三旅團	大村	同	木越安綱
對馬警備隊司令部	嚴原	同	楠瀨幸彥
第七師團	札幌	陸軍中將男爵	大迫尚敏
函館要塞司令部	函館	………	………
步兵第十三旅團	石狩	陸軍少將	吉田清一
步兵第十四旅團	同	同	齋藤太郎
第八師團	弘前	陸軍中將男爵	立見尚文
步兵第四旅團	同	陸軍少將	友安治延
步兵第十六旅團	秋田	同	木村有恒
第九師團	金澤	陸軍中將男爵	大島久直
步兵第六旅團	同	陸軍少將	一戶兵衞
步兵第十八旅團	敦賀	同	前田隆禮
第十師團	姬路	陸軍中將男爵	川村景明
舞鶴要塞司令部	舞鶴	陸軍少將	柴田正孝
步兵第八旅團	姬路	同	東條英敎

步兵第二十旅團	福知山	同	杉村勇次郎
第十一師團	丸龜	陸軍中將	冲原光孚
步兵第十旅團	松山	陸軍少將	山中信義
步兵第二十二旅團	丸龜	同	上田有澤
第十二師團	小倉	陸軍中將	井上光
下之關要塞司令部	下之關	陸軍少將	新井晴簡
步兵第十二旅團	小倉	同	竹內正策
步兵第二十四旅團	久留米		渡邊章

統計陸軍人數將官及相當百十九人。上長官及士官八千三百四十一人。下士三萬四千七十四人。卒二十六萬八千七百五十四人。其他四千五百二十人。合計三十一萬五千八百八人也。

(二)　海軍

海軍大臣管理軍政。統轄軍人軍屬。又有海軍軍令部。掌關于國防及用兵之事。軍令部長直隸天皇。運籌帷幄。參畫關於國防及用兵之事。又有橫須賀、吳、佐世保、舞鶴、四鎮守府。鎮守府監督出師之準備。防禦之計畫。海軍區之警備。並所轄諸部之事務。鎮守司令長官直隸天皇。統率麾下之艦隊艦船部團體監督所屬各部總理府務。現任海軍軍令部長。及鎮守府司令長官如左。

海軍軍令部長	海軍大將子爵	伊東祐亨
吳鎮守府司令長官	海軍中將	柴山矢八
佐世保司令長官	海軍中將	鮫島員規
舞鶴鎮守府司令長官	海軍中將	東郷平八郎

日本之海岸及海面。分為五海軍區。其區畫如左。

鎮守府	區畫	軍港	海岸延長里程
橫須賀　第一	自陸中國南九戶北閉伊郡界至于紀伊國南牟婁東牟婁郡界之海岸海面及小笠原島之海岸海面	相模國三浦郡橫須賀港	一〇五七浬
吳　第二	自紀伊國南牟婁郡界至于長門國界又自筑前豐前國界沿于九州東海岸至于日向國南那珂南諸縣郡界之海岸海面及四國之海岸海面並內海	安藝國安藝郡吳港	二〇六七浬

佐世保 第三 自筑前豐前國沿于九州西海岸至于日向國南那珂南諸縣郡界之海岸海面及壹岐對馬冲繩諸島之海岸海面 肥前國東彼杵郡佐世保港 一四九七浬

舞鶴 第四 自石見長門國界至于羽後陸奥國界之海岸海面及隱岐佐渡之海岸海面 丹後國加佐郡舞鶴港 一〇五五浬

室蘭未開廳 第五 北海道陸奥及陸中國北九戶南九戶兩郡之海岸海面 膽振國室蘭郡室蘭港 二二七六浬

日本現在之軍艦如左

艦名	艦種等級	排水量	馬力	速力	通常砲	速射砲	水雷發射管	乘組人員
朝日	一等戰艦	一五、四四三	一五、二〇七	一八	四	四六	四	八三一
三笠	同	一五、三六二	一五、二〇七	一八	四	四六	四	三二五
初瀨	同	一五、二四〇	一四、七〇〇	一八	四	四六	四	八九七
敷島	同	一五、二四〇	一四、七〇〇	一八	四	四六	五	五八一
富士	同	一二、六四九	一三、六八七	一八	四	三四	五	六七四
八島	同	一二、五一七	一三、六八七	一八	四	三四	五	七〇二

出雲	一等巡洋艦	九、九〇六	一四、七〇〇	二一	…	三八	四	六五九
磐手	同	九、九〇六	一四、七〇〇	二一	…	三八	四	六五四
淺間	同	九、八五五	一八、二四八	二二	…	三八	五	四九四
常磐	同	九、八五五	一八、二四八	二二	…	三八	五	六六五
八雲	同	九、八〇〇	一五、五〇〇	二〇	…	三六	五	六八八
吾妻	同	九、四五六	一六、六〇〇	二〇	…	三六	五	六三四
春日	同	七、七〇〇	一三、五〇〇	二〇	…	三五	四	五〇〇
日進	同	七、七〇〇	一三、五〇〇	二〇	…	三六	四	五〇〇
鎮遠	二等戰艦	七、三三五	六、〇〇〇	一五	四	一四	三	一六六
笠置	二等巡洋艦	四、九七八	一七、二三五	二三	…	三〇	四	四〇四
千歲	同	四、八三六	一五、七一四	二三	…	三〇	四	四二五
嚴島	同	四、二七八	五、四〇〇	一六	一	二三	四	一三八
松島	同	四、二七八	五、四〇〇	一六	一	二三	四	一〇二
橋立	同	四、二七八	五、四〇〇	一六	一	二三	四	一七八
高砂	同	四、二二七	一五、九六七	二三	…	三〇	五	二八二
吉野	同	四、二二五	一五、九六七	二三	…	三六	五	四六三

日俄戰紀

豐橋	水雷母艦	四、一二〇	一、八七〇	一三	⋮	五	⋮	二〇〇
扶桑	二等戰艦	三、七七七	三、六五〇	一三	四	一六	三	二六三
浪速	二等巡洋艦	三、七〇九	七、六〇四	一八	⋮	二〇	四	三六三
高千穗	同	三、七〇九	七、六〇四	一八	⋮	二〇	四	一〇五
秋津洲	三等巡洋艦	三、一七二	八、五一六	一九	⋮	二〇	四	一〇四
和泉	同	二、九六七	五、五七六	一七	⋮	一六	⋮	一八二
明石	同	二、八〇〇	八、〇〇〇	二〇	⋮	二〇	二	三一四
須磨	同	二、七〇〇	八、五〇〇	二〇	⋮	二〇	二	二九四
新高	同	三、三六六	九、四〇〇	二〇	⋮	二〇	⋮	⋮
對馬	同	三、三六六	九、四〇〇	二〇	⋮	二〇	⋮	⋮
濟遠	三等海防艦	二、四八一	二、八三九	一五	四	六	四	二一九
千代田	三等巡洋艦	二、四三九	五、六七八	一九	⋮	二五	三	一〇二
金剛	三等海防艦	二、二八四	二、五三五	一三	八	二	二	三四九
比叡	同	二、二八四	二、五三五	一三	八	二	二	三五九
平遠	一等砲艦	二、一八五	一、二〇〇	一一	一	一一	⋮	一九五
筑波	三等海防艦	一、九七八	五二六	八	七	⋮	⋮	二〇七

宮古	通報艦	一、八〇〇	六、一三〇	二〇	⋮	二	二	二〇六
高雄	三等海防艦	一、七七八	二、三三二	一五	五	二	二	二三四
八重山	通報艦	一、六〇九	五、四〇〇	二〇	⋮	二	二	九〇
天龍	三等海防艦	一、五四七	一、二六七	一二	七	⋮	⋮	九六
葛城	同	一、五〇二	一、六二二	一三	七	四	⋮	一五九
大和	同	一、五〇二	一、六二二	一三	八	⋮	⋮	六二
武藏	同	一、五〇二	一、六二二	一三	八	⋮	⋮	一六九
筑紫	一等砲艦	一、三七二	二、四三三	一六	七	四	⋮	九九
海門	三等海防艦	一、三六七	一、二六七	一二	八	⋮	⋮	二〇九
千早	通報艦	一、二五〇	六、〇〇〇	二一	⋮	六	五	一六三
天城	二等砲艦	九二六	七二〇	一一	六	四	⋮	一〇一
龍田	通報艦	八、六四	五、〇六九	二一	⋮	六	五	一三三
磐城	二等砲艦	六六七	六五九	一〇	三	⋮	⋮	四四
大島	同	六四〇	一、二一七	一三	四	五	⋮	七八
摩耶	同	六二二	九六三	一〇	二	二	⋮	六七
愛宕	同	六二二	九六三	一〇	二	⋮	⋮	六五

日俄戰紀

鳥海	同	六二二	九六三	一〇	二	｜	｜	五五
赤城	同	六二二	九六三	一〇	四	六	｜	一五二
操江	同	六一〇	一一七	九	二	三	｜	七二
鎮東	同	四四七	四二〇	一〇	三	｜	｜	三三
鎮西	同	四四七	四二〇	一〇	｜	二	｜	三〇
鎮南	同	四四七	四二〇	一〇	｜	二	｜	二八
鎮北	同	四四七	四二〇	一〇	三	｜	｜	二九
鎮中	同	四四七	四二〇	一〇	三	｜	｜	二八
鎮邊	同	四四七	四二〇	一〇	三	｜	｜	二九
白雲	驅逐艦	川七三	七、〇〇〇	三一	｜	六	二	五七
朝潮	同	三七三	七、〇〇〇	三一	｜	六	二	五七
曉	同	三五五	六、〇〇〇	三一	｜	六	二	五七
霞	同	三五五	六、〇〇〇	三一	｜	六	二	五七
雷	同	三一一	六、二〇〇	三一	｜	六	二	五五
電	同	三一一	六、二〇〇	三一	｜	六	二	五三
曙	同	三一一	六、二〇〇	三一	｜	六	二	五一

十八

漣	同	三一一	六、二〇〇	三一	……	六	二	五三
朧	同	三一一	六、二〇〇	三一	……	六	二	五四
春雨	同	三七五	六、〇〇〇	二九	……	六	二	……
村雨	同	三七五	六、〇〇〇	二九	……	六	二	……
叢雲	同	二七九	五、四七五	三〇	……	六	二	五〇
東雲	同	二七九	五、四七五	三〇	……	六	二	五一
夕霧	同	二七九	五、四七五	三〇	……	六	二	五三
不知火	同	二七九	五、四七五	三〇	……	六	二	五二
陽炎	同	二七九	五、四七五	三〇	……	六	二	五二
薄雲	同	二七九	五、四七五	三〇	……	六	二	五一
總計		二五二、九〇八	四七二、五九九	……	一五〇	一、〇三五	一六四	一六、三四九

此外水雷艇如左

(水雷艇之數)	(排水量)	(馬力)	(水雷發射管)
六二	五、一六九	八〇、三一四	一六五

自明治三十四年十二月末日以來。海軍軍人數現役三萬一千三百七十九人。豫備四千二百七十六人。後備一千九百九十一人。合計三萬七千六百四十六人也。其中

分析之如左。

	(現役)	(豫備)	(後備)	(合計)
將官及相當官	四七	二二	一四	八三
上長官	六三九	二二	六〇	七二一
士官	一、〇六〇	二三	七〇	一、一五三
候補生	三三〇	…	…	三三〇
准士官	六三一	一〇	五四	六九五
下士	五、八〇二	一六三	…	五、九六五
卒	二二、〇三六	四、〇三六	一、七九三	二七、八六五
生徒	八三四	…	…	八三四

又艦團隊配置之人員。通計常備艦隊。横須賀、吳、佐世保之三鎭守府艦隊。及三鎭守府海兵團。四鎭守府水雷團。竹敷要港部。將官五人。上長官二百七十五人。士官六百二十五人。候補生二百三十七人。准士官四百七十五人。下士四千一百四十八人。卒一萬九千五百四十九人。合計二萬五千三百十四人也。

俄羅斯國情

第一 國勢

俄羅斯在地球之上。何以爲各國所畏哉。非以其文明也。非以其商務也。然則何以。曰以兵力。蓋俄羅斯尚武之國也。在地球上各尚武國之中首屈一指者也。向歷史上求其倫比。其猶戰國時代之强秦。希臘諸國中之馬基頓尼亞乎。

第二 面積及人口

俄羅斯土地之面積。其在歐羅巴洲已有二百九萬五千六百十六方里。加以亞細亞洲之部分。合爲八百六十六萬三百九十五方里。日本合臺灣澎湖列島而計。共不過十六萬方里。然則俄羅斯之土地。殆五六十倍于日本者也。雖然其風土不良。文明未啓。故其人口之稀。實不足與其土地相稱。今查其人口。不過百兆三千萬。止能三倍於日本耳。今爲核算歐洲俄羅斯（除波蘭芬蘭不計）共有人口九千五百萬。俄領波蘭九百萬。芬蘭二百六十萬。高加索九百萬。西伯利五百七十萬。土耳其斯坦及裏海外各地。凡在中央亞細亞者。共約七百七十萬。然則其人口之最大部分。實聚于歐洲俄羅斯。惟此部分可得謂之爲眞俄國。其外皆附庸而已。若將其總人口以人種分之。其三分之二乃斯拉夫人種也。斯拉夫人種者。俄羅斯人、坡耶美亞人、格魯支亞人、毖爾威亞人、達爾瑪志亞人、波蘭人、所屬之人種。即印度歐羅巴人種之別派也。其住于俄羅斯之斯拉夫人種。大抵俄羅斯人居多。而其中有五百萬許爲波蘭人。蓋此斯拉夫人種。其在古先。必同住于一處無疑。及後因歷史上之關係。竟使波蘭人與俄羅斯人雖爲同種。而常不相能。此則俄羅斯政府所最引爲大憂者矣。此外有里斯尼亞人、芬蘭人、德意志人、韃靼人、猶太人等。皆爲亞細亞種族。一言以蔽之。全俄羅斯人口之中。其百分之七十三爲斯拉夫人種。九爲土耳其韃靼人種。五爲芬蘭人種。三爲猶太人種。其餘則里斯尼亞人、德意志人、亞美利加人及其他亞細亞人種也。俄國之人種混雜如此。其與日本之全國同種者大異矣。

第三 政體

俄國之政治。乃君主專制之政治。其皇帝乃至尊無上之治者。立法者。政治之本源也。

然其皇帝雖專制。而亦不得不守俄國相傳之典禮。如爲皇帝者必爲希臘正敎會之信徒。是其一例也。其皇帝於獨裁之外。更設四個重要會議。以協贊其統治權。一曰樞密院。其議員由皇帝任命之。分爲四部。參議政事。一立法部。二內務及宗務部。三財政及產業部。四科學及商業部是也。每部各有議長。全樞密院之議長則別爲一人。年年由皇帝任命之。該院職掌乃審查各大臣所提出之法律案。及議定每年歲出之豫算。二曰元老院。其院員半參議官而半執事官。其職掌則統轄裁判所。監督財務之全體。及頒布法律。則爲署名。三曰敎務院。所以統轄宗敎事務者也。四曰大臣會議。以十三大臣三大公及其他官員組織之。

第四　宗敎

俄國之宗敎爲希臘敎會。俄人自稱之爲正統敎會。皇帝自爲敎會長。有敎務院。實爲高等僧會議處。而屬於政府之一部。此俄國與各國絕異之點也。俄國農夫參詣敎會。以皇帝爲神之代官。崇敬之如法皇。俄國之敎兵士也。曰當爲神聖俄羅斯而戰。當爲正統敎會而戰。其政敎一致。迷信甚至。爲各國所畏。前年以二千七百萬盧布爲敎會費。其中以千九百四十萬盧布爲市町村之僧徒及傳敎師費。即此可見其重視宗教矣。其人民在遠處望見敎堂。即脫帽爲禮。凝念祈禱。及入門先點燭插於聖壇。即跪坐稽首。再與聖母畫像接吻。然後退下。自始至終戰戰兢兢。一若眞有鬼神在其左右。在各車站俱有禮拜堂。香火不絕。其佞神如此。此俄國所以未脫野蠻之風而能使其民有尙武之氣象也。然俄國之敎會爲御用敎會。則其人民之對于宗教。必不免于外熱而內冷可知。況至近日西歐之文化漸入而震撼俄人之中心。則此御用宗教豈尙能永遠維持乎。此正統敎會有會員九千五百萬人。羅馬敎會有一千二百萬人。新敎會有六百七十五萬人。其外則猶太敎徒有四百萬人。回回敎徒有一千二百萬人也。

第五　敎育

就文明之程度而言。俄國實爲野蠻之國。不能爲之諱也。今据千八百九十六年所作學校統計。是年俄國人口共有一百兆二千六百三十六萬八千八百二十七人。殆四倍於普魯士。而其小學校之數。不過七萬八千七百二十四。敎師之數。不過四十一萬三千九百八十四。生徒之數。不過五百二十三萬六千八百二十六。試以其生徒之數。

與其人口爲比例。凡人口一千。僅得生徒三十人零十分之一。而普魯士則每千人得生徒百六十四人八分。日本則約得百二十人。由斯以談俄國文明程度之低可以見矣。又据最近之統計。美國對于七千五百萬之人民供給二萬二千之新聞雜誌。反之俄國。其人民之數雖與美國不大懸殊。而其新聞雜誌。不過僅得八十。其度量之相越。豈不遠哉。

第六　財政

俄國財政在千九百〇一年。一年歲入二百兆八百六十萬磅。歲出一百兆九千九百萬磅。比於日本明治三十四年之歲入大約多七倍。苟欲知俄國近時之財政則一顧前大藏大臣域堤之政策。便足知其大略矣。域堤爲實行國家經濟政策之人。其在任中所成就之事業正自不少。彼既以俄國政府爲一大地主。使足與大英國比美。又擧廣大之森林豐富之鑛山及電綫電話郵便局幷一切鐵路皆爲國有。又以政府之費用布設西伯利鐵路及大小線路。創立華俄銀行。使隸于政府。滿洲鐵路亦由其手而成。又以造酒販賣爲國家專利。凡有銀行事業皆置諸政府權下。今察其所謂帝國銀行貴族銀行農民銀行及其他私立銀行之情形直與大藏省之支店無異彼以用此政策使俄國歲入驟增兩倍又能整頓幣制使西伯利之寒村僻壤皆得流通金貨而於俄國銀行又至存有八百兆五千萬圓金貨之積蓄此皆域堤之遺利也然則自外面觀之域堤雖似不失爲一大財政家然其實不過長於補苴之術耳及其流弊。（第一）以人爲强興工業其結果致生產業界之危機（第二）因此之故致誘起勞作社會不時騷動（第三）鐵路財政年年愈形不足（第四）使農民陷于困乏（第五）以酒精專賣及增稅過重爲大主因使民生凋弊（第六）因經營極東鐵路及其他大事業又因採用金本位制致國債驟增於是域堤掩耳盜鈴之政策全然敗露那威政治大家普佐倫黨論「俄國公債已達十三十四萬萬五千金圓（約富華銀七十萬萬圓）之。巨額其中雖有十七萬萬三千五百四十萬金圓。屬於內債。而其餘皆爲外債。俄國若無術以救此貧病。終恐不免於破產」云云。然俄國爲維持今日之軍備又欲擴張鐵路保護製造業則其不得不使一百兆之農民更負極重之海關稅間稅者乃勢之所迫也然則今日日本之財政雖曰困難而比之俄國猶爲未甚也

第七　軍備

俄國之軍備規模宏大世界各國未見其比其國年年可得二十一歲之男子八十七萬人而自其中選二十八萬七千人使服役于海陸兩軍据或人所計算俄國士官凡三萬七千人下士二十六萬人蓋俄國士官之職務比之他國爲稍繁難蓋他國止使士官掌軍務耳而俄國則於此外更以領地之民政及經營鐵路之事委于士官此其所爲需士官下士等特衆也今將俄國軍備分析記之如下

(一)　陸軍

常備軍　常備軍分爲二十九軍團而爲便於軍政分全國爲十三管區故有一管區而有二軍團以上者管區之司令官以其管內有關于軍政上之狀況報於軍務大臣且司管內之軍令至于近衛兵芬蘭之軍隊哥薩克之一部高加索之軍隊皆有特別之組織焉

步兵　步兵師團之數有五十二即近衛師團三擲彈兵師團四戰列師團四十五是也分各師團爲兩旅團分各旅團爲兩聯隊分各聯隊爲四大隊分各大隊爲四中隊

分各中隊爲兩半中隊。分半中隊爲二小隊。而於各小隊平時則分爲兩分隊。戰時則分爲四分隊。各中隊平時有四十八伍。及非戰鬥員四名。至戰時則增爲百伍。及非戰鬥員十五名。各步兵聯隊有傳騎一分隊。又有志願兵自轉車兵若干部隊。

狙擊旅團。歐俄及高加索有九。西伯利亞及土耳其斯坦等有十三。各旅團以聯隊及獨立大隊組織而成。此種旅團之外。又有狙擊大隊一。線列大隊三。芬蘭狙擊大隊八。

野戰步兵大隊之數。合近衛及戰列軍爲八百六十三。有狙擊大隊百三十八。線列大隊三。此外有克巴地方之哥薩克兵號稱阿拉斯通大隊者六。又有後貝加爾哥薩克大隊一。

豫備步兵。以豫備聯隊及獨立大隊(以五中隊編成者)組織而成。此等多是合併以編成旅團。今舉其全體之數。(第一)在歐俄有以二大隊編成之聯隊十六。又有獨立大隊五十。(第二)在高加索西伯利亞後裏海沿岸洲及土耳其斯坦各處之豫備大隊共有十七。豫備兵至於戰時編成師團二十。與野戰隊同。

要塞步兵以聯隊二十一及獨立大隊十二組織而成。平時編爲六十大隊。戰時則編爲百六十三大隊。補充步兵以近衛兵擲彈兵戰列兵及補充狙擊大隊組織而成。其兵員照野戰聯隊及狙擊旅團之數而定。平時不設之。

騎兵　在歐俄及高加索之騎兵部隊。有騎兵師團十九。哥薩克騎兵旅團四。及獨立騎兵旅團二。其編成皆不同。有十六師團。是由龍騎兵三聯隊哥薩克騎兵一聯隊編成者。有四師團。是單由哥薩克騎兵聯隊編成者。至於近衛師團之編成。又自特別不同。其他陀哀斯坦騎兵聯隊及柯些拉因騎兵大隊。俱屬於高加索騎兵師團。此外又有芬蘭龍騎兵大隊。克巴及格里美亞騎兵大隊。又有皇帝儀仗騎兵四中隊。哥薩克獨立騎兵四聯隊。哥薩克獨立騎兵九中隊。總計共有龍騎兵中隊三百八十四。哥薩克騎兵中隊二百四十二。

在西伯利土耳其斯坦各軍管區內之騎兵。皆自哥薩克部隊而成。唯在極東有沿海州龍騎兵一聯隊。合此等軍管區內所有者而計之。共有龍騎兵中隊六。哥薩克騎兵中隊八十三。更合此等部隊而計之。則可爲一師團及三旅團之龍騎兵聯隊。乃由六中隊而成。各中隊則由四小隊而成。各小隊無論平時戰時皆有十五伍。聯隊之編成。平時戰時無有別異。皆以下士卒千人戰馬九百匹組織之。哥薩克騎兵聯隊。亦由四中隊或六中隊編成之。與龍騎兵同。

豫備騎兵自二十一幹部而成。而各豫備騎兵幹部更分之爲部隊。（與聯隊相當）總括此幹部。凡得豫備騎兵旅團九。若至調撥之時。以各部隊編成兩中隊。更爲第三中隊準備人員。此外如格里美亞騎兵大隊。（戰時則爲聯隊）及哥薩克免役聯隊。亦編入豫備騎兵之中。

●砲兵　乘車砲兵（又稱野戰砲兵）旅團。與步兵師團之數相應。凡近衛砲兵旅團三。擲彈兵四。戰列四十五。共爲五十有二。各旅團有六中隊乃至九中隊。又分之爲兩大隊或三大隊。各中隊有砲八門。分之爲四小隊。若更考其他砲兵部隊。則狙擊大隊七。芬蘭砲兵聯隊（以四中隊編成者）一。臼砲聯隊七。及在西伯利土耳其斯坦等之砲兵旅團是也。而於此各砲兵部隊之中。舉其中隊之數。則爲重砲中隊九十八。輕砲中隊三百〇五。（各中隊備砲八門）臼砲中隊二十六。（各中隊備砲六門）騎砲兵中隊二十八。於各騎兵師團。使由二中隊編成（一各中隊有三小隊砲六門）之騎砲兵大隊附屬之。此外有哥薩克砲兵中隊二十。及使用山砲之砲兵中隊三。野戰步兵師團。以野戰砲兵及飛行縱列旅團附屬之。若至戰時。此等縱列。別於各地方編成之。

要塞砲兵。至戰時編成砲兵大隊五十四。獨立中隊十六。行動砲兵中隊十六。攻城砲兵由三攻城廠而成。即第一第二攻城廠（砲四百二十四門）及高加索攻城廠（砲二百四十門）是也。第一攻城廠。自攻城砲兵兩大隊而成。第二及高加索攻城廠。編成一個大隊。

豫備砲兵。自豫備砲兵七旅團及一獨立中隊而成。戰時可出百六十四中隊。又有補充中隊。平時二。戰時八。

在極東有西伯利亞砲兵大隊。平時以二中隊。戰時以八中隊編成之。

●工兵　工兵則有野戰工兵大隊二十八。架橋大隊八。鐵路大隊七。野戰工兵廠七。獨立工兵中隊一。教導輕氣球廠一。教導電氣技術學校一。

工兵大隊。自三工兵中隊及一電信中隊編成。架橋大隊。以兩中隊鐵路大隊。以建築中隊二測量中隊二豫備中隊一編成之。

野戰工兵隊。由以上各部隊。編成工兵旅團七及鐵路旅團一。惟其編成之法。與他種兵有異耳。此外有攻城工兵廠二。屬工兵隊。

豫備工兵隊。有豫備大隊二。及鐵路大隊（自常設鐵路之各豫備中隊編成者）三。

要塞工兵。有工兵中隊十二。海上水雷中隊十一。河川水雷中隊二。要塞輕氣球隊六。其於要塞。有要塞電信部及傳信鳩接放所。

●●●哥薩克兵　哥薩克屯田兵。予以一定之區域。及一種之特典。使悉服兵役。其馬匹戎衣軍器。皆歸自置。哥薩克部隊其數十一。大抵屯于邊境。頓河之哥薩克及克巴的爾、阿斯脫拉亨、烏拉爾、柯靈堡、西伯利、塞米列貞斯克、後貝加爾、黑龍江、烏蘇里各地之兵皆是也。

哥薩克兵。其編成之法。與別不同。在平時惟擇其可資調撥者三分一而訓練之。其服役也。第一期之四年現役既畢。更服第二期兵役四年。既畢。又再服第三期兵役四年。

而以此第二三期兵員編成之各聯隊殆與免役無異。平時任其自由。惟以一定之時期召集之加以訓練耳。

在於戰時可由哥薩克兵編成之部隊。凡騎兵聯隊百五十。騎兵大隊三。獨立騎兵中隊五十三。步兵大隊十八。炮兵中隊四十四。合下士卒而計共約九萬人。而在平時只有騎兵聯隊五十三。騎兵大隊一。獨立騎兵中隊十三。步兵大隊六。炮兵中隊二十。分遣隊十六。下士卒約五萬五千人。

國民軍　戰時由步兵大隊、騎兵中隊、炮兵中隊、要塞炮兵中隊、工兵中隊等所編成。平時不過有僅少之幹部。國民軍中年少者（即第一期國民兵）編入補充兵。但哥薩克兵又別編制一種之國民軍。

又克巴的爾陀哀斯坦、及土耳其斯坦等之不規律騎兵大隊。亦屬于國民軍。在戰時此義勇兵部隊。占大多數。

國境守衛兵　屬大藏大臣之管下。而編成軍隊者。有將官十五名。上長官百名。尉官八百零五名。下士卒三萬一千四百五十二名。軍馬一萬一千四。此等兵無完良軍隊敎育。乃在各地便宜召集。與各管區內之制規軍共爲敎練。

輜重兵　有附屬于部隊之輜重。(聯隊及師團行李)與戰列輜重隊。(輜重大隊)聯隊行李。分第一第二兩種。第一種即小行李。主直接跟隨各部隊。由彈藥箱與彈藥車而成。第二種即大行李。隨縱隊之後而運搬糧食。師團行李。分爲三部。第一糧食。第二衛生。(衛生隊一野戰病院二衛生運搬具)第三雜部。(軍隊會堂土工具豫備軍服靴衣服其他修繕所用之材料等)又有幹部輜重大隊六大隊。又分中隊小隊。戰時則以小隊而爲各種之縱列。

衛生設備　在平時則有衛戍病院　(有寢床千百個或六百五十個四百個二百個大小不一)地方病院(有寢床三百五十)部隊附屬病院　(係獨立部隊之建設有大小種種)衛生隊。

戰時則有施應急手當之病舍。師團野戰病院。患者輸送部。携帶病院。豫備病院。(如携帶病院有設備有行李)聯合野戰病院。(有寢床百二十個至六百三十個屬軍司令官之管下)臨時要塞病院。

高等部隊之編制　聯合各種兵而置軍團。在來之軍團有近衛軍團一。擲彈兵軍團二。戰列軍團二十一。高加索軍團一。騎兵軍團二。近年更新編第二高加索軍團。第一第二土耳其斯坦軍團。及西伯利亞軍團一。平時軍團之在歐俄者則以步兵師團二騎兵師團及相當之砲兵步隊編成之。

軍管區　因軍隊及陸軍設備之管理。乃分設軍管區于全國。今舉千八百九十八年所有之軍管區如下。聖彼得堡、芬蘭、烏伊蘭、華爾瑣、烏基埃夫、柯狄沙、莫斯科、加汕、高加索、土耳其斯坦、阿模斯克、伊爾庫次克、黑龍沿道州及獨立後貝加爾州等。然以翌年之勅令。規定下之二件。第一廢阿模斯克軍管區（除些美支耶斯克州）合併于伊爾庫次克。改稱爲西伯利亞軍管區。第二廢後貝加爾軍管區。與些美支耶斯克州合併于土耳其斯坦軍管區。在戰時國境軍管區之統治。各屬于其軍焉。

陸軍中央集權　陸軍省以陸軍大臣及下列各部組織而成。第一高等軍事會議。第二高等軍法會議。第三參謀本部等。四七監部。（即炮兵監部、工兵監督、醫務、敎育、法官、哥薩克兵監部）、第五陸軍省經理局。第六監軍部。其他騎兵監部及射擊監部。亦屬于陸軍省之所管。

陸軍學校　(第一)屬教育總監之管下者。有步兵科士官學校四。幼年學校廿四。貴皇帝之名義之巴支耶幼年學校。芬蘭幼年學校及豫備校三。(第二)屬于參謀本部之管下者。有尼哥蘭參謀大學。東洋語學院。(在俄都)士官學校九。(內步兵科七、騎隊科二、)將校射擊騎兵學校等。(第三)屬于工兵監部之管下者。有尼哥剌蘭工兵大學。及工兵科士官學校。次則電氣學校。鐵道學校等。(第四)屬于炮兵監部之管下者。有美核伊爾炮兵大學。及炮兵科士官學校。哥斯他知炮兵學校。技術學校。火藥學校兵器學校。炮兵學校。(以施專門教育于將校)等。(第五)屬于法官監部之管下者。有陸軍法科大學。(第六)屬于軍醫監部之管下者。有陸軍醫科大學。看護學校。(第七)屬于哥薩克兵監部之管下者。有哥薩克兵士官學校二。

兵器　俄國步兵所用爲五連發鎗。重量約七斤。彈力可達五千五百步。而其有効距離不過二千七百步。彈丸重量一三、七三瓦火藥重量二、三〇瓦最初速率六百二十米突。鎗頭劍悉用三角槍形。戰時下士卒所帶彈藥各百二十發。小行李之中又豫備六十六發。

騎兵及工兵所用之鎗。形式同上。惟重量稍輕。又帶長刀。至于哥薩克騎兵聯隊。其前列兵用長鎗。高加索之哥薩克兵用濶而短之刀。

將校全體及下士之一部。俱携短鎗。

俄土戰爭以後。俄國之砲兵。用千八百七十七年式之輕砲重砲騎砲及山砲。至千八百八十年乃始製口徑六吋之臼砲。千八百九十五年照英哀雅爾將軍所想新法。製出不能反退之砲架。至今方從事於製造新式速射砲。

軍費 俄國軍費。在千八百七十五年不過一百兆七千八百萬盧布。千八百九十八年增至二百兆八千九百萬。千八百九十九年增至三百兆三千萬。千九百年亦支出三百兆三千四百九十一萬二千七百二十六盧布。今更將其每年支出陸軍軍費。列爲一表。

(年度)	(經常費)	(臨時費)	合計(以百萬盧布爲單位)
一八八八年	二〇九、二	……	二〇九、二

一八八九年	二一五、六	……	二一五、六
一八九〇年	二二二、〇	二〇、五	二三四、五
一八九一年	二二九、〇	二〇、五	二四九、五
一八九二年	二二九、〇	二〇、五	二四九、五
一八九三年	二三三、〇	三〇、六	二六三、六
一八九四年	二四〇、四	三五、七	二七六、一
一八九五年	二四五、八	二五、四	二七一、二
一八九六年	二六五、三	二三、二	二八八、五
一八九七年	二六六、六	一七、八	二八四、四
一八九八年	六六九、八	一九、二	二八九、〇
一八九九年	三〇四、六	一九、二	三二三、八
一九〇〇年	三〇〇、四	二四、二	三二四、三

平時陸軍數　據去年出版之哈緊爾年報所載俄國平時之陸軍如左。

	（歐羅巴及高加索）	（亞細亞俄羅斯）
步兵	六二七、〇〇〇	八三、〇〇〇

騎兵	二一六、〇〇〇	一四、〇〇〇
砲兵	二三八、〇〇〇	一五、〇〇〇
工兵	三四、〇〇〇	八、〇〇〇
軍政部	三四、〇〇〇	五、〇〇〇
合計	九四九、〇〇〇	一二四、〇〇〇

(二) 海軍

俄國海軍。俄帝自統率之。平時命皇族一人爲海軍元帥。使總裁軍政軍令。海軍大臣奉其命而施行之。而又設四個機關以主其事。即設海軍省於中央。設軍港於地方。陸則編制團隊。海則編制艦隊是也。

(一) 海軍省　海軍全體之事務。皆由該省處理。海軍元帥之下。有海軍大臣。自海軍中將中選任之。是爲海軍省之長官。復設各局部掌管事務。

(一) 海軍本部會議　以海軍元帥爲議長。海軍大臣爲副議長。旗艦將校十名爲議員。使掌海軍歲計豫算。及其調查改正諸條例之審議。軍艦及各官衙之檢閱。以及海軍將校之陞級。皆歸其職權。

（二）海軍軍令部　以海軍中將爲部長。少將爲次長。內置人事及軍事兩課。凡艦船之指揮布置。海軍防禦。出師準備。練習。外國海軍之報告等。軍事課掌之。海軍人員之統轄。將校下士之徵募任命進退俸給。艦船駕乘等。人事課掌之。

（三）水路部　以中將爲部長。少將爲次長。使掌測量海面、航海機器、文庫及一切水路事務。

（四）艦政部　以中將爲部長。內置造船課、需品課、會計課。凡艦船之設計、建造、定造、軍需品、被服、糧食之供給。及海軍一般之會計、監督、豫算、支出、計算等。歸其掌理。

（五）技術會議　以中將爲議長。內設造船部、造機部、兵器部、水雷部、土木部。凡造船機關、炮熕、水雷、土木、築造船渠之設計方法。炮熕標式等之調查。各製造所造船機關兵器土木之監督等。歸其掌理。

（六）海軍高等軍法會議　掌海軍軍法會之裁決。以海軍大將爲議長。

（七）司法部　以高等軍法會議之理事爲部長。執行高等軍法會議所判決之事務。兼掌海軍大臣之通信。

(八)衛生部　以軍醫總監爲部長。掌醫務及衛生。

(九)官房　以法律顧問爲之長。掌理册籍。進呈御覽之報告書。由其編輯。法令之裁可者。由其奉行。

(十)記錄局　掌編輯保存各種記錄。

(十一)恩給局　掌恩給退職軍人之事務。

(十二)印行局　掌印刷發行圖書。

(二)軍港　俄國分其海岸及海面爲四區。第一波羅的海區。第二黑海區。第三裏海區。第四西伯利海區。於各區設置軍港。軍港之階級。分爲一等二等。

一波羅的海區
- 格魯斯達(一等軍港)有船渠四
- 聖彼得堡(一等軍港)有造船廠二
- 里拔哇(亞歷山三世港)有船渠二波羅的海不凍方面根據地
- 列威里(二等軍港)有水雷艇船渠一水雷艇夏季停泊地
- 維阿堡(二等軍港)有船渠一

（賒巴士特波利（一等軍港）有船渠二黑海海軍策源地

二黑海區 巴珠謨（二等軍港）黑海東岸之要地

尼哥尼耶夫（二等軍港）以造船爲事

三裏海區 巴克（二等軍港）裏海策源地

阿斯特拉扳（哨港）裏海之一衞所

四太平洋區 海參崴（二等軍港）有船渠一

旅順口（二等軍港）有船渠一

其一等軍港。除聖彼得堡港外。皆置軍港司令長官。以海軍中將補授之。二等軍港及聖彼得堡軍港。惟置軍港司令官。一等軍港司令長官之下設三部。

(一)參謀部　以海軍少將爲部長。掌艦隊人員材料。鎭守府兵員之奉職。及艦船之進退。

(二)軍港部　以海軍少將爲部長。其下有副官部長、造船部長、機關部長、兵器部長、水雷部長、建築部長。掌軍港經濟。造船裝飾。配置兵器。支給糧食。修理官衙等事。

(三)醫務部　以軍港所在之病院長爲部長。使掌醫務衞生。

二等軍港司令官。其所任事務。與一等軍港之軍港部長大略相同。惟於太平洋海區。使關東州長官即所謂極東總督者。兼任極東海軍司令長官。旅順口海參崴之艦船人員官銜等。悉聽其指揮。

(三)海軍團體　俄國海軍自海陸之部而成。其陸上所編制之海軍團。乃將位置於各艦所有將校下士卒之全員。在於陸上分爲戰鬥單位而設。凡教育操練配乘及其他關于人事者。皆歸其掌管。且可督率所屬艦船。一海軍團之兵員。通例九百人至千人。以此分爲百五十人之中隊。可得七個至十二個。以太尉任中隊長。以四個中隊爲一等戰鬥艦之定員。使各艦長各自指揮其乘員。海軍團以一等戰鬥艦之前任艦長爲團長。使統率之。合若干海軍團爲海軍軍團。以中將爲軍團司令官。隸於所在軍港之司令官。而指揮在於陸上之海軍軍團。有少將爲司令次官以輔之。其麾下有陸上參謀部。以參謀長、參謀機關長、軍醫長組織之。

(第二)　波羅的海海軍

一軍司部長｛近衛海軍團
　　　　　｛混成團(三個海軍團)

二格魯斯達司令長官 { 波羅的第一海軍軍團（十個海軍團）
　　　　　　　　　　 波羅的第二海軍軍團（廿七個海軍團其中有未編成者）

三列威里軍港司令官——海軍半團

四維阿堡軍港司令官——海軍半團

（第二）黑海海軍

黑海海軍司令長官 { 黑海海軍軍團（十個海軍團）
　　　　　　　　　 巴克軍港司令官……裏海半團

（第三）太平洋海軍

太平洋海軍司令長官 { 海參威軍港司令長官……西伯利亞海軍團
　　　　　　　　　　 旅順軍港司令官……關東海軍團

（四）艦隊。俄國艦隊。分而爲四。波羅的練習艦隊。黑海練習艦隊。地中海艦隊。太平洋艦隊是也。此外又有若干練習艦隊。

（一）波羅的練習艦隊。防備歐俄沿岸一帶。兼供實地練習之用。以波羅的海軍團所屬之艦船編成之。自駐劄格魯斯達兩海軍團司令官中。選其一人爲司令長官。

以該海軍軍團之幕僚爲其幕僚。

(二)黑海練習艦隊以充黑海之防備且供實地練習之用以黑海海軍團司令官之中將爲其艦隊司令長官。

(三)地中海艦隊以波羅的海軍團所屬之艦船編成之常泊地中海若極東及其他地方有事則可爲之豫備艦隊以海軍少將爲司令長官。

(四)太平洋艦隊所以充極東警備之任者也以波羅的海軍團艦隊之一部及西伯利軍團所屬之艦船編成之以旅順口及海參崴爲根據地現以極東總督亞歷斯夫大將兼爲之司令長官。

此外由波羅的海軍團所屬之艦船編成以供練習之用者有砲術練習艦隊兵學校生徒練習艦隊水雷術練習艦隊黑海砲術及水雷練習艦隊。

今更將俄國艦船之總數開列于下。

(一)一千九百年後所製造及製造未成者

戰鬥艦　八(一三六〇〇噸至一二四八〇噸)　一〇五、三六四噸

日俄戰紀

		二十六
內黑海所屬	一	一二、四八〇
裝甲巡洋艦	一	七、八〇〇
二等巡洋艦	七(六七五〇噸至六〇〇〇噸)	四五、一三〇
三等巡洋艦	三(各三〇〇〇噸)	九、〇〇〇
驅逐艦	二五(各三〇〇噸)	七、五〇〇
水雷艇	一六(一五〇噸至八七噸)	二、一一八
內黑海所屬	四	三四八
計	六〇	一七六、九三二

(三)自一千八百九十年至一千八百九十九年之十年間所製造者

戰鬥艦	一一(一二六七四至八〇七六噸)	一一七、〇三〇
內黑海所屬	四	三九、七一六
裝甲巡洋艦	五(一二三三六噸至四一三六噸)	四三、六四一
海防艦	一	四、二〇〇
裝甲砲艦	四(一五〇〇噸至一四九二噸)	五、九八四
二等巡洋艦	四(六六三〇噸至三八二八噸)	二三、五八八

砲艦	一	九六三
水雷砲艦	八（八四〇噸至四〇〇噸）	三、九三七
驅逐艦	一四（三五〇噸至二四〇噸）	四、〇一〇
水雷艇	六二（一四〇噸至八一噸）	五、八五四
內黑海所屬	一〇	八八七
計	一一〇	二〇九、二〇七

（三）自一千八百八十年至一千八百八十九年十年間所製造者

戰鬥艦	七（一〇一八〇噸至九六七二噸）	五〇、一三九
內黑海所屬	三	三〇、五四〇
裝甲巡洋艦	四（八七二四噸至五八八二噸）	二七、一四二
二等巡洋艦	二（五〇〇〇噸至三五〇八噸）	八、五〇八
三等巡洋艦	一（黑海所屬）	三、〇五〇
砲艦	一二（一四二六噸至九五〇噸）	一四、六三二
內黑海所屬	五	六、一二〇
水雷砲艦	二（七一四噸及七四二噸）	一、四五六

內黑海所屬	一	七四二
水雷艇	六八(一二六噸至一六噸)	三、三三
內黑海所屬	一三	一、○一三
計	九五	一○八、二五九

(四)一千八百七十九年以前所製造者

戰鬥艦	二(九八九一噸及五一三八噸)	一五、○二九
裝甲巡洋艦	四(六一三六噸至三四九四噸)	一九、四○二
海防艦	九(三五九○噸至一八八一噸)	二八、九七○
內黑海所屬	二	六、三九六
三等巡洋艦	六(二五九○噸至一三二四噸)	一○、八六二
砲艦	四(一二五五噸至七○六噸)	四、四五○
水雷艇	六二(一六○噸至二三噸)	一、一四七
內黑海所屬	五八	
計	八六	七九、八六○
總計	三五一	五七四、二三九

內黑海所屬　一〇四　一〇五、七二三

其內戰鬥艦二十八艘。二十八萬七千五百六十二噸。裝甲巡洋艦十四艘。九萬七千九百八十五噸。二等巡洋艦十三艘。七萬七千二百二十六噸。三等巡洋艦十艘。二萬二千九百十二噸。海防艦十艘。三萬三千一百七十噸。裝甲砲艦四艘。五千九百八十四噸。砲艦十七艘。二萬〇〇四十五噸。水雷砲艦十艘。五千三百九十三噸。驅逐艦三十九艘。一萬一千五百一十噸。水雷艇二百〇七艘。一萬二千四百六十一噸。而此內有至去年十二月下旬尚未竣工者。其數如下。

戰鬥艦	八	一二一、三〇〇噸
裝甲巡洋艦	一	八、〇〇〇
巡洋艦	六	二九、四〇〇
砲艦	一	一、三一六
驅逐艦	二	……
水雷艇	三	三、三〇〇

此三十艘十六萬三千餘噸。皆擬至遲以明年竣工。而於此外。又有由去年定議擴張

者。

原來俄國海面每年有數月冰結不解船隻不能走動而且其海岸一帶須用軍艦防禦者甚少故其軍艦可得多派於海外此爲俄國特別之利益抑又俄國之專意擴張海軍大抵皆爲極東起見今觀其新造之艦派遣于極東者居大多數可知其用意之所在矣唯其屬於黑海之艦隊以有公立條約無論何國軍艦非得土耳其皇帝之許可不得通過達達尼爾及坡士科拉士海峽以此得以限制俄國在黑海之艦隊使不能派遣於極東耳。

(五)武官兵員及其敎育　俄國海軍高等武官照一千九百〇一年當時而計其將校部凡有元帥一人大將十一人中將二十二人少將及其相當官三十五人大佐及其相當官九十二人中佐及其相當官二百廿四人大尉及其相當官六百三十九人中尉及其相當官二百九十五人其機關部有少將及其相當官四人大佐及其相當官十六人中佐及其相當官百〇四人大尉及其相當官百〇四人其造船部有少將及其相當官一人大佐及其相當官十三人中佐及其相當官十六人大尉及其相當

官三十七人。中尉及其相當官二十二人。其砲術專科將校部有中將一人。大佐及其相當官四人。中佐及其相當官十八人。大尉及其相當官三十四人。中尉及其相當官七人。其航海專科將校部有中將一人。大佐及其相當官七人。中佐及其相當官十四人。大尉及其相當官五十一人。中尉及其相當官四十人。合計元帥一人。大將十一人。中將廿四人。少將及其相當官四十人。大佐及其相當官一百三十二人。中佐及其相當官三百七十六人。大尉及其相當官八百六十五人。中尉及其相當官四百六十八人也。又其非現役武官將校部有中將六人。大佐及其相當官三人。中佐及其相當官十一人。大尉及其相當官十一人。機關部有大佐及其相當官二人。中佐及其相當官七人。大尉及其相當官二人。中尉及其相當官一人。造船部有少將及其相當官二人。大佐及其相當官二人。中佐及其相當官三人。大尉及其相當官三人。砲術專科將校部有中佐及其相當官一人。航海專科將校有大尉及其相當官二人。中尉及其當相官二人。少尉一人。合計中將六人。少將及其相當官二人。大佐及其相當官七人。中佐及其相當官廿一人。大尉及其相當官十八人。中尉及其相當官四人。少尉一人。其兵員由於徵兵或自請從軍者之中採選之。自一千八百九十年至一千八百九十六年。其由徵兵制度採選者。每年平均七千人。至一千八百九十七年增爲一萬一千人。一千八百九十八年更增爲一萬六千人。總數已達於四萬六千人。此後尚有加無已也。

若夫俄國之海軍教育。聖彼得堡有海軍兵學校海軍大學校。格魯斯達有海軍技術學校。潛水學校。水雷術練習團。砲術練習團。其外有水雷術士官練習所。水雷技士練習所。水雷學校。砲術學校。皆屬於波羅的海海軍。又有屬於黑海海軍及裏海海軍者。於賒巴士坡里有黑海海軍練習團。此俄國海軍教育之大略也。

(六)海軍豫算　玆將俄國最近十年間之海軍豫算列爲一表。而爲便於參考。更將日本之豫算附焉。

(年度)	(俄國)	(日本)
一八九四年	五、六九二、三七七磅	五七七、八六七磅
一八九五年	六、一 二、六一二	五七五、七七五
一八九六年	六、〇三八、一二五	八〇二、三三六

一八九七年	六、二三九、八〇九	一、〇〇五、四三五
一八九八年	七、〇八九、一〇六	一、一四〇、四三〇
一八九九年	八、六五二、六〇二	一、五四九、五〇五
一九〇〇年	九、一二一、三二一	一、七九四、四〇一
一九〇一年	一〇、一一四、三四八	二、〇六五、六七七
一九〇二年	一〇、二四一、五六一	二、一八七、一九八
一九〇三年	一〇、八七六、八五〇	二、八八五、〇〇〇

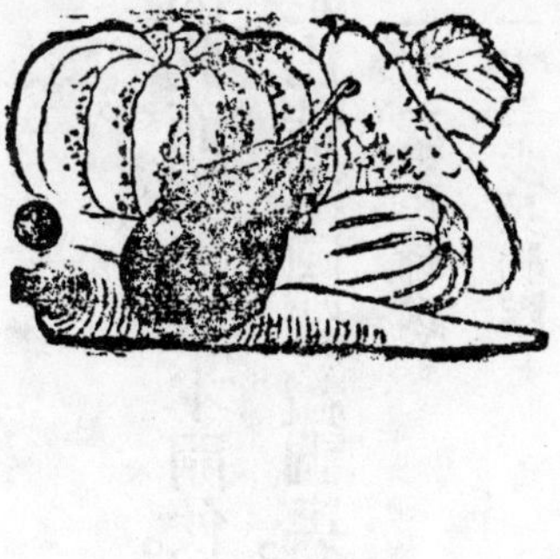

俄國之極東戰備

(一) 陸軍

俄國自主戰派占勝。主意經營極東。爲恐因此而至與日本開仗。乃以去年六七月間。由俄帝裁可增派海陸軍於極東之議。自是由俄本國陸續調兵。其第一次自

基埃夫軍管所屬 第三十一師團 第百二十一步兵聯隊 第百二十二步兵聯隊

莫斯科軍管所屬 第三十五師團 第百三十九步兵聯隊 第百四十步兵聯隊
第三十六師團 第百四十三步兵聯隊 第百四十四步兵聯隊

之內。選各聯隊精兵。更附以若干騎砲兵。以八月始行輸送。其次則以十月至十二月之間。又使

第三十五師團 第百三十七步兵聯隊 第百三十八步兵聯隊

莫斯科軍管所屬
第三十六師團
第百四十三步兵聯隊
第百四十四步兵聯隊
第一師團
第一步兵聯隊
第二步兵聯隊
第三師團
第十步兵聯隊
第十二步兵聯隊

基埃夫軍管所屬
第九師團
第二十三步兵聯隊
第三十五步兵聯隊
第四十二師團
第百六十五步兵聯隊
第百六十六步兵聯隊
第百六十七步兵聯隊
第百六十八步兵聯隊
第四十四師團
第百七十三步兵聯隊
第百七十四步兵聯隊
第百七十五步兵聯隊

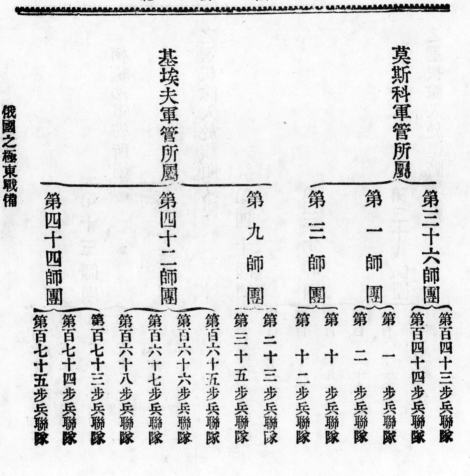

第百七十六步兵聯隊

第十三師團　第五十步兵聯隊
　　　　　　第五十一步兵聯隊
　　　　　　第五十二步兵聯隊

柯狄沙軍管所屬

第二十三師團　第八十九步兵聯隊
　　　　　　　第九十步兵聯隊

之選拔隊入於旅順。又使

第四十師團　第百五十步兵聯隊

第三十師團　第百十七步兵聯隊
　　　　　　第百十八步兵聯隊
　　　　　　第百十九步兵聯隊
　　　　　　第百二十步兵聯隊

第二十八師團　第百十一步兵聯隊
　　　　　　　第百十二步兵聯隊

之選拔隊入於遼陽。又使

第二十七師團
- 第百五步兵聯隊
- 第百六步兵聯隊
- 第百七步兵聯隊
- 第百八步兵聯隊

第二十九師團
- 第百十三步兵聯隊
- 第百十四步兵聯隊

第三十一師團
- 第百二十一步兵聯隊
- 第百二十二步兵聯隊
- 第百二十三步兵聯隊

第百四十一師團
- 第百六十一步兵聯隊
- 第百六十二步兵聯隊
- 第百六十三步兵聯隊

第三十五師團
- 第百三十七步兵聯隊
- 第百三十八步兵聯隊

之選拔隊。駐防海城。三共步兵約一萬人。加以附屬騎砲兵若干。大約共有一萬七千餘人。其後尚陸續調遣。今雖不能知其詳確。而於今年歲首。在貝加爾湖以東之俄兵。其布置大約如下。

第一　關東省

(一)旅順口

一步兵　東部西伯利亞狙擊隊

第三旅團司令部	
同第九聯隊	三、三〇〇人
同機關中隊	二〇〇人
同第十聯隊	三、三〇〇人
同第十一聯隊	三、三〇〇人
同第十二聯隊	三、三〇〇人
要塞步兵聯隊	三、三〇〇人
合計	一一、三〇〇人

外有新設廿六廿七廿八聯隊合而計之戰時兵數一萬七千八百人

二砲兵　狙擊大隊　七五〇人
要塞砲兵　一、三三一人
合計　二、〇八一人
三工兵　第三中隊　五六四人
關東工兵中隊　三一四人
合計　八七八人

(二)金州

步兵　第五聯隊　二、二〇〇人
內有一中隊在北京一中隊在牛莊

(三)大連

一步兵　第四旅團司令部
第十三聯隊　二、二〇〇人
第十四聯隊　二、二〇〇人
第十五聯隊　二、二〇〇人
合計　六、六〇〇人

二騎兵　獨立東部西伯利亞哥薩克旅團司令部

　　貝加爾哥薩克第一聯隊　九一八人

三砲兵　第二旅團司令部

　　同第一中隊　二五〇人

　　後貝加爾一中隊　二五〇人

　　同二中隊　二五〇人

　　合計　七五〇人

（四）鳳凰城

一騎兵　文毬斯其第一聯隊六中隊　九一八人

　　一部在安東縣又一中隊在山海關及奉天又分一中隊爲二配置于北京及遼東

二砲兵　哥薩克砲兵一中隊　八〇人

（五）以上關東州之總兵數

一步兵　二〇、〇〇〇人

二騎兵　一、八二二人

三砲兵　二、八三一人

四工兵　八七八人
合計　二五、五三一人
戰時　四三、三三一人
野戰砲　四八門

第二　後黑龍州

(一)遼陽
一步兵　狙擊步兵第二十聯隊四中隊　一、〇〇〇人
二砲兵　後貝加爾砲兵大隊之中　四〇八人
三鐵道大隊　渣模爾鐵道大隊　一、五〇〇人
(二)營口
砲兵　東部西伯利砲兵第一旅團(中隊)二四八人
(三)奉天
一步兵(編入關東州者)……
二步兵　尼爾斯毡其聯隊　九一〇人
(四)吉林

日俄戰紀

一步兵　狙擊步兵第十六聯隊　二、二〇〇人
二騎兵　安混斯其聯隊　一六〇人
三砲兵　哥薩克砲兵　三三四人
東部西伯利亞砲兵　二四八人
同　二四八人

(五)哈爾賓

一步兵　第五聯隊司令部
狙擊步兵十七聯隊　二、二〇〇人
二砲兵　東部西伯利砲兵　二四八人
同　二四八人
三鐵道大隊　渣模爾鐵道旅團司令部
同第一大隊　一、五〇〇人
同第二大隊　一、五〇〇人

(六)寧古塔

一步兵　狙擊步兵第十八聯隊　二、二〇〇人

二騎兵　黑龍江哥薩克騎兵　四五五人

(七)伊通州

騎兵　安混斯其聯隊(一中隊)　七五〇人

(八)齊齊哈爾

步兵　狙擊第二十聯隊本部……

(九)橫道河子

鐵道大隊　渣模爾第四大隊　一、五〇〇人

(十)巴楊子

騎兵　烏蘇里哥薩克騎兵　一八四人

(十一)海拉爾

步兵　豫備砲兵大隊　三、八六三人

(十二)以上後黑龍江州之總兵數

一步兵　一一、四六三人

以外有四聯隊合共該兵數二萬八千六百六十三人

二騎兵　二、四五九人

戰時　四、一二九人
三砲兵　一、八八二人
四鐵道大隊　六、〇〇〇人

第三　黑龍軍管

在黑龍江軍管各地所配置戰時兵員如下

一步兵　五〇、一五九人
二騎兵　七、二八〇人
三砲兵　五、三〇四人
四工步及鐵道大隊　三、九一〇人
五輜重兵　五、四八三人
合許　七二、一三六人

由上表觀之貝加爾湖以東俄兵之總數如下

(一)關東州　平時……二五、五三一人
　　　　　　戰時……四三、三三一人

(二)後黑龍江州 平時……六四、〇〇四人
　　　　　　　戰時……六五、六七二人

(三)黑龍軍管 平時……四六、二八三人
　　　　　　戰時……七二、一三六人

合計 平時 二三五、八一八人
　　 戰時 一八一、一三九人

据上文所列。可見俄國極東陸軍軍備之大概。然其兵隨時調撥。不能固滯。故至近日其軍隊當有移動。而以戰局既成。無從窺其軍機之秘密。故只得記其大略耳。

(二)海軍

俄國浮于太平洋而與日本决雌雄之艦船。即所謂極東艦隊也。有戰鬥艦八隻。裝甲巡洋艦五隻。巡洋艦七隻。裝甲砲艦二隻。海防艦二隻。砲艦六隻。水雷砲艦二隻。除戰艦一隻。裝甲巡洋艦一隻。巡洋艦一隻。現在東航未到外(有▲者未到)合計二十九隻十七萬九千餘噸。又有水雷驅逐艦及水雷艇(有東航未到者)若干隻。其勢力固與日本頡頏者也。茲將各艦船詳細列表如左。

(艦名)	(艦種)	(排水量)	(馬力)	(速力)	(砲數)	(水雷發射管)	(乘組人員)
●累得威撒	戰鬥艦	一二、九〇二	一六、〇〇〇	一八	六二	……	……
●姐咱累威取	同	一二、九一二	一六、三〇〇	一八	六二	六	七三二
伯累士威特	同	一二、六七四	一四、五〇〇	一八	五九	六	七三二
●波彼達	同	一二、六七四	一四、五〇〇	一八	五九	六	七三二
▲禾司拿彼亞	同	一二、六七四	一四、五〇〇	一八	七二	四	七四〇
〇伯羅波烏羅司	同	一〇、九六〇	一四、二一三	一六	五〇	六	七〇〇
●波爾塔巴	同	一〇、九六〇	一一、二五五	一六	五〇	六	七〇〇
●些巴士波爾	同	一〇、九六〇	一三、六〇〇	一七	五〇	六	七〇〇
克侖波	裝甲巡洋	一二、三三九	一四、五〇〇	二〇	八二	五	八一四
俄羅斯	同	一二、一九五	一四、五〇〇	二〇	六八	五	七二五
柳里克	同	一〇、九三六	一三、二五〇	一八	四四	五	七六八
〇巴揚	同	七、八〇〇	一七、四〇〇	二二	三七	五	……
▲特米多利噸士渠	同	五、八八二	七、〇〇〇	一六	三六	四	五一〇
波額衣爾	巡洋艦	六、七五〇	二〇、五〇〇	二三	三二	六	五八〇

●巴爾拿達	同	六、七三一	一一、六一〇	二〇	三四	四	四二二
○瓦里雅克	同	六、五〇〇	……	……	……	……	……
●德雅掄	同	六、七三一	一一、六一〇	二〇	三四	四	四二二
◎亞司可爾脫	同	五、九〇五	二四、〇〇〇	二三	三六	六	五〇〇
波雅陵	同	三、二〇〇	一八、〇〇〇	二五	一九	六	三三四
◎挪威	同	三、〇八〇	一八、〇〇〇	二五	一九	六	三四〇
▲禾羅拿	同	六、六三〇	一一、六一〇	二〇	三六	四	四二一
克侖米亞施治	裝甲砲艦	一、五〇〇	二、五〇〇	一五	一二	二	一四二
阿茲華成伊	同	一、五〇〇	二、〇〇〇	一五	一二	二	一四二
滿洲爾	海防艦	一、四一六	一、四〇〇	一四	一四	二	一七九
剌斯波尼克	同	一、三二九	一、七八六	一三	一四	……	一七二
治茲堅	砲艦	一、四五六	一、七〇〇	一三	一五	……	一七二
○哥列志	同	一、二一三	一、五〇〇	一三	九	二	……
揸比雅加	同	一、二三四	一、一九四	一四	一五	……	一七二
波布爾	同	九五〇	一、一五〇	一二	一三	……	……

日俄戰紀

●堅里雅克	同	九六三	一、〇〇〇	二二	二	一	一五〇
韶治	同	九五〇	一、一二五	二二	三	⋮	一七〇
布沙尼克	水雷砲艦	四六二	三、六〇〇	二三	二	三	八七
愛特瑪克	同	五〇〇	三、〇〇〇	二三	一九	三	八七
布支丁爾尼	水雷驅逐艦	三五〇	六、〇〇〇	二七	六	二	⋮
伯士布支拉頓尼	同	三五〇	六、〇〇〇	二七	六	二	⋮
伯士多剌支尼	同	三五〇	六、〇〇〇	二七	六	二	⋮
伯士招尼	同	三五〇	六、〇〇〇	二七	六	二	⋮
波耶阿伊	同	三七〇	六、〇〇〇	二八	⋮	⋮	⋮
苦羅佐維	同	三〇〇	五、〇〇〇	二八	六	二	⋮
烏剌士支尼	同	三〇〇	五、〇〇〇	二八	六	二	⋮
波爾奇	同	三五〇	六、〇〇〇	二八	六	⋮	⋮
烏奴慈特爾尼	同	三〇〇	五、〇〇〇	二七	六	二	⋮
維士馬特爾尼	同	三〇〇	五、〇〇〇	二七	六	二	⋮
維諾士利烏尼	同	三〇〇	五、〇〇〇	二七	六	二	⋮

布哥夫	同	二八〇	六、〇〇〇	三五	六	二	……
波爾哥	同	八一	一、一〇〇	二一	……	……	……
夫阿列爾	同	二三	二二〇	一六	……	……	……
棧志支	同	八七	九七〇	一九	四	二	一三
……	同	一四〇	二、二〇〇	二六	二	三	二四
……	同	一四〇	二、二〇〇	二六	二	三	二四
波羅士尼	同	二三	二二〇	一六	……	……	……
列烏耶爾	同	一〇二	八〇〇	二〇	二	二	二三
施施克	同	二三	二三〇	一六	……	……	……
斯哥爾平	同	二三	二三〇	一六	……	……	……
斯遮那	同	八七	九七〇	一九	四	二	一三
斯特爾利亞	同	二三	二二〇	一六	……	……	……
斯多留士	同	二三	二二〇	一六	……	……	……
嵩烏利	同	一四〇	一、八〇〇	二三	……	……	……
斯伊耶波侖	同	一〇二	八〇〇	二〇	二	二	二三

烏斯里	一四〇	一、八〇〇	二三	…	…	……

（附記）自二月八九日仁川旅順海戰開始以後。續戰數次。俄艦之被擊沈被損傷者已不可勝計。右所記艦名上有〇者係被擊沈有●者係被損傷及被損傷而失戰鬥力。其中只餘戰艦一隻。爲有完全戰鬥力及砲艦數隻及蟄伏海參崴之巡洋艦三隻耳。至于水雷驅逐艦之被擊沈損傷者亦甚夥。未暇一一標記。以此觀之。俄國極東艦隊可謂全殲滅而東方之制海權。此後當全歸日本矣。

日俄之軍國人物

日本現任首相桂太郎

日本當維新前後。薩長之間。人才特盛。今之總理大臣桂太郎。即其中之一傑也。君以弘化四年十一月生于長州。幼名壽熊。後由藩公賜名太郎。乃與右衛門之第二子也。十三歲學兵。及慶應元年。長州藩大倡尊王攘夷。起義兵。君組織一千城隊。自爲二番小隊長。親冒矢石。及幕兵來攻。君爲中隊補助。轉戰石見出雲間。又於小倉之役。戰功甚著。後屢奉密命赴京都。得與勤王志士相交。慶應三年。勅毛利公父子復位入京之詔命。由君傳宣之。戊辰之役。君爲長州藩第四大隊二番中隊長。奉九條鎭撫總督赴仙臺。無幾進爲參謀。轉戰于奧羽各地。有大功。賜太刀料金百兩。及賞典祿二百五十石。維新後君欲出遊海外。而屢爲事阻。至明治三年九月。始以私費留學於德京柏林。凡六閱年。業成而歸。以其翌年任陸軍大尉。爲陸軍省第六出仕。尋敘正七位。無何陞少佐。敘從六位。台灣之役。以參謀局員從軍。平定後爲駐劄德國公使館附從武官。再到德國。十一年返國。爲參謀局諜報提理。兼太政官少書記官。授法制局專務。是年即陞中佐。爲參謀本部御用掛。尋補管西局長。又爲海岸防禦取調委員。十三年兼任太政官權大書記官。爲軍事部員。敘勳四等。十五年進步兵大佐。累敘從五位。十七年隨從山縣陸軍卿遊歷歐洲各地。翌年還國。即遷少將。補陸軍省總務局長。國防會議議員。賜勳三等。旭日中綬章。十九年授陸軍次官。二十一年兼任理事。其後又由法官部長補軍務局長。自是累進陞爲從三位。勳二等。陸軍中將。補第三師團長。於二十七八年之役。率其師團屬第一軍。轉戰中國各地。占領九連城、安東縣。此役由君籌策建奇功者甚多。及戰局告終。論功以特旨列君華族。封子爵。敘功三級。賜金鵄勳章。及勳一等瑞寶章。無何榮進正三位陸軍大將。三十一年十一月命爲陸軍大臣。君之名望地位。至是益隆。卒至組織現今之桂內閣。進爵爲伯。日英同盟之偉績。實成於此內閣之手。今又爲極東問題。能於各邦環視之間。盡其交涉之能事。卒因俄國無狀。而君知輿論之趨於主戰。遂敢決定大計。以主成今年之役。

日本參謀總長大山巖

大山巖於西鄉隆盛爲從兄弟。而年齒大不若。故其奉西鄉之教。而受其感化者甚多。今觀其人格之高尚。殆非無自也。維新前英艦來而擊鹿兒島。島津侯大爲醒悟。乃派青年子弟入京使修火技操艦之學。於是大山與黑田伯俱至江戶。入江川太郎左衛門之塾。學砲術。是爲大山投身陸軍之始。後從軍於伏見鳥羽之役。明治二年爲普法交兵。派往觀戰。及歸。授兵部權大丞。四年復赴法國留學三年。歸進陸軍少將。補陸軍少輔。十年西南之役。不得復念老西鄉親戚之情。而與少西鄉從道也樺山高島野津等共立於官軍之主位。爲征討別動第一旅團司令官。繼而指揮第四旅團及別動第五旅團。明治十二年任士官學校長。十三年任陸軍卿。十五年爲參謀本部長。十七年日本爲欲改兵制。乃命赴歐洲視察軍情。十八年歸國。與山縣侯共事。開今日師團組織之基。自是爲陸軍之重鎮。增積閱歷。及甲午之役。任第二軍司令官。自花園口上陸以來。金州旅順之攻畧。威海衛之占領。其功與山縣不相上下。既而小松宮辭參謀總長之職。時大山已賦閑家居。乃特起之。使襲其任。且列班于元帥府中。以至於今日。

日本參謀次長兒玉源太郎

四

當甲午之役。故川上參謀次長輔佐故有栖川宮總長。指揮幕僚。以成大功。其聲望赫赫。爲朝野所崇重。天下共倚之以爲長城。及川上子卒後。舊時名將大半衰老。新造之英。又乏資格。其介於兩者之間之諸將。大抵成就於英式訓練時代及近世戰法時代之交。類皆有披堅執銳殺敵致果之勇。而至求得一運籌帷幄決勝千里之才。則於濟濟六軍多士之中。尙未見有能勝任愉快者。於是乎不知幾經曲折。始得起功成身退之大山大將。使之保持參謀部之威嚴。又拔後進之少將田村怡與造以爲之輔。當時亦頗稱得人。乃際俄國日益跳梁。日本終難默忍之時。舉國皆知戰局已迫。方甚倚重於參謀本部。而不幸田村將軍竟以此時去世。於是天下皆嘆大敵當前而失吾長城矣。抑當外患如此其急。而政府又有憂於內政未能整理。欲得一敏達之才以肩此任。乃求之於臺灣總督府。使兒玉中將入爲內務大臣。兼文部大臣。又兼臺灣總督。中將意氣昂然。振臂奮起。以改良官制自任。乃卒以此與各行政部不相能。桂首相於是大困。特以時局日迫。欲以中將任參謀次長。中將自知整理事業之匪易。乃欣然辭大臣之尊。而就次官之卑。時人莫不驚嘆其剛而無慾。大喝采以歡迎之。以爲伐俄之偉業。

當俟斯人而成焉。自是中將之地位。與甲午戰時之川上。同出一轍。其位雖次長。而其實則總長也。今戰局既成矣。中將果能適於事實上參謀總長之任否乎。若以獨一無二之好參謀嚮中將。吾恐中將自問。亦嫌其溢美。然於現時諸將之中。欲撰一事實上之參謀總長。則於中將而外。又似再難其人也。蓋日本參謀學之基礎。除曾我日鐵將軍爲兵學頭時代之外。實自往時所聘用之德國默迦爾少佐開之。自川上子與及桂伯兒玉中將及其他參謀將官某某。皆曾受業於默迦爾。而於同門之中。兒玉中將實與川上桂兩君最稱高足弟子。以有此因緣。故其參謀之學識。大有源本。其所恃以指導後進之俊才者。實在于此。兒玉中將之爲人。精悍而犀利。又有膽力。且曾任陸軍次官。以當甲午戰局。與川上之在參謀本部。互相策應。其後曾任臺灣總督陸軍大臣。其軍旅之才。已爲天下所共見。然則今日雖擬以參謀總長。必非不倫也。夫日本現當乏才之時。在文武百僚之中。求其才足與位相稱者。正寥寥無幾。而兒玉中將乃以可爲總長之資格。而處次長之地位。其於國人。必無異議。可知。而兒玉中將之才略。與故川上子不無異同。今試揭其兩人之短長而比較之。則

第一　漸進與突進　川上之所長在於慘憺經營智周慮密。兒玉所長在於機警縱橫善於應變。故以上爲漸進。必有萬全之勝算然後敢於斷行。而一經斷行則步武整然毫不淩亂。正所謂紀律之師。而兒玉則變幻不測出沒無常乘敵不意以制機先。是其能事。故與其目之爲急進不如目之爲突進也。兩人之相異如此。故川上之成功。爲秩序的成功雖似平平無奇不足以聳動一時之耳目而算無遺策必無一敗塗地之虞。至於兒玉之成功。則異彩百出能令人意外驚喜而間有不顧全局之弊。

第二　東洋與西洋　川上常欲學爲毛奇。故其所經營大抵近於西洋流派。專欲以學術的運用六軍。至於兒玉則與之相反。雖未必排斥近世戰術之運用而欲修之以東洋之風。

第三　智慮與才能　川上能謀。故其畫一策必經苦心焦慮而後敢定。而兒玉則一審大局使即發手。至於兩人之才。則川上之運籌。雖原本于學術。而其綜覈之才。未能過人。故非有人爲之左右則事或不舉不能達其所求之目的。至於兒玉則雖無相助爲理之人。尚能勾當百事。故就才力而論。兒玉比之川上。不無所長。而因此或不免過於自信。反不如川上之能集思廣益借他山之石以自玉成也。然則川上雖非敏才而自能老成持重。兒玉則雖有才而或失於專斷。

第四　專門與通才　川上以軍人爲目的。故其一生之精力全注於軍事。而至於兒玉中將則其欲爲軍人之志。不如其欲爲政治家之心。故其頭腦極爲複雜。然則川上縱而深者也。兒玉橫而廣者也。使置兩人於毛奇之前。則必取川上。又使置兩人於俾斯麥之前。則必取兒玉。以兩人軍事上之關係如此。故當負荷今日之大任。川上自當勝於兒玉。然以兒玉聰敏。速能規定一切。今彼於軍事之全局。想已胸有成算矣。然若使川上處兒玉今日之地位。則彼必尙在苦心籌畫中也。

第五 用人與自負 川上之性。能自知其短。故汲汲於援引幕僚以爲己輔。其能容衆議采公論。確有非他人所能及者。至於兒玉其自信力既大。故其廣求幕僚之熱心。自不能比於川上。然則川上能謙恭下士。而兒玉不免以才氣屈人。故就得部下之心而言。兒玉不及川上遠甚。然兒玉胸襟洒落。與度量淺狹者又自不同。彼雖有推倒一時之盛氣。而又有籠絡之才。以長補短。亦足相抵。抑川上雖廣搜人才。而非全信任之。常留心察其行事。而兒玉一旦得人而用之。則不復爲監察。及見其人與我不相得。則斷不能再容之。

由此觀之。兩人各有所短。各有所長。而細爲比較。則於事實上參謀總長之任。川上確有一日之長。則吾願兒玉折節修養。自知其短而善補救之。以無負君國之重託焉矣。

日本第二艦隊司令官瓜生少將

（膀頭第一戰之勇將）

仁川港第一發之砲聲。如大霹靂然。能使數年來東方之陰欝。爲之飛散。繼而俄艦覆沒。日軍大勝之報。喧傳於東西兩洋。而試問日本海軍之先登勇將爲誰。則海軍少將瓜生外吉也。

二月八日少將以第四艦隊司令官率軍艦六隻。從大艦隊至木浦港。及大艦隊既向旅順。少將所率之艦隊。一則爲掩護運兵。一則爲欲牽制俄艦之在仁川者。乃獨向仁川進發。俄艦見而畏之。乘夜陰欲逃出港外。先向日本水雷艇發砲。少將於是赫然震怒。決意擊破之。乃先請各國軍艦出港迴避。繼命俄艦立刻出港。及其出也。號令一發。叱咤猛擊。俄艦不能支。兩艦相繼燬沒。是爲日本海軍之第一戰勝。日本天皇聞報下詔褒其功。詔曰。聯合艦隊第四戰隊。能完擁護陸軍上陸仁川之任務。加以擊破敵艦於港外。至遂使之殲滅。朕深嘉尚之。

少將乃加賀大聖寺人。曾遊美國。學於紐耶般。後又在阿拿坡里斯海軍大學修兵學。有學有識。思慮周密。平日溫順若處女。一旦當事。勇武絕倫。剛胆無比。縱遇萬難。泰然自若。曾患咯血症。不以爲意。其爲人重然諾。深爲人所信。歷任松島嚴島八島各艦艦長。督勵部下極嚴。雖在平時。不忘戰時之準備。每逢海軍聯合競渡。其部下於常備艦隊中。必奪標而歸。其督勵部下之嚴。於此可見。今年四十七歲。

日本第一艦隊司令官梨羽少將

少將名時起。長州人。幼時曾入海軍兵學寮。未及卒業。爲工部省測量技師。後轉內務省地理技師。明治十三年始授海軍中尉。其後累進。至中日戰役之時。陞少佐。任千代田軍艦副長。及義和團之役。陞大佐。爲初瀨艦長。其後授吳軍港海兵團長。昨年之夏。始進少將。及此次編制聯合艦隊。乃任第一艦隊司令官。第一艦隊以六隻一等戰鬥艦編成。實日本海軍之主力也。少將率此艦隊以攻旅順。交戰不過四十分鐘。竟能大敗俄軍。此皆少將奮戰之功也。少將爲人。豁達磊落。與人接語不設城府。天眞爛然。然其頭腦極明確細密。其少壯時數學思想之養成。實爲今日成名之要素。少將又精於航海術。與三浦新井兩將齊名。姓嗜酒。酷愛古董。常以獵鎗自隨。船每泊岸。輙尋山水之樂。洵一風流名將也。

日本閉塞隊福井丸指揮官廣瀨中佐

中佐姓廣瀨名武夫。以去今三十有七年以前。即明治元年。生于大分縣直入郡竹田町。父重武。兄勝比古。現爲海軍大佐。任大島艦長。其一家相傳十數代。皆以武功著。當時肥後之勤王家菊池氏。即其祖先。自來忠君之熱血系統綿延不絕。以至于中佐。遂以壯烈死于君國而愈以顯其祖先之榮名焉。中佐自幼喪母。育于嚴父之手。十五歲時。移家東京。即熱望入海軍兵學校。以身不足長。不合格。而中佐之熱心于學軍無時或息。後果償其素志。卒業之後。即服軍務。爲駐俄公使館附屬武官。前後凡五年。俄國海軍部內無人不識其名者。當是時中佐研究俄國之內情。即預知日俄之間。不久即以砲火相見。其一生專研究俄國。常欲于軍國大有所貢獻。自俄國歸朝時。驅橇而橫斷白雪皚皚之滿洲。以蹈查敵國之地理。探知其風土人情。憤慨俄國之兇暴無禮。即蓄志必有一度討伐俄國。重以樺太交換以來。益懷怨恨。磨劍以候風塵焉。中佐少嫻文事。當蹈破俄國山川而歸朝時。曾著西伯利亞橫斷記。以博文名于同僚間。然此不過中佐之餘事。其生平固純然一武人性質。勇敢剛邁。躰軀肥胖。風姿之魁偉。一見而知爲沈默寡言之人。其實則長于談話。一開口即有議論風生之概。一片之俠骨稜稜。一旦決意而臨事。勇斷邁進。死而後已。海軍部內諸將。皆評中佐滿身是膽。豈不然乎。中佐眼中。惟有陛下與國家。至今年三十七歲。仍不娶妻。彼以爲軍人有妻。極爲所累。一朝臨事。即將此身命獻于陛下與國家。無論何時。皆可以死。謚軍人與死相鄰。若一娶妻。則令彼爲寡婦。毋寗當初不娶之爲愈也。一生獨居而泰然。其持身又極謹嚴。足不踏于柳暗花明之地。性不嗜酒。最好若爲柔道云。

三月二十七日。日本艦隊再圖閉塞旅順口之舉。閉塞船爲千代丸、米山丸、福井丸、彌彥丸。中佐即乘福井丸而爲其指揮官也。方福井丸駛進旅順港口。正擬下錨。中佐命兵曹長杉野孫七下船艙。然爆發藥忽爲俄國魚雷所中。藥不待然而爆發。杉野死焉。而中佐不知也。既而與乘員俱下舢板。因不見杉野。于是復上本船搜索。又下舢板。如是者凡三次。後以本船漸次沈沒。海水將浸至甲板。始不得已下舢板。既離本船。方冒敵彈而退。忽有一巨彈擊中中佐頭部。惟餘兩錢大之片肉于艇內。全體悉墜水中。嗚呼、壯矣烈矣。方哀耗之來也。日本全國皆爲之悼惜。至稱爲軍神。并募金建設銅像一座。俾留芳範于萬世云。

俄國極東總督亞歷斯夫大將

亞歷斯夫以一千八百四十三年五月二十三日生於俄國塔利亞縣貴族之家。自幼入海軍士官學校。其少年所受之教育。純乎軍人教育也。一千八百六十三年卒業爲士官候補生。先編入第四艦隊乘駕員。尋從海軍少佐龍特羅奉職於「華利也特」軍艦。(此軍艦既於第一次旅順海戰爲日本第二艦隊所覆沒)漫遊世界一週。六十五年補海軍少尉。偶値南北花旗之役。從俄國特派之列梳士奇將軍親臨觀戰。大增閱歷。六十七年返國。進海軍中尉。轉輔第一艦隊。尋屬於遊弋希臘海之艦隊司令官夫特哥將軍。爲傳令使。七十五年隸亞歷基勢親王部下。乘蘇埃特拉拿軍艦。遊弋於大西洋地中海之間。七十七年進大尉。補格廉利軍艦副艦長。翌年遷「支耶謨拉利」艦艦長。繼補「阿非利加」艦艦長。航行北美沿岸太平洋德國海岸波羅的海岸。能稱其職。千八百八十三年以殊功陞少佐。任駐劄法國海軍視察官。在職三年。於法國軍人之間。名譽隆然。此時俄國在法國造船廠定造軍艦一艘。即命亞歷斯夫監督工事。及艦成。命名阿特美拉哥尼羅。進亞歷斯夫大佐。而爲之長。及千八百八十九年。希臘皇太子有喜事。今帝尼哥拉方爲俄國皇太子。親往祝賀。及歸。乃乘哥尼羅艦在亞歷斯夫指揮之下。經卑列港成尼港而達於脫里尼士港。至千八百九十年。以該艦編入太平洋艦隊。或在海參崴。直航亞丁。與當時俄太子漫遊世界所乘之艦隊相合。千八百九十二年累進海軍少將。曾任海軍參謀次長要職。甚銳意於擴張海軍。適逢中日開戰。俄國乃舉地中海艦隊使急赴太平洋。以亞歷斯夫為太平洋艦隊司令官。大張海軍之勢。以對于日本。幸日本能容三國還遼之干涉。事始結局。而亞歷斯夫自此已為事實上之極東總督矣。其後以事去職。使劉奴少將代之。亞歷斯夫以功陞海軍中將。翌年補黑海艦隊司令長官。是年八月。俄帝觀海軍於北海。亞歷斯夫操縱三十二隻以供帝覽。帝大悅。親握其手以慰勞之。至千八百九十九年。復授東洋要職。任太平洋海軍司令長官。時正在俄國占領旅順之後。十二月。亞歷斯夫親赴旅順經營。一意以充實旅順之防備為急務。又新設青泥窪市。東清鐵路亦已奏功。而當其計畫就緒之時。適有義和團之役。乃使太平洋艦隊司令官維西哥拉倭少將率軍艦數隻。載兵馬大炮至大沽。以與聯軍相合。然亞歷斯夫於是役實無可紀之大功。今彼以數年來所經營之海陸軍備。欲與日本決雌雄。而不幸於第一着已喪其旗艦以下三隻。彼所自誇堅壯之旅順。亦殆有不支之勢。然則亞歷斯夫近來之憂患。可想而知矣。

俄國極東陸軍總指揮官格魯巴圖堅大將

俄國陸軍大臣格魯巴圖堅以一千八百四十八年生於布士哥夫縣荷爾母郡。其父亦軍人。授職大尉。及歷山二世執行解放奴隸之時。忽然辭職而下于民間。是盡力于自治制度。爲鄉里自治團體之長。凡十餘年而卒。格魯巴圖堅初學於第一幼年學校。繼入巴羅夭士官學校。一千八百六十六年卒業。任士官。編入士耳其斯坦第一狙擊大隊。當中隊長者數年。一千八百六十八年從征沙馬爾幹有殊功。一千八百七十一年入參謀本部附屬陸軍大學校。七十四年以優等生卒業。派往法領阿非利加阿爾洲。居十一月。適法國拉威爾將軍遠征沙哈拉。從軍有功。得名譽勳章。後著阿爾洲紀行以叙其事。其後當遠征哥康之時。斯哥比列將軍舉爲第十六旅團參謀長。在斯哥比列帷幄立殊功。是年八月三十一日於普列維拿之役。因火藥箱破裂傷其首。乃出戰塲就醫于普加列士。數禮拜而愈。復出從軍。當俄軍進踰巴爾幹之險。格魯巴圖堅猛然提部下銳卒一小隊。自山上潛下溪谷而突擊敵陣。乃於伊美拖利附近左肩被創。當時從軍記者至誤報其戰死。其受傷之重可想而知。因此不得復入戰塲。及創愈。任參謀本部亞細亞部長。兼任陸軍大學校長。軍事統計敎授。居聖彼得堡。無幾再赴土耳其斯坦從軍。一千八百七十九年任土耳其斯坦狙擊旅團長。一千八百八十年之春。爲防禦波羅波羅山脉率兵一隊赴固爾札。及遠征中央亞細亞於阿哈爾的乾之役。格魯巴圖堅於阿謨達利軍管區組織特別部隊。及斯哥比列將軍命其赴阿哈爾的乾應援。乃自率之跋涉七百俄里之原野。至于耶奥古鐵伯。及包圍攻擊之際。爲右翼指揮官。後爲中央主隊司令官。肉薄要塞。及布置地雷之難業。皆彼當之。頗極危險。一月十二日。緣地雷火坑。突進要塞之內。以開大捷之端。及城陷。格魯巴圖堅即使飛行縱隊。占領阿士哈爾。自一千八百八十二年。格氏復歸聖彼得堡。任參謀本部附屬。與布爾約夫將軍指揮之下。掌西歐邊防之要務者凡八年。一千八百九十年。轉後裏海州總督兼軍司令官。於是始得大展其行政之才。治蹟大舉。其鎭壓叛亂。布置大有可觀。以與歐俄之聯絡既成。俄人移住于此地者。年年增加。向來後裏海鐵道所使役者。多是波斯人布哈拉人及其他土人。至格氏乃代之以俄國人。其數及于數千。使俄國之勢力。因此而加厚焉。格氏又於此地設基督正敎會會堂十餘所。以宏布俄國之國敎。又於俄國小學校中學校女學校之外。更設鐵道技術學校園藝研究所等。又獎勵土人培植棉花。復爲土人及俄人設特別裁判制度。其厲精圖治如此。宜其就職陸軍大臣之後。巡視後裏海州。而此地人民尙念其舊時之善政。而大歡迎之也。格氏之任陸軍大臣。乃一千八百九十八年一月一日也。前年陞進大將。昨年巡視西伯利旣畢。曾遊日本。今所以命爲極東總指揮官者。以黑龍江沿道軍司令官里尼威智中將。無指揮大軍之威望。而亞歷斯夫太守又屬海軍一人。無操縱陸軍之能事。故有此命也。

俄國東洋艦隊司令長官斯陀爾克中將

斯陀爾克初入海軍兵學校。卒業後。一千八百六十六年初就士官之職。自是便乘各種軍艦。至一千八百七十四年陞海軍大尉。補倭士特艦長。一千八百七十八年轉海防砲艦戈爾諾斯泰艦長。一千八百八十六年進海軍少佐。遷砲艦蕭智艦長。一千八百九十一年進海軍大佐。補一等巡洋艦烏拉支美、摩諾馬付艦長。一千八百九十三年。補裝甲海防艦俾爾威湼艦長。經三年進海軍少將。補旅順口鎭守府司令官。昨年因太平洋艦隊司令長官希里的瀫蘭中將遷任。乃進君中將。使之代之。與烏托瑪斯

其公及士他迦爾璧男兩司令官。共指揮東洋艦隊焉

俄國東部西伯利總督格羅支哥夫將軍

格羅支哥夫當此戰局果曾自俄廷受何等之職任乎。迄今雖未有聞。然彼之聲望地位。實足與亞歷斯夫相頡頏。且在滿洲境內之哥薩克兵。實爲其素所訓練。然則不用此兵則已。苟用此兵。非得格羅支哥夫出而統率之。更無人能代爲之指揮。故吾人知格羅支哥夫必不能置身於此戰局之外無可疑也。將軍今年六十二歲。鬚鬢俱白。如嚴霜皓雪。體魄强壯。精神矍鑠。有老當益壯之風。彼自少年以武人出身。受參謀教育。俄國用兵於亞細亞方面者前後數回。而將軍以司令官從軍。曾屬於飛將軍斯哥卑列麾下。與現任陸相格魯巴圖堅等同事。後以戰功授黑龍沿岸州總督。掌軍事軍政之全權。而尤留意於訓練哥薩克騎兵。及北清事變起。從聯軍以剿團匪者。實此哥薩克騎兵也。外國人或曰俄國在東方之武官。不貪賄賂者惟將軍一人。其然耶否耶。殆未致遽斷之也。

俄國陸軍臨時代理總指揮官黎湼威治將軍

黎涅威治將軍以千八百三十八年十二月生于遮倫俄夫縣。家本貴族。卒業中學校。後編入步兵聯隊補充大隊當兵。越三月拔爲軍曹。自是歷任軍職約五十年。爲俄國陸軍中有數名將。當高加索地方有內亂時。將軍從軍赴剿。自千八百五十九年至六十四年。轉戰各地有功。進位中尉。賜三等勳章佩劍。而其戰功之最著。實在一千八百七十七年俄土之役。當時奉高加索軍總督之命。從征土耳其。任高加索第二狙擊大隊長。七十八年一月。屬加布列隊。方襲土軍根據地時。手足皆受傷。爲此賜聖喀奧治四級勳章。且因足痛不良于行。許其一時用杖。進陸軍大佐。七十九年因奉職武官二十五年未嘗間斷。賜聖烏拉支彌四級勳章。漸爲儕輩所推重。千八百八十五年調赴中央亞細亞。任第二特蘭士加士邦狙擊隊長。從征波斯北方悍族。因此得以研究戰術。又稍識亞細亞人事情。累進至一八九一年陞授少將。四年後任烏蘇里軍隊司令官。千八百九十四年進中將。翌年改烏蘇里軍隊爲亞伯利軍團。因命爲軍團長。是年適有團匪之役。乃改任直隸遠征隊司令官。事後論功。賜聖喀奧治三級勳章。自去年九月創置黑龍沿道軍管區。乃是命司令長官。十二月因改極東軍制。組織四軍團。

乃還將軍爲第一軍團司令長官。格魯巴圖堅未到任之前。總指揮官即由將軍代理。

俄國東洋艦隊司令官馬加羅夫中將

斯陀爾克既屢爲敗軍之將。於是俄廷乃派馬加羅夫中將以代之。中將以俄歷一八四八年十二月二十七日生于尼古拉埃夫。其品地在于平民貴族之間。今年五十五歲。與日本東鄉司令長官恰是同庚。一八六三年在太平洋艦隊司令長官波博之下。爲少尉候補生。自一八六七年航行大西洋者約三年。當路沙加號坐礁之際。大顯其能。又將此事件著爲論文。揭載海軍雜誌。以此得由少尉陞大尉。無幾採用其所條陳之防水法。命各艦裝置之。一八七六年與土耳其齟齬時。曾獻一策。擬裝水雷于汽船。懸諸運送船之釣架。遂使充維利基克尼雅、治君士但丁運送船艦長。四年間自行操縱之。對于土耳其艦隊大加痛擊。一八七九年爲波羅的艦隊幕僚。旋遷艦長。一八九〇年一月一日陞少將。任造兵總監。極意採用速射炮及無煙火藥。轉地中海艦隊司令長官。當中日之役。率其艦隊東來。與亞細亞艦隊相合。三國干涉之計。實由其主唱。後陞中將。俄皇特授爲格魯斯達鎮守府司令長官。無何改波羅的艦隊司令長官。今復派來使代斯陀爾克以當戰爭之任。中將有書癖。每朝食前必靜坐書齋。咿唔之聲不絕。精于海軍技術。以戰術家著名。嘗著海軍戰術論。日本海軍人員多有愛讀其書者。然中將雖有長才。其如旅順屢敗。戰鬥力所存無幾。中將固欲速修破艦。以爲借一之舉。而不幸其功未竟而遽死於戰。日本對之。雖爲敵國。而一聞哀耗。舉國猶無不悼惜之云。

海戰彙紀

仁川之海戰

日本軍艦千代田自去年十二月中旬碇泊於朝鮮仁川港。當時日俄之戰局已急。俄國亦有軍艦二隻。一曰瓦里雅克。一曰哥列志者。同在仁川港內。千代田常恐一旦開戰。勢難相敵。決意以非常之手段應之。於是外裝平和。內嚴戰備。常派小輪船至仁川埠頭。傳遞消息。其初下錨。原與哥列志相近。與瓦里雅克雖相隔稍遠。亦無遮障。砲火可以直來相及。深恐其出我不意。卒然襲攻。乃以二月三日拔錨易地。蔭於英國軍艦以自蔽。及六日電傳日本在釜山捕拿俄船一艘。知時局已急。開戰在於目前。乃愈爲戒嚴。至七日以得大艦隊通信。知瓜生司令官率第四艦隊。爲掩護運兵船向仁川駛來。千代田乃於是晚潛出港外。八日午前六點鐘與第四艦隊相遇於豐島附近。千代田乃自爲鄉導。高千穗率運兵船從之。艦隊約離一里。爲之擁護。及將入港。千代田以無線電信報哥列志出來。於是使鳩號及雉子號兩水雷艇接近之。俄艦已開砲門。忽然復轉舵退入。仍泊於舊時下錨處。至下午五點鐘三十分。各艦泊于月瓦島。惟千代田與高千穗明石共保護運船入仁川港。即將木越少將所率陸兵。用小輪船渡之上岸。及九日午前兩點鐘。陸兵既悉上岸。千代田各艦乃復導運兵船陸續出港。與艦隊相合。於是瓜生司令官致語俄艦。限其以本日正午退出仁川港。不然。當以砲火相見。當時英法意美各國。亦有軍艦在港內。瓜生復命其避地。英軍艦答以司令長官命泊此地。不能見從。他艦亦不爲動。及正午十二點鐘。果見俄艦哥列志及瓦里雅克竪戰旗相銜出港。將到八尾島附近。與日本艦隊相隔七千米突。淺間先發八寸砲擊之。華利也古倉皇應戰。俄艦專向淺間新高發砲。皆不命中。而千代田擊哥列志中之。哥列志乃先逃。瓦里雅克亦因淺間擊中其左舷。水入不能戰。乃隨哥列志遁入港內。日本艦隊以曾奉不可在港內海戰之命。不追擊之。及十二點五十九分。忽見瓦里雅克艫部發火。淺間即舉信號報敵艦火災。復入港內偵察之。見其艦受彈十發。左舷傾側。艫部入水。烟筒推倒。其一見哥列志外面似是依然無恙。欲待至夜使水雷擊之。而至午後四時三分。兩艦俱相繼發火沈沒。日本艦隊復使明石及水雷艇偵察之。則已不見兩艦之船身矣。時俄國東淸鐵道瀛船會社。亦有瀛船一隻號孫牙利者。適以八日上午從上海至仁川。及見俄國兩軍艦已戰敗自沒。恐爲日本所獲。乃亦以六點鐘自行放火、以殉兩軍艦焉。是役也。俄國喪其軍艦二。瓦里雅克爲二等巡洋艦。六千五百噸。哥列志爲砲艦。一千二百十三噸。又喪其商船一。其所値在二千萬圓以上。又華利也古艦戰死士官一名。水兵四十名。負傷士官二名。水兵六十四名。其艦長亦負微傷。而日本艦隊兵員俱無損傷。眞日軍全勝而俄軍全敗也。瓜生司令官之公報曰。九日正午。俄艦華利也古及哥列志自仁川出來。我艦隊遙擊之於八尾島以西。砲戰三十五分鐘之久。彼退入仁川港。午後四點三十分。哥列志爆發。其後華利也古及俄國瀛船孫牙利亦破壞沈沒。我艦隊無一死傷者。艦隊亦無損害。軍氣大振云云。此當日戰況之簡明實錄也。日本軍艦之預于此戰者。爲浪速淺間千代田新高明石高千穗須磨七艦。及水雷兩隊八隻也。

旅順之海戰(一)

俄國東方艦隊以旅順口爲根據地。日本聯合艦隊。乃以二月九日大攻擊之。壞俄艦數隻。今錄其始末如下。初日本艦隊大集於佐世保。修戰備。及二月五日交涉破裂。忽奉進攻俄艦之命。東鄉司令長官即傳各司令官各艦長集於三笠旗艦。會議徹夜。議定即擧全艦隊出發。一等戰鬥艦朝日三笠初瀨敷島富士八島共六隻。梨羽少將率之。巡洋艦千歲高砂笠置吉野共四隻。出羽少將率之。裝甲巡洋艦常盤出雲磐手吾妻八雲共五隻。三須少將率之。新高明石浪速高千穗須磨及淺間共六隻。瓜生少將率之。東鄉中將自爲全艦隊司令長官。別率報知艦龍田及水雷驅逐艦隊水雷艇隊。艫舳相銜。前後並發。及七日午前八點鐘。在濟州島北約二十三四里。遠望海上見有一縷黑烟。即命龍田偵察之。知爲俄國汽船。即命其停行捕之。審其船名爲俄羅斯號衆皆相慶。以爲吉兆。至午後一點鐘集於木浦港。既而明石報知艦來報敵艦在旅順口外。乃於四點鐘使瓜生少將率第四艦隊向仁川。以保衛運兵。本艦直向旅順進發。是夜爲偵察敵情。刻刻戒嚴。不敢交睫。會波浪大作。驅逐艦大受困苦。八日晨天朗氣淸。欲直航山東角。慮爲敵所知。乃望圓島而進，使第三艦隊先行搜索。第一第二艦隊自兩側率驅逐艦從之。至午後六點鐘。決意使驅逐艦掩襲敵艦。司令長官命一下。驅逐艦之第一第二第三隊俱向旅順。獨第四隊向大連。本艦隊枉道向芝罘。其後驅逐艦之向大連者。以不見敵艦。復返與各隊俱向旅順。及抵港外。見艦隊陣焉。乃即擊之。當時俄國驅逐艦之守於口外者。以探海燈搜日本艦隊之航路。日本艦隊不屈。益猛進。彼此相距不過三千米突。日本十八隻驅逐艦。各放水雷一發。內有三發轟然命中。其司令長官之坐駕船累得威撒及戰鬥艦姐咱累威取。巡洋艦巴爾拿達皆受重傷。幾於沈沒。至九日午前兩點鐘。彼此罷戰。是夜本艦隊徘徊海面。及晨。使千歲偵察敵狀。於是東鄉司令長官決意合總攻擊之率全艦隊前進。先使千早龍田各艦誘敵。敵畏不敢出。此時出羽司令官以無線電信請即行總攻擊。於是使第一第二艦隊向前直進。第三艦隊繼之。作單縱陣形而進。及距港口二萬一千米突。旅順各砲臺即發砲。日本艦隊不應。直進及七千五百米突。始行應敵。彼此激戰約四十分鐘之久。日本艦隊退還朝鮮海面。驅逐隊亦相繼而至。全艦隊無一受重傷者。是役砲戰。自始至終。彼此相隔八千米突。而八千米突之距離。非八寸以上之砲。不能奏効。可惜日本艦隊六寸砲居多。本不利於遠戰。而以避砲臺之砲擊。不敢偪近。俄軍亦知日本艦隊具六寸砲甚多。若使就近。勢不可當。故務在砲囊發砲牽制之。使不能進。幸其所發砲。皆落於日本艦隊之中間。無一命中者。故日本艦隊得無恙也。是役也日本大勝。今錄東鄉司令長官之公報。以見大概曰。聯合艦隊以六日發佐世保之後。依計而行。八日正午。驅逐隊攻擊在旅順之敵艦隊。當時敵之大部隊在旅順港外。其遭我驅逐隊之水雷者。波爾陀華一隻。巡洋艦阿斯哥利之外。尙有兩隻。我艦隊九日午前十點鐘達旅順港。自正午攻擊港外所孑遺之敵艦隊。凡涉四十分鐘。此攻擊之結果。雖未分明。而自信加損害於敵者甚多。大沮喪其士氣。敵漸次逃入港內。午後一點鐘罷戰而退。於此攻擊。我艦隊之受損害極爲輕少。毫不減戰鬥力。死傷約五十八名。內戰死者四名。負傷者五十四名。向於仁川方面之分遣艦隊。其戰況當由瓜生司令官直接報告。我驅逐隊冒砲火。奮攻擊。其大部既合於本隊。在艦隊駕乘之各親王殿下皆無事。我將卒一般之從事戰鬥。其狀況頗沈着。與平常演習無異。戰後士氣益盛。擧動愈沈着。今朝以來。風波大作。各艦之交通。爲之阻礙。爲此不得接各艦之詳報。謹先報告如右。又自亞歷斯夫達於俄帝之電報曰。受傷之三艦。尙浮于水面。姐咱累威取舷部破傷。累得威取在水線下部之唧筒被破壞。巴爾拿達中央機關之傍邊受傷。是役死傷甚少。下士官及水兵死者二名。溺死者五名。負傷者八名。在攻擊後檢查。見敵之水雷栓不破裂者尚有六個。（此八日夜之敗報也）又報日本艦隊攻擊旅順一點鐘之後。即罷戰向南方駛去。俄國之死傷。海軍士官二名。下士官水兵五十一名。負傷水兵戰死九名。於陸上要塞。死者一名。負傷者三名。海戰中波爾塔巴（戰鬥艦一〇九六噸）德雅捺（巡洋艦六七三一噸）可司哥爾脫（巡洋艦五九〇五噸）挪威（巡洋艦三〇八〇噸）四艦皆水線受傷。要塞內之損害甚少云云。

旅順之海戰（二）

日本艦隊。既於第一回攻擊旅順。大獲勝仗。而乘其新勝之勢。乃復以十四日再試襲擊。今錄東鄉司令長官之公報。以明其大概。曰二月十三日。驅逐艦之一隊。冒大風雪直向旅順。在途上各艦相失。彼此分離。惟司令艇速鳥及朝霧得達旅順港外。朝霧以十四日上午三時偵察港口。雖大受陸岸及哨艇之炮火。因見有一軍艦方發黑煙。乃直向之發射水雷。且砲擊敵之哨艇。然後歸來。速鳥則以是日上午五時達旅順港外。

接近港口。暗中發見敵艦兩艘。彼即以炮火加我。速鳥向其一艘發射水雷。見其爆發。乃始歸來。此兩艦襲擊之成績。雖因暗夜。無從確知。然必足使敵人常懷戰慄之心也。是役司令者爲海軍中佐長井群吉。速鳥艦長乃海軍少佐竹內次郎。朝霧艦長乃海軍少佐石川壽次郎也。

旅順之海戰(三)(封鎖港口之大計畫)

日本以俄國海軍尚延殘喘于旅順港內。不保其不復出來。以碍海上行動之自由。於是決用苦肉計。閉塞旅順港口。以使俄艦坐而待斃。不得復越雷池一步。此計既定。乃選特別運送船五隻。曰天津丸。曰仁川丸。曰報國丸。曰武州丸。曰武揚丸。使當犧牲之任。先至門司。滿載巨碟。再駛赴佐世保。預爲破壞之裝置及一切準備停妥。即以某日某時俱向朝鮮海峽出發。而決死隊員。原在朝鮮海之某處延頸企待。及運送船至。即與乘員交代。而以御用船金州丸將乘員載還佐世保。決死隊員乃從容相別。分乘各船。時維明治三十七年二月二十三日。夜色悽闇。寒氣逼人。此決死隊乃藉水雷艇之掩護。以天津丸爲先鋒。直趨旅順。二十四日午前三時三十分。將達敵港。忽爲敵軍所認。以四盞探海電燈猛然照射。又相繼發砲。彈丸雨下。而決死隊毫不辟易。以全速力奮勇前進。或向左或向右。各欲就其所預期之地。而果大任。雖有爲探海電燈少誤針路。不得達其完全之目的者。而俱得在港口破壞沈沒。可不謂之成功乎。水雷艇隊原在港外接應。乃將決死隊次第收納。直至天明而始畢事。是役也。決死隊死者一人。傷者三人。餘悉無事。水雷艇隊雖久蒙敵軍砲擊。亦得無恙。

日皇聞此壯舉。乃以二月二十八日下詔褒美焉。詔曰。聞聯合艦隊有閉塞旅順港口之壯舉。凡與于其事之將校下士卒。朕深嘉其忠烈。山本海軍大臣亦致祝電以慰勞各勇士。電云。接第三回攻擊旅順之喜報。雖是藉陛下之威靈。而非貴艦隊將卒忠勇義烈。亦曷克舉此壯圖。今其結果。雖未全達其所豫期。而其効力之大。則確可信也。且貴艦隊今回堅執攻勢。亘數日而不絕。直使敵軍不知計之所出。以此發揚帝國之光威。此尤本大臣所發表敬意也。謹對于貴艦隊之行動。奉呈祝詞。併慰全艦隊員之軍勞云云。

按閉塞敵港。考之海戰歷史。其例不多見。惟於一八九八年美西之戰。實開先河。而仍不及日本此回之壯烈也。一八九八年六月三日天尙未明。美國海軍大尉荷勃嵩率義勇兵七人。乘運送船美利馬克號。直向古巴。此地有桑渣俄港。爲西班牙海軍之根據地。乃突進港口。襲擊敵軍。該港口之最短距離。不過三百五十呎。若沒沈船舶于此。則敵艦之潛于港內者。不能復出爲用。故美軍決計沈沒美利馬克號。而西軍已知美利馬克號來襲。乃從砲臺及軍艦發砲擊之。彈如雨下。美利馬克號未達其所向之地點。機關已受破損。不得進退自由。遂半沈沒。西軍所設第一列水雷及第二列水雷。次第爆發。又自軍艦發射魚雷兩個。幸皆不能命中。西軍司令官詩威拉將軍見美軍勇俠。大爲感動。乃遽命停止砲火。急將荷勃嵩部下之溺死者救至艦內。是役也。美將之勇。西將之義。可敬可畏。天下傳爲美談。而閉塞敵港之壯舉。實自此始者也。

海洋島之占領

海洋島在于大同沖。周圍約有五六里。乃由一童山而成。而其中尙有多少耕地。現有中韓人民約五百名在此居住。若使此島爲俄國所占。則於日本海軍之進退。大爲不利。於是日本海軍以二月二十六日命其一艦隊從速進占此島。該艦隊乃以二十八日發某地。及抵此島。即編成陸戰隊。奮勇登岸。島中居民。盖未知有日俄交戰之事。乃問貴軍適從何來。陸戰隊告以吾國欲膺懲俄國。以圖中韓兩國之獨立安寧。彼等乃大喜。陸戰隊問有俄兵在此島否。彼等答曰。俄兵畏日本兵之强大。已於二月九日悉行退去矣。其後陸戰隊搜索全島。果不見一俄兵。惟搜出有信號機及許多石煤耳。島民畜鷄鴨及豕者居多。輒徵發之。每匹約給價五錢（即五分）島民不識日本貨幣。其始隊中一人。嘗射殺一鷄。以銀貨二十錢（即二角）一枚予其主人。主人頗有不滿之色、不肯受。其後他員易以一錢銅貨（即一分）三枚與之。彼乃再拜而受。亦一笑話也。占領之事。不出一點鐘而全濟。可謂幸矣。當此任務之艦隊。乃以軍艦四隻而成者也。

日本艦隊砲擊海參崴

日本海軍屢次進攻擊旅順。連戰運捷。俄國海軍既盡失其用。於是黃海及朝鮮海之海權。悉爲日本所握。於此方面更無後顧之憂矣。然自朝鮮海峽以達北方。則以俄國軍艦。尚有四隻屏息于海參崴。嘗出擾日本北海一帶。轟沈日本商船奈古浦丸。然則非併海參崴之敵艦而俱擊破之。使俄國海軍無復可恃。則日本仍未能高枕而臥也。日本海軍有見於此。乃以軍艦七隻編成一分隊。命以某日從某處出發。自朝鮮海峽進入日本海。五日方自朝鮮沿岸向北進行。是日天氣嚴寒。各艦船面無不結冰。其中淺間因排出煤灰之處。冰凝碍塞。全艦機關幾爲所累。於是衆皆愕然。不知所措。忽有二等機關兵曹濱崎慶三郎攘袂而起。願當碎冰之任。乃即縱身舷外。衆人以其太冒險。欲止之。不聽。慨然曰。日本男兒於此等事。有何足畏。便往從事。及冰旣畢碎。忽有一派怒濤。猛來拍船。濱崎力不能禦。竟被攝去。其忠精勇氣。眞可敬也。六日正午。艦隊旣抵阿斯哥利島沖。自是直向港內前進。至下午兩打鐘。距海岸砲壘僅若干米突。此時寒威凜冽。幾於手指俱落。攝氏寒暑針降至二十一度。各艦之舷側艫面。潮水悉凝而成冰。離岸五六千米突之海面。亦凝爲一塊。四望如琉璃世界。惟阿斯哥利島之燈臺。原是黑色。故獨能隔遠相認耳。艦隊之先鋒。破冰而進。各艦相繼隨之。漸達海參崴港。以四面皆砲臺。不易闖進。乃先向砲中之薄弱者。旋砲相擊。而各砲臺直似有臺而未有砲者。自始至終。不發一砲應戰。惟時見有兵來往。及見以無線電信頻擧暗號耳。

日本艦隊更進一步。至離海岸若干米突。便隔山向城市攻擊。先時敵不應砲。猶疑其自知彈力不及。此際相隔既近。其砲臺之彈應能達到。而仍不見其發砲。於是上村司令長官命各艦猛進。乃至以若干米突之距離接續攻擊城市。直至下午兩點鐘四十分。尚不見敵應戰。乃止砲擊而退。此時有一軍艦自港內出來窺動靜。据殿艦所報。敵艦四隻。俱曾尾追。途行云。日本艦隊恐久留不去。終被水雷襲擊。乃即退至某某方面。是夜遊弋于附近一帶。七日上午六點鐘。分艦隊爲二。其本隊以全速力偵探各處。其第二小隊徐徐向亞美利加灣方面查察動靜。至九點鐘。復在阿斯哥利島相合。正午再進至敵前。約離若干米突。敵軍依然不應戰。各砲臺亦鴉雀無聲。既知敵萎縮。乃不開砲而退。正在俄領沿岸一路偵察。忽見有一敵艦尾追而來。但相距極遠。只見其影。不敢偪近前來。日本艦隊遂得偵察滿韓要地。安然歸于某地。上村司令長官之公報曰。依計以六日朝航結冰之海。遶海參崴東口。不見敵艦在軍港外。爲避巴爾銀岬半島及波士科爾海峽砲台之射界。乃取一恰好之位置。自此而進。接近北東陸岸砲台下。自下午一點五十分。以間接射擊向港內威嚇砲擊。約四十分間。始行罷退。此回砲擊。信其有相應之功效。於陸上砲台。雖見陸兵。更不應戰。及下午五點鐘。見東口方向有黑烟騰上。似有敵艦出來。而烟漸滅。不復可辨。七日朝。偵察亞美利加灣雪歷羅克灣。更無異狀。正午再迫海參崴東口。亦不見敵艦。砲台不發砲。乃轉而偵察坡賓乙灣。亦不見敵云云。

旅順海戰(四)

日本艦隊以三月九日自某地出發。翌十日上午零時。有驅逐隊兩隊先到旅順港外在其附近四處搜索。不見敵影。乃在港外徘徊。以俟天明。又使乙驅逐隊沈置特種機械水雷於各地。當時俄國砲臺。雖向之砲擊。而日本驅逐隊不屈不撓。卒得達其目的。至上午四時三十分。甲驅逐隊在老鐵山之南。與俄國驅逐隊六隻相遇。遂開砲奮鬥。約亘二十分。其中朝潮霞曉三艦。與俄國各艦殆舷舷相摩。接戰最力。其後俄艦有三四艘。罹于日艦之猛烈砲火。或破壞汽罐。或釀成火災。乃俱負傷而遁。如此驅逐艦與驅逐艦接戰。殆自有海戰以來。未之曾見。實以此回爲權輿者也。於此激戰。日艦亦蒙損害不少。但不至失戰鬥航海之力。戰死之士。比於他役。亦爲稍夥。乙驅逐隊於上午七時將去港外。偶見俄國驅逐艦兩隻。自大洋將入旅順港內。乃遮其進路而邀擊之。接戰約一點鐘。俄艦大受損傷。一艘逃去。一艘爲日艦擊破。是時俄國要塞。雖猛加砲擊。而日艦悍然不顧。遽捕獲之。曳之而行。繼因漏水太甚。波浪又惡。曳繩爲之中斷。乃不得已舍棄之。僅收捕虜四名而歸。先是俄艦挪威及巴揚。既出港外。向日本乙驅逐隊進航前來。及見日本巡洋艦在于港外。乃倉皇退入。不敢與之對戰。日本主力艦隊。及巡洋艦隊。以上午八時達旅順口沖。巡洋艦直進至港口正面。掩護其驅逐艦。繼而主力艦隊亦逼近老鐵山。自上午十時。以間接射擊法大攻港口。直至下午一時四十分方止。巡洋艦之一隊。在港口正面。張視砲擊之成績。据其報告。謂彈子多能命中。其効甚大。方日本艦隊陸續砲擊之際。俄國要塞。亦不時應戰。而日本艦隊幸得無恙。又巡洋艦之一隊。曾至大連灣外。將港口三山島所有建設物盡行擊毀。高砂千早兩艦。曾往搜旅順口半島西岸。不見敵艦。只見前回爲日本巡洋艦所擊破之驅逐艦。尙擱于鳩灣。惟餘檣桅及煙突之上部。浮出水面而已。日本各部隊至下午二時。乃一律止戰奏凱而還。是役也。毁俄國驅逐艦一隻。威遠蠻士兩砲臺。皆大破損。新街市幾盡燒燬。俄國之所損失。不可勝計。而以接戰之時。俄艦亦極勇鬥。故日本驅逐艦。雖無大損。亦受微傷。將卒死者九人。傷者十二人。

旅順海戰(五)

日本艦隊以三月二十二日再攻旅順。兩軍之損害比于前數回較爲輕微。今譯兩國之公報以示其景況。日本司令長官東鄕平八郎之報告曰。聯合艦隊依計而行。兩驅逐隊自二十一夜至二十二日未明在港外遂行其所負擔之任務。其間雖多少受敵之砲火。而別無損傷。本隊及巡洋艦隊。於廿二日上午八時達旅順口沖。別遣一部向鳩灣。又使富士八島對于港內爲間接射擊。砲擊之中。敵艦漸次駛出港外。及過下午兩點鐘。停止間接射擊之時。其數凡戰鬥艦五隻巡洋艦四隻驅逐艦十隻也。敵始終在砲臺下運動。知其意欲誘致我。又敵艦亦似用間接射擊法擊我。特於富士附近着彈最多。而幸一無損傷。我各部隊乃以下午三時整列而還。亞歷斯夫總督之報告則曰。本月二十一夜有日本水雷艇兩隻接近旅順港外。爲砲臺之探海電燈所見。又因砲臺及兩砲艦開砲相擊。乃即退去。至晨早四時復有日本水雷艇三隻再來攻擊。亦被擊退。及上午七時。俄國艦隊始從旅順港內出來。以亞司可爾脫居巡洋艦前頭。戰鬥艦隨之。日本戰鬥艦乃走近老鐵山開砲火。累得威取踰老鐵山頂砲擊之。日本戰鬥艦乃盛擊街市。上午十時。日本某戰鬥艦爲砲彈所中。乃始退去。至十一時。砲擊漸緩。日本艦隊乃再相合。徐向南方駛去。至下午零時三十分。全然不見其影矣。是役俄軍之在陸上者死五人。負傷十人。

旅順海戰(六)(閉塞港口之再舉)

日本艦隊既以二月二十四日攻擊旅順。且欲閉塞其港口。使敵艦不能復出入。乃選特別運送船五艘。直進港口而自沈沒。其犯難冒險。義勇之氣。足以驚天地而泣鬼神。不獨日本國民聞報感激而已。即在局外諸國。亦莫不拍手歡迎。嘆爲空前之壯舉焉。可惜沈沒之船。不克全遂其目的。於是日本海軍深以爲憾。乃復以三月二十七日實其餘勇。毅然再舉。日本軍人之沈毅神勇。豈不足破敵人之膽哉。今錄東鄉司令長官之報告曰。聯合艦隊以二十六日再向旅順。二十七日上午三時三十分。決計閉塞敵港。乃派閉塞隊四隻。藉驅逐艦及水雷艇掩護。直達旅順口港外。雖爲敵之探海燈所照射不屈。直進港口。約行二海里。為敵所見。兩岸要塞及哨艇發砲相擊。而閉塞隊不以為意。四隻相繼闖入港口水道。第一之千代丸在黃金山之西。約離海岸數武。下錨爆沈。第二之福井丸。駛過千代丸左側。略為前進。方欲下錨。為俄國驅逐艦放一魚雷所中。遂爆發沈沒。第三之彌彥丸。亦出福井丸左側。下錨爆沈。第四之米山丸。到港口稍遲與俄國一驅逐艦之艦尾相衝。仍通過已經沈沒千代丸與福井丸之間。當下錨于水路中央時。受俄國魚雷一發。驟然爆發。因震動之力。拍近左岸。艦首居左。成一橫形而沈沒焉。夫在敵軍猛烈炮火之下。閉塞船能勇敢沈着。遂行其任務如此。就行事而論。誠無所間然。殊堪賞讚。惟彌彥丸與米山丸之間。尚存空隙。不得完全閉塞其通路。甚為遺憾耳。此壯烈之事業。所以發奮再舉者。實因前回之勇士切請再試。故將校及機關士。皆仍用前回之人。惟下士以下。則以新志願者代易之。閉塞隊員中。戰死者中佐廣瀨武夫兵曹長杉野孫七及下士卒二名。受重傷者中尉島田初藏。受微傷者大尉正木義太大機關士栗田富太郎及下士卒六名。此外皆無恙。悉為我水雷艇隊驅逐艦所收容。戰死者之中。以福井丸之廣瀨中佐及杉野兵曹長為最壯烈。方該船正欲下錨之時。杉野爲欲點爆發藥。乃下船艙。其時因爲敵之魚雷所中。遂戰死。廣瀨中佐既使乘員下甲板。因不見杉野兵曹長。乃自搜索船內。因船體次第沈沒。海水將及甲板。始不得已下甲板。既離本船。方冒砲彈而退。忽有一巨彈擊中佐頭部。中佐惟餘片肉于艇內。全體悉墜于水中。中佐在平時。既可爲軍人之龜鑑。今當戰歿。尤足留芳範于萬世而不滅也。水雷艇隊以掩護收容閉塞隊員爲任。暴露于敵軍炮火之下。直至天明以後。其中蒼鷹及燕兩艇。擁衛閉塞船隊自港口約進行一海里。與敵之驅逐艦一隻會戰。大破損之。敵之滊罐。似被破裂。乃盛吹滊笛而退。閉塞隊甲板退出港外之時。見有一敵艦在黃金山下。全失進退之自由云。我水雷艇隊及驅逐隊雖久受敵軍炮火。而絕無損傷。千代丸及彌彥丸之乘員爲燕所收容。米山丸乘員分乘三隻甲板。悉爲鵲及雁所收容。收容福井丸之乘員者則爲霞艇。蓋預于此役之驅逐艦爲白雲、霞、朝潮、曉、雷、曙、朧、電、薄雲、漣、東雲。凡十一隻。水雷艇隊則爲雁、蒼鷹、鴿、燕、鴿、眞鶴、凡六隻。日皇聞此勇報。乃下詔褒美焉。

旅順海戰(七)

日本聯合艦隊以四月十日決定再行攻擊旅順。即所謂第七次之攻擊也。而以風波猛惡。不能出發于根據地。乃於翌十一日薄暮。先使第四第五兩驅逐艦隊第十四水雷艇隊。及新造汽船蛟龍丸裝成巡洋艦式。搭載機械水雷。一齊出發。至十二日夜半時候。到達旅順口外。其時星光明爛。忽而薄雲四現。降下微雨。寒威頓增。在攝氏零度以下二十度。羅盤針亦爲之凍。乃急溫之。艦艇士卒披上防寒衣而後稍可以禦寒焉。此時天地黑暗。旅順砲臺張探海燈以閃照各艦艇。仍冒險前進。到于豫定之要所。沈設水雷。僅二三十分間。即畢其事。其措置可謂敏捷神速也。此際各艦始點燈火。益近旅順。而燈火忽然又滅。以至互相散失。乃以夜用眼鏡追踪先行之艦而進。而各處之砲臺。又用探海燈相照。各艦乃借其光而行。波瀾激灧。與燈光相掩映。旋恐爲敵之所覺也。各艦乃一進一止。巧以避敵。深入港口。將水雷遍行沈設焉。而卒免敵彈之危險者。其豪膽沈勇。誠不讓曩之決死閉塞隊。故艦隊中目此行爲決死水雷沈設隊。洵非過稱也。至十三日午前一時。各艦齊進砲臺之下。殆過于前所沈閉塞船之旁。停止此處。正向燈臺。在前之艦。乃向探海燈線而發砲彈丸破裂。火粉四散。其壯觀有類烟火。他艦亦各發一砲。而皎皎照徹之探海燈。倏然消滅。各艦又向他燈臺砲擊。見其燈火滅而復明。是必燈臺爲砲彈命中。兵員負傷。狼狽失措可知也。斯時日本各艦沈着剛勇。洵有旁若無人之概。每放一彈。輒以全速力而退後。故雖迫近砲臺之下。俄亦無如之何。未幾各艦退去。歸于豫定地點。與第二戰隊相合。爲當前各艦沈設水雷之際。第二驅逐隊以遊擊之任務。遊弋于港外鮮生角附近。黎明時候。忽見有四本烟突之俄國驅逐艦一隻。自東方而來。將入旅順口。乃遮其前路而砲擊之。戰鬭約十分間。該艦即被擊沈。据俄國公報。該艦爲「伯斯獨剌知尼」號。自大連灣方面而歸。與他艦相失云云。第二驅逐隊又見有俄國一艦相隔甚遠。致被逸去。是役第二驅逐艦隊惟「電」號。卒二名負輕傷。而伯斯獨剌知尼沈沒之際。周章騷擾。擧起「乞救助」之信號。第二驅逐隊欲往救其溺者。因見俄艦「巴揚」自港內出來。遂不果。巴揚之出港外也。俄國各艦時在港內。恐巴揚爲日本艦隊所窮追。不忍觀旁。乃掩護之而出。是日午前八時之頃。日本第三戰隊適來至旅順口外。掩護第二驅逐隊。盡力誘敵。至九時。果見巴揚先出自遠即發砲相擊。日本艦隊徐徐應戰而擊退之。次則挪威、亞司可爾脫、德稚捺、波彼達、統帶艦伯妥羅巴烏羅司克、一齊出來。合敗走之巴揚取攻勢而來反擊日本第三戰隊竊喜其計之成。邀之應戰。誘俄艦隊至于南東方約十五海里之外。時隱于濛霧之裏之第一戰隊。在相距約三十海里之處。得接第三戰隊無線電報曰『敵艦隊出』。即急馳而來。以迫俄國艦隊。此時屬于第二戰隊之第四第五驅逐隊。馳命而屬于第一戰隊。由第一戰隊率之。與日進春日兩新艦隊伍堂堂。用全速力凌波而進。以迫俄國艦隊。俄艦隊專向日本第三艦隊攻擊。忽遭第一艦隊之來。乃急轉艦首而背進。日本戰隊窮追之。壓迫于港口前。一刹那頃即見俄艦伯妥羅巴烏羅司克突然停滯。水煙沖天。白氣騰昇。是即觸于日本所沈設之水雷也。未幾又見白氣消散。波上僅現檣頭而已。該艦爲俄國東洋艦隊司令長官馬加羅夫所乘。時共觸水雷兩個。初觸一個。破壞其一部分。失運轉之自由。于是乘員紛紛下甲板而逃。艦體爲之動搖。更觸第二個。破壞瀛罐。遂以轟沈。馬加羅夫與全乘員六百餘人俱溺死。只餘俄皇弟堅利爾大公及兵士數人得逃生命焉。當伯妥羅巴烏羅司克之轟沈。不過午時八時三十分時候。俄國各艦驚此大變。遂齊向日本艦隊發砲。而皆不命中。彈丸只落于艦側附近。湖水爲之忿湧。後倉皇而逃入口內。其狼狽紛擾。誠不堪名狀也。其中有一俄艦。似是失進退之自由。以爲各艦所混亂。無由識別其艦型。過正午時候。口外不復見俄艦隻影矣。此役日本皆不失一兵。不損一艦云。

旅順海戰(八)

日本艦隊既以四月十三日攻擊旅順。俄國統帶艦伯安羅巴烏羅司克沈沒。司令長官馬加羅夫溺死。俄軍大爲沮喪。日本艦隊乃乘戰勝之勢。續于翌十四日使第二第四第五三驅逐艦隊。及第九水雷艇隊。于午後四時由假泊之地點出發。以向于旅順口。此時第五驅逐隊銜命而往昨日轟沈俄艦之地。拾取漂流各物。既至前日擊沈俄國驅逐艦之處。見有救生服及木片等漂流海面。拾之時。砲臺時時發砲。而日本兵士悍然不顧。眼中如無敵者。當日本艦隊之達于旅順口外。以行其所豫定之任務也。時正十五日午前三時七時。其第三戰隊現于口外。以偵察敵情迄無俄艦隻影。口內亦甚寂寞。敗殘沮喪之狀可想而知。至九時第一戰隊續至。于潮流之中發見俄國沈設之機械水雷。乃一一砲擊之。轟然爆發。震撼天地。不下三四次。至十時春日日進兩艦檣頭高樹戰鬥旗。至于老鐵山西方。向港內而行間接射擊。約二時之久。連續發砲。聲如雷轟。俄國砲臺應戰亦甚力。以其照尺不定。故無一命中。蓋第五回攻擊之時。富士八島兩艦亦行間接射擊。因碇泊于一定之地。間被敵彈所命中。此次則回轉運動。行止不定。實與前回異也。又此次旅順砲臺。較之第一回閉塞之時。其數大爲增加。山上山下。幾于無處不有。盖俄國到底以艦隊不能戰。欲藉砲臺以死守旅順也。各砲臺中最堅牢者。爲黃金山砲臺。砲擊之力。亦最猛烈。一聞砲聲。即能分別其爲非他之砲臺者。春日日進兩新艦一進一退。以抵當猛烈卓偉之砲擊。各戰隊及各驅逐隊。適在砲彈所不能達到之地。在甲板上用雙眼鏡遠遠瞻望。覺其甚屬偉觀。時或拍手喝采。祝其奏功。而兩艦之沈着活潑。士氣之盛。自不用言。既而老鐵山西之新砲臺。砲聲沈默。至午後一時三十分。兩艦乃停戰而退。均無一損傷。旅順被第七八次之攻擊。損害當甚巨。其艦隊殆可謂全滅。据俄國諸報告而通考之。有戰鬥力之軍艦。只餘伯累士威特一隻云。十六日之夜。日本海軍軍令部長伊東大將。翌日山本海軍大臣。各以電祝東鄉司令長官之戰勝。日本天皇以十七日賜勅語嘉賞其偉功焉。又据倫敦電報。馬加羅夫知以尋常手段不足以當日本。欲合海參崴艦隊爲最後之大決戰。此計畫未遂。忽爲日本軍之所知。制其機先。誘之出陣以至戰歿。是誠可惜也。

旅順口第三次閉塞

日本聯合艦隊。依預定之計而行事。五月三日午前四時之交。再行旅順口第三次閉塞之擧。先是各閉塞船隊及掩護閉塞船之赤城。（艦長海軍中佐藤本秀四郎）鳥海。（艦長代理海軍中佐岩村團次郎）第二驅逐艦隊、（司令海軍中佐石田一郎）第三驅逐艦隊、（司令海軍中佐土屋光金）第四驅逐艦隊、（司令海軍中佐長井群吉）第五驅逐艦隊、（司令海軍中佐眞野嚴次郎）第九艇隊、（司令海軍中佐矢島純吉）第十艇隊、（司令海軍少佐大瀧道助）第十四艇隊、（缺鵲及眞鶴加入第六十七第七十號艇司令海軍中佐櫻井吉丸）等。以二日之夕。與艦隊相分。循豫定航路向旅順口進發。至十一時之頃。南東暴風忽起。波濤淩空。閉塞船隊以至離散相失。總指揮官海軍中佐林三子雄以船隊難于集合。欲下命中止。而信號不通。至三日午前二時之譜。盡力設法通信船隊前後已達旅順口。三河丸（指揮官海軍大尉匝瑳胤次）先到。即見第十四艇隊已在港外偵察敵情。乃突進港口。佐倉丸（指揮官白石葭江）亦續進。見旅順敷設港口附近之水雷忽然發火。砲台則以探海燈及砲火相防禦。斯時三河丸破其港口防材之一部。闖入於奥深之水道。

擇中央之好位置。下錨爆沈。佐倉丸亦于港口尖岩之附近。下錨沈沒。其次則遠江丸指揮官海軍少佐本田親民江戶丸指揮官高柳直夫小樽丸指揮官野村勉相模丸指揮官湯淺竹次郎愛國丸指揮官海軍大尉犬塚太郎朝顏丸指揮官菊向太郎相次向港口而進。此時俄國之防禦砲火。極其猛烈。其敷設水雷則爆發于前後左右。閉塞隊員之戰死負傷者甚多。遠江丸衝突港口之防材。船首向東而沈沒。殆閉塞港口之半部。江戶丸達于港口將拔錨之時。高柳指揮官忽被敵彈中其腹部。即時戰死。指揮官附海軍中尉永田武次郎代之。下錨爆沈。小樽丸相模丸亦入港口沈沒。惟愛國丸在距港口約五里之外。觸于水雷。瞬時即沈。指揮官附內田弘。機關長青木好次等八人。生死不明。朝顏丸以損舵機不能達于港口。在黃金山下爆沈。以上閉塞船八隻入港內而爆沈者五隻。故旅順港口多分被閉塞。巡洋艦以上之大艦。不能通航。又此次閉塞之事。以天候變異。與俄國之防備增大。較之前二回頗極慘烈。戰死負傷者亦甚多。小樽丸相模丸佐倉丸朝顏丸四隻之閉塞隊員。無一能收容者。其最後之消息如何。無由知之。而其忠烈之事蹟。固垂萬世而不朽也。從事收容閉塞隊員之各水雷艇隊及驅逐隊。翌朝與風濤相戰。盡力抗敵。而盡其任務。水雷艇隊則接近港口。約收容閉塞隊員之一半。第六十七號艇（艇長海軍中尉平眞雄）為敵彈破其汽管。兵卒負傷三名。一時失進退之自由。其僚艇第七十號（艇長海軍大尉森本義寬）救助之。曳之而行。又蒼鷹（司令艇艇長海軍中佐矢嶋純吉）為敵彈傷其左舷機。兵卒一名戰死。隼艇下士一名戰死。其餘驅逐艦水雷艇均無損傷。第三戰隊。（司令官海軍少將出羽重遠）於三日午前六時。第一戰隊（司令長官海軍中將東鄉平八郎司令官海軍少將梨羽時起）以午前九時。均達于旅順口外。掩護驅逐水雷艇隊以午後四時分往各處盡力搜索。以此翼收容閉塞隊員。而終不可得。此日濛氣甚深。不見敵狀。入夜各回其集合地點。四日朝更擬續行其豫定之計畫焉。

俄艦轟沈金州丸

日本上村中將之第二聯合艦隊。擬襲擊海參崴。暫碇泊于朝鮮元山津。以四月廿三日出發。冒濃霧而進航。至翌廿四日午後四時。計已達東經百三十二度十分北緯四十二度二十分之處。是時四顧溟濛。不辨咫尺。不得已自四時三十分轉針路而向正南。二十五日午前六時頃。達于東經百三十二度二十分北緯四十度五十分附近。濃霧依然不退。不能達其目的。遂決計復回元山津。以二十六日午後一時抵津下錨。其間約三晝夜爲濃霧深鎖。有前艦不見後艦之狀。艦隊既入元山。駐元山日本領事大木氏往訪上村中將。告以廿五日正午商船五洋丸遭難之事。擊沈五洋丸之敵艦三隻。直向北方而去。該艦當是曾擊沈奈古浦丸及繁榮丸之海參崴艦無疑。而御用船金州丸。亦聞適以廿五日午前六時。載元山守備隊之陸兵一中隊。與第十一艇隊共向利原縣方面而北航云云。上村中將聞之。慮金州丸之與敵艦相遇也。即欲率艦隊之主力及驅逐隊出港。以追擊俄國艦隊。準備既成。適第十一艇隊歸來。即聞該艇隊之司令官曰。本隊前日與金州丸共往利原縣。是日午後二時抵步。掩護陸兵上岸既畢。午後六時歸船。拔錨而返。過正午之頃。降下晴雨針。以示天候之險惡。將起風雨。艇隊則擬入遮湖浦碇泊。俟明朝出發。經新浦而歸元山。以此告金州丸。金州丸決計獨自歸航。艇隊乃寄泊于遮湖浦。以翌廿六日午前七時出發。亦遭濃霧。午後三時纔抵元山。至則見先行之金州丸未歸。甚爲可怪。于是上村中將命該艇隊前往搜索。艇隊又出元山津。至遮湖浦。搜索沿岸一帶。而不見金州丸。是夜又假泊該處。廿七日昧爽出航。一路搜索。適遇汽船泰盛丸。乃知金州丸沈沒之事。欲往救其生存者。至廿八日午前八時。搜索附近海面。仍杳無踪跡。乃空歸元山。先是上村艦隊旣委第十一艇隊前往搜索。廿七日午前七時。本隊又發于元山津。向海參崴。于港外適與第十一艇隊相遇。乃命再往元山以北沿岸搜索。航行至東經百廿五度五十四分北緯四十度五分之邊。發見海上有鼠色傳馬船之漂流。乃命驅逐艦霞號檢之。於船中見有三十五年式之海軍銃。及船帶一。海軍靴一。士官服一。而不見有血痕。于是乃知金州丸之遭遇敵艦。或見敵艦之後。遁走北方。將乘兵登陸無疑。司令長官上村中將乃傳命于千早艦長福井中佐。該艦乃與艦隊相別。不待夜明。即自城津之北東廿五海里之「甫爾華玆」岬而南下。沿岸到處遍行搜索。亦不得踪跡。遮湖浦以南。以旣經艇隊之搜索。故不往。廿八日夜半歸元山。始知金州丸沈沒之事。乃在于新浦。且聞救濟其生存避難者。旣發救助船前往。千早艦乃復出港。與本艦隊相合。同向新浦。艦隊則如所豫定而北進。廿八日午後四時之際。又復濃霧蔽天。豫期之行動不得自由。晝夜警戒而行。復入元山。途次浪速軍艦于海中見有俄國機械水雷之漂浮。和泉軍艦擊沈之。又五月一日朝。艦隊南下城津冲之時。見有甲板兩隻漂流。檢察之。乃知爲金州丸之附屬艇。其中有救命帶及兵員所持物二三件。乃與甲板共採收之。于是知金州丸之遭難。殆不容疑。抑金州丸何故搭載陸兵而北航乎。因聞俄國有兵約二百五十自吉州而向于北清出發。此報達于元山守備隊。該隊長乃遣一中隊之兵于利原。欲行威嚇運動。與第十一艇隊協議。囑其掩護之。此陸兵乃第三十七聯隊第九中隊之步兵百廿九名。當日與第十一艇隊之水雷艇四隻共赴任地。既畢其事而歸。途次與艇隊相別而來新浦沖之際。時二十五日夜半。衝大霧而行。只見前面有一軍艦來。其初以爲本國之艦隊也。漸近之。則有煙突四本。始知爲俄艦。該艦一見金州丸。即發停船信號之空砲。金州丸不聽其命。依然進航。忽又有軍艦三隻。與水雷艇兩隻。自四面而包圍金州丸。其中有一最大之艦。疑是統帶艦者。發信號曰。『與其猶豫於一時。全員無遺。何如棄汝之船而歸降于我艦。』監督溝口少佐與正木船長及隨行者二名。乘甲板而降于俄艦。船員及人夫多人則下甲板而遁。陸軍將卒皆在船艙下。中隊長椎名大尉與他之將校。共出甲板。以視察四邊狀況。復歸船艙。向一隊之士卒曰。『敵優勢之艦隊也。我陸兵也。徒動無益。宜各整武裝。靜以待死。』衆兵聞之。泰然列坐。毫無變色。

既而俄艦有士官一名與兩卒同來于船艙內。見將士儼然端坐。復出甲板。以船用交話器。不知報告本艦以何事。又復下甲板而去。此時椎名隊長復對衆兵曰。『我等之死期至矣。衆皆當潔己自盡。不當有異。宜一齊唱帝國萬歲。從容以就死。』言未終。忽覺隔艙機關室轟然有聲。潮水奔注艙內。乃知俄艦之發射水雷。衆既決死。然以限前而遇敵之攻襲。不酧以一彈。死不甘心。于是衆心一致。躍出甲板上。將卒整列。朗唱『帝國萬歲』及『聯隊歌』。一齊射擊。俄國之大艦見之甚恐。即退後三百米突而發射大砲。水雷艇則放魚形水雷。即時命中。船體震動。器械破裂。潮水浸入。忽漲于甲板上。行將沒脛。將士既期一死。又復何恐。遂一齊射擊。銃彈既盡。或拔劍自殺。或兩人殪殺。其壯烈之狀。雖善畫者亦不能描也。此時俄艦再放第二之魚形水雷。又復命中。船爲兩斷而轟沈。至是將士猶射擊不斷。船既沈沒。其自殺者身帶寸鐵。當即墮于海底。其餘或身浮水面。見有本船之甲板漂流。乘之而得生者三十七名。乘他之艇而得生者二名。拾破碎木片而得生者六名。第九中隊將校隊長椎名大尉寺田橫田兩中尉檜垣少尉等。皆係自殺而死。俄艦轟沈金州丸之後。用探海燈四處張照。各換其赤色光之信號。一齊向北方急航而去。至入萬死而拾一生。得乘甲板之三十七兵士。夜黑霧深。茫茫大海中不知何往。任波漂流。及翌曉旭日之昇。始辨東西。乃執殘餘之棹四挺。向西南而渡。是時蒼波漫漫。不見陸影。飢寒交迫。勞憊殆不可名狀。至午後二時之頃。殆認前面之島影。乃鼓其餘勇以達該島。乃馬卷島也。時午後五時。島中有韓人家戶十餘。言語不通。乃以形容而求食物。得粟黍少許焉。其夜宿于韓人之家。翌廿七日朝。清韓人渡往對岸之新浦。幸該地有日本商人萩村氏。聞事之顛末。遣人于遮湖浦。由遮湖浦電告元山。元山即發救護船泰盛丸往救。得生者共五十四名。皆乘泰盛丸以廿八日夜半歸元山。

陸戰彙紀

陸戰之開始與平壤安州義州定州之占領

日本陸軍對于俄國陸軍。而爲劈頭第一次之射擊。且使平壤之要地。入于日本之手者。實小泉中隊之力也。今叙其始末。盖小泉陸軍大尉義勇率步兵第〇〇〇聯隊之第〇中隊。以二月十六日下午。自仁川出發。至海路海州。忽接一令。使守備平壤之兵站司令部。乃以是夜十二時至仁川碼頭。竚立于大雪中者約四時。始得搭乘汽船富士川丸。翌朝五時三十分。駛出港外。以待帶水者。不至。復上岸有所交涉。至十八日上午二時。始得開行。是日下午一時三十分。抵海州沖十五浬之處。以待帶水船。不至。徹夜吹汽笛。以示本船之所在。而待至十九日侵晨。帶水船仍不來。該中隊長與船長協議。知帶水船不可恃。決意不復待之。乃即展輪歸還六島。徵發韓船二艘。自是進行。將到上陸地點。忽與帶水船慶利相値。乃利用慶利所牽之段平船及韓船。以便上陸。自下午八時至九時。既悉上陸。乃直向海州府進發。途中爲積雪所困。備極艱難。而無一人失伍者。下午十一時安抵海州府。是夜中隊長傳令定進軍之行程。二十日爲輜重糧食不到。不能依期進發。後來幾經奔走。始得一朝食。至十時三十分。乃命吉村中尉領先鋒隊十九名輕裝急行。全中隊則至正午始克出發。一路坂道崎嶇。積雪沒踵。士卒之所負荷。又不免過重。故行路極其艱苦。漸至有失伍落後者。下午八時以後。有覺腹枵乏力。乃將人夫所擔之餅乾。分派兵士。以療一時之飢。直至十一點鐘方抵新院地方。即留宿焉。二十一日上午九時起程。下午六時四十五分到載寗。二十二日晨早八時起程。下午七時二十分到鳳山。數日兼行。士卒疲勞實甚。自是日始將纏附背囊之毛布外套取去。別使人夫搬運。二十三日上午五時發鳳山。下午八時五十分達中和。途中結氷。可以滑走。尙不覺甚苦。及至黃州以北。泥濘異常。不良于行。下午二時八分。中隊方到黃州西方約一里半。忽接到平壤兵站司令長木村中佐使人來報曰。有敵騎四百。今日上午到來此地。尙有步兵一千在于嘉山之間。爲此切望貴隊努力急行。趕速前來。既發兩回急使。恐途上不相値。今日實爲我邦人危機一髮之時。某極望貴隊速來。故又再發急使也。中隊長接此通報。乃急行至中和細念兵士。兼行數日。疲不堪戰。今敵情如此。平壤不保無失。該中隊本爲守備平壤兵站部而來。原當急赴前敵惟現下急趨平壤。實屬危險萬分。且即能至。亦必要休養士卒數時。方可恢復戰鬥力。然則何不利用此數時。遣輕騎馳問平壤可否。星夜兼進。待有返報。然後決議。是夜乃留中和。致一電于京城之木越司令官。稟報實情。至二十四日。小泉中隊長乃復轉念前數日所遣安部小隊及吉村先鋒隊。既在前頭。當或能與之相遇。且或可乘機直入平壤、乃不復待木村返報。竟以上午五時發中和。比至船橋里。又接木村再來催速之信。乃以十時二十分渡大同江。自大同門正正堂堂直入平壤。有三百日本居留民。高張國旗而歡迎之。中隊長先使岩井少尉率全隊暫屯大同館。自入領事館。與木村中佐及新庄領事相見。既而使暫屯大同館之中隊。改就日語學校以爲舍營。二十五日中隊長邀此地醫生。療治兵士之患足痛者。又集全中隊。令其分兵嚴守城池。下午自井上師團長來一電報。乃與木村兵站司令官者。其大要曰。若平壤爲敵所占。則將來作戰。大不利于我軍。爲此已屢命本支隊急行。該軍未制之前。宜竭力堅守平壤城。今信賴貴官之沈毅勇敢。此後小泉中隊長可聽貴官之指揮云云。自是小泉中隊長之任務。更爲加重。即無論敵情如何。必不可不嚴守平壤城是也。先是木村與領事。每日派間諜數名。搜索敵情。二十六日中隊長與領事協議。在順安(在平壤北五里)置傳驛。以備緩急。是日安州之鎭衛隊下士韓人某來訪領事館。据稱安州附近有敵騎數百。去此六七里。復有十數騎。或進或退。皆以探索日本軍情爲事。二十七日下午三時有間諜飛報有敵騎三騎。已進至義州街道。約半里許之處。五時領事館之間諜又回報敵兵前後以活陣(去平壤八里强)爲舍營。其數有八十三騎。今日上午十時到順安。其內有四十騎。一直前進。下午一時。到佛生巴巴拉。今夜定必營宿于此地。其後之情況則未得而知。同時又有一間諜來報。昨日敵兵以上午八時發安州。在舍斯利麥休息兩刻。將到肅川之明晉。乃爲晝食。下午五時三十分到活陣。留泊一夜。以今日上午八時出發前進。据各諜報。知敵之騎兵。已漸逼平壤。相距不過二里。於是小泉大尉更下一令。命全隊分道嚴守。二十八日上午九時三十分。有敵兵一分隊共五騎尾追我將校斥候。及彼此相距僅及二百米突。吉村中尉所率分隊之在七星門者。乃以七百米突之照尺射擊之。敵即停蹄不復來追。再轉馬首疾趨退入義州街道。其時有兩騎下馬率之而退。料其非人受傷。即馬受傷矣。此回射擊。實爲陸戰之開幕第一齣。守備部隊之預于此役者。凡十五人。是日上午十一時。有日本騎兵四十名。渡大同江。入城。先是以一中隊守二里有奇之平壤城。各人皆慮力量不足。至是深悉敵情。乃始不懼。二十九日連接諜報。知昨日之敵騎。直退至順安以北。想必因見平壤守備嚴固。無隙可乘。故不復來窺也。日本既占平壤。其騎兵乃長驅略安州。至三月九日。丸尾中尉率三騎往北方偵探。忽與敵兵三十騎相值。而日軍勇敢。竟以上下共得四騎之寡數。直前馳突。哥薩克兵狼狽不知所措。乃遽回馬首。奪命奔退。日軍追之。既涉博川。因恐深入重地。乃始舍之不復窮追。方過舊津之時。忽有敵兵四十騎。自昌城方面而來。橫路相擊。日本騎兵一等卒田所清熊被亂彈傷其馬。仍徒步揮刀與敵衆接戰。而各騎以衆寡不敵。急退至安州。後聞之韓人。田所卒爲亂刀所斫。乃走入一民家。屠腹而死。是爲俄軍第二次之接戰。自是俄國屢遣騎兵爲先鋒。使偵察日軍之動靜。不時與日本偵察隊小有衝突。而俄之騎兵。每被擊退。反之日軍乃步步爲營。向前漸進。自占平壤以來。其附近要地。悉望風披靡。至三月二十八日上午十一時十五分。日本近衛騎兵聯隊之將校斥候。在定州南門外。無端與俄軍斥候相衝突。其先日軍避之于北方。與騎兵隊之主力相合。始用全力射擊之。敵稍辟易。至下午一時十五分。日本步兵急進至定州東北約二千米突之地點。猛然攻擊。敵遂不能支。沿義州廓山街道而遁。日本步騎兵之一部追擊之。當時敵之兵數約有六百。而日軍以少數得勝。遂占定州。乃得此捷。未及旬日。日軍復以四月四日。進占義州。自是敵之斥候。悉渡鴨綠江。向北遁去。初日軍人皆料于義州地方。必有大小惡戰。而不意敵兵幷不竭力抵抗。即遽敗走。俄軍不競。於此可見。繼聞俄國將昌城方面之支隊。悉行撤退。自是鴨綠江左岸盡入日軍範圍矣。又於北韓一帶俄兵之已至鏡城附近者。已次第退去。由是觀之。朝鮮境內。殆無俄國之單軍匹馬矣。

鴨綠江畔之戰

日軍之大部隊。既集中於義州附近。於是始爲鴨綠江上大戰之準備。先是日軍先鋒隊之初達江岸。其對岸之俄國守兵不甚多。九連城高地之砲。亦不過寥寥數門。及大兵壓義州。漸次右岸敵兵亦隨而增加。俄軍之高等司令部來駐九連城。兩軍壓江而陣。草木皆兵。山河震動。砲車轔轢之聲。馬蹄鞺鞳之響。連亘數十里。互持滿而未發時。四月廿五日也。皓月當空。寒風砭骨。守令肅肅。人馬啣枚。誦杜工部詩『平沙列萬幕。部伍各見招。中天懸明月。令嚴夜寂寥。悲笳數聲動。壯士慘不驕』覺此情此景。殊逼眞也。時日軍以近衛師團爲中堅。第二師團爲左翼。第十二師團爲右翼。於其夜下令爲進戰之準備。先是日兵預備有平底船十一艘。至是更陸續趕造。以爲哨探之用。乘深夜月落周遭暗淡之際。以從事於哨探。其夜前哨部隊先進行。此隊首當敵衝。爲渡江之夜。戰士卒人人皆有必死之心。大將先漉三鞭酒與之告別。預祝勝利鴨綠江入海處。凡三支河匯流。其在東者曰第一江。在中者曰中江。在西者曰靉河。日軍欲渡江以奪九連城。則其最急者爲築橋工程。而築橋工程者。戰術上最困難之一端也。蓋在平野之戰。軍力得以聚於一點。運用自如。若河戰築橋。其力勢不得不分。且必須先有翼護隊占領築橋地點。然後可以從事。故此際日本軍略之敏捷。實最當注意者也。

二十六日。日軍將攻九連城。乃先擊退九里島黑島之俄軍。其前哨線。遂進踞江之中洲。始架軍橋。俄軍見日軍既奪江中二島。乃自九連城後高地。以九生的半砲八門。向西湖洞附近射擊。自虎山高地亦有機器砲二門。日軍自元化洞高地還擊。兩軍死傷皆不多。時日軍更以艦隊爲應援。宇治摩耶二砲艦及水雷艇二艘。假裝滊船二艘。同以昨夕抵鴨綠江。闖入龍岩浦。當其初入口也。俄軍之野砲隊自對岸安子山砲擊之不中。廿六日破曉。水雷艇一。汽船一。溯娘娘城附近測水步。俄之騎兵砲擊之。水雷艇應戰。傷敵甚多。日軍無死傷。午後六點鐘。俄軍野砲隊復擊水雷艇。亦如之。俄軍遂退卻於安子山背。以水雷艇擊走陸上之騎兵。實前古未聞之一怪現象。實將來關於海陸戰術上研究之好資料也。

二十七日。日軍遂披備材料。駕第一江之橋梁。

二十八日。守備九里島之前哨部。專從事於築橋之翼護。此兩日彼此砲擊互交。然力皆微弱。無有死傷。

三十日。日軍之第十二師團。以凌晨三點鐘。在江之上流水口鎮渡河。橋工全成。全軍陸續飛渡。午前十點半鐘。日軍之自黔定島將渡中江者。被俄軍自九連城東北砲擊。

是爲此次劇烈砲戰之開始。是時日軍一面應戰一面築橋。俄軍專務妨害築橋工程。先將中江臺之民房拆毀。以清眼界而求射擊之命中。故日軍工兵之執業困難萬狀。日人從黑島發砲。直射九連城。每發必中。俄軍前此砲的全向於橋工者。至是乃一轉而向於日軍之砲兵陣地。日軍死傷二十餘名。卒堅忍不撓。遂壓倒敵勢。九連城砲聲漸疏。而黑島所發陸續不斷。其榴彈深穿丘陵。烟塵衝天。渾如百千霹靂。同時並發。其慘狀有不可以言語形容者。九連城東之摺鉢山。忽禿見骨。齒齒如鋸。該處敵砲。遂全絕響。其時俄兵一中隊。忽徒涉靉河。現於虎山背後之東北一帶。日軍即復向之砲擊。是時百雷齊發。烟燄薰天。咫尺不可辨。凡歷一點餘鐘之久。俄軍漸不支。至十二點半鐘再交綏。至一點二十分復漸息。此次俄軍之砲速度頗大。其曳火彈實達於七千五百米突以上云。然半日之戰鬥。日軍之所損傷。不過輕傷將校五人。下士以下負傷者二十人。死者二人耳。此亦可見敢死者未必死。而畏死者未必生也。此次日本所築之橋凡三處。（第一）上流水口鎮元化洞之間。（第二）自九里島至赤島之間。（第三）自赤島至虎山之間。其第一橋成功稍易。其第二橋則正當九連城之前面。彈落如注。

其第三橋亦當靉河右岸敵軍之衝。其工事之艱難。眞有不可思議者。而卒能於三十日之夜工事全成。全軍悉渡。自此役觀之。日軍之進退。無一不依戰術上最高之原則。可謂毫髮無遺憾。而敏捷勇敢。又其次也。自是而日軍直据靉河附近楡樹溝之西北高處以爲陣地。自渡河之業成。而兩軍勝敗之機決矣。

日軍奪據九連城

五月一日。日軍既悉渡江。屯紮右岸。露營一宵。天未明而幕中攻擊九連城之命下。於是第十二師團。占領靉河左岸栗子園之高地。第二師團。亦着手運動。旋占領栗子園西南虎山之高地。亘九連城東南艾河尖一帶陣焉。近衛師團爲中堅。陣於栗子園與虎山之中間。第十二師團一部之砲兵。遠離其本隊。溯靉河上流。出栗子園北之夾河口。於是各師團之聯絡全成。

各師團之砲兵悉爲行列。自夾河口經栗子園虎山以達於艾河尖一帶。凡綿亘三十餘里。皆日本砲兵。軍容之盛。令人羨妒。除三師團砲兵外。更有重砲聯隊在遼陽附近。一切布置悉已妥備。而天始明。七點鐘。對岸之俄軍。始開砲挑戰。日軍暫不應之。至七點二十分。九連城高阜之俄軍。瞰射黑島中日軍之重砲陣地。於是三師團一齊應敵。如百千雷霆同時並發山河爲之轟裂乾坤爲之動搖日本左翼之第一線步兵躍進而達於第三江之左岸右翼近衛之戰線亦突前與之連絡兩軍之彈各如飛蝗蔽天撼日沈戰方酣勝負難決日軍忽潛分一隊自水口鎮經山地冒彈雨而出現于靉河之左岸先占高地而猛擊右岸之敵陣虎山之日軍亦決死向前時七點五十分也。及八點二十五分。左翼之第一線復馮靉河而渡。水深沒乳激湍如箭迎面即敵軍之中堅毫無掩蔽而如虎如貔之勇士以爾許重笨之軍裝徒涉於萬彈之中觀此情狀。愛國之熱淚不禁爲之滂滂而下此實非人間血肉之軀所能堪也非其如燃如沸之熱誠驅迫之安克有此觀於此而益知日人獲戰勝之名譽非偶然矣至九點鐘右岸之鼓聲遂全死日軍得得奏凱歌以入九連城

日軍追襲蛤蟆塘

九連城既落于日本之手。日本遂乘勝襲擊。全渡靉河。俄軍仍在城西北之高地。布堅固之砲陣。以全力守蛤蟆塘。爲頑强之抵抗，雖然卒不能支，至下午一點五十分。遂退

卻日軍右翼隊之第十二師團。迫大樓房。中央隊之近衛師團內薄蛤蟆塘。左翼隊之第二師團。直指安東縣。如潮如荼。向遼陽街道前進。午後六點鐘。自安東縣經老古溝以及榆樹溝一帶地段。全爲日軍占領。日軍行動之迅速。既已萬非俄人所及料。大有飛將軍從天而下之觀。至是三面合圍。俄軍遂成釜底游魂。猶復窮鼠嚙猫。奮力抵禦。傷日軍三百餘人。卒不可支。其師團長及步兵第十二第十三聯隊長砲兵大隊長皆戰死。遂揭白旗降服。而全軍潰亂。其得整隊伍以退者。惟步兵五六大隊砲兵二中隊云。遂向鳳凰城一帶而逃。是役也。日軍死傷共一千〇九十八人。俄軍死傷無算。日人謂敵之全軍共三萬五千以上。所損殆半而有餘云。其死屍積于鴨綠江迄湯山城附近者。纍纍徧野。爲日軍所收葬者共千三百六十三。其俘虜三百五十餘人。自玆一役而日本陸軍之名譽。震歐美矣。

雜錄

日本人之敵愾

日本人愛國心重世上早有定評開戰以來上自王公命婦下至婦孺輿隸莫不發忠君愛國之至誠作好義急公之美舉美談軼事罄竹難書略述數則以爲觀感　編者識

宮內省。吉澤某本爲豫備將校。近以時局必至破裂。乃早辭職以俟召集令下。而久之未聞消息。日以爲憾。一日訪友人而語之曰吾自辭職以來日以磨刀爲事。召集令何若斯其濡滯也。

新瀉縣刈羽郡枇杷島村小林久二郎。與同村某氏女約爲夫婦。以二月五日舉行婚禮。方合巹。忽有吏來傳召集令。自媒人以及親戚。莫不爲之廢然。而小林毫不動容。從容曰。今奉君命以赴國難。一息不能猶豫矣。吾應召去後。生入玉門。非所敢料。願以今夕合歡之杯。即注壯別之酒。於是引杯自酌。更酌新婦。即攘臂出門而去。新婦以事出意外。悄然無色。在座者惟有嘆息而已。

大坂住友家。豪商也。近以戰局既開。其銀行銅鑛及其他營業所用人員之中。若有應召集而赴戰地者。自主人吉左衛門接其店員之地位。送百金以上之贐儀。且於從軍中仍以店員待遇之。於最先兩月。給以薪水半額。三個月以後。則給以三分之一。若於從軍中戰死若病死。則贈以退身慰勞金祭祀料等。此皆所以優待軍人。間接以舉報國之實者也。

長野縣南安曇郡南家村宮澤米市。二十六歲 以自近衛步兵第三聯隊下令召集。乃於二月十三日至赤坂區入其本隊。當事者因命醫生檢查。斷其精神有異。放令歸家。宮澤大失望。一旦出去。至午後四時。再入本隊。向當事者言。如此便歸。有何面目見父兄子弟。若必不蒙採用。吾願於此一死以報國耳。意氣甚盛。在座皆爲之感動。而以有定章不能遷就。乃不得已送之赤坂署。使交至憲兵屯所。而照會其家人焉。

二月二十二日黃昏時候。有一三十前後服裝質素之男子。至高松市新町平野秋平家而告之曰。余今日以係舊歷正月人日。在某所飲至微醉。及歸。在赤十字社香川縣支部之後門。見君爲國家盡力辦事。醉忽醒。急歸家將所有貯金帶來。雖甚微薄。願爲我善處置之務。使用得其當。於是將五圓紙幣三枚。置於桌上。平野感其至誠。允之。問其姓名。堅不肯告。再四强之。止以虎吉二字相答。因此知其即爲本市內町中川虎吉。平野乃分其紙幣。以五圓納海軍省經理局。以五圓給陸軍恤兵部。以五圓納赤十字社焉。

日本天皇以當軍國多事之秋。爲欲鞏固兌換準備之基礎。使國庫不至空虛。於是將帝室內帑所藏之古金銀類及金磚銀磚等。發交日本銀行焉。

宇都宮尋常小學校二年生林祥太郎。一乳臭小兒耳。近聞日俄開戰。國民有獻納軍資者。乃將自己之私積一圓。封投當局。且附以一書。其詞曰。此銀乃從父母給我小費積累而成。交我祖父爲我收管。今聞日本與俄羅斯開仗。我尙幼少。不能從軍。願獻此銀以充買彈子之費。

香川縣木田郡氷上村有一幼童上田千一。方在高松商業學校當豫備科一年生。今聞開戰。乃以禮拜日徹夜趕造草鞋五十足。獻于陸軍省。

紀伊國田邊町有中野徹輔。年方十歲。自開戰後。每日自學校歸。輒背煎餅少許在市內叫賣。人共怪之。一日忽至町役塲獻金一圓。附以願書曰。近聞日本與俄羅斯開仗。

必需大欵。我欲賣餅以其所賸之錢獻納于上。商諸父親。果蒙贊許。乃自前月以來。每日自學校歸時。即行叫賣于市。今日謹將賣餅所賸之錢獻上。望代捐入軍費而用之。」

橫濱市石川仲町大川政憲。年方八歲。其叔父中島新太郎。現亦奉職于某水雷艇。此童近欲獻納軍費。乃將存于左右田銀行之積欵四圓三角二分九釐。盡行取出。交于橫濱市役所。其願書曰。此四圓三角二分九釐。乃我父母及叔父常以五分十分給我。我存而不用。積至今日。方得此數。近聞人說日本與俄國開仗。我叔父原是海軍兵士。聞其已乘軍艦赴戰。我雖甚想同行。因年幼不可。今願日本兵士將我此欵買彈子快打戰仗。故將此銀獻上。父母已經許我。望從我請。但戰勝之後。請以一刀賜我。至盼。

日本兩議院議員以軍國有事。財政困難。乃商議辭歲費（即議員之俸）不受。今有爵議員及多額議員之大半。已贊成此舉。但其中分爲兩說。一說謂要辭退全額。一說謂議員中有靠歲費支持生計者。仍以辭退半額爲兩全。然二者必居一于是矣。

山形縣北村山郡西鄉村。爲欲救護軍人遺族。苦于籌欵。乃擬於戰局未結之中。舉村禁喫煙。每戶每日釀銀一角。此村共五百餘戶。竟無一人不贊成其事者。自二月十五日已依議厲行矣。

神奈川縣有霧生伊左衛門者。今年六十五歲。盲已十年。乃學造草鞋售之。以行善事。今聞日俄開戰。乃將其數年來所存草鞋盡行賣脫。得價拾五圓。悉獻以助軍費。

日本有注籍于預備役後備役者七十餘。方在美國謀生。以在海外召集令不及之。而各人一聞日俄開戰。不敢倖免軍役之義務。乃相議歸赴國難。即由某船遄返橫濱。當其在舊金山上船之時。美國各新聞記者聞其行而壯之。皆來問訊。且索其小照登于報上。題曰赴國難之勇士。

福岡縣遠賀郡津田甚七之母。今年已八十二歲。聞日俄開戰。乃不分晝夜。趕造草鞋四百對獻之。其地之管理恤兵事務者曰。此乃衰老之人念軍人寒中跋涉之苦。用敢獻此以表微忱。

婦人之迷信過甚。有時令人失笑。而其心之樸誠。又極可敬也。滋賀縣愛知郡西押立村有新善光寺。三月初旬忽來一僧。在講堂高談今回之戰事。謂當此多事之秋。國民皆當存死而後已之志。乃援引種種古例。以鼓舞鄉人之熱心。時村內婦人大半在座聞而動心。乃相與商議。吾儕婦人恨不能爲國家出力。亦當致其忠誠。祈禱皇軍大勝。嘗聞婦人之髮可以止巨象之狂奔。今我等盍斷此髮以禱于神明。於是座中婦人莫不附和。及夜則闔村婦人自十四歲以至六十歲者凡四十五人。皆將其煩惱根盡行剪去。共封爲一包。題其上曰爲國家爲軍人所剪之髮。下署各人姓名年歲。自是每日同到佛堂虔心祈勝。此眞可謂其愚不可及者也。

俄國之躬自薄而厚責人、

自千七百年至千八百七十年之間。戰事不下百數十起。而其內有百七回。乃未經宣戰而即行開仗者。今俄國不以斷絕外交之通牒爲開戰之豫告。而以日本水雷艇突擊旅順爲不合公法。噫、俄國何其健忘。竟於本國之已事亦不記憶也。今試舉俄國未經宣戰而遽行開仗之例列左。

一、一七〇〇年拿爾巴之役。俄國實未豫告開戰而遽爲軍事之行動。

一、一七三三年俄國爲册立斯達尼士拉。突然侵入波蘭。此亦預先絕無通知者也。

一、一七五三年俄國與奧普兩國突然襲擊波蘭。

一、一八〇一年俄國在其港灣。突然捕拿英國商船二百艘。以開兵事行動之端。

一、一八〇六年俄國方與摩達維亞交涉。突然擧兵襲擊之。而奪其城寨。

一、一八二七年俄國及英法之艦隊。無端在拿維亞里諾擊破土耳其艦隊。

一、一八二八年俄土之役彼此皆未下戰書而即開戰。

一、一八三一年俄國未經開戰即砲擊希臘船而捕獲之。

一、一八三八年俄國與普奧兩國皆無聲明突然占領達拉加倭。

一、一八五三年客里美亞之役。亦未經宣戰而即交兵者也。

然則俄國今雖自悔其不能先發制人。而日本之突擊旅順。實不過請君入甕。以其人之道。還治其人之身耳。俄國發此怨毒之言。其不爲天下冷笑者幾希矣。

韓皇館日兵于宮中

韓國有三宮。曰尙德曰景福曰慶雲。尙德最古。往昔日本伐韓之時。曾充浮田秀家大營。景福乃大院君所築。頗壯麗。王妃薨後。相傳有妖。乃別作慶雲宮。今韓皇所居者是也。現因日韓結盟。韓皇乃許以尙德景福兩宮。爲日本兵士營舍。其面積約可容三師團云。

俘虜情報局之創設

日本之俘虜情報局。原遵照一八九九年萬國平和會議所決議之規條而創設之。但自此會議以來。與盟各國之間。未嘗有交戰之事。故此局之設。實自日本作始。以無成例可援。其組織及作用。均可由日本制定而活用之。今据日本當局所言。此局置一名簿。將俘虜之姓名年歲國籍階級等。悉行記入。又於俘虜之病症入院死亡等事。皆爲詳載。以便調査。若自俘虜故鄉之戚友。有來問訊俘虜現狀者。務爲詳荅。俘虜若携有金銀物件。可從本人之所希望。代遞于其本國。若其所指定之地方。如有遺囑。亦當代爲妥達。又於戰死之士。亦必査明其名姓階級。若有遺物。可收存于情報局。待其遺族來索。卽歸還之。又於遞送俘虜之金銀物件。凡屬與盟諸國。皆不徵繳運費。此爲情報局之大略章程。實爲博愛善擧。與赤十字會。皆爲戰時最文明之事業者也。

日本募債之結果

日本因軍費不足。擬募國債一百兆圓。至三月十日期滿。應募總額。乃達四百兆五千二百十一萬五千一百圓之多。實踰定額三倍以上。日本人之好義急公。眞堪折服。計掛號應募者。共百十一萬一千一百九十一人。今將各地所占之額。列爲一表。

東京(東京千葉神奈川琦玉)一五一、四九六、七二五圓　仙臺　三、九七五、〇五〇
大阪(大阪兵庫奈良和歌山)　九一、一六八、六〇〇　盛岡　一、六九九、七七五
西部(山口福岡)　一六、六五四、一七五　青森　一、三七〇、二七五
北海道　四、三七四、二〇〇　秋田　三、一九四、四五〇
名古屋(愛知三重岐阜)　三四、七三四、〇〇〇　福井　四、七七八、四七五
京都(京都滋賀)　二二、九五五、八〇〇　金澤　二、九三五、三二五
札幌　三、一七二、六七五　富山　六、三四八、〇二五
小樽　一、六三五、四二五　松江　三、六五三、〇〇〇
福島(山形在內)　八、〇七六、五〇〇　鳥取　一、九九七、七五〇
長崎　三、八七六、七七五　岡山　六、二〇四、六〇〇
新潟　一〇、五四四、八二五　廣島　六、三七五、二二五
前橋　五、二八八、四〇〇　德島　三、五四一、三七五
水戶　二、六三七、九二五　高松　三、二〇一、九五〇
宇都宮　三、一二八、一二五　高知　一、四四一、一二五
靜岡　三、七六九、〇〇〇　松山　三、二四二、四七五
甲府　三、三九五、六〇〇　大分　四、三二二、二七五
長野　六、一二二、〇七五　佐賀　二、〇一四、八〇〇

熊本	五、八〇一、九二五	沖繩	三二二、〇〇〇
宮崎	一、一九五、五五〇	臺北	九、四四七、六七五
鹿兒島	二、一二〇、一七五		

其應募之中最占巨額者。除帝室二千萬圓外。銀行則日本銀行二千萬圓。十五銀行一千萬圓。三井三菱橫濱正金各五百萬圓。第一第三安田三銀行各三百萬圓。帝國商業及第百銀行各百萬圓。第二第七十四銀行各七十萬圓。明治商業銀行六十萬圓。第二十七川崎橫三銀行各五十萬圓。（五十萬圓以下者畧之）個人則島津忠重公、前田利爲侯、毛利元昭公、古河潤吉各百萬圓。細川護成侯五十萬圓。原富太郎、渡邊福三郎各四十萬圓。德川茂承侯、淺野長勳侯、渡邊治右衛門、岩谷松平各三十萬圓。堀越角次郎、及其他二名各二十五萬圓。鍋島直大侯、伊達宗達侯、蜂須賀茂昭侯、尙典侯、山內豐保侯、小野光景、渡邊金太郎各二十萬圓。池田仲博侯、池田詮政侯、井上忠直、大谷嘉兵衛、三野村安太郎各十五萬圓。森村市左衛門、十三萬圓。此外十萬圓者尙有二十七人。今不枚舉。

俄人之無愛國心

莫斯科新聞社欲造戰鬥艦一隻。獻之政府。於是設法勸捐。不料一月之內。僅捐得五千金。噫、觀于日俄兩國之民情。可以決勝負之所在矣。

俄國之社會黨

俄國之社會民主黨。近日開一秘密大會議。聖彼得堡莫斯科阿狄沙玖夫高加索各處之秘密結社。猶太人及在外國之社會民主黨。皆派代表人赴會。共有五十餘人。向來此等團體。散在各處。各爲運動。不相統一。今議聯爲一氣。互相呼應。議設中央執行委員。以號令各部。其所議決將來之方針。大要如左。

一廢專制政體。代之以民主共和政治。使丁年以上之男女。皆有普通選舉權。以此開設國會。確保主權。

一定地方自治制。

一身體及住居爲神聖不可侵犯。

一信教言論集會及勞作團結。當得完全之自由。

一廢旅行劵。

一撤去商業上一切之束縛。

一將彼得大帝所創定之階級族籍制度。悉行廢棄。

一不問男女及宗教國籍人種之如何。市民皆得同權。

一學校當用生徒之祖國語言。在國家公衙亦得用各地之方言。

一未有俄羅斯國籍者。如欲與俄羅斯政治上之關係。可聽從之。

一市民有在普通裁判所告訴官吏之權。

一不以希臘正教會爲國教。

一設俗人（對于僧徒而言）教育自由教育之制度。

一廢一切間接稅。改所得稅相續稅爲累進率。

一以民兵制代徵兵制。

俄國革命黨之動機

俄國政府暴虐其民。不平之黨。散處各地。常欲乘機竊發。今值國家有兵事。正擬大有所爲。此等革命黨大抵爲俄國滅其祖國者居多。如芬蘭人、波蘭人、阿爾美尼亞人、猶太人等。其中堅也。今者巴克市有僧侶若干。在市之公會。舉一大典。爲俄國祈勝。正在喃喃祈禱。突有炸彈一枚。從空中飛來。墜地轟然若霹靂。遂致三人爆死。傷者無數。聞投此炸彈者。爲阿爾美尼亞人數人。此事一傳于外。全國之革命黨聞之。無不拍手稱。快外患方殷。內憂又至。俄國政府。其何能堪。

中國北兵之配置

中國爲嚴守中立。分兵屯駐各地。今將其在直隸省內者。据最確之調查。列爲一表。

（隊名）	（指揮官）	（總兵數）	（駐屯地）
武衛右軍	○姜桂題	▲六、八九四	馬廠、保定、北京
武衛左軍	○馬玉崑	△九、五〇〇	永平、朝陽、建昌
常備軍	王士珍	七、六九六	保定
自強軍	○趙回賢	二、五四八	小沽、鹽行
新練軍（步隊）	竇從周	▲一、〇〇〇	北京、萬壽山
淮軍馬隊	李家修	三六〇	完縣、滿城、新州
淮軍步隊	周行彪	七五〇	新州、保定、新城
淮軍馬步隊	○嚴永清	一、六一〇	故城、鹽山、阜城等
淮軍馬步砲隊	○郭學海	一、七四〇	三河溝、香河、甯河
淮軍左翼	○李安堂	一、二五〇	永平、遵化、蘇州、
淮軍機字營	○董履高	二、二五〇	定州、南宮、正定
親軍馬字營	○馬晉徐	▲四八〇	交河、河間

親軍各營	○吳長純	▲一、九八○	任邱、大城、靜海
練軍馬隊營	孟恩光	四八○	定興、安肅、保定
直隸毅軍	○姜桂題	四、七五○	北京城內外
熱河練軍	○楊玉春	三、○○○	平線、赤峰、熱河
大名練軍	○何永興	三、五○○	廣宗、威縣、大名
宣化練軍	○何來鰲	一、七五○	宣化、張家口、庫倫
天津南段巡警	曹嘉祥	◉一、八○○	天津市內外
天津北段巡警	段芝貴	◉一、一○○	白河以北
保定巡警	趙秉鈞	◉四二○	保定
大沽巡警	劉金徵	◉一六○	大沽
山海關巡警	鄭翊清	◉八○	秦皇島、山海關

總兵數五萬五千九十八人

- 砲兵四千六百三十四人
- 騎兵八千三百四十六人
- 步兵三萬八千八十八人
- 工兵四百八十人（武衛左軍）

（備考）▲印者袁世凱之親衛兵及從來所有之兵力。○印者與日本將官相當之總兵或提督。其他則與日本之佐官或尉官相當。◉印者雖爲巡查。曾受訓練。且携武器。有事則可充兵。△印者馬玉崑之所有兵力也。

六四四六